U0933486

珍藏本
纪念版

汉译世界学术名著丛书

科学社会学

——理论与经验研究

上册

〔美〕R.K.默顿 著

鲁旭东 林聚任 译

2017年·北京

Robert K. Merton

THE SOCIOLOGY OF SCIENCE:

Theoretical and Empirical Investigation

汉译世界学术名著丛书
（120 年纪念版·珍藏本）
出 版 说 明

2017 年 2 月 11 日，商务印书馆迎来 120 岁的生日。120 年前，商务印书馆前贤怀揣文化救国的理想，抱持"昌明教育，开启民智"的使命，立足本土，放眼寰宇，以出版为津梁，沟通中西，为中国、为世界提供最富智慧的思想文化成果。无论世事白云苍狗，潮流左右激荡，甚至战火硝烟弥漫，始终践行学术报国之志，无改初心。

迻译世界各国学术名著，即其一端。早在 20 世纪初年便出版《原富》《天演论》等影响至今的代表性著作，1950 年代后更致力于外国哲学和社会科学经典的译介，及至 1980 年代，辑为"汉译世界学术名著丛书"，汇涓为流，蔚为大观。丛书自 1981 年开始出版，历时三十余年，迄今已推出七百种，是我国现代出版史上规模最大、最为重要的学术翻译工程。

丛书所选之书，立场观点不囿于一派，学科领域不限于一门，皆为文明开启以来，各时代、各国家、各民族的思想与文化精粹，代表着人类已经到达过的精神境界。丛书系统译介世界学术经典，引领时代思想，为本土原创学术的发展提供丰富的文化滋养，为推动中国现代学术和现代化进程做出了突出的贡献。

为纪念商务印书馆成立120周年，我们整体推出“汉译世界学术名著丛书”120年纪念版的珍藏本，寄望既利于文化积累，又便于研读查考，同时向长期支持丛书出版的译者、编者和读者致以敬意。

两甲子后的今天，商务印书馆又站在了一个新的历史时间节点上。我们不仅要铭记先辈的身影和足迹，更须让我们的步伐充满新的时代精神。这是商务人代代相传的事业，更是与国家和民族的命运始终紧密相连的事业。我们责无旁贷，必须做好我们这代人的传承与创造，让我们的努力和成果不仅凝聚成民族文化的记忆，还能成为后来人可以接续的事业。唯此，才能不负前贤，无愧来者。

商务印书馆编辑部

2017年10月

谨以此书献给我的老师

皮季里姆·索罗金

塔尔科特·帕森斯

乔治·萨顿

L. J. 亨德森

A. N. 怀特海

他们共同培养了我对科学社会学研究的兴趣

目　　录

第一部分　知识社会学

第二部分　科学知识社会学

第三部分　科学的规范结构

科学、技术与社会：科学社会学中一个发展着的研究纲领的预示

（代中译本前言）[*]

罗伯特·K.默顿

"……人生的第三个十年，神圣的多产时期，每一位思想家都在这一时期创造出了后来会产生预期结果的成果。"

约瑟夫·K.熊彼特[1]

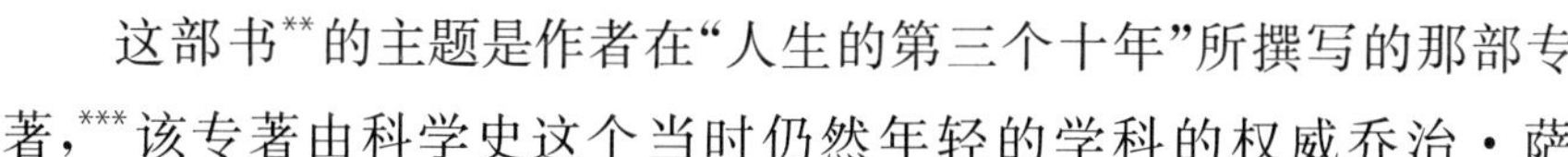

这部书[**]的主题是作者在"人生的第三个十年"所撰写的那部专著，[***]该专著由科学史这个当时仍然年轻的学科的权威乔治·萨

---

* 本书译者曾请R.K.默顿教授为本书中文版撰写一篇前言，默顿教授原已答应，但今年以来，他因病动了几次手术，身体虚弱，难以动笔，故他建议采用他1990年发表的本文代作本书的中文版前言，并委托他的助手伊丽莎白·尼达姆(Elizabeth Needham)女士寄来了本文的复印件。译者在此对默顿教授予以的热情支持表示衷心的感谢。本文原载于I.伯纳德·科恩(I. Bernard Cohen)教授主编的《清教与现代科学的兴起——默顿论题》(*Puritanism and the Rise of Modern Science: The Merton Thesis*, New Brunswick and London: Rutgers University Press, 1990)，第334—371页，它是默顿教授为该书撰写的后记。——译者

** 指《清教与现代科学的兴起——默顿论题》，下同。——译者

*** 指默顿教授的博士论文：《17世纪英格兰的科学、技术与社会》(*Science, Technology and Society in Seventeenth-Century England*)。——译者

顿(George Sarton)提议出版;现在,时隔五十年,这部评述又由今天的科学史权威 I. 伯纳德·科恩主编出版。正如科恩教授在为这部书所撰写的颇有见地、目光敏锐的《导言》中明确地指出的那样,今天这个学科的思想和制度特性与那时已经迥然不同了。的确,无论就科学思想史家还是科学哲学家而言,都曾经有过一些伟大的先驱性人物,例如,维多利亚时代早期的威廉·休厄尔(William Whewell)就是一位开拓者,以后又有(我只列举几个著名的人物)马赫(Mach)、皮尔斯(Pierce)、迪昂(Duhem)、坦纳里(Tannery),以及随后出现的极为重要的亚历山大·科伊雷(Alexandre Koyré)。但是显然,正是乔治·萨顿,而非他那个时代的其他人,使这个有待开发的领域,使这个往往是曾从事过研究的科学家在其晚年所进行的业余探索,变成了一个确定的学术专业。用科恩教授的话来说,通过一种"超级修道士式的对知识和学术生活的献身",萨顿不仅创办了国际性杂志《伊希斯》(*Isis*)及其兄弟刊物《奥西里斯》(*Osiris*, 这是一个不定期的杂志,《17 世纪英格兰的科学、技术与社会》最初就发表在这个杂志上),而且为这个新生的学科提供了关键性的编年史标准以及基本的学术工具。[2]

如果说,在 20 世纪 30 年代初,科学史还刚刚开始成为一个学科,那么,科学社会学最多只能算是一种渴望。当时在全世界,少数孤独的社会学家试图勾勒出这样一个潜在的研究领域的轮廓,而实际在这一粗略设想的领域中从事经验研究的人就更是屈指可数了。这种状况持续了相当长的一个时期。确实,我们从乔纳森·R. 科尔(Jonathan Cole)和哈丽特·朱克曼(Harriet Zuckerman)的文章中[3]得知,直到 1959 年,美国社会学学会中只有 1%的会员把更广泛的知识社会学算作是他们相当关心的一个领域,自己承认是科学社会学家的人更是稀少,以至于不能要求单独排列。当然,这种状况现在已经有了很大的变化,科学社会学目前在知识界正处在一个繁荣时期。在编纂历史的工作中,不必成为一个忘我的自由党人或一个背叛信仰的保守党人,就可以得出这样的结论:过去的半个世纪见证了科学史、科学社会学和科学哲学(以及刚刚开始引入的科学心理学、科学政治学和科学经济学的视角)这个远没有完全整合的综合领域,在每一个组成部分和每一个方面的学术发展。正是在这样一个发生了巨大变化的环境中,我应人之约,对我在30年代的博士论文和以此为基础而发表的那部专题著作谈一谈我事后的思考。

在这篇简短的后记中,我不会就大量有关我的专著的批评和评论作进一步的回答,其中有些批评和评论已经编入这部书中,其他一些则由科恩教授在他的《导言》和其他著作中进行了考察。[4]我也不想考察那些所谓的《科学、技术与社会》[*]的意图和主题,因为这部书的正文已经对这些进行了透彻的研究。相反,我将对科恩的《导言》实际上给这篇后记所提出的一个议题进行探讨。这项议题主要是要探究伯纳德·科恩评述的意义:"大部分博士论文都夹杂着一些题外话和脚注,它们包含了有关进一步研究的重要思想或计划。《科学、技术与社会》也不例外。当一个史学家或传记作家把成熟的默顿主义追溯到《科学、技术与社会》中原来半隐半现的计划时,他必将感到巨大的快乐。"[5]

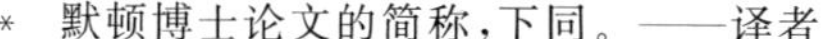

* 默顿博士论文的简称,下同。——译者

我不想等待这个假设的历史研究,也不想过多考虑熊彼特在上述引语中多少有些类似的见解。我将对进一步探索的明确的计划和心照不宣的提示加以考察,这些计划和提示后来成为了我在科学社会学中全力探索的主题,尽管这种探索曾一度中断。可以为这些主题列出一个一览表:

1. 科学的精神特质;
2. 站在巨人的肩上:一个自我例证的主题;
3. 优势积累与劣势积累;
4. 优先权冲突与正在浮现的关于科学奖励系统的概念;
5. 科学中的多重发现:战略研究的一个基础;
6. 科学论文变化着的特性:个人知识与公共知识的差距;
7. 科学中的问题选择问题;
8. 社会行动未预料到的结果的恰当事例:“清教与科学”假说。

一、简论观念的预示

科学和学术中观念的预示或暗示,就是这种隐喻所暗指的东西:它们是一些模糊的提示或者是一些朦胧的尚不完善的陈述,在以后的阐述中变得清晰而明确了。毫无疑问,我已经花费了相当多的精力在其他论述中指出:极端追求预示,致力于指出太阳下面确实没有任何新东西,很容易滑向一种迷惑人的预示论。“这样,这种追求会意味深长地呈现出这样一个人类奇观:学者和科学家们论证说,后来出现的每一事物必然在以前已经被发现过,而每个人都在孜孜不倦地进行着尝试,试图作出新发现,以便发展”知识。[6] 在其他情况下，沙文主义的信徒会促使人们去寻找新近可以证明的观念的预见，从而导致预示论者提出这样的主张：由某个**外**群体（例如，某个其他民族或其他思想学派）的成员提出的一个看似新的观念，或者作出的一个看似新的发现，实际上已经被思想上同类的**内**群体的古代或现代成员预见到了。对于史源考证者或探寻新观念或新发现表面上的根源的人来说，在以前的著作中偶然发现关于相似情况的哪怕是最模糊的暗示——就征兆而言，即使这种暗示在新的阐述之前没有被包括该著作的作者在内的任何人注意到（更不用说深究或阐释了），也足以断定那就是一个"预示"。[7]

因此，寻找观念的预示本身是有很多风险的。但是，就目前而言，亦即只要求一个人在他早期的著作中寻找一些对他以后研究中所发展的思想的某些暗示，那么这种风险还是相当小的。无论如何，在追溯《科学、技术与社会》中的几个的预示时，我将尽可能避免学者们所犯的预示论的错误。

二、科学的精神特质

显然十分清楚，《科学、技术与社会》集中关注的是科学在17世纪的英格兰出现时的社会文化环境。该书的核心问题是：(1)分析作为一种活动领域的科学在当时、当地的制度化，并把它同在一定程度上与之相竞争的其他兴趣领域加以比较；(2)分析作为一种缓慢出现的社会制度的科学与其他制度（如似乎与之冲突的宗教和周围的经济领域）的互动方式；(3)分析在近代早期的这个阶段科学与技术在其发展中的直接和间接的联系方式；(4)追溯这个时期的经济和军事利益对科学研究问题的选择是否有直接和间接的影响。

但是，像20世纪30年代的普遍情况一样，在构想和最终发表这项研究时，我还没有确定科学本身的社会文化结构这个理论问题。对于这个问题，与当时的许多作者相仿，我并没有认识到，像在其他学科中一样，社会学中的理论问题必须先**找**出来，然后才能予以**解决**。[8]当时试图理解科学活动的特性和科学知识的发展的史学家为数不多，社会学家更是寥寥无几，我是其中的一个，像其他人一样，我认识到

> 科学社会学，**由于缺少思考科学本身的社会文化结构所需要的概念框架而受到严重的妨碍。**
>
> 无论周围的环境如何影响科学知识的发展，或者，考虑一下我们更熟悉的问题，无论科学知识最终如何影响文化和社会，这些影响都是以科学本身变化着的制度结构和组织结构为中介的。[9]

简而言之，在20世纪30年代中叶，科学独特的社会文化结构被不言而喻地看作是某种类似黑箱的东西，在某些方面，情况现在依然如此。[10]

在《科学、技术与社会》中，我并没有明确地认识到需要在理论上确立作为一种社会制度的科学的规范结构，而这是对科学的社会和认识活动进行社会学和史学分析的必要前奏。书中至多有一些概略的提示。这样，也就附带提及了“对作为社会兴趣中心的科学的社会评价”。有一段明确的陈述指出：

> 一旦科学成为牢固的**制度**之后，除了它也许能带来经济

> 效益以外，它还具有了一切已确立的和复杂的社会活动所具有的吸引力……这类群体认可的行为常常可以持续而不受到挑战，几乎没有人对它的存在的理由提出质疑。**制度化的价值观**被当作不证自明的和无需证明的东西。
>
> 但是所有这一切都在激烈的变迁时期被改变了。新的行为模式如果想要站住脚并成为社会思想情操的中心，就必须被证明是合理的。一种新的社会秩序的存在是以一套新的价值体系为先决条件的。对于新科学来说，也是如此（黑体字为我所标）。[11]

更进一步讲，作为一种"社会活动"的科学

> 需要许多人的交流，现代的思想家与过去的思想的交流；它们同样要求或多或少形式上有组织的劳动分工；它预设了科学家是无私利、正直和诚实的，因而有遵守**道德规范**的取向；最后，科学观念的证实本身，从根本上讲也是一个社会过程（黑体字为我所标）。[12]

对科学的制度化、道德规范以及证实的社会本质的这些附带述及，几乎还难以称作是一个关于作为一种正在出现的社会制度的科学的完备概念。它们仅仅是对这样一种概念的一些探索。至多，它们是一个原始概念的要素：[13]"一种早期和初步的、特殊化的但在很大程度上未详细阐明的观念，［而不是］一个曾得到明确定义和经过选择的、实际上是普遍化的并且详尽阐明的概念，能够有效地指引人们去探讨貌似多种多样的现象。"[14]

在一个带有伯纳德·科恩所希望的半隐半现的计划的脚注中，有关科学规范的概略提示表明，"科学家提高纯科学的地位"是维持“科学研究制度的自主性”的集体努力,就像“试图保持其专业诚实的科学家反对‘纳粹科学’等等之类的要求”那样。这个脚注进一步指出:“作者现在准备研究科学与其周围的各种社会制度之间的这种关系。”[15]作为其结果,我撰写了一篇论文《科学与社会秩序》(“Science and Social Order”)提交给1937年的美国社会学学会的会议,但却于1938年发表在美国科学哲学协会的会刊《科学哲学》(*Philosophy of Science*)上,《科学、技术与社会》也是在这一年发表的。[16]诺曼·斯托勒(Norman W. Storer)业已注意到,正是这篇论文“开始更加关注科学的精神特质本身”。[17]

正如霍林格[18]详尽地指出的那样,这篇论文和进一步详细说明科学的精神特质的那几个规范的《论科学与民主》(“Note on Science and Democracy”,1942),是当时似乎由纳粹的霸权主义引发的政治论战中不可缺少的一部分。当时人们抵制国家社会主义对科学的压力,为了分析这种抵制的社会文化基础,《科学与社会秩序》引入了**科学的精神特质**的概念,即“用以约束科学家的有感情色彩的一套规则、规定、惯例、信念、价值观和基本假定的综合体”。[19]然而,尽管常常涉及“科学的制度化规范”,但在这篇论述科学的规范结构的论文四年以后发表之前,并没有人提出和讨论过这些规范。我在这篇论文中指出:“四种制度上必需的规范——普遍主义、公有性、无私利性以及有组织的怀疑,[被认为]构成了现代科学的精神特质。”[20]

在这里,对这些规范只需这样一个简略的描述就足够了,因为人们常常(例如在本文献附带列举的那些著作中)会看到,[21]时至今日,它们的论述已经引起了许多讨论、批评、争论和应用。相继而来的历史,通过自我例证的方式,展示了一个有组织的怀疑发挥作用的相当持久的事例,这种社会过程包含着一些制度性安排,鼓励和奖励批判地评估公众有关知识的主张,特别是寻找缺陷、错误和其他缺点,以及在那些有关知识的主张中以前未被注意到的潜在可能性。之所以把这种过程描述为“**有组织的**怀疑”是因为,随着这一过程中的评论者、杂志的评议人和其他形式的同行评议的历史演变模式,它与仅仅表示**个人的**怀疑态度已经相差甚远了。它也并不单单是皮浪主义的哲学学说的一种表述。毋宁说,它是一种受规范约束的并且是通过社会组织起来的认知警戒制度。

直到1942年的这篇论文发表时,对《科学、技术与社会》中所预示的这种观点才有了明确的认识,即科学大概是一种独特的和不断进化的知识体系,不仅如此,它还是一种“社会制度”,这种制度有着其独特的规范框架(其中有些是与历史上的一些制度共享的,另一些则是与其他制度有剧烈冲突的)。那些得到认同的科学规范与理论社会学的宗旨是一致的,但人们认为它们只是社会和认识规范,而不是(最终要采用这些规范的)实践。在任何制度领域中,社会规范都没有与社会实践完全相符。偶尔违反规范的情况并非必然会导致这样的理论结论,即规范仅仅是认识论的或仅仅是意识形态的东西(不是偶尔,而是较多地出现的违反禁止杀人的规范的情况,会使这些规范被看作是毫无意义的)。[22]

这篇早年发表的对《科学、技术与社会》的理论注释,论及了现在讨论得很多,但那时很少被人们注意的科学领域中偏离规范的现象,从而进一步说明了规范与实践之间的差距。该文指出,“与其他活动领域的记录相比”,科学中的“欺诈”相对来说还是比较罕

见的。不过,科学中的这些相对较少的越轨行为必然也会被看作是有问题的,即是一种需要解释的现象。该文简明扼要但并非武断地认为,基于科学家"是从有那些具有不寻常的完美道德的人中招募的"这一假设,不能把这种越轨简单地归因于科学家的"个人品质"。这种假设的社会选择显然不能完全说明这种现象。毋宁说,"无私利性的规范向实践的转变,通过科学家对其同行的最终负责而获得有效的支持。社会化的情操的驱使与权宜之计的驱使大体上相合,将有助于制度的稳定性。"[23]

与这种即时的、现在可能会被描述为对**遵守**科学规范的"结构性的(而非心理学的)说明"平行的,是另一种也同样简明,而非详细阐述的关于**违反**规范的结构性说明。在这里,明确论及的《科学、技术与社会》所预示的另一个主题,亦即科学中由于制度和结构所引起的竞争这种现象,有助于说明科学界偶然出现的欺诈事件:"科学领域里存在着竞争,这种竞争会因强调优先权是成就的标准而加剧,而且在竞争条件下,也可能导致鼓励人们以不正当的手段压倒对手。"[24]

这一未展开的评述,显然把科学界的这类错误行为既当作是一个需要社会学分析的问题,也当作是一个道德问题。这与(和《科学、技术与社会》在同一年发表的)《社会结构与失范》("Social Structure and Anomie")中所作的理论阐述是一致的。《社会结构与失范》一文的目的在于,试图发现"某种社会结构怎样对社会中的一些人**施加一定的压力**,使得他们采取违反规范而不是遵守规范的行为"。[25]尽管关于越轨行为的结构性阐述实质上是趋向一致的,而且我对科学界的这种错误行为的结构根源产生了兴趣,但实际上,在大约15年中,我并没有继续探讨这个问题。显而易见,在社会学思想的这一发展历程中,既有连续的进展,也出现过中断,从而呈现出一条错综复杂而非简单直线的发展路线,这一评述使得进一步且适当简练的对两次这类中断的评论成为必不可少的了。

二、站在巨人的肩上:一个自我例证的主题

我于1942年发表的那篇论科学的精神特质的论文,是相当快地从《科学、技术与社会》中引申出来的,其中也蕴涵着只是在几十年以后才会引起我持续注意的另外两个主题的种子。其中的第一个与科学的精神特质中的"公有性"规范有关:如果承认对科学的新贡献是社会合作和认识合作的产物,那就要求这些贡献在一个开放的交流体制中能够被其他科学家自由获取。"它们构成了共同的遗产,发现者个人对这类遗产的权利是极其有限的。"[26]

对这种受规范约束的实践的分析,以及对一种相反倾向即在科学界实施保密措施的分析,借用了艾萨克·牛顿所提出的一个比喻式格言:"如果我看得更远的话,那是因为我站在巨人们的肩膀上。"而我的合情合理的脚注进一步指出:"很有趣的是,牛顿的格言作为一句标准的箴言,至少从12世纪起就被不断重复。"[27]

这个脚注并非一目了然的含义,经过几十年才缓慢地显露了出来,最终在一本延误很久才出版的题为《站在巨人的肩上》(*On the Shoulders of Giants*)的书中得到了表述,此书还有一个意味深长的副标题:"项狄式后记。"为了探索处在发展之中的科学社会学和科学史的某些会产生反响的主题,该书遵循那种在劳伦

斯·斯特恩(Lawrence Sterne)的《特里斯特拉姆·项狄》(*Tristram Shandy*)中被赋予了永久生命的漫游方式展开论述。[28]该书无论在内容实质还是在形式上都是自我例证的,旨在表明,科学的方法和技术难以掌握,需要进行严格的学术训练,就像一个人要不断在其守护神的引导下行事一样。与无缘无故设想的智慧和事后聪明相反(这种所谓的智慧和事后聪明会使历史与传记看起来都有真凭实据,并且很容易站住脚),我确实无法说明,四分之一世纪以前的那篇论文中关于牛顿名言的历史典故,在多大程度上隐含着后来出版的《站在巨人的肩上》的内容和风格。

四、优势积累与劣势积累

在1942年论述科学规范的那篇论文中,还有一个思想的萌芽也是在很长时期内没有什么发展,但最终结出了丰硕的果实。这种思想在对"普遍主义"的讨论中朦朦胧胧地一带而过了。普遍主义规范要求根据非个人的标准,而不是他们所阐述的个人或社会的属性(例如种族、民族、宗教、阶级,以及现在有人可能要加上的新发现的性意识),来对科学中的主张是否为真作出判断。或者,借用一些综合性的社会学和认识论的样本个案来描述:"纽伦堡的法令不能使哈伯(Haber)制氨法失效,'仇英者'(Anglophobe)也不能否定万有引力定律。沙文主义者可以把外国科学家的名字从历史教科书中删去,但是这些科学家确立的公式对科学和技术却是必不可少的。"[29]

在更广泛的社会意义上,与普遍主义进一步相关的是,要求

"事业的大门对天才敞开",而不要考虑一切"无关的"个人或社会的属性。正是在这一点上,这篇论文进而提到了"某些部分的人的**不同优势得到积累**,以及那些同已被证明的能力差异无[必然的]密切关系的差异"。[30]也许应该附带说一句,正如我最近已经指出的那样,这么多年以来,这段含有现在标成了黑体的词语的文本对我来说,并不比朦胧的《索尔代洛》(*Sordello*)对罗伯特·布朗宁(Robert Broening)更清楚,[*]布朗宁曾坦言:"当我写它时,上帝和我知道它的含义,而现在,只有上帝知道它的含义了。"也可以说,"优势"(以及后来所说的"劣势")的"积累",至少在我于1968年发表第一篇关于马太效应的论文[31]中对之加以讨论以前,仍然是原初的概念——它停滞了,既未受到注意也未得到解释。

后来我以这种模式勾勒了优势积累的过程:

> 个人的自我选择过程与机构的社会选择过程相互作用,从而对在某个给定的领域中接近机遇机构的持续可能性产生影响。当个人的角色表现达到了所要求的制度标准时,尤其是,当角色表现大大超过了这些标准时,这就启动了一个积累优势的过程,在这一过程中,个人可以获得持续扩大的机会以便更进一步地推进他的工作(同时也会获得更多的与之相伴的奖励)。由于精英机构在它们的领域中具有相对较大的促

* 罗伯特·布朗宁(1812—1889),英国维多利亚时代最著名的诗人之一,他的作品因注重表现人的心理而被评论家认为比较晦涩。《索尔代洛》是他的一部诗剧,创作于1840年,描写了13世纪法国普罗旺斯区的行吟诗人索尔代洛在权力和诗歌之间进行抉择时内心的矛盾,该剧过于艰涩而令人难以理解。除此之外,他的作品还有《波林:片段自白》、《帕拉切尔苏斯》、《斯特拉福德》、《皮帕走过了》、《卢雷亚》、《圣诞节和复活节》、《男人和女人》,其最杰出的作品是1868—1869年发表的长诗《指环和书》。——译者

进工作的资源，最终进入这些机构的天才就会有更大的潜力以获取有差异的积累优势。这样，奖励、资源分配和社会选择等系统，就会通过为使科学家将其角色扩展为研究者而提供一种分层的机会分配，在科学中导致和维持某种阶层结构。有差异的优势积累，用《马太福音》、《马可福音》和《路迦福音》中的话来说，就是以这种方式进行的：已经给予的人还应给予，使他富足有余；没有给予的人，连他已有的也要夺过来。

必要的修正：组织和机构的累积优势像个人的累积优势一样，其自然增长很容易遇到一些会阻止积累按指数增长的抵制作用。[32]

最初对积累优势的论述是模糊的，延误了很长时间，直到20世纪60年代末，首先通过由哈丽特·朱克曼、乔纳森·R.科尔、斯蒂芬·科尔（Stephen Cole）和我本人组成的哥伦比亚大学研究小组的工作，对其详细的阐述才得以进行并迅速展开了。[33]从此以后，关于优势积累的问题已经发展成了一个国际研究项目，从狭义方面研究科学领域的这种动态过程，并且从广义方面研究社会分层中的这种动态过程。幸运的是，在这里不必对后来的发展作进一步的考察了，因为哈丽特·朱克曼在有关优势积累和劣势积累作为一种社会学观念的"思想变迁"中，业已对此进行了详细的阐述。[34]

五、优先权冲突与正在浮现的关于科学奖励系统的概念

其他早期导致了可能有重要意义的社会学的思想、问题和探索

路线的观念，也经历过中断，而不是马上持续发展的。如果说科学的精神特质仅在《科学、技术与社会》中提了一下，随后很快就被弄明白了，那么，把科学界的优先权冲突作为一个战略研究的主题加以考察的情况就不是如此，这一主题将“为科学制度以何种方式形成科学家的动机、热情和社会关系提供线索”。正如哈丽特·朱克曼和I.伯纳德·科恩儿次指出的那样，[35] 从《科学、技术与社会》的一个脚注有所预见的这些话中，可以明确地看到这个主题：

> 据我所知，有关优先权的争论首先从16世纪开始变得频繁了，这就构成了一个令人感兴趣、需要进一步研究的问题。它暗示着对“独创性”和竞争非常高的评价……整个问题与剽窃以及专利、版权和管理“知识产权”的其他制度模式的出现密切相关。[36]

这不仅暗示着人们赋予了思想和发现的独创性以制度化的价值，而且把知识产权与竞争联系起来了，这种暗示和联系的确使一种理论方向具有了探索意义，而对这种“令人感兴趣”的问题的分析也许应会沿着这个方向进行。不过可以理解，其他学者也许不会普遍关注这个启示，即关于优先权争论的这种乏味的现象，也许会提供一个具有战略意义的研究主题。毕竟，正如我们所看到的那样，那时科学史家为数不多，科学社会学家就更是寥寥无几，而这些人都有他们自己的研究计划。更何况，就不连续而言，脚注的作者自己也是过了二十多年之后才回过来探讨该主题和它的理论重要性的，当他最终进行这方面的研究时，他十分强调这一主题，把它作为了美国社会学会主席致辞的题目，并且在其副标题中宣称这是“科学社会学中的一章”，从而提醒他的同事，这个研究领域仍未被有关的组织和机构所认识。我们回过头来看一下 1957 年的情况，在这篇长度适当的回顾中，我有点吃惊地发现，那篇相当长的论文一开始就向来听演说的同事们提出了这个社会学挑战：

关于未来的历史学家对今天的社会学状况会说些什么，我们只能猜测。但我们似乎可以有把握地预测他们的某一个见解。当 2050 年的特里威廉（Trevelyan）们撰写我们这一段的历史时（他们多半会写，因为英国的这一历史学家家族作了保证，要把历史永远写下去），毫无疑问，他们会发现很奇怪，在 20 世纪竟然只有如此之少的社会学家（和历史学家）在他们的研究工作中把科学作为他们时代的一个重要的社会制度加以研究。他们会注意到，在科学社会学成为一门单独的研究领域以后很久，在科学已经使人类面临十分严峻的生存或毁灭的选择的这个世界上，这一学科仍然处于几乎未开发的状态。他们甚至会认为，在社会科学家考虑世界现在是什么样、过去曾经是什么样的过程中，不知在什么地方，价值观念似乎已经混乱不堪了。[37]

只是到了那时，情况才有利于人们作出决定，把注意力集中于似乎是无关紧要但却经常出现的关于科学发现优先权的冲突上。各类科学家都卷入过这种冲突，其中不仅有伽利略、牛顿或拉普拉斯这样的科学巨匠，而且有各个领域、各个等级的科学家。这种现象绝不是无关紧要的，它在社会学上很有价值。可以把它用来作为“科学奖励结构”的苗床，当把这种结构与科学的精神特质联系起来时，将有助于我们对作为一种社会制度的科学的**动力学**及其结构的理解。

对于频繁出现的科学中有关优先权的争论,不能解释为它们植根于人性中的个人主义,或者植根于个别人的个性;即使在其他生活领域可能是与人为善,甚至是温顺谦卑的科学家,也会坚决提出他们对优先权的要求。其他可以归因于个人的属性也不能说明这些频繁的冲突。相反,可以认为,它们在很大程度上作为一种社会制度的科学的价值观和规范的结果。这种制度把科学贡献的独创性看作具有最高的价值,因为

> ……正是通过独创性,知识才会以较小或较大的增幅得以发展。当科学的制度有效地发挥着作用时(像其他社会制度一样,它并不总能有效地发挥作用),对那些最出色地履行了自己角色的人,以及那些为公共知识的积累作出了真正开创性贡献的人,人们的承认和尊敬就会自然增加。这样就会看到那些快乐的局面:个人利益与道德义务相符合并且融为一体。
>
> 因此,对一个人所取得的成就的承认是一种原动力,这种原动力在很大程度上源于制度上的强调。对独创性的承认成了得到社会确认的证明,它证明一个人已经成功地实现了对一个科学家最严格的角色要求。科学家的个人形象在相当程度上取决于他那个领域的科学界同仁对他的评价,即他在什么程度上履行了这个高标准的极为重要的角色。[38]

这种同行承认是科学中其他每一种外部奖励形式的最终源泉(这种奖励增强了个人从解决问题中获得的快乐)。因此,对同行承认的优先权的奖励,能起到使系统进行迅速(有时甚至是过早迅速)而公开的科学交流的作用。它为科学中的"公有性"提供了制度化的动机基础。这一过程被科学产权的这一与众不同的特征进一步

加强了,即这些财产“被削减得只剩下这样一个方面:其他人承认,在导致这一成就方面该科学家起了独特的作用”。[39]科学家完成了他那引人注目地被称作“贡献”的成果以后,他就不再有权独自占有它。对于把个人的劳动成果慷慨地贡献给科学作为公共财富的行为,社会所给予的这些有组织的激励,反过来又对那些利用这些贡献的人提出了一个强制性的义务,即通过承认他们所获得的公共的知识的来源来提供同行承认这一奖励。与学术工作中引证和参照的认识功能不同的社会功能就表现在这里。以后,具有敏锐的社会学头脑的诺曼·斯托勒和阿瑟·斯廷奇科布(Arthur Stinchcombe)引申出了这种科学所独有的综合了奖励系统和财产系统的观念的一般理论意义,他们所用的篇幅不多,但却说明了很多问题。斯托勒指出,这种观念提供了一种对科学的制度动力学的理解,从而有助于在理论上趋于一致。业已

> ……说明了那四个[科学]规范如何在一个功能整体中彼此相互作用。但在这个系统中却无定义明确的、有特色的“能”源——没有关于为什么它会“运动”的观念。这种表述是一种状态描述,而不是一种过程描述。这就好像有人描述了一个电动机的物理构造,但却未提供一个明晰的电的概念:人们也许可以看到它**可能**做的工作,但可能不理解为什么它**会**反复运转。
>
> ……这就是[提供了]这样一个观念:在制度上加强专业承认的努力(获得这种承认几乎完全是为了得到科学贡献的优先权,而且,对于重大的发现,这种承认的标志就是以名字命名)将构成对科学成就的制度化的奖励,从而形成独立自主的科学奖励系统的基础。

> 这就是驱动这一系统的能量,亦即经过了独特制度化的动力,它可以说明科学家对科学的精神特质的倾向,并且可以说明为什么他们愿意接受它常常要求的约束……
>
> 从制度上推论出或加强的个人需求这一观念,与科学成就直接联系在一起,也使从事科学工作有了一种紧迫性,而这种紧迫性是早期的科学观念没有解释的。从某种意义上讲,科学知识是无时间限制的……那么,为什么科学家总是要急于完成他的著作呢?按照实证主义观点的乐观假定,走向真理路途中的那些摇摆现象迟早终会纠正过来,那么,为什么科学家会感到有责任应赶紧发表自己的论著以指出同事的错误,或维护自己著作的正确性呢?优先权和承认之间的直接联系为我们提供了答案的一个轮廓。[40]

斯廷奇科布认识到,这种"通过个人在社会所确定的选项中进行选择来探讨社会的方法,既不同于心理学还原主义也不同于社会学还原主义"。[41]他把这种方法运用于分析科学界具有社会特点的对优先权的关心,确认了一些相互联系的外显功能和潜隐功能,这些功能既具有个人特点又具有社会特点,它们维持着科学交流的开展。首先是

> ……加快信息流通的外显功能。因为一个领域[处于前沿]的大部分研究工作者在发表重要结果之前要对它们进行审读,而许多杂志,即使在最重要的图书馆中,从未被审核过,这种外显功能还不能说明全部情况。其次,发表成果至少有两种潜隐功能,亦即确立科学发现的优先权和自我证实发现(因而从事这项发现的生活)的重要性。

> ……第三,在科学的公有性规范中,外显功能有着结构上的重要性。发表成果是诸多展示科学的公有性规范的手段之一(大学教育是其中的另一种手段),这种公有性表明,人们不应因某人个人的利益而被剥夺享有思想的权利。也就是说,潜在的社会对科学产出的处理,就是科学地位系统中的处理过程,而且事实上,有一种固定的社会结构负责处理潜在的产出(对优先权的要求),它会把这个系统凝聚在一起。正是这一点使得通过发表成果而确立优先权的潜隐功能成了一个十分重要的功能——它有可能使得潜隐功能在外显功能即使没有价值时仍将维持这种实践。这样,这些潜隐功能牢固的社会地位,就会对依据这种明显的公有制来看是"越轨的"行为,亦即为争夺优先权、争夺思想的"个人产权"而进行的严酷的论战,产生压力。争夺优先权的论战**不**是潜隐功能(也许是潜在的反功能),而是一些征兆,即并非一切都是从它们表面上所看到的那样。对具有社会特点的越轨的敏感是默顿的一种本领,他反复用它来确定外显功能和潜隐功能交织在一起的这些系统,以及它们相应的结构定位。[42]

在这最后的评述中,斯廷奇科布把我们的注意力引向了《科学、技术与社会》中那个长期未得到解释的脚注的另一个副产品,这个脚注曾指出,有关优先权的争论构成了"一个令人感兴趣、需要进一步研究的问题"。因为过了二十多年后,那篇集中讨论科学发现优先权这个主题的文章进一步指出,对显然重要的独创性的强调会达到极端的程度,"由此看来,科学文化是病根所在。"远在今天大家热切关注科学家个人的错误行为之前,这个对那些结构

所引起的动机的分析,在那时就得出了以下结论:

> 喜爱争论、坚持己见的要求、怕别人占先而保密、只报告支持某一假说的数据、毫无根据地指控别人剽窃,甚至偶尔偷窃别人的思想以及在极少数情况下编造数据——所有这些行为,在科学史上都曾出现过,可以认为,科学文化对独创性发现的大力强调,与众多科学家在作出一项独创性发现时所经历的实际困难之间存在着差异,这些越轨行为就是对这些差异的反应。在这种重压处境下,人们会充分利用各种方式的适应行为,其中某些行为远远超出了科学惯例。[43]

尽管我不能有十分把握地说(相反,我感到怀疑),在写那个预见性的脚注时,《科学、技术与社会》的作者意识到了关于发现的优先权的争论也许会构成一个"战略研究的基础",从而导致这一系列关于作为一种社会制度的科学之动力学的思想。对那种现象的分析,也不可能是与重新开始的有关科学中的多重独立发现和问题选择的分析联系在一起的。

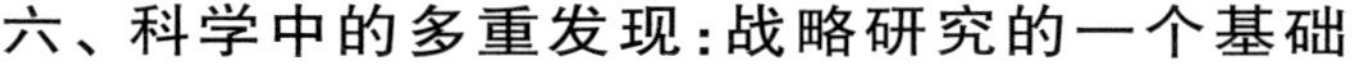

六、科学中的多重发现:战略研究的一个基础

我们业已看到,《科学、技术与社会》所预示的、以后又得到了更详细的探讨的那些主题,亦即科学中的竞争和优先权冲突等,显然推测了另一种现象,这种现象对于正在形成的科学社会学有着重要的意义,这就是多重独立发现和发明现象。当然,除非有两个或更多的科学家几乎同时发明同一种思想或技术,或者几乎同时作出同样的发现,否则很少会出现这样的关于优先权的争论。因

而可以理解，《科学、技术与社会》常常提及反复出现的多重发现现象。对这些现象的提及，往往是与解释彼此独立工作的科学家怎样获得相同或类似的发现联系在一起的。因此，

> 托里拆利和居里克、玻意耳和马略特，可能还有胡克和帕潘等人的基本上独立的发现，都根源于当时的科学家对一个相对有限的力学领域的深切关注。这一兴趣中心显然是与特定的技术需要联系在一起的，而经济的发展使得这些技术需要变得日益紧迫了。[44]

我感到有点惊讶的是，《科学、技术与社会》竟然没有提及一个在过去三百年已经变得家喻户晓的事件，即牛顿和莱布尼茨均声称拥有发明微积分的优先权，因而他们之间爆发了一场剧烈的冲突，并且很快演变成了派系之争。不过，我简略地说明了其他一些类似的事件，这些事件尽管在当时也是尽人皆知的，但以后被人们淡忘了。这些事件十分恰当地例证了多重、有时是同时的独立发现和发明的现象，因此，

> 胡克与惠更斯之间就成功地制造出有螺旋弹簧摆的船用天文钟[据认为，它也许能帮助人在海上接近可以确定经度的引人注目的目标]的优先权问题发生了一场尽人皆知的激烈争论。姑且不管这个优先权问题是怎样解决的，因为这一争论对我们的问题几乎没有直接影响，事实是，除了其他人外，这两位如此杰出的科学家也把他们的注意力集中在这个主题上，这本身就很有启示意义。这些同时发明是两种基本力量的结果，一种是内在的科学的力量，它为解决问题提供了理论素材，另一种是非科学的、主要是经济的因素，它把人们的兴

趣引向这个一般的主题上。[45]

《科学、技术与社会》中还有其他一些反映早期对这种现象的持续兴趣的例子，这些例子相当复杂，涉及当时的一些科学学者，其中有些人几乎是同时作出了发现：

> 沃利斯第一个正确地陈述了碰撞理论，伽利略对该理论的理解是错误的，而笛卡儿在他1664年的《原理》中对该理论的讨论也是不正确的。克里斯托弗·雷恩几乎在同时但却以并不十分完备的方式发现了碰撞定律，惠更斯则在不到一个月后提出了他自己更为详尽的分析。[46]

尽管从经验的角度讲，优先权冲突和多重独立发现现象是密切相关的，但从分析上看，它们是不同的，而且在20世纪30年代以前的学术讨论中，人们明显地把它们区别对待了。正如《科学、技术与社会》中"一个令人感兴趣"的问题所预示的那样，社会学家和史学家几乎完全忽视了那些优先权冲突值得注意的理论价值和分析价值；即使在考虑时，人们也是用讲故事的方式（并且常常带有对因竞争优先权而引起的摩擦行为表示道德义愤的口吻）来介绍它们的。有深邃洞察力的科学史学家查尔斯·C.吉利斯皮（Charles C. Gillispie）记述说，甚至到了50年代，《科学发现的优先权》这篇文章发表时，他对我过分注意虽然不是毫无价值但显然其重要性甚微的问题，还表示过友好的关心。但是没过多久，当吉利斯皮不再仅仅从描述方面来考虑那些频频出现的优先权冲突的个案时，他开始认识到，它们有可能会构成理解奖励系统与科学规范结构的其他方面之间的矛盾的主要素材。他在这段很有创见的评论中指出：

> 这种[对优先权冲突的]分析表明,在科学共同体中,动力来自于为荣誉而展开的竞争,这与古典经济共同体中动力来自于为利润而展开的竞争并无二致,而且,有关这类情况的相关陈述无论如何都不忌讳承认:竞争者从其性格上讲喜欢他们的工作,并且因此选择了它。[47]

不过,如果说优先权冲突问题长期以来一直只是一种可疑的而且也许是没有价值的主题,其意义仅仅在于反映甚至像伽利略或牛顿这样划时代的科学家(更不用说无数普通科学家)的弱点,那么,相关的多重独立发现这个主题则完全是另外一个样子。20世纪30年代,多重独立发现已经成了社会人类学和社会学的一个主要课题。例如在美国人类学界,艾尔弗雷德·克罗伯(Alfred Kroeber)于1902年成为了第一个获得哥伦比亚大学授予的人类学博士学位的人,* 在他早期的著作中,"独立发明"被用来作为"传播"概念的替代物之一,用以解释在相距遥远的社会中出现的相似的文化模式。[48]而在美国社会学界,威廉·F.奥格本(William F. Ogburn)和他年轻的助手多罗西·S.托马斯(Dorothy S. Thomas),收集了大约150个独立发现和发明的事例,并且与奥格本相似,他们得出结论说,一旦这些发现和发明的认识要素在文化遗产中积累起来,并且社会需要使人们的注意力集中在一些特定的科学和技术问题上,这些发现和发明就会成为几乎不可避免的了。[49]同这些假说一致,"几乎不可避免的"是,受过人类学和社会

* 原文如此,经与默顿教授通过电子邮件核实,他已确认这里的确有笔误:克罗伯是于1901年而不是于1902年获得人类学博士学位的。——译者

学文化熏陶的《科学、技术与社会》的作者，也会注意到17世纪的多重发现和发明现象及其理论意义。

然而，过了大约十二年以后，他描述说，多重发现这种“重要思想”“由于重复而变得陈旧了”。[50]这种只进行重复的做法为科学社会学“缓慢、不确定和零星的”发展提供了很有代表性的证据，这一断言出现在伯纳德·巴伯(Bernard Barber)的《科学与社会秩序》(*Science and Social Order*)的前言中，他的这一著作是对渐渐出现的科学社会学这个专业第一次充分而系统的总体论述。实际上，在几十年中，对多重发现现象没有人做过新的研究和理论阐述，这说明这个领域的研究死气沉沉。我所断言的这种死气沉沉的状态，显然也是对我自己的批评，因为直到20世纪60年代的这个十年开始，我自己的注意力才转过来进一步考察多重独立发现——为了方便起见，这个很长的术语不久就被缩简成了“多重发现”(有别于被称作单一发现的那些只有过一次的发现)。

重新开始的探索注意到，由于事实上多重发现是频繁出现的，并且长期以来不断重申的多重发现理论的基本的社会学意义，在数个世纪中被人们周期性地重新发现，因此，这个理论一直在“自我例证”。托马斯·麦考莱(Thomas Macaulay)首先在1828年(远在他驰名的辉格党派对英国17世纪史的赞扬发表以前)随意地列出了一个一览表，他断言，牛顿和莱布尼茨独立发现了微积分这种现象，属于一类独特的多重发现，就像下述例子一样：“……租赁学说现已被政治经济学家普遍接受，它几乎是由两位没有联系的作者同时提出的。以前的一些思索者在这个问题上总是因疏忽而出错；但是它不可能再让最心不在焉的探索者把它错过了。”

他随后“用典型的麦考莱式的单调的口吻和无可置疑的麦考莱的天赋”总结说：“我们对人类知识储备每次的巨大增加深怀敬意，并且倾向于认为，情况是类似的：没有哥白尼，我们也会有太阳中心说，没有哥伦布，美洲也会被发现，没有洛克，我们也会有关于人类思想起源的正确理论。”[51]

沿着麦考莱的考察继续走，我在本世纪挑选出的将近20个具有相同意义的观察结果使我得出结论说：“从事实际工作的科学家、史学家和科学社会学家、传记作家、发明家、律师、工程师、人类学家、马克思主义者和反马克思主义者、孔德主义者和反孔德主义者，尽管认识的程度有所不同，但都一而再、再而三地呼吁人们既要注意多重发现这个事实，也要注意它的某些内在意义。”[52]

这篇论文接下来报告了埃莉诺·巴伯(Elinor Barber)和我对264个多重发现的一项深入研究，我们通过研究发现了以下分布情况：[53]

发现者的数目	事例的数目
2	179
3	51
4	17
5	6
6或更多	11

在这些多重发现中，大约15个是在一年期间出现的；有些还是在同一个星期出现的，还有几个是在同一天出现的。该文进而指出，一些伟大的科学家卷入了“大量的多重发现之中。对伽利略和牛顿来说是如此，对法拉第和克拉克·麦克斯韦是如此，对胡

克、卡文迪什、斯坦森(Stensen)、高斯、拉普拉斯、拉瓦锡、普里斯特利以及谢勒也是如此,简而言之,对所有其在科学众神殿中具有无可争议的地位的人来说,无论按照他们的天才标准来看他们可能有多么大的差别,情况都是如此”。[54] 以开尔文为例,我们发现,他通过他的大约400篇论文证实了32项多重发现,他最终知道,这些他自己独立作出的发现也已被其他人完成了。再来看看弗洛伊德,他说,他卷入了30多项多重发现,这些发现是他在完全不知道别人当时也已完成了的情况下作出的。

对《科学、技术与社会》中所预示的主题和相关的问题,我是拖了很久以后才返回来进行探讨的,鉴于后记尤其受到篇幅的限制,因此,对这一探讨中所提出的那些发现和解释,我不打算作进一步的概述了。指出这一点就足够了:自20世纪60年代以来,对多重发现的分析不再是处于一种死气沉沉的状态,这一点明显地表现在托马斯·S.库恩(Thomas S. Kuhn)、德理克·普赖斯(Derek Price)、耶胡达·埃尔卡纳(Yehuda Elkana)、迪安·西蒙顿(Dean Simonton)以及奥古斯丁·布兰尼根(Augustine Brannigan)所作出的各种各样重要的贡献之中。[55] 在这里,不需要对这些各不相同的理论研究进行评论,因为哈丽特·朱克曼在不久前发表的关于这个主题的综述中已经对它们进行了总结和批判性考察。[56]

但是,有两个关于多重发现这一主题的局部相关的考察,仍需要(哪怕是很简略地)介绍一下。一个是,我试图在20世纪60年代初期,解释学术界在以前那个冷漠的忽视时期对持续而系统地研究多重发现的“抵制”。可以说,这种忽视是有问题的,因为对多重发现的分析试图说明,这种现象是科学社会学的一个“战略研究的基础”,也就是说,这种分析所提供的可供研究的数据,特别有利于澄清在科学知识的发展中一定的社会和认识过程的作用。[57]近年来对这一主题的一系列系统的研究证明,这样的想法并非是无根据的乐观主义。

另一个考察像这部书的主题一样,与《科学、技术与社会》直接相关。在其另一篇从历史的角度对《科学、技术与社会》进行详细论述的专题论文中,I. 伯纳德·科恩指出,他常常

> 把对清教在英格兰科学兴起中的特殊作用的历史洞察,作为对多罗西·斯廷森(Dorothy Stimson)、罗伯特·默顿和F. 琼斯(Jones)这三个独立的学者作出了多重发现的一种说明。这给我提供了一个机会来证明,独立发现不仅出现在科学史上,而且也出现在科学自身之中。在20世纪30年代,这三个研究者在这个国家地理上不同的地区,在截然不同的学术领域中工作,他们经过完全不同的路线得出了或多或少相同的结论。[58]

科恩随后对这种多重发现进行了细致而翔实的说明,其中有一个异常精确的年表,该年表以一些重要的文献资料为基础,从某种意义上讲,这些资料是对其他更为重要的多重发现的历史分析的回顾。他注意到了我在1934年发表的第一篇关于清教与科学的关系的长篇论文,该文在当年6月受到了“他的专业指导教授皮蒂里姆 A. 索罗金(Pitrim A. Sorokin)刺耳的批评”。这一严厉的批评包括,指责原稿中犯的错误,与马克斯·韦伯(Max Weber)和恩斯特·特勒尔奇(Emst Troeltsch)把新教与现代资本主义的兴起联系起来时所犯的错误,是“一模一样”的,毫无疑问,这种错误使得原稿的年轻作者充满了自大。[59]虽然有这样的批评,这篇论文略微

修改之后,还是于1936年以《清教、虔敬主义与科学》("Puritanism, Pietism, and Science")为题发表了。I.伯纳德·科恩指出:

> 1934年,在默顿开始他的研究一年以后,多罗西·斯廷森(一位史学家,并且长期担任古切尔学院院长……)阅读了12月在华盛顿市举行的美国社会学协会会议上的一篇论文:《清教与十七世纪英格兰的新哲学》("Puritanism and the New Philosophy in Seventeenth-Century England")。该文的修订稿后于1935年发表,这时默顿论题几乎已经完全成型了。

最终,在这个三重发现中,华盛顿大学的英国文学教授理查德·F.琼斯在他1936年出版的"重要著作"《古代人与现代人:论著之战的背景研究》(*Ancients and Moderns: A Study of the Background of the Battle of the Books*)中明确阐述了一个"多少有些相似的观点",但这时已经"太晚了,默顿在他的博士论文中是不可能借用它的"。[60]

自不待言,科恩沿着这些联系得非常紧密的分析思路,解释了一般的和这个特殊的多重发现个案中所涉及的社会和认识过程。不过,在半个世纪以后的这些事后思考中,这种重新领悟到的思想的影响对我来说并不是最主要的。毋宁说,科恩的说明使我回想起了身在剑桥的我这个研究生与巴尔的摩的斯廷森院长之间友好的通信,并且在一定程度上回想起了后来我与圣路易斯的琼斯教授的通信和公开互动。伯纳德·科恩详细地引用和分析了我与斯廷森院长的那些往来信件,值得注意的是,其中没有就优先权问题发生**争论**,从过去几个世纪到现在,人们已经对这种争论非常熟悉了。显而易见,这些信件的目的不在于确认某个人的观念的**优先**

权，并提供经验研究证明，而在于确认一个人的观念和探索的**独立性**。在这些信中，偶尔也会提到这篇或那篇文章或者正在印刷的手稿中的资料，这时双方表现得都很有礼貌但略微有点激动，显然是想使对方相信，自己的研究在得知另一方也在做此工作前已经开始了。（在数十年后出版的《站在巨人的肩上》一书中所确认的“引发争端”的动因作用下）[61]一旦这种独立性在这种私人通信中清晰地表现了出来，在后来付梓的论文和专著中，无须竭力去争夺优先权，这种独立性也很容易得到再次肯定。这种无论是公开还是私下的宽厚的行为方式，都有可能在一定程度上产生于对科学和学术中会出现大量多重发现的历史认识和社会学认识。也许他们猜想，这不一定有什么重大的利害关系，从而更使得上述三个人相对来说都比较平静。因为尽管他们也许考虑到了他们在自己的工作中付出了巨大的努力，但他们可能很难相信，清教与科学的联系的假说真会导致巨大的震动。

总而言之，有必要很快发表一篇有关这几个人共同关注的观念的独立性（而不是观念的优先权）的概述。在理查德·琼斯的著作《古代人与现代人》于1936年出版后，《伊希斯》杂志的编者乔治·萨顿很快就安排了对这一著作的评论。可以理解，萨顿指派正在读研究生并且刚刚被任命为教员的我来做这件事，我的博士论文在某种程度上与琼斯著作的主题相近，在这些方面，萨顿对我进行了多年的指导。在这篇书评中，有一段突出的话概述了几种几乎是相同的观念：

> 从他的评论看，J. F. 佩恩（Payne）在其为西德纳姆所写的传记中，“只注意到了清教徒，而我已经能够发现他们对新

科学的支持。”琼斯教授似乎已经完全独立地从正在进行和刚刚完成的若干研究中得出了他的结论。多罗西·斯廷森院长最近发表了一份初步的研究进展报告，其中包含了实质上同样的结论：奥莉芙·M.格里菲思(Olive M. Griffith)业已描述了17世纪末长老制与科学教育的密切关系；通过对这个主题作更多的分析研究[原文如此，情况真是这样]，评论者已经得出了相似的结论。此外，在巴克尔(Buckle)、马克斯·韦伯、桑巴特(Sombart)、特勒尔奇、弗里德尔(Friedell)以及法卡欧卢(Facaoaru)的著作中，也可以发现多少有些偶然的对这种联系的评论。多重独立发现在科学史和相关的学科史中已经屡见不鲜，这个事例也许可以用来为这些发现提供一个令人难忘的证明。当然，独立犯同样的错误的可能性不是很大的。[62]

在对琼斯的著作作出这种公开的评论以前，琼斯曾给我写过一封信，表示他很重视我已经发表的论文《清教、虔敬主义与科学》，当时，他的著作还在印刷之中。他在信中表示，感到可喜的是，他发现“您从一种完全不同的角度、从大陆的观点探讨了清教与科学的关系问题，所得出的结论支持了我本人的观点。[随后，以友好的、过于热情的口吻说]您的统计逻辑是必不可少的。我认识到了不信国教的学术团体对科学的强调，而您具有大陆特点的研究又使我大开眼界。鉴于您文章中的资料以及您处理这些资料的娴熟的逻辑方法，尤其是您的那些发现，我希望，您的文章能够得到应有的承认”。[63]

这种在私下对独立的观点的趋同的承认，在适当的时候亦即当琼斯对《科学、技术与社会》进行评论时，又以公开的方式表现了

出来。完全可以理解,琼斯的评论也发表在《伊希斯》上,从中摘录的一段简短的话,反映了这种学院式的风格:

> 作者认为极为重要的那些社会和文化价值观,为新教、虔敬主义以及清教等宗教运动所持有,尤其是为清教所持有。他指出,在最近几年,许多文章和著作都把注意力放在了清教与科学的密切联系上,同样,他本人则更进一步澄清和确认了这种关系,这种关系很快就会成为科学史的一个基本常识。总的来说,显然可以这样来形容这一重要的专题著作,即它的特点就是有着真正严谨的学术精神和方法。作者持有一种批判精神,陈述时非常谨慎,他广泛地收集证据,并以逻辑的方法把他的证据集中起来,用于解决他的这一课题的各种问题。[64]

当我最初回过头来看这些信件和评论时,我感到,这三个在一个被忽略的观点上达成共识的人的行为,似乎为梭罗(Thoreau)的相互赞扬的社会提供了一个重要的例子。所有这些行为都是赞颂和相互表达善良意愿的行为。但接下来我又想到,这种行为更是相互安慰的社会的一个例子。显而易见,当发现另外两个人也已认识到了他们各自贡献的独立性和互补性时,这三个人中的每一个人都得到了安慰。我在前面提到,没有冲突和积怨也可能是由于优先权的利害关系相对较小的缘故,这时,我不可避免地又会想起本杰明·富兰克林(Benjamin Franklin)精明的逆向评论[首先是I.伯纳德·科恩在他早期的专题著作《富兰克林与牛顿》(*Franklin and Newton*)中引用的,引这一段评论就足够了]。在思考其他人声称对他在电学的发现和发明拥有优先权时,富兰克林评论说:

> 当一个竞争者对他人的猜疑和妒忌很容易使你遇到反对,至少会使问题受到怀疑时,你的发明越小,你在与他争夺该发明的荣誉时所受到的屈辱也就越大。它本身不足以引起一场争论,没有人会认为你的证明和理由值得他们注意:如果你不就此问题进行争辩并证明你是对的,你不仅会在这样的事件中失去你具有**独创性**的荣誉,而且还会蒙受你没有**独创性**的耻辱;你不仅是个剽窃者,而且是个剽窃无价值的东西的人。如果这项发明比较大,那你蒙受的耻辱就会小一些;因为人们对一个人在公路上抢劫黄金,并不会像对他扒窃半个便士和四分之一个便士那样鄙视他。[65]

从我以后对《科学、技术与社会》所预示的多重发现和伴随而来的优先权冲突的分析来看,在知识产权取决于同行对优先权的承认这种社会文化环境中,会频频出现多重发现,这种较高的出现频率,似乎为解释受结构影响的科学和技术中的社会冲突和认识冲突提供了有效的方法。这种冲突往往是误置的,而且并非是不可避免的。毕竟,这类结构影响是或然的而不是完全必然的。在这些结构的约束中,个人选择的自由程度是与社会学还原论的主张截然相反的。

七、科学论文变化着的特性:个人知识与公共知识的差距

《科学、技术与社会》还预示了其他一些与科学中的“公有性”(或开放交流)和有组织的怀疑等规范和实践相关的主题,我现在

很清楚，对于这些主题，我的关注中断了数十年之久。其中一个出现在对科学论文的发明和变化着的特性的一系列考察中（科学论文已经成了一种文化上相应的阐述和传播科学知识的模式）。

> 科学是公共的知识而不是私人的知识；虽然在科学中并没有明确地运用"他人"的观念，但总是会不言而喻地涉及它。一个科学家可以根据他自己个人的经验作出一个概括，并使之获得不需要进一步证实的有效定律的地位，但为了证明这个概括，研究者仍不得不设计一些判决性实验，它们须使从事于同样合作活动的其他科学家们确信无疑。一个问题的解决不仅要满足科学家个人的有效和适当的标准，而且也要满足他实际上或象征性地与之接触的那个群体的标准，这种对解决问题的压力，构成了推进具有说服力的严格研究的一种强大的社会推动力。科学家的工作在各方面受到他所探讨的现象的内在要求的影响，也许，他也同样直接地受到他对其他科学家可以推断的批评态度或实际批评的反应的影响，受到他改变自己的行为以符合这些批评态度的这种调整的影响。[66]

对科学知识作为公共知识的意义的这种考察，不久将在第一次阐述这个规范及其与之相关的社会上有组织的怀疑的实践时，得到更进一步的解释。不过在《科学、技术与社会》中，我马上又在关于科学论文的解释特性的论述中简略地说明了一下这种考察，而在 20 世纪 30 年代末，科学论文这个问题很难成为科学社会学家或科学史家关注的中心。"批评"作为一种复合的社会和认识过程会导致这样的环境，即

> ……对科学的理论和定律，不是按照理论或定律被导出

> 的顺序,而是按照严格的逻辑和“科学”的方式(依照当时的证据标准)来陈述的。也就是说,即使科学家个人依据其**私人**经验认为理论是可接受的,在此很久以后,他也必须继续根据他所在文化现有的、已被确认的科学证明准则,构想出一种论证或证明。[67]

个人探索的实际过程与发表在公共出版物上受社会影响的对科学工作的说明之间,有着重大的差异,而这里对这些差异的评论只是初步的。但是,在回顾遥远的过去时所看到的那些评论的进一步的意义,我当时并没有想到。科学家在撰写公开发表的著作时,都采用了将能够赢得有鉴别力的科学同行们赞同的典型方式,但在对此现象进行考察时,我并没有认识到其中隐含的意义。近年来注重分析科学论述的史学家、社会学家和修辞学家的研究,与这一未得到阐明的论述是没有什么关系的。其中有些的确把注意力集中放在了作为说服性文献的科学文本上[史蒂文·沙宾(Steven Shapin)、约翰·S.纳尔逊(John S. Nelson)、阿伦·麦吉尔(Allan McGill)和唐纳德·N.麦克洛斯基(Donald N. McCloskey)];其他人关注的是把意义模糊的实验室观察结果转变为没有问题的科学文本[布鲁诺·拉图尔(Bruno Latour)和史蒂夫·伍尔加(Steve Woolgar)、卡林·诺尔-塞蒂纳(Karin Knorr-Cetina)];还有些人则关注的是科学中口头和书写形式的论述的模式[迈克尔·马尔凯(Michael J. Mulkay)、G.奈杰尔·吉尔伯特(Nigel Gilbert)和迈克尔·马尔凯、达克尔·林奇(Michael Lynch)];最后,就目前的讨论而言,查尔斯·巴泽曼(Charles Bazerman)和其他人正在分析科学论文及其科学读者的变化。[68]

再回到《科学、技术与社会》这个话题上来,我注意到,大约有十二年左右,我没有再回来思考早期对科学论文的那些考察所隐含的意义,而那时的考察也只是边缘性的考察。20 世纪 50 年代初,科学社会学仍未得到普遍承认,从事此项研究的人员稀少,对私人经验与公共报告之间具有社会特点的差异的考察,成了关于这一学科之研究模式的纲领性陈述的基础。有人论证说,当然,科学出版物和其他文献对于这个领域的研究来说仍然是必不可少的,但是显然还不够。它们没有提供一种途径,使人们能共同观察在某一特定的科学研究之中正在进行的社会和认识过程:

> 像其他人一样,科学家同样倾向于深深地沉浸在自己的工作中,他们不能认识大量有可能发生在实验室中(就像有可能发生在工厂那样)的社会行动和社会互动,而且,参与这些社会互动的人,在很大程度上对这些互动没有意识。当然,已经有了大量关于"科学方法"的文献,据推断,也有关于科学家的"态度"和"价值观"的文献。但是,这类文献涉及的是社会科学家所称的理想模式,即科学家**应当**据以去思考、探索和行动的方式。它不一定按照所要求的详细程度描述科学家们实际思考、探索和行动的方式……如果社会科学家开始在物理学家和生物学家的实验室和野外工作站中进行观察,那么至少可能在短短几年中就会比以往的全部岁月学到更多的科学心理学和科学社会学的东西。[69]

从我自己的研究纲领的见解中,也无意中露出了这类结论性的方法论和纲领性的题外话。不过,过了大约四分之一世纪以后,我可以肯定地说,拉图尔和史蒂夫·伍尔加在他们的专著《实验室生活》中、诺尔-塞蒂纳在她的《制造知识》中，都独立地对在其实验室工作的科学家进行了详细的人类文化学研究。在这两个事例中，这些研究都集中在科学研究和科学论文的撰写过程中的知识建构上。以后又有了一些不同领域的研究，这些研究在基本的理论选择方面是各不相同的，在最初的观察和理论的取向方面是多种多样的。[70]

即使实验室以及其他领域的研究的主题没有重新出现在我的著述中，科学论文作为一种变化着的惯例形式这一主题，也的确出现了。我在20世纪60年代末指出：

……有关科学家会冷静、有条不紊并且准确无误地接近他们所报告的结果这种形象，可能在一定程度上源于左右着科学论文写作的那些规则。我们知道，这种规则要求这些论文是经过很多删改的著作，要求在最终形成对任何事物的报道时删除一切复杂的事件和行为，而只把它们认识的实质内容保留下来。[71]

几乎在同时，我又重新指出了这种模式对科学史和科学社会学的某些意义：

很典型的是，科学论文或专著看起来貌似准确无误，它几乎或者根本不会再产生实际在研究中混乱地交织在一起的直觉的跳跃、不正确的出发点、错误、不严谨的结论以及巧合等。因此，关于科学的公开记录，无法提供许多重新构造科学发展的实际过程所必需的原材料的来源。[72]

没过多久，哈丽特·朱克曼和我于1971年合作对科学杂志和科学论文早期的制度化进行了分析。[73]可以认为，杂志和论文都是一种不断演化的社会安排，通过这种安排，不仅能实现传播新发现的科学知识的明显目的，而且还能因此对那种知识的知识产权进行注册。举一个令人印象深刻的例子，亨利·奥尔登伯格（Henry Oldenburg）是当时新成立的皇家学会的第一位编辑，他相当有见识，而且从一开始就认识到，这些新的制度能够通过公开记录一个用以交流的科学报告首次收到时的日期，有效地确立和维护优先权。罗伯特·玻意耳是奥尔登伯格的好朋友，长期以来认为自己是“哲学抢劫”的受害者，为了消除他的疑虑，奥尔登伯格在写给他的一封信中阐明了这种保护知识产权的功能：

> “此学会总是试图，而且我认为迄今所做的就是，如您所建议的那样，当任何观察和实验首次提到时，注意其注册的时间。”……为了使这种做法的作用明确化，皇家学会已再次宣布，它将及时做记录：如已致函给［惠更斯］，对他**自愿地向学会通报**他所取得的新发现或他想做的新实验，**学会将非常认真地登记取得新成果的人和时间，使成果如实得以传播；这样可使发明的荣誉流芳百世。**[74]

正如我们指出的那样，奥尔登伯格进而告诉玻意耳，他确信这种制度化的实践：“……所有杰出的人都会得到鼓励尽可能地通报他们的知识和发现，我们相信这一古老的名言：Suum cuique tribuere［物归其主］。”[75]

早在17世纪，新自然哲学家亦即科学家就有了这样清晰的概念，这种概念可能导致人们接受那种刚刚出现的自由交流规范，这种自由交流即朱克曼和我后来所描述的“主动交换……即公开成果，以换取在制度上有保证的向他人提供新知识的荣誉性产权”。[76]

在《科学、技术与社会中》所提出的那些早期的关于科学论文的特性和功能的思想,只是在我后来的研究中被证明是一些预示。确实,我以后又注意到了作为社会文化的一种形式的科学论文更进一步的一些特性,但是显然,并没有注意到其他更多的社会学意义。这又是一种既持续又有中断的模式。

八、科学中的问题选择问题

科学中的问题选择这个问题,并非仅仅像《科学、技术与社会》所预示的那样,是该书的中心主题。这部专著几乎有一半的篇幅,致力于追溯17世纪英格兰科学"兴趣中心"的转移,再者就是试图说明依据统计而得出的当时的科学爱好者总体和个人的问题选择模式。从第7章到第11章集中讨论了"内部的"(或者说"内在的")和"外部的"过程的相互作用,这些过程形成了所观察到的那些问题选择的模式。这部专著自始至终都在进行一致的努力,尤其是要通过区分社会经济和技术的"直接"影响和"间接"影响方式,对各自类型的那些影响的程度加以估计,对其特性作出分析。

所有这些,结果证明是我在以后几十年中对问题选择的持续兴趣的初步准备,我把这个问题看作是科学社会学中的一般性问题。即使篇幅允许我详细地评价这些早期和后来的阐述(当然,实际上不允许),我也不一定这样做。因为已经有人先对这一主题进行了出色的研究了。A.鲁珀特·霍尔(A. Rupert Hall)在他对这部专著的重新考察中,史蒂文·沙宾于1988年发表在《伊希斯》上有关《科学、技术与社会》的专题讨论中,都注意到了这个问题,伯纳德·科恩在他为这部书所写的内容广泛的《导言》中,对这个主题进行了多方面的思考,哈丽特·朱克曼在于1988年首次提交给纪念《科学、技术与社会》发表五十周年的耶路撒冷会议的一篇论文中,也详细地考察了这一主题。[77]

九、社会行动未预料到的结果的恰当事例:"清教与科学"假说

《科学、技术与社会》提出了这样一个假说,即一般而言禁欲主义的新教,特别是清教,有助于使新科学合法化。对这一假说的阐述,很大程度上出自这样一种思想,即使新科学合理化主要是那种源于加尔文教义的宗教伦理之未预料到的和并非有意的后果,从一定程度上讲,这种后果也来源于路德教义和梅兰希顿教义的宗教伦理。尽管具有神授能力的宗教改革者们时常斥责被发觉是神学观念的颠覆者的新科学思想(哥白尼宇宙学说就是他们攻击的一个主要目标),但他们却发展出一组价值观,它们"……无意之中促进了近代科学。清教的几乎不加掩饰的功利主义、对世俗的兴趣、有条不紊且坚持不懈的行动、彻底的经验论、倡导自由研究的权利乃至责任以及反传统主义,所有这一切总括在一起,都是与科学中同样的价值观念相一致的"。[78]

碰巧的是,这种关于清教与科学的关系的社会学和历史学的个案研究,与在准备这一博士论文时正在发展的一种更为普遍的理论分析是协调一致的。我曾写过一篇题为《有目的的社会行动未预料到的结果》("The Unanticipated Consequences of Purposive Social

Action")的论文,对清教与科学的关系的这种现象进行了分析,把它看作是社会和文化变迁中的一种基本过程。[79]该论文把未预料到的结果分为几种类型,并且分析了对这些不同类型有利的种种条件。因此,《科学、技术与社会》并没有对未预料到的结果这一概念作出预示,而是用来作为一个历史上重要的恰当个案。

未预料到的结果的核心观念后来分化为未预料到的,并非有意的和未认识到的结果,自那时以来,它一直是我的理论研究和经验研究的中心。它在下列概念中得到了进一步的发展,例如:潜隐(有别于外显)功能和潜在的反功能,自拆台脚的预言和自我应验的预言,研究中的意外发现的模式,以及以前提到的马太效应概念和优势积累等概念,我们的一览表就此为止吧。

所幸的是,我们在此不需要考察未预料到的结果这一基本观念的那些不同的扩展,因为最近的一篇完全讨论这一主题的文章,对它们已经进行了概述。[80]这样,我就可以马上结束《科学、技术与社会》这个节略的有关预示的清单,这个清单实质上是科恩教授所写的《导言》和熊彼特的那段引语所要求的。

显然,应该说一句表示感谢的祈祷文了。

十、附录:"科学、技术与社会(STS)"这个三词组的产生和传播

像这个过长的清单一样,这个简短的附录事实上也是那篇《导言》所要求的。在比较这一博士论文以及它已经出版的修订本时,科恩教授要求注意它们不同的标题。当然,"17世纪英格兰科学

发展的社会学方面"是个很别扭的标题，具有代表性的是，我们的研究生们会宣称这是我们旷日持久并且令人精疲力竭的劳动的最初成果。这个标题既冗长又不能提供信息。它既没有暗示当时当地科学与技术的相互作用，也没有暗示科学和技术与社会的相互作用。在三年以后修订过的这一专著出版时，书的标题已经变得多少在语义上更具有分析特点，而且肯定韵律感更强了。正如科恩教授指出的那样：

> 默顿著作引人注目的标题表明了它的新颖性，这种特性可能很容易使许多读者对它敬而远之。今天，我们对这三个组合在一起的词——"科学、技术与社会"已经很熟悉了；在研讨会、研究小组、会议和政策声明的名称中，它们常常联系在一起。但是在20世纪30年代末，情况还不是这样。其中的两个词构成了一份马克思主义杂志的刊名，即《科学与社会》(*Science and Society*)，但是，在《科学、技术与社会》于1938年发表在《奥西里斯》以前，我还没有看到这么明确地把这三个词组合在一起的用法。我一直设想，他是第一个使用这个三词组的学者。[81]

我无法说，是否真是从这以后，这个第一次出现的三词组变得广为人知了。像科恩教授一样，我也知道以前没有出现过这个"三词组"。但是在当时，我并没有搜索可能的先行者。无论如何，如果我们可以依赖这种回溯效应（通过这种效应，新思想的形成，或者，像在这个个案中那样，相应的短语的形成，会激起读者实际的或表面的期待），我们仍有可能偶然发现一个到目前为止未被注意到的先驱。

不过,即使后来这个三词组的出现是有条件的,依然毋庸置疑它现在会普遍流行。只是到了现在,在科恩教授作了这番评论以后,我才想到了它的传播的进一步问题。它是什么时候开始在学术讨论中传播,并进入包括政府用语和机构在内的其他语言和机构之中的?我猜想,这个短语(及其不可避免地会出现的首字母缩略词 STS)开始传播时,是作为被延误了,并且是缓慢出现的科学社会学领域和科学社会学史领域的一个关联词。这时大概是在 20 世纪 50 年代末 60 年代初。至少,我确实回想起了行为科学高级研究中心(Center for Advanced Study in the Behavioral Sciences)设立过一个"科学、技术与社会研究项目"。作为该项目的一部分,由哈丽特·朱克曼、乔舒亚·莱德伯格(Joshua Lederberg)、耶胡达·埃尔卡纳、阿诺德·萨克雷(Arnold Thackray)和我本人组成的一个小组,把 1973—1974 学年用在了"科学知识的历史社会学"的研究上。[82]到了 70 年代末,艾娜·施皮尔格一罗辛(Ina Spiegel-Rosing)和德里克·J. 德·索拉·普赖斯把他们新的研究成果的选集定名为《从跨学科的观点看科学、技术与社会》(*Science, Technology and Society: A Cross-Disciplinary Perspective*)。[83]而在过去十年左右的时间里,相当多的大学设立了"科学、技术与社会"的研究项目、研究中心和研究机构,这些导致了最近(1988 年)全国科学、技术与社会协会的成立(The National Association for Science, Technology and Society)。也许,作为制度化的一个决定性意义的指标,国家科学基金会(National Science Foundation)为博士后设立了一个"科学、技术与社会研究项目",并且为"科学(或技术)史、科学(或技术)哲学、科学(或技

术)伦理学、科学(或技术)心理学、科学(或技术)人类学”的研究,设立了“专业发展奖”。这样,“科学、技术与社会”这个三词组也许已经成了迅速发展的科学社会科学的一个主要的语义标志。

注释

[1] 约瑟夫·K.熊彼特:《卡尔·门格尔》(“Carl Menger”),原载于《国民经济与社会福利政策杂志》(*Zeitschrift fur Volkswirtschaft und Sozialpolitik*)1(1921年):第197—206页,重印于《十个伟大的经济学家:从马克思到凯恩斯》(*Ten Great Economists: From Marx to Keynes*, New York: Oxford University Press, 1951),第87页。

[2] 参见阿诺德·萨克雷和R.K.默顿:《关于学科建设:乔治·萨顿的悖论》(“On Discipline Building: The Paradox of George Sarton”),原载于《伊希斯》63(1972年):第473—495页。另可参见阿诺德·萨克雷和R.K.默顿:《乔治·萨顿》(“George Sarton”),见查尔斯·C.吉利斯皮主编:《科学传记辞典》(*Dictionary of Scientific Biography*, New York: Charles Scribner's Sons,1975)。《伊希斯》自1912年创刊以来一直在出版。《奥西里斯》由萨顿于1936年创办,曾一度停刊,后来由科学史学会复刊,阿诺德·萨克雷主持其编辑,出版了一个新的系列。

[3] 乔纳森·R.科尔和哈丽特·朱克曼:《一个科学专业的出现:科学社会学自我例证的个案》(“The Emergence of a Scientific Specialty: The Self-Exemplifying Case”),见刘易斯·A.科瑟尔(Lewis A. Coser)主编:《社会结构的观念》(*The Idea of Social Structure*, New York: Harcourt Brace Jovanovich, 1975),第139—174页,尤请参见第144页。

[4] 除了为这部书所写的这篇《导言》外,科恩教授还在他发表在《科学美国人》[(*Scientific American*)228(1973年):第117—120页]的评论性文章中,考察过我的专题著作:另可参见:《〈科学、技术与社会〉的出版环境及其结果》(“The Publication of *Science, Technology and Society*: Circumstances and Consequences”),原载于《伊希斯》79(1988年):第571—582页;以及《一些文献对传播和接受默顿论题的看法》(“Some Documentary Reflections on

the Dissemination and Reception of the Merton Thesis”)，见乔恩·克拉克(Jon Clark)主编：《R. K. 默顿：共识与争论》(*R. K. Merton: Consensus and Controversy*, New York & London: The Falmer Press, 1990)。克拉克主编的此书还包括了其他一些关于这个主题的论文，例如：A. 鲁珀特·霍尔：《未成熟的巨人不是侏儒："默顿论题"与科学社会学》(“Infant Giants Are Not Pygmies: ‘Merton Thesis’ and the Sociology of Science”)；皮奥·拉坦希(Pio Rattansi)：《清教与科学的兴起：五十年之后的默顿论题》(“Puritanism and the Rise of Science: Merton Thesis After Fifty Years”)；皮埃尔·布尔迪厄(Pierre Bourdier)：《对默顿论题的非难》(“Animadversions in Mertonem”)；以及尼科·斯特尔(Nico Stehr)：《默顿的科学社会学》(“Merton's Sociology of Science”)。

[5] 参见科恩为这部书所写的《导言》，第9页、第24页。

[6] R. K. 默顿：《社会理论与社会结构》(*Social Theory and Social Structure*, New York: The Free Press, 1968, 3d ed.)，第21页。

[7] 有关这种预示论的相关的例子，请参见同上书，尤请参见第13—27页。

[8] 在科学中，后续的问题并非是现成的，而是需要通过可描述的过程来识别的，关于这种思想的含义，请参见 R. K. 默顿：《关于社会学中问题——发现的笔记》(“Notes on Problem-Finding in Sociology”)，见默顿、伦纳德·布鲁姆(Leonard Broom)和小伦纳德·S. 科特雷尔(Leonard S. Cottrell, Jr.)主编：《今日社会学：问题与展望》(*Sociology Today: Problems and Prospects*, New York: Basic Books, 1959)，第x—xxxiv页，更进一步的阐述请参见 R. K. 默顿：《一个社会学家笔记本的三个片断：确认现象、列举出的无知状况以及战略研究的资料》(“Three Fragments from a Sociologist's Notebooks: Establishing the Phenomenon, Specified Ignorance, and Strategic Research Materials”)，原载于《社会学评论年鉴》(*Annual Review of Sociology*)13(1987年)：第1—28页。

[9] R. K. 默顿：《科学社会学散忆》(*The Sociology of Science: An Episodic Memoir*, Carbondale: Southern Illinois University Press, 1979)，第22页。

[10] 这一点也许应当补充到理查德·惠特利(Richard Whitley)的《黑箱论与科学社会学：试论这个领域的主要发展》(“Black Boxism and the Sociology

of Science: A Discussion of Major Development in the Field")的清单之中，这一点被他忽略了，见《社会学专题评论》(*Sociological Review Monographs*)，第18卷，P. 哈尔莫斯（Halmos）主编：《科学社会学》(*Sociology of Science*)，1972年：第61—92页。

[11] R. K. 默顿：《十七世纪英格兰的科学、技术与社会》，第83页，黑体字为我所标。

[12] R. K. 默顿：《十七世纪英格兰的科学、技术与社会》，第225页，黑体字为我所标。

[13] 关于"原始观念"（Urideen）的概念，请参见路德维克·弗莱克（Ludwik Fleck）：《一个科学事实的起源和显现》[*Genesis and Development of A Scientific Fact*, Chicago: University of Chicago Press, (1935) 1979]第23—27页；另可参见耶胡达·埃尔卡纳：《能量守恒定律的发现》(*Discovery of the Conservation of Energy*, London: Hutchinson, 1974)，第14—17页。

[14] R. K. 默顿：《社会所期待的持续（一）：关于社会学概念形成的个案研究》("Socially Expected Durations I: A Case Study of Concept Formation in Sociology")，见W. W. 鲍威尔（Powell）和理查德·罗宾斯（Richard Robbins）主编：《冲突与共识：刘易斯·A. 科瑟尔纪念文集》(*Conflict and Consensus: A Festschrift in Honor of Lewis A. Coser*, New York: The Free Press, 1984)，第267页。

[15] R. K. 默顿：《十七世纪英格兰的科学、技术与社会》，第231页，以及第231页，注61。

[16] 参见R. K. 默顿：《科学与社会秩序》，原载于《科学哲学》5（1938年7月）：第321—337页。直到现在，我才找回了我与该刊编辑威廉·马里亚斯·马利索夫（William Marias Malisoff）的往来信件，这些信件可以解释，为什么这个杂志而不是一个社会学杂志发表了此文，并且可以作为那时暂时停止把科学社会学与科学哲学联系起来的努力的一个见证。马利索夫在1938年3月7日写道："我们几个人已经表达了这样一种愿望，即应当让您关注《科学哲学》。我一直欣赏您多年来发表的著作，因而，我很高兴与您联系。或许，您有一些手头资料，它们可能适合在本刊发表。我们急切地希望避开那些一直像雪片般袭向我们的大量空洞无物、晦涩难懂的材料。我们的

当务之急就是发表一些有实质内容、比以前条理更清晰、更适合科学读者的资料。如蒙回复,并得到您一两条有建设性的批评,我们将不胜荣幸。”

当时,剑桥与曼哈顿之间的邮件往来比现在快多了,四天以后,我就回了信,我写道:“……对我来说,要[对《科学哲学》]提出任何改进的建议恐怕太自以为是了。不过,我认为,贵刊更多地关注科学的社会方面,发表一些从经验上检验知识社会学假说或有关这个领域的其他相关问题的文章,也许不失为一种明智之举。

至于您询问我是否有些‘手头资料’,我可以给您一个肯定的答复。碰巧,我有一篇曾于1937年的圣诞节在美国社会学学会会议上宣读的论文,您也许会对该文感兴趣。我冒昧地给您寄去这篇论文的打字稿,请您看看是否有可能发表。无论发表与否,是否能请您在不久的将来对我的这篇文章谈点您的看法?”

与现在相比,当时学术著作的出版更为快捷,这篇论文四个月后便发表了。

[17] 参见诺曼·S.斯托勒在其主编的R.K.默顿:《科学社会学——理论与经验研究》(*The Sociology of Science: Theoretical and Empirical Investigations*, Chicago: University of Chicago Press, 1973)中,为该书第三部分所撰写的《编者导读》,见第224页。

[18] 戴维·A.霍林格(David A. Hollinger):《为民主的辩护与罗伯特·K.默顿对科学的精神特质的阐述》(“The Defence of Democracy and Robert K. Merton's Formulation of the Scientific Ethos”),见罗伯特·阿龙·琼斯(Robert Alun Jones)和亨里卡·库克里克(Henrika Kuklick)主编:《知识与社会》(*Knowledge and Society*, Greenwich, Conn.: JAI Press, 1983),第4卷,第1—15页。

[19] R.K.默顿:《科学与社会秩序》,第326页,以及第326页,注16。

[20] 这篇集中讨论构成科学的精神特质的几个规范的文章,最初以《论科学与民主》为题,发表在短命的《法律社会学与政治社会学杂志》(*Journal of Legal and Political Sociology*)1942年第1期,这本杂志由从当时被纳粹占领的法国逃亡出来的乔治·古尔维奇(Georges Gurvitch)于1942年创办。以后这篇文章基本上找不到了,后又在我的《社会理论与社会结构》的几个版

本（New York：The Free Press，1949，1957，1968）中重印。为了对其意义继续进行阐述，该文后来又以《科学的规范结构》（"The Normative Structure of Science"）为题，作为《科学社会学》（Chicago：University of Chicago Press，1973）的第13章重印；最后的这段引文见于《科学社会学》第270页（指英文版页码，参见本书边码，下同。——译者）。

[21] 以下仅仅是一部分对作为科学的精神特质之核心的这些规范的重要讨论，以及对它们的应用：伯纳德·巴伯：《科学与社会秩序》（New York：The Free Press，1952）；沃伦·O. 哈格斯特龙（Warren O. Hagstrom）：《科学共同体》（*The Scientific Community*，New York：Basic Books，1965）；诺曼·W. 斯托勒：《科学的社会系统》（*The Social System of Science*，New York：Holt，Rinehart & Winston，1966）；S. B. 巴恩斯（Barnes）和R. G. A. 多耳比（Dolby）：《科学的精神特质：一种离经叛道的观点》（"The Scientific Ethos：A Deviant Viewpoint"），原载于《欧洲社会学杂志》（*European Journal Sociology*）11（1970年）：第3—25页；安德烈·F. 库尔南（André F. Cournand）与哈丽特·朱克曼：《科学的规则》（"The Code of Science"），原载于《基础研究》（*Studium Generale*）23（1970年10月），第942—961页；斯蒂芬·科特格罗夫（Stephen Cotgrove）和史蒂文·博克斯（Steven Box）：《科学、工业与社会：科学社会学研究》（*Science，Industry and Society：Studies in the Sociology of Science*，London：Allen & Unwin，1970）；迈克尔·J. 马尔凯：《自然科学中的某些文化生长因素》（"Some Aspects of Cultural Growth in the Natural Science"），原载于《社会研究》（*Social Research*）36（1969年）：第22—52页；杰里·D. 加斯顿（Jerry D. Gaston）：《科学中的独创性与竞争》（*Originality and Competition in Science*，Chicago：University of Chicago Press，1973），第5章；约翰·劳（John Law）和戴维·弗伦奇（David French）：《规范的和解释性的科学社会学》（"Normative and Interpretive Sociologies of Science"），原载于《社会学评论》（*Sociological Review*）25（1974年）：第373—377页；西亚伦·麦卡拉（Ciaran McCullagh）：《默顿的科学规范观》（"Merton's View of the Norm of Science"），原载于《科学之社会研究》（*Social Studies of Science*）4（1974年）：第249—266页；伊恩·米特罗夫（Ian Mitroff）：《阿波罗登月科学家的一个选择性群体的规范和反规范》（"Norms and Counter-norms in a

Select Group of Apollo Moon Scientists"),原载于《美国社会学评论》(*American Sociological Review*)39 (1974 年):第 579—595 页;迈克尔·J. 马尔凯:《科学中的规范和意识形态》("Norms and Ideology in Science"),原载于《社会研究》15(1976 年):第 627—656 页;哈丽特·朱克曼:《科学中的越轨行为与社会控制》("Deviant Behavior and Social Control in Science"),见 E. A. 萨格林 (Sagarin)主编:《越轨与社会变迁》(*Deviance and Social Change*, Beverly Hills, Calif.: Sage, 1977),第 87—137 页;杰里·D. 加斯顿:《英国和美国科学界的奖励系统》(*The Reward System in British and American Science*, New York: Wiley, 1978);尼科·斯特尔:《修正的科学的精神特质》("The Ethos of Science Revised"),原载于《社会学探索》(*Sociological Inquiry*)48 (1978 年):第 172—196 页;R. A. 罗思曼 (Rothman):《不同的关于科学的精神特质的一种异议》("A Dissent View on the Scientific Ethos"),原载于《英国社会学杂志》(*British Journal of Sociology*)7 (1979 年):第 151—154 页;约瑟夫·本-戴维 (Joseph Ben-David):《历经半个世纪的科学的精神特质》("The Scientific Ethos: The Last Half-Century"),见 J. R. 菲利普 (Philip)和 T. J. 康伦 (Conlon)主编:《科学与政治:理想、幻想和现实》(*Science and the Polity: Ideals, Illusions, and Realities*, Canberra: Australian Academy of Science, 1980),第 13—27 页;迈克尔·J. 马尔凯:《解释与规则的应用:科学规范的个案》("Interpretation and the Use of Rules: The Case of the Norms of Science"),原载于托马斯·F. 吉尔林 (Thomas F. Gieryn)主编:《科学与社会结构》(*Science and Social Structure*, New York: New York Academy of Science, 1980),第 111—125 页;托马斯·F. 吉尔林:《科学社会学中相对主义的建构主义纲领:冗余与退却》("Relativist Constructivist Programmes in the Sociology of Science: Redundance and Retreat")、《并非定论:科学社会学中凸显一方的两分法》("Not Last Words: One-out Dichotomies in the Sociology of Science"),原载于《科学之社会研究》12 (1982 年):第 279—297 页和第 329—335 页;H. M. 科林斯 (Collins):《科学社会学中的知识、规范和规则》("Knowledge, Norms, and Rules in the Sociology of Science"),原载于《科学之社会研究》12 (1982 年):第 299—309 页;尼娜·特伦(Nina Toren):《科学家的新准则》("New Code of Scien-

tists"),原载于《电气和电子工程师协会工程管理学报》(*IEEE Transactions on Engineering Management*)EM-27(1980年):第79—94页;沃伦·施莫斯(Warren Schmaus):《欺诈与科学规范》("Fraud and the Norms of Sciences"),原载于《科学、技术与人类价值观》(*Science, Technology and Human Values*)8(1983年):第12—22页;尼娜·特伦:《从一种元理论观点看科学的精神特质之争》("The Scientific Ethos Debate: A Meta-Theoretical View"),原载于《社会科学与医学》(*Social Science and Medicine*)17(1983年):1665—1672页;哈丽特·朱克曼:《科学中的规范与越轨行为》("Norms and Deviant Behavior in Science"),原载于《科学、技术与人类价值》9(1984年):第7—13页;史蒂文·沙宾:《对默顿论题的理解》("Understanding the Merton Thesis"),原载于《伊希斯》79(1988年):第594—605页;哈丽特·朱克曼:《科学社会学》("Sociology of Science"),见尼尔·J.斯梅尔瑟(Neil J. Smelser)主编:《社会学手册》(*Handbook of Sociology*, Newbury Park, Calif.: Sage Publications, 1988),第511—574页,尤请参见第514—526页;沃尔克·麦耶(Volker Meja)和尼科·斯特尔:《知识社会学与科学的精神特质》("Sociology of Knowledge and the Ethos of Science"),见赫尔曼·斯特拉瑟(Herman Strasser)等编:《沃纳·斯塔克纪念文集》(*Gedenkschrift für Werner Stark*, New York: Fordham University Press, 1990);S.哈里斯(Harris):《精神特质、意识形态与早期现代科学:从耶稣会士的科学活动对默顿论题的再考察》("Ethos, Ideology, and the Early Modern Science: Reexamining the Merton Thesis in Light of Jesuit Scientific Activity"),原载于《科学的来龙去脉》(*Science in Context*),1989年第3卷(已付印);尼娜·特伦:《科学与文化环境》(*Science and Cultural Context*, New York: Peter Lang, 1988)尤请参见第三章:《科学的精神特质与科学家的规范》("The Ethos of Science and Norms of Scientists")。

[22] 参见朱克曼:《科学社会学》,第516页。

[23] 默顿:《科学的规范结构》(1941),见《科学社会学》,第276页。

[24] 同上。

[25] R.K.默顿:《社会结构与失范》,原载于《美国社会学评论》3(1938年):第672—682页。

[26] 默顿:《科学社会学》,第 273 页。

[27] 同上,第 275 页,注 14。

[28] R. K. 默顿:《站在巨人的肩上》(*On the Shoulders of Giants: A Shandean Postscript*,New York: Harcourt Brace Jovanovich, 1965),1985 年的 20 周年版有一个作者新写的前言,以及文学评论家丹尼斯·多诺霍(Denis Donoghue)写的一个后记,该后记与现在的讨论相关。

[29] R. K. 默顿:《科学的规范结构》,见《科学社会学》,第 270 页。

[30] 同上,第 273 页,黑体字为我所标。

[31] R. K. 默顿:《科学界的马太效应》("The Matthew Effect in Science"),原载于《科学》(*Science*)199 (1968 年):第 55—63 页,以及《科学界的马太效应(二):累积优势和知识产权的象征意义》("The Matthew Effect in Science II: Cumulative Advantage and the Symbolism of Intellectual Property"),原载于《伊希斯》79 (1988 年):第 606—623 页。

[32] R. K. 默顿:《科学社会学散忆》(Carbondale: Southern Illinois University Press, 1979),第 89 页。

[33] 相关的例子有:哈丽特·朱克曼:《科学界的精英:美国诺贝尔奖获得者》(*Scientific Elite: Nobel Laureates in the United States*,New York: The Free Press, 1977);哈丽特·朱克曼和乔纳森·科尔:《美国科学界的妇女》("Woman in American Science"),原载于《米涅瓦》(*Minerva*)13 (1976 年):第 82—102 页;乔纳森·R. 科尔和斯蒂芬·科尔:《科学界的社会分层》(*Social Stratification in Science*,Chicago: University of Chicago Press, 1973);乔纳森·R. 科尔:《公平的科学:科学共同体中的妇女》(*Fair Science: Women in the Scientific Community*,New York: The Free Press,1979)。

[34] 哈丽特·朱克曼:《优势积累和劣势积累的理论及其思想变迁》("Accumulation of Advantage and Disadvantage: The Theory and Its Intellectual Biography"),原载于卡洛·蒙伽蒂尼(Carlo Mongardini)和西蒙纳塔·泰伯尼(Simonetta Tabboni)主编:《罗伯特·K. 默顿的成就与当代社会学》(*L'Opera di Robert K. Merton e la sociologia contemporanea*,Genoa: Acig, 1989),第 153—176 页。

[35] 哈丽特·朱克曼在《默顿的另一个论题》("The Other Modern The-

sis",原载于《科学的来龙去脉》,1989 年第 3 卷)中,科恩在他为这部书所写的《导言》的第 9 页都指出了这一点。

[36] R. K. 默顿:《17 世纪英格兰的科学、技术与社会》,第 169 页,注 30。

[37] R. K. 默顿:《科学发现的优先权:科学社会学的一章》,原载于《美国社会学评论》22(1957 年 12 月):第 635—659 页,引文见第 635 页;有关最近对作为一种社会现象的优先权冲突的修辞学分析,请参见艾伦·G. 格罗斯(Alan G. Gross):《关于科学发明的修辞发明:一种社会规范的出现和转化》("The Rhetorical Invention of Scientific Invention: The Emergence and Transformation of a Social Norm"),见赫伯特·W. 西蒙斯(Herbert W. Simons)主编:《人文科学中的修辞术》(*Rhetoric in the Human Sciences*, London & Newbury Park: Sage, 1989),第 91—107 页。

[38] R. K. 默顿:《科学发现的优先权:科学社会学的一章》,第 639—640 页。

[39] 同上,第 640 页。

[40] 诺曼·W. 斯托勒:《编者导言》,见默顿:《科学社会学》,第 xxiii—xxiv 页。

[41] 阿瑟·L. 斯廷奇科布:《默顿的社会结构理论》("Merton's Theory of Social Structure"),见易斯·A. 科瑟尔主编:《社会结构的观念》(New York: Harcourt Brace Jovanovich, 1975),第 16 页。

[42] 同上,第 24 页。

[43] R. K. 默顿:《科学发现的优先权:科学社会学的一章》,第 659 页。

[44] R. K. 默顿:《17 世纪英格兰的科学、技术与社会》,第 154 页。

[45] R. K. 默顿:《17 世纪英格兰的科学、技术与社会》,第 168—169 页。

[46] R. K. 默顿:《17 世纪英格兰的科学、技术与社会》,第 195—196 页;关于 17 世纪的多重发现的个案,也可参见第 173 和 218—219 页;I. 伯纳德·科恩在以下文章中也注意到了这种早期的关注:《一些文献对传播和接受默顿论题的看法》,见乔恩·克拉克主编:《R. K. 默顿:共识与争论》(New York & London: The Falmer Press, 1990)。

[47] 查尔斯·C. 吉利斯皮:《默顿论题》("Mertonian Theses"),原载于《科学》184(1974 年):第 656—660 页。我近年来评论说,这个小插曲说明"战略

研究基础"这种观念在分析上的相关性,参见 R. K. 默顿:《一个社会学家笔记本的三个片断:确认现象、列举出的无知状况以及战略研究的资料》,原载于《社会学评论年鉴》13 (1987 年): 第 1—28 页,见第 22—23 页。

[48] 艾尔弗雷德·克罗伯在其专题论文《超机体》("The Superorganic")中,出色地提出了独立再发现的"文化基础"理论,该文最初发表在《美国社会学家》(*The American Sociologist*)19 (1917 年):第 163—213 页;后来由社会学出版社 (Hanover, New Hampshire)以单行本的形式于 1927 年重印;以后又以更易于理解的方式出现在 A. L. 克罗伯:《文化的本质》(*The Nature of Culture*,Chicago: University of Chicago Press, 1952),第 22—51 页。

[49] 威廉·F. 奥格本:《社会变迁》(*Social Change*,New York: B. W. Huebsch, 1922),第 90—122 页;W. F. 奥格本和多罗西·S. 托马斯:《发明创造是必然的吗? ——论社会进化》("Are Inventions Inevitable? A Note on Social Evolution"),原载于《政治科学季刊》(*Political Science Quarterly*)37 (1922 年):第 83—98 页。

[50] 伯纳德·巴伯:《科学与社会秩序》(New York: The Free Press, 1952),重印本 (New York: Collier Books, 1962)。

[51] 特里威廉夫人编:《麦考莱勋爵杂文集》(*Miscellaneous Works of Lord Macaulay*,New York: Harper, 1880),第 1 卷,第 110—111 页。

[52] R. K. 默顿:《科学中的单一发现和多重发现》("Singletons and Multiples in Scientific Discovery"),原载于美国哲学学会《会刊》(*Proceedings*),第 105 卷,第 5 期(1961 年 10 月):第 470—486 页,见第 476 页 a。

[53] 同上,第 483 页 a。

[54] 同上,第 484 页 a—b。

[55] 托马斯·S. 库恩:《能量守恒就是同时发现的一个例子》("Energy Conservation as an Example of Simultaneous Discovery"),见马歇尔·克拉杰特(Marshall Clagett)等编:《科学史的关键问题》(*Critical Problem in the History of Science*,Madison:University of Wisconsin Press, 1959),第 321—356 页;德里克·普赖斯:《小科学、大科学》[*Little Science, Big Science*,New York:Columbia University,(1963)1986];耶胡达·埃尔卡纳:《能量守恒是同时发现的一个例子吗?》("The Energy Conservation: A Case of Simult-

aneous Discovery?"),原载于《国际科学史档案》(*Archives Internationales d'Histoire des Sciences*)23(1970年):第31—60页;迪安·K.西蒙顿从20世纪70年代起写了数篇关于多重发现的论文,他的《科学天才:科学心理学》(*Scientific Genius*: *A Psychology of Science*, Cambridge: Cambrideg University Press, 1988)参照了这些论文,并把它们融入该书之中了;奥古斯丁·布兰尼根:《科学发现的社会基础》(*The Social Basis of Scientific Discovery*, Cambridge: Cambridge University Press, 1981)。

[56] 哈丽特·朱克曼:《科学社会学》,见尼尔·J.斯梅尔瑟主编:《社会学手册》(Newbury Park, Calif.: Sage Publications, 1988),第511—574页,尤请参见第541—546页。朱克曼的以下评述具有特别的理论意义:"多重独立发现现象令一些人感到烦恼,他们主张,科学知识的生产在很大程度上是或者完全是偶然的和地域性的。"参见第555—556页,第564页,注87。

[57] R.K.默顿:《作为战略研究基础的多重发现》("Multiple Discoveries in Science as a Strategic Research Site", 1963),重印于默顿:《科学社会学》,第371—382页。

[58] I.伯纳德·科恩:《一些文献对传播和接受默顿论题的看法》,参见注46。

[59] 索罗金对1934年那份原稿的非常苛刻的指责,记录在他的亲笔信和这位研究生的回信中,这些信件被里夫卡·费尔德黑(Rivka Feldhay)和耶胡达·埃尔卡纳编入了一个专题论文集《"默顿之后":17世纪欧洲的新教和天主教科学》("*After Merton*": *Protestant and Catholic Science in Seventeenth Century Europe*)之中,见《科学的来龙去脉》,1989年第3卷。《清教、虔敬主义与科学》这篇论文,发表在一家英国杂志《社会学评论》28(1936年):第1—30页。

[60] I.伯纳德·科恩:《一些文献对传播和接受默顿论题的看法》,参见注46。

[61] "'引发争端'的动因"是从罗伯特·胡克致牛顿的一封信中引申而来的,他在这封信中指出,他们反反复复关于优先权的争论,是通过"私人信件"而不是通过公开方式进行的。随后,胡克进而又说:"我认为,这是两个富有哲学精神的人的一种竞争方式,尽管我承认,两个互不相让的人这种冲突有

可能达成谅解,可是,**如果他们受到别人的挑拨和刺激,它将会产生一些激化矛盾的不利因素,从而只会起到……引发争端的作用。**"《站在巨人的肩上》以漫游的方式,追溯了这种本意是在重要的科学讨论中促成谅解而不是激化矛盾的动因的历史,参见该书第 26—29、32、61、101、142、190 和 243 页。斯蒂芬·杰伊·古尔德(Stephen Jay Could)在《雅致的卵石,漂亮的贝壳:评〈站在巨人的肩上〉》("Polished Pebbles, Pretty Shells: an Appreciation of *OTSOG*")中,对这种后来重新发现的动因的局部环境,进行了颇有见地、非常透彻并且极富吸引力的阐述,见乔恩·克拉克主编:《R. K. 默顿:共识与争论》(参见注 4)。

[62] 参见 R. K. 默顿有关理查德·福斯特·琼斯的《古代人与现代人:论著之战的背景研究》(St. Louis: Washington University Studies, 1936)的评论,该评论原载于《伊希斯》25 (1936 年):第 171—172 页。我并不打算停下来对从这篇评论中引出的这段终究过于简化的陈述加以评论。

[63] 理查德·F. 琼斯 1936 年 3 月 19 日致 R. K. 默顿的信。

[64] 参见 R. F. 琼斯有关 R. K. 默顿的《17 世纪英格兰的科学、技术与社会》(*Osiris*, Vol. 4, part 2, Bruges 1938)的评论,该评论原载于《伊希斯》31 (1940 年):第 438—441 页。

[65] 本杰明·富兰克林的话转引自 I. 伯纳德·科恩:《富兰克林与牛顿》(Philadelphia: The American Philosophical Society, 1956),第 75—76 页。

[66] R. K. 默顿:《17 世纪英格兰的科学、技术与社会》,第 219 页。

[67] R. K. 默顿:《17 世纪英格兰的科学、技术与社会》,第 220 页。

[68] 相关的各种分析有很多,只以其中的一些为例,例如,可参见史蒂文·沙宾:《泵与环境:罗伯特·玻意耳的写作技巧》("Pump and Circumstance: Robert Boyle's Literary Technology"),原载于《科学之社会研究》14 (1984 年):第 481—520 页;约翰·S. 纳尔逊、阿伦·麦吉尔和唐纳德·N. 麦克洛斯基主编:《人文科学的修辞术》(*The Rhetoric of the human Sciences*, Madison: University of Wisconsin Press, 1987);布鲁诺·拉图尔和史蒂夫·伍尔加:《实验室生活:科学事实的建构过程》(*Laboratory Life: The Social Construction of Scientific Facts*, Beverly Hills, Calif.: Sage, 1979);卡林·诺尔-塞蒂纳:《制造知识:评科学的建构主义本质和相互联系的本质》(*The*

Manufacture of Knowledge: An Essay on the Constructivist and Contextual Nature of Science, New York: Pergamon Press, 1981);迈克尔·马尔凯:《语词与世界:社会学分析形式的探讨》(*The Word and the World: Explorations in the Form of Sociological Analysis*, London: Allen & Unwin, 1985);G.奈杰尔·吉尔伯特和迈克尔·马尔凯:《打开潘多拉之盒:对科学家思想表达的社会学分析》(*Opening Pandora's Box: A Sociological Analysis of Scientists' Discourse*, Cambridge: Cambridge University Press, 1984);迈克尔·林奇:《实验室科学的技术和人工产物:研究实验室中的作坊工作和作坊谈话研究》(*Art and Artefact in Laboratory Science: A Study of Shop Work and Shop Talk in a Research Laboratory*, London: Routledge & Kegan Paul, 1982)查尔斯·巴泽曼:《物理学实验报告在现代的演变:〈物理学评论〉有关光谱学的论文》("Modern Evolution of the Experimental Report in Physics: Spectroscopic Articles in the *Physical Review*"),原载于《科学之社会研究》14 (1984 年):第 163—196 页;查尔斯·巴泽曼:《创造成文知识:科学中实验论文的类型及其功能》(*Shaping Written Knowledge: The Genre and Activity of the Experimental Article in Science*, Madison: University of Wisconsin Press, 1988),尤其是这一章:《报告实验:1665—1800 年〈皇家学会哲学学报〉不断变化的关于科学活动的说明》("Reporting the Experiment: The Changing Account of Scientific Doings in the *Philosophical Transactions of the Royal Society*, 1665—1800"),第 59—79 页。

[69] R. K. 默顿:为巴伯的《科学与社会秩序》所写的前言,第 xxii 页(参见注 50)。

[70] 布鲁诺·拉图尔和史蒂夫·伍尔加:《实验室生活》,诺尔-塞蒂纳:《制造知识》,参见注 68;布鲁诺·拉图尔:《给我一个实验室,我将举起世界》("Give Me a Laboratory and I Will Raise the World"),原载于卡林·诺尔-塞蒂纳和迈克尔·J.马尔凯主编:《观察科学》(*Science Observed*, Beverly Hills, Calif: Sage, 1983);第 141—170 页。有关对这些探索的总体看法,请参见史蒂夫·伍尔加:《评实验室研究的技术状况》("Laboratory Studies: A Comment on the State of the Art"),原载于《科学之社会研究》12 (1982 年):第 481—498 页;哈里·M.科林斯:《科学知识社会学:当代科学研究》("The

Sociology of Scientific Knowledge: Studies of Contemporary Science"),原载于《社会学评论年鉴》9 (1983 年):第 265—285 页;哈丽特·朱克曼:《科学社会学》(1988 年,参见注 56),尤请注意第 546—557 页。皮埃尔·布尔迪厄的《对默顿论题的非难》对我的研究纲领和与之对立的极端相对主义者例如拉图尔和伍尔加的研究纲领,提出了简短而犀利的批评(参见上面的注 4)。

[71] R. K. 默顿:《科学家的行为模式》("Behavior Patterns of Scientists"),《美国科学家》(*American Scientist*)58 (1969 年),第 1—23 页,尤请参见第 2 页。

[72] 参见 R. K. 默顿:《社会理论与社会结构》(New York: The Free Press, 1968,3d ed.),第 4 页,以及第 1 章全文。

[73] 这是对《物理学评论》的档案所做的一种初步的系统性经验研究,参见哈丽特·朱克曼和 R. K. 默顿:《科学界的评价模式:评议人体制的制度化、结构和功能》("Patterns of Evaluation in science: Institutionalization, Structure and Functions of the Referee System"),原载于《米涅瓦》,第 9 卷,第 1 期(1971 年 1 月),第 66—100 页。

[74] 同上,第 70 页,引文见由 A. 鲁珀特·霍尔(A. Rupert Hall)和玛丽·博厄斯·霍尔(Marie Boas Hall)编辑和翻译的《亨利·奥尔登伯格书信集》(*Correspondence of Henry Oldenburg*),第 2 卷(Madison: University of Wisconsin Press, 1966),第 319 页,黑体字为我所标。

[75] 同上,第 70 页,引文见《亨利·奥尔登伯格书信集》第 2 卷,第 329 页。

[76] 同上,第 70 页。

[77] A. 鲁珀特·霍尔:《未成熟的巨人不是侏儒:"默顿论题"与科学社会学》(参见注 4);史蒂文·沙宾:《对默顿论题的理解》(参见注 21);伯纳德·科恩为这部书所写的《导言》;哈丽特·朱克曼:《默顿的另一个论题》,原载于《科学的来龙去脉》,1989 年第 3 卷。

[78] R. K. 默顿:《17 世纪英格兰的科学、技术与社会》,第 136 页,而且随处可见。

[79] R. K. 默顿:《有目的的社会行动未预料到的结果》,原载于《美国社会学评论》1(1936 年):第 894—904 页。

[80] R. K. 默顿:《对未预料到的结果和类似的社会学观念的亲自解释》

("The Unanticipated Consequences and Kindred Sociological Ideas: A Personal Gloss"),原载于卡洛・蒙伽蒂尼和西蒙纳塔・泰伯尼主编:《罗伯特・K. 默顿的成就与当代社会学》(Genoa: Acig, 1989),第 307—329 页。

[81] I. 伯纳德・科恩为这部书所写的《导言》,第 40—41 页。

[82] 行为科学高级研究中心:《*POSTS*: 科学、技术与社会研究项目》(*POSTS*: *Program on Science*, *Technology*, & *Society*, Los Altos, Calif.: 1974),第 9—16 页。

[83] 艾娜・施皮尔格-罗辛和德里克・J. 德・索拉・普赖斯主编:《从跨学科的观点看科学、技术与社会》(Beverly Hills, Calif.: Sage Publication, 1977)。

作　者　序 ix

经过了很长一段时间的酝酿，科学社会学终于作为一门独立的社会学专业诞生了。在思想取向、范式、问题群和工具等方面逐渐形成了某种认识特点之后，通过使研究和培训方面的安排制度化，出版有关整个这个学科或这个学科的某一部分的杂志，由专家们组成的无形学院从事相互关联的探讨，并且不时地进行争论等等，科学社会学也开始形成某种专业方面的特点。在这些以及其他方面，科学社会学表现出了强烈的自我例证特性：它自身作为一个学科的行为，例证了当前有关科学专业产生的那些思想和那些发现。

1

根据这种发展，现在比以前更有理由接受芝加哥大学出版社的迈克尔·阿伦森(Michael Aronson)的建议，把我的一些散见于杂志、专题论文集和其他书中的有关科学社会学的论文汇集成一本书。阿尔弗雷德·舒茨也面临着类似的抉择，我必须承认，我们中没有几个人能像一位见多识广的编辑那样，把我们自己文集的编辑工作坚持到底，并且像他那样做出严格的判断。我很感激诺曼·W. 斯托勒教授，因为他同意筛选和整理这些论文，他为本书撰写了导言、为每个部分写了编者按，并且尽量避免重复，除非这种重复能够加强所讨论的主题和思想的连续性。斯托勒教授已经为这个领域做了十多年的贡献，因而做起这件事来可谓是轻车熟路，他能把这些关于科学的社会学研究的看法与历史的和理性的背景结合在一起。

x 斯托勒教授对本书的贡献有目共睹，毋庸赘言，过多地重申这一点，恐怕只会减弱我在这一篇篇文章中对许多给我在这一领域的研究提供过帮助的人所表达的谢意。我还欠了一些人的情：我要感谢理查德·刘易斯和海德·加尔扎（Hedda Garza），前者阅读了本书的证明，后者为本书准备了索引。我要特别感谢我的同事伯纳德·巴伯、哈丽特·朱克曼以及理查德·刘易斯，他们允许我在本书中重印了我与他们合作撰写的论文，我也要感谢埃利莉诺·巴伯允许我选用了一些我们已发表的和未发表的合作成果。约翰·西蒙·古根海姆纪念基金会（John Simon Guggenheim Memorial Foundation）为我提供了研究员奖学金，罗素哲人基金会（Russell Sage Foundation）邀请我做了一个学期的访问学者，而最近国家科学基金会（National Science Foundation）又拨款支持哥伦比亚大学的科学社会学研究项目，这些都使我获得了很大帮助，对此我要表示由衷的谢意。我必须以我为例，证明这个项目的价值在不断增长，因为我很高兴地注意到，我那些参与这个项目的同事——哈丽特·朱克曼、斯蒂芬·科尔和乔纳森·科尔等所能告诉我的东西比以前我所能告诉他们的东西多多了，而且越来越多。很久以前我就和威廉·古德在这些专业的社会学领域中一起工作了，自那时起，他的思想和友谊使我获益匪浅。而在最近的回忆中，我则再次发现，通过我和保罗·L. 拉扎斯菲尔德一起参加研究班、一起进行尝试，尤其是这些年来我们持续进行的对话，我从他那里学到了很多东西。

R. K. 默顿

编 者 导 言 xi

诺曼·W. 斯托勒

倘若罗伯特·K. 默顿迄今为止还没有被公认是科学社会学之父，那么，至少那些熟悉这一领域的人实际上一致同意，科学社会学现在具有如此的实力和朝气，在很大程度上是默顿过去 40 年劳动的成果。他的著作为这一学科提供了主要的范式。假如这一评价不是由那些在他的范式指导下从事研究的人提出来的，而是由那些发现他的范式有某些谬误的人提出来的，那么这时，这一评价也许就能最确定地得到证实。例如，巴里·巴恩斯曾与 R. G. A. 多耳比[①]热心地讨论过违反范式的某些假设的情况，他通过观察对科学社会学的状况作了如下概括：

> 罗伯特·默顿，既是一位作者，又是一位教师，他的著作对[作为独立学科的科学社会学的]这一发展具有主导性的影响。在 1945 年以前，默顿确立了一种研究方法，把科学看作是具有独特精神特质的社会制度，并对它进行了功能分析。这一方法在很长一段时间内，是这一领域的社会学家所能够

① S. B. 巴恩斯和 R. G. A. 多耳比：《科学的精神特质：一种离经叛道的观点》（"The Scientific Ethos: A Deviant Viewpoint"），见《欧洲社会学杂志》（*European Journal of Sociology*）11（1970）：第 3—25 页。

> 运用的唯一的理论方法，而且在今天，它仍然是富有成效和很有影响的方法。它的中心思想已由巴伯、哈格斯特龙和斯托勒以及默顿本人作了详细的阐述、修改和重新解释，使它成了科学社会学研究唯一发展成熟的框架。[①]

xii 科学社会学作为社会学的一个专门学科，只不过是在过去十五六年左右的时间里才真正活跃起来的。从描述它的发展的逻辑曲线（我们知道这种情况是许多科学领域中新的"热门"学科的典型表现）中可以看出，它是从20世纪50年代中期开始呈现向上发展的趋势的。这也许是过早衰老或者至少是会把S曲线拉平的信号，因为任何一个新的领域都不像科学社会学那样，这么早就去考察自身的发展。不过这一领域有一些对它自己有利的特性。昨天的成就（和失败）是今天研究学科增长的数据，而这种情况在其他专门学科中是没有的。但这一独特的性质也会给它自己带来危害。对自己的思考想得太多会导致思想停滞，对自己的问题疑问过多也会导致某种社会学的反常现象。然而，不能因这些困难而劝阻我们不去了解这一专门领域的特征和发展。

本书汇集这些论文是为了以下目的。首先，本书汇集了许多对科学社会学的发展具有重要意义的文章，并且收集了其他一些

---

① 巴里·巴恩斯编：《科学社会学选读》（*Sociology of Science*：*Selected Readings*，London and Baltimore：Penguin Books，1972），第9—10页。巴恩斯再次指出："科学社会学中这一唯一的经久不衰的传统源于罗伯特·K.默顿对其体制结构的洞察"（同上书，第61页）。有关的相似见解，请参见迈克尔·马尔凯的评论《自然科学中的某些文化生长因素》（"Some Aspects of Cultural Growth in the Natural Science"）开篇的那段话，见《社会研究》（*Social Research*）36（1969）：第22—52页，以及肯尼思·唐尼的《社会学与现代科学革命》［"Sociology and the Modern Scientific Revolution"，见《社会学季刊》（*Sociological Quarterly*）8（1967）：第239—254页］的第244—246页。

在这一过程的某个阶段具有代表性的文章。同时，这一文集可以使人感受到这一领域学术思想的连续性和一致性；在这里比社会学的某些其他领域更明显的是，可以毫无困难地从十多年前就已预料到这一发展的那些论文中，找到未来发展的种子。以更加讲究实际的风格，将这些选自许多不同出处的文章编入一本书内，将给那些想要在自己的研究中运用它们的人提供便捷之路。最后，这一文集也是对作者的一种赞颂：这些论文本身的主旨和风格，记录着作者的著作持久的重要性，而这种重要性仅凭一篇颂扬性的文章是难以言尽的。

这些论文没有严格按照写作顺序排列。整个文集经纬交织，联结得如此紧密，各种各样五彩缤纷的思想线索穿插交错如此繁复，看来最好把这一汇集而成的著作的主要部分加以分类和组合，使人们的注意力得以集中，而不宜把这项工作完全留给读者自己去做。我希望通过这一方式，使对思想的不断澄清更加明白，使把这些思想编织在一起、为这一正在成长的知识主体增加力量的那些方法更加显而易见。

不过，这些论文本身，即使加上从一开始就成为默顿著作特点的大量脚注，也不能为这个更大的舞台——社会和思想环境提供一览无余的景象，而这些论文正是在这一环境中产生的并为这一环境作出了贡献。本篇导言的目的在于，从 1973 年占主导地位的观点出发提供这样一种外貌，我并不想写一篇类似科学社会学史之类的东西，而是要简略地描述一下已经勾勒出科学社会学的大概轮廓的主要里程碑和问题。本书五个部分每一部分的编者导言 xiii
中都有另外的详细说明。

科学社会学有时被定义为知识社会学的一部分，然而知识和实在(不用说知识的实在)之间相互关系的多重性问题，在社会学更大的那部分的中心，是一个更为一般的问题。对宗教和意识形态的研究、对大众媒介和公众舆论的研究以及对规范和价值观等等的研究，更不用说社会学家们从方法论上的关心，都意味着在人类群体生活的这两个基本组成部分互相依存的关系中，存在着先有鸡还是先有蛋的问题。现有的日常经验是怎样形成人们把世界概念化的各种方法的呢？反过来，他们的概念化思想又是怎样影响他们在这个世界上的活动的呢？进而言之，他们是怎样对他们所“知道”和他们所体验的事物之间的差异作出反应的呢？

也许是因为，在某种意义上说，Wissenssoziologie 亦即知识社会学从一开始把它所关注的面规定得太狭窄，把全部注意力几乎都放在试图推论人们的利益和经验在其知识的形成中所起的作用之程度方面，以致在 20 世纪 30 年代曾经陷入混乱。确实，正如默顿在 1945 年对这一学科领域所作的探讨[这里包括《知识社会学的范式》(“Paradigm of the Sociology of Knowledge”)]表明的那样，这一特殊问题本身包含了最终可能会砸自己脚的石头。断定人的知识根本不是由人的经验构成的，将会削弱这一领域存在的理由，而断定它全是由经验构成的，看来有可能等于怀疑(如果不是否认的话)知识(包括这种断定的结论)的正确性。这一问题的有限解释导致了内部自相矛盾的混乱，要想逃出这个死胡同就必须从一些不同的问题开始重新探索。

当然，社会学界不同的部门已经热烈地讨论过这样的问题。韦伯论述新教世界观(Weltanschauung)在欧洲产生资本主义过程中的重要作用的著作，在默顿看到与他对科学史的兴趣有关时，已经有了很长一段实际上有争论的历史。迪尔凯姆关于原始宗教的著作以及他对知识社会学问题的取向，开始吸引了甚至某些美国社会学家的注意。这项任务就是把各种问题放回到某种有序的排列之中。

然而，在20世纪30年代初，默顿的兴趣主要不是在知识社会学。当他在哈佛大学进修研究生课程期间，他在经济史学家E.F.盖伊的建议下，着手对A.P.尤舍的《机械发明史》(*History of Mechanical Invention*)一书作分析性的评论。盖伊对他的评论颇为赞赏，建议也在哈佛大学工作的乔治·萨顿把这篇评论发表在研究科学史的一流刊物《伊希斯》(*Isis*)上。该杂志是萨顿所创办的，而且，他那时仍在负责该刊的编辑。萨顿接受了这个建议把它 xiv 发表了，同时还聘请默顿到著名的怀德纳图书馆(Widener Library)的专题研究组工作，从而提高了他对科学史的兴趣。皮蒂里姆·A.索罗金注意到默顿有关这一领域的专业知识不断增长，就聘请默顿协助他研究科学的发展，这一研究将成为他的《社会动力学和文化动力学》(*Social and Cultural Dynamics*)一书的组成部分。这项工作为注重开发思想的发展与变化的量化标准提供了有价值的经验，而且可能为"人学"(prosopography)，亦即"通过对历史上某一行动者群体生活的总体研究来探索其共同的背景特征"，[①]铺平了道路。在他后来的著作中，默顿广泛利用了这些材料。

默顿还与L.J.亨德森一起从事过研究工作。亨德森是一位

① 有关默顿在这一发展中所起的作用，请参见劳伦斯·斯通：《人学》("Prosopography")，见《代达罗斯》(*Daedalus*)100(1971)：第46—79页。

生物化学家，他曾把在哈佛大学的职位让给了萨顿，而他本人也是一位才华出众的科学史教师。[①]默顿听了阿尔弗雷德·诺思·怀特海讲授的科学哲学课程，另外还听了独特的关于比较“动物社会学”的课程，通过这一课程，博览群书、爱好科学史的昆虫学系主任威廉·莫顿·惠勒，把社会人类学方面的专家聚集在了一起。默顿关于科学的社会方面的早期著作曾由博学的（当时参与新的社会学系的工作的）E. B. 威尔逊审查过。这样，默顿抓住了哈佛大学的许多良机，尽管他在系里仍是索罗金、后来又是年轻的社会学讲师塔尔科特·帕森斯的学生，但却超越了社会学的传统界限，发展了关于科学的各种观点。

显然，正是这种多样化的学术思潮的汇合，而不是知识社会学方面的直接发展，使默顿试图对科学的增长和发展进行社会学的分析，而且为他对作为一种特殊的社会活动的科学的持续兴趣，奠定了基础。在这一时期，他并非对可用来为科学定位的更为一般的概念框架漠不关心。有两篇论文[②]足以证明，他在这方面有着广泛的理论倾向。1935 年他在《伊希斯》杂志上发表了一篇关于马克斯·舍勒、卡尔·曼海姆、亚历山大·冯·谢尔廷和恩斯特·格伦瓦尔德等人近期的知识社会学著作的评论。第二年他发表了《文明与文化》（“Civilization and Culture”），这篇论文把知识看作

---

① 有关亨德森在社会学中的作用，请参见 L. J. 亨德森的《社会系统论文集》（*On the Social System：Selected Writings*，Chicago：University of Chicago Press，1970）的序言，该书由伯纳德·巴伯编辑并作序；有关萨顿在建立科学史学方面的作用，请参见阿诺德·萨克雷和罗伯特·K. 默顿：《论学科建设：乔治·萨顿的悖论》（“On Discipline-Building：The Paradoxes of George Sarton”），见《伊希斯》63（1972）：第 473—495 页。

② 本书的参考文献列出了所有这里引用的默顿的著作。

是一个独特的社会学关注的焦点，它与阿尔弗雷德·韦伯和罗伯 xv
特·麦基弗提出的概念是相关的。“文化”这个概念包括了价值观和规范原则的领域，而“文明”这个概念则包括了理论知识和实用技术，从抽象的而不是具体的意义上讲，它比文化更具有积累的特点。在考察这些概念时，默顿抛弃了实证主义对科学的单一线性积累的解释，阿尔弗雷德·韦伯未能适当处理文化与文明的互相依存关系，他的失败中就包含了这种解释。默顿认为，这使韦伯“实际上要回到某种进步理论之上。必须记住，积累仅仅是文明的**抽象**的内在特征。因此，涉及与其他领域互动的**具体的**运动并不一定会体现这样一种发展”。[①]

就在这同一时期，默顿写了他的博士论文《17世纪英格兰的科学、技术与社会》(*Science, Technology and Society in Seventeenth-Century England*，1935年开始动笔，两年后完成)。尽管这部专题著作下了很大工夫，独创性地把系统的经验研究的思想运用到科学的社会基质之中，但它其实也并非是从零开始。例如，在美国，出版了W.F.奥格本的主要著作《社会变迁》和他与多罗西·S.托马斯合写的论文《发明创造是必然的吗?》，这些论著提出了关于科学和技术的社会进化的基本观念。[②]奥格本的长期合

① 《文明与文化》，第110—111页。

② 威廉·F.奥格本：《社会变迁》(*Social Change*, New York: B. W. Huebsch, 1922; new ed., New York: Viking Press, 1950)；W.F.奥格本和多罗西·S.托马斯：《发明创造是必然的吗？——论社会进化》(“Are Inventions Inevitable? A Note on Social Evolution”)，见《政治科学季刊》(*Political Science Quarterly*)37(1922)：第83—98页。也可参见W.F.奥格本：《文化与社会变迁论文集》(*On Culture and Social Change: Selected Papers*, Chicago: University of Chicago Press, 1964)，由奥蒂斯·达德利·邓肯编辑并作序。

作研究同事S.科拉姆·吉尔菲兰在20世纪30年代中期发表了《发明社会学》(*The Sociology of Invention*)，列举出将近40条“发明的社会原则”。[1]在欧洲，苏联派遣由布哈林率领的代表团出席了1931年在伦敦举行的第二届国际科学技术史大会，出版了特约论文集《处在十字路口的科学》(*Science at the Cross Roads*)，[2]其中最引人瞩目的一篇特稿是《牛顿〈原理〉的社会经济根源》(“The Social and Economic Roots of Newton's ‘Principia’”)，作者是鲍里斯·黑森，莫斯科物理学研究所所长，这篇文章有助于增强和集中人们对科学知识的社会方面的兴趣。但是，正如罗
xvi 伯特·S.科恩在为最近单独出版的该文单行本所写的导言中提到的那样，[3]能够明显地看到它的影响的地方，不是在斯大林的苏联(在那里，黑森很快从人们的视野中消失了)，而是在英国，在那里，这种影响出现在那些政治上左倾的科学家如李约瑟、J.D.贝尔纳、兰斯洛特·霍格本和J.B.S.霍尔丹的非常与众不同的史学著作中，而且还出现在像查尔斯·辛格、G.N.克拉克和赫伯特·巴特菲尔德等历史学家的反驳性文章中。在美国，黑

① 参见《发明社会学》(Chicago: Follett Publishing Company, 1935)。当时，发明的社会问题的研究领域中研究者非常之少，所以，吉尔菲兰想把默顿也拉进来，默顿那时写了几篇关于这一领域的论文，他也是研究这个课题的8个“同学”之一，这本书就是题献给这8个人的。也可参见S.科拉姆·吉尔菲兰:《发明社会学增补》(*Supplement to the Sociology of Invention*, San Francisco: San Francisco Press, 1971)。

② 参见《处在十字路口的科学》(London: Kniga Ltd. 1931)。重印本增加了李约瑟写的新序和P.G.沃尔斯基(Werskey)写的导言(London: Frank Cass, 1971)。

③ 参见《牛顿〈原理〉的社会经济根源》单行本(New York: Howard Fertig, Inc., 1971)。

森的文章和克拉克对这篇文章的批评，都在默顿的专著中得到了重视。[①]

在20世纪30年代中期，要让默顿的那本专著把注意力集中于正在形成的科学共同体的社会结构上仍然太早。正如它的标题表明的那样，默顿把注意力放在**社会中**的科学上，他一方面关注：科学作为一种社会制度而出现，受到成为清教标志的特殊的价值综合体的培育；另一方面关注：科学对当代社会共同关心的事物（例如，军事技术、采矿和航行等实际问题）的反映。

不过，把重点放在描述17世纪科学实践者的价值观的特征上，就为以后的研究打下了基础，从而得以探索科学的精神特质，并用它来把科学定义为社会和文明的子系统。当代的一些事件也许足以增强人们对这一问题的兴趣。在30年代希特勒的德国，“非亚利安人的科学”毁灭性的结局，把人们的注意力引向了科学有可能丧失其自主性的各种社会条件；在默顿1937年提交的《科学与社会秩序》（“Science and Social Order”）这篇论文中，我们会发现他首次对“纯科学规范”的一些暗示，以及他对科学共同体的结构与动力的兴趣不断增长的征兆，因为科学共同体与该文实际关心的问题是有区别的（后来又是有联系的）。正如约瑟夫·本—

① 例如，对科学史感兴趣并且长期以来左倾的李约瑟指出，参加这次大会并且“很容易抱有好感去听取俄国代表团的发言”，这对他来说是很自然的。几年以后，在他的著作《胚胎学史》（*History of Embryology*，1934）中，他赞许地提到了黑森的论文，认为它提供了一种史学研究模型，在最近为第二届国际科学技术史大会重印的论文集所写的新序（参见注9）中，他指出：“虽然非常简朴坦率，但[它]在以后的40年中产生了巨大的影响。”I. B. 科恩在关于默顿著作的书评中，指出了这种影响的程度和黑森与默顿的不同，见《科学美国人》（*Scientific American*）228（1973）：第117—120页。

戴维曾经指出的那样，[①]“科学共同体”这一概念，是一个涉及它本身的规范和政策的集合体，从40年代初期以来，迈克尔·波拉尼
xvii 就提醒人们要对之予以高度重视，50年代爱德华·希尔斯发展了这个概念，到了60年代它便成了科学社会学的基本概念。[②]

应该注意，近年来人们又提出了新的见解，即如果不对科学的内容——它的概念、数据、理论、范式和方法等予以明确的探讨，就不可能充分理解科学发展的本质和方向。有一种观点认为，完全可以撇开科学家的具体研究而对科学的发展进行有效的分析，这种看法据说已被证明是错误的。[③]对科学的研究毕竟是从它的成果——科学知识开始的，而不是从那些占有科学家位置的个人开始的。(顺便说一句，这一点可以说明为什么人们不怎么注意对平庸的或者相对来说成果不大的科学家进行社会学研究：只要科学

① 约瑟夫·本-戴维：《科学家的社会角色》(*The Scientist's Role in Society*, Englewood Cliffs, N. J.: Prentice-Hall, Inc., 1971)，第3—4页；以及《科学职业及其力量》("The Profession of Science and Its Powers")，见《米涅瓦》(*Minerva*)10(1972)：第377页。

② 参见波拉尼1942年初的论文《科学的自治》("Self-Government of Science")，见他的论文集《自由的逻辑》(*Logic of Liberty*, Chicago: University of Chicago Press, 1951)，第49—67页；这种一般性的观点在他后来发表的许多论著中得到了发展[参见，例如，《个人知识》(*Personal Knowledge*, Chicago: University of Chicago Press, 1958)]。也可参见爱德华·希尔斯：《科学共同体：汉堡以来的思想》("Scientific Community: Thoughts After Hamburg")，见《原子科学家通报》(*Bulletin of the Atomic Scientists*)10(1954)：第1151—1155页，此文重印于爱德华·希尔斯：《知识分子与权力论文集》(*The Intellectuals and the Powers, Selected Papers*, Chicago: University of Chicago Press, 1971)第1卷，第204—212页。本导言稍后将讨论60年代的发展。

③ 参见，例如巴恩斯和多耳比：《科学的精神特质》；马尔凯：《自然科学中的某些文化生长因素》；M. D. 金：《理性、传统与科学的进步性》("Reason, Tradition and the Progressiveness of Science")，见《历史与理论》(*History and Theory: Studies in the Philosophy of History*)10(1971)：第3—32页。

是以它的研究成果来确定的，那么对成果没有多少直接贡献的人就难以引起人们的注意。）

然而，谈到研究的战略，可以相当有说服力地证明，如果只想注意多种多样的从事科学的活动，并且想减少特定时间内所考虑的变量的数目，就要把**作为**科学工作者的科学家的行为，与他们的“产品”的详细情况区分开，这一点，尤其在开始对这一课题进行社会学探索时，是最为重要的。事实上，托马斯·S. 库恩用在《科学革命的结构》（*The Structure of Scientific Revolution*）[①]一书中就运用了一种比较战略，只不过在那里，中心是放在科学知识的正式组织上，而需要逐次确定的是社会变量。从社会学角度讲，在科学社会学能够着手处理一系列其他问题以前，有必要确定科学共同体的界限并探索它在社会中的地位的基础。（的确，在大多数人既不能从科学家的研究中直接受益，也不能理解和正确评价他们在做什么的情况下，科学为什么在每一个社会都得到了承认这个问题，就成了约瑟夫·本-戴维在他最近的《科学家的社会角色》一书中致力于讨论的中心问题。[②]）

纵然没有明显的迹象说明，默顿那时充分意识到了需要一种这样的战略，但是看来，如果这一领域要充分发展，那么，确立有特色的社会学分析与科学研究的关系是至关重要的。一个研究机构的社会结构和描述其参与者特征的一般倾向，毕竟是**可以**同在特定时期内引起他们关注的特别事件和活动区分开的。因此，在考虑类 xviii

① 参见该书第二版，增补本（Chicago: University of Chicago Press, 1970）。

② 参见约瑟夫·本-戴维：《科学家的社会角色》。

似的情况时，我们常常可以假定，公众舆论的主要动力是相同的，无论它实际关注的焦点的是战争、经济状况、宗教复兴，还是一时风尚。

默顿在他的专著中探索了科学知识的问题群，特别注意到科学研究中心的社会根源和思想根源，他显然开始相信，要进行进一步的社会学分析，就需要一种更为系统的关于科学的社会结构的观念。他早期与索罗金合写的论文《公元700—1300年阿拉伯人思想的发展历程》（"The Course of Arabian Intellectual Development, 700-1300 A. D.", 1935）有一个副标题《方法研究》（"A Study in Method"），这很重要。事实上，如果没有发展十分完备的科学之社会结构的模型，就无法导致具有重要的理论价值的议题，这些议题可以有效地使用有关科学发展的系统数据。一种研究方法如果不能与理论问题结合在一起（即使它也许可以通过产生某些种新的类型的数据，促进后来的理论发展），那么这种方法就没有多大的用处。

因此，人们已经做出决定，或者可能已经形成决定，把注意力集中到科学的社会结构上，而不是继续研究影响科学知识的实质产出的社会环境。随着1942年《论科学与民主》（"A Note on Science and Democracy"）的发表［在本书中该文以更为贴切的标题《科学的规范结构》（"The Normative Structure of Science"）重印］，这一工作的第一阶段开始了。这篇论文全面论述了科学家在他们彼此之间的关系中要遵守的那些理想规范：普遍主义、公有性、有组织的怀疑以及无私利性。

应该指出的是，尽管默顿对"科学的精神特质"的描述得到了广泛的采用，但是，在发表后的30年中，它并没获得普遍的承认。不过，对它的批评主要不是集中在它对这一精神特质的组成部分的误解上，而是集中在这些规范是否在实际中指导着科学家的日常行为这个问题上。没有人提出一组截然不同的规范，但许多评论者指出，科学家们经常违反一个或更多的已经概括出的规范。因此，在50年代早期，“科学权力机构”的成员们对有争议的伊曼纽尔·维利科夫斯基的处理，就成了这样一个个案：人们反复引用它作为流行的违反普遍主义和无私利性等规范的例证。[①] 人们曾 xix
经进行过分散的尝试，以衡量科学家们对默顿所确定的规范的信奉程度。最近的这样一些尝试（尽管其结论由于其中的某些规范没有完全得到实施而有局限性），在将近一千名美国科学家的样本中发现了对规范的实际取向，其范围随科学学科、科学作用和科学家的有组织的交流而略微有所变化。[②]

当然，这是科学家的行为并非始终如一地遵守规范的个案。但是，由于对社会规范的运行方式的误解，人们有时会从这个事实中得出这样的结论，即规范是不相干的。理论问题就是要确认这样一些条件，在这些条件下，人们的行为倾向于遵守规范或违反规范并促使它们变化。这类规范主要是与某一社会角色联系在一起的，因而即使它们被个人内化了，它们也主要是在这一角色被实现并且得到了社会支持的那些状况下起作用。当科学家们认识到他们的同事倾向于遵守同样的规范，并且知道这些规范为科学的“日常”关系

① 阿尔弗雷德·德·格拉齐亚（Alfred de Grazia）编：《维利科夫斯基事件》（*The Velikovsky Affair*, New York: University Books, 1966）。

② 马尔兰·布利塞特：《科学中的政治》（*Politics in Science*, *Boston*: *Little*, *Brown and Co.*, 1972），第65—89页，附录A、B、C。S.斯图尔特·韦斯特的探索性研究[《学院科学家的意识形态》（“The Ideology of Academic Scientists”），见《爱尔兰工程管理学报》（*IRE Transactions on Engineering Management*）EM-7(1960)：第54—62页]，至多只能作为一种参考，因为它的论述仅仅是基于美国一所大学的57位科学家的反应。

中的互动提供了有效而合理的规则时，他们的行为就更可能同这些规则相一致。这种日常关系最经常出现在普遍认可的论域或范式之中；当游戏的基本规则（例如，基本概念和课题，有效性标准，等等）得到普遍认同时，按照规则行事就会变得对个人有益，并且会增强知识发展的制度基础。当这样的论述领域刚开始建立时（例如，在库恩所指的一门新科学发展过程中的“前范式”阶段或“科学革命”期间），或者当科学领域以外的群体忠诚盛行起来时，那么违反规范就会成为更经常的事，而且会致使有些人完全拒绝这些规范。

这一分析把我们在有关科学社会学发展的讨论中推进了一步，实际上使我们直接关注科学的内容（即使没有达到专门数据或理论的高度）。在60年代晚期，科学社会学已经逐步建立起来了，直到那时，人们才对科学的社会结构与它特殊的实际产出之间做出了明确的区分，并从这种区分中获得了战略上的好处，而且时机
xx 已经成熟，可以再次注意科学的社会结构和科学知识之间的互动关系。对这一点我将在下面作更详细的说明。

在1942年写了关于科学的规范的论文之后，默顿大约有七年没有发表关于科学社会学方面的著作，严格地讲，[①]在1952年伯

---

① 不过，在这一时期，默顿确实讨论了各种与科学社会学有关的问题和概念。例如，《知识分子在公共官僚组织中的作用》（“Role of the Intellectual in Public Bureaucracies”，1945），论述了组织方面对与政策相关的知识的约束；《机器、工人与工程师》（“The Machine, the Worker and the Engineer”，1947）探讨了技术人员使“放弃社会责任合理化”的问题；《自我应验的预言》（“The Self-Fulfilling Prophecy”，1948），讨论了它对于社会认识论的意义；《选举预测与社会科学的公众形象》（“Election Polling Forecasts and Public Images of Social Science”，与保罗·哈特合著，1949），考察了一个特别的个案，即那些未能实现的要求知识影响公众之科学立场的主张；《影响的模式：对一个地方共同体中人际间的影响和沟通行为的研究》（“Patterns of Influence: A Study of Interpersonal Influence and of Communications Behavior in a Local Community”，1949），论及了“在当地有影响的人物和在世界上有影响的人物”的概念。

纳德·巴伯有影响的《科学与社会秩序》(*Science and Social Order*,默顿为之写了相当重要的前言)出版以前,其他人在这方面没有什么重要著作。但是在那以前很久,默顿就确认,科学是知识社会学中一个特别的兴趣中心。毫无疑问,他在 1941 年发表的《卡尔·曼海姆与知识社会学》("Karl Mannheim and the Sociology of Knowledge")一文中对曼海姆著作的分析,表现了他对这个题目的深入研究,这导致了他在 1945 年对整个领域更为全面的探讨(参见重印于本书之中的《知识社会学的范式》)。的确,他对知识的社会基质的兴趣还可以追溯到更早以前,1937 年发表的他与索罗金合写的一篇论述"社会时间"的文章,曾经探讨过社会进程如何影响时间的概念和量度的问题。

这篇论述曼海姆的论文突出了在研究现有条件如何(并且在多大程度上)形成人们的"知识"时的诸多悬而未决的难题(对曼海姆而言,知识似乎往往包括"从民俗学之基本原则到严谨的科学的每一种类型的主张和思想方式"),不过在结尾时,默顿殷切希望曼海姆对此主题作进一步的探讨,以便能给予更多的启发。

到了 1945 年,默顿对这个领域的不满更显而易见了,他着手规划某些可能的进一步发展的方向。也正是在这个时候,从他在哈佛大学学习时就有的一系列其他兴趣开始与他对知识社会学的兴趣结合在了一起。他早就研究过这种具有普遍意义的思想,即有用的知识在处理社会现实方面有一些可确定的差距,并且通过他在《有目的的社会行动未预料到的结果》("The Unanticipated Consequences of Purposive Social Action",1936 年)中的讨论,通过有创见的论文《社会结构与失范》("Social Structure and Ano-

xxi mie”,1938)以及潜在的反功能概念等,以各种不同方式使这种思想有了进一步的发展。虽然这个课题可以看作是知识社会学中的一个独特问题,但它显然具有这样一些含义,它们远远超出了当时这个领域的“主流”著作中那些明显易见的含义。

以后的几年是默顿在一些相关的有重要意义的问题上(虽然在别人看来可能完全不是这样)取得成果的收获时期。在这个时期,默顿继续从事功能分析的整理工作,这可以为他非常重视的经验问题提供理论背景,除此之外,他还明显地集中关注“知识”与“现实”之间可能存在的各种关系,并且探讨了可用来作为他所谓研究这些关系的“战略研究基础”的几个课题。

那些与哥伦比亚大学应用社会研究所(Bureau of Applied Social Research of Columbia University)的保罗·F.拉扎斯菲尔德合作进行的公众舆论和个人影响的研究正好与1945年的范式相符:对知识的社会基础问题的探索,要在对与决策相关的人类知识的来源的经验研究中进行。同时,对“基于阶级意识”的假设的那些例外,可以通过群体成员和态度之间的关系来研究,并且可以在一定程度上依据发展中的参照群体理论加以说明。[①]例如,一个资产阶级的成员怎么会对无产阶级的权利表现出主动的关心,或者

① 参见,例如,罗伯特·K.默顿和艾丽斯·罗西:《对参照群体行为理论的贡献》(“Contributions to the Theory of Reference Group Behavior”),见罗伯特·K.默顿和保罗·F.拉扎斯菲尔德主编:《社会研究中的连续性》(*Continuities in Social Research*, N.Y.: The Free Press, 1950)以及《社会理论与社会结构》(*Social Theory and Social Structure*, New York: The Free Press, 1949; Revised edition, 1957; Enlarged edition, 1968);另可参见罗伯特·K.默顿:《参照群体理论中的连续性与社会结构》(“Continuities in the Theory of Reference Groups and Social Structure”),见《社会理论与社会结构》。

一个无产阶级的成员怎么会终生保持一种“虚假意识”等问题，在试图确认知识的社会基础时，已经成了一块主要的绊脚石；但是，一旦根据参照群体重新概念化，就可以对这类问题进行系统的研究了。

马奇和西蒙①追溯了他们称之为官僚体制的“默顿模型”，该模型把重点放在组织的未预料到的结果上，并且通过哥伦比亚大学的毕业生们（塞尔兹尼克、古尔德纳、布劳、利普塞特、特罗和科尔曼）所作的一系列杰出的经验研究取得了重要的进展。这个模型提供了方便，使人们能够深入思考当“知识”（在这种情况下，它体现在官僚体制的正式结构和目标之中）是已知的，并且组织上的“现实”（官僚体制内部互动的经验模式）成了相关变量时所出现的那些问题。在这里，社会实在适应（并反作用于）知识——与科学相反，在科学上知识必须最终调整到与实在相符合的地步。

在《学生—医生》（*The Student-Physician*，1957）所描述的研 xxii
究中，默顿已经探讨了成年人的社会化问题，探讨了在青少年阶段以后人们所掌握的渗透着价值观念的知识可能会在一组新“条件”之强烈影响下发生严重变化的那些过程，尽管默顿现在坚持认为，医科学校并不能成为考察这种普遍性问题的战略研究的基础，因为学生对从事这项职业的高度的自我选择性减少了可变性，并且限制了揭示改变他们的价值观和态度的基础及过程的机会。

《自我应验的预言》（1948 年）描述了知识与实在之间关系的

---

① 詹姆斯·G. 马奇和赫伯特·A. 西蒙：《组织》（*Organizations*，New York：Wiley，1958），第 3 章。

又一个焦点问题，该文集中讨论了按照以前预期必然出现的社会实在得以形成的方式，以及这一过程所赖以发生的条件。这里的研究方向是探讨观念在社会实在构成中的作用，而不是讨论知识的社会构成。

但是，现在不是考虑默顿对这几个研究领域的贡献的时候。只要注意到这一点就足够了：他为巴伯的《科学与社会秩序》所写的前言，总的来说是对科学社会学为何仍然明显不够发达，甚至毫无发展的原因所作的一个沮丧的考察，尽管科学社会学作为一个领域是有前途的，它可以提出一些重要的问题，并且可以通过经验研究回答这些问题。在这篇文章［在本书中重印的题目是《对科学社会学的忽视》（"The Neglect of the Sociology of Science"）］里，他不再把这个明显的自相矛盾的现象本身当作科学社会学家注意的合法对象来介绍了——但其意义显然就在于此，并且可以把它看作是对这个领域的特有的反身性的一种早期认识，[①]这在这篇导言的一开始就谈到了。

这篇前言还注意到对这个领域的兴趣的迅速增长，并且，也许是基于（在直觉层次而非在明确的理论层次上）对科学社会学的理解，它预言在很容易识别的和可能的条件下，这个领域不久便会引

① 对默顿阐述的"反身性预见"的讨论，请参见他的《自我应验的预言》，见梅·布罗德贝克编：《社会科学的哲学读本》（*Readings in the Philosophy of Social Sciences*, New York: Macmillan, 1968），第436—447页；关于科学社会学中自我例证的理论，请参见本书的《局内人和局外人的视角》（"The Perspectives of Insiders and Outsiders"）和默顿的《站在巨人的肩上》（*On the Shoulders of Giants*, 1965）；关于社会学中的"具有反身性的彻底的相对主义（reflexive total relativism）"，请参见他的论文《社会学中超然态度不稳定的基础》（"The Precarious Foundations of Detachment in Sociology"，1971）。

起更多社会学家的注意。差不多过了10年，这个预言才开始成为实实在在的现实，不过，“当某个事物被广泛地确定是现代西方社会的社会问题时，它就会成为恰当的研究对象”这一见解，以及科学正是以这种方式迅速地确定下来的意识，可以回溯到默顿1937年的论文《科学与社会秩序》。

然而可以证明，在人们指望对科学的社会学兴趣旺盛起来之 xxiii
前，另一个因素可能也是必不可少的。简单地说，有待去做的就是，阐明把科学当作一个社会现象这样一种前后一致的理论取向——默顿称之为“分析的范式”，从而可以提出一些易于理解的、可研究的问题，并指出可据之对答案做出评价的标准。究竟需要些什么，在前言中已经初露端倪。默顿已经勾勒出科学的规范结构的轮廓，并且说明了那四个规范如何在一个功能整体中彼此相互作用。但在这个系统中却无定义明确的、有特色的“能”源——没有关于为什么它会“运动”的观念。这种表述是一种状态描述，而不是一种过程描述。这就好像有人描述了一个电动机的物理构造，但却未提供一个明晰的电的概念：人们也许可以看到它**可能**做的工作，但可能不理解为什么它**会**反复运转。

默顿在他的博士论文和其后的几篇文章中，谈到了科学中的多重发现这种屡见不鲜的现象以及作为纪念而以发现者名字命名的惯例。他在为巴伯的著作所写的前言中再次提到这个问题，他似乎已经**认识到了**由此引申出的其他的意义。这是有待查明、有待放到适当位置的另一个难题，但只是到了五年之后，他才在美国社会学会会长的致辞中阐述了它的全部意义，并把这一难题稳妥地放到了我们认为它应属的地方。这就是这样一个观念：在制度上加强专业承认的努力(获得这种承认几乎完全是为了得到科学贡献的优先权,而且,对于重大的发现,这种承认的标志就是以名字命名)将构成对科学成就的制度化的奖励,从而形成独立自主的科学奖励系统的基础。

这就是驱动这一系统的能量,亦即经过了独特制度化的动力,它可以说明科学家对科学的精神特质的倾向,并且可以说明为什么他们愿意接受它常常要求的约束。(公有性或共享性规范与无私利性规范似乎明显地与西方资本主义文明普遍的贪得无厌的规范相矛盾;尽管违背时比遵守时要多,但普遍主义**是**这种文明的理想,而认真实行有组织的怀疑,由于要对自然和社会的神圣的变体提出疑问,往往会激起公众的敌视。)

从制度上推论出或加强的个人需求这一观念,与科学成就直接联系在一起,也使从事科学工作有了一种紧迫性,而这种紧迫性是早期的科学观念没有解释的。从某种意义上讲,科学知识是无时间限制的。我们已经习惯于这样写:“亚里士多德**说**”和“牛顿**指**
xxiv **出**”,而且还有这样一个广为流传的柏拉图假设,即所有科学观念共同存在于某个王国的某处,这个王国既无时钟也无日历。那么,为什么科学家总是要急于完成他的著作呢?按照实证主义观点的乐观假定,走向真理路途中的那些摇摆现象迟早终会纠正过来,那么,为什么科学家会感到有责任应赶紧发表自己的论著以指出同事的错误,或维护自己著作的正确性呢?优先权和承认之间的直接联系为我们提供了答案的一个轮廓。

当然,我们不能确定,由于缺少十分恰当的可以把握和制造的“时机”,以便可以提出有意义的研究问题,科学社会学的发展已经受到了妨碍。或许,即使没有这种特殊的促成因素,亦即默顿1952年就已经注意到的新增加的一些因素,科学社会学肯定也还会像50年代后期那样兴盛起来。也有可能,默顿1957年在社会学界所获得的地位就足以推动这个领域的发展。《社会理论与社会结构》第二版这时刚刚问世,并且广泛地被认为是代表现代美国社会学的最佳著作;《科学发现的优先权》("Priorities in Scientific Discovery")一文因为是会长的演讲而声名鹊起[因此能迅速地在《美国社会学评论》(*American Sociological Review*)上发表],它的声誉肯定大大加强了它的影响,其结果超过了仅仅基于学术价值理应产生的那种影响。

无论从1957年以后,科学社会学作为一个专业快速发展的实际的和最重要的原因可能是什么,我们可以肯定,对科学的奖励系统的本质的这种根本性的阐述,在确立科学社会学的发展方向方面具有决定性的重要意义。一种经过了功能分析的规范结构与相当独特的"科学动机"完美的吻合,提供了一种(默顿意义上的)范式,它为解决一系列范围广阔的有重大意义的研究难题打开大门。

就在同一年,第一颗苏联人造地球卫星出现了,随之而来的是美国科学和科学教育的"危机",这些终于把科学确定为一个"社会问题"。至少自广岛被炸以来,人们已经逐渐承认科学是一个道德问题,但是显然,在社会实际上把科学看作是一个需要深入考察的社会和文化领域之前,这个问题只能是一个"涉及实践的"问题。作为一个支流,对科学的社会学研究慢慢地可以从它的研究中获得支持了,在这种情况下,它变成了社会学家可以合法地加以专业化的一个领域。这并不是说,对科学的社会学研究在1957年以前

完全被忽视了，或者默顿的研究给从此之后所有对科学的研究定下了调子。从50年代初期以来，对有组织的科学家的研究形成了
xxv 一股缓慢增长的潮流，它发源于管理社会学和工业社会学领域，但是这种注重实际的、注重管理的传统的与注重理论的默顿研究方法的结合，直到1960年以后才出现，也只有到这时人们才能感受到这种结合。

在美国，对科学家的“组织”研究开始于50年代初期佩尔兹和他的同事们对一个政府实验室的大规模的调查，从此之后就一直继续了下来。[①]关于这项调查的著作，以及戈登、马奎斯和安德森三人，还有本尼斯、卡普兰、科恩豪泽、马科森、谢泼德[②]及其他人在

① 有关这方面的概述，请参见唐纳德·C.佩尔兹和弗兰克·M.安德鲁斯：《有组织的科学家》(*Scientists in Organizations*, New York: John Wiley, 1966)。有关欧洲方面类似的研究，请参见希拉里·罗斯和史蒂文·罗斯：《科学与社会》(*Science and Society*, London: Allen Lane, Penguin Press, 1969)；以及斯蒂芬·科特格罗夫和史蒂文·博克斯：《科学、工业与社会：科学社会学研究》(*Science, Industry and Society: Studies in the Sociology of Science*, London: Allen and Unwin, 1970)。

② 比较有代表性的论著包括，沃伦·G.本尼斯：《一个大学社会研究群体的价值观和组织》(“Values and Organizations in a University Social Research Group”)，见《美国社会学评论》21(1956)：第555—563页；杰拉尔德·戈登、休·马奎斯和O.W.安德森：《四类科学环境中的自由与控制》(“Freedom and Control on Four Types of Scientific Settings”)，见《美国行为科学家》(*The American Behavioral Scientists*)6(1962)：第39—42页；诺曼·卡普兰：《论工业界的职业科学家》(“Professional Scientists in Industry: An Essay Review”)，见《社会问题》(*Social Problem*)13(1965)：第88—97页；威廉·科恩豪泽：《工业界的科学家》(*Scientists in Industry*, Berkeley: University of California Press, 1953)；西蒙·马科森：《美国工业界的科学家》(*The Scientists in American Industry*, Princeton, N.J.: Industrial Relations Section, Princeton University, 1960)；赫伯特·A.谢泼德：《工业研究中的九个两难推理》(“Nine Dilemmas in Industrial Research”)，见《管理科学季刊》(*Administration Science Quarterly*)1(1956)：第295—309页。

同一时期或稍后发表的其他论著，主要集中于研究者的集体精神和创造能力等问题(以及如何从事工业研究实验室中的研究管理以便使研究者对工作更加满意的问题)，尤其关注的是，在研究者的工作是由非科学家实施行政管理的情况下所产生的这方面的问题。所提出的那些社会学问题主要出自官僚组织和工业社会学领域，过了几年之后，这两种不同的研究传统才能彼此从对方处获益。

早期把这两者结合在一起的是伯尼·G.格拉泽的著作，他60年代初在哥伦比亚大学的博士论文，是以对佩尔兹的原始数据的再分析为基础写成的，他有效地利用了对专业承认的需求，对决定科学家有组织的事业之形成的一些因素进行了探索。[①]

此后，哥伦比亚大学又有三篇博士论文是在默顿指导下写出的，而且是每隔一年发表一篇，这些论文的作者已经持续地对这一领域做出了重要的贡献。哈丽特·朱克曼对诺贝尔奖获得者的研究，成为了她1965年的博士论文，[②]随后她作为默顿的主要合作者留在了哥伦比亚大学。斯蒂芬·科尔于1967年取得了他的博士学位，并且他以在纽约大学石溪分校现在的职务身份继续参与哥伦比亚大学的研究小组的工作。乔纳森·科尔，斯蒂芬的弟弟， xxvi
于1969年完成了他的博士论文，也留在了哥伦比亚大学。[③]黛安娜·克兰(埃尔韦)也是在哥伦比亚大学获得学位的，尽管她的博

① 在其著作《有组织的科学家的职业生涯》(*Organizational Scientists: Their Professional Careers*, Indianapolis: Bobbs-Merrill, 1964)中，伯尼·G.格拉泽描述了这项工作。

② 这项研究的成果将出现在她即将出版的《科学精英：美国诺贝尔奖获得者》(*Scientific Elite: Nobel Laureates in the United States*, Chicago: University of Chicago Press)。

③ 乔纳森·科尔和斯蒂芬·科尔所著的《科学界的社会分层》(*Social Stratification in Science*, Chicago: University of Chicago Press, 1973)综合了科尔兄弟的某些研究。

士论文并不是由默顿来指导，但她在耶鲁大学从事的研究（在那里她同德里克·J.德·索拉·普赖斯一起工作，并且为杰里·D.加斯顿当顾问，那时加斯顿刚刚开始他对英国物理学共同体的研究），随后在约翰斯·霍普金斯大学（Johns Hopkins University）的研究，都很恰当地结合了默顿的研究方法。[①]

这个10年和稍早一些时候是具有决定性意义的一段时期，在这一期间，默顿的影响绝不仅仅限于哥伦比亚大学校园。沃伦·O.哈格斯特龙曾在加州大学伯克利分校和威廉·科恩豪泽一起工作，参加了科恩豪泽1962年《工业界的科学家》的研究，并在1965年出版了《科学共同体》[②]。这是一项对科学内部的社会性质的详细调查，他曾指出，这个调查大量吸收了默顿的范式。从这时起哈格斯特龙就在威斯康辛州大学工作，他持续地进行着科学社会学的研究。我本人的博士论文，在康奈尔大学由诺曼·卡普兰指导（卡普兰在50年代初期曾是默顿的学生，但只是在专业领域，而不是在诸如科学社会学方面），[③]于1960年完成，后来，我想要更加全面地综合默顿范式，这一尝试的结果表现在几年以后出版

---

① 参见黛安娜·克兰：《一个科学家群体中的社会结构：对"无形学院"假说的检验》（"Social Structure in a Group of Scientists: A Test of the 'Invisible College' Hypothesis"），见《美国社会学评论》34(1969)：第345—351页。

② 《科学共同体》（*The Scientific Community*, New York: Basic Books, Inc.,1965）。

③ 然而，在为《科学与社会》（*Science and Society*, Chicago: Rand McNally, 1965）所作的序中，诺曼·卡普兰却说："我本人对科学社会学的兴趣，始于近20年以前，当时我和罗伯特·K.默顿教授一起参加了哥伦比亚大学的一个研讨班。"有关他对这一领域60年代初期的概述，请参见诺曼·卡普兰：《科学社会学》（"The Sociology of Science"），见罗伯特·E.L.法里斯编：《现代社会学手册》（*Handbook of Modern Sociology*, Chicago: Rand McNally, 1964），第852—881页。

的《科学的社会系统》(*The Social System of Science*)之中。[①]

在50年代晚期,从对公众舆论的研究中产生了一个截然不同的关注中心,它集中于科学家之间的交流。[②] 当时在哥伦比亚大学应用社会研究所工作的赫伯特·门泽尔是这个领域的先驱;尽管他和默顿保持着联系,但是科学交流模式的细节最初似乎并没不需要这种范式提供的广阔视角,而且,只有当这些模式被看作是新的科学专业发展的基础时,并且有计划的交流的潜隐功能成为人们关注的中心时,才形成了一种明确的联系。[③]克兰的《无形学院》[④]非 xxvii

① 参见诺曼·W.斯托勒:《科学的社会系统》(New York: Holt, Rinehart and Winston, 1966)。有关他对这个领域的具体问题的论述,请参见诺曼·W.斯托勒:《科学各学科之间的关系》("Relations Among Scientific Disciplines"),见萨德·Z.纳吉和罗纳德·G.科温编:《研究的社会环境》(*Social Contexts of Research*, New York: Wiley, 1972),第229—268页。

② 有关科学共同体的研究的概述,请参见威廉·J.佩斯利:《(行为)科学信息的流动:研究文献述评》[*The Flow of (Behavorial) Science Information: A Review of the Research Literature*, Stanford, Calif.: Stanford Institute for Communication Research, 1965],以及《信息的需求与用途》("Information Needs and Uses"),见卡洛斯·考德拉(Carlos Cuadra)编:《信息科学与技术年鉴》(*Annual Review of Information Science and Technology*),第3卷(1968)。

③ 赫伯特·门泽尔:《科学家之间的信息流动:疑难、机遇与研究议题》("The Flow of Information Among Scientists: Problems, Opportunities, and Research Questions"),油印本(New York: Columbia of University Bureau of Applied Social Research, 1958)。有关不同交流模式的功能,请参见赫伯特·门泽尔:《有计划和无计划的科学交流》,见国际科学信息联合会(International Conference on Scientific Information)《会议录》(*Proceedings*, Washington, D.C.: National Academy of Science, 1959),第199—243页。也可参见门泽尔:《科学交流:源于社会研究的五个论题》("Scientific Communication: Five Themes from Social Research"),见《美国心理学家》(*American Psychologists*)21(1966):第999—1004页,关于交流过程的其他方面,请参见这一期杂志的其他论文。

④ 黛安娜·克兰:《无形学院:知识在科学共同体中的传播》(*Invisible Colleges: Diffusion of Knowledge in Scientific Communities*, Chicago: University of Chicago Press, 1972)。

常有效地把对这两方面的关心结合在了一起，尼古拉斯·C. 马林斯1966年在哈佛大学的博士论文《生物科学家之间的社会网络》则代表了对这个问题的一种独立的探讨方法。[①]

关于科学交流量的另一个重要的信息来源，是美国心理学协会(American Psychological Association)有关心理学家之间交流的一个项目。在威廉·加维和贝里弗·C. 格里菲思的指导下，这一研究在60年代发现了范围广泛的资料。当时加维转入了约翰斯·霍普金斯大学，那里的科学交流研究中心在许多科学和技术协会召开年会期间和会后，进行过一系列引人瞩目的有关交流的研究。[②]这些研究在很长一段时期关注于数据，而对理论的关注时间相对较少，不过业已证明，它们是与这个范式所提出的问题有着密切的关联。格里菲斯目前在德雷克塞尔研究所(Drexel Institute)工作，他仍在继续研究科学家的交流和科学家的无形学院等问题。

在这里应当注意的是，美国的另外三条发展路线大体上与默顿的传统无关，而且可以说是一种总的补充。约瑟夫·本-戴维，

① 例如，可参见尼古拉斯·C. 马林斯：《生物科学家之间非正式交流网络中的社会文化特征的分布状况》("The Distribution of Social and Cultural Properties in Informal Communication Networks among Biological Scientists")，见《美国社会学评论》33(1968年10月)：第786—797页。

② 参见，例如，约翰斯·霍普金斯大学科学交流研究中心(Johns Hopkins University Center for Research in Scientific Communication)，研究报告之四：《美国社会学协会1966年年会期间的科学交流行为》("Scientific Exchange-Behavior at the 1966 Annual Meeting of the American Sociological Association")，Baltimore，1967年9月，第209—250页；以及研究报告之五：《美国地球物理学联合会第48届年会的科学信息传播、非正式相互作用与信息影响》("The Dissemination of Scientific Information, Informal Interaction, and the Impact of Information Associated with the 48th Annual Meeting of the American Geophysical Union")，Baltimore，1967年10月，第251—292页。

一段时间在芝加哥大学工作，一段时间在耶路撒冷的希伯来大学工作，他从1960年以来撰写了一系列重要论文，论述不同形式的学术组织与科学发展的关系，而他最近对希腊时期以来西方文明中科学的发展的重要分析，达到了一个高峰。[①] 他仍然把重点继 xxviii 续放在社会结构因素上，这些因素曾经影响了科学与科学专业的发展和衰落，并且从这个意义上讲，他更接近于那些研究交流和无形学院的人，而不是那些直接从科学的规范结构入手进行研究的人。

托马斯·S.库恩是一位训练有素的科学史学家，自1962年他的非常有影响的著作《科学革命的结构》问世以来，他比以往更接近科学社会学。正是从这本书开始，范式这一术语流行了起来，尽管这个概念很早以前就在不甚广泛的意义上被人们使用过。（例如，在默顿1945年对知识社会学的评论中，以及他四年以后在对有别于理论的范式之功能所作的分析中，都曾使用过这个概念。）[②]与本-戴维形成对照的是，库恩所强调的是科学的实质内容——科学知识的兴趣中心和组织是如何发生变化的。但是与大多数科学史学家-科学哲学家相比，他更多地把"科学共同体"的社会结构，看作是范式运行的基础，进而更普遍地，把这种社会结构

① 本-戴维：《科学家的社会角色》。有关本-戴维早期的论著，包括他与例如兰德尔·科林斯以及A.兹罗科策维尔（Zloczower）等同事合写的论文，都可以从他的书中找到。

② 罗伯特·W.弗里德里希在他讨论范式和范例的论文《辩证社会学：70年代的一个范例》（"Dialectical Sociology: An Exemplar for the 1970's"）中注意到了这一点，见《社会力量》（*Social Forces*）50（1972）：第447—455页。有关默顿对范式使用的说明，请参见《社会理论与社会结构》，1968年英文版，第69—72页。

看作是科学发展的基础。当知识主体的中心要素相当稳定并且被广泛接受时(比如,像1700年和1900年之间牛顿物理学的情况那样),范式就存在着,而对从某种学科工作的这种基本界定中自然涌现出的问题所进行的研究,就叫做“常态科学”。当新理论、新问题和新数据的积累导致人们对这种范式的正确性产生怀疑,从而打破了它的一致性时,一种新的范式就在它的位置上发展起来,于是,就会发生一场科学革命。

默顿最近的一些批评者,如马尔凯和金,对库恩的著作了如指掌,他们指出,默顿所犯的错误是,他在自己的系统阐述中没有更直接地考虑科学的实质内容。然而,这些批评很少提到1957年以来默顿的任何一部著作,可以这样描述这些批评的特点,它们(除了论述科学规范的“实在性”的困难以外,而对这一点库恩的思想已经提供了一种有用的解决办法)是不成熟的而且已经过时了。且不说论及科学关注焦点的早期著作,事实上,默顿和他在哥伦比亚大学的同事们一直在研究科学的社会结构与其认识结构相互作用的那些问题——也就是说,科学得以组织的依据,以及在不同环境下出现
xxix 的、有关知识之主张各个方面的共识与分歧的形式和程度。

第三条发展路线是耶鲁大学科学史学家德里克·J.德·索拉·普赖斯所进行的富有活力的探索,他在过去20年内越来越多地侧重于社会学方面。从1951年以来,他越来越关注世界科学的普遍参数的量化,这一点明显地体现在他的《巴比伦以来的科学》和《小科学、大科学》所论述的论题中:从1600年以来(每年科学家的人数、科学发现、新期刊和社团的数量以及出版物总额)的增长速率;国家在研究和发展方面的投资模式(他发现,无论经济发展的规

模和水平如何，投资规模大致等于所有国家国民生产总值的0.07%)；以及交流的各个方面。[①] 普赖斯还在**无形学院**这个概念现在的意义上引用了这一17世纪的术语，用以指非正式的科学家群体在新开拓的研究前沿进行的合作，而且他非常有效地证明《科学引证索引》(*Science Citation Index*)的重要性在于追溯全国性科学共同体之间的交流，以及评价超越时代的特殊科学著作的思想影响。

因此，普赖斯的工作主要是确定科学共同体在不同时代的某种人数统计参数和其他“材料”参数，而没有机会去解决与默顿的范式有直接关系的问题。不过，通过他对无形学院所作的研究(黛安娜·克兰曾卓有成效地讨论过这个课题)，以及通过他鼓励把《科学引证索引》作为研究工具来使用，也使这二者的研究有了两种间接的联系；普赖斯和默顿两人都是科学引证索引顾问委员会(SCI Advisory Board)的成员，而哥伦比亚大学研究小组(其中著名的有斯蒂芬·科尔和乔纳森·科尔)，已非常系统地使用了科学引证。

在美国以外，近来有关科学社会学研究的势头给人留下了深刻的印象，我并不想尝试把这一领域的主要文献加以编目整理。一个简短的(尽管显然是不完全的)清单就足够了。在英国人们已经发现，在爱丁堡大学有一个在戴维·O.埃奇领导下的科学研究团体，在苏塞克斯大学(University of Sussex)有一个在罗伊·M.麦克劳德指导下的有关科学史和科学的社会研究的计划，还有一

① 德里克·J.德·索拉·普赖斯：《巴比伦以来的科学》(*Science Since Babylon*)，《小科学、大科学》(*Little Science, Big Science*)；在他的诸多论文中，也可参见《国家有可能发表论著也有可能衰落》(“Nations Can Publish or Perish”)，见《国际科学与技术》(*International Science and Technology*)70(1967年10月)：第84—89页。

个在克里斯托弗·弗里曼指导下的科学政策研究计划。1971年，麦克劳德和埃奇作为《科学研究》(*Science Studies*，一种“研究科学技术的社会历史因素”的专业性杂志)的共同编者，进行了通力
xxx 合作。在这一领域从事研究的其他一些机构包括：利兹大学(J. R. 拉维茨和 R. G. A. 多耳比)、剑桥大学(N. J. 马尔凯)、伦敦大学(希拉里·罗斯)、加的夫大学(保罗·哈尔莫斯)，以及曼彻斯特大学(理查德·D. 惠特利)。

在瑞典，史蒂文·德迪耶曾在隆德大学(University of Lund)组织了一个研究小组。在苏联，人们对科学社会学存在着相当大的兴趣，这一点 A. 沃兹里金和 S. R. 米库林斯基等人已经证实，同时，在这个国家中，基辅的杰纳迪·杜勃罗夫的研究是按照德里克·普赖斯提出的路线进行的。在以下国家中，社会科学家已经证明了人们对这一领域不断增长的兴趣：在波兰，多年以前亦即20世纪30年代中叶，玛丽亚·奥索夫斯卡和斯坦尼斯拉夫·奥索夫斯基介绍了“科学学”；在捷克斯洛伐克，那里的科学院协调着有关科学和技术的社会和人文意义方面的学术工作；在法国，在例如让-雅克·萨洛蒙、塞奇·莫斯科维奇和贝尔纳·莱居叶等人的工作中，体现了这种兴趣的增长(他们在科学社会学方面的工作，主要是在保罗·拉扎斯菲尔德的指导下，从拉扎斯菲尔德和默顿主办的联合研讨班开始的)；这种兴趣的增长也表现在德国、以色列、荷兰、日本和一系列其他国家之中。联合国教科文组织(UNESCO)和在巴黎的国际科学史和科学哲学联合会(Union Internationale d'Histoire et de Philosophie des Sciences)进行了许多重要的研究，国际社会学协会(International Sociological Asso-

ciation)还建立了一个科学社会学研究委员会(Research Committee on the Sociology of Science)。通过考察这些团体的贡献而对科学社会学当前状况所作的任何全面的综合评述,肯定会得出这样的结论:它变得越来越不是一种单纯属于美国的专门研究了。

自从60年代早期默顿范式问世以来,在这一领域的大部分研究似乎符合库恩的"常态科学"的定义。不仅默顿本人的研究而且还有这一领域的许多其他人的研究,主要集中在这样一些问题,这些问题曾得到过解释,并且被证明与这个范式中明显的或隐含的那些问题有直接关系。简而言之,科学社会学已成熟到了这样的程度,即许多研究都涉及"解难题"。正如库恩所强调的那样,[①]把研究描述为"解难题"并不意味着它缺乏想象力、不令人满意或无足轻重。充实唯有某个范式可以确认的默顿所说的那些"具体的无知"的范围,对于科学知识的发展来说像对科学革命一样,是必不可少的;没有常态科学的"阴",就不会有作为科学革命的"阳"的基础——而后者是比较罕见的。

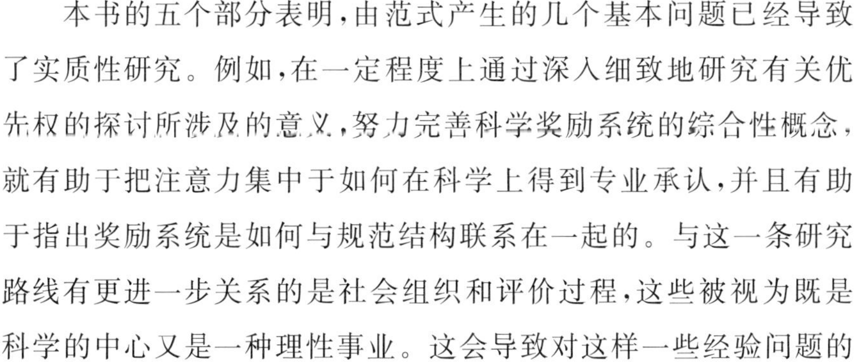

本书的五个部分表明,由范式产生的几个基本问题已经导致了实质性研究。例如,在一定程度上通过深入细致地研究有关优先权的探讨所涉及的意义,努力完善科学奖励系统的综合性概念, xxxi
就有助于把注意力集中于如何在科学上得到专业承认,并且有助于指出奖励系统是如何与规范结构联系在一起的。与这一条研究路线有更进一步关系的是社会组织和评价过程,这些被视为既是科学的中心又是一种理性事业。这会导致对这样一些经验问题的

① 库恩:《科学革命的结构》,第4章。

研究，例如评价科学贡献的质量的方式，以及从总体上看，这一过程在促进对这些贡献的奖励的公正分配方面是否适当。最后，正如我们已经了解的那样，这类问题已经导致了对评价标准更为翔实的考察，根据这一标准可以确定出科学精英，并导致对所涉及的认识变量的明确思考：在某个特定学科及其知识主体组织的诸方面中所存在的共识的程度。

现在，我想结束这篇导言，可又没有一种十分令人满意的方式，因为这里所描述的这一领域，虽然由于默顿和其他人的工作已经有了很大的发展，但现在仍然处于迅速扩展的阶段。这里所描述出的是现在使科学社会学得以构成的许多奠基石，以及基于这一基础对一些问题所做研究的大量例证。然而，当人们把所有科学分类为“常态的”或“革命的”时，有一个事实被遗忘了，那就是各种范式（在一个特定时间内突出的诸多方面）的情况在改变着，因为当“常态的”问题被解决了时，又会有新的问题出现。这种改变很难构成一场革命，就像一类新的树种的闯入不会改变一座森林的主要特征一样，但是，当这一特定的森林继续茂盛地生长时，我们这些置身于森林中的人可能会期望有不同的关注中心以及不同的研究方法和研究数据。

从所有这些理由来考虑，就不可能误解这里所收集的论文的持久价值。怀特海有一句箴言：“一门不愿忘掉它的创立者的科学将会迷失方向”，这一名言传世以来至少已经有几十年了，现在，它对科学社会学也适用了——而编者提起这句名言只是一种对他自己的信念在两方下赌注的做法，相信只要社会学的观点适用于任何科学，包括它自身，那么，这些论文就不会失去它们的基本价值。

第一部分

知识社会学

3

编 者 导 读

这里的五篇论文所构成的本书的第一部分，为我们描绘出了默顿对知识社会学的持续兴趣，它们所展现的资料，证实了知识社会学领域的研究与科学社会学领域的研究有着许多富有成效的相互关系。由于“知识”的范围比“**科学**知识”的范围更广，而后者的本质必然是对专门领域的关注；因而，从这些（以及其他）论文中可以得出这样一个结论，即自默顿的第一部著作发表以来，他一直都在设法使这两个领域之间保持明确的，且在分析上很有用的区别和联系。

在这里，论文的编辑并没有考虑年代的顺序，编者所要追溯的是，从对纯理论的关心到对男女知识分子所面临的具体的道德困境的强烈意识这一思想发展的历程。毕竟，学者和科学家们并非总是从一开始就能够认识到一个推理的发展过程的所有阶段，然后根据逻辑顺序把注意力集中在每一个阶段上。相反，可以把这些进程作为诱因和机会“补充进来”，而分别把它们结合在一起的基本的秩序，则属于事后认识的工作。

这一部分从默顿对 1945 年左右的知识社会学的状况的考察开始，在这第一篇论文中，默顿论证说，知识社会学偏重于“精神生
产的现有基础”导致了一种僵局。这篇论文仍然是这个领域的一 4

个里程碑，该文在第二次世界大战刚结束后发表，也许是非常恰当的，当时，在许多社会科学中都有一些新的观点脱颖而出。在这篇论文开始部分所展示的明确的“范式”中，作者概述了一种把有关知识之社会根源的哲学观念与对特定问题的经验研究联系在一起的纲领。事实上，在这篇论文的最后一段所描述的那个过程中，默顿本人也发挥了同样的作用(这种努力也许既是要归纳出自我应验的预言，也是要描绘出当时的现实)：“……在知识社会学中，有这样一种重要趋向正在迅速增加，即把暂时性假说与无可置疑的教条相混淆；标志着它的早期阶段的十足的思辨见识现在正受到日益严格的检验。”这种倾向的第一批成果中有默顿引入的“在当地有影响的人物和世界上有影响的人物”等概念，[①]这些概念后来被古尔德纳[②]作了修改以适用于学术领域；而默顿和基特[③]“对参照群体理论的贡献”，基于的是斯托福等人的《美国士兵》(*American Soldier*，1949)所报告的发现和默顿的“参照群体理论中的连续性”。[④] 社会科学家赫伯特·H. 海曼多年以前就引入了

① 罗伯特·K. 默顿：《影响的模式：对一个地方共同体中人际间的影响和沟通行为的研究》，见保罗·F. 拉扎斯菲尔德和弗兰克·斯坦顿主编的《沟通研究 1948—1949》(*Communications Research 1948—1949*，New York：Harper，1949)，也可见默顿：《社会理论与社会结构》。

② 阿尔文·W. 古尔德纳：《世界主义者与当地人：试析潜在的社会角色》(“Cosmopolitans and Locals：Toward an Analysis of Latent Social Roles”)，原载《管理科学季刊》2(1957 年 12 月和 1958 年 3 月)，第 281—306 页，以及第 444—480 页。

③ 罗伯特·K. 默顿和艾丽斯·基特(罗西)：《对参照群体行为理论的贡献》，见罗伯特·K. 默顿和保罗·F. 拉扎斯菲尔德：《社会研究中的连续性》以及《社会理论与社会结构》。

④ 罗伯特·K. 默顿：《参照群体理论中的连续性与社会结构》，见《社会理论与社会结构》。

“参照群体”这个概念，他注意到，①这些著作，根据正在成型的价值观和理性观点，把涉及非隶属参照群及非隶属参照群体角色的问题和观点系统化了。

下一篇论文论述的是兹纳尼茨基的著作《知识分子的社会角色》(*The Social Role of the Man of Knowledge*)，这是一篇得到了广泛赞赏的评论，在这篇书评中，默顿绝非仅仅扮演着一个被动的响应者的角色，他阐明了这本书的主要观点，并且把它们放入了一个更广阔的社会框架之中，他的这种做法引起了人们的纷纷议论。这篇文章关注的焦点是理论性的和不受时间限制的问题，因此，对学者和科学家们所扮演的各种角色的分类以及对可研究的假说的筛选，使这篇文章有了经久不衰的价值。它对一种分析方法的概述，也令思想史家对该文感兴趣，这种方法后来可能被吸收 5
到“知识社会学的范式”之中了。把以上所述的一点再重申一下：通过一系列相关的文章就可以追溯理论发展的路线，而这一路线不一定要根据这些文章的年代顺序来表现；好像理论的行进是二维的，而学者则处在第三维上，因为当机会出现时，他可以沿着这条发展路线自由地向前或向后运动，而不用过多地考虑理论本身内在的逻辑。

随后的论文是《关于社会学研究方式的社会冲突》(“Social Conflict over Styles of Sociological Work”)，在默顿满怀希望地提示知识社会学应当加速发展大约16年之后，他依然觉得，知识社

① 赫伯特·H.海曼：《参照群体》(“Reference Groups”)，见大卫·L.西尔斯编：《国际社会科学百科全书》(*International Encyclopedia of Social Sciences*, New York: Macmillan and Free Press, 1968)第13卷，第353—361页。

会学的“持续的、有组织有计划的研究”是很不充分的。这篇论文最初是提交给 1959 年在意大利的斯特雷萨举行的第四届世界社会学大会的，这次大会的主题是“社会学的社会学”。(这是科学社会学的一个特殊的课题，很自然，它有时也会把社会学家的兴趣吸引过去。不过，默顿把社会学共同体看做是整个学者共同体的部分代表，而并非仅仅看做是为从事实际工作的社会学家提供实践指导的一个活动场所。)这篇文章的中心议题是，社会学家相互关系的方式，在创造他们共享的知识体的过程中，可能像新的资料和新的理论观点一样重要。在很大程度上，默顿设法把他的注意力集中在学科内部的那些冲突方面，并把这些冲突与其他学科在类似的发展阶段上的相似情况进行了比较，而不是把注意力放在这个常见的会使人迷惑的问题上，即社会学家很容易卷入这个更大社会的意识形态的事物之中。

接下来的是《政策研究的方法维度和道德维度》(“Technical and Moral Dimensions of Policy Research”，1949)，该文还包括了从《说服大众》(*Mass Persuasion*，1946)中摘出的几页相关的内容。这篇文章继续探索科学家之间的相互关系，并且进而又讨论了知识社会学的另一个问题。该文分析了方法要求与道德要求之间的冲突，社会科学家，尤其是从事政策取向研究的社会科学家，常常很容易卷入这种冲突。它考察了导致社会科学家变得“对官僚主义的技术专家角色习以为常”的条件，这种官僚主义的技术专家“不会对政策、国情问题提出疑问，也不会阐述一些可供选择的办法”。默顿明确地拒绝“实证主义者的观点”，他注意到“研究者也许会天真地猜想，他在从事价值中立的研究活动，而事实上他可能就是这样界定了他的研究课题，即研究的成果将用于社会的某一个群体而不是其他的群体。他对问题的选择和界定反映了他那心照不宣的价值观”。

这些论文对近来社会学思想史中的那些古怪的想法也有所考虑。有些流行的观点[①]认为，默顿本质上是一位实证主义者，只关 6
心知识的专业方面，而这里的这些论文显然证明，这些论点是毫无价值的。另外，赛米勋爵注意到，[②]在后来与丹尼尔·勒纳合作撰写的一篇论文《社会科学家与研究政策》中［“Social Scientists and Research Policy”，见《政策科学》(*The Policy Science*)，1951］，默顿超越了理论的和经验主义的分析，他论证说，社会科学家有一项应尽的义务，这就是维护学者的价值观，抵制研究中常常会看到的来自政策制定者所需要的那种小范围的和利己的目标。这暗示着，现在所发现的“新社会学”中的这些问题和观点，毋宁说可能是再次肯定现在的社会条件比以前更有利于这些观点；事实上，连续几代社会科学家为之痛苦的“潜隐记忆”(见本书第四部分最后一篇论文)这个课题本身，就是知识社会学的一个特别问题。

这部分的最后一篇论文与第一篇论文有联系，它发表于四分之一世纪以前。该文从广阔的视角考察了社会科学知识的存在主义基础，因为知识社会学的范式和“参照群体的连续性”都提出了这个问题。由于对民族、种族以及其他身份的集体意识的增长而

① 参见，例如，M. D. 金：《理性、传统与科学的进步性》，原载《历史与理论：历史哲学研究》10(1971 年)，第 3—32 页。

② T. S. 赛米：《社会科学与社会目的》(*Social Science and Social Purpose*, London: Constable and Co., 1968)，第 59—62、178—180 页。

直接引发了这样一个重要的问题：是否“只有黑人才能理解黑人”，或者“只有女人才能理解女人”？这篇文章把这个问题加以推广，使之成了知识社会学的一个关键问题，即：一个人是否会由于其群体成员资格或社会地位而垄断着知识或能优先获取知识，或者由于这种资格或地位而与这种知识无缘？默顿很系统地把这个普遍性的问题分解成一个个分支问题，对它们进行剖析并探讨了其意义，同时非常仔细地坚持与每个部分的社会结构伴随物保持联系。他提醒我们，从突发的种族中心主义中产生的那些主张，并不是什么新东西：每当一个社会中的不同部分或该社会中不同的亚文化发现它们自己处于全面的冲突之中时，这些主张必然就会出现。这篇论文还阐明了一个相关的预见，即在这类问题出现于知识共同体的舞台中心后不久，知识社会学本身很可能会有一个突然的繁荣。

N. M. 斯托勒

第一章　知识社会学的范式[*] 7

1945 年

上一代人已经见证了社会研究的一个专门领域的出现，这个领域就是知识社会学(*Wissenssoziologie*)。的确，必须对“知识”这个词作非常广泛的解释，因为这一领域的研究实际上已经探讨了文化的全部产物(观念、意识形态、法律和伦理的信条、哲学、科学、技术)。但是，不管持有什么样的知识观，这门科学的取向基本上是相同的，它主要关心知识与社会或文化中其他存在因素的关系。这种对主要目的的表述可能是一般性的，甚至可能是含糊的，然而，即使再作一个更具体的陈述，也不足以把已经确立的多种多样的方法都包括在内。

因此，知识社会学显然涉及一些有漫长历史的问题。情况正是这样，这个学科已经有了它的第一个历史学家恩斯特·格伦瓦

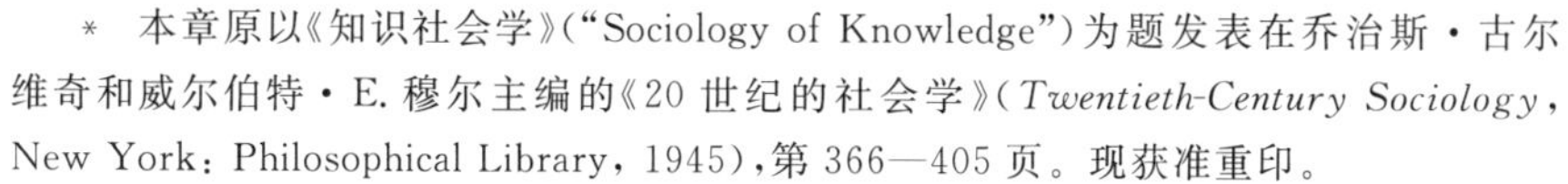

* 本章原以《知识社会学》(“Sociology of Knowledge”)为题发表在乔治斯·古尔维奇和威尔伯特·E. 穆尔主编的《20 世纪的社会学》(*Twentieth-Century Sociology*, New York: Philosophical Library, 1945)，第 366—405 页。现获准重印。

尔德。[1] 然而,我们主要关心的并不是当前流行理论的诸多先驱。确实,几乎没有什么当代的见解不能在以往富有启发意义的直觉知识的表述中找到。人们曾提醒国王亨利四世说:“哈里,愿望是思想之父”,仅仅过了几年之后,培根写道:“人类的理解不是不带
8 偏见的领悟,而是从意志与感情中受到鼓舞:哪里在从事科学,这些科学就可以被称之为‘人们需要的科学’。”尼采提出了许多论方法的格言,这些格言论述了需求通过一定的方法决定了我们用以解释世界的观点,因而,甚至在感性认识中也渗入了价值偏好。知识社会学的先驱只是要支持怀特海的这一意见:“像科学史教导我们的那样,非常接近于建立一个正确的理论与掌握它的精确应用,是两件截然不同的事情。重要的问题以前都有人提到过,但他未必就是发现者。”

一、社会环境

对于知识社会学来说,除了其历史和思想的来源之外,还有它的当代意义之基础的问题。众所周知,知识社会学作为一门独特的学科,在德国和法国得到了特别的培养。而在美国,只是近数十年来,社会学家对这个领域的问题的关注才日益增长。

---

① 本文将不讨论这段历史。恩斯特·格伦瓦尔德在《知识社会学问题》(*Das Problem der Soziologie des Wissens*, Vienna-Leipzig: Wilhelm Braumuller, 1934)中,勾勒了至少从所谓的启蒙运动时代起这个学科早期的发展情况。有关的概述,请参见H.奥托·达尔克:《知识社会学》(“Sociology of Knowledge”),见H. E.巴恩斯、霍华德·贝克尔以及弗朗西丝·B.贝克尔所编:《当代社会理论》[*Contemporary Social Theory*, New York: Appleton-Century, 1940(现已绝版)],第64—89页。

这个领域内出版物的增长,并且作为对其学术地位的决定性检验的博士论文数目的日益增加,在一定程度上证明了其意义的增长。

关于这种发展的一个直接但显然是不充分的解释也许暗示,这种发展的原因在于,近年来到美国的社会学家向这个国家输入了欧洲新的社会学思想。当然,这些学者是知识社会学的文化输送者。但这仅仅提供了这些观念的可供采用性,与任何其他文化传播中的可供采用性事例相比,上述解释并没有对这些思想的实际接受,做出更详细的说明。美国人的思想被证明是善于接受知识社会学思想的,这主要是因为知识社会学探讨的问题、概念和理论与我们当代的社会状况日益密切相关,因为我们的社会已开始具有这个学科最初在其中发展的那些欧洲社会的某些特性了。

在确定的社会和文化条件的综合之下,知识社会学才具有其适当性。[①] 随着社会冲突的日益增长,不同群体的价值观、态度和思想方式的差异发展到这样一种程度,这些群体以往的那些共同取向现在被互不相容的差异淹没了。由此不仅出现了各具特色的论域,而且导致任何一个论域都向其他的论域的有效性和合法性提出了挑战。这些互相冲突的观点和解释在同一个社会中的共
存,导致了不同群体之间强烈的相互**不信任**。在互不信任的环境 9
中,人们不再探究信仰和论断的内容,以确定它们是否是正确的;人们也不再把这些论断与相关的证据相对照,而是引入一个全新

① 参见卡尔·曼海姆:《意识形态和乌托邦》(*Ideology and Utopia*, New York: Harcourt Brace Jovanovich, 1936),第5—12页;皮蒂里姆·A.索罗金:《社会动力学和文化动力学》(New York: American Book Co., 1937)4卷本第2卷,第412—413页。

的问题：大家是怎样坚持这些观点的？思想被功能化了；人们用思想的心理的，或经济的或社会的或种族的根源和功能对它加以解释。一般讲，当一些陈述受到怀疑，当它们看来如此明显地难以置信、荒谬或充斥着偏见，以致人们不再需要考察支持或反对陈述的证据，而只要考察对它做出断言的根据就行了，这时，就会出现这种功能化的现象。[①] 这种不适当的陈述可以用特殊的利益、幼稚无知的动机、被歪曲了的观点以及社会地位等等来“加以解释”，或者可以“归之于”上述因素。在一般人的思考中，这种情况包括对对手的诚实进行交互的攻击；在更具系统性的思考中，它导致彼此作意识形态的分析。在这两个层次上，它都滋养和助长了集体的不安全性。

在这种社会环境中，具有某种共同前提的对人和文化的一系列解释广泛地流行了起来。不仅是意识形态分析和知识社会学，而且还有精神分析、马克思主义、语义哲学论、宣传分析、帕累托主义，并且在某种程度上还有功能分析，尽管它们在其他方面有差异，但在观念的作用方面却具有相似的观点。一方面，语言表达的和观念的领域（意识形态、理想化解释、感情表达、曲解、民间传说、推论），全都被看做是自我和他人所表达的、缺乏创造性的或骗人

① 弗洛伊德观察过这种倾向，他试图找出这些对我们来说似乎是显然荒谬的陈述的“来源”，而不是检验它们是否有效。那么，假设有个人坚持认为地核是由果酱构成的。“我们精神上抵制的结果将是**我们的兴趣的一种转移**；对于地球的内部是否真是由果酱构成的这个问题，**我们想要知道的不是如何把我们的兴趣引向研究本身，而是什么样的人头脑中必然会有这种思想**……”[见西格蒙德·弗洛伊德：《引论新编》(*New Introductory Lectures*, New York: W. W. Norton, 1933)，第49页(黑体字为我所标)]从社会层次上讲，不同社会群体大相径庭的观点，不仅会导致有偏见的攻击，而且还会导致“功能化的解释”。

的东西，它们在功能上全都与某种基础联系在一起。另一方面，有一些先前构想的基础（如生产关系、社会地位、基本的冲动、心理冲突、利益与情感、人与人之间的关系以及其他等等）。而且，人们始终谈论这样一个基本命题，即在不知不觉中基础决定了思想，始终强调真实与虚幻之间的区别，以及人类的思想、信仰和行为中实在与表象的区别。并且，无论分析者的意图是什么，他们的分析往往具有一种辛辣的性质；他们往往对已获承认的信仰或观点的本质性内容提出指控，使之世俗化，对它们加以讽刺、挖苦，使其异化并进行贬低。只要考察一下在这些环境中所选择的涉及信仰、观念 10
和思想的那些词所暗示的意义就行了，如：言必有之的谎言、神话、幻觉、推论、民间传说、理想化解释、意识形态、文字粉饰、虚假理由等等。

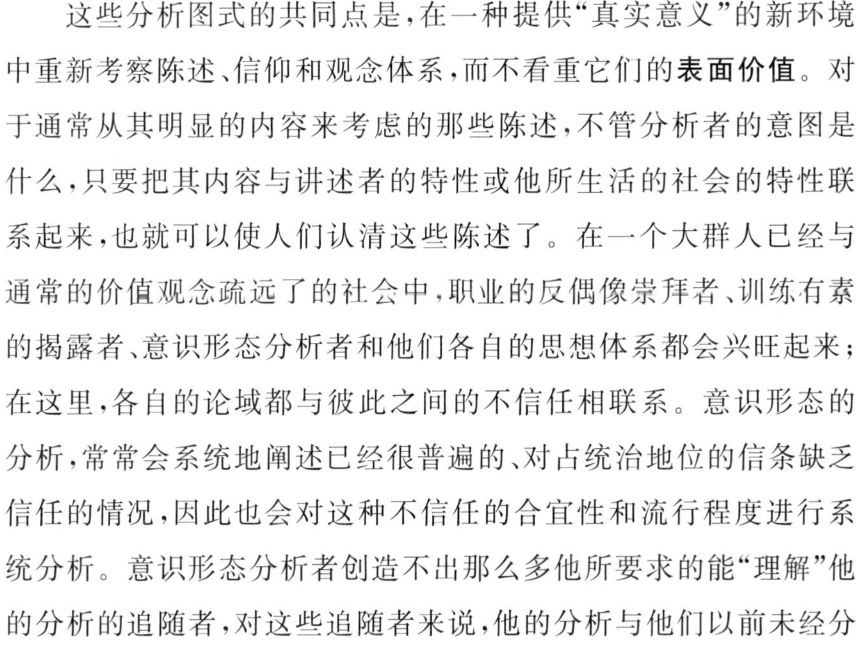

这些分析图式的共同点是，在一种提供“真实意义”的新环境中重新考察陈述、信仰和观念体系，而不看重它们的**表面价值**。对于通常从其明显的内容来考虑的那些陈述，不管分析者的意图是什么，只要把其内容与讲述者的特性或他所生活的社会的特性联系起来，也就可以使人们认清这些陈述了。在一个大群人已经与通常的价值观念疏远了的社会中，职业的反偶像崇拜者、训练有素的揭露者、意识形态分析者和他们各自的思想体系都会兴旺起来；在这里，各自的论域都与彼此之间的不信任相联系。意识形态的分析，常常会系统地阐述已经很普遍的、对占统治地位的信条缺乏信任的情况，因此也会对这种不信任的合宜性和流行程度进行系统分析。意识形态分析者创造不出那么多他所要求的能“理解”他的分析的追随者，对这些追随者来说，他的分析与他们以前未经分析的经验相是一致的。[①]

如果一个社会变成了这样：在这里，彼此的相互不信任可以用这样一种通俗的方式来表达，如“干吗要支持他？”在这里，“buncombe”（欺骗选民的演说）和“bunk”（欺骗）作为习语已有一个世纪，而“debunk”（揭穿）作为习语也有一代之久了；在这里，广告与宣传已经导致了一种对依据表面价值接受陈述的主动抵制；在这里，就如何争取（可能会受影响的）朋友而言，假合作的行为作为改进一个人的经济和政治地位的手段，已经在最佳推销员那里得到了充分的证明；在这里，社会关系日益工具化，以至个人逐渐认为，别人是首先试图控制、操纵和剥削他的；在这里，犬儒主义日益增长，其表现包括：与重要的群体逐渐脱离关系以及一种相当程度的自行疏远；在这里，人们用这样不明确的短语来表达自己动机的不确定性：“我可以做出合理的解释，但是……”；在这里，为了避免会给人带来创伤的幻想的破灭，也许可以先不把其他人的动机和能力看得太重，以便减少对他人的整体期望，从而总是使自己处于醒悟之中；——那么，在这样一个社会中，系统的意识形态分析和派生的
11 知识社会学，就会呈现出有一定社会基础的适当性和说服力。美国的学者，面对一些似乎要把混乱的文化冲突、有争论的价值观和各种观点整理有序的分析图式，已经迅速采用并吸收了这些分析图式。

① 知识社会学的马克思主义的先驱们接受了**合宜**这个概念。“共产党人的理论原理，绝不是以这个世界或那个世界改革家所发明或发现的思想、原则为根据的。**这些原理不过是**现存的阶级斗争、我们眼前的历史运动的**真实关系的一般表现**。”[卡尔·马克思和弗里德里希·恩格斯：《共产党宣言》（见《马克思恩格斯选集》第1卷，人民出版社1972年版，第264页。——译者），黑体字为我所标]

这种探索领域中的“哥白尼革命”就在于这样一种假说，即不仅错误、幻想或未证实的信仰，而且真理的发现也是受社会(历史)制约的。只把注意力集中在意识形态、幻想、神话和道德规范的社会决定因素方面，知识社会学就不会出现。十分明显，在说明错误或未证明的观点时，会涉及某些理论外的因素，因而需要某种特殊的解释，因为客观对象的实在性不能说明错误。但是，对于业已证实或证明了的知识，人们长期以来就假定，可以根据一种直接的对象-解释者关系对它作出适当的说明。知识社会学是与这样一种非凡的假说一起出现的，这个假说认为，即使是真理，也可以从社会方面加以说明，因为它们与它们出现于其中的历史上的社会有着联系。

对知识社会学的主要潮流的简要概述，不但不能对它做出适当的描述，反而会歪曲它的全貌。在阐述方面存在着多样性——有马克思的阐述、舍勒的阐述或迪尔凯姆的阐述；问题的种类不尽相同——从范畴体系的社会决定到受阶级局限的政治意识形态的社会决定；范围差异巨大——从无所不包的思想史的分类到近几十年来黑人学者思想的社会定位；给这一学科加的各种限制——从一种综合的社会学认识论到特殊的社会结构与观念的经验关系；概念激增——观念、信仰体系、实证知识、思想、真理体系、上层建筑等等；证实方法多种多样——从看似合理但未经正式证明的非难到细致的历史分析和统计分析；鉴于所有这一切，试图在几页篇幅之内既探讨分析手段又探讨经验研究的尝试，必然会为探讨的巨大范围而牺牲其细节。

为了给出现在这一领域中杂乱无章的种种研究的可比性提供一个基础，我们必须采用某种分析图式。下述范式就是旨在向这一方向迈进的一个步骤。毫无疑问，这只是一个片面的并且（但愿）是一个暂时的分类，当它让位于一个得到了改进和更加精确的分析模型时，它就将会消失。但它确实为这个领域内现有的研究成果的编目，为指出矛盾的、对立的和一致的结果，为阐明现在使用的概念工具，为决定这个领域工作者所研究的问题的性质，为评
12 价他们所提出的对这些问题有影响的证据的特性，为查出流行的各类解释特有的缺陷与弱点，提供了一个基础。知识社会学中羽翼丰满的理论适合于根据下列范式进行分类。

二、知识社会学的范式

1. 何处**是精神生产的存在基础**？

a. **社会基础**：社会地位、阶级、世代、职业角色、生产方式、群体结构（大学、官僚机构、科学院、派别、政党）、“历史地位”、利益、社团、种族归属关系、社会流动性、权力结构、社会过程（竞争、冲突等等）。

b. **文化基础**：价值观、精神特质、舆论趋向、大众精神（*Volksgeist*）、时代精神（*Zeitgeist*）、文化类型、文化思想、世界观（*Weltanschauungen*），等等。

2. 什么**精神产品正在得到社会学分析**？

a. **下列领域**：道德信仰、意识形态、观念、思想范畴、哲学、宗教信仰、社会规范、实证科学、技术，等等。

b. **哪些方面得到了分析**：它们的选择（关注的焦点）、抽象的层次、预先假定（把什么当作数据、认为什么是有疑问的）、概念内容、验证模式、思维活动的对象，等等。

3. 如何**使精神生产与存在基础相关联**？

a. **因果关系或功能关系**：决定、原因、对应、必要条件、制约、功能上的相互依存、互动、依赖性，等等。

b. **符号关系、有机关系或意义关系**：一致性、和谐性、首尾一贯性、统一性、相符、相容(和反义词)；表达、实现、符号表示、结构关系、结构认同、内部联系、风格类比、逻辑意义的整合、意义认同，等等。

4. 为什么**相关联？这些存在上受制约的精神产品的外显功能和潜隐功能。**

维护权力、促进稳定、确定取向、剥削、掩盖现实的社会关系、提供动力、引导行为、回避批评、转移敌意、提供保险、控制性格、协调社会关系，等等。

5. 何时**所认为的存在基础与知识之间的关系会得到承认**？

a. 历史主义理论(限于特殊的社会与文化)。 13

b. 一般的分析理论。

当然，为了知识社会学中的分类与分析研究还需要另外一些的范畴，这些就不在这里进行详细的探讨了。因此，存在对知识的影响相对于知识的认识论地位的意义这个持续多年的问题，从一开始就引起了热烈的争论。对这一问题的一些解答认为，知识社会学必然是一个关于知识的社会学理论，这些解答包括：从主张“思想的产生与它的有效性没有必然的关系”，到这样一种绝对的相对主义观点，即认为真理“仅仅是”社会基础或文化基础的一种功能，它只是依靠社会意见的一致，因此，任何在文化中被接受的真理理论有权主张它的有效性等于任何其他真理理论。

不过，上述范式已经可以使这个领域中的不同方法和结论条理化，充分地为我们的目的服务。

这里考察的主要方法是马克思、舍勒、曼海姆、迪尔凯姆和索罗金的那些方法。本领域中目前流行的大部分研究都是针对这个或那个理论中的：要么是通过对它们的观念加以修正后的应用，要么是通过相反方向的发展。本领域中的其他研究则源于美国本土的思想（例如实用主义），这些已有意省略了，因为人们还没有系统地阐述它们与知识社会学的特定关系，它们在知识社会学研究中也没有显著的体现。

三、存在基础

在知识社会学中，所有方法一致的中心点是这样一个命题，从思想不是内在地决定的来看，并且就思想的某一方面能从认识以外的因素中产生出来而言，思想是有一个存在基础的。但这仅仅是一种形式上的共识，涉及存在基础的本质时，这种共识就会让位于各种理论的十分广泛的多样性。

在这方面，如同在其他方面一样，马克思主义是知识社会学风暴的中心。不用讨论严格认同的马克思主义的注释问题，我们只需要回想一下马克思的“我不是马克思主义者”这句话就行了——我们可以从马克思和恩格斯的著作中追溯出关于知识社会学的最初表述。无论在他们工作的半个世纪中他们的理论发展中可能出现了什么变化，他们始终一贯地坚持“生产关系”构成观念的上层建筑的“真实基础”这一命题。“物质生活的生产方式制约着整个社会生活、政治生活和精神生活的过程。不是人们的意识决定人们的存在，相反，是人们的社会存在决定人们的意识。”[①]为了寻求将 14
观念功能化，即将个人的观念与它们的社会学基础相联系，马克思把它们纳入了阶级结构。他假定，不是其他的影响完全不起作用，而是阶级是首要的决定因素，因而它是进行分析的一个最有效的出发点。他把这一点明确表述在他的《资本论》第一版的序言中：“……这里涉及的人，**只是**经济范畴的人格化，是一定的阶级关系和利益的承担者。”[②]马克思在把人与其他变化因素分离开并从人们的经济和阶级作用来看待他们时，他假设这些作用是首要的决定性因素，**至于在任何给定实例中，它们能够在什么程度上对思想和行为做出适当的说明**，仍是一个悬而未决的问题。事实上，马克思主义的一条发展路线（从早期的《德意志意识形态》到恩格斯晚年的著作）就在于渐进地确定（并限定）生产关系事实上决定知识和思想方式的程度。

可是，马克思和恩格斯二人都反复地并日益坚持强调，一个社会阶层的意识形态不一定仅仅来自**客观上**属于这一阶层的人们。早在《共产党宣言》中，马克思和恩格斯就已经指出，当统治阶级瓦解时，“一小部分人……归附于革命的阶级……所以，正像过去贵族中有一部分人转到资产阶级方面一样，现在资产阶级中也有一

① 卡尔·马克思：《〈政治经济学批评〉序言》（见《马克思恩格斯选集》第2卷，人民出版社1972年版，第82页。——译者）。

② 卡尔·马克思：《资本论》，第1卷（见人民出版社1975年版，第12页。——译者），黑体字为我所标；参见马克思和恩格斯《德意志意识形态》（New York：International Publishers，1939），第76页；马克斯·韦伯：《科学论文集》（*Gesammelte Aufsaetze zur Wissenchaftslehre*），第205页。

部分人，特别是已经提高到从理论上认识整个历史运动这一水平的一部分**资产阶级思想家**，转到无产阶级方面来了。”[①]

通过分析意识形态的前景和先决条件，通过确定问题是如何从这种或那种阶级的观点解释的，这样就给意识形态在社会中定了位。不能仅仅按照机械论的方式，通过确定思想家的阶级地位来给思想定位。思想归之于那个阶级，乃是因为它“适合”那个阶级，该阶级的社会地位以及它的阶级冲突、愿望、恐惧、局限和在给定的社会历史环境中的客观可能性得到了表述。马克思的最明确的表述是：

> 然而也不应该狭隘地认为，似乎小资产阶级原则上只是
> 15 力求实现其自私的阶级利益。相反，它相信，保证它自身获得解放的那些**特殊**条件，同时也就是唯一能使现代社会得到挽救并使阶级斗争消除的**一般**条件。同样，也不应该认为，**所有的民主派代表人物都是小店主或小店主的崇拜人。按照他们所受的教育和个人的地位来说，他们可能和小店主相隔天壤。使他们成为小资产阶级代表人物的是下面这样一种情况：他们[头脑中]的思想不能越出小资产者的生活所越不出的界限**，因此他们在理论上得出的任务和作出的决定，也就是他们的物质利益和社会地位在实际生活上引导他们得出的任务和所作出的决定。**一般说来，一个阶级的政治代表和著作方面的代表人物同他们所代表的阶级间的关系，都是这样。**[②]

---

① 马克思和恩格斯：《共产党宣言》（见《马克思恩格斯选集》第1卷，人民出版社1972年版，第261页。——译者），黑体字为我所标。

② 卡尔·马克思：《路易·波拿巴的雾月十八日》（见《马克思恩格斯选集》第1卷，人民出版社1972年版，第632页。——译者）。

但是,如果我们不能从他们的代表者的客观的阶级地位来追溯思想,那就会留下一个很大范围的不确定性。于是又进一步产生了一个问题,即弄清楚为什么有些人认同他们自身具有他们客观上归属的那个阶层特有的观点,而其他人则采用了与"他们自身"不同的某个阶层的预想。用对事实的经验描述代替对它的理论解释是很不适当的。

在探讨存在基础时,马克斯·舍勒独特地提出了他自己的假说以反对其他流行的理论。[①] 他把文化社会学与他称之为现实因素社会学(或 *Realsoziologie*,实在社会学)进行了区分。文化资料是"观念的",位于观念和价值的领域:"现实因素"则指向自然界或社会现实中的有影响的变化。前者是用观念目标或意图来界定的;后者则可从一个"驱力结构"(*Triebstruktur*,例如性欲、饥饿、权力欲)中导出。他认为,所有自然主义的理论的一个基本错误是,它们都主张现实因素,无论是种族、地缘政治、政权结构,还是经济生产关系,也就是说,都明确地决定了意义观念的领域。他也拒绝了一切意识形态的、唯灵论的和人格主义的观念,因为它们错

① 这一解释基于马克斯·舍勒最详尽的讨论:《知识社会学问题》("Probleme einer Soziologie des Wissens"),见他的《知识形式与社会》(*Die Wissensformen und die Gesellschaft*, Leipzig: Der Neue-Geist Verlag, 1926),第1—229页。这篇著作是他的一篇短论的修订和扩充,该短论见于他的《知识社会学研究》(*Versuche zu einer Soziologie des Wissens*, Munich: Duncker und Humblot,1924),第5—146页。有关舍勒的进一步讨论,请参见P. A. 希尔普:《舍勒的知识社会学的形式问题》("The Formal Problems of Scheler's Sociology of Knowledge"),原载《哲学评论》(*Philosophical Review*)36(1927年3月),第101—120页;霍华德·贝克尔和H.奥托·达尔克:《马克斯·舍勒的知识社会学》("Max Scheler's Sociology of Knowledge"),见《哲学与现象学研究》(*Philosophy and Phenomenological Research*) 2 (1942年3月),第310—322页。

误地把存在条件的历史看做是思想史的一种单一的线性说明。他把完全的自主性和决定的序列赋予这些现实因素，虽然他并不始终一贯地坚持认为渗透价值的观念足以引导和支配它们的发展。
16 这样的观念开始没有社会效应。对社会动力的作用而言，观念"愈纯粹"，它就愈无力。除非观念以某种方式与制度结构中的利益、冲动、情感或集体倾向以及它们的结合有密切的关系，否则，观念就不会在文化的发展过程中得以实现和具体化。[①] 只有在满足这种前提的情况下，它们才能产生某种确定的影响，而且也只有在这种限定下，自然主义理论（例如，马克思主义）才是正确的。如果观念不以现实因素的内在发展为基础，那么它们注定要变成没有结果的乌托邦。

舍勒认为，自然主义理论陷入的进一步错误是，它们暗中假定**独立变量**在整个历史中是始终同一的。经常不变的独立变量是不存在的，不过，在历史过程中，存在着某种确定的前后联系，在这种联系中一些首要的因素起着主导作用，可以把这种联系总结为一个"三阶段定律"。在最初的阶段，血统关系与相关的亲缘制度构成了独立变量；随后，政治权力变成独立变量，而最后则是经济因素。因此，起主要作用的存在因素并不是恒定不变的，而是具有一种有序的可变性。所以，舍勒试图把历史决定因素的概念本身相对化。[②] 他声称，不仅已经归纳地证实了他的三阶段定律，而且已

① 舍勒：《知识形式与社会》，第 7、32 页。

② 同上书，第 25—45 页。应当指出的是，马克思长期以来一直断然拒绝类似的独立变量的转变观念，这种观念是攻击他的《政治经济学批判》的基础；参见《资本论》第 1 卷，第 94 页注释。

从一个人类驱力理论中推导出这个定律。

舍勒的现实因素(*Realfaktoren*),包括了种族与亲缘关系、权力结构、生产要素、人口的质与量的方面、地理因素和地缘政治因素等,这种观念很难构成一个有用的确定的范畴。如此多种多样的要素包含在一个标题之下,是没有多大价值的,而且,确实他自己和他的门徒们的那些经验研究并没有从这些因素的系列中获益。但是,在指出重大的存在因素的变化(虽然不是按照有序的序列变化,他也未能确定这种序列)之后,他转向了以后的研究所遵循的方向。

因此说,曼海姆思想的主要来源是马克思,他扩展了马克思存在基础的观念。如果已知多群体归属关系的**事实**,那么问题就变成了:在确定视角、思想模型、给定界限等等关系过程中判定**哪一个**是决定性的。与“教条式的马克思主义”不同,他不认为阶级地位是唯一最终的决定性因素。例如,他发现,一个经过有机整合的群体会把历史设想为一种为了实现其目标的连续的运动,而社会上没有根基的、松散地结合在一起的群体则信奉这样一种历史直觉,它强调偶然的和不可衡量的东西。只有通过揭示群体形成的
多种多样性(其中包括世代、地位群体、派别、职业群体)以及它们 17
特有的思维方式,才能够找到与实际中得到承认的多种多样观点和知识相对应的存在基础。[①]

尽管这阐述了一种不同的传统,但实质上却是迪尔凯姆所持

① 卡尔·曼海姆:《意识形态和乌托邦》,第247—248页。鉴于最近对曼海姆的著作已有了广泛的讨论,本文就不再对此作详细的论述了。

的一种观点。在早期与莫斯关于分类的原始形式的研究中，迪尔凯姆坚持认为，思想范畴的起源可以在群体结构和关系中找到，而范畴是随社会组织的变化而变化的。[①] 在试图说明范畴的社会根源时，迪尔凯姆假设，个人所能更直接和更广泛地适应的，是他们所处的群体，而不是自然界。最重要的经验是以社会关系为中介的，社会关系在思想和知识的特性中留下了它们的印记。[②] 因此，在他对思想的原始形式的研究中，他探讨了社会活动（仪式、宴会、典礼）的周期性循环再现、氏族结构以及群体聚会时的空间布置，把它们看做是处于思想的存在基础之中。并且，格拉内在把迪尔凯姆的阐述运用于中国古代思想时，他把中国人典型的时空观归之于这样一种基础，即封建的组织和集中与分散的群体生活有节奏的变化。[③]

索罗金的唯心论的流射论，与前面所论述的存在基础观有着明显的区别，这个理论试图从变化着的“文化心态”而不是从存在的社会基础来追溯知识的每个方面。这些心态由“主要的前提”所构成：因此，诉诸观念的心态把实在看做是“非物质的、永恒的存

---

① 埃米尔·迪尔凯姆和马塞尔·莫斯：《分类的几种最初形式》（“De quelques forms primitives de classification”），原载《社会学年鉴》（*L'Année Sociologique*）6（1901—1902年），第1—72页：“……即使像时间和空间那样抽象的观念，在它们历史的每一阶段中也都是与相应的社会组织密切相关的。”正如马塞尔·格拉内曾经指出的那样，这篇文章中有几页论述了中国的思想，专家们认为，这些论述标志着汉学研究领域的一个新时代。

② 埃米尔·迪尔凯姆：《宗教生活的基本形式》（*The Elementary Forms of the Religious Life*），第443—444页；另可参见汉斯·凯尔森：《社会与自然》（*Society and Nature*，Chicago：University of Chicago Press，1943），第30页。

③ 马塞尔·格拉内：《中国人的思维》（*La pensée chinoise*，Paris：La Renaissance du Livre，1934），参见，例如，第84—104页。

在”，把它的各种需要看做主要是心灵的需要，而这些需要的充分满足，要通过“迫使自己的大多数物质需要变得最小或者消除”。[①]与此相反，诉诸感性心态则把实在限制在可通过感官感知的范围内，它主要关心的是物质需要，它试图通过改变外部世界而不是通过自我限制，最大限度地满足这些需要。心态的主要中间类型是 18
理想主义的，它代表了上述类型的实质上的平衡。正是从这些心态亦即每种文化的主要前提中，导出了真理与知识的体系。在这里，我们来谈谈一种唯心论观点的独立的流射论：它（正如索罗金所做的那样）简直就像是在同语反复地说：“在一个诉诸感性的社会和文化中，基于感觉器官证据的感性的真理体系必定起主导作用。”[②]因为诉诸感性心态已经**被定义**为一种设想“实在只是呈现给感官的那些东西”的观点。[③]

此外，做出这种描述的流射论者，避开了其他的存在条件分析法所提出的某些基本问题。这样，索罗金把感性的“真理体系”（经验主义）不能垄断一种感性文化这一事实，当作了文化不能“完全整合”的证据。但这样一来，对我们当代世界所关心的思想的那些真正差异的基础，也就放弃了探索。对于试图做出社会学说明的其他知识范畴和知识原理，情况也是如此。例如，他发现，在我们当前的感性文化中，“唯物主义”不如“唯心主义”流行，而“现世论”与“永恒论”几乎同样流行；“唯实论”与“唯名论”、“个人主义”与“普遍主义”等等也是如此。既然在一种文化中有这些多样性，

① 索罗金：《社会动力学和文化动力学》第1卷，第72—73页。

② 同上书，第2卷，第5页。

③ 同上书，第1卷，第73页。

把一种文化从总体上表征为感性的，并不能提供一种基础，以说明哪些群体赞同一种思想方式、哪些群体赞同其他的思想方式。索罗金并没有**在**一种社会或文化**之中**系统地探索变化着的存在基础，他依赖于一些“主导的”倾向，并把这些倾向归因于整个文化。[①] 我们当代的社会，无论各种阶级和群体的思想观点的**差异如何**，被看做是一种感性文化的整体的例证。按照它自身的前提，索罗金的方法主要适用于对文化作全面的表征，而不适用于分析一个社会中变化了的存在条件与思想之间的联系。

四、知识的类型

即使作一番粗略的考察也足以表明，“知识”一词已被如此广
19 泛地理解为涉及从民间信仰到实证科学的每一种观念类型和每一种思想方式。人们常常会把知识与“文化”一词相混同，以致不仅精密科学，而且伦理信念、认识论假设、重要的预见、综合判断、政治信仰、思想范畴、末世论的教义、道德规范、本体论假设和经验事实的观察，都或多或少被人们不加区分地认为是“受存在的制约”。[②] 当

① 这种情况的一种“例外”是，他把“在感性文化中变成了领导阶级和组织阶级的牧师和宗教领主，与在感性文化中具有资本主义特征的资产阶级、知识分子、专业人员以及非宗教的官员”所作的对比（索罗金：《社会动力学和文化动力学》第 3 卷，第 250 页）。也可参见他对文化在社会阶层中传播的说明（同上书，第 4 卷，第 221 页及以下诸页）。

② 参见 R. K. 默顿：《卡尔·曼海姆与知识社会学》，见《开明宗教杂志》（*Journal of Liberal Religion*）2（1941 年），第 133—135 页；库尔特·K. 沃尔夫：《知识社会学：对一种经验主义态度的强调》（“The Sociology of Knowledge: Emphasis on an Empirical Attitude”），原载《科学哲学》（*Philosophy of Science*）10（1943 年），第 104—123 页；塔尔科特·帕森斯：《观念在社会行动中的作用》（“The Role of Ideas in Social Action”），见《社会学理论论文集》（*Essays in Sociological Theory*）第 6 章。

然，问题是：这些多样化的“知识”类型是否与它们的社会学基础有着同样的关系，或者，是否因为这种关系对各种类型的知识有所不同而有必要精确地区分各个知识领域。对绝大部分类型的知识来说，关于这个问题一向存在着歧义。

只有在恩格斯的后期著作中，他才开始认识到意识形态的上层建筑概念包括多种多样的“意识形态形式”，它们有**显著的**不同，也就是说，它们不是等同地和类似地受物质基础制约的。马克思未能系统地探讨这个问题，[①]这说明，起初对于**什么**构成了上层建筑以及这几种“意识形态”领域如何与生产方式相联系是很模糊的。对此做出澄清的工作，基本上是由恩格斯做的。在区分一般的术语“意识形态”时，恩格斯给予法律以一定程度的自主性。

> 产生了职业法律家的新分工一旦成为必要，立刻就又开辟了一个新的独立部门，这个部门虽然一般地是完全依赖于生产和贸易的，但是它仍然具有反过来影响这两个部门的特殊能力。在现代国家中，法不仅必须适应总的经济状况，不仅必须是它的表现，而且还必须是不因为内在矛盾而自己推翻自己**的内部和谐一致的**表现。而为了达到这一点，经济关系的忠实反映便日益受到破坏。法典愈是很少把一个阶级的统治鲜明地、不加缓和地、不加歪曲地表现出来，这种现象就愈是常见：这或许已经违反了“法观念”。[②]

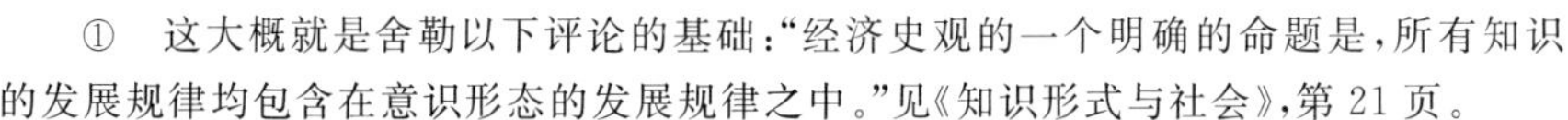

① 这大概就是舍勒以下评论的基础：“经济史观的一个明确的命题是，所有知识的发展规律均包含在意识形态的发展规律之中。”见《知识形式与社会》，第 21 页。

② 恩格斯：《恩格斯致康·施米特(1890 年 10 月 27 日)》(见《马克思恩格斯选集》第 4 卷，人民出版社 1972 年版，第 483 页。——译者)。

如果这对于与经济压力有密切联系的法是正确的，那么，它对
20 于其他“意识形态的上层建筑”领域就更为正确了。哲学、宗教、科学尤其会受到以前存在的知识与信仰的限制，它们只是间接地和最终地受到经济因素的影响。[①] 在这些领域中，不可能仅仅从历史状况的某种分析中“推论出”信仰与知识的发展和内容：

> 政治、法律、哲学、宗教、文学、艺术等的发展是以经济发展为基础的。但是，它们又都互相影响并对经济基础发生影响。并不是只有经济状况才是**原因，才是积极的**，而其余一切都不过是消极的结果。这是在**归根到底**不断为自己开辟道路的经济必然性的基础上的互相作用。[②]

但是，说经济基础“归根到底”为自己开辟道路，就是说意识形态领域显示某种程度的独立发展，正如恩格斯进一步注意到的那样：“我们所研究的领域愈是远离经济领域，愈是接近于纯粹抽象的思想领域，我们在它的发展中看到的偶然性［即偏离‘预期的’发展］就愈多，它的曲线就愈是曲折。”[③]

最后，有一种甚至更为局限的关于自然科学的社会学地位的

---

① 恩格斯：《恩格斯致康·施米特（1890年10月27日）》（见《马克思恩格斯选集》第4卷，人民出版社1972年版，第484页。——译者）。

② 恩格斯：《恩格斯致符·博尔吉乌斯（1894年1月25日）》（见《马克思恩格斯选集》第4卷，人民出版社1972年版，第506页。——译者）。

③ 同上书，第507页；参见恩格斯：《路德维希·费尔巴哈和德国古典哲学的终结》（见《马克思恩格斯选集》第4卷，人民出版社1972年版第249页及以下诸页。——译者）。“关于艺术，大家知道，它的一定的繁荣时期**绝不是**同社会的一般发展**成比例**的，因而也绝不是同仿佛是社会组织的骨骼的物质基础的一般发展成比例的。”［马克思：《政治经济学批判导言》（见《马克思恩格斯选集》第2卷，人民出版社1972年版，第112—113页。——译者），黑体字为我所标］

观念。在很著名的一段话中，马克思明确地将自然科学与其他意识形态区别开来。

> 随着经济基础的变更，全部庞大的上层建筑也或慢或快地发生变革。在考察这些变革时，必须时刻把下面两者区别开来：一种是生产的经济条件方面所发生的物质的、**可以用自然科学的精确性指明的变革**，一种是人们借以意识到这个冲突并力求把它克服的那些法律的、政治的、宗教的、艺术的或哲学的，简言之，意识形态的形式。[①]

因此，自然科学和其精确性可与之相媲美的政治经济学都被赋予了一种与意识形态截然不同的地位。自然科学的概念内容没有被归因于某种经济基础：归因于经济基础的仅仅是它们的“目的”和“材料”。“但是如果没有工业和商业，哪里有自然科学？甚
至这个‘纯粹的’自然科学也**只是**由于商业和工业，由于人们的感 21
性活动才达到自己的目的和获得材料的。”[②]沿着同样的思路，恩格斯断言，马克思的唯物史观本身的出现也是由“必然性”决定的，这一点已由当时的英、法历史学家中出现的类似观点以及摩尔根

① 马克思：《〈政治经济学批判〉序言》(见《马克思恩格斯选集》第 2 卷，人民出版社 1972 年版，第 83 页。——译者)，黑体字为我所标。

② 马克思和恩格斯：《德意志意识形态》(见《马克思恩格斯选集》第 1 卷，人民出版社 1972 年版，第 49 页。——译者)，黑体字为我所标。另可参见恩格斯：《社会主义从空想到科学的发展》(见《马克思恩格斯选集》第 3 卷，人民出版社 1972 年版，第 390 页。——译者)，恩格斯在该文中认为，新兴的中产阶级的需要可以说明科学复兴的原因。断言“只是”商业和工业才使人们能够达到这种目的，乃是关于各种关系的极端且未经检验的命题的一个典型，这类命题尤其在马克思主义的早期著作中是很流行的。像“决定”这样的词不能从它们的表面意义来理解；在描述特性方面，它们的使用是很模糊的。马克思和恩格斯并没有研究精神活动与物质基础之间这种关系的实际范围。

独立发现的同一种观念表明了。[①]

他甚至进一步主张社会主义理论本身也是无产阶级对现代阶级冲突的一种"反映",所以在这里至少"科学思想"的内容本身被认为是由社会决定的,[②]这并不损害其正确性。

在马克思主义中有一种开始变得明显的倾向,即认为自然科学与经济基础的关系,不同于其他知识领域和信仰领域与经济基础的关系。在科学中,关注的焦点可以由社会决定,但是,它的概念工具大概不是这样。在这方面,社会科学时常被认为与自然科学迥然不同。社会科学往往被比做意识形态领域,这是以后的马克思主义者显示出来的一种倾向,他们提出受阶级局限的社会科学不可避免地是有倾向性的,[③]这个命题值得商榷;他们主张,只有"无产阶级的科学"才会对社会现实的某些方面有正确的见解。[④]

① 参见恩格斯:《恩格斯致符·博尔吉乌斯(1894 年 1 月 25 日)》(见《马克思恩格斯选集》第 4 卷,人民出版社 1972 年版,第 507 页。——译者)。把平行的独立发现和发明看作是知识由社会决定的观点,是 19 世纪反复重申的一个命题。早在 1828 年,麦考莱在其论德莱顿(Dryden)的论文中就注意到了牛顿发明的微积分和莱布尼兹发明的微积分之间的联系:"的确,数学科学已经发展到了这样的地步,以至于即使他们二人都不存在,这个原理也会在几年之内不可避免地由某个人发现。"他还引用了一些相关的个案。维多利亚时代的工厂主与马克思和恩格斯持有同样的观点。在我们的时代,多罗西·托马斯、奥格本以及菲尔坎特(Vierkandt)都特别强调过这个基于独立的双重发现的命题。

② 参见恩格斯:《社会主义从空想到科学的发展》(见《马克思恩格斯选集》第 3 卷,人民出版社 1972 年版,第 423—424 页。——译者)。

③ 参见 V. I. 列宁:《马克思主义的三个来源和三个组成部分》(见《列宁选集》第 2 卷,人民出版社 1972 年版,第 441—446 页。——译者)。

④ 尼古拉·布哈林:《历史唯物主义》(*Historical Materialism*, New York: International Publishers, 1925),第 xi—xii 页;B. 黑森:《处在十字路口的科学》(London: Kniga, 1932),第 154 页;A. I. 蒂梅涅夫:《马克思主义与现代思想》(*Marxism and Modern Thought*, Harcourt, Brace, 1935),第 310 页:"唯有马克思主义、唯有先进的革命的阶级的意识形态才是科学的。"

曼海姆遵循马克思主义的传统甚至到了这样的程度：他否认
“精密科学”和“形式知识”是由存在决定的，但不否认“历史的、政 22
治的和社会科学思想以及日常生活思想”是由存在决定的。[①] 社会地位决定“视角”，即决定“人们看待对象的方式、人们在对象中所感知的东西以及人们如何在他的思维中分析它”。思想由情境决定并不反映它不正确；这只是使得探索的范围和它的有效界限具体化了。[②]

如果说马克思没有明确区分上层建筑的话，那么舍勒却走向了另一个极端。他区分了各种各样的知识形式。首先，存在着“相对自然的世界观”：它是作为既定的东西被接受的，对它既不需要也不能够加以证明。这可以说是群体的文化公理；约瑟夫·格兰维尔在大约三百年之前则称之为“舆论趋向”。知识社会学的首要任务就是发现这些世界观转变的规律。而且鉴于这些观点绝不是必然正确的，由此可以得出结论说，知识社会学绝非仅仅涉及探索真理存在的基础，它也要探索“社会幻觉、迷信以及受社会条件制约的错误和欺骗形式”的存在基础。[③]

世界观构成了有机的增长，而且世界观只在漫长的时间间隔中发展。它们很少受到理论的影响。在没有充分证据的情况下，舍勒主张，只有通过种族的混合，或者可以想象地通过语言与文化

---

① 曼海姆：《意识形态和乌托邦》，第150、243页；曼海姆：《竞争在精神领域中的意义》（“Die Bedeutung der Konkurrenz im Gebiete des Geistigen”），见《德国第六届社会学代表大会论文集》（*Verchandlungen des6. deutschen Soziologentages*，Tuebingen：1929），第41页。

② 曼海姆：《意识形态和乌托邦》，第256、264页。

③ 舍勒：《知识形式与社会》，第59—61页。

的“混合”，才能使它们在某种根本的意义上发生改变。建立在这些非常缓慢地变化的世界观的基础之上的，有更具“人为色彩”的知识形式，它们可以按照人为的程度而分为七类：(1)神话与传说；(2)隐含在自然的民间语言中的知识；(3)宗教知识(从模糊的情感直觉到一个教会固定的教义)；(4)各种类型的基本的神秘知识；(5)哲学—形而上学知识；(6)数学、自然科学与文化科学的实证知识；(7)技术知识。[①] 这些类型的知识中人为的成分愈高，它们改变起来也就愈快。舍勒说，显然，宗教的变迁远远慢于各种形而上学，而形而上学比实证科学的结果持续的时间长久得多，后者每小时都在改变。

这种变化率假说与阿尔弗雷德·韦伯的“文明的变迁比文化的变迁更快”的命题与奥格本的“物质因素”比“非物质因素”变得
23 更快的假说有某些相似之点。舍勒的假说也像这些命题和假说一样具有局限性以及一些附带的缺点。他从来没有在哪里明确地指明他所谓的人为性知识的分类原理实际指的是什么。例如，为什么“神秘知识”被设想为比宗教教义更具“人为色彩”？他也全然没有考虑，说一类知识比另一类知识改变得更快，这其中所包含的意思是什么。想一想吧，他很奇怪地把新的科学“结果”与形而上学体系相等同；人们怎样把新康德主义哲学所意指的变化程度与相应时期的比如说生物学理论中的变化相比较呢？舍勒大胆地断言了变化率方面的七类变化，但是显然，他并没有在经验上证实这种精心设计的论断。考虑到检验简单得多的假说所面临的困难，我

① 舍勒：《知识形式与社会》，第62页。

们就完全不明白提出这类精心设计的假说会有什么收获。

而且只有这种知识的某些方面被认为是由社会学决定的。根据某些公设(在此考察不需要它们),舍勒进一步断言:

> 所有知识的社会学地位、各种形式思想、直觉与认识的社会学地位是无可怀疑的。尽管一切知识的**内容**、更不用说其客观有效性都不是受**社会利益起支配作用的见解**决定的,但是知识对象的**选择**却是受**社会利益起支配作用的见解**决定的。而且,获得知识的精神过程的种种“形式”总是而且必然是由社会亦即社会结构共同决定的。①

由于解释就是从较新的知识追溯到熟悉的和已知的知识,而且由于社会比任何别的事物“更多地被人们所了解”,②所以可以预期,思想方式、直觉方式以及可认知物的分类一般是由构成社会的各个群体的分工与分类共同决定(*mitbedingt*)的。

舍勒断然拒绝了一切形式的社会学主义。他试图复兴一种形而上学的二元论来避免极端相对主义。他假定有一个“永恒的本质”的王国,它以不同的身份成为**判断的内容**,这是一个与决定判断**行为**的历史和社会的实在王国大相径庭的王国。曼德尔鲍姆对这种见解进行了恰当的概括:

> 本质的王国在舍勒看来是一个可能性的王国,由此出发,我们,由于受时间和我们的利益的约束,总是先选出一组本质然后再选出另外一组本质加以考虑。作为历史学家,我们把自

① 舍勒:《知识形式与社会》,第55页(黑体字为我所标)。

② 参见本文注14所引用的迪尔凯姆的相同的假设。

己关注的中心转向哪里，取决于我们自己以社会学为基础所确
24 定的价值评价；我们所看到的事物是由一组绝对和永恒的价
值观决定的，这些价值观隐含于我们正在探讨的过去之中。[①]

这确实是被认可的反相对主义。仅仅断言本质与存在之间的区别，就通过驱逐相对主义避免了它的精神压力。永恒的本质概念可能与形而上学家相投，但对经验的探索而言却是完全陌生的。值得注意的是，这些观念在舍勒凭借经验致力于建立知识与社会的关系的努力中，并没有起显著的作用。

舍勒指出，不同类型的知识是与特定形式的群体结合在一起的。柏拉图的理念论的内容需要柏拉图学园的形式和组织；同样，正如特勒尔奇所证明的那样，新教教会及教派的组织是由它们的信仰内容决定的，而这些信仰只能存在于这类而不是其他类社会组织之中。与此相似，社会中的那些共同体(*Gemeinschaft*)有一种传统上业已确定的知识储备，这种知识是作为结论传承下来的；这些类型与发现和扩大知识无关。检验传统知识的努力本身，只要它隐含着怀疑，就会被当作实际是渎神的东西而排除。在这样一种群体中，主导性的思维逻辑和思维方式是“证明的艺术”，而不是“发明的艺术”。它的方法主要是本体论的和教条式的，而不是认识论的和批判性的，它的思维方式是概念实在论的方式，而不是社会(*Gesellschaft*)类组织中的那类唯名论的方式，它的范畴体系

① 莫里斯·曼德尔鲍姆：《历史知识问题》(*The Problem of Historical Knowledge*, New York: Liveright, 1938)，第150页；索罗金在例如《社会文化的因果关系和空间与时间》(*Sociocultural Causality, Space, Time*, Durham: Duke University Press, 1943)中，假定了一个类似的“永恒的观念”领域，在该书第215页随处可见。

是有机论的而不是机械论的体系。[1]

迪尔凯姆把社会学研究扩展到思想范畴的社会起源，他把他的假说建立在三种类型的假设性证据的基础之上：(1)范畴和逻辑规则中文化变迁的事实“证明它们依赖于历史的因而也是社会的因素”；[2](2)因为概念包含在个人所掌握的语言之中(这对于科学家的专门术语也同样成立)，因为某些概念术语涉及我们个人从未经历过的事物，所以显然，它们是社会的产物；[3]并且(3)接受或摒弃某些概念不**仅仅**取决于它们的客观有效性，而且也取决于它们与其他占主导地位的信念的一致性。[4]

可是迪尔凯姆并不赞成这样一种类型的相对主义，按照它的 25
观点，存在的只是相互竞争的有效性的标准。就范畴对自然界的适用性而言，范畴的社会来源并不表明它们完全是任意的。它们在不同的程度上适合于它们的对象。但是，既然社会结构变化了(并且范畴的工具随它们而变化)，那么，在社会中流行的特定的逻辑解释就不可避免地带有主观因素。“如果我们要更准确地探讨现实，就必须逐渐排除”这些主观因素。而且，这一点要在确定的社会条件之下实现。随着跨文化接触的扩展，随着来自不同社会的人的相互沟通的展开，随着社会的扩大，地方的参照框架逐渐瓦解了。“事物不能再包含于这些社会模型之中了(它们原来是按照

---

① 舍勒：《知识形式与社会》，第22—23页；可以比较一下弗洛里安·兹纳尼茨基关于宗教思想学派的类似表征，见《知识分子的社会角色》(New York: Columbia University Press, 1940)第3章。

② 迪尔凯姆：《宗教生活的基本形式》，第12、18、439页。

③ 同上书，第433—435页。

④ 同上书，第438页。

这些模型分类的)；它们必须按照它们自身的原理来组织。这样，逻辑组织就使它自身有别于社会组织而变得自主了。真正的人类思想并不是某种原始的事实；它是历史的产物。"[①]特别是那些受到了科学方法批判的观念，开始具有了更高的客观适当性。客观性本身被看做是一种在社会中出现的东西。

迪尔凯姆摇摆不定的认识论，与他对时空及其他部分的具体命名之社会根源的实质性说明，自始至终交织在一起。我们不必沉迷于传统的做法，即把这些范畴拔高为一种独立的和有先见之明的东西，这样才能注意到迪尔凯姆不是在探讨这些范畴，而是在探讨对时空的约定的划分。顺便说一句，他认识到这些方面的差异并不会致使我们"忽略一些类似性，它们绝非是无足轻重的"。如果说，在把概念系统的变化与社会组织的变化联系起来这一点上，他是一个先驱，那么，在确定范畴的社会根源方面他并不成功。

像迪尔凯姆一样，格拉内赋予语言以重要作用，认为语言制约并规定着流行的概念和思维的方式。他已经指出了，中文不能充分地指示概念、分析观念或以推论的方式提出学说。它仍然难以适应形式的精确性。中文的词不能把概念固定，使其具有一定程度的抽象性和概括性，而会引起一种关于一些特定形象的不确定的复合。因此，没有一个词单纯地表示"老人"，但却有许多词"描绘老年的不同方面"。如"耆"，这些人需要更丰富的饮食；"耄"，这些人呼吸困难，如此等等。这些具体的描述，涉及有关老年人生活方式的每一个细节的许多类似的具体而形象的描述：这些人应当

① 迪尔凯姆：《宗教生活的基本形式》，第437、444—445页。

免服兵役；应当为这些人准备丧葬用品；这些人有权带一根拐杖通 26
过城镇，如此等等。这些是“耆”引起的少数形象化的描述，“耆”这个词不单独使用，一般指六七十岁的老人。这样，词和句子就有了完全具体的和象征的意义。[①]

正如中国的语言是具体的和会意的一样，古代中国人思想的最一般的观念也始终是具体的，其中没有一个与我们的抽象观念相类似。无论对时间还是对空间的构想都不是抽象的。时间的进程是循环轮回的；空间是方的。地是方的，分为许多小方块，城墙、田地和军营都应当构成方形。军营、建筑物和城镇必须有确定的指向，而选择适当方向的权力掌握在宗教仪式的主持者的手中。空间的划分与管理的技术——测量、城镇发展、建筑、政治地理等等，以及作为它们的前提的几何思辨，都是与某一组社会法规相联系的。尤其是，这些法规涉及一些周期性的聚会，因而它们在每一个细节上都重申并且突出了代表空间的符号。它们说明空间是方形的，它具有不同的意义和等级特征，这种空间观念只能在一个封建社会中产生。[②]

虽然格拉内可能已经证实了时间和空间具体名称的社会根据，但我们完全不清楚，他是否已经探讨了可与西方观念相比较的资料。他考虑了传统化的观念、宗教仪式的观念或巫术的观念，暗中把这些观念与我们平常的、技术中的和科学上的概念相比较。但是在广阔的现实**实践**的领域中，中国人并不是根据“时间是轮回

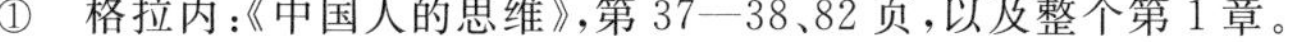

① 格拉内：《中国人的思维》，第37—38、82页，以及整个第1章。

② 格拉内：《中国人的思维》，第87—95页。

的”、“空间是方的”这种假设来**行动**的。当人们考虑可比较的活动与思想领域时，说从思想和观念没有共同的标准这一意义上讲，出现了这种“范畴体系”的根本分裂，这一说法是值得怀疑的。格拉内证明了概念在**某些语境中**的质的差异，但没有在这些可比较的背景下，比如说，在技术实践背景下证明这种差异。他的工作证明了在这两个领域中与在宗教仪式领域之内思想兴趣的不同焦点，亦即其观点中的基本差异，但它们并不是其他领域不可逾越的鸿沟。因此莱维－布吕尔(Levy-Bruhl)所谓原始精神的“前逻辑性”概念最为显著的谬误，也在格拉内的著作中出现了。正如马林诺夫斯基和里弗斯(Rivers)业已证明的，在考察可比较的思想和行动领域时，没有发现这种不可调和的差别。①

27 索罗金也有相同的倾向，即把完全不同的真理标准赋予他的不同文化类型。他已经用一种独特的表达方式，描述了在不同历史社会中对知识精英作用的关注的转移这一事实。在某些社会中，宗教观念和某些特殊类型的形而上学处于被关注的焦点上，而在其他社会中，经验科学却成为了人们的兴趣中心。但在每一个社会中，若干“真理体系”共存于某些领域内；天主教会甚至在这个感性的时代也没有放弃“观念化的”标准。

只要索罗金在真理标准方面采取迥然不同和异类的观点，他

---

①　参见马林诺夫斯基：《巫术、科学与宗教》(*Magic*, *Science* & *Religion*, Glencoe: The Free Press, 1948)，第9页：“每一个原始共同体都掌握了相当多的知识，这些知识是以经验为基础并根据理性形成的。”也可参见埃米尔—伯努瓦-斯里缪安：《格拉内的〈中国人的思维〉》(“Granet's La Pensée chinoise”)，原载《美国社会学评论》1(1936年)，第487—492页。

就必须把他的研究纳入这一背景之中。也许可以说，尽管要进行广泛的讨论就需要引证他的著作，但他从未解决这个问题。他的各种应付极端相对主义僵局的努力彼此有相当大的区别。因此，在最初，他说他的构思必须像检验“任何科学定律”那样接受检验。“首先，原理必须在本质上是合乎逻辑的；其次，它必须成功地经受‘相关事实’的检验，即它必须与事实相符合并描述事实。”[①]因此在索罗金自己的术语中，他采取了具有“感性的真理体系”特性的科学观点。可是，当他直接面对自己的认识论观点时，他采取了一种“整合论”的真理观，它试图同化经验和逻辑标准以及“‘直觉’或‘神秘经验’的超感觉、超理性以及元逻辑的活动”。[②] 他因此假定了这些不同的系统的整合。为了为“信仰的真理”辩护（唯有这种信仰的真理能使他离开现行的科学研究所使用的日常标准），他指出：“直觉”作为科学发现的一个**来源**起着一种重要的作用。但是这种论点切题吗？问题不在于一个正确结论的心理学**来源**，而是使之**正确化**的**标准**与**方法**。当“超感觉”直觉与经验观察不相符时，索罗金会采用什么标准呢？只要我们能从他的工作来判断而不是从对他的工作的评论来判断，那么在这类场合，他也许宁可接受事实而摒弃直觉。所有这些都表明，索罗金在通常的“真理”的标签下讨论着完全不同的并且不能比较的判断类型：正如化学家对油画的分析与对画的美学评价既不一致，也非不一致，索罗金的真理系统也是这样，因为它涉及完全不同的判断类型。而且确实，
在他评论时他最终也正是这样说的：“每一个真理系统在它的合格 28

① 《社会动力学和文化动力学》第1卷，第36页；参见该书第2卷，第11—12页注释。

② 同上书，第4卷，第16章；同一作者：《社会文化的因果关系和空间与时间》第5章。

的合法领域内，使我们对实在的有关方面有真正的认识。”[①]但是，无论他个人关于直觉的见解如何，他不能把它作为一个正确结论的**标准**（而不是来源）纳入他的社会学之中。

五、知识与存在基础的关系

虽然这个问题显然是知识社会学每一个理论的核心，但人们对它的探讨却时常是含蓄的而不是直截了当的。然而，每一类归之于知识与社会的关系，都是以一整套社会学方法和社会因果关系理论为前提的。这个领域中一些流行的理论已经探讨了一种或者两种主要类型的关系：因果关系或功能关系，以及符号关系或有机关系、意义关系等。[②]

马克思和恩格斯当然只探讨经济基础与观念之间的某种因果关系，用“决定、对应、反映、产生、依赖”等等各种各样的术语来称呼这种关系。此外，还有一种“利益”或“需求”的关系，当社会阶层在历史发展的特定阶段有一些（可估算的）需求时，人们就会认为这对适当的概念和知识的发展产生了一种压力。今天，这些各不相同的表述的不适当性已经浮现出来，并困扰着那些从马克思主义传统进行推理的人。[③]

---

① 《社会文化的因果关系和空间与时间》，第230—231页注释。

② 在欧洲社会学思想中，长期以来就存在这种区分。20世纪最详尽的讨论就是索罗金的《社会动力学和文化动力学》；参见，例如该书第1卷，第1—2章。

③ 参见汉斯·斯皮尔的评论：《社会对观念的决定作用》（“The Social Determination of Ideas”），原载《社会研究》5（1938年）：第182—205页；C. 赖特·米尔斯：《语言、逻辑与文化》（“Language, Logic and Culture”），原载《美国社会学评论》4（1939年），第670—680页。

如我们所知，马克思认为思想并不仅仅是客观阶级地位的一种反映，这就重新提出了把它归因于某个决定性基础的问题。处理这一问题的流行的马克思主义假说包含这样一种历史理论，它是决定意识形态是否“在总体状况上适合于”社会中的某一特定的阶层的根据：这需要以假设的方式构想，如果人们能够充分地理解这种历史处境，他们将**会思考和理解**什么。[①] 但是，这种对境遇的见解，**实际上**不一定会在特定的社会阶层内广泛流行。于是，这进一步导致了所谓“虚假意识”的问题，即意识形态如何既不与阶级利益相一致，也不会在总体状况上适宜到了普遍流行的地步。

《共产党宣言》中包含了对虚假意识的部分经验说明，这种说 29
明依据这样的见解，即资产阶级控制了文化的内容，从而传播了与无产阶级的利益不相容的学说和标准。[②] 或者，用更为一般的术语来说，“统治阶级的思想在每一个时代都是占统治地位的思想”。但这仅仅是部分的说明；它至多探讨了被统治阶级的虚假意识问题。例如，它可能部分地解释了马克思注意到的事实，即甚至农民“在其地位上属于无产阶级，他也不相信他所做的事情”。可是，它无法确切地说明统治阶级本身的虚假意识。

---

① 参见曼海姆《意识形态和乌托邦》第 175 页及以下诸页的阐述；乔治·卢卡奇：《历史与阶级意识》(*Geschichte und Klassenbewusstein*, Berlin, 1923)，第 61 页及以下诸页；阿瑟·蔡尔德：《知识社会学中的归因问题》(“The Problem of Imputation in the Sociology of Knowledge”)原载《伦理学》(*Ethics*)51(1941 年)，第 200—214 页。

② 马克思和恩格斯在《德意志意识形态》中指出：“既然他们正是作为一个阶级而进行统治，并且决定着某一历史时代的整个面貌，不言而喻，他们在这个历史时代的一切领域中也会这样做，就是说，他们还作为思维着的人，作为思想的生产者而进行统治，他们调节着自己时代的思想的生产和分配。”(见《马克思恩格斯选集》第 1 卷，人民出版社 1972 年版，第 52 页。——译者)

还有一个虽然没有明确得到阐述但对虚假意识问题有影响的命题，该命题贯穿马克思主义理论：这就是把意识形态看做是“真正动力”的**不自觉的**和**无意识的**表示，而这些“真正动力”又是根据社会阶级的客观利益来解释的。因此，对意识形态的无意识的本性一再得到了强调：“意识形态是由所谓的思想家有意识地，但是以虚假的意识完成的过程。推动他的真正动力始终是他所不知道的。否则这就不是意识形态过程了。因此，他想象出虚假的或表面的动力。”①

热忱的论证者只能忽视表示物质基础与观念之间联系的“对应”一词的模糊性。意识形态被解释为“社会状况的畸变”，②并且仅仅是物质条件的“表现”；③被解释为无论是否“畸变”，都是对现实社会中正在进行的真正变革的动力支持。④ 正是在这最后一点

① 《恩格斯致弗·梅林(1893年7月14)》(见《马克思恩格斯选集》第4卷，人民出版社1972年版，第501页。——译者)。参见马克思：《路易·波拿巴的雾月十八日》(见《马克思恩格斯选集》第1卷，人民出版社1972年版，第629页。——译者)；同一作者：《〈政治经济学批判〉序言》(见《马克思恩格斯选集》第2卷，人民出版社1972年版，第83页。——译者)。

② 马克思：《路易·波拿巴的雾月十八日》(见《马克思恩格斯选集》第1卷，人民出版社1972年版，第634—635页。——译者)，从中可以看到，民主的山岳党人一味地自欺欺人。

③ 恩格斯：《社会主义从空想到科学的发展》(见《马克思恩格斯选集》第3卷，人民出版社1972年版，第391页。——译者)。另可参见恩格斯：《路德维希·费尔巴哈和德国古典哲学的终结》(见《马克思恩格斯选集》第4卷，人民出版社1972年版，第251—252页。——译者)：“新教异端的不可根绝是同正在兴起的市民阶级的不可战胜相**适应**的……在这里，加尔文教是当时资产阶级利益的真正的宗教外衣。”(黑体字为我所标)

④ 马克思承认正在兴起的资产阶级的“幻想”具有动力作用，参见《路易·波拿巴的雾月十八日》(见《马克思恩格斯选集》第1卷，人民出版社1972年版，第604页。——译者)。

上(人们承认虚幻的信仰可以提供行动的动力),马克思主义赋予历史进程中的意识形态一定程度的独立性。它们不再仅仅是一种附带的现象,它们享有一定程度的自主性,由此发展出了交互作用因素的观念,按照这种观念,上层建筑虽然依赖于物质基础,但也被认为具有某种程度的独立性。恩格斯明确地承认,以前的阐述 30
至少在两个方面是不适当的:第一,他和马克思以前都过分强调了经济因素并且推断了交互作用的任务;[①]第二,他们曾经"忽略了"形式方面——即这些观念是以什么方式和方法产生的。[②]

而且,马克思、恩格斯关于观念与经济基础相互联系的观点认为,经济结构构成了这样的框架,它总是会限制那些证明在社会上有影响的观念的范围;与冲突着的这个或那个阶级不相关的观念也可能会产生,但将具有较少的影响。相对于观念的出现与传播而言,经济条件是必要条件,但并非充分条件,而这些观念表示的是特定的社会阶层的利益或观点,或者表示的是它们两者。经济条件并没有完全决定观念,而只是决定了一定的倾向。知道了经济条件,我们就可以预测观念的类型,这些观念能够在可以起作用的方向上产生一种支配影响。"人们自己创造自己的历史,但他们并不是随心所欲地创造,并不是在他们自己选定的条件下创造,而是在直接碰到的、既定的、从过去继承下来的条件下创造。"(马克思:《路易·波拿巴的雾月十八日》,见《马克思恩格斯选集》第1卷,人民出版社1972年版,第603页。——译者)而在创造历史时,

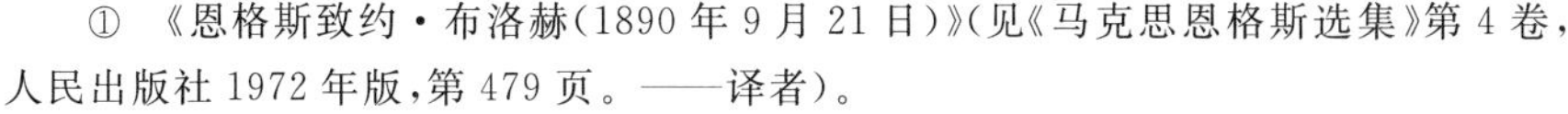

① 《恩格斯致约·布洛赫(1890年9月21日)》(见《马克思恩格斯选集》第4卷,人民出版社1972年版,第479页。——译者)。

② 《恩格斯致弗·梅林(1893年7月14日)》(同上书,第500页。——译者)。

观念与意识形态起着明确的作用：只要考虑一下宗教是“人民的鸦片”这种观点，进而再考虑一下，马克思和恩格斯认为，在无产阶级中培养出能够“认识”他们“自己的利益”的人是十分重要的，这就已经足够了。因为整个社会结构的发展并不是命中注定的，而只有经济条件的发展使得某些变化路线成为**可能的**和有希望的，观念体系在选择一个“对应”于真实的权力平衡的选择方案中可以起到一种决定性的作用；而另一种选择方案，由于它与现有权力状况相对立，因而注定是不稳定的、不安定的和暂时的，那么观念体系就不起决定作用了。有一种来源于经济发展的最终的强制力，但这种强制力绝不是在每一个细节上都发挥作用，因为如果这样，观念就不可能发生任何变化。

马克思主义的历史理论认为，**或早或晚**，与实际占优势和新生的权力结构不一致的观念体系，将被那些有利于更确切地表现实际权力调整的观念体系所排斥。在抽象的意识形态之“Z字形过程”这一比喻中，恩格斯所表示的正是这种见解：意识形态可能暂时偏离与现行的社会生产关系相一致的东西，但它们最终一定会被拉回来与之相一致。鉴于这个理由，马克思主义对意识形态的
31 分析总是不得不涉及“整个”历史状况，以便既说明暂时的偏离又说明后来观念对经济强制力的适应。但也正是由于这个原因，马克思主义的分析很容易有一种过高程度的“灵活性”，其灵活程度几乎到达这样一种地步，即**任何**发展都可以被解释为一种暂时的失常或偏离；即“时代错误”和“滞后”变成了解释现存信仰理论与预测不符的现成标签；也就是说，“偶然性事件”概念变成了一种便利手段，它可以拯救理论以摆脱那些似乎向其正确性挑战的

事实。[1] 一旦一个理论包括像“滞后”、“挺进”、“时代错误”、“偶然事件”、“部分独立性”和“最终的独立性”这样一些概念，它就变得如此易变和如此不确定，以至于它可以和实际上任何资料的组合相协调。在这里正如在知识社会学的其他一些理论中一样，必须提出一个有决定性意义的问题以便确定我们是否有一个真正的理论：怎样能够使理论无效？在任何给定的历史状况中，什么资料将与理论相矛盾并使之失效？除非能够直接回答这个问题，除非理论所包含的陈述可以由确定类型的证据来加以反驳，否则它仍然仅仅是一个可以与任何系列的资料相适合的赝理论。

虽然曼海姆已做的工作有助于发展独立的知识社会学的实际研究程序，但他仍然没有明确地阐明思想与社会的联系。正如他指出的那样，一旦对一个思想结构加以分析，就会出现把它归属于哪些确定的群体的问题。这不仅需要对主要根据自己的观点来思考的那些群体和阶层进行经验研究，而且也需要解释：为什么是这些群体而不是别的群体表明了这类思想。这后一个问题包含着一种社会心理学，而曼海姆并没有系统地开发利用这一学科。

迪尔凯姆的分析最严重的缺点，恰恰在于他不加批判地接受了一种朴素的符合论，在这种理论中，思想范畴被认为是“反映了”群体组织的某些特征。因此，“在澳大利亚和北美洲有一些社会，那里的空间被设想为具有大圆圈的形式，**因为**他们的营

① 参见韦伯：《科学论文集》，第166—170页。

地是圆形的……社会组织已经成了空间组织的模型，并且是它的再现。”[①]一般的时间概念也是以类似的方式从分化为社会活动（仪式、宴会、典礼）的特定时间单元中引申出来的。[②] 包含着等级观念的阶级的范畴和分类方式，都来自于社会的群体化和分层。
32 于是，那些社会范畴被“抛到我们对于新世界的构想之中”。[③] 总而言之，范畴“表示”社会秩序的不同方面。[④] 迪尔凯姆的知识社会学由于他回避社会心理学而受到了损害。

在舍勒看来，观念与存在因素之间的主要关系是互动。观念与作为选择媒介的存在因素彼此互动，从而可以放宽或者限制潜在观念得到实际表达的程度。存在因素并不“创造”或“决定”观念的内容；它们仅仅说明可能性与现实性之间的**差异**；它们阻碍、延缓或者加速潜在观念的现实化。在一个会使人联想到克拉克·麦克斯韦的假想妖的比喻中，舍勒说：“存在因素按照一种确定的形式和秩序，打开或关闭观念洪流的闸门。”这种表述赋予存在因素从一个独立的观念王国进行选择的功能，按照舍勒的观点，这种表述是诸多不同的理论家如狄尔泰、特勒尔奇、马克斯·韦伯以及他本人相互一致的一个基本点。[⑤]

舍勒也运用了“结构认同”概念，它一方面涉及知识或信仰的共同前提；另一方面涉及社会的、经济的或政治的结构的共同前提。[⑥]

---

① 迪尔凯姆：《宗教生活的基本形式》，第11—12页。

② 同上书，第10—11页。

③ 同上书，第148页。

④ 同上书，第440页。

⑤ 舍勒：《知识形式与社会》，第32页。

⑥ 舍勒：《知识形式与社会》，第56页。

因此，16 世纪机械论思想兴起，并开始超过以往的有机论思想，乃是与新个人主义分不开的，是与动力驱动的机器开始战胜手工工具、共同体开始解体、公司的出现、为商品市场而生产以及西方社会时代精神中竞争原理的兴起等等分不开的。科学研究是一个没有止境的过程，通过这种过程，知识的储备可以积累起来，当有需要的时候就可作实际应用；这种科学研究的观念以及这种科学与神学和哲学的彻底分离，如果没有一个作为现代资本主义特性的关于无限获取的新原理的出现，恐怕是不可能的。[①]

在讨论这种结构的认同时，舍勒既没有赋予社会经济领域以优先地位，也没有赋予知识领域以优先地位，而是把这看做是本领域中最有意义的命题，这二者都由与居主导地位的精神特质密切相关的精英的驱动力结构来决定。因此，现代技术不仅仅是基于观察、逻辑和数学的纯科学的应用。它主要是这种趋向即控制自然界的产物，这种趋向规定了科学思想的目的以及概念结构。这种趋向在很大程度上是隐含的，不应与科学家个人的动机相混淆。

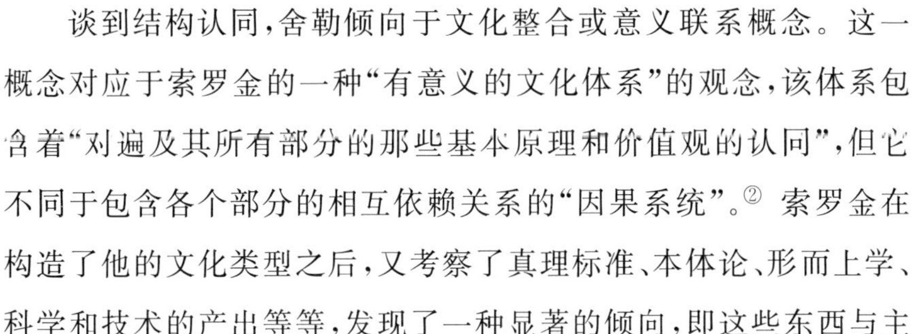

谈到结构认同，舍勒倾向于文化整合或意义联系概念。这一 33
概念对应于索罗金的一种“有意义的文化体系”的观念，该体系包含着“对遍及其所有部分的那些基本原理和价值观的认同”，但它不同于包含各个部分的相互依赖关系的“因果系统”。[②] 索罗金在构造了他的文化类型之后，又考察了真理标准、本体论、形而上学、科学和技术的产出等等，发现了一种显著的倾向，即这些东西与主

① 舍勒:《知识形式与社会》，第 25 页；参见第 482—484 页。

② 索罗金:《社会动力学和文化动力学》第 4 卷，第 1 章；第 2 卷，第 1 章。

导文化的有意义的整合。

索罗金勇敢地面对了如何确定这种整合会发展到什么**程度**的问题，无论他对我们这个诉诸感性时代的统计学家的尖刻的评论如何，他认识到，对整合的范围或程度的探讨，必然要含有某种统计的度量。因此，他建立了每一时代各种著作与作者的数值指标，按照适当的范畴对它们加以分类，由此来评价各种各样的思想体系的比较频率（和影响）。无论对这些文化统计的正确性与可靠性的技术评价怎样，他直截了当地承认了文化整合或意义联系的许多研究者所忽略的问题，即这种整合的近似程度。而且，他明确地把他的经验结论主要建立在这些统计基础之上。[①] 而这些结论再次证明，他的方法会导致一个有关存在基础与知识之间的联系问题的陈述，而不是对它做出解答。因此，举一个切题的例子，"经验主义"被定义为典型的感性的真理体系。最近这五个世纪特别是最近这一个世纪代表了"最卓越的感性文化！"[②]然而，索罗金的统计指标表明，在这种感性文化的浪潮中，只有53%有影响的著作属于"经验主义"之列。而在这种感性文化的早期几个世纪——从16世纪后期到18世纪中叶，关于经验主义的统计指标一直低于理性主义的那些指标（理性主义大概是与某种唯心论的文化相联系，而

① 无论在其经验发现中这些统计的基本地位如何，索罗金对它们采取了一种古怪的矛盾态度，就像牛顿对待实验的态度一样：这是一种策略，使他的重要结论可以变得"易于理解，并能使一般大众对之深信不疑"。请注意，索罗金认可了帕克的评论，即他的统计只不过是对盛行的感性精神的一种让步，而且"如果他们需要它们，那就让他们拥有它们吧"。参见索罗金：《社会文化的因果关系和空间与时间》，第95页注释。从索罗金设法把截然不同的"真理体系"整合在一起时起，他的矛盾心理就出现了。

② 索罗金：《社会动力学和文化动力学》第2卷，第51页。

不是与一种感性文化相联系的）。[1] 这些观察的目的并不是要质疑
索罗金的结论是否与他的统计数据相吻合，亦即并不是要问：为什 34
么根据这些资料说16、17世纪有一个占主导地位的“感性的真理体系”，而是要指出，即使根据索罗金自己的前提，对历史文化作全面的表征也仅仅构成第一步，接下来就必须分析偏离文化的主要趋向的一些情况。一旦引入整合**程度**的概念，无法与主要趋向整合的知识类型的存在，就不能仅仅被看做是“聚合”或“偶然事件”。它们的**社会**基础必须以一种流射论所不具有的方式来加以确定。

可用一个基本概念来划分关于整个一个社会或一种文化的思想和知识的各种概括，这是“听众”或“公众”，或者是兹纳尼茨基所说的“社会圈”。知识分子不是要使他们自己单单面对他们的资料，也不是单单面向整个社会，而是按照他们的特殊需要，按照有效性、重要的知识以及恰当的问题等等标准来面对那个社会的特定部分。正是通过对这些需要的预料，通过具体的听众的期望（这些可以有效地在社会结构之中加以确定），知识分子组织他们的工作，限定他们的资料，抓住有关的问题。因此，社会分化程度愈高，这种实际的听众的范围就愈大，科学关注中心的变化、概念的系统表述中心的变化以及确保对知识的所有权之程序中心的变化也会愈大。把这些根据类型学界定的听众中的每一种与他们独特的社会地位相联系，就有可能为社会中的思想变化和冲突提供一种**知识社会学**的说明，这是一个在流射论中必然会回避的问题。所以，17世纪英格兰和法国的科学家通过新建立的科学学会组织在一

① 索罗金：《社会动力学和文化动力学》第2卷，第30页。

起，他们的讲演的听众与只待在传统大学中的那些学者的听众截然不同。这些科学家的努力方向是，对具体科学技术问题进行“坦率的、严肃的和经验的”探讨，这些探讨与大学中那些思辨的、非实验工作有着很大的差别。调查实际听众的这些变化，探索他们关于具有重要性和有效的知识的独特标准，[①]把这些与他们的社会地位联系在一起，考察这些借以限制某些思想方式的社会心理过
35 程，所有这一切构成了这样一个过程，它允许把知识社会学的研究从一般的归因水平提高到可检验的经验研究的水平。[②]

上述说明探讨了这个领域的一些流行理论的主要内容。限于篇幅，我只能最简要地考察一下我们的范式中所选出的这些理论的另一个方面：赋予各种类型的精神生产的功能。[③]

六、受存在制约的知识的功能

这些理论除了为知识提供因果性解释之外，还赋予了知识以

① 勒克特-韦伯的概念“Wertbeziehung”（价值关联）只是向这个方向迈出的第一步；更进一步的任务则是要把不同组的价值观加以分类，并使它们与社会中不同的群体或阶层联系起来。

② 这也许是目前美国社会学界在知识社会学方面最与众不同的变化，而且很可能会被看作是欧洲方法在美国的文化移入。这种发展很独特地从 G. H. 米德派生而来。就此而言，C. 赖特・米尔斯、热拉尔・德・格雷以及其他人都指出了这种发展的相关性。参见兹纳尼茨基《知识分子的社会角色》中的“社会圈”的概念。关于更为一般的公共交流领域中沿着这些思路而作出的那些早期的经验发现，也可参见保罗・F. 拉扎斯菲尔德和 R. K. 默顿：《广播和电影宣传研究》（“Studies in Radio and Film Propaganda”），见纽约科学院《学报》（*Transactions*），第二辑，6（1943 年），第 58—79 页。

③ 对历史主义的和非历史主义的方法的评价不得不省略了。也许可作出这样的评论，即这种争论明确地认可了一种中庸的立场。

社会功能，这些功能大概可以用来说明知识的持久性或变迁。在这里，我不能对这些功能分析作任何详尽的考察，尽管对它们作详细的研究无疑将证明是很有收益的。

马克思主义最与众不同的特点是，它不把功能归之于作为一个整体的社会，而是归之于社会中独特的阶层。这一点不仅对意识形态思维是如此，对自然科学也是如此。在资本主义社会中，科学与衍生的技术被认为变成了统治阶级进行控制的又一种工具。① 沿着这些相同的思路，在探索决定科学发展的经济因素时，马克思主义者常常认为，有充分理由足以证明科学成果可使解决某些经济或技术的需要成为可能。然而，把科学应用于实际某种需要并不一定能证明，这种实际需要与导致科学成果有着重要的关联。双曲函数是在它们有任何实用意义两个世纪以前发现的，而圆锥曲线在应用于科学和技术之前有 2000 年中断的历史。那么，难道我们能够推论说，最终通过这些应用而得到满足的那些需要引导着数学家对这些领域的注意？如果可 36
以这么说，那么可追溯的影响竟达两个世纪到 20 个世纪之久了。在可以确认“需要”对于决定科学研究的题目的作用以前，还需对需要的出现、科学家或影响科学家选择问题的那些人对这些需要的认识以及这种认识的影响之间的关系进行详细的

① 例如，马克思曾引用过 19 世纪资本主义的辩护士尤尔(Ure)谈到自动走锭精纺机的发明时所说的一段话：“它的使命是恢复工业阶级中间的秩序……这一发明证实了我们已经阐述的理论：资本迫使科学为自己服务，从而不断地迫使反叛的工人就范。”(见《资本论》第 1 卷，人民出版社 1975 年版，第 478 页。——译者)

研究。[①]

迪尔凯姆除了主张范畴是社会的产物之外，他还指出了它们的社会功能。可是，功能分析并不旨在说明一个社会中的特定的范畴系统，而是要说明存在这个社会所公有的范畴系统。为了相互交流，为了协调人们的活动，一组公有的范畴是必不可少的。先验论者对于不可避免的、朴素的理解形式的限制的误解，实际上在于"社会权威本身，它把自身转变为一种思维模式，这种模式成了一切共同行动必不可少的条件"。[②] 如果联合的社会活动无论如何要维持的话，那么，就必须有某种最低限度的"逻辑一致性"；一组共同的范畴就是功能必要性的一种体现。索罗金进一步发展了这种观点，他指出了社会时空的不同系统所发挥的几种功能。[③]

七、进一步的问题和新近的研究

从上述讨论可以看出，很明显，这个学科领域中有广泛多样的

---

① 不妨比较一下 B. 黑森：《处在十字路口的科学》；R. K. 默顿：《17 世纪英格兰的科学、技术与社会》(Bruges: Osiris History of Science Monographs, 1938)，第 7—10 章；J. D. 贝尔纳：《科学的社会功能》(*The Social Function of Science*, New York: The Macmillan Co., 1939)；J. G. 克劳瑟：《科学的社会关系》(*The Social Relations of Science*, New York: The Macmillan Co., 1941)；伯纳德·巴伯：《科学与社会秩序》(Glencoe, Illinois: The Free Press, 1952)；热拉尔·德·格雷：《作为一种社会制度的科学》(*Science as a Social Institution*, New York: Doubleday & Company, 1955)。

② 迪尔凯姆：《宗教生活的基本形式》，第 10—11、17、443 页。

③ 索罗金：《社会文化的因果关系和空间与时间》，在其中随处可见。

问题需要进一步研究。①

舍勒已经指出，思想活动的社会组织与在它的主导下所发展起来的知识的特性有着重要的关联。美国对这个问题所作的最早的研究之一，是维布伦对形成美国大学生活之压力的尖刻的、印象主义的而且往往是富有洞察力的说明。② 威尔逊则以更系统的方式，探讨了吸收新成员的方法和标准、地位的分配以及学术人员的管理机制，从而为比较研究提供了实质性基础。③ 兹纳尼茨基在 37
阐明知识分子角色的类型学的同时，提出了一系列假说，这些假说涉及这些角色与培育出来的知识的各种类型之间的关系、知识类型与社会成员对科学家的评价基础之间的关系、角色定义与对实用和理论的知识的态度之间的关系，等等。④ 下列许多问题仍然有待研究，其中包括知识分子的阶级认同的基础、他们与统治阶层或从属阶层的群体的异化、他们对一些研究的回避或热衷（这些研究所具有的直接的价值意义，对现行的制度安排构成了挑战，因为这些安排是与实现那些业已在文化上得到证明的目标相悖而行的）、⑤促使

① 进一步的概述可参见路易斯·沃斯为曼海姆的《意识形态和乌托邦》所作的序，第 xxviii—xxxi 页；J. B. 基特勒：《一门科学社会学的可能性》（“Possibilities of a Sociology of Science”），原载《社会力量》18（1940 年），第 350—359 页。

② 索尔斯坦·维布伦：《美国的高等教育》（*The Higher Learning in America*, New York: Huebsch, 1918）。

③ 洛根·威尔逊：《学术人》（*The Academic Man*）；参见 E. Y. 哈茨霍恩：《德国的大学与国家社会主义》（*The German University and National Socialism*, Harvard University Press, 1937）。

④ 弗洛里安·兹纳尼茨基：《知识分子的社会角色》。

⑤ 冈纳·默达尔在其专论《美国的二难推理：黑人问题与现代民主》（*An American Dilemma: The Negro Problem and Modern Democracy*）中，反复地指出了研究美国黑人的美国社会科学家的“隐蔽的评价”，以及这些评价对这个研究领域中的“科学问题”的阐述的影响；尤请参见第 2 卷，第 1027—1064 页。

走向技术主义和离开危险思想的压力、知识分子官僚化的过程(通过这种过程,政策问题转变成了管理问题),还包括这样一些社会生活领域,在这里人们认为专家和确定的知识是特有的,以及另外一些社会生活领域,在其中人们只认为平常人的智慧是必要的——简而言之,知识分子变化着的角色,以及这些变化与其工作的结构、内容和影响的关系等等,都要求人们逐渐加强对它们的注意,因为社会组织中的变化日益要求知识分子顺应相互冲突的需要。①

人们愈来愈认为,社会结构并非仅仅通过使科学家集中关注某些研究问题而影响科学。除了我们已经提到的研究之外,另外一些人已经探讨了文化和社会环境会以什么方式成为科学问题的概念表述的一部分。达尔文的自然选择理论,是在关于竞争的经济秩序的概念流行起来之后才形成的,这一概念又由于它假设利
38 益的天然均等而被赋予了意识形态的功能。② 罗素对动物学研究中民族特性半认真的观察,表明了另一种类型对民族文化与概念

---

① 曼海姆提到过一部未发表的关于知识分子的专著;在他的著作中以及罗伯托·米歇尔为《社会科学百科全书》(*Encyclopedia of the Social Sciences*)所写的关于"知识分子"的词条中,都可以找到一般的文献目录。最近的论文包括:C. 赖特·米尔斯:《知识分子的社会角色》("The Social Role of the Intellectual"),见《政治学》(*Politics*)第1卷(1944年4月);R. K. 默顿:《知识分子在公共政策中的作用》("Role of the Intellectual in Public Policy"),1943年12月4日在美国社会学学会(American Sociological Society)的年会上宣读;阿瑟·凯斯特勒:《知识分子》("Intelligentsia"),原载《地平线》(*Horizon*)9(1944年),第162—175页。

② 凯恩斯注意到,"适者生存的原则可以看作是对李嘉图经济学的一种广义的概括"[转引自塔尔科特·帕森斯:《社会行动的结构》(*The Structure of Social Action*, Glencoe: The Free Press, 1949),第113页];参见亚历山大·桑多夫:《达尔文主义起源中的社会因素》("Social Factors in the Origin of Darwinism"),原载《生物学评论季刊》(*Quarterly Review of Biology*)13(1938年),第316—326页。

的系统表述之间的关系的研究。[1] 弗罗姆也试图证明，弗洛伊德的“自觉的自由主义”暗含着对资产阶级社会所禁止的动力的拒绝，弗洛伊德本人在他所扮演的父权中心的角色中，则成了一个要求服从与顺从的社会的典型代表。[2]

人们已经以完全相同的方式指出，多重因果作用观念对于地位相对稳定的学者很有吸引力，他忠实于他从中获得了尊严和支持的现状，他倾向于调和并且认为某类事物从所有观点来看都是有价值的，因而倾向于这样一种分类，这种分类强调因素的多重性和问题的复杂性，从而可以使他避免偏袒任何一方。[3] 人们已经

① 伯特兰·罗素：《哲学》(*Philosophy*, New York: W. W. Norton and Co., 1927)，第29—30页。罗素指出，在心理学研究中所使用的动物“都表现出了观察者的民族特性。美国人所研究的动物横冲直撞，近乎疯狂，令人难以置信地表现出一股锐气和活力，而且最终意外地获得了它们所希望的结果。德国人所观察的动物静静地待在那里沉思，最终从它们内在的意识中推出了结论”。切不可以为这句俏皮话是不相关的；在科学问题的选择和阐述中，民族差异的可能性已经多次被人们注意到，尽管还没有得到系统的研究。参见里夏德·米勒－弗赖恩费尔斯：《科学心理学》(*Psychologie der Wissenschaft*, Leipzig: J. A. Barth, 1936)第8章，这一章讨论了问题选择和“思想风格”等等之中的民族差异和阶级差异，但并没有完全默认某个克里克所谓的真正的德国要求。无论如何，这种解释类型有可能引起争议，并导致某种毫无事实根据的东西，就像马克斯·舍勒对英语中虚伪之辞的揭示性“分析”那样。他得出结论说，在科学中像在所有其他领域中一样，英语是一种无法矫正的“虚伪的语言”。休谟的自我概念、实体概念以及连续性概念，像生物学上有用的自欺一样，只不过是有目的的谎言；英语的实用假说概念(麦克斯韦、开尔文)也具有这样的特点，这些假说不是真理，而只是为了促进科学的进步，这种概念不是别的，只是一种为资料提供瞬间控制和安排的狡猾的花招。舍勒在《战争的起源》(*Genius des Krieges*, Leipzig: Verlag der Weissenbuecher, 1915)中指出，整个实用主义都蕴涵着这种机会主义的虚伪之词。

② 埃里奇·弗罗姆：《心理治疗的社会条件》(“Die gesellschaftliche Bedingtheit der psychoanalytischen Therapie”)，原载《社会研究杂志》(*Zeitschrift fuer Sozialforschung*)4(1935年)，第365—397页。

③ 刘易斯·S.福伊尔：《历史中的经济因素》(“The Economic Factor in History”)，原载《科学与社会》(*Science and Society*)4(1940年)，第174—175页。

把强调天性或教养是人性的主要决定因素这一做法，与一些对立的政治倾向联系起来了。那些强调遗传性的人在政治上是保守派，而环境决定论者则往往是民主派或寻机进行社会变革的激进派。[①] 但是，在当代美国论述社会病状的作者中，甚至环境决定论者也采用了“社会调节”的观念，这种观念含蓄地把小共同体的标准设想为规范，从而表现出这样一种特点，即无法成功地评价某些
39 群体在现行的制度条件下实现它们的目的的可能性。[②] 对这些视角的诸种归因，在它们能够被人们接受之前需要进行更系统的研究，不过这些归因表明了新近的倾向：即要探索学者的视角，并把这些视角与他们各自的社会地位所构成的经验和利益的框架联系起来。最近一项对黑人学者著作的报道说明，这些令人怀疑的归因并不是以适当的**比较**资料为基础的。选择分析范畴而不选择形态范畴，选择行为的环境决定因素而不选择生物学决定因素，选择例外的数据而不选择典型的数据，所有这些都被归因于社会等级所引起的黑人作者的怨恨，但却没有人做出任何努力对白人作者中类似倾向的出现频率加以比较。[③]

有人倾向于把科学和技术的发展看做是**整体上**独立的并且不断进步的过程，且这种过程与社会结构无关，而现在，历史事件的

---

① N. 帕斯托：《关于天性—教养之争的社会学探讨》(“The Nature-Nurture Controversy: A Sociological Approach”)，原载《学校与社会》(*School and Society*)57(1943年)，第373—377页。

② C. 赖特·米尔斯：《社会病理学家的专业意识形态》(“The Professional Ideology of Social Pathologists”)，原载《美国社会学杂志》(*American Journal of Sociology*)49(1943年)，第165—190页。

③ 威廉·T. 方丹：《黑人学者著作中的“社会倾向”》(“‘Social Determination’ in the Writings of Negro Scholars”)，原载《美国社会学杂志》49(1944年)，第302—315页。

实际过程正在把任何这类倾向的痕迹消除。对科学研究和发明的管理日益明显(而且时常是限制),这一点已经一再地被文献资料所证明,在斯特恩的一系列研究之中表现得尤为明显,[①]他也曾追溯过阻碍医学变革的基础。[②] 谈到科学工作在方向和规模方面对统治阶级的权力结构和相关文化观点的紧密依赖关系,德国社会组织的根本变革已经为这种依赖关系提供了实质性的实验检验。[③] 从说明如何使科学和技术为社会或经济需要服务的那些研究着眼,任何这样不适当的假设,即科学或技术代表着社会结构必须与之相适应的基础,其局限性也就变得显而易见了。[④]

① 伯恩哈德·J. 斯特恩:《对采用技术革新的抵制》("Resistance to the Adoption of Technological Innovation"),见国家资源委员会(National Resource Committee),《技术趋势与国策》(*Technological Trends and National Policy*, Washington, D. C.: U. S. Government Printing Office, 1937),第 39—66 页;《对利用发明的限制》("Restraints upon the Utilization of Inventions"),原载《年鉴》(*Annals*)200(1938 年):第 1—19 页,那里还有进一步的参考文献;W. 汉密尔顿:《专利与私营企业》(*Patents and Free Enterprise*),见《国家临时经济委员会报告》(Temporary National Economic Committee Monograph)第 31 号(1941 年)。

② 伯恩哈德·J. 斯特恩:《医学发展中的社会因素》(*Social Factors in Medical Progress*, New York: Columbia University Press, 1927),同一作者:《社会与医学的发展》(*Society and Medical Progress*, Princeton: Princeton University Press, 1941);参见理查德·H. 施赖奥克:《现代医学的发展》(*The Development of Modern Medicine*, Philadelphia: University of Pennsylvania Press, 1936);亨利·E. 西格里斯特:《人与医学》(*Man and Medicine*, New York: W. W. Norton and Co., 1932)。

③ 哈茨霍恩:《德国的大学与国家社会主义》。

④ 最引人瞩目的就是战争期间的情况;请注意索罗金的这一见解:军事权力的中心往往会成为科学技术发展的中心(《社会动力学和文化动力学》第 4 卷,第 249—251 页);参见 I. B. 科恩和伯纳德·巴伯:《科学与战争》(*Science and War*,手稿);R. K. 默顿:《科学与军事技术》("Science and Military Technique"),原载《科学月刊》(*Scientific Monthly*)41(1935 年),第 542—545 页;贝尔纳:《科学的社会功能》;朱利安·赫胥黎:《科学与社会需求》(*Science and Social Needs*, New York: Harper and Bros., 1935)。

40 仍有大量问题需要研究并且正在得到经验研究，但列出任何更庞大的这类问题表，可能超出了本章的范围。我在这里只想说：在知识社会学中，有这样一种重要趋向正在迅速增加，即把暂时性假说与无可置疑的教条相混淆；标志着它的早期阶段的十足的思辨见识现在正受到日益严格的检验。虽然在谈到科学史中发现事实和进行概括的时期交替出现方面，汤因比和索罗金可能是正确的，但看来知识社会学已经把这两种趋向结合成为有希望产生成果的一个联合体。它首先把注意力集中在处于当代理性兴趣的真正中心的那些问题。[①]

① 更大量的参考文献，请参见伯纳德·巴伯：《科学与社会秩序》；曼海姆：《意识形态和乌托邦》；巴恩斯、H. 贝克尔和 F. B. 贝克尔编：《当代社会理论》。

第二章　兹纳尼茨基的《知识分子的社会角色》* 41

1941 年

弗洛里安·兹纳尼茨基从许多方面指出，社会学是一种专门的社会科学，而不是一种百科全书式的社会科学，他是这种社会学最杰出的倡导者。他用了 20 年左右的时间，在一系列著名的著作中始终如一地证明，社会学对分析人类相互作用和文化有着**特殊的**贡献。这些著作向人们展示了一种值得注意的理论整合，这种整合不是源于教条主义的信仰，而是源于对一些新的资料的探索，这种探索是在一种已证明非常有用的概念框架指导下进行的。作为“哥伦比亚大学朱利叶斯·比尔基金会讲座”(Julius Beer Foundation Lectures at Columbia University)的系列之一，兹纳尼茨基把这最后一部著作用来讨论科学家的社会学，当然是非常恰当的，因为一直到 1939 年 9 月，波兰都是《波兰科学》(*Nauka Polska*)和《方法论原则》(*Organon*)等杂志的根据地，这些杂志专门讨论“科学学”，亦即科学心理学、科学社会学、科学史和科学哲学。

针对知识专家的这种研究，兹纳尼茨基本人提出了两类主要

* 本章原载于《美国社会学评论》6(1941 年 2 月)：第 111—115 页，现获准重印。

的问题(在他的著作中,科学家、学者以及知识分子等术语被当作同义词来使用,并且被广义地称作知识专家)。其中的第一个问题是分类方面的:各种类型的科学家的社会角色的成分和结构是什么,它们的相互关系是什么,它们的发展方向是什么?其次,学者的知识系统和方法系统如果存在的话,那么,那些用以解释学者在某种社会秩序中的行为的规范模式对这些系统有什么影响?正是对这些问题的阐述清楚地证明,兹纳尼茨基并没有把知识社会学中的问题与知识的社会学理论亦即一种特殊的认识论相混淆。这
42 是一种有关独立的*Wissenssoziologie*(知识社会学)的研究,而不是关于有效知识基础的短论。

兹纳尼茨基认为,作为一种能动的社会体系,社会角色包括四个互动的部分:(1)**社会圈**:即这样一群人,他们与这个角色的扮演者相互作用,并且对他的表演做出评价(亦即,有影响力的观众);(2)扮演者**自身**:他的身份使他具有的形体特征和心理特征;(3)扮演者的**社会地位**:他那个身份本身所允许的他的行为、所免除的他的义务;(4)扮演者的**社会功能**:他对他的社会圈的贡献。这个范式限定了社会角色的系统比较中必须考察的最起码的几个因素。

当然,不概述一下兹纳尼茨基所说的科学家角色的分类法,也就无法阐明这种分类法在分析方面的那些用途。至少,这种分类法将表明他的分析是用什么分类框架来表述的。在这种概述中,我们将不讨论兹纳尼茨基重新构造的一种角色向另一种角色发展的可能的路线。

知识分子的社会角色的类型

A. 技术顾问

1. **技术专家**:即诊断专家,他负责解释当前情况中的相关资料、它们的基本组成部分和相互关系以及完成有计划的共同任务的理论基础;他能发挥"参谋"或顾问的功能。

2. **技术领导**:即行政主管,他负责对实际相关的不同类的知识进行综合,在此基础上,确定计划并选择实现该计划的方式方法。

B. 为其政党、派别或阶层的集体倾向提供理智辩护的哲人[1]

	当前倾向的辩护士	所持准则与目前的秩序或与对立方不相容的理想主义者
1. 保守派	(a)"顽固的保守分子"	(b)改善论者
2. 革新派	(a)反对派成员	(b)革命者

C. 学者(亦即某个学派的正统信徒)

1. **宗教学者**:通过准确而忠实地再现宗教真理的符号表述,使宗教真理永世长存;人们指责他在维持一种自足的、固定 43
的、不会受到挑战的、不可改变的宗教真理体系。

2. **世俗学者**:包括以下子类:

a. **真理的发现者**:创立某个"思想学派",并且断言存在着可用一定的理性证据加以证明的"绝对真理"。

---

① 我们既应当注意对这些角色的富有启发性的比较,也应当注意曼海姆的意识形态学家和空想家的概念。评论者在这里所提供的这个由四个方面组成的一览表以及由此划分的类型,在兹纳尼茨基的原著(第 72—77 页)中显然已经含蓄地论述到了。

b. **系统分类者**：从发现者已确定为自明的第一原则中进行演绎，从而对某些领域现有的全部知识进行检验并将其组织到一个具有逻辑一致性的体系之中。

c. **有贡献者**：提供新的发现，人们含蓄地或明确地期望这些发现能够提供新的与大师的体系相一致的证明；修正"不令人满意的"归纳证据，直到它完善或者直到"有理由"把它拒绝时为止。

d. **真理斗士**：通过使学者们相信，在某个论战中他的那一派掌握了得到理性证据证明的正确主张，从而确保这个学派在逻辑上战胜其他的学派（论战限制在一个特定的领域之中，只有那些承认真理具有权威价值的人才能进入这个领域，因而真理斗士不同于有偏见的党派哲人）。

e. **知识的传播者**

(1) **普及者**：培养成人的业余爱好，从而促使大众对学术，尤其是民主化社会中的学术提供支持。

(2) **从事教学工作的教师**：把理论知识作为非职业教育的一部分传授给年轻人。

D. 知识的创造者（探索者）

1. **事实的发现者（查明事实者）**：发现迄今为止尚不为人知或尚未预见到的经验资料，这些资料在很大程度上可以作为修改现有知识体系的基础。

2. **问题的发现者（归纳理论家）**：发现新的和未预料到的理论问题，这些问题有待新建立的理论来解决。

我们马上就应注意到，这是对社会**角色**而不是对人的一种分类，而知识分子个人有可能身兼几个从分析意义上讲不同的角色。进一步发展兹纳尼茨基的分析，就会导致一个关于在什么环境下会发生角色转换的命题。

兹纳尼茨基擅长探索这些分类角色的组成部分之间的各种关系、角色定义与高雅知识的类型之间的关系、知识的类型与社会成员对科学家做出正面评价的基础之间的关系、规范的角色定义与对实践和理论知识的态度之间的关系，等等。对这些关系应当从发展的角度和功能的角度加以考察。而一个简评甚至无法把所有 44
这些关系列出来，所以只能用一两个实例来说明这些系统发现。

兹纳尼茨基概述了人们对履行着不同知识分子角色的那些人“新的未预料到的事实”的各种态度，他的概述虽然简短，但富有启发性，从这里可以发现对兹纳尼茨基方法的令人信服的证明。应当注意的是，**可以从知识分子所参与的特定的角色体系来“理解”（或“推知”）这些不同的态度**；换言之，这也就是对下述情况的一种分析，即各种社会结构以什么方式施加压力，以使人们接受对新的经验资料的看法。寻找新事实的**极端化的兴趣**，可以解释为是对已建立起来的思想体系的一种反叛，这些思想体系之所以还能继续存在，在很大程度上是由于它们没有遇到新的棘手的事实。以后，甚至这种“造反”活动肯定也会制度化，而它最初出现时，是与已确立的和既定的知识体系相对立的。技术领导对全新的事实总是带着怀疑的眼光，因为它们有可能使人不再相信他已确立的计划的合理性，或者会证明他的计划是无效的，或者会揭示出他的纲领令人不快的后果。他的活动范围内的新事实威胁着他的地位。受这位领导者控制的技术专家，在发现新事实方面会受到限制，以免他发现这样的不受当权者欢迎的事实（读者可以参考一下，例如，对新的但却是所谓“不需要的”发明的那种压制）。哲人，由于他预先确定了结论，对新事实无偏见的观察者来说没有什么用处，而这些新事实却有可能会使哲人有倾向的观点难堪。学者们对全新的事实采取肯定还是否定的态度，取决于这个学派的体系被证明的程度：至少在最初阶段，新事实是可接受的，但是，一旦这个体系得到了充分的阐述，对这个学派的思想的信奉就会排斥对新发现的赞同。因此，“事实的发现者可以自由地探索那些未预料到的事物，但在一个非常有序地规定了科学家们的传统角色的圈子中，他却无立足之地。”兹纳尼茨基开拓性地对这种思想恐新症进行了分析，而帕累托大体上是把它作为一个已知的而不是不可预断的问题来处理的。

兹纳尼茨基以类似的方式说明了宗教思想学派之间的竞争怎样导致了世俗化。这种最普遍的原则认为，作为一种社会互动形式，冲突至少会在三个方面导致宗教知识有偏见的世俗化。首先，在冲突情况下，以通常的方式诉诸宗教权威并不能起什么作用，因为相互竞争的学派或者接受了不同的宗教传统，或者以不同的方式对同一宗教传统进行解释。这时应当把“合理性分析”作为公正的仲裁者。其次，肯定会有人劝说外群体的成员（不信者）相信，他们自己的信仰是不可靠的，另一种信仰比它更好。这也涉及合理
45 性或假合理性的论据，因为不存在别的未受到挑战的公共权威。最后，宗教教派之间的这种论战会导致理性的旁观者的怀疑态度，而这种怀疑态度必定会受到抑制，以免它破坏这个宗教教派在“公众”中的权威。这样一种防护措施也是一个合理的信条。这种分

析特别适用于这样一组经验材料(尽管兹纳尼茨基并没有明确地讨论这一点),即16和17世纪敌对的新教教派的处境。这些教派声称他们比与他们对立的观点更具有宗教权威,在使他们的这种主张合理化的过程中,他们为了证明其正统性而逐渐采用了一组精心阐述的理性主义的和经验主义的根据。[①] 导致这一历史时期宗教知识世俗化的力量,很容易用兹纳尼茨基的概念加以解释。无论如何,当学派、教条的多元化变得明显,权力结构排除了任何某一个学派的统治时,人们就会从一种相互宽容的学说中找到一种生活方式。

简而言之,这部篇幅不大的书,为把不同的材料组织到知识社会学的一个领域中提供了一个概念框架。它提供了相当丰富的假说,这些假说往往源于兹纳尼茨基早期的著作,因而从一开始就有了一种经验证明的标准。不过,应当指出,兹纳尼茨基多半会首先承认,这本书只是知识分子社会学的一部绪论,而且是一部可能会受到几方面批评的导论。它并没有什么系统的证明,尽管从正文中也许可以推断,这部著作的大部分都是以相当丰富的经验资料为基础的。在关于各种角色可能以什么方式从早期结构中发展而来的普遍说明方面,如果有系统的证据,那就太理想了。从目前来

① 参见理查德·巴克斯特:《基督教词典》(*Christian Dictionary*, London, 1825)第1卷,第171页,一段写于1665年的话:“他们相信他们的信仰,但是不知其所以然,或者不知道有什么充分的理由可以确保他们的信仰,这些人确实对信仰有一种幻想、梦想或感性的信念。”或者参见亨利·莫尔:《简论确信宗教信仰的真正原因》(*Brief Discourse of the True Grounds of the Certainty of Faith in Point of Religion*, London, 1688),第578页:“抹去被恰当地证实了的感觉的所有确定性,也就会抹去对我们的宗教的主要部分之信仰的所有确定性。”

看，兹纳尼茨基的说明仅仅是一个似乎合理的重构，其中包含了作为角色发展过程的前提条件的所有义务。他最重要的假说，即这些角色是通过不断的分化而发展的，可以根据经验检验来修正；在通过这种检验之前，只能认为它仅仅是一种猜想。如果在分析实际讨论的每个角色的过程中，更充分地应用这个角色范式（社会圈、自身、地位、功能），这部著作的价值可能就会有很大的提高。该书对每个角色的功能予以了充分的注意，但对其他成分之间的结构关系却考虑不足。也许，这只不过相当于说：兹纳尼茨基的想
46 法太丰富了，以至于他发现只能采集第一批最成熟的果实。现有的经验研究，如洛根·威尔逊的《学术人》，毫无疑问将从兹纳尼茨基为处理这类问题而创立的概念框架中获益。兹纳尼茨基的分类当然是临时性的，因而必然要对其加以修改。简而言之，这部著作是一个简介，但这个课题未来的研究者中没有任何人敢无视它；它既是未来事物发展的保证，也在一定程度上是它自身实现的保证。

第三章　关于社会学研究方式的社会冲突[*] 47

1961 年

人们对知识社会学的兴趣已经超过大约 60 年了，但是，它现在大体上仍然还只是一种冥思的对象，而不是一个持续的、有组织有计划的研究领域。这就导致了这种令人难以理解的情况：讨论什么是知识社会学和它应当是什么的专著和论文的数量，大大超出了详细探索具体问题的专著和论文的数量。

整个知识社会学存在的问题，对于它那分析社会学本身所具有的性质及其发展程序的部分，也是存在的。这一点，至少是由 12 个来自世界各地不同国家的人组成的评议小组，在考察了社会学的社会环境之后得出的集体意见。这些论文的作者们几乎毫无例外地报告(或暗示)说，对于他们的国家，他们只能找到零散的证据作为他们说明的依据。他们强调说，在这种脆弱的基础上，解释也只能是尝试性的和碰运气的。这样看来，我本人的论文，由于依赖的是这些讨论各个国家的社会学状况的基础论文，因而肯定也

---

* 本章原发表在第四届世界社会学大会的《会议录》(*Transactions*, Louvain, Belgium: International Sociological Association, 1960)第 3 辑，第 21—46 页；现获准重印。

会有更多尝试性和猜测性的成分。

事实上，这些作者告诉我们，他们不得已只能诉诸一些不太严格的通则，而无法描述有充分论据的普遍概括。通则是些模糊的和不确定的陈述，它们把一些不能实际加以比较的特殊情况拢在一起。普遍概括描述的是具有普遍性但很确定的规则，这些规则是通过对可比较的数据进行系统的对比而提炼出来的。我们都知
48 道知识社会学中发现的一些通则：其一，有着尖锐的社会分歧的社会，例如，据说像法国那样的社会，比据说像英国那样有着几乎是统一的价值体系的历史悠久的社会，更适于开展深入的社会学研究；其二，与长期处在统治地位，但现在正在走下坡路的阶级相比，正在兴起的社会阶级对社会现实的认识必然更符合事实；其三，上层阶级的注意力将放在社会的稳定方面，下层阶级的注意力将放在社会动力学和社会变迁方面；其四，上层阶级留心的是现有社会安排的功能，下层阶级则对它们的反功能比较敏感；最后，再举一个大家都很熟悉的通则：保守的社会群体坚持历史因果作用的多重因素说，而激进的社会群体坚持一元论的学说。正像各国报告的作者提醒我们的那样，我们不能说这些以及类似的命题可能是真或是假的，因为它们并非很典型地是系统研究的结果。它们至多是从为数不多的几个用作说明的特殊事例中得出的一些印象。

大家会同意，我们社会学家负担不起这种令人怀疑的使用双重学术标准的奢侈做法，即一方面，在处理复杂的问题如社会分层时，要求系统地收集可比较的数据；另一方面，在处理不太复杂的问题如知识社会学时，则认可利用零零碎碎的想象。因此，如果本届大会的第一次会议的主要成果是，安排对社会学与其社会环境的关系进行比较性研究，类似于协会发起的对社会分层的研究，那

么这个结果也许会令人满意。各个国家的论文中所阐述的问题，以及它们揭示出的在所需的数据方面存在的实际空白，或许就是进行这种研究的很有价值的序曲。

可以从三个方面来考察一个理性探索领域的发展：第一，思想本身的历史渊源；第二，它在其中发展的社会结构的影响；第三，与认识者自身相关的社会过程的影响。在考察了当代社会学的本质和方法之后，本届大会的其他会议将讨论这里的第一个方面。阿伦教授在他的概述中将考虑第二个方面，他要考察外部的社会结构变化对社会学的影响：如工业化、大学的体制、不同文化传统的作用，等等。他将概括一些国家主要是美国和苏联的社会学的基本趋向，并且对它们的优点和缺点加以评价。我不想重复大致相同的话题，得出大致相同的见解，我将讨论第三个方面。对社会学家外部的社会环境，我要稍微论及一下，但我的注意力主要集中在社会学发展的内在的社会过程，尤其是社会学家的社会冲突在这种发展中所起的作用。

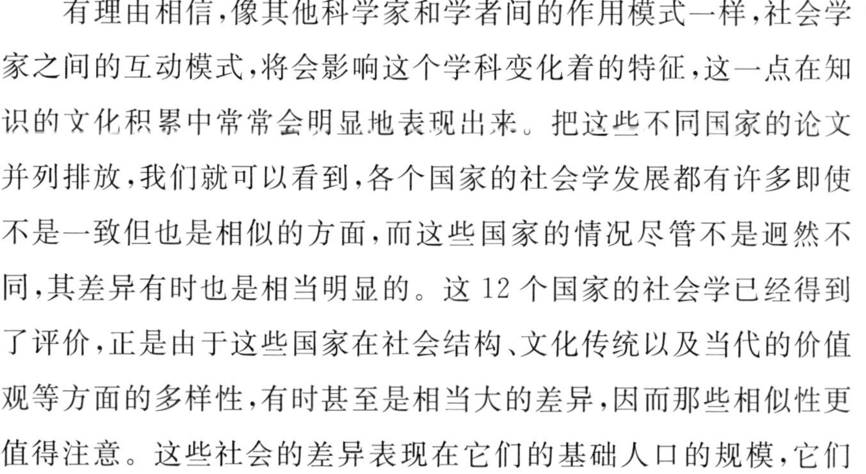

有理由相信，像其他科学家和学者间的作用模式一样，社会学 49
家之间的互动模式，将会影响这个学科变化着的特征，这一点在知识的文化积累中常常会明显地表现出来。把这些不同国家的论文并列排放，我们就可以看到，各个国家的社会学发展都有许多即使不是一致但也是相似的方面，而这些国家的情况尽管不是迥然不同，其差异有时也是相当明显的。这 12 个国家的社会学已经得到了评价，正是由于这些国家在社会结构、文化传统以及当代的价值观等方面的多样性，有时甚至是相当大的差异，因而那些相似性更值得注意。这些社会的差异表现在它们的基础人口的规模，它们

的社会分层系统的特点，它们的高级学术机构的数量、组织及分布状况，它们的经济组织及技术状态，它们现在和过去的政治结构，它们的宗教传统和民族传统，它们的知识分子的社会构成，以及诸如此类社会构成的其他相关的基础部分。看到了社会结构的这些多样性后，这些社会的社会学发展过程中的相似性就更引人瞩目。所有这一切暗示着，集中关注社会学内在的社会过程并把它作为一个部分自主的领域，可能有助于我们对不同社会中的社会学研究的相似性有所了解。至少，这种做法有助于我们确认一些问题，对这些问题可以在已经开始撰写的关于社会学之社会学史专著中进行有益的探讨。①

一、社会学发展的诸阶段

根据各个国家的报告，我们可以把社会学的发展大致分为三个阶段：第一个阶段，社会学从以前的学科中分化出来，并要求享有合法的思想地位；第二个阶段，寻求确立它的制度上的合法地位或学术自主权；第三，一旦这一努力取得相当成功，就会出现社会学与其他某些社会科学的重新联合的运动。这些众所周知的阶段，源于社会学家之间和社会学家与其他相关领域的学者之间的社会互动过程，而这些社会过程留下了表明社会学家所做工作的标志，就此而言，这些过程是很重要的。

① 最后再说一句：我们已经注意到关于这些国家的社会学的论文不能事先传阅，因此，我们应当把我们的评论限制在很有限的范围内。我因此将略去我的论文以之为据的具体材料。

（一）从其他学科中分化出来 50

社会学的源头当然可以从它由之分化出来的以前的那些学科中找到。在不同国家中，这种分化过程在细节方面存在着差异，但在一般性质方面基本上是相同的。我们获悉，在英国，社会学主要源于政治经济学、社会管理和哲学。在德国，除了这些来源之外，社会学还有一个重要的来源，那就是比较法学。在法国，社会学根植于哲学，而有一度，正在兴起的心理学也成了它发展的来源。美国社会学也有多个祖先，不仅包括对实际改革的关心、经济学，而且从一定程度上讲，人类学也是它的一个祖先。再看看那些被其报告者描述为“社会学不发达”的国家，在南斯拉夫，社会学开始逐渐从民族学、法学史以及人文地理学中分化出来；在西班牙，社会学长期以来是哲学的附属品，尤其是历史哲学的附属品。拉丁美洲的国家目睹了社会学从法学的分化过程，在那里，社会学在传统上密切关心的实际是，随着那些国家各自政府的成立而出现的法律的社会环境以及法律的形成。

分化的过程导致的一些直接结果成了社会学早期要重点强调的问题。由于社会学的那些奠基者们在社会学方面都是自修的，而这个学科究竟为何毕竟还仅仅是他们的断言，因而他们彼此都发现他们有义不容辞的责任对科学进行某种分类，以便确定社会学在思想系统中特有的地位。任何一位在整个 19 世纪或 20 世纪的一段时间内举足轻重的社会学家，实际上都对社会所提出的社会学的范围和本质做出了自己的回答，而且他们都把发展自己的社会学体系当作自己的任务。

无论说社会学是创始于维科(更早的就不提了)还是圣西门,是创始于孔德、施泰因还是马克思,在这里都不重要,尽管这也许可以看做是一种征兆,说明当今社会学界人们所忠诚的对象。问题的关键在于,19世纪(我们只考虑19世纪)是社会学体系并非必不可少的世纪,因为尽管偶尔也有些社会学的开拓者们有系统的思想,但那时他们的任务是为这个"有关古老话题的新学科"寻找合法的学术地位。在寻求新学科的合法地位时,他们所遇到的情况是,人们对细致而确定地研究具体的社会学问题几乎没有最起码的兴趣。因此,必须先建立社会学思想的框架,而每一位开拓者都试图亲自构造一个框架。

平庸的轻率也许会使我们得出这样的结论:有多少社会学家
51 就有多少社会学体系。但是,实际情况当然并非如此。诸多体系中的每一个都声称自己是真正的社会学,这实质上已经足以形成不同的学派,每个学派都有自己的大师、弟子和追随者。社会学不仅从其他学科中分化出来了,而且在学术方面也有了与众不同的特点。这一点并非体现在专门化的术语方面,而是表现在各种形式的对学术合法地位的要求方面,这些要求被典型地看做是相互排斥和有争执的。这也是今天的社会学家之间社会冲突的根源之一,我们将在下面对此进行更为详细的考察。

(二)确立社会学制度上的合法性

如果说这些开山鼻祖提出了要求,要让社会学享有合法的学术地位(就像在文化中所享有的那种无可非议的地位一样),并且为之进行了辩护,那么可以说,他们的继承者亦即当代社会学的那些创始人，通过向知识界制度化情况的鉴定者——大学游说，强调了制度上的合法化的要求。在这方面，不同国家的方式也只是在具体细节上有些差异。无论对大学的最终控制是在政府还是在教会，它们各自的教职员都成了像韦伯、迪尔凯姆或西美尔那样的人的坚定听众。有些大学教员认为，社会学在许多方面都是一个不合法的暴发户，难以找到正当的理由使其在大学的家族中有一个公认的位置，或者作为制度的一个竞争者。当时的社会学家一再对这种社会状况做出了反应，尽管这种反应并不是很多。

他们一次又一次地（就像有些人仍然在做的那样）提出一些问题，这些问题也许能为社会学是一个自主的学科提供证据，并且得出了一些满意的答案。他们接着讨论这个问题：建立一门社会科学是否是可能的？他们使自己（并且也希望使大学的其他人）相信，有这种可能，随后，他们又把上述这一切转向以下更进一步的问题（正在检验的社会条件使这个问题的现实意义加强了）：什么是社会学？也就是说，它的不同范畴、不同问题以及不同功能是什么？简而言之，它在学术界的独特位置是什么？

我不想在这里列举这些问题的诸多答案，我们都能回想起这些答案。我想要指出的是，长期以来对这些问题的关注似乎特别恰当，这不仅是因为，这是直接从理性角度对这些问题的关心，而且还因为，这些问题正是几代社会学家一直在探索，但却没有为之找到充分的合法地位的东西。当一种地位或生活方式被人们所认可或者不再受到人们的非难时，在群体中公开寻求某种认同就会变得很普遍，而不再是群体的少数几个成员特有的事了。

由社会因素导致的对制度认同的探索，促使社会学家要确认

52 自己的、不与其他学科共享的管辖范围。西美尔有关社会互动的构形观点，以及他对所谓社会关系的分子构成的持续关注，仅仅是那些最著名的、致力于探索其他学科没有系统地讨论过的社会生活要素之努力的一部分。大概不用费什么力气进行“推论”就可以明白，他对独特的日常生活社会学的兴趣，来自他受排斥的亲身体验：他直到去世前四年才成为一个仍然受人怀疑的领域的教授，而在此之前他一直被排斥在教授职位以外。不过，这种个人的体验也许会增强一种有其他根源的兴趣。美国早期的社会学家当时所要应付的相应的社会情况大体相同，他们把这些生活问题，作为以前从未被研究过的“纠错和宽容的例子”纳入了社会学之中。

对学术的合法性的这种追求的一个相关结果是，使社会学有目的地从其他学科中分化出来：亦即努力通过自行隔离实现自主。我们必须记住，例如，迪尔凯姆在很长一段时间里禁止使用系统的心理学，这从一定程度上讲是出于误解，这在从社会学的这种有影响的传统中发展而来的研究上留下了印记。

为学术地位所进行的斗争，有可能会增加社会学的功利主义特色，无论是在发源于实证主义还是马克思主义的社会学中都能够发现这种特色。不管占统治地位的学派怎么不同意其他的观点，它们都会认为，可以用社会学来实现预定的目标。这里的分歧并不在于，是接受还是拒绝把效用作为社会学知识的一个重要的标准，而在于对什么是有用的东西的构想。

鉴于社会学在大学中只获得了有限的承认，因而，通过研究所这种组织方法，它又获得了某种边缘的地位。这些研究所的组织形式是多种多样的：有的附属于大学；有的独立于大学，但得到了政府的支持或赞助；还有为数不多的一些是私营单位。在社会上，这些机构都倾向把自己的发展定位在人们觉得大学系统不能提供令人满意的认识的领域。17世纪时还没有人有这样一种似乎很明确的思想，即在大学里为物理学建立研究实验室，我们看到，就像当时一样，要想使人们认识到应当在大学建立社会科学研究所，也有相当的困难，经过很长时间，现在这个困难终于被克服了。在这里所列举的每一个国家中，现在都可以找到这样的机构。正如各国的报告所指出的那样，这些机构在研究培训方面有流行的学徒体制，在尝试确定社会学发展的新方向方面它们做了更多的准备，因而可能会证明，它们是社会学发展的一支生力军。真若如此，那么它们也许就代表着一种思想方面的进步，这种进步实际上是对那种认识不足或在体制方面加以排斥的社会状况的一种回应。

（三）与其他学科的重新联合 53

随着社会学制度上的合法性得到实质上的承认（当然，这并不意味着社会学再也不会遭到非议），要求摆脱其他学科的分离主义的压力也减小了。社会学所具有的生存权不再受到严重质疑了，它又重新与它的某些同胞们携起手来。但是，由于新观念和新问题也同时出现了，因而，在某个特定的国家，这种携手并非必然意味着社会学要与和它同源的学科重新联合。

在不同的国家，社会科学的合作模式也是有差异的，而说明这种多样性，也许是论述社会学之社会学专著的进一步的任务。其中的某些模式，已经多次被人们发现了。我们获悉，在法国，迪尔凯姆小组在社会学与民族学之间建立起来的长期的联系，现在变得越来越脆弱了，因为社会学家正在日益加强与心理学家、政治学家以及地理学家的联系。另一个例子是美国，在这里，社会学主要的合作伙伴是心理学（它们汇合的领域就是社会心理学）和人类学。除此之外，也有人把社会学与政治学，并且在某种程度上与经济学结合在一起。另外还可以看到这样一些活动，即要重新恢复长期以来在美国被削弱的社会学与历史学的关系。往往会有这种情形：对事情的普遍认识，是在事情已经发生了很久以后。在美国，当社会学系的研究生刚刚学会反复抱怨系统的社会学忽视了历史环境时，国家的社会学家组织正在举行年会，讨论历史社会学（historical sociology），而一些新的社会学家，如贝拉、斯梅尔瑟和戴蒙德，正在通过他们的研究和纲领消除不满的根源。

跨学科合作的模式各不相同，其中的每一种模式都有其思想方面的合理性。这些模式并非只是社会作用的结果。我认为，对于那些发现自己的学科已不再是试验性的学科的社会学家，这些合理性似乎更有说服力。因为他们的学科已经充分合法化了，他们没有必要再保留那种出于自卫而采取的孤立态度。在这些社会环境中，跨学科研究变成了一种不证自明的社会准则，甚至有可能扩展成为一种狂热的要求。

（四）小结

在结束对社会学发展三个阶段的概述时，我想对一些可能出现的误解做出回答。

不能说在每一个社会中，社会学都是通过这些阶段及时的前
54 后交替而连续地发展的。具体地讲，这些阶段是相互重叠和共同

存在的。不过，从各国的报告中可以发现，在每个阶段的某一时期总有一种独特的占主导地位的倾向，从一定程度上讲，这种倾向是我们业已简要地考察过的社会对立和社会合作过程的结果。

也不能说，社会学内在的社会过程以及相关的学科完全决定了社会学的发展道路。不过可以说，除了**由文化因素**导致的社会学特征的变迁之外，与此同时，作为观念和不断积累的知识相互作用的结果，还存在着**由社会因素**引起的变迁，从而，在某个阶段对社会学家“有意义”的先入之见、取向以及观念，在另一阶段几乎引不起他们的兴趣了。当然，社会学的具体发展并非仅仅是这个领域固有的社会过程的产物。阿伦教授在关于国家的社会学及其伙伴学科的报告中已经注意到，这种发展是该学科内在的社会作用和理性作用的结果，而这两种作用都会受到周围的社会结构的影响。之所以需要强调社会学内在的社会过程，主要是因为知识社会学长期以来一直关注精神生活外部的社会结构与知识的某个分支的发展过程之间的关系。

现在我想转过来讨论不同方式的社会学研究之间冲突的某些主要原因，但我仍把注意的中心放在这个学科内在的社会过程上。这样我又会想起，提交给本次会议的那些论文强调，很有必要撰写关于社会学之社会学史专著。如果要认真地研究社会学与社会结构之间的联系，那么，就有必要确定社会学的哪些方面可能会与之相关。阿伦教授已经指出，与之有这种联系的方面可能包括：社会学所提出的问题、它所运用的概念、它所研究的对象以及它所采用的解释的类型。辨认可供社会学选择的取向、承诺以及功能的办法之一，就是考察（无论多么简要地考察）社会学家之间的冲突和论战。因为这些大概能表明某个特定国家的社会学也许应当选择，但实际上并没有选择的发展路线。在评论这些冲突时，我不打算考虑这种或那种观点有什么优点。这些问题将在本届大会讨论社会学的各种特性和不同应用的会议上予以考虑。只有在这种情况下我才会考虑这些问题，即它们展示了可供社会学选择的发展路线，而这些发展路线是受更大的社会结构和社会学本身内在的社会过程影响的。

55 二、社会学研究方式冲突中的某些一致性

一些综合性的考察，也许可以成为了解错综复杂的社会学争论的某种指南。

首先，每个国家关于社会学现状的报告，很自然地都把注意力集中在各个国家中占主导地位的社会学研究工作上、集中在流行的问题上，而不是集中在不太常见的有些变异的问题上。不过，从这些报告来看，这些国家社会学的差异不仅表现在它们的主要趋势方面，而且还表现在围绕这些趋势的**变化的范围**方面。每个国家都能找出不同程度的异端的社会学思想，这些思想分歧也许是有某种社会模式的。例如，在苏联，社会学研究的模式好像没有什么变化，总有一个引人瞩目的中心：对马克思列宁主义理论的强烈忠诚，只在极小的细节方面略有变化；他们最关心的问题就是推动总体社会历史发展的动力；因此他们几乎毫无例外地强调历史证据是重要的第一手材料。比较一下在美国社会学研究的主导趋势周围偏离主流现象的程度，也许会给人以启迪。美国社会学的那

些主导趋势时不时地受到来自其内部的猛烈抨击，例如，索罗金那部令人生畏的《现代社会学的风尚和怪癖》(*Fads and Foibles in Modern Sociology*)以及C.赖特·米尔斯最近出版的那部篇幅不大的著作都对它们提出了批评，米尔斯的著作虽然没有像索罗金的著作那样广泛而详细地列举似乎是真实的相关个案，但所采取的论证方针与索罗金提出的方针是相同的。在比较各国的社会学时，我们应当考虑：精神生活的社会组织对每个国家社会学的主要趋势会有什么影响。

社会学家的许多争论不仅涉及理性的批评，而且也涉及社会冲突。通常，它主要涉及的是相互竞争的关于角色的那些定义对社会学家是否适用，而不是社会学思想的对立问题。当然，思想冲突也会发生；坚定的马克思主义社会学与坚定的韦伯社会学或帕森斯社会学肯定会提出一些矛盾的假设。但是，在考虑某个国家或不同国家的社会学家之间的分歧时，我们应当注意，争论的原因是由于这种实质性的或方法论方面的矛盾，还是由于这个或那个问题，这组或那组思想没有得到据说应该得到的注意。我认为，与这些论战关系更大的，往往是在不同种类的社会学研究之间分配学术资源，而不是就对立的社会学思想进行周密的阐述。

在公认的社会冲突过程发生之后，随之而来的就是这些争 56
论。[1] 抨击之后会出现反驳，每一方都会渐渐地出现冲突异化现

---

① 有关社会冲突不同于科学中认识上的争论的见解，可参见R. K. 默顿：《站在巨人的肩上》(New York: The Free Press, 1965; New York: Harcourt Brace Jovanovich, 1967)，第25—29页，该书对这些观点作了虽然算不上是正式，但很认真的进一步讨论。——编者

象。由于冲突是公开的，它变得更像是一种地位之战，而不像是对真理的探索。（作为这些论战的结果，有多少社会学家公开承认了错误？）随之而来的分化，将导致每个社会学家群体把反击的目标主要放在其他群体已经定型的工作上。例如杰默尼教授指出，拉丁美洲的社会学家对北美人有一种固定不变的看法，认为他们仅仅会清点人数或找出事实，或者他们仅仅是一些会记述的社会志学家。而其他人则被一成不变地看做是，总喜欢沉思推测，对需要考虑的证据漠不关心，或者，信奉某些得到了系统阐述，因而不可能轻易被否证的学说。

问题的关键不在于这些固定的认识框架没有现实基础，而在于在社会冲突过程中，它们成了自我证实的固定框架，以至于社会学家们把自己封闭起来，不去接受那些可能会改变他们的经验。每个阵营中的社会学家，都会对其他阵营的实际情况提出一些有选择的见解。从其他人的工作中，他们看到了主要是这种有敌意的固定框架提醒他们注意的东西，他们马上会以偏概全。在这一过程中，每个社会学家群体会越来越不愿去研究其他社会学家群体的工作，因为显然，这样做的意义不大。他们浏览一下外群体的著作就可以为新的攻击找到足够的弹药。

社会学出版物的大量增加，也许使彼此疏远和相互产生成见的过程加剧了。像其他许多学者一样，社会学家也不可能把他们那个领域的所有出版物都阅读了。他们在阅读方面肯定会变得越来越有选择。这种选择会使那些对社会学研究的某个特殊方向有敌意的社会学家，不去研究有可能会使他们放弃他们的成见的那些著作。

所有这一切会导致出现一种全或无学说。本质上并不矛盾的社会学取向，却被看成是似乎矛盾的。有人说，社会学必须要么具有统计学特性、**要么**具有史学特性；唯有当代的重大问题才能成为它的研究对象，**或者**，它必须避开这些棘手的有关自由或强制的问题，因为对它们无法进行科学的研究；如此等等，不一而足。

如果存在情感的非交互作用，如果中止这些典型的带有论战特征的彼此轻视，社会冲突的过程也许常常会在中途停下来，并转变为理性的批评。但是我们通常找不到这样一种社会环境，即对 57
于情感的非交互作用有规则的活动来说似乎是必不可少的环境。对于这种环境来说，在当事者之间，至少在表现出敌意的理由方面，有一种地位的差异是必要的。一旦存在这种地位的差异，例如律师与他的委托人之间或者医生与他的患者之间的那种差异，感情表达的非交互性就会受到某种专门准则的制约，而这种准则是附属于这种关系中那个更有权威的地位的。然而，科学的争论，很独特地是在一些（不管地位多么不同但）机会均等的人之间展开的，而且是公开进行的，这些争论受到地位相等的人的注意，在这里，通常没有这种非交互情感作用的结构基础。相反，人们用辩论术对付辩论术，用轻蔑对付轻蔑，理性问题与地位之战相比变成次要的了。

在这些两极分化的争论中，通常没有给第三方即没有表明态度的一群人留下多少余地，这些人也许要把社会冲突转变为理性的批评。的确，在每个国家中都有一些社会学家，他们不愿采取社会冲突中所要求的那种全或无的立场。他们不愿卷入某些被作为社会思想冲突而提出来的争论，因为这些争论实际上是关于社会学家角色的定义和分配学术资源的争论。然而很典型的是，这些所谓的非战斗人员却会被敌对阵营的交叉火力打中。至于他们会受到什么样的攻击，要依当时流行的带有党派偏见的辱骂用语而定，他们也许会被称之为“十足的折中主义者”，按照惯例，有这种称号的人不用考虑“它所断言的是什么”或“它在多大范围内能够成立”这样的问题；或者，他们被称之为放弃了社会真理的变节者；最糟糕的情况是，人们说他们是十足的中间派或骑墙派，由于胆怯或利害关系，他们认识不到他们正在逃避纯粹的社会学的善与恶之间的冲突。

我们都知道“真理不辩不明”这句谚语。谚语是诸多社会科学的持续来源，然而，它们所表达的常常是部分真理，因为它们没有说明在什么条件下它们所说的那个真理能够成立，因而使它变得模糊了。情况似乎是这样。我们已经注意到，在社会冲突中，当认识问题被强迫用来为“驳倒其他人”服务时，它们就会被歪曲和曲解。不过，如果这种冲突由同行共同体来调节，它就能起到推动学科发展的作用。有一定规律的是，一旦一个特定的研究方法（如小群体的研究方法）、一组特定的观念（如功能分析）；或者一种特定的研究模式（如历史社会学或社会调查），吸引了大量的而且越来越多的社会学家的注意力和精力，这种冲突似乎就会产生显著的作用。要不是有这种冲突，社会学中正统思想的统治有时候就会更为明显。有些人固执己见地认为，那些据说被忽视的问题、方法
58 以及理论取向应比现在得到更多的一致关心，这些主张可以使要做的工作多样化。非正统思想的空间越大，多产的思想冒险事业的前景也就越好，从而最终，它们会成为新的正统思想。

尽管常常伴随着对思想的歪曲(或许,有时候正是由于这些歪曲),论战也许有助于矫正科学研究中不断增加的不平衡。我猜想,没有人知道:在一个研究领域中什么样的资源分配才算是最适当的,这主要是因为,人们对"最适当"的标准没有最终一致的意见。不过,人们努力方向的不断集中似乎会引起反作用,这样,不太普及但有学术价值和社会价值的问题、观念以及研究模式,就不会一下子完全消失。像在人类奋斗的其他领域中一样,在社会科学中,一个(也许由于证明能最有效地解决某些问题因而)得到人们理解的新行业,能吸引越来越多的新人投身这个领域,他们不仅会使对这里的注意一直持续下去,而且还会使这种注意得以增加。如果能够补充的具有高素质的人员越来越少,那么,那些在尚不普及的领域中奋斗的人们继续拓展其工作的能力就会减弱,他们的成就也会减少,从而,他们就会逐渐失去其吸引力。为尚未得到认识的特定领域大声呼吁,甚至伴以对现在盛行的工作过分夸张的抨击,也许能使一些必要的思想变化免遭扼杀,而且还能避免人们把注意力放在范围过于狭窄的问题上。至少,这种可能性值得知识社会学家进行研究。

关于不同于学术批评的社会冲突的这些见解,首先是很平庸的。如果它们庸俗到要求不惜一切代价来维护社会学家相安无事,那就很可悲了。当存在真正的思想对立时,亦即当一组思想显然与另一组相矛盾时,为了息事宁人而达成一致就意味着放弃社会学的事业。我认为,只有在考虑社会学家目前的不一致时,我们才会发现,他们中的许多人并不像对这种或那种社会学研究价值截然相反的评价那样,在认识上是非常对立的。他们竞相争取社会学家的社会系统的支持。对于知识社会学家来说，这些冲突提供了可供选择的对象的线索，每个国家的社会学家正是在这些对象中进行有意或无意的取舍的。

三、社会学论战的类型

这些一般性的评论是为了了解社会学家之间冲突的一些焦点问题做个准备。请不要担心，我不会对这些问题的意义加以论述，
59 这样做是没有必要的。相反，我将只对其中的两三个问题进行详细的评论，然后只确定对其余的某些问题也可以进行这样的讨论。

（一）社会学中无足轻重的问题和重要的问题

我已经暗示过，也许，最普遍的构成其余大部分论战基础的论战，是由这样一些社会学家发起的，他们指责其他人在忙于研究一些细枝末节的问题，而没有对人类社会真正有价值的问题进行考察。这种论点进一步指出，当战争、剥削、贫困、不公正以及无安全保障困扰着社会中的人的生活，或者威胁着他们的生存时，许多社会学家竟然在与这些灾难性的麻烦相距遥远的，根本不用负什么责任的琐事上纠缠。

很有代表性的是，这种指责假设，决定研究是否有价值的是论题，是特定的研究对象。翻一翻思想史我们就会想起，这是一个古老的错误即不愿认输。对于伽利略的某些同时代的人来说，他和他的后继者们所从事的，是一些没有什么意义的消遣，因为他们观察小球从斜面上滚下，而不去注意一些真正有价值的问题，如改进

造船的方法，造船法的改进也许可以发展贸易并提高海军的实力。大约在同时，荷兰的显微镜学家斯瓦姆默丹也成了一些深谋远虑的批评者奚落的对象，他们以为，他总把注意力放在他的“微小的动物”亦即微生物上实在难以理解，因为这显然是把精力都浪费在毫无意义的事情上了。这些批评常常会得到官方的社会支持。例如，查理二世在得知有关大气压的基础性研究时，可能就曾大肆嘲弄过“称空气”的荒谬，在他看来，与自然哲学家应当注意的“重大问题”相比，这只不过是孩子们的游戏和无聊的消遣。科学史中有许许多多这样的例子，在这些例子中，人们很容易把看起来不言而喻是无足轻重的研究对象，误认为是没有什么认识价值的研究。

然而，在社会学中这种混淆还会时不时地重新出现。我们不妨考虑一下迪尔凯姆的贡献：他选择的社会中的劳动分工、它的原因和结果等课题，也许毫无疑问是有重要意义的问题。但是关于自杀的问题呢？对于现在活着的人来说，自杀是可悲的，人们很难把它看做是重大的社会问题。但是我们知道，对于社会学来说，迪尔凯姆对自杀的分析比他对社会分化的分析更有价值；它使我们理解了社会结构怎样导致与文化传统相悖的行为这个重要问题，这是每种社会组织都面临的一个问题。

如果诸位愿意，还可以从社会学史或其他科学的历史中举出一些例子，以此说明，社会上所说的某个被考察对象的价值，与它 60
对于理解社会或自然活动的重要性的程度之间没有**必然的**联系。一个问题的社会意义与其科学意义可能是截然相反的。

当然，之所以如此，其原因在于，从理论上讲，被选作研究之用的那个经验对象能使人们对某个科学问题进行更富有成果的探讨。而通常，这些在学术上具有战略意义的对象，无论对研究者还是对任何其他人，并没有什么内在的价值。

在这方面，社会学也没有什么特别的地方。没有谁要借助发展得较完善的科学的威望指明，所有这一切在那里都被看做是理所当然的。遗传学家注意果蝇或噬菌体并非是由于它们有什么内在的价值。它们之所以受到关注，只不过是因为，人们发现它们能够为解决诸多遗传问题提供重要的材料。把先进的领域与落后的领域加以比较，我们会发现，社会学的情形大致也是如此。把注意力集中在诸如移民、陌生人、小群体、选举决定或工业公司的社会组织等问题的社会学家，不一定是因为这些问题有某种内在的价值才这么做的。相反，社会学家选择它们，可能是因为它们能展示这样一些问题，如边缘人、参照群体的行为、从众的社会过程、典型差异的根源、汇集在一起的个人决策中的社会决定因素，等等，而这是具有战略意义的。

如果根据某个论题的表面而用常识对其加以评价，并以此为依据指责它无足轻重，那么就难以认识到，理性任务的一个重要组成部分，就是寻找对抓住问题的实质有重要意义的材料。如果我们想更好地理解社会从众的种类和根源，更好地理解不一致的社会根源，我们就必须考虑在其中能对它们进行最深入探讨的具体情况的类型。这并不意味着要受某个特定的对象的约束，而是意味着要回答诸如以下这些问题：如果在实验室中临时聚集起一个小型的、公认非天然的耦合群体，对其可以进行详细的观察，那么，作为社会过程的从众的哪些方面能够最有效地在这里得到观察？从众的哪些方面能够在已确定的官僚制组织中得到更恰当的研究?哪些方面需要对不同社会的组织进行比较研究?对每一种社会问题都是如此,例如:权威的形式,权力转变为权威和权威转变为权力的条件,对特定的社会中社会制度可变化范围的限制,自拆台角和自我实现的文化授权过程,等等。

如果我们问如何评价社会学问题(而不是研究的对象)的意义,那么我认为,社会学家还没有找到比马克斯·韦伯等人用价值 61
关系这个概念所作的回答更好的答案。正是这个问题对于人的价值观的现实意义,以及人们对社会结构的作用及其变化的困惑等,吸引了人们的兴趣和忠诚。事实上,这种不精确的标准太宽松了,从而为看起来有着同样的综合性价值体系的社会学家对(与真实性和有效性不同的)某项社会学研究的价值进行不同评价,留下了充分的余地。例如,参照群体行为问题的意义,源于这种渐进的认识:人的行为、态度和忠诚并非始终如一地由他们当时的社会地位和归属状态决定的,这种认识至少从马克思那时起就已经为社会学家所熟悉,但他们并没有对其进行彻底的探讨。人们对他们自己群体以外的群体的固定的选择,为调节他们现有的社会地位的影响与他们的行为的关系提供了规范的参考框架,通过对这一简单的思想进行系统的深入探讨,使人感到困惑的行为的不一致,就变得不那么令人困惑了。

简而言之,各国社会学中对所谓许多社会学工作无足轻重的指责,并不像人们理解的那样是不言而喻的。这往往是由于,人们错误地把所选择的(对社会界的人没有什么内在意义的)研究对象,与有助于澄清某个重要的社会学问题之对象的重要价值联系起来了。我设想,我这么说不会被误解。我的意思并不是指,与其说17世纪的物理学中不存在无价值的研究，莫如说在当代社会学中不存在真正无价值的研究。正相反，我们的社会学杂志在其最初的50年间像皇家学会(Royal Society)的《学报》在其最初的50年间(姑且只追踪到这里)一样，可能有大量很有权威的人写的没有什么价值的文章。这些文章，从严格的意义上而并非从修辞的意义上讲，是无足轻重的：它们无论在学术方面还是在社会方面都没有什么意义。然而，对今天社会学中所谓无足轻重的研究的指责，是直接针对所有类的研究的，这仅仅是因为它们所考察的对象并不具有广泛的社会影响。

这种最普遍的论战为未来的关于社会学之社会学史专著提出了一系列问题。正如我反复指出的那样，在这里，我们并不关心卷入任何这种论战中的指责和反驳有什么重大的价值。这些可以而
62 且也将会在本届大会以后的会议上加以讨论。但是，就对社会学史进行社会学分析而言，依然存在着这样的任务，即要找出可以认定对特定的研究计划来说或者是无足轻重或者是十分重要的社会根源和结果。似乎不会有这种情况：光明之神全都站在某一方，而黑暗之神全都站在另一方。如果我们不是简单地划分为聪明和愚蠢，那么，肯定还会有其他的根据，其中的某些对于不同的评价来说大概是具有社会意义的。这次会议下面的讨论也许会致力于这样一些解释，它们将有助于说明这样一些观点，它们在确定特定类的社会学研究之价值方面是截然相反的。

(二)实质社会学与方法论之间所谓的分歧

对另一种根深蒂固的长期冲突也需要做同样的解释，这种冲

突产生于这样两派社会学家之间，其中的一方主要或只关心社会中的实质性问题，而另一方主要或只关心解决这种探索所引起的方法论问题。每一个阵营中通常出现的学术批评旨在澄清认识问题，而与此不同的是，这里所说的这种争论有社会冲突的标志，它旨在击败对方。

对方法论抨击的主要方面和对这些抨击的反驳，大家已经十分熟悉了，在这里只需简单地概括一下。

有人说，社会学家的工作与方法论相关，因而他们只有把注意力从社会中重大的实质性问题上转移出来，才能取得成功。这样一来，就把对社会的研究转变成了对如何研究社会的研究。

一位哲学家对这一点的回答是："对于你经常使用的方法，你不可能有特别充分的了解。"负责的研究要有理性的自我意识。无论研究者知道与否，他们是在用方法论语言进行交流，而且必须要有一些专家为它设计语法。例如，要想发现社会流动率及其后果，首先就需要解决诸如阶层的恰当划分问题、流动率的适当测量问题，以及，正如某些社会学家所知道的那样，其他一些让他们为难的问题。

又有人指责说，对方法逻辑的关心迅速堕落成了"纯技术主义"。那些自称讲究精确的人小处拘谨大处糊涂：他们过分要求细节，而对他们的基本假设却漫不经心。出于兴趣，他们以对看似精确的关心，取代了对实质问题的关心。他们试图用一片剃须刀在丛林中辟出一条路。这些技术型的学者致力于用琐碎的方法去做一些无谓的事。

反驳者认为，那些人不太了解或不了解方法的基础，说明他们 63

从方法论方面讲是幼稚的，他们最容易把那些精确的测量误用于它们并不适用的材料上。另外，有些假设使研究实质性问题的人能够便捷地利用语言表达，恰恰对于这些假设，有必要由方法论者加以批判性研究和澄清。

有人论证说，方法论者不知不觉地变成了研究专家，并且变得像个没有目的、云游四方的人，他的研究方法在哪里召唤他，他就走向哪里。他研究变化的选举模式，因为他的方法更适用于这些模式而不适用于对政治制度和组织的研究，对于后者，他还没有发展出令人满意的研究方法。

答辩方认为，课题的选择不是方法论专家的任务。不过，一旦课题选定了，接下来的问题就是，怎样设计一项研究才能有助于课题的完成。设法回答这类设计问题，乃是方法论事业的一个组成部分。

至少在最近这半个世纪，意识形态的意义也成了方法论研究要考虑的对象。据说方法论者的选择是把精力集中于政治上“安全的”工作，而不把注意力放在有可能使他卷入对周围社会制度的批评之中的那些实质性研究。

方法论者认为，这种断言不仅是虚妄的，而且是不相干的。事实上，所有学科，包括像逻辑和数学这样的形式科学，都曾在某一时期被认为是有政治意义或意识形态意义的。正如我们所知道的那样，甚至有些社会学研究的程序，例如“大规模的实地考察”和态度量表的应用，在某些国家都曾被认为是政治上值得怀疑的。指责的不恰当显而易见，即试图把科学研究的理性标准与政治标准结合在一起，而这种做法是站不住脚的。

有人抱怨说，方法论者假设，知识只是由可测量或者至少可计量的事物组成的。他醉心于数字。结果，他退出了历史探索，退出了所有这类形式的社会学研究，因为在这里，即使很粗糙的测量方法也还没有设计出来，原则上讲根本不可能设计出来。

对于方法论者来说，这是一个被歪曲的形象，是一些不了解情况的人根据他们自己的理解构想出来的。方法论者认为，自己所致力的是检验和测量的逻辑，而不是历史分析和制度分析的逻辑。他指出，这一点已经被自马克斯·韦伯时代以来的重要社会学家所理解。而韦伯本人，正如阿多诺教授指出的那样，“把他的大部分工作都放在方法论的研究上，其表现就是对社会学的本质和过程的反思”，尤其是他认为，历史研究的方法论是社会学事业重要的组成部分。

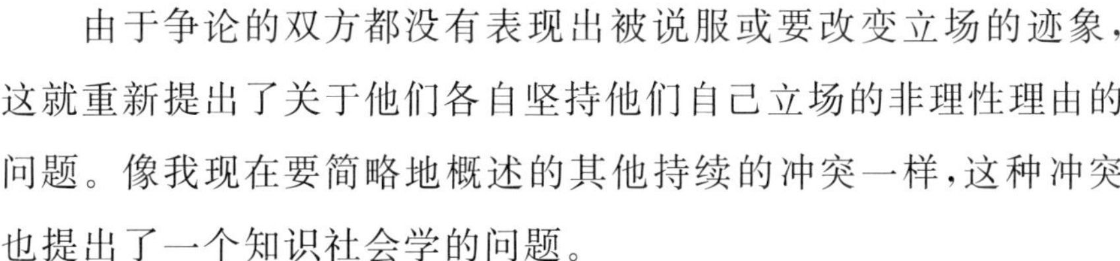

由于争论的双方都没有表现出被说服或要改变立场的迹象， 64
这就重新提出了关于他们各自坚持他们自己立场的非理性理由的问题。像我现在要简略地概述的其他持续的冲突一样，这种冲突也提出了一个知识社会学的问题。

（三）孤军奋战的学者与研究小组

在大约最近这一代人以前，社会学家也像其他从事学术研究的人一样，一直是作为个体学者（或者像这个惯用语所说的，是作为“孤军奋战的学者”）在工作。各国的报告告诉我们，从这以后，世界各地增加了许多社会学研究机构。社会学研究的社会组织的这种变化，伴随着它自身一系列的分化问题，已经导致了另一种冲突。

有人不是从描述和分析的角度，而是贬义地把这种新的研究形式表征为社会学思想的官僚化。有人说，研究组织使独立思考失去了价值，否定了研究者群体成员的自主性，改变了那些研究所要达到的目的，以便维持研究小组或研究组织的运行，而不是让组织为重要的研究提供便利；如此等等，还可以列出一系列人们所熟悉的指控。

作为回答，有人指出，个体学者也并非像这种描述可能意指的那样是孤军奋战的。实际上，他处在（而且常常是处在）他所领导的由研究助手或研究生组成的群体的最高层。而他不得不把他真正要研究的问题，限制在可以随手为其（主要是在图书馆中）找到证据的范围内。许多问题他无法进行研究，因为这些问题需要系统地收集大范围的数据，而汇集了人口调查数据和其他簿记材料的官僚制组织是不会给他提供这些数据的。据说，对于个体学者被排斥在研究之外的那些课题，研究机构不仅把其研究范围扩大了，而且使研究更为深入。最后，有人指出，仔细地考察一下这些机构是如何工作的，人们就会发现，其中的许多机构都是由个体学者及其合伙人和助手组成的，每个这样的群体都在致力于研究它自己所感兴趣的课题。

这个持续的争论为以下问题的探索提供了另一个基础，即社会学研究的社会组织事实上会以什么方式影响研究的性质。这需要把个体学者所做的工作与研究小组所做的工作加以系统地比较，这是一种方法的比较，就我所知，这种比较到目前为止还没有人做过。这种探索并不能消除冲突，但对基本上还没有撰写出来的社会学之社会学史将会有很大帮助，而我们所有在这里开会的人的目的，就是要为这样的社会学史勾勒出一个轮廓。

（四）认识上的一致与价值观的不一致 65

看似理性的冲突导致了具有不同意识形态的社会学家的分裂，这种冲突给我们提供了很有启发意义的个案。观察一下就会发现，这种冲突原来常常（并非总是）包含着认识上的一致，而这种一致被某种根本对立的价值观和利益掩盖了。

我们可以借鉴马克思的观点以及一些所谓资产阶级社会学家的见解，来说明这类冲突。诸位会想到马克思的这种见解，即在资本主义社会中，社会流动“巩固了资本本身的统治，使它能从较低的社会阶层中为它自己招募新生力量”。这个一般性的命题赢得了各类非马克思主义社会学家的赞同（他们都是独立地得出自己的见解的），首先得到了像帕累托这样的社会学家的赞同。因此，各方对于社会流动所产生的一系列后果并没有什么争论。只是在如何评价这些后果方面，人们有冲突。因为马克思进一步指出，“统治阶级越是能够同化被统治阶级中的杰出人才，它的统治也就更稳定、更危险。”帕累托可能承认这种流动所能起到的稳定的功能，但会否认它“更危险”这种判断。“资产阶级的社会学家”所能做的而且也正在做的经验研究，就是设法了解，马克思和帕累托在认识方面一致的这个假设在多大范围内可以成立。在多大程度上这些流动的人把他们自己与他们新发现的阶级看做是同一的？他们中的什么人还保持着对原来阶级的忠诚？在什么时候，社会流动会使权力得到巩固，如果价值观不变，它又会在什么时候改变阶级分歧的基础？

你们还可以举出其他一些例子，在这些例子中，由于社会学家之间压倒一切的价值观冲突或利益冲突，使得本来一致的社会学思想被误认为是不一致的。功能主义者把宗教作为一种增加共同情感的社会机制，认为这种机制有助于社会的整合；如果把马克思主义者的“宗教是人民的鸦片”这种比喻转变成一种关于它所说的结果的中性命题，那么当功能主义者对宗教进行考察时，他们在分析框架方面与马克思主义者并没有什么实质的不同，他们所断言的是同样的事物，只不过，他们对结果的评价有所不同而已。于是，宗教被看做是社会利用的一种手段。

人们常常注意到，马克思在他的理论中低估了他的道德思想的社会意义。对共产主义的学说和意识形态的强调，也许就是最实际的证明：无论马克思主义理论对观念在历史中之作用的总的评价是什么，马克思主义者即使没有把观念作为历史的基本动力，实际上也把它看成了很重要的动力。若非如此，共产主义者所强调的要有恰当的意识形态信仰，恐怕仅仅就是说说而已，而不会采取有实效的行动。

66 或者，我们再举一个也是最后一个例子，马克思多次注意到，不同的生产方式，例如，大规模的工业生产和小农田的农民生产，具有不同的社会生态学。忙碌的人们在空间中的分布，被看做对他们之间的社会互动的频率和种类有影响，进而又影响了他们的政治观点和他们的集体组织的前途。最近一段时期，大量工业社会学和农村社会学中的非马克思主义的研究，也把注意力集中在同样的职业社会生态学变量及其一系列后果上了。但是，问题的连续性和传播知识的思想的连续性，又一次在有政治倾向的冲突中被弄得模糊不清了。需要进行详细的专题研究才能确定，在多大程度上由于意识形态的冲突而不是由于理论的冲突，社会学发展的路线保持着并行而没有会聚到一起。

（五）形式（抽象）社会学与具体社会学

在关于各国社会学的论文中，人们一次又一次提到了“纯”形式社会学的危险。这标志着大家所熟悉的另一处分裂，即具体社会学与抽象社会学。前者主要关心的是解释特定的历史类型及其发展。有时候这些类型和发展具有普遍的社会意义；有时候它们是一些非常有限的社会排列。问题也许在于要解释基督教或资本主义的兴起和转变，解释特定的阶级结构、家庭体系或科学的社会制度的兴起和转变。相对于直接针对具体的历史事件的多样性的解释而言，后者即定位在形式方面的社会学的目的在于，阐述这种解释的一般命题和模式。这里所关注的焦点是这类抽象问题，如角色理论、合法化的社会过程、群体规模对群体特有的社会互动模式的影响，等等。

对某些人来说，形式社会学是个令人讨厌的称号。它被说成是“现有秩序的辩护者”，这些辩护者们显然无视社会变迁，而且否认存在着可发现的社会变迁的一致性。在这些批评家看来，形式社会学就像是一个筛子，它把所有棘手的不适于它的理论的事实都筛去了。对另外一些人而言，具体社会学有某种实效，但它要以放弃对那些社会规律的研究为代价，而这些规律，大概会出现在截然不同的文化之中。

沉迷于基本上是具体的社会学与基本上是抽象的社会学之间

的冲突，未免过于肤浅，把注意力放在这里，恐怕没有什么意义。因此，反复重申具体的社会学研究当然至少要含蓄地利用抽象的模型（例如，暂且不说解释社会变迁，即使要描述社会变迁，也必须分清那些从形式上定义的变化着的社会结构的要素和模式），也不
67 会有什么收益，相反，这些模型往往是通过与具体的社会事件的特定方面相适应而发展起来的，并且是在这一过程中得到修改和鉴定的。对于这种争论，知识社会学面临的问题是，要弄清楚是否像人们通常说的那样，形式社会学与政治上的保守倾向联系在一起，而具体社会学与政治上的激进倾向联系在一起。此外还有一个问题，即这种社会分歧对这两种类型的社会学方法之间相互作用的前景会有什么影响。

（六）其他社会学冲突简述

目前社会学中还有一些冲突，但是限于时间，只能把它们列出来而不能加以讨论了。

微观社会学与宏观社会学。现在，冲突比以前更集中在选出来进行研究的社会单位上。人们常常用时髦的词“微观”社会学和“宏观”社会学来描述这种冲突。据说，对工业公司的研究是把这种公司与更大的经济和社会体制分离开的，甚至对某一个工厂中特定群体的观察，也是撇开它们与这个组织和团体的其余部分的关系进行的。据说，微观研究的中心就是走向“没有社会的社会”。与之相反的，则是强调“总体社会”发展的规律。在这里，流行的批评断言，那些假说太模糊了，以至于无法进行任何可以否定它们的观察。既然无法对它们加以否证，因此，与其说它们属于知识问

题,莫如说它们属于信念问题。

社会学中的实验和自然史。另一种分歧是,有些人致力于实验社会学,这种社会学尽管不是一成不变地但却很独特地要研究非自然的或“人为的”小群体,而有些人则致力于对群体或社会体系的自然史的研究。在以下这个众所周知的事实中,也许可以看到颇有启发意义的类似的情况:达尔文和华莱士发现,当他们反思他们在“广阔的、户外的”大自然中所观察的现象时,他们不由自主地把注意力放在了某些问题上,但却没有看到实验室博物学家们注意到的其他相关的问题。在那里,分化变成了互相排斥的抉择,没有什么益处可言;是否能证明它对社会学的发展能有所助益呢?人们还要拭目以待。

社会学家的参照群体。有时候,在社会学家对参照群体和听众的含蓄的选择中,也会发现有冲突。有些社会学家主要面向知识界或“有教养的一般公众”;有些则面向管理经济或政治组织的所谓的公务人员;而大多数人则面向他们的学术同行或专业人员。68
目前关于行话、晦涩崇拜、过分滥用统计资料和数学模型的议论,主要是那些把一般公众作为其主要的参照群体的社会学家引起的。而这些面向外界的社会学家的工作,则被他们的学术评论者们描述成社会学普及,这种工作在引起公众对社会学的兴趣方面比在发展社会学知识方面更有用。据说,他们是在用花言巧语说服人,而不是用负责的分析启发人,如此等等,不一而足。对这些有多种取向的社会学家实际的社会角色和功能加以研究,而不是仅仅满足于这样的随便描述,也许会有一定的启发意义,尽管我们不能指望这种研究的结果会改变目前的状态。

社会学与社会心理学。最后，还有一个争论至少要提一下。有人指责说，许多社会学家，尤其是美国的社会学家，正在把社会学转变成社会心理学，结果，对社会制度的研究销声匿迹了。据说，转向社会心理学的这种趋势与过分强调社会行动中的主观因素有关，它把注意力集中在人的态度和情感上，其代价是忽视了这些态度的产生及其有效或无效表达的制度条件。对此，对立一方的回答认为，在经验基础上把社会制度与人的态度、价值观和行为联系起来之前（无论这种联系被看做是有目的的还是无意识的，是作为决策还是作为反应），它们所包含的只是一种没有实际效用的思维的产物。这些社会学家认为，这两个学科的划分，是学术组织的一种不幸的人为现象。除了这种或那种观点的价值以外，关于某些人坚持它们而某些人拒绝它们的社会基础，我们还有许多东西需要了解。

四、结论

在最终评论这些以及其他许多社会学家之间的分歧时，我想借用一下格奥尔格·西美尔和爱德华·罗斯阐述得很清楚的一个关于社会冲突结构的公式，这种结构与冲突的强度有关。这是一个假说，用罗斯的话讲，即

> 一个……在各个方向上（因冲突）……分裂成若干部分的社会，与只分成两个部分的社会相比，被暴力毁灭或者走向崩溃的危险更小。由于每一处新的分裂都有助于缩小相互的裂痕，故此也许可以说，社会**是**由它内部的冲突**缝合在一起**的。

这是一个被其自身的历史所证实的假说，它是由西美尔和罗 69
斯提出来的，许多社会学家对它进行了探讨或者独立地提出了这个假说，其中有些人对我们评论过的某些问题所持的立场是截然相反的。[我只提一下其中的某些人：威斯(Wiese)和贝克尔、希勒(Hiller)、默达尔、帕森斯、贝雷尔森、拉扎斯菲尔德和麦克菲(McPhee)、罗宾·威廉姆斯(Robin Williams)、科瑟尔、达伦多夫，科尔曼、利普塞特，以及泽尔迪奇，在近来诸多“地位差距”的研究者中，有伦斯基、亚当斯、斯托格迪尔(Stogdill)和亨普希尔(Hemphill)等。]

运用到我们的社会学家社会，西美尔-罗斯假说就是这样。如果某一个国家的社会学家对这诸多问题中的每一个都持有大致相同的立场，而另一个国家的社会学家对所有这些问题一贯持有对立的立场，那么裂痕将会沿着一条轴线日益加剧，以致这些不同国家的社会学家之间的交流会变得毫无意义。但是，如果像我认为的那样，每个国家的社会学家中都没有这种一致的观点，如果个体社会学家对这些问题和类似的问题有不同的观点组合，那么有效的学术批评就能取代社会冲突。

这就是各国社会学家之间观点相左的程度对世界社会学未来的发展具有重要意义的原因。一个国家中的非正统理论能够提供与其他国家的正统理论的理性联系。就世界范围内的社会学而言，这将有助于沟通分歧，并且有益于社会学这门科学而非社会学意识形态的发展。

第四章　政策研究的方法维度和道德维度*

1949 年

一、研究的基本原理

尽管在政策和行动的实际问题方面，社会科学的应用仍然处
于初级阶段，但人们已经积累了大量的经验。社会科学已经被应
100 用于不同的领域并且取得了不同的成果。经验已经有了，但还没
有系统地进行审查和整理。结果，谁也不知道应用社会科学的现
状，更重要的是，谁也不知道它的潜力。

---

* 本章原以《应用社会科学在政策形成中的作用》（“The Role of Applied Social Science in the Formation of Policy”）为题，发表在《科学哲学》（*Philosophy of Science*）16（1949 年 7 月），第 3 期，161—181 页；现获准重印。

我在哥伦比亚大学社会科学研究理事会（Columbia University Council for Research in Social Sciences）的赞助下准备了一份文件，并在此基础上写成了这篇论文，该文提交给了社会科学研究理事会的会议。我要感谢唐纳德·扬（Donald Young）、查尔斯·多拉德（Charles Dollard）、E. P. 赫林（Herring）、莱曼·布赖森（Lyman Bryson）、利兰·德维尼（Leland De Vinney）、卡尔·霍夫兰、R. V. 鲍尔斯（Bowers）、保罗·F. 拉扎斯菲尔德、林肯·戈登（Lincoln Gordon）、亚历山大·莱顿（Alexander Leighton）、唐·普赖斯、格伦·希瑟斯（Glen Heathers）、道格拉斯·麦格雷戈（Douglas MacGregor），以上诸君参加了那次会议，并对本文提出了建议。

社会科学家一直忙于考察别人的行为，以至于他们基本上忽视了对他们自己的状况、问题和行为的研究。基金会、政府以及商业企业对紧迫问题的研究十分关心，但并没有把大量的这种研究所体现的成就和潜力系统地排列出来。人们选择流动工人和女店员进行仔细的研究，但却不去研究社会科学专家。社会学专著为职业窃贼和职业乞丐的问题和行为提供了文献资料，但却没有为职业社会科学家的问题和行为提供文献资料。看起来，情况一开始就相当清楚了。

撇开这个问题在思想方面的直接价值不谈，对于大部分不同 71
的群体来说，分析美国社会中应用社会科学现在的和潜在的作用都与他们有着一定的利害关系。最明显的就是，社会科学家自己承认，这种探索能使他们获益。也许由于对他们的作用缺少系统的评价，在他们能为解决我们这个时代的问题做出多少贡献这个问题上，社会科学家们有时会被夸大了的怀疑所困扰，有时又会为人们过高的要求而烦恼。对于他们来说，基础社会科学和应用社会科学之间实际的日常关系，在很大程度上是可以争论的问题，他们有时能充分地发现这些关系，有时却不能，原因很简单，这些关系尚未成为系统研究的对象。

致力于资助社会科学研究的基金会和其他机构也与这种探索有着利害关系。因为在基础研究和应用研究之间**实际的**而不是**假设的**或**理想化的**关系澄清之前，制约着某个受赞助的研究计划的政策，必然是以粗浅的常识性经验为基础的。而且，时不时地检查各种决策的结果，似乎已经成了最基本的实行明智管理的规则。在社会科学中，是否有些类型的研究能产生基础理论？是否其他类型的应用研究使科学天才从基础研究转向了理论和方法论方面？在什么条件下基础研究和应用研究之间会产生富有成果的互惠作用？初步的调查也许还不能对这些问题做出详细的回答，但是，它大体上能够减少（人们都会承认的）现在对应用社会科学作用的无知的迷雾。

这种调查保证，政府、商业部门和产业部门会得到大体相同的回报。应用社会科学在实际决策中已经找到了自己的位置，它的作用范围很大而且在不断增长，但是，它究竟能起多大的作用，人们并不十分清楚。因此，尽管有大量的经验，但这些还未经过整理。有效利用应用社会科学的障碍是什么呢？对于哪些类型的问题来说，引入应用社会科学目前是没有意义的，对于哪些类型的问题，引入应用社会科学则是制定明智政策的先决条件？是否存在这样的环境，在其中，与工商企业家们有直接利害关系的是资助基础研究，而不是要求直接应用在此之前业已存在的知识？毕竟，决定利用或放弃应用社会科学，这本身就是一个政策问题，而且看起来，把这种政策建立在可利用的、尽管现在还不协调的信息基础之上，是很有益的。

对于一个自己并不直接利用应用社会科学的聪明的门外汉来说，最终可能要过很久才能了解到当代生活的这种趋势的某些情况。他对社会科学的先入之见，也许既有顽固的怀疑论的成分，也有同样站不住脚的盲目崇拜的成分。无论是采取怀疑论还是盲目
72 崇拜的立场，他怎么能提出一种恰当的观点呢？他会受各种宣传的摆布。今天，一个似乎无可怀疑的权威告诉他，社会科学只不过是官样文章。明天，另一些权威又会对他说，唯有科学，包括社会

科学，才能开通救世之路。因此他的选择是受限制的。他也许仍然继续处于一种暂不作判断的状态，在这个例子中，这只是混乱状态的一种委婉的说法。也许，他会倾向于接受这个权威或另一个观点相反的权威的见解，因而对应用社会科学今天所扮演的角色有了一种明确的但却是错误的印象。

没有哪种初步的探讨能够使社会科学家、基金会、政府和企业的政策制定者以及普通人的利益都得到满足。但是，显然可以把现在散乱的资料汇集起来，把它们进行编目整理，并且设法为应用社会科学的有益评价奠定基础。这样，通过对适当的例子的评论，就可以为：(1)应用社会科学的成就，(2)有碍于或有利于取得这些成就的条件，(3)应用社会科学研究的科学的(亦即理论的和方法论的)副产品，提供新的观点。

二、探索范围

我们将把我们关注的中心，放在通常被认为是构成了“人类关系”的那些学科，亦即人类学、心理学、社会心理学以及社会学。众所周知，对特定的实际问题的探讨，通常需要几门社会科学的**合作**研究。在社会科学中，恰恰是这四门学科最协调地参与了合作研究。这在一定程度上导致了一个把理论与政策内涵联系起来的体系。所以，这些学科的显著的合作趋势会有助于使这种探讨的焦点立刻集中起来。

次级的划界问题也应当注意。尽管所有的应用社会科学研究都涉及了**建议**(推荐政策)，但是并非所有关于社会政策的建议都是以**研究**为基础的。不妨与医学作一下对比，这有助于澄清这种区别。在医学中，建议的基础可能是从十足的经验主义到系统的应用研究的以下任何事物：

1. **经验主义**：有经验的使用草药的医生根据经验发现，金鸡纳树的树皮（不知什么原因）是治疗疟疾的特效药，因此，他就向他的病人提出服用这种药的建议；

2. **从以前积累的医学研究中得出的标准化治疗法**：对于经过可靠鉴定的疟疾病例，医生使用标准化的独特的治疗方法进行治疗；

3. **针对新问题以专门研究为基础提出建议**：对某个疟疾高发
73 病率地区进行研究，以便确定这个地区的哪些因素是必须控制的，并提出一些可替代的治疗模式。

就社会政策问题而论，建议的基础可能也同样是从经验主义到系统的应用研究的以下任何事物：

1. **经验主义**：1914年亨利·福特（Henry Ford）发现，对非熟练工人，他可以只付给当时令人吃惊的最低工资，即每天5美元，结果提高了产量和利润；

2. **从以前积累的研究中得出的标准化实践**："科学的"工资政策以诸如泰勒学说等等为基础；

3. **以专门研究为基础提出建议**：对某个工厂进行详细的分析，以便确定"最有效的"工资政策。

与医学的对比还会给我们进一步的启示。相对于医学建议而言，社会政策方面的建议看起来更经常是以粗浅的常识性经验为基础的，这种建议只是偶尔以具有普遍性的知识或针对现有问题的研究为基础的。此外，在社会政策领域内，对“纯经验主义”与“积累的科学知识”的划分并非总是可能的。但这并没有造成很大的困难。因为所计划的探索将集中在应用社会科学的**研究**上，其次才会注意根据自己的丰富知识提出建议的社会科学专家的作用。

三、探索取向

最终必须把政策取向和行为取向的个案汇集起来并加以分析，以便决定研究的规划及其应用中的问题。这些材料包括：文献资料（信件、备忘录、草稿、会议记录、报告，等等），以及对研究者和政策制定者的采访（采访的目的就是要澄清对文献资料的模糊观念并阐明对它们的看法）。

通常，构成偶尔发表的对应用社会科学作用的说明之基础的，就是这样一种假设，即应用研究本身对所应用的场合是完全适用的，而且“根本的问题”就是说服政策的制定者利用这些适用的结果。换句话说，这种研究是否理智通常并不会成为问题，只有“推销”这种解释的组织方面和解释方面才存在问题。这种强调是完全可以理解的。这些说明一般都是由社会科学家来写的，而且人们期望，这些社会科学家们对政策制定者及其组织的不适当的做法，比对这种研究可能的不适当性更为敏感。在这里，我们不能采取这样的态度。相反，我们将区分两种不同但又有相互联系的问题： 74

1. **人际问题和组织问题**：源于研究人员和“客户”（经营者、管理者等等）之间的关系；

2. **科学问题**：涉及能适应具体情况之实际需要的科学研究发

展方面的困难。

尽管这些类型的问题是密切相关的，尽管我们想考虑这些相互关系，但它们并不会合为一组问题，以至于我们看不到它们之间的区别了。不应该把相互关系误认为是同一性。组织问题和科学问题的根源是不同的；可利用的处理它们的方法是不同的；而它们对于应用社会科学发展的重要性也是不同的。

因此，在我们的讨论中，对于社会科学研究应用中所涉及的广义的“组织”问题与广义的“科学”问题，我们将努力始终如一地加以区分。

四、文化环境

像任何其他理性资源一样，应用社会科学的声望，从一定程度上讲，也是它的成就的一种产物。这是一个相互联系的系统，在其中，社会地位与应用无休止地互动。不仅应用影响着声誉，而且声誉也影响着应用。某个学科的社会地位越高，它就越有可能吸引有才华的天才，就越可能获得财政方面的资助，从而它所取得的实际成就可能也就越大。结果是，它的应用量更大了，通常，这也就会使它有更高的社会地位。粗略地考察一下医学或物理学的历史，就会使人们看到学科的文化评价、学科的理性进步与发现的应用之间上述的那种互动模式。

因此，就应用社会科学之利用而言，在对它的任何分析中，评价的文化环境的地位都是基础性的。在这里我们发现，可获得的资料中有着令人印象深刻的空白，它把我们自己限制住了。现在对社会科学流行的评价是什么？这些评价在不同的群体和群体的不同阶层中有什么差别？在时间的进程中，它们是在怎样变化的？显然，对此我们并不了解。人们对社会科学的文化评价也没有进行过系统的探讨。

由于缺少证据，对社会科学流行的公众形象以及这些形象的决定性因素，我们只能加以推测。所有这一切都是以这样一种观点为前提的，即这些流行的形象在一定程度上决定着社会科学中政策取向研究的探索的范围、探索的人选以及探索的目的。

在有可能发现的社会科学公众形象的诸多侧面中，能够详细 75
地记录下来的并没有多少，而能简要地加以讨论的就更少。经验至少表明了这些形象的以下方面：

客观性：既有人认为社会科学只是伪装成科学的个人观点，也有人坚信它具有严格的客观性；

适用性：既有人相信它是毫无用处的，也有人相信社会科学是拯救社会的方法；

政治关联：既有人认为它生来就具有“破坏”性，也有人认为，只有社会科学资料唾手可得，民主才能适当地发挥其功能；

“代价”：既有人持这种朴素的观点，即只要花费很少（时间和资金）就可以获得科学成果，也有人觉得，要获得可利用的结果，开销太大，以至于获取这些成果是一种“浪费”。

还可以想起流行形象的其他一些方面，但是以上这些也许足以提出问题了。当然，我想先概括地讨论一下前两个方面。

（一）客观程度

从社会研究可以（而且已经）“用来证明几乎任何事”的这种观

点，到它们完全是客观的、是不受研究者个人的偏好影响的这种观点，我们都无法知道这些形象出现的频率。

客户往往只有在社会科学的发现与他们自己的利益相一致时，才会公布这些成果，这也许是很典型的现象，而这个事实或许会促使这样一种信念的传播，即这种研究本质上并不是客观的。因此，《纽约时报》(*New York Times*)抓住了客户利益与社会科学发现的奇怪巧合得出结论说，事实上，社会科学之风是在它们能被听到的地方刮起的。当一位应用经济学家为产业工会联合会(CIO)提出的研究报告，在其研究结果方面与全国制造商协会(NAM)的专家所提出的相应报告有本质的不同时，《时报》不仅强调差异，而且注意到，很奇怪，不同的研究结果与倡导者竞争的经济地位是一致的。不妨把利益群体的攻击和反攻与他们自己的社会科学研究加以比较。这不仅是一个“当医生们意见不一致时由谁作决定?”的问题。既然他们显然是以研究为基础的，因而意见的不同也许会使人们认为，应用社会科学并非**总的来说**是客观的。这个特殊的例子也许可以推而广之，随之而来的就是所涉及的那些学科地位的下降。

要想区分“真的”和“假的”社会科学研究是很难的，这进一步加深了人们对这种客观性的怀疑。外行人(通常包括行政管理人
76 员和潜在的研究的客户)并不总能把真正的学科探索与另一种“研究”区分开，这种“研究”虽然具有严格探索的所有外部标志(取样、设计、控制等等)，但在基础方面有缺陷。之所以会有这种明显的现象，是由于人们对以下现实的一种误解，即对于许多外行人来说，“所有社会研究看起来都一样”。

由于漫不经心、缺少约束、无责任感的“研究”也许会许诺以较小的投入获得较大的回报，因而可能会有一种“把无效的研究从有效的研究中驱逐出去”的倾向。在运用决定性的经验对这些假的探索加以检验时，产生的结果可能令人失望，从而也许会导致对社会科学的普遍拒绝。

（二）适用程度

显然有这样一些热心的人，他们想在社会科学知识中为适用于科学计划的，并且完全可描述的世界寻找一种袖珍指南。另外一些人则把应用社会科学仅仅看做是对显而易见的东西的阐述，因而他们并不认为应用社会科学是政策和行动必不可少的基础。还有一些人，他们认为社会研究在处理微不足道的问题时是适用的，而在处理“重大”问题时，它就不适用了。在这里，更多的关于适用性的不同形象的信息和有关比较这些形象出现的频率的信息，对塑造应用社会科学的未来也许是很有价值的。

显而易见，现有的社会科学知识也许足以应付某些类型的实际问题，而对其他类型的问题完全不适用。因此，特殊类型的市场研究也许能特别满足用户的需要，而对例如宣传的研究，也许就会被证明是典型性的不能满足人们需要的研究。现在对应用社会科学家的要求也许远远超出了社会科学知识**目前的**能力水平。只要关于我们现有的知识的详细研究还不能大体上确定，以至于外行人以及应用研究人员对政策决策有前途和没有前途的研究可能有近似的观点，上述现象就会继续导致大量的失望，其结果是，人们会贬低社会科学**总体上**的适用性。应用社会科学可直接获得成果是一种夸大了的形象，不加限制地承认这一形象是不明智的。[①]

77 出于对**过低**评价应用社会科学潜力的不满，社会科学家本人也许会下意识地对社会科学现在的能力提出一些夸大的看法。对应用社会科学的这种宣传也许会产生相反的结果和过分的期望，结果导致人们的幻想破灭以及公众对社会科学在任何范围内的应用的不满。

前面的例子对应用社会科学也许相当多的公众形象刚刚有所触及。在这里，我们只有两点可以肯定。第一，我们对这些形象的范围和出现的相对频率没有适当的信息，第二，这种信息也许是很有用的。全国舆论研究中心（NORC）关于职业的社会地位的民意测验，在某些类型的社会科学家（经济学家、社会学家、心理学家等等）的相对地位方面有一些富有启发性的发现。除了这类有限的资料以外，关于流行的社会科学的一般观念尤其是关于应用社会科学的观念，还存在着一些朴实但不系统的资料。非常有趣的是，致力于研究少数民族群体和种族群体、工会、工商企业等等的标准形象的社会科学家，却还没有开始研究他们自己的流行形象。

① 由于后来公众对一些重要的民意测验组织对 1948 年 11 月 2 日选举的错误预测的反应，这种一般性的见解现在又增加了几分说服力。如果把对经验主义选举预测不满的反应推广到对社会科学的怀疑，也会看到这种情况。有关这个选举事件进一步的意义，可参见注 9 。[这个问题是 R. K. 默顿和 P. K. 哈特合著的《选举预测与社会科学的公众形象》（“Election Polling Forecast and Public Images of Social Science”）研究的主题，原载《舆论季刊》（*Public Opinion Quarterly*）13（1949 年），第 185—222 页。——编者]

显然，需要一种“对应用社会研究的应用社会研究”，以便探索社会科学的公众形象，尤其是在政府的政策制定者、劳动者以及工商企业中的形象。

所提出的探讨也许会提供适当的行动方针。专家的角色中总是包含着某种重要的信用成分。必须使外行人处在这样一种位置上，在这里他们可以指望专家们所进行的专业化竞争，因为他们的竞争是负责的。与医学和法律行业形成对照的是，应用社会科学家们还没有对他们自己的行业群体的这些问题进行探索。例如，如果发现，社会科学研究不负责任的机构的激增，是应用社会科学总的来说令人讨厌和不实际的形象的一个主要根源，那么，也许有人就会建议整顿这些机构。

五、组织环境

在制定政策过程中利用应用社会科学的那些问题，大概会随着研究机构和客户（或倡议者）的社会地位的不同而有所变化。[①]每种类型的研究机构都有不同类型的客户，而每种类型的客户也可能会利用不同类型的机构。

要获得研究者与客户之间社会关系的各种结构的系统认识， 78
我们只能把两种研究机构的变量和客户的变量（像下列样本分类的那样）进行交叉分类。

① 沃尔特·李普曼在他那几章富有洞察力的关于社会科学专家的潜在作用的论述中，早已认识到了这种重要性。参见《舆论》（*Public Opinion*，Macmillan，1922），第25、26章。

表 1　研究者与客户的社会结构概要

研究机构类型	客户类型 (1) 政府机构	(2) 基金会	(3) 企业公司	(4) 福利机构	(5) 其他
1. 独立于行政机构的研究机构					
A. “学术性的”(依靠部分或全部赞助的)机构	A-1		A-3		
B. “商业性的”(依靠研究收入的)机构					
2. 与行政机构合为一体的研究机构					
C. 常设的研究部门	C-1				
D. 特设的(在一定期限内存在的)研究部门					

可以很容易地确定这种交叉分类所产生的每一种类型关系。因此，在 A 行 1 列，其客户为政府机构的“学术性研究机构”，它们的研究也许就包括例如密歇根大学(University of Michigan)所承包的财政部的研究项目；在 C 行 1 列，也许要包括农业部的农业调查处；在 A 行 3 列，也许要包括哈佛的工商管理研究院(Graduate School of Business Administration)为西部电子公司(Western Electric Company)所进行的霍桑研究；如此等等，不一而足。

从某种这样的分类着手，通过比较分析，就可以根据对研究者与客户之间社会关系的这些结构的研究，界定特定的问题、过程和影响。对于例如处在关注焦点的研究问题的类型、研究者与客户之间互动的类型、研究与政策和行动的关系、为政策的实施而利用研究结果的范围、研究的方法论副产品和理论副产品等等而言，这些结构对研究者在阐释问题中的角色的影响，的确有着本质的不同。

这也许提供了一个起点，由此可以对组织环境在应用社会科
学的规划和利用中的作用进行系统的分析。从而人们或许会发 79
现，当用户本身就是研究对象时(例如，某个公司，政府部门的局或处，等等)，如果这项研究是由“独立的”外部机构而不是由其本身即为这个组织的一部分的研究部门完成的，那么，研究结果很有可能被看做是政策的一个根据。或者人们会发现，与例如为工商企业的公司所作的研究相比，为福利机构所作的应用社会科学研究所产生的方法论方面的副产品更少一些。

无论如何，有必要探索一下这一假设：使社会科学得以应用的问题将随着组织环境的不同而有所变化。而要检验这一假设，就有必要对这些环境进行有效的分类。

六、总体情况环境

就导致决定进行某项应用社会科学研究的总体情况而言，似乎还没有对这些总体情况的类型进行对照的文献。导致应用社会科学产生的原因是什么？这些不同类型的总体情况是怎样影响研究的性质及其成果的利用的？

关于应用社会科学如何产生的传统描述是相当清楚的：当一个“问题”出现时，人们就要求研究者扮演解决问题的专业人员的角色，并找到一种解决办法。那么是谁先看出了问题呢？是否总是那些处理实际事物的人，或者有时是社会科学家本人？哪些类型的问题需要应用研究，哪些类型问题的处理很独特地是不需要

借助研究的？研究的倡导者所设想的这种研究的功能有哪些呢？所有这些是怎样与应用社会科学的利用和发展联系在一起的？

我并没有试图在这里系统地叙述总体情况环境，但至少有几个方面是能够确定的。我们可以先考虑一下由政策制定者或社会科学家首先发现的需要进行应用研究的那些情况。

（一）由政策制定者发起的研究的功能

1. **个人或组织面临这样的问题："影响"或"说服"别人采取某种方针已定的行动**。为了帮助进行劝说，他们要寻找"客观的数据"。例如：一个广告代理机构要进行一项研究，以期使某个客户相信，比起其他与之竞争的机构，他们的广告节目效果更理想；一个压力群体会倡议进行一项应用研究，以便获得能够支持已提出来的立法的资料；一个公司的副总裁为了反对另一位副总裁提出

80 的政策并为他自己的政策辩护，会要求进行某项研究；一个热心公益的公民群体会发起进行一项关于种族隔离的研究，以便证明种族隔离对公众是有害的，等等。

由于这些研究的主要功能都是说服，因而它们也许更倾向于使其研究成果为宣传服务。在这些例子中，研究成果不可能受到经验的检验。它们主要是用来支持有预定方针的行动。

2. **个人或组织面临这样的问题：他们需要行动，但却发现他们还没有足够的信息可以开始"理智的"行动**。一个一再因罢工而停产的工厂，试用了许多应急措施，由于都不成功，它便求助于研究，以期能提出一些新的可供选择的办法。

在什么条件下会寻求进行社会科学研究？行动取向研究模式与说服取向研究模式有什么区别？

3. **个人或组织希望把行动延迟到其他人对行动的压力消除后再开始**。在这种情况下，应用研究的目的并不是要引发行动，而是要阻止行动。这种研究的功能就是减轻对不行动的批评。政府官员常常委托人们对他们不希望采取行动的问题进行“彻底的研究”。

因此，在不同的情况下，政策制定者可能会为了截然不同的功能需要而利用应用研究。我们已经提到了三种主要的功能：说服、行动和不行动。当然，了解每一项功能如何影响研究的性质是非常重要的。

（二）由社会科学家发起的研究的功能

1. **社会科学家也许会设法使政策制定者对新的可实现的目的变得敏感**。有的应用研究起源于从事学术事业的社会科学家的工作。社会科学家可能发现了他认为是“实际问题”的问题，而政策制定者对此还并不那么确定。在这类情况下，研究者的首要任务是为政策的制定者**引出**一个实际的问题。

那么，什么是“实际问题”呢？它表现为抱负与实现之间有差距，并且对缩小这种差距提出了挑战。如果一个政策制定者有一些抱负，而这些抱负都非常适当地实现了，他当然看不出有什么“实际问题”。但有时社会科学家会发现，提高或扩大这些抱负并实现新的目标是可能的。这就要求他要做一个会使人讨厌的人，通过扩大心满意足的政策制定者的视野、引进新的可实现的标准、

并发起对实现这些新目标的途径的应用研究，激励他们改变他们
81 那种安于现状的状态。例如，一个住宅小区的经理也许会感到经营顺利，万事如意。他没有遇到什么严重的“问题”。租金及时付了，租房客户的流动率很低，他没有什么要抱怨的。而一个有探索精神的社会科学家则会发现，在住宅群中没有什么有组织的社区生活，当特别物资的供应有利于社区组织时，这里的居民的满意程度就会低一些。事实上，在这里社会科学家研究的目的，就是要提出新的、要求更高的“事物满足状态”的标准，并且提出新的、要求更高的扩大住宅经理之目标的标准。

这样，源于社会科学领域的研究的一个主要功能，也许就是确立新的目标和可达到的标准。

2. **社会科学家也许会设法使政策制定者对更有效地实现已确立目标的方法变得敏感**。行政管理人员会以大致相同的方式假设，他们的组织的运行效率是令人满意的。而社会科学家则可能发现，还有更有效的接近现有目标的手段。这里的任务就是，把方式和方法的有效性的标准加以调整。政策制定者也许会断定，某个工厂的产出是令人满意的。而进一步的研究可能会表明，这种生产是以严厉的统治为代价的，它会使劳动大军相当紧张。可替代的办法也许会有同样高的产出，而不需要让工人付出这样的代价。很有可能，像这些随便举出的例子表明的那样，对方式和方法的有效性标准的调整具有这样的特点，即它也将包括目标的调整。在两种类型的例子中有同样的模式：使政策的制定者对更大范围的可实现的潜力变得敏感。

实际的问题是多方面的。对它们可以从数个不同的学科角度

加以考察。在外界的影响下，政策制定者们已经日益放弃了那种幼稚的观点，即实际问题总是属于某个专业化的科学领域范围。例如，劳动力的大量流动不再自然而然地被假定为是“应用经济学”领域的问题了。心理学和社会学，也许会在工厂的人际关系和社会组织中，或者从劳动力流出的地方社区的那些不适当的方面，发现决定劳动力流动率的部分因素。那么，政策的制定者们根据什么来选择某些学科而不是另一些学科，以作为研究亟待解决的问题最恰当的学科呢？

这个问题引出了几个需要考虑但在这里只能简略地谈一下的问题。它说明了这样一个事实：即使不是对大多数需要应用研究的实际问题而言，那么对许多实际问题来说，这种研究需要几个不同学科的协作。它暗示了专门化的研究人员本人在使政策制定者相信需要这种协作中的作用。它说明了为不同的应用社会科学家之间的协作提出的一些较重要的组织问题和科学问题（在这方面， 82
田纳西河流域管理局的经验是非常富有启发性的）。不妨把这个讨论的后面的部分提前谈一下，即它暗示应用研究的一个主要功能，就是为跨学科研究和“基础社会科学”的理论体系的发展提出理由并施加压力，而不是考虑无联系、非协调的专门化的理论主体。

七、界定实际问题和应用问题

经验表明，政策制定者很少非常确切地阐述他的实际问题，这样也就不能使研究者设计一项适当的研究。很典型的是，对问题的陈述会引起这样的结果，即很可能正在使研究者对导致预期研究之问题的“首要”方面产生严重的误解。因此，首先对**实际**问题进行分类，是应用社会科学的第一个关键步骤。

这里可以详细列举几类客户未写明的对实际问题的错误的陈述。毫无疑问，进一步的研究会揭示其他类型的错误陈述。

（一）问题过于专门化

政策制定者常常假定，他已准确地辨明了他特有的问题，从而对研究者提出进行研究的特别要求。但这也许是不成熟的说明。研究者的任务是界定**主要的**实用问题而不是被动地接受政策制定者最初的说明。例如，一个犹太人的“辩护代理处”也许会要求进行一项研究，以便确定：哪些类可供选择的大众宣传方法在抑制反犹太主义方面可能最为有效。但它并没有阐明“减少反犹太主义”的**首要**目标。政策制定者在其对问题的陈述中，过早地把**手段**和所抱的目的也包括了进去。专家要对实际问题进行重新界定。在以前研究的基础上，他会指出，把那些根深蒂固的偏见作为宣传战的突破口显然并非易事。因此就要对问题重新进行阐述：问题不再是对可供选择的宣传方法之有效性的探索，而变成了对既定的宣传战的相对效力和跨宗教的志愿组织的相对效力的探索。

（二）问题过于一般化

或许，政策的制定者会假定，当他指出他的一般性目标时他已
83 充分地陈述了他的问题。他也许要设法更正式地参与某个工会的普通成员的活动，或者参与减少种族间的紧张状态或增加学院中的出勤率。但对这些一般性目标的处理也许需要采取不同类型的

步骤,需要进行不同类型的研究。

当政策的制定者夸大说明他的实际问题时,专家必须通过寻找主要目标来加以澄清,因而常常要重新对问题进行界定。当政策的制定者把他的实际问题过分一般化时,专家必须通过寻找各种可供选择的方法来加以澄清,并且要确定其中的每一种方法所能产生的后果。

八、界定问题时的价值框架

(一) 政策制定者的价值框架

我们假设,政策制定者总持有某一组(不言而喻的或明确的)价值观,而这限定了对其问题的应用研究的范围和性质。这些"价值常量"限制了将要加以研究的行动的选择方向。研究者的任务就是,寻找这些价值观,以便在政策制定者的价值观对研究限制之前,就对它们有所认识。(这不仅是一项道德任务,而且还是一项专业性的任务。如果政策制定者确实总是假定他的问题处境的某些特性是**既定的**、**恒定的**,他在任何情况下都不会考虑对它们加以调整,那么这一下子就限制了将在他的赞助下进行的研究的范围和类型,因而会影响对承担这项研究所作的决定。)例如,当对政策取向研究的要求是寻找改变某个工厂黑人工人的士气的方式方法时,政策制定者会假定:延续的职业隔离、卫生设备等等可以一如既往,无须改变。当对政策取向研究的要求是寻找增加某种产品的销售方法时,政策制定者会假定,在产品方面不需要作什么改进。

这些价值常量的类型也许是有限的。在这里有两种重要的类型需要加以注意：

1. **客观的环境因素将保持不变，而对环境的态度有所调整。**（例如，不改变种族隔离这个事实，而去设法改变黑人工人的士气；不改进产品，而设法增加销售量；研究也许表明，在实施跨种族的住宅计划中，如果不想把它变为黑人的住宅计划，就必须从管理入手稳定黑人与白人的比例，但是政策制定者会拒绝这个研究结果，因为它意味着与他的价值观相冲突的"定额分配制度"；如此等等，不一而足。）

2. **客观的环境因素将发生变化，但却没有对态度的改变做出**
84 **安排。**（例如，在某个住宅小区消除种族隔离，但却没有提供当地的居民接受这种变化的方式方法。）

（二）研究人员的价值框架

研究人员也有自己的（不言而喻的和明确的）价值观，这些价值观念对问题的界定、对在他看来似乎是最有成果的研究方向、对将要加以探讨的可供选择的政策等等，都有影响。通过确定研究者角色的自我形象就可以发现这些价值观：

作为专业人员，在对有关政策的可供选择的建议可以进行专业研究的前提下，他将接受这些可选择物，以此作为研究的基础。既然对于在不消除种族隔离情况下所提高的黑人工人士气的象征性（"心理学的"）程度，我们可以进行检验，专业人员就会发现，这样界定问题是适当的，但这样也就把他自己**限制**在一定范围内了。也许，有人会要求研究者确定怎样才能使某个特定的广播节目增加听众，由于这似乎是一个可行的问题，研究者将找出重要的收听时间等等，而且愿意接受政策制定者保持节目内容不变的想法，只设法增加听众人数而不研究节目内容的改变对听众规模的影响。

作为“注重社会的”科学家，他将只探索那些不违背他本人的价值观的那些可供选择的政策。他在自己的研究中不仅纳入了改进工人士气的象征性方法（例如，对完成任务、重振精神的群体进行象征性奖励，等等），而且还要在处境方面做出一些“实实在在的”改变（例如，调整工资政策等等）。

对政策制定者和研究者在规划研究中所扮演的实际角色的研究，也许有助于把这个问题从纯道德范围扩展到价值观对研究本身的现实意义、范围以及效用的影响。

（三）研究的道德维度和方法维度

下面这段选自对第二次世界大战中战时公债促销运动广播的研究，它考察了社会研究的这些方面的互动。①

我们主要关心的是说服大众的心理学，这并不会使其道德维度变得难以理解。从事舆论工作的专业人员或实际工作者、他们的学术对手以及学习社会心理学的学生，无法回避那些渗透在作为社会控制方法的宣传之中的道德问题。这些道德问题的性质对 85
实际工作者和研究者略有不同，但对这二者来说，这些问题本身都是不可避免的。

① 关于研究的道德维度和方法维度的这一节，选自罗伯特·K.默顿、马乔里·菲斯克和阿尔伯特·柯蒂斯的《说服大众》（New York：Harper & Row，1946），第185—189页。

从事宣传的实际工作者马上就会遇到一个二难推理：他必须要么放弃使用某些说服方法（这些方法将有助于使他达到当前他心中的目标），要么违背主流的道德准则。他必须做出选择：要么不做一个效率十分高的专业人员，而做一个谨小慎微的人，要么不做一个非常谨小慎微的人，而做一个效率高的专业人员。当前目标的压力会迫使他选择这其中的第一项。[①] 这是因为，如果要想有效地说服大众，而对"有效性"的衡量，完全是依据能劝说多少人从事所要求的活动，或者是依据能使多少人具有所希望的心境，那么，严格的专业标准和非道德标准将会左右对说服方法的选择。而这种标准会强迫人们以牺牲主流的道德为代价，因为它表达了一种要对人和社会实施控制的态度。这不可避免地会迫使人去运用任何"能起作用"的方法，无论这些方法是什么。

看起来，在那些大众舆论操纵者身上滋生的权力意识，也许并不总能补偿相关的内疚感。这种冲突也许很快会把他们变成玩世不恭的人。或许，它会导致这样一些努力，即设法免除他们在使用操纵方法方面的道德责任，为此，他们会毫无用处地对他们自己和所有愿意听他们讲话的人宣称："很不幸，世界就是这样。人们是受感情、恐惧、希望和渴望驱使，而不是受信息或知识驱使的。"但这类努力难以奏效。也许应当指出，为了普通百姓，必须对复杂的情况进行简化，而在简化过程中，许多相关的东西必须略去。或者以我们已经考察过的这个具体个案为例，可以证明，把战时公债作

① R. K. 默顿：《社会结构与失范》，原载《美国社会学评论》3(1938 年)：第 678—682 页。

为抑制通货膨胀的一种手段，对于有效地说服大众这一构想而言，太冷酷、太遥远，而且也太困难了。更可取的办法是，把注意力集中在战时公债的那些能使人产生神圣感和激发人感情的方面，因为这种“具有广告特点的导向”会产生“某些成效”。

像大多数部分真实的陈述一样，舆论的引导者肯定要出卖情感这种观点，看起来好像是有说服力的。价值观是根植于情感之中的，是不可避免地与行动联系在一起的。但是完全真实的陈述将超越这种见解。在相关的信息和知识的范围内诉诸感情，与在玷污和搞混这种知识的情况下诉诸感情，是根本不同的。说服大众的工作为人们在提供可以获得相关事实的方法时，并不具有控制的性质；当诉诸感情为的是排斥相关的信息时，它就具有了控制的性质。 86

因此，专业人员必须决定是否使用某些方法，这些方法虽然可能“有效”，但却伤害了他本人的情感并且违背了道德准则。他必须决定，是否应当设计一些方法，以便利用大众的渴望，用感情的吸引力取代信息，用伪装的公众目的掩盖个人的目的。[1] 他面临

① 在战争期间，在那些“机灵地”把其产品与作战的成效联系在一起的登广告的人中，想象战胜了良心。商业广告节目的播出，也免不了要使用这种方法。例如，一位开业牙医指出，胜利的微笑有助于鼓舞士气，而我们可以通过从他那里购买假牙获得那种微笑。一个服装制造商也这样提醒听众：在战争期间，士气是一种宝贵的财产，漂亮潇洒的服装，尤其是塞弗尔里奇路的服装，能够给人以信心和勇气。甚至冰激凌也成了作战成效的必要条件。“您期盼着您的孩子们从军营归来吗？让他们享用 JL 冰激凌吧。他们在部队享受着美味，回到家中也同样应有佳肴，这是您的责任。”一位化妆品制造商非常关注因战争而造成的性别比例失调。“由于战争，周围的男人变少了是吗？竞争更激烈了是吗？想办法让您的肌肤光滑柔润吧。想办法在那些服役的小伙子们迈着整齐的步伐回到故土时迷住他们吧。”参见 R. K. 默顿、广播研究处：《战事广播》(*Broadcasting the War*, Washington, D. C.: Bureau of Intelligence, Office of War Information, 1943)，第 37 页。

着不仅要选择社会目的而且要选择宣传方法的道德问题。

研究舆论的社会科学家遇到了类似的问题，尽管这个问题不那么引人瞩目，也没有怎么被公众所承认。社会科学家也许会采取实证主义者的立场，声明科学在道德方面是中性的，坚称他只关心知识的进步，他会解释说，科学所涉及的只是发现一致性而不考虑目的，他并且会断言，在他作为一个公正的不带偏见的科学家的角色中，他不会用价值观去做交易。简而言之，他可能要肯定一种专门的哲学，这种哲学看来会免除他所发现的运用说服大众的方法的责任。这种哲学对"目的"和"手段"的区分是虚妄的、貌似有理的，而且它坚持认为，社会价值观进入科学家的研究对进行特别的辩论是有益的，因此它无法注意到研究者的社会价值观的确影响了他对问题的选择和界定。研究者也许会天真地猜想，他在从事价值中立的研究活动，而事实上他可能就是这样界定了他的研究课题，即研究的成果将用于社会的某一个群体而不是其他的群体。他对问题的选择和界定反映了他那心照不宣的价值观。

举例来说，"价值中立的"宣传方法的研究者，总要争取获得一种得到充分证明的科学规划方法，并且要这样说明他的发现："**如果**使用这些说服方法，**那么**，（按照某个固定的概率）将会有一定比例的人被说服去从事所要求的活动。"在受人尊敬的并且很成功的
87 科学传统中，有一种规划表面上是不涉及价值判断的。研究者不采取任何一种道德观点。他只报告他的发现，而这些发现如果有价值，它们可以用于许多有利害关系的群体，无论这些群体是自由的还是保守的，是民主的还是专制的，是有高尚理想的还是渴望权力的。但这种通过试图放弃道德责任，以便称心如意地解决道德

问题的办法，恰恰根本就没有解决问题，因为它忽略了问题的关键：科学研究最初的规划是以科学家不言而喻的价值观为前提的。

因此，如果为了个人受到尊敬，研究者必须采取民主的价值观，他也许会以不同的方式设计他的科学问题。他也许不仅要询问：哪些说服方法导致了一定比例的人开始行动这一**直接的结果**？而且还要问：这些方法对个人的品格和社会有什么**进一步的影响**？尽管这些影响是比较**间接的**，但并非必然是不重要的。简言之，他可能会对某些问题变得很敏感，因为他采取了民主的价值观，若非如此，他可能很容易忽略这些问题。例如，他可能会问，用感情取代相关的可用来评价这种感情的信息，这种未加仔细推敲的借助方式是否损害了听众的判断力？有些广告威胁人说，你若不使用广告中所说的防口臭用品，你就会受到社会的排斥，那么，这对受到广告实际胁迫的人会有什么影响呢？更贴切的例子是，如果为了增加战时公债的销售，而威胁那些自己孩子在部队服役的父母们说，只有他们购买公债，才能确保自己的孩子的安全，并且最终能够使孩子回到他们的身边，那么，这种胁迫会有什么影响呢？如果不搞促销，公债就卖不出去，那么，某些类型的由知名人士发起的战时公债促销运动，是否在提高他们作为爱国者的声望方面所起的作用，比在促进公债销售方面所起的作用要大呢？没有哪个单一的广告战或宣传战，会对遭遇它们的那些人的心理的稳定性产生重大影响。但是，如果一个社会不停地受到“灵验的”部分真实之报道，并且受到对大众渴望之利用的大潮的冲击，它也许很快就会完全失去相互信任和充满自信的相互关系，而这些，对于一个稳定的社会结构来说是必不可少的。对宣传方法的“道德中立的”

研究，不太可能像源于民主价值观的研究那样致力于这些问题。

约翰·杜威对这个问题作了最概括的阐述："当然，除了目的和结果外，没有什么能够证明手段是合理的或宣布手段是不适用的。我们在列入结果时只能采取公正的态度……把注意力放在所喜欢的某个单一的目的或结果上，并且允许这种观点，即根据直觉排除所有其他并不希望也不能希望的结果，这种做法是固执的愚
88 蠢行为。"[①]如果这种研究对理解说服大众有某种意义，那么这种意义就在于对方法和道德内在的相互关系的认识。

九、研究的经济体制

无论社会科学中的"应用"经验研究还是"纯粹"经验研究，在时间和金钱方面都会付出昂贵的代价。不过，经验研究的经济学对应用研究模式和基础研究模式的影响也许是截然不同的。毫无疑问，应用研究和基础研究可能都有一个固定的预算和确定的最后期限。但这并不意味着，在这两种情况中这些因素对研究的影响程度和方式是一样的。

（一）应用研究和政策决策的速度

政策决策的速度和行动常常比应用研究的速度快得多。由于行动不能总是等待某项研究的完成，因而决策的迫切程度不同，对

---

① 约翰·杜威：《人性和行为》(*Human Nature and Conduct*, New York: Henry Holt & Co., 1922)第 228—229 页。参见默顿：《有目的的社会行动未预料到的结果》，原载《美国社会学评论》1(1936 年)：第 894—904 页。

研究的影响方式也不同。

当对最直接的决策存在着巨大的压力时，**研究**专家就会转而变成专家**顾问**。政策制定者将吸收专家所积累的知识，并且继续进行一项实际研究。最终，紧迫的事情对研究来说会成为致命的东西，尽管对其他社会公用事业来说未必如此。

当需要对某个确定的但比较间接的事物作出决策时，人们可能会利用研究设计来提供适当的信息。可是，由于不可能在这段有限的时间内对“关键的”问题作出适当的研究，因此，研究必然只能限制在一些“实际的”但次要的问题上。与此同时，能够迅速地收集起来的资料，显然并非是当前最紧迫的问题所需要的资料。而这样一来，就会延长实地调查的时间，因此不能把这些次要的资料罗列进去。这样，就进一步限定了研究的潜在的理论用途。随着研究的进行，研究人员会意识到一些新的与现在的实际问题没有密切关系的暗示。这些会引起人们兴趣的线索，尚不十分明朗而且没有得到全面的阐述，它们可能会被忽视，因为研究者正在集中精力设法在不可更改的时间期限内完成他当前的任务。在到了截止期限后(或没有超过截止期限时)，研究者是否经常为了重新获得研究过程中曾体验过的那些认识而回到那些材料上来呢?

有时候，政策取向研究会避免任何明显的时间压力。为了采取适当的行动，可能周期性地需要某些类型的资料。或许，由于要预测未来对决策的需要，或者要计划既定领域中的连续研究，从而对那个领域某个特别问题的新的研究所需要的时间会有所减少，89
研究部门本身可能会不时地把压力减小。

（二）应用研究的费用

直接决策的压力，会把那种支持专家顾问们所考虑的见解的研究排除在外，与此相同，压力也会减少费用。由于某些研究的费用相对较高，这样就会导致人们用忠告代替研究。也许可以证明，为了某个既定问题的研究，花费一定的经费是有理由的，这样说来，确定这些理由就很有意义了。是否经常是这样：先做出一定的经费预算，然后再设法根据预算进行研究？研究者是否经常为似乎是最适当的研究制订计划，然后设法使所估计的预算被人们接受？这种事情对于应用社会科学与基础社会科学来说有什么区别？由于并不存在确定**基础**研究的“经济价值”的社会簿记学，因而，基础社会科学的拨款的标准就不可能是极具“经济”特性的。那么应用研究又是怎样呢？研究的发起者或者客户们是否通常对具体研究的经济利润进行了估计？这些经济预测是否决定着他们为研究的拨款？当对目前的中心问题之研究的费用显然也许“太昂贵了”时，是否有一种把应用研究转移到边缘问题的倾向？要探究研究中提出的纯科学线索就会不可避免地增加经费开支（而这些线索对当前的实际问题没有什么价值），那么，这种实践会不会减少应用研究的“非适用性”副产品呢？

十、应用社会科学研究问题的类型

我们已经指出，应用社会科学研究的模式可能因组织环境的不同而有差异（参见第 5 节），所以我们知道，它们也会因当前问题类型的不同而有差别。什么是划分这些问题最有效的基础呢？这一点并不清楚。在这里，我们从几种可能的划分中，选出哥伦比亚大学应用社会研究所提出的一种划分加以讨论。

（一）根据实践目的划分的研究问题

1. **诊断研究**：确定是否需要采取行动。问题的重要性和范围；自上次对情况的评价以来所发生的变化以及出现的趋势（例如，种族间紧张关系的变化）；受影响的群体、地区以及制度中的差异。

2. **预测问题**：对趋势进行预测以便为未来的需要作出规划。根据所说的意图（如战后复员军人安置计划，人们的流动资产的处理等） 90
预测个人和群体的行为；根据趋势分析和其他假说方法对需求的预见（如根据经济周期分析来预见失业、工资和价格趋势；根据对出生率和结婚率的分析以及对家庭规模的分析来预测住宅需求）。

3. **鉴别预测问题**：在可供选择的政策之间做出选择（例如，公众对租金管理或定量供应的反应）。

4. **评价问题**：对行动计划效率的估价（例如，对信息战和宣传战的效果的评价；对为减少婴儿和母亲的死亡率而实施的母亲和婴儿护理非常期计划的效率的评价）。

5. **一般性的背景资料**：有关一般效用或为不同目的服务的资料（例如，有关人口、住宅、商业和制造业的统计数字）。

6. **“教育”研究**：为公众提供相关的资料，尤其是要批驳那些错误的观念。

“具有战略意义的事实的发现”：这包括把与流行的观念及相反的信念有关的描述性资料系统地汇总在一起。因此，事实要与刻板的观念相联系:“工人领袖是外国人”这种刻板的观念,就要接受工人领袖出生地的事实的检验;“美国仍然是不断给人创造机会的土地”这种观念,就要接受有关社会流动的数据的检验;“要获得成功并不需要大学文凭”这种观念,就要接受教育与收入、职业等等的相互关系的资料的检验。

注意应用社会科学已经处理过的实际问题的范围和规模,对于评价它当前的和潜在的作用是非常必要的。这些问题也许既包括普遍的、一般性的问题(例如,减少犯罪、种族敌视的一般化方法),也包括某个特殊领域高度专门化的问题(例如,两种宣传战的相对效应)。人们也许可以发现,极端的情况就是应用社会科学最没有希望的部分的代表。对于那种涉及面很广的问题,即使失败也会立刻得到报道,而那种范围极为有限的问题,其结果往往被看做是无关紧要的。确定**问题具有战略意义的居间范围**也许是很有价值的,这里所说的问题是指那些具有普遍的理论和实践意义的问题,它们的范围并不是极为大,以至于无法进行受控研究。[①]

十一、研究与政策之间的科学差距

我们已经考虑过了一些似乎有利于应用研究而对政策没有什么影响的情况。政策制定者的价值观、有关计时成本的问题以及

---

① 有关这一问题更进一步的见解,可参见 S. A. 斯托福的《社会科学的战略》(“The Strategy of the Social Sciences”,1948 年 4 月 20 日在哈佛研究生论坛的讲演),以及 R. K. 默顿的《关于“社会学理论的位置”的讨论》(“Discussion of ‘The Position of Sociological Theory’”),原载《美国社会学评论》13(1948 年 4 月),第 164—168 页。

问题阐述中的不适当性等等,导致了以研究为基础的建议与实际政策之间的不一致。正如前面所指出的那样,这些差距有两种相关的类型,一种是"科学的"类型,另一种是"组织的和个人的"类型。鉴于每种类型都为研究工作者提出了一些不同的问题,因此,把它们分别加以考虑是可取的。

(一)研究没有适当地集中在实际问题上(参见第7节)

在研究人员由于疏忽而接受了政策制定者对其问题的"过于专门化"或"过于一般化"的陈述的情况下,最终会发现,随后进行的研究在有些方面与客户实际确定的问题是无关的。这项研究没有探索过的可供选择的方针,也许后来引起了政策制定者的注意,而且他将得出结论说,在已探索的那些问题之间的选择是不合逻辑的。

(二)对未控制的条件的具体预测是偶然的

许多应用研究(即使不是大部分应用研究)都包含着预测。应用科学中的这些具体的预测与基础科学中抽象的预见是截然不同的。

基础研究通常探讨的是"抽象的预见",也就是说,在它所探讨的预见中,为了方便起见,大量"其他因素"被假定为是恒定不变的。当然,预见中包括描述:在什么条件下所预见的结果将可能出现。在基础研究中,"其他条件保持不变"是一个必不可少的概念。

在应用研究中,"其他条件保持不变"常常是一个会使人陷入窘境的障碍——如果"其他因素"并非是恒定不变的,那怎么办呢?

一个众所周知的事实是,应用研究中的研究人员不允许滥用其他相关因素保持相同这一**假设**。如果行动以他的发现为基础,他必须指出相关的“其他因素”是否**将**保持不变。既然它们通常并非如此,那么他的更大的任务就是确定这些因素中的变化以及它们对所期望的行动的影响。

简而言之,应用研究需要进行极为复杂的探索,以便弄清构成**具体情况**的诸多彼此关联的因素之间的互动。这种研究不可能完全限制在几种有限条件下的几个有限变量的相互影响上。

对应用研究的这种要求会产生这样几个结果:

a. 每个应用研究必须对这样一些不同的因素作猜测性探讨,对于这些因素,只能进行粗略估计而不能进行细致研究。

92 b. 具体预测是否正确,要依整个探讨过程中的任何一个阶段的(非补偿性的)误差程度而定。在应用研究链中,最薄弱的那些环节可能通常是由对某些偶然条件的**判断**构成的,正是在这些条件下,所研究的变量将会**实际地**发挥作用。

c. 从这一角度讲,对政策的建议并非是这种**研究**直接的和全部的结果。建议是研究**和**对偶然条件的判断的产物,这些判断在可能性和精确性方面,与研究本身所考察的更为抽象的相互关系并不处于相同的地位。

d. 这些偶然的因素会导致从研究中得出的建议的不确定性,从而会造成研究与政策之间的差距。

(三) 对不同类型的实际问题样本的多种利用

尽管这对应用社会研究来说并不是什么特别的事,但是应当注意，在对某些类型的问题的研究中，适当的样本并非很容易就能获得。公共舆论研究和市场研究通常从个人的集合中进行抽样，而所得出的发现，可以很容易地用来对在其中进行抽样的整体做出推断。但是在其他范围，例如，在对社会组织的研究方面，会遇到比较大的困难。这里的基本单位**不**是个人，而是**有组织的相互关联的个人的集合体**。由于对**每一个**这样的基本单位的研究通常都是一项重要的研究计划，那么就总会有这样一个问题：所考察的哪**一个**单位能够代表这个有组织的单位的整体？因此，在详细研究含有两个种族的某个住宅小区的基础上对政策所提出的建议，也许不会在其他这类小区中采用，因为政策制定者觉得这些小区是迥然不同的。

有些问题需要进一步的分类，在这些问题中，抽样问题有可能被某些有效的过程满足，并且有可能被这样一些过程满足，在其中，研究尽管涉及了成百或上千的个人，但它本质上还是对一个社会基本单位所作的个案研究。我们必须进一步确定：在什么情况下一个个案研究是或不是制定政策的适当基础。

十二、研究与政策的个人间差距和组织差距

本文的其他几节已经触及了研究与政策之间差距的某些可能的根源，它们是属于个人间的和组织方面的，但严格地讲并不是理性的。还有其他一些根源，在这里我们将尝试性地对其中的一些进行确定。

93 （一）有碍于考察行动的某些实际过程的价值框架（参见第8节）

看起来，人们对有些可供选择的政策之所以不予探讨，是因为它们与政策制定者或研究人员的价值观相对立。（因此，在一个含有两个种族的住宅小区中确定黑人和白人最稳定的比例这种做法，可能会遭到拒绝，因为它意味着某种令人不愉快的“定额分配制度”。）所以，在有些情况下，恰恰最符合实际情况要求的政策会被排除。由于拒绝考虑这类政策，剩下的那些从研究中得出的可供选择的政策，其效用如何令人怀疑，而研究最终也许会失去活力。

（二）经济体制也许会导致不成熟的研究结论（参见第9节）

很明显，时间和资金的种种限制条件，常常会导致人们宣布某项应用研究没有实际效用。在大部分研究中都会出现这样一些研究方针，它们仅仅由于预算法令的缘故，而没有被贯彻到底。在这些个案中，常常会出现这种情况：研究结果可能并非完全适用于为行动提供最恰当的建议。研究与行动之间的差距，也许只有通过探究所产生的暗示才能消除或减小。

（三）政策制定者对承担风险的态度

政策制定者们对于冒险所采取的态度是不同的。无论偶然的和详细的研究如何，在听从似乎是源于研究的建议时，总会有某种风险因素。尽管政策制定者以其从前的经验为基础作决定也有一定的风险，但他宁愿冒这样的风险，而不愿冒以研究为基础的建议中所发现的那些风险。应用科学家可能常常比政策制定者更愿支持某些政策，因为后者要为决策承担最终的责任。

在有些事例中，一个特定的研究无论多么充分，由于要冒很大的风险，从而作为一个基础会显得很薄弱。因此，对于为一个跨种族的住宅群投资，银行或保险公司都可能会犹豫不决，尽管研究表明，结果产生的问题大概是能够得以“控制”的。经济投资的规模通常是很大的；而所涉及的公众态度往往是根深蒂固的；决策一旦做出，不可能轻易改变。在这种情况中，人们就不能指望研究会明显地改变现行的政策，无论这种研究是多么完善、多么理智。与此相关的是，当风险非常有限时（例如，决定引入一项新的人员选拔政策或一种新的广告战），具有非常确定的结果的研究可能会对决策产生影响。

（四）政策制定者与研究人员之间缺少不间断的沟通 94

这种需求曾提到过，但没有加以详细的阐述。人们一般会认识到这个问题，而且，或许可以获得大量有关这个问题的资料。

（五）研究者与经营机构的地位

很有可能，研究的质量并不能完全决定它的应用：研究人员的地位可能会起很大作用。对这种可能性需要进行系统的探索。

前面的说明并不是详尽无遗的。但是无论如何，对于确定应用研究怎样和为什么能够或不能使政策获得直接的权威，以及怎样和为什么能够或不能导致政策的形成，前面的说明提出了一些线索。有一组关键性的问题，集中在从研究向实践的这种跨越的决定性因素方面。

十三、理论与应用社会科学

每个阅读过科学方法论的人都知道科学理论与应用研究之间理想地构造出来的关系。基础理论包含着一些关键概念（如变量与常量）、假设、定理、定律等等。而应用研究仅仅就是确定（a）与当前的问题相关的变量，（b）变量的值，（c）根据以前的知识指明这些变量之间始终如一的联系。

揭示出这种理想模式通常是怎样在社会科学的应用中实际出现的，将会有启发意义。我们期望发现，这是一种例外，而不是典型的模式。从某种意义上讲，我们计划的研究的一个重要目的，就是说明基础社会科学和应用社会科学关系的"理想模式"与"实际模式"之间的差异和一致。

在这一节中，我们将集中考虑对应用社会科学中初级概念化的作用的某些评论。即使把这错认为是综合性的讨论，也不会有什么危险。

（一）概念化所起的作用："被忽略的变量"

在应用社会研究中，概念化最引人瞩目的作用，也许就是通过引入一些概念把问题加以转换，而这些概念所涉及的，正是政策制定者的常识性观点中所**忽略**的那些变量。有时候，概念会导致对问题的陈述与政策制定者的陈述正好相反。

通过进一步的探索，可以确定经常被忽略的变量的**类型**，但现 95
在只能对其中的几个进行讨论。

界定情况的概念。并非所有政策制定者都从受政策影响的其他人的角度审视政策。结果，他们时常会发现，他们的决策导致了一连串未预料到的而且常常是不希望得到的后果。

个案 A：负责殖民地管理的政策制定者可能会通过为“土著人”修建学校和提供师资来设法“教化”他们。管理者把这看做是一项有益的活动。教育是有正面价值的，因而他现在设法使土著人能够受到教育。但是随后，土著人的反应使他感到震惊；那些“不领情的”土著人奋起反抗这项政策。专家引入了界定总体情况和文化差异的概念。他会指出，政策制定者根据自己的文化价值观把西方的教育解释为一种宝贵财产，土著人则把它解释为是一种割断他们后代与传统的部落价值观的联系的一种手段。专家在这个问题上所使用的关键概念是不同文化群体的成员对“相同”的情况的不同解释。

个案 B：说明**某个管理者发觉不到的变量**。一个工业企业的经理希望通过普遍增加工资来提高雇员的士气并扩大产量。当他所期望的结果没有出现时，他会心烦意乱。专家在探讨这个问题时要澄清一个观念：工人最关心的是工资**差异**。以前士气低是因为某些组的工人认为工资差异是不公正的；而普遍提高工资并没有改变这种差异。

关于社会系统的概念。思想幼稚的人很少从整个相互关联的变量系统去考虑问题。他们以为行为是一系列孤立的事件。然而，政策决策的许多不适当的后果都源于系统中变量之间的互动。

韦斯利·米切尔对这种普遍联系的评论是："当提出在现有的安排中做出某些变动时，我们［指经济学家］的思想立刻就集中在这种变化将给其他因素带来的直接的或间接的、即刻的或稍后的影响上：我们也会考虑这些后果对最初的变化的反作用。……**所有经济活动相互依赖的概念对我们来说是显而易见的**，然而，如果与我合作的那些有能力、有爱国热情的拿法定最低工资的人就是很恰当的样本，**那么对于许多律师、企业家或工程师来说，这种概念并不是他们实用知识的组成部分**"［黑体字为我所标］。

96 **（二）应用研究的理论副产品**①

我们顺便考察一下应用研究与理论之间的两种主要的关系。

1. **应用研究对构成理论基础的假设的检验**。正如我们在前面（第 11 节）注意到的那样，在基础研究对问题的抽象阐述中，包含着某些假设（其他条件保持不变）。由于应用研究被认为是行动的基础，并且行动必然是出现在**具体的**环境中而不是出现在抽象地

① 鉴于我在 1946 年提交给美国社会学学会的一篇论文中已经讨论过这个问题了，所以，我现在不打算就此问题作进一步的评论。参见《经验研究对社会理论发展的影响》（"The Bearing of Empirical Research upon the Development of Social Theory"），《美国社会学评论》13（1948 年 10 月），第 505—515 页。要概括出在什么条件下社会科学中的应用研究会导致理论副产品，还需要作更多的个案研究。

想象出来的条件之下，应用研究人员，无论愿意与否，都要不间断地对基础理论中所包含的假设进行检验。这也许是应用研究的一项重要功能。

2. **即刻的实用方面的成功会延迟理论分析**。这种情况并不罕见：应用研究导致了某种经验结果，而它可能立刻就被成功地应用了，尽管这种结果本身还没有从理论上得到"理解"（亦即，确定其缘由）。例如，也许会发现，为一个工厂安排几个带薪休假期的措施能减少工人的流动，提高雇员的士气，等等。而发现这项计划"有效"的工厂经理也许看不出开展进一步的研究有什么必要。如果研究人员在理论上不敏感，他可能也会满足于经验结果的这种"成功的"应用。然而这个事实依然存在，即他还没有确定这个结果中的关键变量：是带薪休假期减少了疲劳吗？经理对雇员问题关心的程度（其标志就是带薪休假期）是否是决定性的变量呢？或者，在最终做出有关带薪休假期的决定方面（简要地说，这种政策将以什么方式引入），雇员代表所起的作用是否被证明是根本性的？除非在关于带薪休假期的这个具体实践中的理论变量能够得到确认，否则就没有理由假定，这种措施在其他场合也会得到同样的结果。在从经验结果中得出有理论意义的结果之前，这种实践的成功是否容易使研究停滞不前呢？弄清这一点是很重要的。[①]

① 前面已经论述过，1948 年的选举预测，已经提供了新的最富有戏剧性的例子，说明凭借完全是经验的而没有理论一致性依据的活动是危险的。在以前的全国选举中业已发现，在政治战的最后一个星期，投票倾向事实上都没有出现最终的转变。那些选举咨询组织用这种经验模式来推断 1948 年的选举战，结果导致了众所周知的不幸的结果。

97 至少有可能，这个特别实践的成功会招致理论的失败。[①]

十四、方法论与应用社会科学

对待过程的逻辑也要像对待理论那样。在教科书中可以找到的有关方法论与应用研究关系的概括性的观点，从逻辑上讲是无懈可击的，但是，它并不总是对实际所发生的情况的说明。有必要考察一些适当的个案，以便确定在哪些方面理想模式与现实模式是相同或相异的。

在这里，我不想作系统的讨论，只想提出几个需要研究的问题。

应用社会科学家，在对某些类型的过程熟悉而对其他过程不熟悉达到什么程度的情况下，预先决定了应用研究的计划？对过程的这些预先安排，是否有时就是把注意力从尽管不太知名但却

---

① 在这个问题首次被论述之后，詹姆斯·布莱恩特·科南特［于1947年12月28日在美国科学促进协会(American Association for the Advancement of Science)的主席讲演中］就作出了恰当的评论："在我看来，我们需要对现在的情况进行分析，但不是要把各种科学及其分支分为纯科学和应用科学，而是要通过仔细地考察每个学科各自的事业进行分析。我在一篇题为《科学与实用技术》('Science and Practical Arts')的论文中曾经指出，我们需要对任何科学分支中表现出的**经验主义的作用程度**进行研究。我作为例子所引用的那些个案，有古典光学和化学疗法。以前，**所使用的概念体系的有效性的范围非常广，经验主义的成分很低。后来，概念的应用减少了，而且范围也有限了，**发展新药仍然是一种有很浓的'按部就班'色彩的事情，**而经验主义的成分提高了……**我想指出，除非这种发展能减少经验主义在任何领域中的作用程度，否则，与那个领域相关的实用技术进步的速度，相对来说会很低，而且常常会出现反复。"(黑体字为我所标)对于我们来说，究竟什么使得许多应用科学具有很高程度的经验主义特性，仍然是个问题。读者可以从本文中找到一些有关的启示，它们与这个问题是相关的。

很恰当的过程转向了其他方面？

应用研究是否往往比“纯”研究更需要定量的处理？政策制度者“在多大程度上”、“在什么时候”会对促进量化表示关心？

对于哪些类型的实际问题来说，非量化的个案研究证明是最适当的？

人们会有这样一种印象：对应用研究人员的实际要求，导致了不断改进方法的压力。例如，社会科学抽样方法的发展，似乎就是应用研究在舆论、市场研究等等方面取得的显著成就。

我们应当了解，应用研究人员是否容易遭到不同的“有利害关 98
系的群体”更多的严厉批评，从而也许会导致他去寻找能不断提高效率的分析方法。

把应用社会科学的方法论副产品一一列举出来，可能也会有类似的启示意义。

无论怎样，应用社会科学与理论和方法论的相互关系，可能就是探讨最应关注的中心。

99 # 第五章　局内人和局外人的视角*

1972 年

长期以来,知识社会学一直被看做是一门复杂而深奥的学科,它与当代社会生活中那些紧迫的问题相距甚远。但是,我们当中一些人的看法似乎大相径庭。[1] 尤其在社会大变革时期,变革因剧

* 本章的第一稿曾于 1969 年 11 月 6 日在庆祝印度孟买大学(University of Bombay)社会学系成立 50 周年的研讨会上宣读。第二稿曾于 1970 年 1 月 5 日在(芝加哥的)罗耀拉大学(Loyola University)建校 100 周年座谈会上宣读,并于 1971 年 3 月 25 日在得克萨斯州达拉斯市举行的西南社会学协会(Southwestern Sociological Association)年会上宣读。第三稿即现在这一稿,曾提交给美国社会学协会 1971 年 9 月 1 日在科罗拉多州丹佛市举行的年会,并以《局内人和局外人:科学社会学的一章》为题,发表在《美国社会学杂志》77(1972 年 7 月),第 9—47 页;现获准重印。本文曾经沃尔特·华莱士和哈丽特·朱克曼严格审查,如还存在任何错误,当然应由我本人负责。在此,我谨向国家科学基金会表示感谢,他们的帮助像霍伦·W.汰尔医学博士提供的另一种帮助一样,对我来说是极为重要的。

① 近年来出版的知识社会学界的著作和关于知识社会学的著作铺天盖地,这就是很好的证明,由于数量太多,难以一一列举。以下这些作者的著作或论文中的讨论都很重要,而且它们提供了必要的文献目录:彼得·L.伯格和托马斯·勒克曼的《现实的社会构造》(*The Social Construction of Reality*, Garden City, N. Y.: Doubleday, 1966);沃纳·斯塔克的《知识社会学》(*The Sociology of Knowledge*, London: Routledge & Kegan Paul, 1958);库尔特·H.沃尔夫的《恩斯特·格伦瓦尔德与知识社会学:解释中的共同冒险》("Ernst Grünwald and the Sociology of Knowledge: A Collective Venture in Interpretation"),原载《行为科学史杂志》(*Journal of the History of the Behavioral Sciences*)1(1965 年):第 152—164 页;以及詹姆斯·E.柯蒂斯和约翰·W.皮特拉斯的《知识社会学》(*The Sociology of Knowledge*, New York and Washington:Praeger, 1970)。自 1959 年国际社会学协会以"社会学的社会背景"为主题举办的第四届世界社会学大会以来,知识社会学在特殊的社会学个案中的应用本身,也有了迅猛的发展。其主要的个案可参见:阿尔文·W.古尔德纳的《西方社会学即将来临的危机》

烈的社会冲突而加速并且伴随着多种文化的解体，在这种情况下，
各种知识社会学的观点对那些会引起社会动荡的问题都有直接的 100
影响。这时，相互冲突的群体在价值观、责任感以及认知取向方面的差异就会加大，从而形成社会和文化方面的根本分裂。社会分化成了两极，相互竞争的以真理自居的对立主张也出现了。发展到极端，不同群体之间强烈的相互不信任就会在思想观点方面表现出来，这些观点已无法再共处于同一论域了。这种相互不信任越是根深蒂固，一方就越会觉得另一方的论点似乎难以置信，甚至似乎是荒谬的，以至于在评价它的真实主张时，不再探究其主旨和逻辑结构。取而代之的是，一方对另一方的论点会提出一个截然不同的问题：这个论点究竟是怎么提出来的？这样一来，思想就完全变成了功能化的东西，对其解释也只是以假定的社会的或经济的或心理的根源和功能为根据。在政治舞台上，这种情况还包括对对方的诚实的攻击，在这一领域中，游戏规则往往对这里的惯例很宽容，有时甚至要维护它；在学术论坛上，规范的限制更多一些，但这种情况也导致了彼此对对方进行意识形态的分析（这很容易堕落为影射）。在这两个领域，事态的进程既从集体风险中获得了能量，同时也助长了这些风险素。①

（*The Coming Crisis of Western Sociology*，New York：Basic Books，1970）；罗伯特·W. 弗里德里希的《社会学的社会学》（*A Sociology of Sociology*，New York：Free Press，1970）；以及爱德华·A. 蒂尔亚奇安主编的《社会学现象》（*The Phenomenon of Sociology*，New York：Appleton-Century-Crofts，1971）。

①　这一段论述的是，促使人们增加了对知识社会学的兴趣的条件，以及有助于解决这一领域中派生出来的理论分析问题的条件，该论述并不是专门为此章写的。它主要取自我的一篇论文，该文发表在乔治斯·古尔维奇和威尔伯特·E. 穆尔主编的《20 世纪的社会学》（并且作为本书的第一章重印——编者）。由于群体成员和非成员的认知取向长期以来一直是我感兴趣的问题，所以在本文中，我需要参照一下我的著作。

一、社会变迁与社会思想

构想对知识社会学兴趣增长的社会根源以及显然由它们导致的某些理论困难，这种做法在科学知识社会学中是很典型的，也是可以理解的，它明显地具有自我例证的观念特点。它假定了思想与社会的相互联系，尤其是它假定了，对于有可能发生最严重的意见分歧的共同的思想论域来说，什么社会条件是有益或不利的。迈克尔·波拉尼[①]比我所知道的任何其他人都更敏锐地注意到
101 了，[②]知识的增长取决于社会关系的复杂组合，而社会关系在很大程度上建立在学者之间和科学家之间制度化的信任的互惠性基础之上。对这个论题他作过许多论述，在其中的一段论述中他评论道：

在理想的自由社会里，每个人都有可能全面地获得真的

① 参见他的《个人知识》，《人的研究》(*The Study of Man*, London: Routledge & Kegan Paul, 1959)，《科学、信仰与社会》(*Science, Faith and Society*, Chicago: University of Chicago Press, 1964)，以及《心照不宣的范围》(*The Tacit Dimension*, London: Routledge & Kegan Paul, 1967)。

② 经过数年的努力，波拉尼详尽地阐述了这个论题，他提出的一种模型涵盖了不同思想学科种种相互交叉的认识结构和社会结构，从而为科学社会学做出了重要贡献。约翰·齐曼在《公共知识》(*Public Knowledge*, Cambridge: At the University Press, 1968)中对这些问题作了精彩的评论，唐纳德·T.坎贝尔[见《学科种族中心主义与完备知识的鳞状模型》("Ethnocentrism of Disciplines and the Fish-Scale Model of Omniscience")，载于马扎弗·谢里夫和卡罗林·W.谢里夫主编的《社会科学中的跨学科关系》(*Interdisciplinary Relationships in the Social Sciences*, Chicago: Aldine Press, 1969)]在发展他的交叉学科的鳞状模型过程中，对这个问题进行了典型的坎贝尔式的(亦即富有想象力的和意味深长的)思考。

> 东西，无论在公共生活领域还是在私人生活领域，他都可以接触到科学的真理、艺术的真实、宗教的真义以及司法的诚实。但在现实中并非如此；每个人能直接了解到的真相是很少的，其余的东西就只能惟他人所言是之。的确，保障这种相互依赖的过程是社会的主要功能之一。由此可见，人们所能具有的这种心灵的自由是为社会制度服务的，而社会制度把人的自由限制在狭小的范围内，甚至在这些范围内还会威胁自由。这种关系类似于心灵与身体的关系：精神活动的实现方式因一些限制性因素和畸变受到局限，而这些限制性因素和畸变是使活动的实现成为可能的媒介造成的。①

但是，随着群体之间、社会阶层之间以及无论什么类型的集体之间的分裂的加剧，相互依赖的社会网络，说得好听点会被滥用，说得难听点会被毁坏。强有力的但在认识方面受约束的相互审核和复审，在科学与学问的社会制度中尽管并非百分之百的有效，但从某种意义上讲还是相当有效的，而现在取而代之的是，就像在社会领域中一样，思想领域中也出现了分离主义的倾向。有一定理由的相互怀疑取代了有一定理由的相互信任。出现了对以群体为基础的真理的要求：即局内人要求有自己的抵御局外人谬误的真理，局外人也要求有自己的抵御局内人谬误的真理。

在我们的时代，极为明显的社会变迁的开始和扩大，经历了种种社会运动。这些运动都要提高集体意识，加强团结，并要使其成员重新开始或以新的方式基本上或完全忠诚于某一社会本体、社

① 波拉尼：《人的研究》，第68页。

会等级、社会群体或社会集体，就它们所要实现的目标而言，这些运动在形式上是相似的。考察了以阶级、种族、种族关系、年龄、性别、宗教以及性别支配等问题为中心的各种运动的这些相似性后，我们注意到，它们之间还有两点富有启发意义的相似之处。第一，这些运动的形成，主要是以先赋地位和先赋身份而不是以后获地位和后获身份为基础，这（从地位对于角色表现只是临时的这个意义上讲）有利于依据你是谁而不是依据你是什么形成包含关系。第二，这些运动在很大程度上包含着对这两方面的公开的肯定，即在地位方面要有自尊心，并且要与这样的集体团结一致，这些集体
102 长期以来在社会中受歧视、被侮辱，或者是社会制度的牺牲品。随着普遍的群体归属作用，从不同的言谈、举止、衣着、公共行为方面，甚至更重要地，从不同的想象和思想关注的焦点方面，都可以看到这些获得新身份的人归属的象征。

二、局内人信条

在这种社会变迁的环境中，我们无意中会遇到知识社会学的一个传统问题与当代的关系：这个问题就是，不同的社会群体之间和社会阶层之间在获得知识方面的典型差异。这种主张的强硬型观点是作为一个认识论原则问题提出来的，它认为特定的群体在历史的每一个阶段都**垄断**着某些知识。这种主张的另一种形式较为温和且更具经验特点，即认为有些群体**能够优先获取**某种知识，其他的群体虽然也能依靠自己来获得那种知识，但要冒很大的风险并要花很大的代价。

人们时常会提出这种一般性的主张。给人留下深刻印象并且非常重要的一个例子就是马克思，他是知识社会学的先驱，也是许多其他社会思想的先驱，他认为，在资本主义社会达到其发展的最高峰后，一个社会阶级的重要地位就使它能够摆脱错误的意识而获得对社会的理解。[①] 还有一个虽然不那么引人注目但也很重要的例子，它涉及后致地位而不是先赋地位问题，这就是纳粹负责科学文化的省党部头目，埃尔内斯特·克里克，[②]他在把所谓无可怀疑的雅利安族人获得的可靠的科学知识，与所谓非雅利安人能够获得的讹误百出的知识加以对比时，完全是凭空想象。克里克会毫不犹豫地谈及“新教科学和天主教科学，德国科学和犹太科学”。在这种局内人信条的特殊应用中，纳粹政权会引入一个新的种族范畴，即“白种犹太人”，用以指那些与非雅利安人实际上或象征性地有交往的雅利安人，因为他们玷污了他们的种族。因此，诺贝尔物理学奖获得者维纳尔·海森伯就成了这个新的种族最著名的成员，因为他在他的学位论文中坚持认为，爱因斯坦的相对论构成了“进一步研究的明确的基础”。而另一位诺贝尔物理学奖获得者， 103
约翰内斯·斯塔克，不仅能斥责海森伯，而且还能斥责与他同时代的另外几个伟大的科学家：普朗克、冯·劳厄和薛定谔，因为他们

① 马克思的著作中贯穿着关于无产阶级在认识社会历史的真理方面具有优势地位的论述。有些重要的讨论，可参见例如他的《哲学的贫困》(Moscow: Foreign Languages Press)，第 125—126 页。乔治·卢卡奇也从这些方面对马克思的思考进行了论述，尽管他自己在其经典性著作《历史与阶级意识》(*History and Class Consciousness*, 1923; reprint ed., Cambridge, Mass.: M. I. T. Press, 1971)中否认了这一点，但他的论述还是很重要的；尤请注意第 47—81 页和第 181—209 页。

② 参见他的《国民政治教育》(*Nationalpolitische Erziehung*, Leipzig: Armanen Verlag, 1935)。

接受了斯塔克所说的"爱因斯坦的犹太物理学"。[1]

对于我们来说,我们没有必要对诸多精英主义学说一一加以评论,这些学说都坚持认为,有些群体,由于生物学或社会方面的原因,能够垄断新的知识,或者能够优先获取新的知识。尽管这些学说在细枝末节方面略有差别,但在区分能获得知识的局内人与被排斥在知识之外的局外人方面,它们并无不同。

三、局内人信条的社会基础

急速变化的社会结构与局内人信条和局外人信条的发展之间的互动,是个普遍的问题,这里对它的考察过于褊狭了。我的考察不仅大部分限定在当今的美国,而且限定在主要由某些黑人社会运动的发言人所倡导的那些学说的意义,因为这些运动往往会成为别的运动(如女权运动、青年运动、同性恋运动以及其他族群的运动)的样板。

尽管在数个世纪里,白人精英论者已经断断续续地阐明了局内人信条,可是在过去的几代人中,美国社会学中的白人男性局内人主义却大体上已经成为心照不宣的或既定的事实了,它并不是教条或原则的变体。它所采取的形式就是,以固定的方式期待对专业和需要研究的问题做出适当的选择。作为社会选择和自我选择的结果,人们期望为数不多的黑人社会学家研究黑人生活问题和种族间的关系,期望数量有限的女黑人社会学家研究妇女问题,

---

① 参见默顿:《社会理论与社会结构》,第538—541页;也可参见本书的第十二章。

主要是因为这些问题与婚姻和家庭有关。

与这种实际的局内人主义形成对照的是，近年来有些黑人知识分子条理极为清楚并且非常引人注目地提出了一种形式明确的学说。按照其强硬型的主张，这种论点认为，作为一个社会认识论问题，**只有**黑人历史学家才能真正理解黑人的历史，**只有**黑人民族学家才能理解黑人的文化，**只有**黑人社会学家才能理解黑人的社会生活，如此等等，不一而足。这种主张较温和的形式则做出了一些实际的让步。例如，对于黑人研究计划，它提出，也可以让一些有相关课题的白人教授参与其中，因为还无法配备足够的黑人学者去完成不断增加的所有研究计划。但是，正如《黑人学者》
(*Black Scholar*)的创办者内森·黑尔几年以前指出的那样，只能 104
暂时和有条件地允许这种情况："任何参与研究计划的白人教授必须在精神上是黑人，这样研究才能持续下去。对于'黑人'教授来说也是如此。"[①]除了这种有限的让步以外，局内人信条坚持认为，黑人史、黑人心理学以及黑人民族学等等的主体，只能通过黑人学者和社会科学家的推动才能取得重大进步。

从本质上讲，这种观点阐明了知识社会学中的一种重要主张，它意味着社会科学的巴尔干化，不同的王国专门由这样的局内人掌握，这些人拥有他们各自的这种或那种形式的继承地位的凭证。倘若把这种特殊的主张普遍化，似乎就会得出这样的结论：如果只有黑人学者才能理解黑人，那么同理，也只有白人学者才能理解白

---

① 转引自约翰·H. 邦泽尔(John H. Bunzel)：《旧金山政府中的黑人研究》("Black Studies at San Francisco State")，原载《公共利益》(*Public Interest*)13(1968年秋季号)，第32页。

人。倘若从种族推广到国家，似乎就会得出这样的结论，例如，只有法国学者才能理解法国社会，当然也只有美国人而不是他们的国外评论者才能真正理解美国社会。一旦采用这种基本原则，局内人就可以列出许许多多对知识垄断的要求，这些要求会无限地扩展到各种基于先赋地位（推而广之，基于某些后致地位）的社会组成部分。由此似乎可以得出这样的结论，只有女人才能理解女人，只有男人才能理解男人。根据同样的原理，唯有年轻人才能理解年轻人，同样，大概也只有中年人才能理解他们的同龄人。[①] 当我们转向各种先赋地位和后获地位交错在一起的混合型个案时，情况也是如此，按照局内人的原则，只有无产者才能理解无产者，只有资本家才能理解资本家；对于天主教徒和犹太教徒，也可以以此类推；如果要举出一个表面上看起来具有某种优点的能起限定作用的个案，以此来结束这个使知识社会原子化要求的清单，那么显然可以得出结论说，只有社会学家才有可能理解他们的同行。[②]

① 实际上，这个年龄地位的个案与其他先赋地位的例子有着结构上的区别。这是因为，即使在这个生物技术先进的时代，有些男人变性成为了女人，有些女人变性成为了男人，由通常的性的先赋地位向后致地位转变的例子，相对来说还是很少的。但是与性和其他先赋地位相比，相对长寿的社会科学家已经（在他们自己不可抗拒地增长的年龄组的范围内）体验了每一个连续的年龄地位。那么，基于一种强有力的局内人信条，也许甚至可以证明，年老的社会科学家比很年轻的社会科学家更能理解其他不同的年龄地位。读者可以参考一下本书第二十二章中有关科学家生命周期中互补角色重演的概念，以此作为背景材料。

② 我们将会看到，这种特定类型的个案融入了一种迥然不同的类型之中，因为社会学家（或医生或物理学家）的地位是纯粹的后获地位而不是先赋地位，这种地位是以功能相关的专门知识为前提的。

105 在所有这些应用中，极端的局内人主义学说代表了一种新的资格主义。[①] 这是一种先赋地位的资格主义，按照这种理论，只有少数几个或众多幸运的天生适宜的人，才有可能获得悟性。这就与后致地位的资格主义形成了对照，后一种资格主义所表征的是精英统治制度。[②]

极端的局内人主义在向一种**社会**唯我论学说发展，这种学说是与**个体**唯我论同形的。[③] 这是因为，群体或集体垄断了关于它自己的知识，同样，个人也拥有纯属个人的有关他自己的知识（以众所周知的典型的牙疼为例，我们知道，唯有牙疼者个人才会有可信的体验）。而且，像个体唯我论者谈及他人的思想（他们的学说否认这些思想的存在）时一样，（我们将会看到）群体唯我论者坚持信奉的是，在持续的实践中否认他们用基本原则所证实的东西，这

① 我要感谢哈丽特·朱克曼的这些关于先赋地位的新资格主义的见解。迈克尔·扬的《精英教育的兴起：1870—2033》（*Rise of Meritocracy*，1870—2033，London：Thames & Hudson，1958）中有关于精英教育的可靠的原始资料；关于教育资格主义的反功能，可参见 S. M. 米勒和帕梅拉·A. 罗比的《不平等的未来》（*The Future of Inequality*，New York：Basic Books，1970），第 6 章。

② 然而，我们将会看到，当极端的局内人的观点从一种由（被当作是已证明的真理的）诸多假设构成的学说，转变成一组关于局内人和局外人在理性探索中的不同角色的问题时，在把先赋地位作为资格基础的假设与把后致地位作为资格基础的假设之间，尽管不一致，但是会出现趋同现象。一方面，人们认为，在文化或亚文化中的早期社会化能使人更快地获得某些认识；另一方面，人们认为，以这种或那种知识领域中的专业训练为代表的成人社会化，使人更有可能获得其他某些认识。

③ 约瑟夫·阿伽西［参见《优先获取》（"Privileged Access"，原载《探索》（*Inquiry*）12（1969 年冬季号），第 420—426 页）］提醒我们，"方法论唯我主义"这个术语是鲁道夫·卡尔纳普引入的，用以指被称之为感觉论的知识论："这种学说即：所有关于世界的和关于个人自己的知识都源于感觉。"人们**真正**知道的就是人的主观经验，这一信条有时被描述为"以我为中心的困境"。

并非仅仅是一种经验倾向。

我们可以用大白话来表述局内人信条,意思也不会有什么走样:你要理解一个人你就必须成为这样的人。通俗地讲,这种学说认为,一个人要么会垄断知识或者能够优先获取知识,要么会由于群体资格或社会地位等原因而被排除在知识之外。在某些人看来,这种观念似乎是一种窃取论题的双关语:局内人是富有洞察力的人,他对别人肯定很难理解的问题具有特别的洞察力,因而他也具有敏锐的辨别力。一旦采用这个双关语,它会提供一种解释,但是严肃的局内人信条有其自己的理论基础。

106 这种理论说明有一种看法没有什么价值,我们可以一带而过,这一论点即:即使在语言方面有天赋,局外人也没有能力很快和很明显地深入到所研究的这一群体或文化之中。毫无疑问,这种无能的情况确实可以找到,但是它对我们没有什么原则意义。在任何地方都可以找到愚蠢的男人(或女人)或者没有受过良好教育的男人(或女人),致力于研究与自己不同的群体的人类学家、社会学家、心理学家和历史学家,确实为这些群体做出了适当的贡献。①然而,那些特殊的无能的例子对局内人的**原则**并没有什么影响。问题不仅仅在于局外人没有能力。局内人的原则并不涉及愚蠢的

① 我在本文的第一稿已经注意到,例如,印度的社会科学家长期以来遭到了完全出人意料的而且全部是外来的社会科学家的攻击,这些外来的社会科学家对印度问题的研究是短暂而肤浅的;参见《局内人和局外人》,见 A. R. 德赛主编的《不发达社会的现代化论文集》(*Essays on Modernization of Underdeveloped Societies*, Bombay: Thacker, 1971)。

局外人偶尔设计和进行的探索;它提出了一个更为根本的主张。按照这种主张,局外人无论多么细心、多么有才能,原则上是无法获得社会和文化真理的。

简而言之,这种学说认为,局外人天生就没有能力理解异己群体、阶层、文化和社会。与局内人不同,局外人既不曾在这个群体中被社会化,也不曾有过构成这个群体之生活的体验,因而也就不可能有直接的和直观的感受,而唯有这种感受才有可能使人对事物获得身临其境的认识。一个人只有通过在某一群体生活中持续的社会化,才能充分体会它的符号象征,并有资格参与社会生活:只有这样,他才能领悟行为、感情和价值观的那些微妙的意义;也只有这样,他才能解释艺术处理的不成文的规则以及文化表现方法的细微差别。或者,我们不妨借用一下拉尔夫·W. 康南特(1968)对这个问题的专门论述:“对于黑人社会,白人将不会而且永远不会有正确的感受,因为他们不是这个社会的一部分。”相应地,阿布德-勒·哈希姆·伊本·阿勒卡里马特(杰拉尔德·麦克沃特)把“黑人社会科学”概念与“白人社会科学”概念进行了鲜明的对比。[①]

而这种学说的一种不太有说服力的观点强调说,局内人学者和局外人学者的兴趣中心截然不同。这种论点大致如下:局内人与这个群体的利害关系最大,或者至少,能充分意识到那些利害关

① 参见《黑人社会科学的意识形态》(“The Ideology of Black Social Science”),原载《黑人学者》1(1969年12月),第35页。

系，他们将关注那些利害关系，并以此为原则来指导他们的探索。同样，局外人将要探索的则是一些不同的价值观和利益，这些价值观和利益是**他们的**群体成员所共有的。这些成员当然不同于所研
107 究的群体的那些成员，但这只不过是因为局外人在社会结构中处于不同的位置。

这是一种假说，它很容易用经验研究来检验，而且具有一定的吸引力。可以把黑人社会学家和白人社会学家研究过的例如有关国家中的黑人人口问题的研究范围加以比较，或者，也可以把女社会学家和男社会学家研究过的有关妇女问题的研究范围加以比较，以便弄清楚他们所关注的焦点是否真的有差别，如果有，差别究竟在哪些方面，这种差别到底有多大。我所知道的唯一的这种研究发表在四分之一世纪以前。威廉·方丹[①]发现，黑人学者在他们对行为的研究中，倾向于采用分析范畴而不是形态范畴，他们强调环境因素而非生物学因素对行为有决定性作用，而且他们倾向于使用能给人以深刻印象的生动的资料，而不愿采用典型的资料。所有这一切都被归因于等级制度所导致的黑人学者的愤慨。但是，由于这个唯一的研究未能考察这样一个类似的样本，即当时白人学者的研究课题、解释类型以及他们所使用的资料，因而，这些发现就不那么有说服力。不过，它所谈到的问题依然存在。因为在理论上有理由假定，局内人和局外人的研究中心或许还有他

① 《黑人学者论著中的“社会倾向”》，原载《美国社会学杂志》49（1944年冬季号），第302—315页。

们的分析范畴是不同的。至少,马克斯·韦伯的价值关联(*Wertbeziehung*)概念表明,社会地位不同,其利益和价值观也不同,这将影响对所研究问题的选择。[1]

这种学说咄咄逼人的观点坚持认为,即使当局内人与局外人考察同样的问题时,他们肯定也会有不同的(而且大概还是矛盾的)发现和解释,与此不同,较温和的观点则认为,只有当他们不考虑同样的问题时,他们彼此才有话说。把这两种观点结合在一起,扩展的局内人信条的观点也可以用大白话来表述:要理解一个人并不一定要成为这样的人;但是要理解最值得理解的人,就必须成为这样的人。

显然,与这种局内人的社会认识论学说相关的,是萨姆纳很久以前定义为种族中心主义的东西,即:"关于事物的这样一种观点的专门名称,按照这种观点,某个人自己的群体是一切事物的中心,对所有其他人都要以它为尺度并参照它进行评价。"接着,对于自己的群体比所有同类群体都优越这种信念,萨姆纳把它看做是种族中心主义的一部分,而不看做是常常与它相关的事物(这样就 108
抑制了他的思想具有的潜在分析力):"每个群体都助长了它自己的自尊心和虚荣心,都夸口说自己有优势,都吹捧自己的神,而且都轻视局外人。"[2]尽管把某个人自己的群体看做是事物的中心这一做法,与对该群体的优越感在经验上是相关的,为了考虑与某个

---

① 参见韦伯的《科学论文集》[1922; reprint ed., Tubingen: J. C. B. Mohr (P. Siebeck), 1951],第146—214页。

② 威廉·格雷厄姆·萨姆纳:《民俗论》(*Folkways*, Boston: Ginn & Co., 1907),第13页。

人的隶属群体不同的模式以及对该群体的轻视，有必要在分析上把中心地位与优越性区别开。[①]

关于相信自己的群体或集体比所有同类群体或集体（无论是国家、阶级、种族、宗教或组织）优越的经验倾向，有丰富的历史的和民族学方面的证据，西奥多·卡普洛最近的一些研究增加了这方面的证据，他在《组织原理》（*Principles of Organization*）中把他所研究的问题称之为夸张效应：即一个组织的成员把该组织的声望夸大了。卡普洛考察了33种机构，从舞蹈排练厅到新教和天主教的教堂，从下等地区的慈善机构到大银行，从广告代理机构到大学的科系，他发现，成员们过高地估计了他们的组织的声望，（与

① 唐纳德·P.肯特和罗伯特·G.伯奈特（Robert G. Burnight）［《复合社会中的群体中心论》（"Group Centrism in Complex Societies"），原载《美国社会学杂志》57（1951年11月），第256—259页］引入了他们的一个很有用的术语"异己文化中心论"，用以指对与自己不同的群体的基本的**而且是**赞同的倾向，从而保留了萨姆纳没有实用价值的这种做法，即在一个概念中把中心地位与评价不成熟地结合在一起，而不是坚持在分析上把它们区别开来。把"异己文化中心论"当作一个一般的词，同时，在分析上区分用"亲外"这个词所指的赞成非隶属群体的倾向（就像许多美国中产阶级白人对黑人的那种倾向），以及用帕累托的"恐外"这个词所指的否定非隶属群体的倾向，就可以从用语上发现分析的差异。有关对非隶属参照群体（意指局外人的一个概念）不断增长的理论兴趣，可参见赫伯特·H.海曼的《参照群体》，见《国际社会科学百科全书》，第13卷；以及罗伯特·K.默顿和艾丽斯·基特·罗西的《对参照群体行为理论的贡献》，见R. K.默顿和P. F.拉扎斯菲尔德主编的《社会研究中的连续性》（现已绝版，但该文在默顿的《社会理论与社会结构》中重印）。这种兴趣的不断增长，以及在我们的时代种族中心主义和异己文化中心论的传播得到了加强，使异己文化中心论这个术语比以前有了更大的现实意义，可是，不知是什么原因，它却在《美国社会学杂志》上基本消失了，而20多年以前，它恰恰是在这本杂志上首先出现的。据我所知，只有卡普洛和霍顿大量使用了这个术语，但他们的奇怪行为只是使它被普遍忽视的情况变得更突出了；参见西奥多·卡普洛：《组织原理》（New York：Harcourt Brace Jovanovich，1964），第216页，以及保罗·B.霍顿：《社会学与保健学》（*Sociology and the Health Science*，New York：McGraw-Hill，1965）。

局外人的判断相比)这种过高估计大约是“他们通常过低估计的八倍”。对我们来说更有意义的是,虽然群体成员们倾向于不同意局外人对他们自己组织的地位的看法,他们却倾向于同意这些局外人对同一组其他组织的声望的看法。这些发现可以看做是某种社
会学的讽喻。至少在这些问题上,当评价的不是他们自己的群体 109
时,“局内人”的判断得到了充分的信任;也就是说,这时群体成员是像局外人而不是像局内人那样进行判断。

当然,这类发现并不证明,种族中心主义以及往往在精神上与它相关的恐外(即对外来人的畏惧和仇视)是不可救药的。无论如何,它们的确使我们注意到了美化内群体的普遍倾向,这种美化有时会达到沙文主义的程度:也就是说达到了这样一种极端,即盲目地而且常常是以好战的方式吹捧自己的群体、地位或集体。固然,“沙文主义”后来被当作了一个时髦的词来使用,而且,由于在群体间冲突中人们不加区别地用它作为一种修辞手段,它的含义也被冲淡了,但我们没有必要仅仅因此就放弃这个有用的概念。我们也没有必要像它原来被限定的那样或者像后来拉斯韦尔(Lasswell)[①]在对它简明而深刻的讨论中所做的那样,继续把这个概念限定在特定的国家或民族的情况范围内。可以把这个概念有效但并非刻意地加以引申,用来指对**任何**社会组成部分的极端美化。

当群体容易遭受剧烈冲突的压力时,沙文主义在意识形态方面表现得最为充分。例如,我们知道,在战争的压力下,科学家们

---

① 见《沙文主义》(“Chauvinism”),见《社会科学百科全书》(*Encyclopedia of the Social Sciences*, New York: Macmillan, 1937),第3卷,第361页。

违背了曾据以社会化的普遍主义的价值观和规范，他们允许其科学家身份服从于其国民身份。因此，在第一次世界大战开始时，将近 100 名德国科学家和学者，其中包括一些一流人才，如布伦塔诺(Brentano)、埃尔利希(Ehrlich)、哈伯(Haber)、爱德华·迈耶、奥斯特瓦尔德、普朗克以及施莫勒等，就要发表声明攻击敌方对科学的贡献，谴责它们带有民族偏见，是互相吹捧，是不正直的脑力劳动，而且，如果堕落到这种地步，就缺乏真正的创造力。英国和法国的科学家在提倡他们自己的沙文主义方面也不落后。①

在历史上，种族中心主义并不是一成不变的。可以列举出这样一些剧烈的社会冲突的条件，在这些条件下，种族中心主义变得更严重了。如果一个国家、种族、族群或其他有影响的集体长期以来颂扬它自己所钦佩的品质，明确地或含蓄地贬低其他品质，它就会导致反种族中心主义并为反种族中心主义提供了潜能。当社会

110 证实它感觉到了某个一度没有很大影响的集体的力量在不断加强，这个集体的成员们就会体会到自我肯定的需要增加了。可以发现，在这种环境下所有群体都在一定程度上进行集体的自我美化，这已成了与长期被外部人轻视相抗争的一种可预见的剧烈反应。②

---

① 现在流行的局内人主义主张还不能与那时的沙文主义分庭抗礼。有关所收集的这些文献，可参见加布里埃尔·佩蒂特莫里斯·勒德特的《德国人与科学》(*Les allemands et la science*, Paris, 1916)，皮埃尔·迪昂的《德国科学》(*La science allemande*, Paris: Hermann, 1915)，赫尔曼·克勒曼的《思想战》(*Der Krieg der Geister*, Weimar, 1915)，以及卡尔·赫尔克霍夫的《反对德国科学之战》(*Krieg gegen die Deutsche Wissenschaft*, Halle, 1933)。也可参见本书第 13 章。

② 这并不是指对事实的预见。E. 富兰克林·弗雷泽反复阐述了这个有普遍意义的观点，我则考察了这个模式与自我应验的预言的关系；参见弗雷泽:《美国的黑人》(*The Negro in the United States*, New York: Macmillan, 1949)、《黑人资产阶级》(*Black Bourgeoisie*, New York: Free Press, 1957)，以及默顿:《社会理论与社会结构》，第 485 页。

因此，在美国数个世纪以来已经成为惯例的“白人（而且对某些人来说，可能唯有白人）具有真善美的本性”这个假定，在剧烈变革的条件下，就导致了这个相反的假定：“黑人（而且对某些人来说，可能唯有黑人）具有真善美的本性。”几个世纪以来，社会制度运行的基础就是这个不言而喻或明确的假定：如果白人和黑人发生冲突，对的一方大概是白人，正因为如此，现在出现了这一相反的假定：在今天这样的冲突中，对的一方大概是黑人，在歧视美国黑人的漫长历史中，不难找到对这个假定的证明。

这里所要指出的是，局内人的这种认识论和本体论的要求，即要垄断社会真理或要优先获取社会真理，是在特定的社会历史条件下发展起来的。处在向上发展过程中的社会群体或社会阶层总会产生革命的热情。他们想更多地分享权力，对自己的社会政治环境拥有更大的自主性，为此而进行的新的冲刺有各种表现形式，其中之一就是：他们要单独享有关于他们的历史、文化和社会生活的知识。

按照这种解释我们可以理解，为什么这种局内人信条不为黑人物理学、黑人化学、黑人生物学或黑人工艺学而辩护。因为那种要控制他们自己命运的愿望，涉及的是社会环境而不是自然环境。此外，据说在黑人遭受种族隔离的生活经历中，没有什么东西使得他们对物理学和生命科学的论题和疑难问题变得更为敏感。为了要求垄断那些科学领域的知识，或者要能够优先获取它们，就像纳粹曾经要求过的那样，一般的局内人信条也许不得不编造关于种族思想模式的遗传学假设。但是这种黑人的局内人信条所选择的是一种涉及必要的社会环境的理论说明，而没有选择涉及生物遗传的理论说明。

局内人信条形成的社会过程是相当清楚的。社会结构中的两极分化,在认识和意识形态领域中表现为人们主张的两极分化,因为群体或集体寻求获得海德格尔所说的“对现实的公众解释”。[①]
111 尽管各有各的目的,冲突中的群体都想使他们对事物过去、现在和将来的解释占据主导地位。当这种解释超越了内群体界线而被局外人接受时,就会出现批判性检验。最终,借助可证明为同一的参照群体的行为过程,这种解释将导致这种常见的情况,即改变了信念的局外人,在他自己和别人看来,在坚持这个群体的学说方面甚至变得比局内人还热情,从而证明了他自己是有根据的,他想使自己认同这个群体,哪怕是象征性的认同也行。[②] 这样,他成了比国王还坚定的保皇党人,比教皇更热心的教皇至上者,或者,像这些比喻的发明者巴克·马利根(Buck Mulligan)形容利奥波德·布卢姆(Leopold Bloom)的那样,是“比希腊人还希腊化的人”。例如有些白人社会学家自己或替别人对延续了数个世纪的白人种族主义感到内疚,他们准备超越他们打算象征性地加入的那个群体的主张。如果这种局内人信条需要的话,他们甚至打算放弃他们来之不易的专门知识。有一个电视教育节目也许集中体现了这类反应,在这个节目中,某个大博物馆负责非洲民族学的白人管理人员

① 马丁·海德格尔:《存在与时间》(*Sein und Zeit*, Halle: Max Niemeyer, 1927),卡尔·曼海姆在《知识社会学论文集》(*Essays on the Sociology of Knowledge*, New York: Oxford University Press, 1952)第196页及以下诸页中引用了海德格尔的这段话并对它进行了讨论。

② 默顿:《社会理论与社会结构》,第405—406页。

与一个黑人进行讨论，这个黑人碰巧没有受过持续的民族学方面的训练。尽管如此，在这个当众谈话的关键时刻，观众还是会听到这位著名的民族学家说："当然，我知道我还不能像您一样理解非洲或美洲黑人的体验。您不愿向我们的观众谈谈吗？"在这里，在这个自发的未经准备的公开讨论中，局内人信条的确成了对现实的公开解释。

这种黑人的局内人信条以另一种方式与历史上不断发展的社会结构联系在一起。这个国家中占统治地位的社会制度长期以来认为，即使不专注于教义，个人的种族身份与生活的每一个领域的各种风俗习惯实际上也是联系在一起的。即使有令世人瞩目的与众不同的成就，无论黑人还是白人祖祖辈辈都不许忘记他们的种族。当某一社会地位（或身份）从功能方面讲其实是无关的时候却把它看做是有关的，这种做法就构成了社会歧视的核心。一旦根深蒂固的歧视制度体系和有偏见的意识形态开始失去控制，这就意味着这种情况会日益增多，即人们将根据思想的长处来评价它们的价值，而不是根据它们的种族渊源来评价其价值。

在社会结构层次上，最有斗志的黑人的局内人信条建议，在每一种角色中、在每一个场合承认这种种族身份特征（这曾是长期以来强加给美国黑人的一种惯例），并且使这种身份成为一种总体的信仰，这种信仰不是局外人强加的，而是局内人自己产生的。从而，通过肯定这种普遍的种族特征，并且把种族重新定义为尊严而非耻辱的持久来源，这种局内人信条实际上成了白人种族主义者长期坚持的学说的仿制品。

无论这种局内人信条的这个方面还是对它的内在意义的阐 112

述，都已不是什么新东西了。几乎一个世纪以前，弗雷德里克·道格拉斯就开始全面观察基于先赋地位和后致地位的个体自我形象和集体自我形象之间的差别：

> 在我们固执地坚持的几个错误中，有一个近来已经变得十分突出，这是极为有害的。这就是我们对一种感情的培养和鼓励，我们喜欢把这种感情称之为民族自尊心。我发现它遍布我们的著作、论文和讲演之中。按照我的观点，我认为在种族或肤色方面不存在什么优势或劣势。无论把哪个种族或哪种肤色用来作为自尊或自满的原因，都是不适当的。我们的种族和肤色并不是我们自己的选择。无论我们是这个种族或这种肤色还是别的种族或其他肤色，都不是我们自己的意志所决定的。事实上，个人或民族自尊心的唯一理由就是他们自己的成就……我看不出我们的演说者和作者一直提倡培养这种民族自尊心有什么益处。相反，我认为这实际上是有害的，它的根据是错误的。此外，在这个国家中我们要反对的是什么，我们要赞成的又是什么呢？在我们前进的道路中，有什么样的山妖和拦路虎呢？如果不是美国的民族自尊心，那又是什么呢？是一种基于种族和肤色的优越性假设吗？我们所做的每一个论证、我们所提出的每一个支持民族自尊心的借口都为我们的对手提供了把我们打昏的棍棒，难道我们不知道这一点吗？[①]

---

① 引自《国家问题》（"The Nation's Problem"），这是在美国首都华盛顿举行的贝瑟尔文学与史学学会（Bethel Literary and Historical Society）会议上的一篇演讲，现发表在霍华德·布罗茨主编的《黑人的社会政治思想》（*Negro Social and Political Thought*, New York: Basic Books, 1966）一书中。

在拒绝民族沙文主义时，道格拉斯强调的是局内人主义的规范方面而不是认识方面。当一个集体与其他群体发生严重的冲突时，最经常听到的就是对总体信仰的倡导，它要求对集体的忠诚无可置疑是至高无上的。国家间的战争状态长期以来在国家优越感中导致了极端的爱国主义，与此相同，现在的群体间冲突，则在种族优越感、性别优越感、年龄优越感或宗教优越感中导致了极端忠诚的倾向。总体信仰很容易从“我们的群体也许是对的也许是错的”这种强调利益和目标一致的信条，滑向“我们的群体永远是对的，绝不会错”这种在道德和认识方面先发制人的信条。

从规范方面以及它提倡首先忠诚这个或那个群体的意识形态，转向认识方面尤其是认识论方面，我们会注意到，局内人信条事先对社会结构有一种特别的构想。

四、局内人和局外人的社会结构

从到目前为止的讨论来看，这一点应当是很明显的，即我采用了一种局内人和局外人的结构观念。按照这种观念，局内人是特 113
定的群体和集体的成员，或者，是具有特定的社会身份的人；局外人是非成员。[①] 与尼采、克尔凯郭尔（Kierkegaard）、萨特、加缪（Camus）赋予局外人的各种含义相比，或者与科林·威尔逊对局外人的理解相比，这种结构概念更接近萨姆纳在其《民俗论》中的

① 在这里不适宜讨论确认群体界线、群体成员的标准以及随之而来的各种成员和非成员等理论问题。有关这些概念的复杂性，可参见默顿：《社会理论与社会结构》，第 338—354、405—407 页。

用法，而不同于里斯曼、丹尼以及格拉泽、普赖斯或者霍华德·贝克尔的用法。[①] 也就是说，在这里，局内人和局外人被定义为社会结构范畴，而不是定义为提供内部消息的人或经过特别传授的秘密知识的占有者，也不是定义为以异化、无根状态或违背规则为标志的社会心理学样本。

从结构角度看，我们所有人当然既是局内人又是局外人，既是某些群体的成员，往往又不是其他群体的成员；因此，我们具有某些身份，而这些身份不允许我们具有其他同类的身份。这种社会结构的基本事实是清楚的，但是它对局内人和局外人的认识论学说的意义显然还不太清楚。此外，这些信条不应当像它们通常那样预先假定，根据单一的社会地位、社会范畴或社会群体的归属关系，根据是黑人还是白人、是男人还是女人，是30岁以下还是年龄更长者，或者逐一地而不是连带地选取几个这样的范畴，就可以充分确定人在出现了社会分化的社会中的位置。因为这样就忽略了社会结构的这个关键事实，即个人所拥有的并不是单一的某个地位而是一个地位集：这是一组不同的相互关联的地位，它们相互作用影响着个人的行为和他们的视角。

与一度被看做是单一的地位形成对照的是，这种地位集的结构事实给全体局内人（和局外人）的社会认识论学说带来了严重的

① 参见科林·威尔逊：《局外人》（*The Outsider*, Boston: Houghton Mifflin, 1956）；戴维·里斯曼、吕埃尔·丹尼和内森·格拉泽：《孤独的人群》（*The Lonely Crowd*, New Haven: Yale University Press, 1950）；唐·K.普赖斯：《科学财产》（*The Scientific Estate*, Cambridge: Harvard University Press, 1965），第83—84页；以及霍华德·贝克尔：《局外人：越轨社会学研究》（*Outsiders: Studies in the Sociology of Deviance*, New York: Free Press, 1963）。

理论问题。在某一总体中，地位集的排列意味着拥有某些地位而不是别的地位的个人的总和；或者，从相互联系的观点看，他们常常是同时作为局内人和局外人彼此对应的。因此，如果只有白人才能理解白人，只有黑人才能理解黑人，并且只有男人才能理解男人，只有女人才能理解女人，那就会导致一个严重限制这两个前提的悖论：因为这样就含蓄地证明，由于宣称白人妇女不适宜理解白 114
人男子，黑人男子不适宜理解黑人妇女，[①]以及诸如此类的地位子集的各种组合，有些局内人就不能理解其他局内人。

无论是为按照某个单一的基本标准定义的不同等级集团间的分裂进行辩护，还是预言这些集团（撇开它们内在的分裂不谈）在许多问题上不可能团结一致，根据同时享有但又彼此排斥的地位集进行结构分析，将肯定不会有什么错。只不过，这种分析指出，存在着妨碍任何集团持久团结的社会分裂基础，因此必须妥善处理，而且，作为使地位具有多种多样的且常常是相互冲突的利益的新问题，分裂是不容易克服的。因此，英格兰和北爱尔兰妇女在民族、政治、宗教等方面的差异给她们的团结带来的障碍，像马克思所看到的英国和爱尔兰无产阶级的团结所面临的障碍一样，是很难克服的。同样，在美国寻求团结的各种妇女解放运动发现，它们

① 黑人妇女定期报道的关于黑人解放运动的认同与妇女解放运动的认同之间的冲突，例如，玛丽·梅本［莉莎］与玛格丽特·斯隆［在为格洛里亚·斯坦纳姆（Gloria Steinem）的辩护中］的争论，就反映了这种地位集相互交叉的社会学事实。玛格丽特·斯隆的亲身体验就是应付这些因结构而导致的冲突问题的集中体现："我在帮助兄弟们认清这一点，即作为黑人妇女，我们不能允许黑人男子像白人男子这些年来一直对待他们的妇女那样对待我们。"［《姐妹们，我们现在应该做什么？》（"What We Should Be Doing, Sister"）《纽约时报》1971 年 12 月 8 日，自由论坛版］

自己时不时地要与其队伍中黑人和白人之间的分裂做斗争，寻求团结的各种黑人解放运动也是如此，它们也发现自己时不时地要与其队伍中的男人和解放了的妇女之间出现的分裂做斗争。[①]

当大规模社会运动的成员因交叉的地位集而分化时，如何在以任何一个地位为基础的社会运动中达到团结呢？一个黑人妇女关于妇女解放的以下这段话对此问题进行了概括，在这里最重要的是种族认同："当然，已经有了这样一些妇女，她们的思维已经超越了她们所受的教育，并且提出了被天真地称之为'女权主义文学'的文学原则，如：阿奈斯·尼恩，西蒙·德·波伏瓦，多丽斯·莱辛，贝蒂·弗里丹，等等。对于我们来说，所出现的问题是：白人妇女的真理、经验以及发现与黑人妇女有什么关系？难道妇女终究就是妇女？我不知道我们考虑的重点是否相同，我们所关心的问题和我们的方法是否相同，或者十分相似，以至于我们可以信赖这个新的（白人女性的）专门领域。很显然，我们不知道。显而易见，我们现在要相互依靠。"[②]

115 与之相关的是，下面这段话概括了内部的分化阻碍黑人解放运动团结的情况，在这里进一步的教育的差异使占统治地位的性别地位的认同加强了：

我认为，这位教友告诉她用子宫与男人去战斗，对我们所

① 参见雪莉·奇泽姆：《种族主义与反女权主义》（"Racism and Anti-Feminism"），原载《黑人学者》1（1970 年 1—2 月）：第 40—45 页；以及琳达·拉吕：《黑人运动与妇女解放运动》（"The Black Movement and Women's Liberation"），原载《黑人学者》1（1970 年 3 月），第 36—42 页。

② 托尼·凯德主编：《黑人妇女文选》（*The Black Woman: An Anthology*, New York: New American Library, 1970），第 9 页。

> 有人都有很大的危害。最好还是用枪和智慧去战斗……这些爱读戏剧故事的姐妹们觉得，不服避孕药/生孩子/搅乱男人的计划等非常有趣的所有想法令人兴奋；这种想法的确很有诱惑力，因为就培养她的牺牲意识而言，这对她来说是件很明确也很容易做的事。如果要做的仅仅是算术，那倒没什么关系。如果我们正在谈论的是革命、正在为今天和明天创建一支队伍，我认为，过去这些年来一直在大喊大叫的那些教友们最好还是回家做家务。①

以某个单一的地位为基础的集体内部的分化，为这些集体中多种多样且常常是相互冲突的思想观点和道德见解提供了结构基础。种族、性别或民族方面的相似性把人们团结在一起，宗教、年龄、阶级或职业的差异又会把人们分开。这就是为团结而奋斗的各种社会运动（无论它们是在战争时期由沙文主义的国民所发起的拥护既成权力制度的运动，还是计划用以铲除不公正制度的反对既成权力制度的运动）迫切要求总体信仰的原因，在这种总体信仰中，所有其他忠诚，按照要求，都要服从最主要的忠诚。

地位集分析中的这种特征运用也许足以表明，局内人总的信条的那种惯用表达法，即你要理解一个人你就必须成为这样的人，简单得容易让人误解，而且从社会学角度讲是靠不住的（正如我们将要看到的局外人总的信条的情况那样）。因为从地位集的社会学观点看，“一个人”并非就是指一个男人，或一个黑人、一个少年、一个新教徒，或者自定义并被社会定义为中产阶级者，等等。当然，从社

① 托尼·凯德主编：《黑人妇女文选》，第167—168页。

会学角度讲，“一个人”可以拥有所有这些身份，而且还可能拥有更多的身份，这要依地位集的大小而定。此外，正如西美尔[①]很久以前告诉我们的那样，人的个性的根源可以用社会学方法从社会分化过程中追寻，而并非只能用心理学方法从内心过程中追寻。群体归属关系的种类和数量以及个人和社会中分布的地位集的种类和数量越大，一般来说，个人具有的完全相同的社会形态就越少。

从对这种结构观察的内在意义的探究中，我们注意到，按照他
116 自己的假设，局内人信条可能只适用于拥有同样地位集的高度分裂的小集体。即使只包含三种归属关系的不完全的地位集，例如，美国社会中享有特权的白人，也会把人数，即按照局内人的原则能够理解其同伴（美国社会中享有特权的人）的那些人的数量，大大减少。当我们把性别、年龄、阶级、职业等等社会范畴包括进去，以注意更多的共享地位集时，这个数量还会锐减，并向这样一种极限情况发展，在这种情况下，只有高度复杂的地位集的唯一占有者才有理解自己的能力。当然，各种地位在重要性方面的差异抑制了这种向极端的社会原子化发展的趋势，因为不同地位在优势、显著性和是否处于中心位置等方面并不是一成不变的。[②] 结果，局内

① 格奥尔格·西美尔：《社会学》(*Soziologie*, Leipzig: Duncker und Humblot, 1908)，第403—454页；也可参见刘易斯·A. 科瑟尔：《格奥尔格·西美尔》(*Georg Simmel*, Englewood Cliffs, N. J.: Prentice-Hall, 1965)，第18—20页。

② 在这里不适宜对地位集的动态分析加以概括，这种分析所探讨的是关键的（支配的、中心的、显著的）地位的变化和使地位发挥作用的条件，在默顿未出版的演讲集（1955—1957年）中对此有详细的阐述。关于地位集尤其是功能不相关的地位的动态观念的恰当运用，可参见辛西娅·爱泼斯坦的《女人的地位：职业生涯中的选择和限制》(*Woman's Place: Options and Limits in Professional Careers*, Berkeley: University of California Press, 1970)，尤其是第3章。

人总的信条中所暗示的理解能力的失常,实际上将不会达到这种极端的程度。只有根据地位集所进行的结构分析,而不是根据(按单一地位分类的)个人的功能所作的结构分析,才会推动局内人主义的逻辑向其极端的方法论的唯我论发展。

结构分化和制度分化的事实,对于把局内人对团结的要求转变为一种局内人的认识论,还有其他一些意义。由于我们都占据着不同的地位并且拥有对我们具有不同意义的群体归属关系,简而言之,由于我们个人是通过我们的地位与分为不同层次的社会联系在一起的,因此,任何一种归属关系持久地和排他地占据第一位就会与这种实际情况相矛盾。不同的处境会使不同的地位活跃起来,这时它们就会制约其他与之竞争的不同地位的主张。

不同的社会制度和其他社会子系统所具有的功能自主的幅度也是不同的,从这一立场出发,也可以考察地位集的动态方面的问题。每一种重要的归属关系都需要对制约着既定的制度领域(无论是宗教、科学还是经济)的价值、标准和规范有某种忠诚。社会学思想家们,例如马克思和索罗金,虽然在许多其他假设中相距甚远,但在为知识的范围指定一个自主的界线方面却是一致的,尽管他们断言他们关于知识的观点是社会决定论的、经济决定论的或文化决定论的。例如,马克思的知心朋友在这里引用的这段著名的话中断言,思想领域是部分自主的:

> 根据唯物史观,历史过程中的决定性因素**归根到底**是现 117
> 实生活的生产和再生产。无论马克思或我都从来没有肯定过比这更多的东西。如果有人在这里加以歪曲,说经济因素是**唯一**决定性的因素,那么他就是把这个命题变成毫无内容的、

抽象的、荒诞无稽的空话。经济状况是基础，但是对历史斗争的进程发生影响并且在许多情况下主要是决定着这一斗争的**形式**的，还有上层建筑的各种因素：阶级斗争的各种政治形式和这个斗争的结果——由胜利了的阶级在获胜以后建立的宪法等等，各种法权形式以及所有这些实际斗争在参加者头脑中的反映，政治的、法律的和哲学的理论，宗教的观点以及它们向教义体系的进一步发展。这里表现出这一切因素间的交互作用，而在这种交互作用中归根到底是经济运动作为必然的东西……。否则把理论应用于任何历史时期，就会比解一个最简单的一次方程式更容易了。[①]

我们可以看到，在目前学者们对极端的局内人信条的反应中，起作用的是结构分化和制度的自主性。他们拒绝局内人那种垄断的信条，这种信条要求在意识形态方面百分之百的忠诚，按照这种忠诚观，对有些行为要重新定义：为实现学术上的公正和客观所付出的努力会被定义为变节，而从意识形态上强调集体的自尊却被定义更高的客观性。在这里（继续讨论与我们相关的情况），保留

① 《恩格斯致约·布洛赫（1890年9月21日）》（见《马克思恩格斯选集》第4卷，人民出版社1972年版，第477页。——译者）。有关马克思和索罗金对观念子系统部分自主性的详细讨论，可参见本书第1章和第6章。关于戈登·W. 奥尔波特所提出的心理学中的功能自主性的一般概念，可参见默顿的《社会理论与社会结构》第15—16页的讨论和附注；关于社会学中的功能自主性，可参见阿尔文·W. 古尔德纳的《功能理论中的交互性和自主性》（"Reciprocity and Autonomy in Functional Theory"），见L. Z. 格罗斯主编的《社会理论论丛》（*Symponium on Social Theory*, Evanston, Ill.: Row, Peterson, 1958），以及古尔德纳的《组织分析》（"Organizational Analysis"），见罗伯特·K. 默顿、伦纳德·布鲁姆和小L. S. 科特雷尔主编的《今日社会学》（*Sociology Today*, New York: Basic Books, 1959）。

对种族和学术的价值观和规范的双重忠诚的黑人学者，就与局内人信条所要求的完全封闭的忠诚有了分歧。例如，在以下这段话中，马丁·基尔森对这种信条的某些方面予以了否定，并表达了他对制度化的学术的价值观和黑人共同体的信仰：

> 我反对这种建议，即把美国黑人研究变成某个特殊的意识形态群体的讲台，并且把这些研究限制在黑人学生和教师范围内。因为我们必须坦言，这样做就是一种相反的种族主义——黑人种族主义。毫无疑问，我相信，了解自己的过去，包括自己的祖先以及他们的优点和弱点，对黑人来说是很重要的，而且，如果能证明尊重这种知识是有理由的，他们就应
> 当尊重这种知识，如果需要批评，他们就应当对它提出质疑和 118
> 批评。但是，如果你在研究你的遗产时假定，这份遗产从本质上讲就是优秀和崇高的，而且本来就比其他人的遗产优越，这就不利于你慎重和中肯地理解和评价这份遗产。白人种族主义者就是这样做的；在黑人研究运动中，我的富于战斗精神的朋友中还没有谁能使我相信，种族主义思想不那么卑鄙和颓废了，因为黑人运用了它……我在这里要指出的是，对任何民族遗产的认真研究，都会导致这样一种古怪的混合物，其中既有为人们所自豪的东西，也有人们所批评甚至鄙视的东西，以及人们总是对其怀有矛盾心理的东西。事情可能会是这样：只有以意识形态定向的美国黑人研究课程，由于寻求传播一种经过包装了的关于黑人遗产的观点，因而不会在学生中导致这种古怪但又令人神魂颠倒的集自豪、非难和矛盾心理于一体的混合物，我认为，这种混合物是或应当是认真的思想和

学术活动的产物。①

局内人(以及对应的局外人)信条的缺陷,除了忽视结构分化、地位集以及制度的自主性等的内在意义之外,还表现在,它要求垄断知识或因为极为特殊的地位而占有知识,在这些要求中它假定,社会地位完全决定认知视角。这样,它就提供了另一个例子,说明真理大大超出了它们能够成立的范围之后就很容易堕落为谬误(这**可能**是物极必反吧)。

长期以来,社会学思想的各种"学派"持有这样一种观念,即认为个人和群体的社会地位的差异,大概也包含着他们的利益和价值取向(以及与其他人共有的利益和价值观)的差异。某些知识社会学传统进而假定,这些结构的典型差异,**一般**来说还应当包含理解能力和视角的典型差异。这些趋同的传统(它们的趋同性常常因措辞的多样性而不是基本概念的不同而被弄得模糊不清)认为,这些差异一般来说会导致这样一些清晰可辨的差异,即对要探讨的问题的定义的差异和被看做是出发点的假说类型的差异。到此为止,尚无不妥。但证据远不能为人所接受,因为在本世纪的大部分时期,喜欢思辨理论而不喜欢经验探讨也成了科学知识社会学的一个传统。而可以作为一般取向以指导这种探讨的观念,在局内人信条中发生了很大的变化。

一方面,那种信条假定,社会地位与个人的视角是一致的。这样就把结构分析观念夸大了,使它变成了谬误。结构分析坚持认

① 马丁·基尔森:《黑人研究运动:对视角的一种辩解》("Black Studies Movement: A Plea for Perspective"),原载《危机》(*Crisis*)76(1969年10月):第329—330页。

为，社会结构中不同位置的人的视角、爱好和行为中出现有某种社会模式的差异，只是**一种倾向，并非已成定局**。理论上对倾向的强 119
调程度，并不是完全一致的，但这种强调是一种基本的态度，它并不是偶然的和无关紧要的。它提供了相同群体的成员或具有相同地位的人的视角和行为的变化范围（正如我们看到的那样，这些差异可归因于社会分化以及心理差异）。同时，这种结构分析大体上也提供了不同群体的成员或具有不同地位的人之间的典型差异。因此，结构分析避免了丹尼斯·朗形容得非常恰当的“现代社会学中人的过度社会化观念”。①

这种对个体的可变性的默认，对于一般的结构理论是很重要

① 丹尼斯·朗：《现代社会学中人的过度社会化观念》（“The Oversocialized Conception of Man in Modern Sociology”），《美国社会学评论》26（1961 年 4 月）：第 183—193 页。朗的论文很重要，它系统地阐述了把结构位置与个人行为视为同一的观点的理论缺陷。但有时候，他又在宣扬早已改变了的观点。在某些形式的结构分析中有这样一种信条，即认为社会位置的差异**很容易导致**不同群体**之间**视角和行为方面的有某种模式的差异，但它同时仍然承认群体**内部**存在着一定范围的可变性，因而承认，结构相似的群体在视角方面和行为方面有相当大的重叠部分。有关社会学中结构分析的一般取向，可参见菲利普·巴巴诺的《社会结构与社会功能：社会学结构分析的解放》（“Social Structures and Social Functions: The Emancipation of Structural Analysis in Sociology”），原载《探索》11（1968 年）：第 40—84 页；结构分析体现了社会位置与实际行为或视角的根本区别，有关这种区别的专业术语方面的线索，以及有关“**社会结构产生压力**”和结构“趋向于”导致认知视角的形成并促成行为的理论表述，可参见默顿：《社会理论与社会结构》，第 175—278 页，随处可见。典型的例子有：“不同职业的人**趋向于**参与社会的不同部分的活动，分享行使不同份额的已被承认和未被承认的权力，并且用不同的观点**看待**世界；”（同上书，第 180 页）“我们首要的目的就是要揭示，某些**社会结构**怎样**对社会中的一些人产生压力，迫使他们去做遵守规范而不是违背规范的事**。如果我们能够使群体特别服从于这些压力，那么可以料想，我们会发现那些群体中的越轨行为的**比例**是相当高的”（同上书，第 186 页）。有关对这里所讨论的特别问题的直接影响而不是一般性的理论影响，可参见本书第十四章，注⑱。

的，对于有关精神生活以及科学和学术的进步的社会学观点尤为重要。正是科学家和学者们个人之间的差异，常常成为学科发展的中心问题。这些差异往往包含了学问的优与劣的差异，对科学富有想象力的贡献与平庸的贡献的差异，以及会产生重大结果的观念与注定不能实现的观念的差异。在为垄断知识进行辩护时，局内人信条可能并没有准备考虑个体的可变性，这种可变性会扩展能产生完善和富有成果的观念的内群体的界线。

局内人信条认为先赋地位而非后致地位对视角的形成是十
120 分重要的，就此而言，它的取向是静态的。因为除了年龄地位本身以外，先赋地位会终身保留。然而，从社会学角度讲，并不存在把局内人与局外人分开的固定的界线。随着包含着不同价值的境遇的出现，不同的地位会发挥作用，而分界线也会发生变化。因此，对许多美国白人来说，乔·路易斯(Joe Louis)* 是外群体的成员。但是，当路易斯打败了纳兹菲德·马克斯·施梅灵(Nazified Max Schmeling)**时，在这些美国白人中，有许多人却又立刻重新把他看做是这个(民族的)内群体的成员。种族隔离让位给了民族自尊心。爱因斯坦在给索邦的信中带有讽刺意味的那段话，所指的就是在思想界中出现的境遇的改变导致地位集中的不同地位发挥作用的戏剧性情况："如果我的相对论被证明是成功的，德国会声称我是德国人，而法国会断言我是一个世界公民。如果我的理论被证明是错的，法国会说我是德国人，而德国会断言我

* 美国职业拳击运动员，1937 年获得世界最重量级冠军，并把冠军头衔一直保持到 1949 年退出拳坛。——译者

** 德国职业拳击运动员，曾获 1930 年世界最重量级冠军。——译者

是一个犹太人。”①

像知识社会学早期的观念一样，近年来局内人信条强调，最终，有一类特殊的局内人将独享知识或对知识享有特权，这类人通常包括这种信条的支持者。例如，曼海姆②为“无社会归属的知识分子”(*sozialfreischwebende Intelligenz*)“无阶级立场”的社会思想的有效性，找到了一种结构依据。按照他的观点，这些知识分子特别能理解这个时代冲突的趋势，因为他们“从不断变化的社会阶层和生活处境中获得补充”。(这在很大程度上让人想起了《共产党宣言》中的论点，《共产党宣言》强调，“无产阶级的队伍就是……从居民的所有阶级中得到补充的。”)③这样解释这个论点并不是牵强附会的：可以说，曼海姆实际上是认为，存在着一些在社会中
自由流动的知识分子，他们既是局内人又是局外人。他们这个集 121
体，社会出身多种多样，而且不受对群体的忠诚的限制，这使他们获益匪浅，因而可以用一种特殊的洞察力和综合的眼光观察社会

① 有关界线改变的综合论述，可参见默顿：《社会理论与社会结构》，第338—342页，以及第479—480页。显然，爱因斯坦对境遇决定群体界线的变化很感兴趣。在第一次世界大战的相互仇视远未消除的时候，爱因斯坦有一次(1919年11月28日)在写给伦敦的《泰晤士报》的一篇声明中，对这个论题略微作了一些改动。“《泰晤士报》对我和我的情况的介绍，说明作者很有趣，突发了奇想。通过使相对论适应读者的口味，我现在在德国被称作德国科学家，而在英国，我被描述成一个瑞士犹太人。假如最终我被看作是一个‘bête noire(讨厌鬼)’，那么对我的描述就会颠倒过来，对德国人来说，我将成为瑞士犹太人，而对英国人来说，我将成为德国人”[引自菲利普·弗兰克：《爱因斯坦的生平和他的时代》(*Einstein: His Life and Times*, New York: Alfred A. Knopf, 1963)]，第144页。

② 卡尔·曼海姆：《意识形态和乌托邦》，第10、139、232页。

③ 有关有效性的社会结构根据的思想更进一步的讨论，可参见默顿：《社会理论与社会结构》，第560—562页。

万象。

五、作为“局外人”的局内人

与这种观念相吻合的是，某些局内人因自己是局内人而承认的东西，上述那个集体的人却作为局外人而明确地予以拒绝。例如，当黑人局内人信条的倡导者致力于分析“白人社会”时，他们试图分析它的权力结构并发现它的弱点，他们似乎要在实践中否认他们在原则上肯定的东西。无论如何，他们的行为证明了这样一个心照不宣的假设，即自行划分的“局外人”可以判断和理解他们所谓的异己的社会结构和社会文化。

这种矛盾也许似是而非。因为这意味着这样一种构想，即在社会分层系统中存在着一类特殊的人，由于他们**既**是局内人又是局外人，因而他们有着即使不是独有也可算是很有特色的洞察力和理解力。对于为这一点的辩解，即如果一个人是局内人那就可以由此推论出他能以一种特殊的方式获得知识，我们不需要再作评论。这里重要的是这一观点，即受到社会系统有意阻挠的那类局内人，可以获得特别的视角和洞察力，这些人是被剥夺了继承权、被免去了圣职、失去了公民权、被统治、受剥削的局内人。他们处理这些问题所积累起来的经验，使得他们尤其是他们当中训练有素的社会科学家头脑清晰，对文化和社会结构的作用非常敏感。而有些局内人社会科学家往往把这些作用视为理所当然，因为这些人来自这样的社会阶层：他们或者是现行社会系统的受益者，或者没有在这个系统中受过很大的伤害。

这提醒我们，局内人并非是毫无差别的，知识社会学中派生出的关于知觉有某种社会模式差异的假说似乎是合理的，而且值得对它进行更多的系统研究。长期以来，白人统治的社会设立了许多社会障碍，使黑人远不能充分参与这个社会的活动，这一点对那些拒绝妥协、缺少头脑因而毫不留意的白人来说，现在同样也是显而易见的。但是，他们当中的许多人显然没有注意到，在详细观察另一方的社会生活方面，种族隔离的高墙并没有对等地把白人与黑人分开。黑人是社会地位极其卑微的人，在白人领土的飞地中发挥着作用，数个世纪以来，他们穿过或绕过了种族隔离的大墙，从而发现了墙那边的世界。这等于他们可以通过单向开关的防护屏了。与此形成对照的是，地位显赫的 122
白人的特点是不想了解黑人社区生活的现状，很典型的是，甚至在为数不多的他们应当了解的情况中，他们也不愿意这样做。这种种族隔离结构意味着，那些为“理解”黑人而自鸣得意的白人所了解的，只不过是黑人与白人有关的那些已成惯例的角色行为，而对他们的私人生活几乎一无所知。阿瑟·刘易斯注意到，某些同样的情况依然很普遍，因为白天许多黑人“融入”了这个更大的社会，但是到了晚上，黑人和白人回到了他们各自的居住区，隔离又出现了。就是借助这些方式，隔离能够使人们对跨越这条分界线有不对称的感受。

尽管就思想而言，反思和研究边缘性是社会学的一个传统，但是，社会学家们几乎没有开始进行艰苦的工作，以认真研究知识社会学中的这组假说，这些假说均源于这一观念：多种多样的局内人和局外之间存在着不对称关系。

六、局外人的信条和视角

局内人信条的强硬型观点，在认识论上要求垄断某种知识，这种要求与漫长的思想史的史实是背道而驰的。不必追溯到更远，从弗朗西斯·培根的时代起，知识界的学者们就强调对群体的忠诚对人类理解力有不良影响。在培根谈到的四种幻象（或者，错误见解的根源）中，我们只需回忆一下第二种，即洞穴幻象。培根套用了柏拉图在《理想国》中所讲的那个洞穴寓言，试图说明，我们生活于其中的这个最直接的社会怎样严重地限制了我们要了解的东西，以及我们怎样才能了解它。受我们群体惯例的制约，我们维护公认的观点，而曲解我们自己的感受以便使它们与这些观点相一致，从而被无知控制并被引向了谬误，而我们却褊狭地把这些谬误误认为是真理。只有当我们从这个洞穴中逃出、扩展了我们的眼界时，我们才有可能获得可靠的知识。言外之意，只有随着变迁和多群体的归属，打破偶像，我们才能消灭洞穴幻象，抛弃我们自己群体虚妄的信条，从而才更有希望接近真理。在培根看来，热衷于自己理想的局内人很容易患这种洞穴近视症。

在这种构想中，培根很典型地只注意了群体归属对于知识有反功能。因为在他看来，要获得可靠的知识，就需要抛弃迷信和偏见，而这些东西都源于群体，因此培根不会去考虑社会位置可能有这样的功能，即提供观察的可能性和获得特殊知识的途径。

123 社会学的奠基者们以非常巧妙的方式反驳了强硬型的局内人信条，**但并没有陷入相反的同样错误，即提倡强硬型的局外人信条**

(这种信条也许认为,只有局外人才能获得不带群体偏见的关于群体的知识)。

在对历史理解的讨论中,人们探讨了古代的主体与客体的认识论问题。因此,先是西美尔,随后是韦伯,反复而明确地采纳了这个令人难忘的格言:"要理解凯撒,你并不一定非得成为凯撒。"[①]他们提出这种主张,就是拒绝了极端的局内人信条,这种极端的信条实际上断言,要理解凯撒,你就**必须**得成为凯撒。同样,他们也拒绝了极端的局外人信条,即要理解凯撒,你就绝**不**能成为凯撒。

西美尔和韦伯的见解与局内人信条的内在意义有直接的关系,这些意义超出了该信条现在强调的范围。热衷于自己理想的局内人论证说,只有作为成员参与群体生活的人才能获得对它的可靠理解。认真考虑一下就会发现,正如韦伯清楚地认识到的那样,[②]这个

① 感谢唐纳得·N. 赖文[《格奥尔格·西美尔论个性和社会形式》(*Georg Simmel*: *On Individuality and Social Foems*, Chicago: University of Chicago Press, 1971, p. xxiii)],我从他那里得知,人们常常把这个格言及其对社会认识论的意义,归功于韦伯,由于疏忽,我犯了一个把复制品当成原作的错误:把某个新颖的思想或论述归功于第一次向我们介绍它的作者,而实际上那个作者只是采用了那种论述或者使它重新流行起来,该作者(以及其他熟悉同样传统的人)知道首创者是另外一个人。最初,我是在韦伯 1913 年发表的论述理解社会学范畴的基础性论文中偶然碰到这个格言的。在那段话中,他为了自己的分析,以通俗的方式使用了此格言:"正如人们常说的那样,'并非一定要成为凯撒才能理解凯撒。'"莱文对此作了一点改动,我现在发现,韦伯更早使用这个格言是在 1903—1906 年(《科学论文集》,第 100—101 页),他从西美尔的《历史哲学问题》(*Probleme der Geschichtsphilosophie*)中引用了这句格言,而且他很钦佩西美尔的这部著作,认为它是理解理论彻底改变的开端。韦伯非常恰当地为解释西美尔使用这个格言的一般意义写了一个很长很长的注,他像我们这里看到的那样引用了这个格言,但把西美尔修饰的部分略去了:"要理解路德并非一定要成为第二个路德。"在其晚期的著作中,韦伯在考察其他人活动的可理解性问题时使用了这个格言。

② 参见《科学论文集》,第 428 页。韦伯在引用了关于凯撒的格言之后,进一步描述了它在编年史方面的意义:"否则,一切历史的编纂都是无意义的。"

信条对所有历史著作的可靠性提出了疑问。如果直接参与群体生活是理解它的必要条件，那么，只有这样的当代史才算得上是信史：它由诸多片段组成，因为参与了这段历史的人不可避免地把它分割成了有限的部分，并且它必须由完全参与其中的那些人写成。热心的局内人准备的文献不仅构成了原始的历史材料，而且对于
124 历史来说它们就是一切。但是，当历史学家决定写不是他自己的那个时代的历史时，即使最热衷的不同国家、性别、年龄、种族、少数民族或宗教的局内人，也就成了局外人，他会被断定是无知或是有谬见的。如果局内人能够知道或理解，那是因为他实际处在那个环境中——在那个时间和空间之中，尤为重要的是，处在实际角色的位置上。如此说来，就要永远禁止所有历史学家去写时间和空间离他们都很遥远的历史，无论他们是黑人还是白人史学家，是年长还是年轻的史学家，也无论他们是男史学家还是女史学家。

大约20年前，克劳德·列维—斯特劳斯谈到另一种关系时注意到，历史学与人种起源学之间存在着相似性。他观察到，这两个对象：

> 与其他的社会而不是我们生活在其中的社会相关。这种他在性是由于在时间上有间隔（无论多么微小），还是由于在空间上相距遥远，或者是由于文化的多样性，与看法的相似比较，都属于次要的问题。所有史学家和人种起源学家所能做的，并且我们都希望他们做到的就是，把某种特殊的经验扩大到更普遍的范围，从而成为另一个国家或另一个时代的人也能获得的经验。要想实现这一点，史学家和人种起源学家就必须具有同样的素养：有技巧、讲究精确、能进行富有同情心

的探讨并且处事客观。[1]

当然，我们的问题是，历史学家、人种起源学家以及其他社会科学家所要求的这些特质是否局限于或大部分集中在局内人和局外人之中？西美尔以及他之后的许茨和其他人，考虑了陌生人继续实现的局外人的角色。[2] 西美尔很奇怪地让人联想到并不难理解的培根学说，他以这种方式阐述了以下这个命题：陌生人由于不受对群体承诺的束缚，很容易扮演相对客观的调查者的角色。西美尔注意到，“他在实践和理论上束缚更小，对外界情况的研究也更少偏见；他评价这些情况的标准是更具普遍性和更客观的典型；他的行动不会受习惯、虔诚和惯例的制约”。[3] 最重要的是，西美尔在这里放弃了培根简单的构想，陌生人的客观性“并不仅仅包括不主动参与和处事超然；它是疏远和接近、中立和卷入构成的一种特殊结构”。陌生人发现，群体所熟悉的东西对他来说非常陌生，125
他因此受到激励，从而提出一些局内人不太可能提出的问题并对此进行探讨。

---

① 这里引用的这段话的原文，最初发表于 1949 年，后来又在克劳德·列维-斯特劳斯的《结构人类学》(*Structural Anthropology*, New York: Basic Books, 1963)中重印；引文见该书第 16 页。

② 参见西美尔：《社会学》，以及许茨：《陌生人：社会心理学论文》(“The Stranger: An Essay in Social Psychology”)，原载《美国社会学杂志》49(1944 年 5 月)，第 499—507 页。这样比喻是很恰当的，即西美尔也许已经与作为局外人的陌生人的角色协调起来了。因为正如刘易斯·科瑟尔业已指出的那样，西美尔的社会学研究风格，在很大程度上受到了他作为“学院中的陌生人”的角色的影响；参见《格奥尔格·西美尔》，第 29—39 页。

③ 格奥尔格·西美尔：《格奥尔格·西美尔的社会学》(*The Sociology of Georg Simmel*, New York: Free Press, 1950)，第 404—405 页，该书由库尔特·H. 沃尔夫翻译、编辑并作序。

西美尔常常有一些创新的思想，他提出了许多重要的问题，关系到当事者在获得完善的新知识中所扮演的角色，近年来人们开始了对这些问题的认真研究。对人类学和社会学实地考察工作者的大量研究，探索了局外人作为观察者的优势和局限性。[①] 甚至现在，局内人观察者和局外人观察者的资金平衡表看起来都是相似的：这二者有各自的资产与负债。

除了从理论和经验上考察局外人在社会和历史研究中可能的

① 许多这类研究显然是以西美尔对陌生人的角色和功能的形象的描述为出发点的。在大量而且是迅速增加的关于社会科学实地考察的著作中，我只引用了很少一部分，这些著作从试图以不同方法分享局外人作为观察者和解释者的角色。有关前些年对"陌生人的价值"的讨论，可参见 O. A. 厄泽尔：《作为社会研究方法的协同工作和功能扩散的价值》("The Value of Team Work and Functional Penetration as Methods in Social Investigation")，见 F. C. 巴特利特、M. 金斯伯格、E. J. 林德格伦和 R. H. 索利斯所编的《社会研究》(*The Study of Society*, London: Kegan Paul, 1939)；S. F. 纳德尔：《社会人类学的访问技巧》("The Interview Technique in Social Anthropology")，同上书；罗伯特·K. 默顿：《有组织的社会中实地考察的若干问题》("Selected Problems of Field Work in the Planned Community")，原载《美国社会学评论》12(1947 年 6 月)，第 304—312 页；以及本杰明·D. 保罗：《访问技巧与实地关系》("Interview Techniques and Field Relationships")，见 A. L. 克罗伯主编的《今日人类学》(*Anthropology Today*, Chicago: University of Chicago Press, 1953)。关于近年来对作为观察者的陌生人的适应参量的研究，尤请参见丹尼森·纳什想象力丰富的分析[《作为陌生人的人类文化学家：知识社会学论文》("The Ethnologist as Stranger: An Essay in the Sociology of Knowledge")，原载《西南人类学杂志》(*Southwestern Journal of Anthropology*) 19 (1963 年)，第 149—167 页]，以及大量有关女人类学家的性别角色对她们获得实地考察数据的影响的论文[例如，佩吉·戈尔德主编的《在野外工作的妇女》(*Women in the Field*, Chicago: Aldine Press, 1970)]。关于局内人和局外人在理解复杂的公共官僚制组织方面的角色的比较问题，可参见默顿简洁而概括的解释[《知识分子在公共官僚组织中的角色》，原载《社会力量》23(1945 年 5 月)，第 405—415 页]，以及查尔斯·弗兰克尔综合而详细的论述[《热衷雾谷：一个局外人对政府内部的考察》(*High on Foggy Bottom: An Outsider's Inside View of the Government*, New York: Harper & Row, 1969)]。

不同角色之外，也可把这种研究过程中的一些重要的事件，作为恰当的“临床个案”加以考察。因此，有人论证说，在历史和社会学问题方面，局外人也许实际上能获得更深刻的洞察力和理解力。1835 年托克维尔的《论美国的民主》(*Democracy in America*)出版了，不久，它就因是一部由“有造诣的外国人”完成的杰作而受到人们的喝彩。托克维尔本人表达的观点是，“有些实情美国人只能从陌生人那里了解”。这些情况包括，他所描述的对大多数见解实行的高压统治，以及那种特别的分层体系，这种分层体系甚至在那时对社会中的相对地位还存在着普遍的偏见，而这会使“美国人在他们的幸福中感到不安”。（写这句话的是托克维尔，而并非加尔布雷斯。）尽管如此，这个最有洞察力的局外人并没有设法超越 126
他在这个国家所遇到的某些根深蒂固的种族信仰和神话。

托克维尔谴责了英裔美国人，因为他们的“压迫一下子就把非洲人后裔的人类特权几乎全部夺走”；他描述说，蓄奴制是人类最大的不幸，并且论证说，在北方废除奴隶制“是出于白人的利益，而非是出于黑人的利益”；他确定了受压迫的印第安人和黑人的标志以及他们的白人压迫者的标志；他注意到，在那些已经废除了蓄奴制的州中还存在着计划用来压制“不幸的黑人”的“法律的肆虐”；在评论中，他近乎注意到了自己实现启示的作用：“为了使白人放弃他们认为黑人的智力和道德均不如古代奴隶的观点，黑人必须转变，如果不能转变，白人的这种观点仍将存在下去”；在以下论述中他还有一种近似相对剥夺的思想：“还有一个关于相对公正的重要原则，牢固地扎根于人心之中。人们有感于同一阶级内部存在的不平等，大大甚于不同阶级之间出现的不平等”；尽管进行了这

些观察和判断，这位天才的局外人还是接受了这个与他那个时代相应的学说，即种族不平等“看来是以自然本身不可改变的规则为依据的”；在结束这一系列论述时，我们再谈一点，即他还假定了这样一个不可避免的事实，这个事实并不令人忧虑，相反却是可以理解的：“黑人希望同欧洲人混成为一体，但他们没有能够办到。”①

用不着像一个辉格党的历史学家可能会做的那样，混淆时代，要求这个局外人（他毕竟记录了他在19世纪30年代中叶所观察到的情况）有完全是先见之明的判断，我们依然能够注意到局外人的角色并不能保证某人一定能摆脱某个集体的神话，同样，局内人的角色也不能保证某人对其社会生活和信仰体系有可靠的洞见。

在托克维尔这个个案中，无计划环境究竟是什么样，这一点后
127 来一直是一个具有决定性的问题。人们假定，局外人相对来说不偏不倚，因而邀请他们去观察社会制度和文化。例如，在20世纪最初的10年，卡内基促进教育基金会（Carnegie Foundation for the Advancement of Teaching）找人调查医学院校的情况，结果，在亚伯拉罕·弗莱克斯纳承认以前从未进过医学院校后，该基金会便指定他去做这项工作。选择一个纯粹的局外人是一个政策问

① 阿列克西·德·托克维尔：《论美国的民主》（1835；New York：Alfred A. Knopf，1945），第1卷，第332、360—361页，第18章各处，第368页，第358页注，第373—374、358—359页以及第335页。托克，维尔还假设，“命运的压迫”使得把黑人变为奴隶“没有需要”，而且，“陷进这种灾难的黑人，对他们的不幸处境只是刚刚有所感觉”，以至于相信“甚至思考的力量……[是]上苍无用的恩赐”（同上书，第1卷，第333页）。这种对使人丧失人性的压迫之结果的评论，在当时是很惊人的。正如奥利弗·克伦威尔·考克斯在评论这段话时指出的那样，托克维尔“还是有点正确的”[《种姓、阶级和种族》（*Caste, Class and Race*，New York：Doubleday，1948），第369页注]。

题，而他偏巧写了那份严厉的报告，该报告在当时对转变美国的医学教育起了很大的作用。

后来，为了寻找一位也许能对美国黑人进行深入研究的学者，卡内基公司决定从"知识和学术水平都很高但又没有帝国主义背景或传统"的国家找一个局外人，他们认为这样的人选更合适一些。当然，这两个条件立刻就把搜索范围缩小了。看来只有瑞士和斯堪的纳维亚国家符合条件，最终，正如我们所知道的那样，冈纳·默达尔被选中了。在《美国的二难推理》的序言中，默达尔回顾了自己作为一个局外人的地位，用他的话来说，他"从来没有受到过黑人—白人社会中那些紧张情况的折磨"，而且，"作为一个不熟悉这个问题的人……也许更意识到了在我们对黑人问题的科学讨论中，人的估价在各处渗入的程度。"[1]

对这部著作的评论，反复地提到了默达尔因为是局外人而对令人迷惑的忠诚所采取的那种不偏不倚的态度的程度。例如，J. S. 雷丁写道："作为一个欧洲人，默达尔没有什么需要维护的美国情感。他的事实和说明切中要害。"另一位作者罗伯特·S. 林德认为，这个局外人的主要优点就是，他可以无拘无束地查明真相而"根本无须附带考虑什么在政治上有利"。我要列举的第三位评论者是弗兰克·坦南鲍姆，他注意到，默达尔把"客观性引入了对美国生活特有的弱点和缺点的看法之中。他作为一个局外人所表现出的那种客观性，对于一个在美国背景中培养出来的人来说，似乎

① 冈纳·默达尔：《美国的二难推理：黑人问题与现代民主》(New York and London: Harper & Bros., 1944)，第 xviii—xix 页。

是不可能的”。即使后来对默达尔著作的批评，其中著名的有考克斯的综合性的批评，也没有把解释方面的错误归因于他是一个局外人。①

对默达尔事件有两点应当注意。第一，在评论者们的判断中，
128 绝没有排除局外人理解异己社会的可能性，相反，他们认为局外人有能力对异己社会提出必要的见解。第二，默达尔需要有局内人和局外人的眼光，他在研究中特意把 E. 富兰克林·弗雷泽、阿诺德·罗斯、拉尔夫·本奇、梅尔维尔·赫斯科维茨（Melville Herskovits）、奥托·克林伯格（Otto Klineberg）、J. G. 圣克莱尔·德雷克（J. G. St. Clair Drake）、盖伊·B. 约翰逊（Guy B. Johnson），以及多克西·威尔克森等黑人局内人和白人局内人吸收到他的合作圈子中，致力于黑人的生活与文化以及种族关系的研究。

应当注意，在这一过程中，其他的科学、技术和学术领域扮演了不同的而且常常是相关的局内人和局外人的角色（参见本书第二十二章，第 708—712 页）。例如，早在 17 世纪以前，皇家学会的历史学家托马斯·斯普拉特就认为：“显然，有些发明了某些手艺的人，并没有在与他们的发明类似的行业中受过训练，正是这些人为我们提供了不同种类的产品。我要举三个例子：印刷术、黑色火药和凸染。”斯普拉特进一步详细阐述了局外人在发明方面的优势，

---

① 参见 J. S. 雷丁：《评论》（“Review”），原载 1944 年 3 月 20 日出版的《新共和》（*New Republic*）杂志，第 384—386 页；罗伯特·S. 林德：《我们民族精神的禁锢》（“Prison for Our Genius”），原载 1944 年 4 月 22 日出版的《星期六评论》（*Saturday Review*）第 5—7 页，第 27 页；弗兰克·坦南鲍姆：《美国的二难推理》（“An American Dilemma”），原载《政治科学季刊》59（1944 年 9 月）：第 321—330 页；以及考克斯：《种姓、阶级和种族》第 23 章。

他得出这样一个没有多少科学依据的结论："在孩子的成长发育过程中，那些看起来常常最活泼的孩子，往往会成为不法土壤中结出的果实；因此，在智慧的产生过程中，人们在其他行业而不是他们自己的行业产生的智慧往往是最有活力、最机智的。"[①]

在我们的时代，吉尔菲兰报告说，"主要的发明都是由并非刻意选择这个行业的人做出的，只有一小部分完善的发明是由局内人做出的。"[②]在最近更精确的研究中，约瑟夫·本-戴维[③]发现，科学研究的职业化"本身并没有减少局外人在各个科学领域中进行创新的机会"。马克斯·德尔布吕克本人是分子生物学之父，他注意到了一个特定领域的局外人的特殊情况，即"尽管核物理学完全是在学术研究机构的框架中发展起来的，但与此形成对照的是，分子生物学几乎完全是局外人的产物，是化学家、物理学家、医学微生物学家、数学家以及工程师们的成果"。[④]

西格弗里德·克拉考尔是位有深邃洞察力的史学家和社会学家，他在他去世后出版的著作《历史：刚刚逝去的往事》(*History: The Last Things Before the Last*)中指出，正是背井离乡的、一度是局内人后来又变成局外人的人，"也许能用一种'不属于这个家 129

① 托马斯·斯普拉特：《皇家学会史》(*History of the Royal Society*)，杰克逊·I. 科普(Jackson I. Cope)和哈罗德·琼斯编 [1667; London: Routledge & Kegan Paul, 1959]，第 391—393 页。

② S. C. 吉尔菲德：《发明社会学》，第 88 页。

③ 《医学中的角色与创新》("Role and Innovations in Medicine")，原载《美国社会学杂志》65(1960 年 5 月)，第 557—568 页。

④ 马克斯·德尔布吕克：《分子遗传学的概念体系》("Das Bergriffsschema der Molekular-Genetik")，原载《新利奥波丁通报》(*Nova Acta Leopoldine*)26(1963 年)，第 9—16 页。

族'的人的眼光看待他以前的经历。"他提醒我们，修昔底德(Thucydides)曾多次说过，正是他长期的放逐生活使他能够"看到事物的两方面——一方面是伯罗奔尼撒人，另一方面是雅典人。"①

这种累积的关于不同思想和制度的观点，(有必要尽可能地反复强调这一点)并不是建议用一种极端的而且同样脆弱的局外人的信条，取代极端的局内人信条。它的目的实际上是要完全改变原来的问题。我们不再问：局内人或局外人是否垄断了社会知识或者能够优先获取它；取而代之的是，我们开始考虑他们在探索真理过程中所扮演的不同的和互动的角色。

七、交换、权衡与综合

局内人和局外人实际的思想交换，亦即各自采纳对方的观点，往往被那种通常伴随群体间冲突而出现的雄辩掩盖了。如果只听那种雄辩，我们也许会被说服以至相信，真的存在某种诸如"黑人的知识"、"白人的知识"、"男人的知识"以及"女人的知识"这类东西，这些东西不知怎么搞的，既不可通约又相互对立。然而，局内人与局外人之间界线的可渗透性，远远超出了这种情况所允许的程度。一般的竞争情况是这样，观念竞争的情况也是如此。相互竞争或彼此冲突的群体会接受另一方的观念和传统做法，这实际

① 西格弗里德·克拉考尔：《历史：刚刚逝去的往事》(New York: Oxford, 1969)，第84页。也可参见彼得·盖伊(Peter Gay)的《魏玛文化：作为局内人的局外人》(*Weimar Culture: The Outsider as Insider*, New York: Harper & Row, 1968)。

上就否定了完全不相容的雄辩。即使在社会两极分化的过程中，
那些具有认识价值的观念的应用，也是与它们的初衷截然不同的。
社会科学家们，不管他们有什么样的社会政治地位，都利用了有关
权力结构、合作、已建立的制度的反功能等等概念以及与这些概念
联系在一起的那些发现。例如，内森·黑尔[①]虽然仍是局内人信
条最能言善辩的倡导者，但他毫不犹豫地使用了自我应验的预言
的概念，以试图解释：为什么在当今这个时代，黑人管理的组织发
现它们运转起来那么难。[②] 正如他指出的那样："白人认为，我们
不可能有任何基本上是由黑人组成的有良好素质的机构。这具有 130
自我应验的预言的效果，因为如果你认为黑人不可能有好的银行，
那么你就不会把你的钱存入这个银行。所有最出色的教授一有机
会就会离开黑人的大学去白人的大学任教。甚至黑人也这样做。
这就使你最初并不正确的预言变成现实了。"[③]

事实上，黑人学者和女性学者是在自我应验的预言的观念似乎能说明它们试图理解的条件时，才利用这个观念的。他们在利用它时，并没有反过来考虑一下，既非黑人也非女性的学者们提

---

① 参见《内森·黑尔采访记》("Interview with Nathan Hare")，原载《美国新闻与世界报道》(*U. S. News and World Report*)22(1967年5月)：第64—68页。

② 在其他论述中，黑尔把一些"黑人权贵"的信念看作是自我应验的预言；参见他的《黑皮肤的盎格鲁撒克逊人》(*Black Anglo-Saxons*, London: Collier-Macmillan, 1970)，第44页。最近一本有关新老妇女解放运动的著作也注意到："女权主义者进一步证明存在着一种自我应验的预言的成分：当一个组织统治另一个组织时，掌握权力的群体最多只会勉强同意放松它的控制。因此，为了保持妇女的'地位'就提出了这样一些理论，它们假设她的地位是天定的。"[朱迪斯·霍尔(Judith Hole)和埃伦·莱文(Ellen Levine)：《女权主义的复兴》(*Rebirth of Feminism*, New York: Quadrangle Books, 1971)，第193页]

③ 黑尔：《黑皮肤的盎格鲁-撒克逊人》，第65页。

出和发展这种观念时的那种功能上无关的环境。与之相关的是，白人男女社会学家在使用“无实质内容的地位”这个概念时，也并没有静下心来想一想，这个概念是由黑人社会学家富兰克林·弗雷泽发明的。[①]

人们很早就注意到了这种跨越群体和地位界线的观念的传播。在其一项相当精明的分析中，曼海姆阐述了这样一种普遍的情况，即甚至能超越深刻的群体冲突的知识的产生和扩散：

> 综合的存在是由导致两极分化的同样的社会过程造成的；不同的群体根据“竞争以成就为基础”这个简单的法则，接受他们对手的思维模式和思想成就……在有社会差异的思想过程中，即使反对者最终也会被迫采用那些最适用于某类既定的世界秩序的思想范畴和思维形式。在经济领域，竞争的可能结果之一就是，一个竞争者不得不去赶超另一方的技术优势。完全相同的是，当群体为了使他们对现实的解释被当作正确的东西接受而进行竞争时，可能碰巧，其中的一个群体接受了对手的某些富有成果的假说或范畴——任何有希望使认识有收益的东西……[在适当的过程中，有可能]会找到一个位置，以此为基点，可以设想双方的思想是部分正确的，同时也可以把它们解释为是某种更高级的综合的下属部分。[②]

实质上，思想的交流过程的发生，不管是有意还是无意的，恰恰是因为彼此冲突的群体是互动的。例如，极端的局内人信条，对

① 参见《黑人资产阶级》。

② 卡尔·曼海姆：《知识社会学论文集》，第221—223页。

那些拒绝它的过分要求的黑人和白人社会学家的思维，有着一定的影响。思想冲突使他们对他们的论题的某些方面变得敏感了，若没有这种冲突，他们是不会重视这些方面的。

（一）社会虐待狂与社会学委婉表述 131

我将以所谓的社会虐待狂和社会学委婉表述的混合物作为实例，对这种互动导致的敏感加以说明。“社会虐待狂”绝非仅仅是一种比喻。这个术语词是指这样组织起来的一些社会结构，它们蓄意使特定的群体或阶层遭受痛苦、羞辱、苦恼和巨大的挫折。社会虐待狂不一定与在虐待中寻找性快感的心理倾向有关系。它是一组有目的、有社会组织并且周期性出现的情况，无论其历史根源多么不同，它所维护的社会进程是什么，它都会导致那些残酷的结果。

这种虐待型的社会结构，很容易被可称之为社会学委婉表述的见解所忽略。这个术语并不是指这样一些显而易见的情况，即完全用社会学语言来表达对这种结构的意识形态方面的支持。相反，它是指这样一种概念体系，一旦采用，就要求我们忽视诸如痛苦、苦恼、羞辱等等强烈的人类体验。在这种背景下，一些在分析方面很有用的概念，例如社会分层、社会交换、奖励系统、反功能、符号互动等，事实上恰恰从温和、不会使人受到惊扰、给人以抚慰等意义上讲，都是没有什么刺激性的。我并不想说，社会学（或任何其他社会科学）的概念组成部分中必须清除那些不涉及感情的概念，而要充满那些伤感的和渗透着情感的概念。相反，我觉得应当注意，这些无感情的概念对于某些问题的分析而言是很有用的，它们也可用来使社会科学家不去注意痛苦和苦恼等强烈的感受，这些感受是某些人在特定的社会生活模式中获得的体验。通过筛除这些纯粹的人类体验，无感情的概念变成了社会学的委婉表述。

要解决社会学的委婉表述也不是一件容易的事。的确，怀特海的误置具体情况的谬误已经对我们提出了警告，这种谬误假设，我们用来考察不断涌现出的事件的特定概念，记录了它们的全部内容。像其他研究领域一样，所创造出的社会学概念，也并不是用来描述它们所指称的心理实在总体的具体情况的。但是，概念抽象已经为抽象的认识代价以及认识收益提供了一种评价方法。生物学家保罗·魏斯已经提出了这个一般性的问题："一旦我们失去了关于不同特性的信息，我们怎么能恢复它呢？"[①]

132 不妨考虑一下已被确认的实践，在这种实践中，人们使用了从社会生活具体事物的某些要素和方面系统地抽象出来的温和的社会学概念。这只是向以下这个心照不宣的进一步假设迈出的一小步，即有助于我们理解这些概念的心理实在**才是唯一值得理解的东西**。那么，这就为看似很小但总的来说具有决定性的下一步提供了基础。社会科学家有时的做法给人这样一种感觉，即仿佛在他的分析资料中被忽视的实在的诸方面**甚至根本不存在**。这就使得甚至最谨慎的社会科学家也常常把他们的概念和模型变成科学的委婉表述。

所有这一切隐含着一种讽刺：对于被证明具有理性威力的一

① 保罗·魏斯：《一加一不等于二》（"One Plus One Does Not Equal Two"），见《科学之门内外》，（*Within the Gates of Science and Beyond*, New York: Hafner, 1971），第 213 页。

组社会科学概念而言，如果人们计划用某些方法把握这些观念所忽视的对人类具有重要意义的心理实在，并试图以这些方法阐述它们，那么这些概念的威力越大，它们对人们这种尝试的促进作用就越小。

我认为，有些（主要但不完全是黑人）社会科学家正在迫使其他（主要但不完全是白人）社会科学家注意社会学委婉表述的这种趋向。就我所知，没有谁像肯尼斯·克拉克这么尖锐地指出了这一点："可以理解，更多有特权的个人也许需要使他们自己躲开不可避免的冲突和痛苦，这种冲突和痛苦产生于接受这样的事实，即他们**是**加剧偏见的帮凶。有的人从不偏不倚的、法律的、政治的、社会经济的或心理的角度讨论令人烦恼的种族歧视、种族隔离以及经济剥削等问题时，仿佛这些顽固的问题并不涉及现实中的人类痛苦，这种倾向与肯定会被解释为是一种保护手段的经验证据相矛盾。"①

通过在科学问题的阐述中彼此吸收对方的观点，并找到一个互补的、部分一致的关注焦点，局内人和局外人的视角就可以趋同，对于这一点也许已经说得很充分了。但是，使科学家对立，从而使学术争论转变成社会冲突的社会过程，往往把这些思想综合的潜力束缚住了。②

当从社会冲突转变为学术争论这样一种相反的转变得以实现，当人们对每个群体的观点都采取十分认真的态度，从而仔细地

---

① 肯尼斯·克拉克：《黑暗的少数民族集居区》（*Dark Ghetto*, New York: Harper & Row, 1965），第75页。

② 有关这一过程的讨论，可参见本书第三章，边码第55—58页。

考察而不是马上就拒绝它们时，就可以在局内人和局外人视角不同的优缺点之间进行权衡，以增加对社会生活合理和贴切的理解的机会。

（二）局内人、局外人与不同类型的知识

133　如果我们的确在我们扮演的局内人和局外人的角色中为社会知识做出了不同的贡献（应当重申一下，我们所有人在一种环境中是局内人，在另一种环境中又成了局外人），那么，这些贡献大概与长期以来区分的两种主要知识联系在一起，这种基本的区分由于人们含混地使用“理解”这个词而被弄得模糊不清了。用威廉·詹姆斯引自约翰·格罗特（他又引自黑格尔）的话说，这种区分就是“熟悉”与“知道”的划分。[①] 一种意味着对描述性说明所表述的现象十分了解；而另一种意味着与直接体验到的东西毫不“相似”的更为抽象的表述结果。[②] 正如格罗特在一个世纪前注意到的那样，在许多语言中都有包含着这种区分的成对的词：

“熟悉”	“知道”
noscere	scire

① 参见威廉·詹姆斯：《真理的意义》（*The Meaning of Truth* (1885)；New York：Longmans Green，1932），第 11—13 页；约翰·格罗特：《哲学探索》（*Exploration Philosophica*，Cambridge：Deighton，Bell & Co，1865），第 60 页；乔治·黑格尔《精神现象学》（*The Phenomenology of Mind*，2d rev. Ed. (1807)；New York：Macmillan，1961）。黑格尔在他的格言中偶然提到了这种区分：“熟知之所以不是真知，就在于它是熟知。”波拉尼，主要在他“心照不宣地知道”的构想中，为综合这些理解模式作出了重大努力；参见他的《人的研究》和《心照不宣的范围》。

② 默顿：《社会理论与社会结构》，第 545 页。

kennen	wissen
connaître	savoir

也许可以证明，在局内人和局外人之中就存在着这些既有区别又有联系的理解，这些理解有多种混和的形态。从似乎是显而易见的理由来看，一个群体经验的反思意义，对那些曾经有过部分或全部这类经验的人来说，可能更容易理解。但是，社会归属作用甚至不能在熟悉的意义上，保证可信的意识，尽管虚假的意识概念会使我们联想到这一点。社会生活的决定性因素，例如，生态模式和过程，对那些直接参与社会生活的人来说并不一定是显而易见的。简而言之，与局内人的熟悉相比，社会学的认识更丰富。它包含了一种对各种条件和人们参与其中但却不知道如何发展的复杂过程的理解，这种理解在经验上是可证明的。要分析和理解这些，就要求有一种超越个人作为局内人或局外人之地位的理论能力和专业能力。人们要承担获得社会知识的社会科学家的角色，就应当非常公正，并且要有经过训练而获得的能力，从而无论这种分析对某个人的群体价值似乎意味着什么，他们都知道怎样收集和评价证据。

知识领域的其他属性，减少了局内人身份和局外人身份对思 134
想产品的有效性和价值的实质意义。理性**学科**的一个特性就是，它所提出的证据规则，在用来评价某种特定的研究**之前**，就已经被采用了。这些评价理性工作孰优孰劣的标准，由于是对纯事实进行加工的人为产物，对局内人和局外人的适用范围也许就有所不同，而这本身就是研究的一道难题。但是，文化和科学制度中的自主性的界线意味着，与社会标准不同，判断那项工作的有效性和价

值的理性标准，超越了无关的对群体的忠诚。接受技术标准并承认在科学和学问中要有诚实的态度，就超越了在社会归属及科学家和学者的忠诚中存在的差异。对理性价值的承诺，则减轻了群体导致的这样一些压力，即提倡以牺牲这些价值和思想产品为代价去争取群体的利益。

约翰·霍普·富兰克林一直致力于研究美国黑人从其古代的非洲起源直至今日的历史，他的研究已经超过了四分之一世纪，他在观察资料中列举了受群体影响的观点与学术的自主价值观相结合的实例。[①] 在社会研究新学院（New School for Social Research）纪念马丁·路德·金逝世一周年的演讲中，他注意到，作者和听众之间巨大的社会地位差异，事实上会在学术动机和取向方面造成深刻的分歧。富兰克林指出，黑人历史教师由于"受到被扭曲了的历史的伤害，他必须教育他那个种族的孩子"，是谁在19世纪带头消除了有人所说的"白人作家该做而不做和不该做而做的罪过，大部分白人作家似乎只为白人儿童写作"。[②] 1915年创立的黑人生活与历史研究协会（Association for the Study of Negro Life and History）以及一年以后由卡特·G.伍德森和他的同事创办的《黑人史杂志》（*Journal of Negro History*），就是W.E.B.杜波伊斯以及其他人的开创性的修订努力的系统的体现。这种学问

① 也许，富兰克林丰富的著述中最著名的就是《从奴隶到自由：美国黑人的历史》（*From Slavery to Freedom: A History of Negro American*, New York: Alfred A. Knopf, 1967），现已出了第3版。

② 约翰·霍普·富兰克林：《美国黑人历史的未来》（*The Future of Negro American History*, New York: New School for Social Research, 1969），第4页。

的制度化，有助于局内人与局外人之间，以及黑人史学家与白人史学家之间的知识传播和交换。用富兰克林的话说，对黑人历史的研究变得“受人尊敬了。在20世纪中叶以前，这种研究不仅会吸引大量天才的黑人学者为使美国史更为准确而参与它的修订工作，而且还会使许多最有才华的白人史学家加盟这个领域，因为这些人再也不能忍受有偏见的、充斥着一面之词的美国史了。这样， 135
（我们只举四个例子）就有了弗农·华顿的《密西西比的黑人》（*The Negro in Mississippi*），肯尼思·斯坦普的《独特的制度》（*The Peculiar Institution*），路易斯·哈伦的《隔离并不平等》（*Separate but Unequal*），以及温斯罗普·乔丹的《白人统治黑人》（*White over Black*），这些都是白人或黑人史学家在修订他们自己国家的历史方面取得的最优秀的成果。在扮演这种角色时，他们也都成了美国黑人史的修订者。”①

这些努力最初只是为了反对“千篇一律、傲慢无理、苛刻挑剔、缺少民主以及泛滥着种族主义的历史，[这种历史]……导致了愚昧无知、追求私利、沙文主义和种族中心主义的美国白人群体并使之长久不衰，这些美国人此时此刻就可以说，他们不知道美国黑人有历史”。② 然而，人们更需要的相反方向的发展，有可能导致其他的脱离学术标准的情况。富兰克林注意到，最近对美国黑人史的兴趣的“伟大复兴”，不仅发展迅猛，而且已经表现得商业化了。“出版商铺天盖地出版着各种有关美国黑人历史的手册、文选、学

① 约翰·霍普·富兰克林：《美国黑人历史的未来》，第5—6页。

② 同上书，第9页。

习辅助材料、年鉴、文献以及教科书……用不了多久，我们就会有多得读不过来的书；说实话，我们不需要读那么多的书。用不了多久，就会有多得我们可能听不过来的黑人史作者；说实话，我们不需要听那么多的作者讲这个问题。”[①]

在以下论述中，富兰克林对超越局内人和局外人地位令人兴奋的、自主的和具有普遍性的标准，阐述得淋漓尽致：

> 奴隶制、不公正、难以形容的暴行、母亲出售婴儿、奴化教育、实施私刑、火刑处死、种族歧视、种族隔离等等，都是这个国家历史的一部分。如果爱国者们更喜欢奴隶制而不是自由，如果宪法的制定者们更急于把奴隶制而不是保护人的权利写进宪法，如果好不容易给予的自由在另一个世纪又被完全否定了，那么这些也会成为这个民族历史的一部分。公正地看待和实事求是地讲述这个国家的历史，需要有勇敢的精神、巨大的勇气和未必会有好报的诚实。如果没有这些，对美国历史的重新评价就是不可能的，从而，允许讲授美国黑人的历史也就成了一句空话。如果这种探讨取得了成功，那么任何人，无论是白人、黑人还是其他人，都可以撰写和讲授美国史和黑人史。因为对于讲真话来说，人的肤色是最无关紧要的。[②]

尽管考克斯和弗雷泽在许多理论问题和经验主张方面有深刻
136 的分歧，但是他们一致承认知识领域的相对自主性，尤其是他们一

① 约翰·霍普·富兰克林：《美国黑人历史的未来》，第 10—11 页。

② 同上书，第 14—15 页。

致认为，白人学者并没有被禁止为弗雷泽所说的“理解美国黑人的状况和命运”做出贡献。[①] 弗雷泽注意到，认识到所谓的“压迫的标志”，恰恰“是两个白人学者的成果，他们在最近出版的关于**奴隶制**的著作中，指出了美国黑人做奴隶时所受到的精神创伤，他们的氏族组织被破坏时社会生活的毁灭，以及他们的文化遗产被破坏时他们人格受到了剥夺”。[②] 考克斯在对他所说的（从弗雷泽著作中推论出的）“黑人资产阶级学派”的强烈批评中，强调指出了这个学派含蓄的黑人民族主义意识形态歪曲了其工作性质。[③]

现在也许已经很明显了，用于知识领域的结构分析提供了一个令人啼笑皆非的自我例证的模式。以某一个身份（例如，美国人或尼日利亚人，黑人或白人，男人或妇女）为基础的集体的整体，由于其成员的其他身份，总是存在着内部分裂的潜在可能性，所谓的科学共同体和学者共同体也是如此。在一定程度上，由于科学家整体和学者整体复杂的社会差异削弱了他们对外在压力的反应，他们功能的自主性也会周期性地受到巨大的压力。使那种自主性变得脆弱或使自主性恢复活力的环境和过程，是知识社会学中的重要问题之一。

然而，迈克尔·波拉尼在我们大部分人之前很久就已经认识

---

① 参见考克斯的《种姓、阶级和种族》，以及他为黑尔的《黑皮肤的盎格鲁-撒克逊人》所写的序言；也可参见弗雷泽的《黑人资产阶级》和他的《黑人知识分子的失败》（“Failure of the Negro Intellectual”），此文见 G. 富兰克林·爱德华兹所编的《富兰克林·弗雷泽论种族关系》（*E. Franklin Frazier on Race Relations*, Chicago: University of Chicago Press, 1968）。

② 弗雷泽：《黑人知识分子的失败》，第 272 页。

③ 考克斯为黑尔的《黑皮肤的盎格鲁-撒克逊人》所写的序言，第 15—31 页。

到，正是那种自主性能够使对真理的追求变成其他的忠诚："已经知道尊重真理的人们会感觉到，他们有权利用真理去对付教他们尊重真理的社会。他们的确会要求受到人们的尊重，因为他们尊重真理，与他们的本意不同的是，他们的要求甚至会被那些同样具有这些基本信念的人接受。"①

像这样的文章本不需要什么结束语。不过，我在这里要说一句：局内人和局外人是合为一体的。你失去的只是你的主张，而你将赢得的是整个世界的理解。

① 波拉尼：《人的研究》，第61—62页。

第二部分

科学知识社会学

编 者 导 读

科学知识社会学中的一个基本问题当然是科学是如何开始发展起来的。紧接着的一个相关的、更具体的问题是：一旦科学在文化和制度上确立起来后，是什么因素影响着其发展的速度和方向？这部分所汇集的五篇论文集中讨论了科学知识问题，这些论文是按照各部分知识的专业性逐步增加的顺序编排的，开头一篇是对索罗金有关一般的知识社会学问题的讨论，而最后一篇对科学社会学本身为何在如此长的时间里没有成为学术界关注的中心做了分析。

在第一篇文章中，默顿和伯纳德·巴伯对索罗金关于科学发展的“流射论”理论做了详细的考察。这两位作者都在哈佛学习时受教于索罗金，默顿于20世纪30年代早期进入哈佛，而巴伯是从30年代后期到第二次世界大战结束期间在哈佛。他们都完全熟知索罗金的研究工作，默顿还曾与索罗金合作进行过几项研究。索罗金通常主张“文化心态”（理想的、观念的和感性的）概念是社会变迁的基本源泉和结果，故他们认为，索罗金把科学既当作是“感性”精神的象征，又当作是其结果这种双重性来使用，这既不会 140
为经验验证提供机会，也不会为解释以理论为基础的预测的例外情况提供充分的基础。此文针对索罗金的理论目的和其方法论标

准总结出了 7 个具体的问题。索罗金的答复与默顿和巴伯的论文都收录于同一书中*，其回答认真而强硬但不失礼貌，一部分是澄清，但更多的是反驳，这在科学知识社会学的发展中形成了一个有启示的对话。

第二篇论文《科学的社会与文化环境》（"Social and Cultural Contexts of Science"），是默顿为其博士论文于 1970 年再版时所撰写的新序言，该博士论文最初是作为专题论文发表在《奥西里斯》（*Osiris*）杂志上。在这里，作者发现了一个与他 30 年前所作的关于组织化的科学在英国出现的研究同等程度的客观事实，并利用这一机会不但更详细说明了其背景，而且分析了关于这个问题的各种学术争论。他指出，这些争论明显地是过分关注了此书有关清教主义与科学之间的关系的那部分内容，他同时回答了有关他对这些关系的假设之经验基础方面的某些方法论上的批评。

有趣的是，默顿没有把这些批评作为与科学知识社会学相关的资料加以考察。正如科学知识的重大发展既受内部科学力量也受外部科学力量的影响一样，对科学进展的评论肯定也受内外因素影响。自其专著于 1938 年问世以来，对不同时期所提出的问题进行仔细的分析，将有可能对科学知识、科学共同体与科学所存在的社会环境之间的关系提出更深入的看法。

第三篇论文原为默顿的博士论文中的第 3 章，其中分析了现已成为公认的科学知识的社会学基础的一个问题。它包括导致学

* 参见本书第六章。——译者

术兴趣在不同的科学、技术和其他学术领域中发生变化的过程这一问题。它还包括了这样的问题：在科学发展的过程中，什么因素有利于学术中心在每一科学内部的变换？默顿是运用当时还不常见的定量法测量了科学兴趣中心于 17 世纪最后的 30 多年在英格兰的转移这个问题。在这里，其分析的单位是科学论文和大量的科学发现，而不是科学家的数目。根据所测量的兴趣转移与科学中重大发展之间的比较，他得出的结论说，科学兴趣中心短时期的起伏在很大程度上是由于科学内部的原因造成的（他在其博士论文的后面探讨了更长期的兴趣转移的根源，所得出的结论是，它们主要受科学之外的变迁因素的影响）。

《科学与军事的相互作用》（“Interactions of Science and Military”）是这同一问题的另一面，它讨论的是实际利益在决定科学关注焦点转移中的作用。此文发表于 1935 年，后又加工整理收入其博士论文之中，跟其结论的定量依据相对应，此文提供了定性方面的依据。研究报告可根据它们是直接还是间接地与军事技术问题（大多是火药和弹道学）相关而加以分类，他发现，从 1661 年到 1687 年间英国皇家学会所做的研究中大约有 10%都属于这类研究。此外，该文证明，科学家群体常常是先因一个问题具有应用价值而选择了它，而后又把它当作了“纯”科学问题，结果其发展与原来的问题关系越来越小；这一证明包含了关于科学知识的自主发展特征的一种早期表述。

141

今天将非常难以重复这一研究，即使同时考虑到存在着安全规定和不同研究的复杂性，但若同时考虑到研究和发展基金（以及如果可以认为相关和无关的项目都大致需要同等数目的费用）的

话，那么今天用于军事技术的投入在全部科学研究中所占的比重，在许多国家中肯定都会超过50%。

在本部分的最后一篇论文中，默顿集中分析了科学社会学作为一个被忽视的专门领域的情况。这是他为巴伯的《科学与社会秩序》（1952年）一书所写的前言，在此文中，他提出了为什么这一学科在如此长的时间里被社会学家所忽视这一问题。此文的写作背景及其某些意义已在本书导言中有所交代；这里需要指出的是，那些可以解释对科学社会学忽视的一系列情况还非常缺乏经验研究，而现在研究科学专业增长的那些社会学家将会更好地对在他们自己的研究过程中这些科学之外的情况做出明确的解释。

N. M. 斯托勒

第六章　索罗金的科学社会学观点* 142

1963 年

（与伯纳德·巴伯合著）

从一开始我们就必须放弃这样的尝试，即找到捷径把范围极广、各不相同的和发展变化的观点归结于由皮蒂里姆·索罗金所提出的科学社会学之中。这种努力只能由一个大部头的著作而不是短短的一篇文章所能完成的。因为他对科学社会学的贡献几乎是涉及了他的与经验相关的社会学理论的每一个主要部分。试图追溯其科学社会学的每一个方面，或者更广义地说其知识社会学的每一个方面，将意味着要涉猎到其鸿篇巨制中的每一个方面，而这样做即使我们力所能及，也会导致对本书中所包括的有关他的研究大部分内容的一种不能容忍和自大的重复。因此，我们并非要系统论述索罗金对科学社会学的贡献，而是将对他的某些最为重要的和有时易引起争论的观点进行分析。我们并非要考察其科学社会学的诸多细节，而是要分析包含这些细节的更一般性的观

---

* 本章原载于菲利普·J. 艾伦编：《皮蒂里姆·A. 索罗金评论》(*Pitirim A. Sorokin in Review*, Durham, N. C.: Duke University Press, 1963)，第 332—368 页，现获准重印。

点，这意味着将不得不在很大程度上删除那些更全面的分析中所包含的问题。最后，我们并非要彻底弄清索罗金有关科学社会学观点的发展过程，如这些观点在差不多半个世纪之前就出现了，而是将主要讨论他后来的观点，尤其是在其《社会动力学和文化动力学》中所提出的观点。简言之，这只是一篇批判地理解索罗金的科学社会学研究的文章；它不是有关其研究的综合性和方法性的分析。

尽管这样做不算是一种局限性，但我们必须承认存在另一种
143 局限。我们发现，虽不能说不可能，但却难以获得一种充分的与我们时代的一个学者的历史距离感，而这位学者曾经是我们两个人的导师。但是在这里，索罗金本人成了我们的救星。而且就他这样做而言，这本身差不多也是科学的微观社会学的一个主题，它表明了一所大学的社会结构如何影响到一位教授与其学生之间的关系，甚至影响到知识的传输。索罗金在美利坚合众国的明尼苏达大学获得其职位后不久，便开始对美国的社会学产生了影响。特别是他应邀去哈佛大学创办社会学系之后，这位有影响力的、坦率的和**急性子**的人才开始影响到众多学生的思维。为了理解这种影响的特征，我们来做一思想试验，即假想索罗金去的不是哈佛，而是去了其他的某个重要大学——如在欧洲。他同样拥有那所大学的“社会学系主任”之职。他也有一大批助手和学生，这些人按照应恭顺的文化期望，会成为他的弟子，仿效他的词语和思想，就像是他们自己的一样。但是在美国的学术环境中，且尤其是在像哈佛这样的大学里，社会结构和由文化所限定的期望方式，显然与其他地方迥然不同。科系的权威结构是多元的，而不是非常集权化的。不但是有主任之称的人，而且系里面的其他教员也都有同等

的机会接近学生。也不存在着必须服从于主要教授的意见这类规定。这种结构情形意味着，在哈佛，许多社会学的研究生通常并不仅仅是做弟子。而且，索罗金本人的个性和角色行为也在学生中强化了具有独立思想的倾向。他们倾向于对索罗金的某些研究成果采取同样批判的态度，就像他本人以角色榜样的力量，对其他人，既包括当代人也包括前代人的成果采取的批评态度。所有这一切意味着，这一结构所限定的索罗金的角色，主要是提醒其学生选择不同的学术观点，而不是把自己的理论观点强加给他们。我们猜想，所有这一切都有助于解释为何正是索罗金的学生，当他们发现索罗金所做的与他们想到的不符时，无论正确与否，他们都毫不犹豫地与之区别开。在采取这种有时是畏怯的但社会支持的批判立场时，他们在很大程度上受益于索罗金本人的行为典范的鼓励，他认为其他学者都会犯错误。但在这里不适宜公开表达校友之情，我们只是想借此运用索罗金曾运用于分析他人成果的批判标准来分析他的研究工作。故本文主要是批判性的，而不是注释性的。

一、索罗金的科学社会学：中心主张 144

索罗金关于科学社会学明显地采取的是一种唯心论和流射论的观点。马克思或曼海姆的理论，主要是试图解释在一特定社会中由其社会结构所决定的知识的特征和局限性，与此不同，索罗金的理论试图从基本的“文化心态”中找到各个方面的知识。[①] 索罗

① 罗伯特·K. 默顿：《社会理论与社会结构》，第 466 页。

金理论的这方面特征如此显著，以致它被每一位涉及其研究的评论家不同程度地注意到了。例如，在某些严格的术语方面，马凯这位非常有同情心的批评者曾注意到，在索罗金的理论中，“自变量是与终极实在和终极价值相关的学术立场……三种文化前提只不过是哲学立场。”[①]这一说法，正如我们将会看到的，对其理论远未做严格的解释。用索罗金自己的术语说，在其文化类型概念中所包含的内容，要比被描述为作为其基础的哲学立场更丰富。不过，马凯的确抓住了一个本质事实，即由索罗金所区别出的每一种文化类型都有其不同的本体论取向。这一点也被另一位索罗金的评论家斯塔克注意到了，他指出：“对理解其全部理论来说，重要的是认识到，在一定时期占主导地位的本体论观点，与其说是文化内容，倒不如说是文化前提，由此，文化作为一个整体得到发展和辐射。”[②]

那么，在不同类型的知识（观点）中有不同表现的“文化心态”有什么特征，这些心态为何各不相同呢？有两种“纯粹型的”心态，它们根本不同于那些被当作是终极实在和价值的东西。第一种是观念心态，它相信实在是“非物质的、永恒的存在”，它把人类的需要看做是心态上的，而且通过“迫使自己的大多数物质需要变得最小或者消除”来寻求满足这些心态需要。[③] 观念文化采用的是“信仰真理观”。另一极端是感性心态，它把现实限定在通过感觉所能认识的范围之内。主要关心的是物质性需要，这种文化提倡对这

---

① 雅克·马凯：《知识社会学》（*The Sociology of Knowledge*，Boston：Beacon Press，1951），第 135、187 页。

② W. 斯塔克：《知识社会学》，第 226 页。

③ 皮蒂里姆·A. 索罗金：《社会动力学和文化动力学》4 卷本第 1 卷，第 72—73 页。

些需要的满足不是通过自我节制，而是通过对外部世界的改变。它倾向于“感性真理”。介于这两者之间的是一种“混合型”的文化 145
心态，即理想心态，它代表的是前两类的一种平衡状态。它倾向于“理性真理”。根据这三类心态，亦即每一种文化的主要前提，索罗金确立了其独特的真理和知识体系。

对于这种观点，即文化前提对在每一种社会文化中发展着的不同类型的知识来说都是根本性的，无论其意义是否明确，我们将作更详细的说明。然而，在这里我们需要特别指出的是，索罗金列出了一系列**依赖于**这些文化前提的更为专门的知识类型。它们包括像作为基本范畴的因果性、时间、空间这类的因“变量”；诸如唯心主义—唯物主义、不朽论—现世论、实在论—概念论—唯名论等基本哲学概念；各种宇宙、生物和社会文化过程的概念，例如生物学中的机械论或活力论等观点；科学进步的速率；道德哲学主导形式；以及各类刑法等等诸如此类的东西。

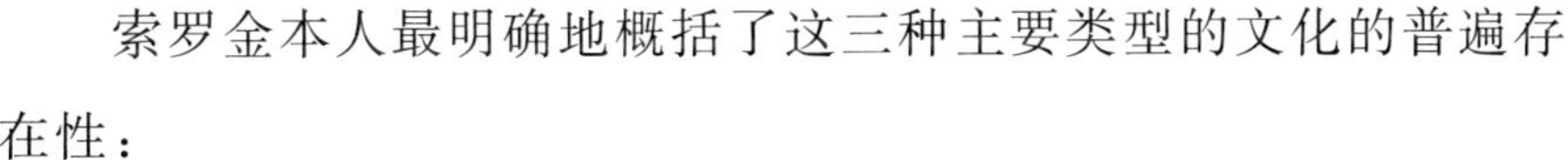

索罗金本人最明确地概括了这三种主要类型的文化的普遍存在性：

> 每一种都有其自己的心态，有自己的真理和知识体系、自己的哲学和世界观(Weltanschauung)、其自己的宗教形式和“神圣”标准、自己的是非体系、自己的艺术和文学形式，有自己的道德、法律和行为标准，有自己的**社会关系**的主导方式、自己的经济和政治组织，最后，有自己的**人格类型**以及特殊的心态和行为。[①]

① 皮蒂里姆·A.索罗金：《社会动力学和文化动力学》第1卷，第67页。

简言之，不只是“知识”的形式依赖于作为每一种社会文化系统基础的这些前提。社会结构的形式和主要的人格类型也具有这种依赖性。每一种文化、社会结构和人格都被看做是产生于三种社会文化系统中的根本的取向性特征。

正如我们有时所看到的，索罗金认为特定的科学理论以及科学发展的速率，也依赖于这些基本的文化前提。在这里我们想指出的仅仅是索罗金的概念中的第一个难题，据我们所知，他并没有为我们对之做出解答。即他如何能够摆脱他所采用的自圆其说的流射论的理论观点呢？因为正如索罗金所表述的，这看起来是做同语反复的说明：“在一个诉诸感性的社会和文化中，基于感觉器

146 官证据的感性的真理体系必定起主导作用。”[①]因为感性心态是索罗金从本体论上对文化基础所做的抽象概括，这种心态业已被定义为相信“实在只是呈现给感官的那些东西”。[②] 在这种情况下，正如在其他相近的情况一样，索罗金似乎对此感到踌躇：是把他的文化心态类型当作概念还是当作经验上可检验的假说？这是诸问题中的第一个问题，从未来着眼，让索罗金重新考察并澄清这些问题可能是很有用的。

这里我们以导论方式把索罗金的科学社会学，或者扩展来说其知识社会学看做是唯心论和流射论的。在这一方面，他根本不同于马克思的唯物主义观念，马克思的观念所关注的是由处于其时代的阶级结构中的思想者所提出的学术观点，他也不同于曼海

① 皮蒂里姆·A.索罗金：《社会动力学和文化动力学》第2卷，第5页。

② 同上书，第1卷，第73页。

姆的准马克思主义观念，曼海姆扩展了马克思的思想的结构基础观点。很可能正是因此对比，马凯才得出了这样的结论："由于索罗金的自变量是与终极实在和终极价值相关的学术立场，故他的社会学具有极端唯心主义的特征（用现代性的词语来说是……'理念控制世界'）。"①

在不改变基本观点的情况下，我们可作稍微不同的表述，但更直接关注的是其某些进一步的意义。在继《社会动力学和文化动力学》面世后他所发表的众多著作之一中，索罗金本人又指出了文化、社会结构和人格这三部分作为人类行动的抽象方面的不同之处。这可从题为《社会、文化与人格》（*Society, Culture and Personality*）的著作中看到。尽管他在其更早的著作中也注意到了所有这三个方面，但显而易见的是，在索罗金的科学社会学中，他主张文化对社会结构和人格这两方面具有支配作用。显然，他认为根深蒂固的文化前提决定了社会结构和不同类型的人格的变化，产生出了一种基本一致的反映生活于特别类型的文化中的人们的观念。文化心态被认为是根本性的；社会结构和人格是派生性的，至多对文化所限定的主题只有极小的改变。

假如不允许这种见解变成仅仅是一种被掩饰的同语反复的话，那么，有关这一见解还有更多问题要说明。某一特定社会的人事实上对有关主要的现实具有共同的基本假定，他们具有极相同的价值观，从这些意义上讲，他们的确会在其行为和其成果中表现出这一切。但是他们共有这些取向和价值观的程度自然是一个事

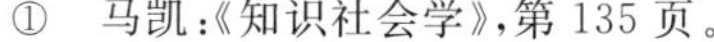

① 马凯：《知识社会学》，第135页。

147 实问题，而不是一个概念假定。找出在不同文化中这种情况能达到什么样的程度是一个研究问题，而不是信念问题。总之，一个主要的研究问题是找出如何获得共同一致的观点，以及对生活于“相同”文化中的人之间所存在的差异做出解释。索罗金本人已回答了这个问题，但只是部分性的。他的资料正如我们现在所看到的，证明了每种特殊的文化类型**之中**的实质的可变性，但是索罗金的理论目的和倾向仅此而已，并没有进一步去分析这种可变性的某些意义，从而扩展和完善其科学社会学理论。一言以蔽之，可以说索罗金把自己限定在基本的相似性中（可以肯定，这是一种广泛性和综合性的近似性），而没有对一门也关注相同文化中多种多样的科学观点之基础的科学社会学做出严格的限定。可以认为，在相同的文化中所形成的不同观念，不一定仅仅是对主题的微小改变；相反，恰恰是这其中的某些变化导致了思想和科学的根本发展。只追求基本近似性，只关注一种文化中的主导趋势，使得索罗金自己大体上回避了对那些往往有益于知识进步的变化情况的**分析**，人们认为，这类知识是在其他方面有诸多差异的不同文化中的可靠知识。

这是一个很大的论题。至少，如果我们要评价索罗金在广义的知识社会学和其专门的科学社会学方面的局限性及其贡献，就必须对它加以详细阐述。

二、宏观社会学与微观社会学的知识观

索罗金的社会文化系统理论，对过去大约3000年间左右广及

整个希腊-罗马以及西方的社会做了一定的描述和分析——比对偶然涉及的东方社会做了更多的分析。此理论可恰当地称为宏观社会学观点。[①] 这种观点所关注的是每一社会和文化的总的特征，而不是微观特征。例如，把横跨几个世纪之久的文化分为观念文化、理想文化或感性文化，就是根据其主要特征进行划分的。而每一种文化内部的差别很大程度上被这种观念给忽略了。我们必须认识到，这种忽略是由理论倾向造成的，而不是由外在现实造成的。例如，具体说它意味着，按照索罗金的观点，西方近 400 或 500 年的时间里，受感性文化心态的支配而形成了单一的社会文化形态。按照索罗金的综合性的分析框架，在这一时期所发现的
科学和知识的一切实质性变化，总的来说都可看做是趋于现实这 148
一基本取向的表现。

故而，在探讨社会现实时，基本的近似估计存在一个问题，即在这些估计中深深地隐藏着对价值观的基本信奉。因为被确定为**根本性**的东西，就是观察者所认为的"真实的事物"。所以在同样明显的意义上，观察者视而不见的那些变异，与观察者所看做重要的方面相比会被认为是无关紧要的。因此，正是由于认为整个时期是以感性为特征的，索罗金就没有使自己的分析关注到各种不同形式的科学研究，而它们共同存在于相同的感性文化时期。这种观点是宏观性的，恰恰是由于这一点，它为了所有相关的目的，一方面把伽利略、开普勒和牛顿的研究工作；另一方面把卢瑟福、

① 有关宏观知识社会学与微观知识社会学的比较，参见斯塔克：《知识社会学》，第 19—37 页；以及马凯：《知识社会学》。

爱因斯坦以及我们将提到的杨振宁与李政道的工作都凑在一起了。于是，它忽视了对它们之间的巨大差别的分析，这些表现在人文和学术目的方面的不同，无论是在16或17世纪的科学中，还是在20世纪的科学中都会见到。正是这种大概的近似性有这样一种危险，即妨碍一些人的注意力，这些人有理由认为，在宏观感性文化时期**之内**的变化同样是根本性的。

这些说明会足以引出第二个问题，在我们看来，要重新考察索罗金的知识社会学和科学社会学，就需要涉及这个问题。他的理论中的哪些成分，有助于我们解释索罗金归因于他的某种或另外一种社会文化类型之社会和时代中的思想的可变性？索罗金是否已通过提倡一种宏观分析，而拒绝对那些在许多人看来是中心性的问题进行详细的研究，从而给自己的理论做了过多的限定呢？

正如我们在本书第一章中所说明的那样，在一种严格的意义上，索罗金本人的确提出了这个问题。例如，他认为，感性的“真理系统”（经验主义）没有能够完全主宰我们的感性文化证明了这样一个事实：文化不是“完全整合性的”。但这似乎是承认应考察这些大相径庭的思想的基础，我们当代对此是很关注的。按照索罗金的理论，人们如何去解释这些差异呢？这同一问题也适用于他从宏观社会学角度所涉及的其他知识范畴和原理。例如，他发现，在当前的感性文化中，“唯物主义”不如“唯心主义”流行，而“现世主义”与“永恒论”几乎是同等流行，正如“唯实论”与“唯名论”、“个体主义”与“普遍主义”同样流行一样。所以现在我们再次看到了索罗金理论的致命的（我们强调是自身导致的）局限性：既然从自己的证据中也得出，这些不同的观点存在于相同的文化之中，那么

以“感性”为基本特征的文化怎么能有助于我们解释为什么某些思 149
想家选择这一思想模式，而其他的思想家又选择另一思想模式呢？

重要的一点是，索罗金的理论不会引导我们去探讨某个社会或某种文化**内部**的思想的变化，因为他所关注的是文化的“主”旋律，并把它们归因于作为一个整体的这种文化。[①] 例如，索罗金认为，当代社会除了不同阶级和群体的学术观点之间有**差异**以外，可看做是感性文化整合的一个例子。按照其自己的主要假定，索罗金的理论主要适合于分析大的文化特征，而不适合于分析社会结构中各种社会地位与各不相同的思想方式和内容之间的关联。[②]

这种宏观社会学层次的分析没有关注到那些对理解文化内部的变化发展有重要意义的问题，有几位索罗金的批评者已注意到了这一点。人类学家亚历山大·戈登魏泽很快发现了这个问题，但对此做了过分的说明，以至于把正确的观察转变为弄巧成拙的夸张，他说：“他的[索罗金的]网张得如此之大，以至于历史上发生的一切[？]都会从中漏掉。”[③]而马凯也对分异的社会和政治系统提出了同样重要的观点，他指出：“某些极为重要的从微观分析观点来看的差异性被忽视了。因此，共产主义、资本主义、法西斯主

---

① 就我们所知，只有一次索罗金把社会的内部分化与在此社会中所形成的思想形态的某些方面联系在了一起。当他对比“牧师和宗教地主贵族是观念社会的领导和组织阶级，而资产阶级、知识分子、专业人员和世俗官员是感性社会的领导和组织阶级”这种趋势时，有所离题地做了这种联系（《社会动力学和文化动力学》第 3 卷，第 250 页）。另见他对社会阶级之间的文化差异的解释，同上书，第 4 卷，第 221 页及以下诸页。

② 参见默顿：《社会理论与社会结构》，第 466—467 页。

③ 《社会理性》，原载《社会哲学杂志》，1938 年 7 月，第 353 页，引自《动力学》第 4 卷，第 291 页注释。

义都被置于相同的感性文化类别之中……像这三种文化前提作为概念工具的使用，将致使大量与更具体的参考框架相关的非常重要的差异被忽视了。”[①]

透过索罗金的宏观社会学视镜来观察科学的发展历程，会使科学的具体发展变得模糊不清，而不会获得十分明确的结果。例如，在索罗金解释文化心态如何影响科学的关注中心时——这本身是一个重要问题，他提出：“具有观念文化的科学家会更多**关注**于精神、心态和心理等**现象**的研究……而具有感性文化的科学家
150 可能更**关注**于纯物质**现象**的研究。”[②]（黑体字为引者所标）对这两大类现象具有**相当**程度的兴趣，在任何一个时代都不应成为问题。但是，这的确会使我们偏离对这个事实的重要性的思考，即近几十年来所出现了对关注“心灵、精神和心理现象”的人类行为科学研究的极大兴趣。按照德里克·普赖斯对物理学家的估计，我们应该清楚在所有在世的社会和行为科学家中超过 90% 的人仍然很活跃。对人及其工作的科学研究的这种巨大兴趣，是需要由科学社会学来解释的一个历史事实，但索罗金的宏观社会学观念不易于对之作出解释。

我们强调这一基本观点，希望不会引起误解。这并不是说，索罗金的宏观科学社会学**在理论上不适宜**对他的每一种重要文化类型中的思想和科学的各种发展作更详细的分析。这不是理论的不一致问题，而是科学社会学的研究类型问题，即这里所强调的那些

① 马凯：《知识社会学》，第 199 页。

② 索罗金：《社会动力学和文化动力学》第 2 卷，第 13 页。

类型，从宏观社会学观点分析就会被忽视。正是从这一方面讲，我们说索罗金的理论是一个基本近似的估计。我们认为，可以也应该通过深入地分析那些处于不同的社会结构中的人们的科学研究类型之间的联系，对它加以补充。

在索罗金对某一文化时代占主导地位的思想方式的长期和短期波动的探讨中，也有一个几乎完全相同的问题。索罗金自然主要关心的是文化心态的长期波动，他认为这是其他一切方面的基础。但例如在其《动力学》第2卷第12章中，他也注意到表现在生物学中的原子论、活力论和机械论以及自然发生论、光学的微粒说和波动说这类科学理论中的短期变化，并进一步指出："由于这些理论的不断变换，故也可注意短期波动。"[①]但是这些短期的变化并没有引起索罗金的兴趣；他没有花力气去分析这些变化的社会和文化根源。尤其是，他注意到："20世纪在机械论与活力论观念方面，似乎成了一个军事冲突的领域。这两种观念似乎是并行存在的，且二者似乎都很活跃。"[②]此外，索罗金并没有考虑到运用其理论观点去分析这些相对立的生物学理论能在冲突状态中同时存在的社会和文化条件。而这明显的是微观科学社会学所关注的一个重要问题。 151

三、文化决定论与子系统的相对自主性

在这一点上，我们是以较极端的和重申的形式对索罗金的基

① 索罗金：《社会动力学和文化动力学》第2卷，第446页。

② 同上书，第2卷，第454页。

本理论立场进行了探讨。这一立场坚持认为，广义地讲，三种“文化心态”完全决定着知识形式、本质和发展，具体而言，它们决定着科学的形式、本质和发展。例如，用索罗金的话可简要地表述为："故科学理论只不过是由占主导地位的文化类型所形成的‘可信的’和‘时兴的’观点。”[①]在科学上，那些未被主要的科学家共同体承认为有效的理论不能融入当时的科学主流之中，显然就属于这种情况。但是绝不能由此得出结论说，科学理论**只不过**是一种认可和时尚。若果真如此的话，它将会否定科学史中的主要事实，会否定实证性知识的逐步积累发展，尽管这种积累是以不同的速度进行的。尽管还会有所争议，但我们难以否认，今天的科学知识比过去任何时候都更多。今天所存在的也不仅仅是信念和时尚。

事实上，索罗金也没有使自己限于极端的立场，即认为科学的发展完全是由主流的文化心态所决定的，而是引入了两个限定条件，一是强调他的理论的主要部分，二是作因果性和只是附带地分析。第一个限定划定了文化中的每一个子系统，特别是学术思想和科学子系统的自主性或独立性的范围；第二个限定主要是承认，分化的社会结构以及主导性的文化心态都影响知识的发展。这两个限定，尤其是第一个对深入解读索罗金的理论来说是重要的。可能由于索罗金本人如此经常地强调社会文化系统中的一切事物对“文化前提”的依赖，故他的批评家们自然把他看做是顽固的文化决定论的一个代表。过分的强调掩盖了他在《动力学》第1章中对所涉及的这一决定论的基本限定，在那里他指出，社会文化系统

① 索罗金：《社会动力学和文化动力学》第2卷，第455页。

中的每一子系统都具有一定程度的自主性或独立性。最基本的观点是，

> 任何系统的自主性意味着……由于大量的会对它有所影
> 响的各种外部作用和事物的存在，故存在着某种程度的自我选 152
> 择或挑选。它会吸纳其中的某些方面而拒绝另外一些方面……处于系统自身之中的最为重要的系统功能和过程的“决定因素”是系统所固有的。从这一意义上说，内在整合的系统是一个自主性的自我调节、自我引导，或者如人们喜欢说的“均衡的”整体……这是可以称为“固有的自我调解和自我引导”这一更大原理的具体表现的一个方面。[①]

于是，问题就变成了提出一种适合于解释各种制度和其他子系统所具有的不同“幅度的”自主性的理论。在我们看来，正如它现在所表现的，这是索罗金理论中的又一缺口——按我们的解释这是第三个缺口。除了特殊的制度具有程度大小不同、相对于其社会和文化环境的独立性这个可大致确定的**事实**外，**在这个理论中**似乎再无其他方面可有助于我们推知，相对于各种不同的社会文化系统中的不同的制度环境而言，这种结果是如何产生的。

对于这一问题，索罗金似乎采取了一种在形式上（当然不是实质上）类似于马克思和恩格斯所采用的立场。从索罗金众所周知的反马克思主义理论的观点来看，这种说法乍看起来似乎是难以置信的，这样说并不过分。然而，当理论家面对相同的问题时，他们常常会在其分析形式方面具有共同性，无论他们所得出的实质

① 索罗金：《社会和文化动力学》第1卷，第50—51页。

结论有何不同。在我们看来，马克思和索罗金在他们分析社会中的各种制度的相对自主性时就属于这一情况。只分析少数几处其分析形式的相似性，就足以说明问题。

正如索罗金主要把他的文化心态看做是决定社会文化系统发展的重要因素一样，自然，马克思把“生产关系”当作是“制约着整个社会生活、政治生活和精神生活过程”的“现实基础”。[①] 实质上，马克思和索罗金之间不可能有更大差别：马克思在说明生产关系很大程度上决定着观念的上层建筑时，采用的是“唯物主义的”立场观点；[②]而索罗金采用的是一种“唯心主义的”立场，认为主要是基本的前提和文化心态决定着社会和文化的基本性质，包括社会关系。但是在断定存在着**主要的**社会或文化决定因素的形式命
153 题方面，这两人是一致的，不过，这些因素还是为思想和知识领域的某种程度的独立性留下了空间。

正像索罗金认为社会和文化子系统具有某些程度的自主性一样，马克思的亲密朋友认为法律具有很大的自主性。[③] 而且正如恩格斯进一步说明的，那些适合于法律领域的情况也适合于上层建筑的其他领域如科学和宗教，即它们与经济基础相互作用，而不

---

① 卡尔·马克思：《〈政治经济学批判〉序言》（见《马克思恩格斯选集》第 2 卷，人民出版社 1972 年版，第 82 页——译者）。

② 为牢记他的最有力的阐述，我们只得再引用紧接马克思上述引文的这句话：“不是人们的意识决定人们的[社会]存在，相反，是人们的社会存在决定人们的意识。”（同上书，第 82 页——译者）

③ 恩格斯：《恩格斯致康·施米特（1890 年 10 月 27 日）》（见《马克思恩格斯选集》第 4 卷，人民出版社 1972 年版，第 483 页——译者）。（所引全文，参见本书第一章，边码第 19 页——编者）

是完全由经济基础决定的。[1]

正如我们所看到的，索罗金把所有这些都统统放入了他的逻辑或功能上统一的系统的自主性概念之中。而且他在其他情况下，也把这个概念具体应用到了科学制度领域，例如他说：

> 不能认为，一切科学理论都表明或者必须表明[与基本文化前提之间的]这种关联；其中许多理论会独立于我们的主要变量而在其一定的自主性空间和相近的心态领域变动……由于任何真正的整合系统具有自主性这一原理，故所研究的每一种整合性的文化心态的潮流也应该是有某些程度的这种自主性。[2]

因此，正如马克思和恩格斯认为，在每一制度领域中的**趋向于内部一致性的压力**是制度相对独立于"最终的"决定性因素——社会生产关系的根源，索罗金则认为，子系统的**整合**是子系统相对独立于"最终的"决定因素——文化心态的根源。故理论的这种差别是内容上的，而不是形式上的。

于是，这又使我们回过头来分析我们已提到的索罗金理论中的第三个问题：其理论如何分析一个社会中的不同制度子系统的程度不同的自主性特征？自主性程度对一切领域如宗教和法律、科学和哲学都是相同的吗？或者说，自主性程度明显地因这些子系统的不同而不同，这有理论依据吗？提出这个问题是一回事；而提供令人满意的回答则是另一回事。当我们指出索罗金的理论似

---

① 恩格斯：《恩格斯致符·博尔吉乌斯(1894 年 1 月 25 日)》(见《马克思恩格斯选集》第 4 卷，人民出版社 1972 年版，第 506 页——译者)。

② 索罗金：《社会动力学和文化动力学》第 2 卷，第 474—475 页。

乎不会提供答案时，我们更多的是把这当作是一种明显的和有启示性的不足，而不是当作一种削弱其理论基础的观点。恩格斯以下列不严格的表述只是提供了答案的线索，而不是答案本身："我
154 们所研究的领域愈是远离经济领域，愈是接近于纯粹抽象的意识形态，我们在它的发展中看到的偶然性[即偏离"期望"]就愈多，它的曲线就愈是曲折。"[①]这一观点对说明每一种制度领域如何"远离"经济基础这个难题仍未做全面的回答。但如果说恩格斯未解决这个问题的话，那么看起来索罗金也未解决此问题。

索罗金忽略了对任何社会文化系统中科学的独立功能的深入分析，更进一步表明了这一点。在指出了像美国这样的社会具有"高度整合与分化的科学系统"，而原始社会具有"不发达"的科学系统之后，[②]他说："但在某些形式上，科学在任何文化领域中都可被看做是一个系统，因为[根据功能假设]任何社会群体，只要生存，就必须而且的确具有一定量的有关其周围世界的知识，具有对其生存和延续来说是重要的有关现象和事实的知识。缺乏了知识，任何群体都不可能长久地生存下去。"[③]这里我们所关心的不是这种要求必须具有某些最低量的真实知识的功能性假定；而关心的是，这个假定把独立性功能赋予了每个社会中的"科学"，由此我们再次看到，索罗金认为科学并不仅仅是文化心态的反映，而且

---

① 恩格斯：《恩格斯致符·博尔吉乌斯（1894 年 1 月 25 日）》（见《马克思恩格斯选集》第 4 卷，人民出版社 1972 年版，第 507 页——译者）。

② 如索罗金所告诉我们的，他使用"科学"这一术语是科学和技术的简要表示形式。在此段话中，严格地说，他显然讨论的是在非文明社会中低级的日常生活中的技术，而不是科学。

③ 《社会动力学和文化动力学》第 4 卷，第 111 页。

它也具有自己的功能性基础。

在广泛地讨论索罗金理论中的子系统的自主性原理和此理论的不足之后，我们可以转而讨论他对科学的文化决定论所做的第二限定。这一讨论必须简要，不是因为我们认为它不重要，而是因为如我们在前一部分所宣布的，索罗金在其著作中对此只是一带而过。这种认为思想是由基本的文化心态所决定的限定，涉及社会结构的内部分化与在此社会中所获得各种思想的性质之间的关系。用上一节的术语来说，它涉及微观科学社会学问题，而不是宏观科学社会学问题。

非常明显的是，索罗金只是在一个较长的注释中讨论了这个问题。而且，此注释不是出现在最能全面反映其知识和科学社会学观点的《动力学》之中，而是出现在他后来的社会学导论性著作
《社会、文化与人格》之中。只是在这里讨论他所说的观念的“非逻 155
辑性”时，索罗金才提到了曼海姆的分析：

> 他正确地找到了个人的群体归属的原因；但是……他的理论仍是模糊的，而且在许多方面是不正确的。而非逻辑性的真正原因是显而易见的。它们在于个人的群体归属和文化归属的本性……不幸的是，人们对我们的社会归属如何影响我们的逻辑和判断仍然知之甚少。所谓的“知识社会学”还难以对此问题得出明确的答案。[①]

总之，索罗金在这里提到的突出的问题是，在同一文化之中，

① 索罗金：《社会、文化与人格》(New York：Harper & Bro.，1947)，第352—353页注释。

不同的社会地位和群体归属如何影响到非逻辑情感思想、逻辑思想，甚至科学研究的性质。在讨论索罗金对知识社会学当前的发展状况的评价时，不应有过高的目的，主要是因为我们都明白在这一引起人们学术兴趣的领域特别缺乏经验研究。确切地说，他并非是要对未做的工作进行评价，而是关注**理论上的**问题，即由索罗金所倡导的这种研究提出了不同的思想方式的这种可能性：这些思想方式会因科学家及一般知识分子的社会地位和群体归属的不同而有所不同。因为这含有一种知识社会学观念，它考虑到了处于特定文化**之中**的观念和知识发展的明显可变性——这种可变性源于社会分化，因而它也支持我们所做的解释，即索罗金的宏观知识社会学原则上并未否认知识的社会分化根源的作用。所以，这再次表明索罗金的部分观点在理论上是可接受的，尽管他本人不赞同接受这种观点：主要的文化心态并不完全决定知识的特征，而是考虑这类知识所具有的明显和受社会塑造的可变性。

因此，如果我们考虑到索罗金在解释科学和其他知识受主导性文化心态决定时有这两个基本的限定条件，那么我们会发现其理论观点与其他的科学社会学家所采用的观点似乎无很大差别。他的理论为我们所提出的经验任务是，努力寻找出文化和社会结构影响知识发展的方式，分析每一种知识和科学内在发展所需要的一定程度的独立性。由菲利普·艾伦所编辑的这部文集就为索
156 罗金提出他有关知识社会学的这一中心问题的看法提出了机会。于是这就有可能去评判马凯的观点是正确或者有些含糊，他的结论是："对索罗金而言，显然存在的因素[即社会结构]只有极小的重要性……他认为文化前提对心态产物来说才是真正有最重要意

义的因素[原文如此]……我们可以说，事实上[对索罗金来说]文化前提确实会产生主导性的影响。”①无论对索罗金的理论再做什么样的正统的说明，都不能把它说成是一种关于“作用因素”具有巨大、中等或微小“重要性”的理论。当索罗金着手把马凯的模糊的表述，诸如“最小重要性”和“最重要的因素”，转变成足以明确地进行分析的观点时，我们将能够更好地评价他现在对其理论中所提出的、在每一种文化中所发现的由社会因素所形成的知识类型的立场。

四、经验研究：科学社会学的定量指标

至此我们已分析了索罗金的宏观科学社会学理论的某些要素，指出了那些引申出的理论问题，这些问题需做进一步的澄清才会更有意义。在这一过程中，我们指出了在索罗金的理论中所遗留的三个难题：第一，理论如何摆脱流射论观点，此观点假定了一些具有决定意义的文化心态，按其定义，它们似乎包括后面所说的这些心态的某种表现；第二，在我们看来，根本的问题是，理论如何解释存在于特定类型的文化之中的、那些与主流趋势不一致的各种思想方式与社会因素作用之间的关系；第三，与之相关的是，理论如何说明社会文化系统中的各类子系统不同程度的自主性特征，并由此说明一定的自主性并不但是一个经验事实，而且在理论上也是可解释的。

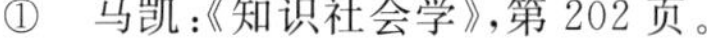

① 马凯：《知识社会学》，第202页。

但既然索罗金的理论是与经验相关的，而不是一套抽象的远离系统化资料的理论，那么我们现在就转过来分析他在科学社会学方面的某些经验研究。在这方面，索罗金最为突出的工作是导致社会和文化统计资料有了很大的累积增长，这些资料旨在为说明社会和文化变迁的速率和性质提供基本的经验指标。索罗金的确比任何其他学者都更关心知识社会学中的这类问题，他事实上受到了法国社会史学家乔治·勒费弗尔的名言“应该去计算”的影响。

157 正如我们其中的一人以前曾经指出的：“历史社会学的研究只是刚开始挖掘包含在综合性传记资料和其他历史文献中的有用的丰富宝藏。尽管对这些资料的统计分析不能取代对历史证据的深入的定性分析，但它们可为新发现，而且常常是修正原有的假设提供**系统的**基础资料……在索罗金的《动力学》中可以发现对这种统计分析的最广泛的运用。”[①]

当我们说索罗金“导致”了这些社会和文化统计资料时，我们是经过了深思熟虑的。因为不同于政府部门所做的民意测验，只有极少种类的社会记录系统地记载了索罗金的理论所关注的有关学术发展情况的证据。（现代发明的专利统计和在各个领域中所发表的图书数量资料，实际包括了一切可以获得的有关这类问题的资料。）因此，尽管索罗金对应用社会学统计学有明显的矛盾态

① 默顿：《社会理论与社会结构》，第599页注释。在科学社会学中对定量指标的应用，比索罗金的应用程度差一些的还有R. K. 默顿的《17世纪英格兰的科学、技术与社会》[New York：Howard Fertig，1970(1938)]，以及尼古拉斯·汉斯：《18世纪教育的新趋势》(*New Trends in Education in the Eighteenth Century*，London：Routledge，1951)。

度,但他自己发现,根据自己的理论需要,应该收集那些可证明经验中所发现的、他理论上所提出的每一种文化形态中的整合性程度的统计资料。

通过收集这些统计资料,索罗金大胆地面对了如何找出文化实际上被整合的**程度**这个问题。尽管他对我们感性时代的统计学家做了尖刻的批评,但他认识到要分析整合程度需要运用某些统计测量。因而,在知识领域,他提出了许多反映每一时代和地域的成果和作者的指标,用适当的标准对它们做了规定和分类,从而评价了各种思想系统相比较的频率和所产生的影响。

例如,在科学社会学方面,其资料覆盖了从公元前 3500 年到 20 世纪这段时期,它们是从像达姆施泰特的《科学技术史手册》(*Handbuch zur Geschichte der Naturwissenschaften und der Technik*)、F. H. 加里森的《医学史导论》(*Introduction to the History of Medicine*)和《不列颠百科全书》(*Encyclopedia Britannica*)第九版这些规范的原始资料中统计获得的。这类统计为从经验上验证由其理论所提出的假设提供了基础,此假设是:"科学发展的速率在观念文化中会变得缓慢、停止,甚至倒退……在感性文化中会变快而且越来越快。"[1]

这里既无必要也没有更多的篇幅去说明由索罗金所提出的这 158
些定量指标的局限性,[2]这些指标在科学发现和技术创新以及文化的其他学术和艺术成果的变动速度方面,提供了一个有效的和

① 索罗金:《社会动力学和文化动力学》第 2 卷,第 125 页。整个第 3 章集中描述了这类证据。

② 同上书,第 125—131 页。

可靠的衡量标准。这就是为什么他要主张“不但人类思想的第一原理和范畴有变动，而且关于或多或少某种普遍本质的大多数科学理论也有变化”。[①] 显然，他使自己的经验结论很大程度上建立在这些文化统计资料之上了。

尽管这些统计资料在他的知识社会学上发挥了重要的作用，但索罗金对它们采取了一种非常矛盾的态度。这可以从他对罗伯特·E. 帕克观点的赞许中看得出来，帕克认为其统计学仅仅是对占主导的感性文化的一种让步，并且“如果他们想要它们，就会让他们拥有”。[②] 帕克的这一滑稽的说法，并不是想掩饰索罗金对科学有效性标准根本的矛盾心理的明显特征，这种矛盾心理来自于他试图处理极为不同的“真理体系”。鉴于做了大量的努力去收集那些作为索罗金的科学社会学研究基础的文化统计资料，故似乎完全可以说这些系统的资料被不仅仅是用作“使一般人信服”的必要装饰。事实是，索罗金的经验描述极大地依赖于这些统计资料。它们对支持其观点是非常重要的。失去了它们恐怕不是只失去了门面，而其理论的基本结构却丝毫未损，失去它们就会削弱其宏观科学社会学理论，并使之陷入极为渺茫的无限制的思辨之中。

因此，这引入了另一个即第四个问题，而这个问题又分两方面。由于索罗金对社会和文化统计资料具有矛盾心理（对此我们还要做更多的说明），我们必须要问：从这些统计资料的作用来说，

① 索罗金：《社会动力学和文化动力学》第 2 卷，第 439 页。整个第 3 章集中描述了这类证据。

② 索罗金：《社会文化的因果关系和空间与时间》（New York：Russell and Russell，1964），第 95 页注释。另见本书第一章。——编者

他目前在社会学研究、主要是在科学社会学以及在社会学的其他分支学科的应用方面具有何种(也许是很稳固的)地位？进一步说，他对这一问题的讨论如何有助于阐明他自己所采用的科学真理标准的立场：他是认为由统计资料所获得的各种系统化证据仅仅是为感性文化的科学家同行提供了沟通方式，还是认为系统化证据为证实和发展其理论这两者提供了重要基础？

此外，正是这些文化统计资料，它们起到了再一次突出了我们认为在索罗金的知识社会学中仍未解决的两个主要问题的作用：一 159
个问题是这种理论如何解释一种文化中的知识形式的明显不同，另一个问题是如何解释这些差异在社会结构的不同群体和阶层之间的分布。举一个例子来说明这一点。索罗金把经验主义描述为“典型的真理的感性体系”。最近这五个世纪特别是最近这一个世纪代表了“最卓越的感性文化”![1] 然而，索罗金的统计指标表明，在这种感性文化的浪潮中，只有53%有影响的著作属于“经验主义”之列。而在这种感性文化的早期几个世纪，从16世纪后期到18世纪中叶，关于经验主义的统计指标一直**低于**唯理论的那些指标(在理论上，理性主义是与某种唯心论的文化相联系，而不是与一种感性文化相联系的)。当统计指标表明，如果“占主导的”真理体系观念既包括所反映的统计上微弱的“多数”情况，又包括这一时期里统计上的少数情况，那么对这种观念在很大程度上需做限定。

索罗金的统计资料甚至还有更多的意义。因我们观察的主要目的不是提出索罗金的结论与其统计数据相吻合的程度问题：即

① 索罗金：《社会动力学和文化动力学》第2卷，第51页。

不是去问为什么根据这些资料去说16和17世纪具有一个占主导地位的“感性的真理体系”。相反，我们的目的是要指出，即使根据索罗金自己的前提，对历史文化的一般表征，如感性的、理想的或观念的，这只是分析的第一步，接下来的一步必须是对偏离文化主要趋向的情况做深入细致的分析。一旦索罗金适时地引入了历史文化实际上被整合的**程度**这个概念，他在理论上当然就不能把所存在的那些与主流趋势不同的知识当作是单纯的“聚合”的证据，或仅当作是一种偶然的事实。如同解释这些主要趋向本身一样，对那些实质上“偏离”主要趋向的情况做解释也是科学社会学的一个问题。而对这一点，我们要再次指出，有必要以文化流射论所不容许的方式，提出一种关于流行思想的社会结构基础的理论。

除了这些理论意义外，索罗金在其《动力学》的统计资料中还为进一步探讨他对社会和文化统计资料的矛盾心理的学术基础提供了一个机会。众所周知，索罗金在其《现代社会学中的时尚和癖好》(*Fads and Foibles in Modern Sociology*)一书中，用了相当大的篇幅
160 对“量化癖”或无批判地热衷于有误的统计学进行了批判。社会学中的定量方法可能而且已被滥用的情况肯定是存在的，根据错误的设想和模糊的概念，这种滥用的情况比定性方面有过之而无不及。肯定没有一位头脑清醒的人会宣布自己喜欢错误的技术、不确定的假设和不正确的推论。所以问题不在于去分辨社会学中的定量分析中的这个或那个谬误，而是指出严密的定量分析的标准和局限性。既然在索罗金的科学社会学研究工作中应用了如此多的以经验为基础的统计资料，故这一问题完全切合我们的讨论。

那么，索罗金选择应用社会和文化统计资料的标准是什么呢？

我们发现提出此问题比回答它显然更容易些。的确，我们提出这个问题是希望索罗金在艾伦所主编的这部有关索罗金的研究工作的著作中，抓住对话的机会而对此问题给出他的直接和明确的回答。当我们发现某些作者准备对社会和文化统计资料采用一个甚至比索罗金本人更为极端的观点时，这变得更加必要。例如，沃纳·斯塔克在谈到索罗金的《动力学》时说：

> 我们的批评……是原则之一。他的整个程序假定了对定性的东西做量化处理的可能性作为一个基数，而这差不多就像假设可以把圆形变成方形一样。一本书或一件艺术作品重在质量[注意]，因为它是一切的灵魂……令人担心的是，知识社会学将永远不能从统计技术中获得太多的支持。我们可能感到遗憾的事实是，它总是不得不非常依赖于笨拙的专题性和描述性方法。①

问题甚至比斯塔克所提出的更严重。因为按照他的观点，每个人都会赞同，所谓“原本是”和“完全定性的”东西按定义都不会被定量化。实际上问得太多就无法要求我们避免完全的同语反复。但是当我们具体到事例时，这样的断言就是一种严重的臆测；问题就是要确立标准以判定哪些是无可争辩的定性的东西，哪些在某些方面和某种程度上是可以合理和有效量化的。而且在我们看来，既然索罗金已经明智并合理地对科学和艺术领域中复杂的成果**方面**做了计量，这就有助于他阐明他认为这些具有可量化性的观点。

① 斯塔克：《知识社会学》，第280页。

索罗金在其《现代社会学中的时尚和癖好》中谈到这一问题时，他对这种量化问题的立场的重申可能特别有启发意义。例如，在其著作中他宣称，

> 161 人们只有通过直接的移情作用、共同生活和对社会心理状态的直觉才能抓住宗教的、科学的、美学的、伦理的、法律的、经济的、技术的和其他的文化价值及其子系统的……本质和差异性。没有对这些文化价值的生活体验，它们对我们外部的观察者和统计分析者来说永远是未知的东西。……这些方法在理解如柏拉图与康德的哲学体系之间、布道的伦理与憎恨的伦理之间、欧几里得几何学与罗巴切夫斯基（Lobachevsky）几何学之间以及一般的不同观念体系之间的本质和差异性时是无用的。只有成功地完成了对每一种观念或价值体系内在秘密的“理解”之后，人们才能对它们做出适当的分类，才能把同一类归为相同的观念，而把不同类的列为不同的观念或价值。只有这样做了之后，若它们是可计量的，人们才能对它们计量，如果可能的话，人们才能完成其他方面的数学和统计性的运算。否则的话，一切观察和统计运算都肯定是无意义的、无结果的和对真正知识的错误表达。[①]

无疑，人们通常会认为，对文化内容要做适当的理解就需要对它进行有意义的分类，只有这样才能对每一类别中的对象进行计量。在《动力学》中所收集的大量资料和对其计量表明，索罗金也

① 索罗金：《现代社会学中的时尚和癖好》(Chicago: Henry Regnery, 1956)，第160—161页。

认为可以这么做。但是为了对它们进行分类和计量，要求有“对文化价值直接的生活体验”是不是一个过于严格的标准？[①] 某种关于周围事物的可靠知识当然是必需的，但这似乎成了索罗金急需的极端匮乏的需求物。我们不能说索罗金的全部研究伙伴和助手为了对索罗金的观点提供经验验证，而对所分类和计量的数千种科学发现、技术发明、哲学观点和艺术对象都有“直接的生活体验”。可以肯定的是，他其中的一个研究助手 R. K. 默顿对根据达姆施泰特的《科学技术史手册》所计量的大约一万三千种发现和发明就没有所必需的体验，同样，他的另一名研究助手，J. W. 博尔迪罗菲(Boldyreff)也不会对《大英百科全书》第九版中所涉及的数千名学者、科学家、艺术家、工匠等都有这样的体验，对他们的分类和所占篇幅是根据《百科全书》中为他们所留出的篇幅大小而定的。

然而，有内证表明，这些计量不会因有限的知识而无效(尽管，我们认为知识是足以符合眼前的目的)。因为独立的分类和对那 162
些不同但理论上相关的对象的计量会得出非常相同的经验结果。索罗金提到了涉及有关“经验性的(感性的)真理体系”的资料和有关科学发现率的资料的这样一个例子：

> 项目和来源完全不同，而且那些都不知晓别人工作的不同的人都做了计量。[洛斯基(Lossky)和拉普辛(Lapshin)教授都不了解我的研究，而默顿博士对科学发现做了计量，但他

① 有关索罗金的论述中所包含的社会认识论这一基本问题，请参见本书第五章《局内人和局外人的视角》。——编者

> 既不知道我的研究，也不知道洛斯基和拉普辛所做的计量。]在这种情况下，科学发现和发明的曲线与感性真理体系影响的波动曲线之间的一致，就是非常强有力的证据，它表明在这两种情况下所获得的结果既非偶然的，也非是误入歧途的。[①]

总之，文化内容的量化不能、不必也不想对所计量的每一项目再现完整复杂的全部内容。对之进行分类和计量的只是所选的某些方面和态度。而为了这一目的，对每一文化项目的全面、细致和移情化的理解显然是不必要的。所以，使索罗金转过来关注《动力学》中对文化项目的实际计量与《时尚和癖好》中所提出的这些量化迫切需要的标准之间的不一致，是有益的。在我们看来，索罗金在一种情况下实际所**做**的要比他在另一情况下所**说**的更令人信服。在进行这一分析时，我们只想采纳和借用阿尔伯特·爱因斯坦的明智建议："如果你想从理论物理学家那里对他们所使用的方法有所发现的话，我建议你牢记一个原则：不是听他们说的话，而是关注他们的实际行动。"[②]

所有这一切使我们注意到，在过去的一个世纪左右的时间里，社会学中有不少的进步已得到了越来越多的认可，甚至当社会学家实际上存在着不足时，粗略的量化资料也能起到使他们放弃或修改原初假设的学术目的。为了说明这种变化，我们来对照孔德和索罗金之间所做的百科全书式的工作。孔德只是小心地和偶然地分析不同的事实，尽管它们是不为人熟知的甚至是危险的事物；

---

① 《社会动力学和文化动力学》第2卷，第20页。

② 《世界之我见》(*The World as I See It*, New York: Philosophical Library, 1934)，第30页。

他并不认为这样收集的系统化的资料，原则上会使他的直觉性或合理性的猜测接受经验现实的证明。索罗金灌输给我们的都是定量性的事实（例如在《动力学》中，但也不限于此书），因此他不但为自己也为其读者提供了机会使理论期望与经验资料相对应。当学 163
者们想去分析那些构成了世界史框架的文化和社会结构的大规模变迁这种社会学事件时，索罗金的做法看起来特别需要。因为一切关于事实的定性说明被证明是极易更改的，容易屈从于综合性理论的需要。但是如果一个理论不只是教条，那么它就必须诉诸于经验观察，通过经验观察可对之进行反证，或至少进行明显的修正。独立收集的、系统化的和定量性的资料，可以为这类与经验相关的理论提供最需要的验证。而且索罗金还认为，这可作为一个例子，表明了他在科学社会学方面进行经验研究所走过的道路。

五、相对主义与科学真理的标准

我们已一次或两次间接提到了索罗金把自己的研究定位于某一个“真理体系”时所遇到的问题，他根据三种主要文化类型对“真理体系”做了区分。那么，在着手自己的研究工作时他所运用的真理标准是什么呢？他是否是一个完全的相对主义者，认为科学真理**只是**一个满足在每一特定的文化类型中所得出的不同标准的问题？他是否认为每一种真理体系像另一体系一样只是强制性（或任意）的？他是把自己看做是当代感性文化的产物，服从于当代的科学真理标准，还是他发现了一个可以依赖的阿基米德支点，从而使他能超越这些标准呢？如果是这样的话，那么这一支点是什么？他如何能使自己和他的占主流的感性读者相信它是一个有效的和合理的支点呢？简言之，索罗金如何努力去摆脱相对主义的绝境呢？

这一连串的问题，实际上显然只是构成了一个问题，这不只是一个修辞上的问题。我们对索罗金关于此问题的立场事实上是不清楚的，也不能有任何肯定的说明。我们的不解因索罗金对现在感性文化中关于科学的不明确的和可能是不确定的概念而更加混乱。我们又记起了他的观点："在一个诉诸感性的社会和文化中，基于感觉器官证据的感性的真理体系必定起主导作用。"[①]但是我们业已表明，这一观点只是一种大致的近似概括。因为理性也融入了这种体系之中。感性的证实方法要求："主要诉诸于感官方面
164 的证据……，由逻辑推理，特别是数学推理的方式来加以补充。但是即使非常合理的理论也只是处于纯假说的阶段，它只有被感性事实检验之后才会被证实；如果它与这些'事实'不符，就会立即被否定。"[②]而且为了我们直接的目的，他最后写道，感性的科学真理体系"以不同的形式具有某些理性主义真理体系的要素；逻辑定律的形式是科学家必须遵循的，而且这种形式很难仅仅是感性经验的结果；演绎形式也是与这些科学、数学密不可分的；在科学与基本概念和原理中包含着许多概念性元素；此外还表现在其他一些形式上"。[③]

① 《社会动力学和文化动力学》第 2 卷，第 5 页。

② 同上书，第 9 页。

③ 同上书，第 11 页注释。

通过这种说明，除了语言的转变之外，索罗金似乎已经从一种与我们有很大距离的观点，回到了与我们时代从事研究的科学家们普遍采用的态度接近的立场。直觉、预感和猜测可以且常常会激发观点，但是它们不会为这些观点的选择提供充分的基础。逻辑分析和抽象推理与经验研究密切相关，而且只有当这两个方面的结果被证明是一致的时候，当代科学家才会认为它们是有效科学知识中的真正组成部分。然而索罗金有时似乎喜欢把这一真理体系描述为理想文化的特征，不过他更多的是在感性文化规则的指导下**进行实践**的。我们认为，这就是潜藏在他的脚注后面的含义："无论当代科学主义的支持者对我没有偏见地对各种真理体系的存在的'观察和归因'会感到多么惊讶……，他肯定坚持它们的存在，因为它们是我们的感官见证的经验事实，而且还会获得进一步的证明。换言之，在我的研究中，我将有意识地遵循为这类'科学主义'支持者所确信的'经验主义的真理体系'。"①

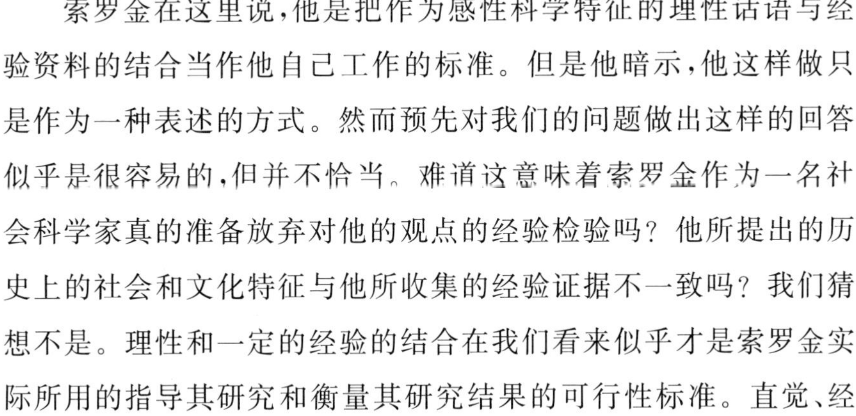
索罗金在这里说，他是把作为感性科学特征的理性话语与经验资料的结合当作他自己工作的标准。但是他暗示，他这样做只是作为一种表述的方式。然而预先对我们的问题做出这样的回答似乎是很容易的，但并不恰当。难道这意味着索罗金作为一名社会科学家真的准备放弃对他的观点的经验检验吗？他所提出的历史上的社会和文化特征与他所收集的经验证据不一致吗？我们猜想不是。理性和一定的经验的结合在我们看来似乎才是索罗金实际所用的指导其研究和衡量其研究结果的可行性标准。直觉、经

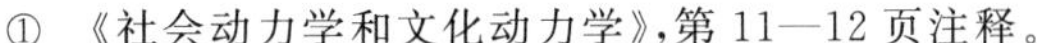

① 《社会动力学和文化动力学》，第11—12页注释。

文、偶然的经历、梦或任何其他的东西都可能是一种观点的心理学
165 来源。（只要想一下凯库勒关于苯环的梦和直观的想象就可以了，他把只涉及一个分子中的原子数量的观点，转变成了有关结构的观点，即不同种类的原子会根据原子价进行一定的排列。）但不管来源如何，对观点本身必须根据其意义加以分析，而对这些意义又需根据它们在经验上的有效性程度来分析。

为了直接指出这个问题并因此给索罗金在这一对话中提供一个机会来进一步澄清他的立场，我们建议可不去考虑在脚注中所包含的任何意义。索罗金在他的科学社会学研究过程中，所采纳的是一种彻底的把内在一致性与经验观察相结合的标准，这类标准是我们感性时代中的科学研究工作的标志性特征。

尽管索罗金对感性科学有这样的想象，但事实是，在现代科学中，概念和推理规则绝非仅仅是小道具，它们像感官证据一样也是必不可少的。我们这里只列举一个事例，尽管在今天的科学发展过程中还有更多的例子：

> 我们的经验迄今提供了证据使我们相信，大自然是最简单的可以想象的数学观念的现实化。我深信，通过纯数学构造，我们就可发现彼此相关的概念和定律，它们提供了理解自然现象的钥匙。经验可以提出一定的数学概念，但是完全可以肯定，不能从经验中推演出它们。当然，经验仍是检验数学构造的实际效用的唯一标准。但是，有创造性的原理存在于数学之中。所以，在某种意义上说，我相信正如古人所梦想的，只有纯理论的思想才能抓住现实。

这不是13世纪的罗伯特·格罗塞泰斯特所说的话；而是确定

无疑的20世纪的阿尔伯特·爱因斯坦的声音。[①]

此外，正如19世纪的科学史家所证实的，不只是经验资料能对已确立的概念和理论提出质疑，而且概念和理论也常常对肤浅的感性证据提出质疑。在科学实践活动中，当不正确的经验认识与那些早已牢固地嵌入科学思想之中的理论相对立时，它们就会遭到拒绝，这是常见的情况。故而在当代科学中，理论与经验资料的严重脱节必定会歪曲大部分现实。在科学实验室中的工作都离不开这两者，从某一方面提出问题也必须通过寻求这两者之间的一致来解决。只有这样才能有理由相信一种观点或发现会长久地纳入到科学宝库之中。我们认为，科学的这种感性概念尽管是索罗金自己研究工作的基础，但他有时会放弃它。这至少是索罗金在他那部分对话中可用建设性的方式加以解决的第六个难题。 166

六、科学知识的选择性积累

我们刚才所提出的问题又把我们直接引向了索罗金的关于社会动力学和文化动力学理论的另一个问题，此问题有时完全把他的科学社会学与其他理论隔离开来。这是一个古老的问题，但这一事实并不会使它的重要性有丝毫减弱。正如本部分标题所表示的，我们所讨论的这一特定观点是，科学作为与其他文化领域相区别的一点是，它是积累性发展的。在我们看来，这里所提出的深深地包含在索罗金的文化变迁理论中的问题，要求他把自己作为社

① 爱因斯坦：《世界之我见》，第36—37页。

会学史家和社会学理论家这两方面的角色结合起来。

作为社会学理论家，并且按照他自己的解释，索罗金已区分出了在希腊—罗马和西方文化中两个完整的从观念文化到理想文化再到感性文化的循环。他认为第三个感性文化阶段大致始自 15 世纪。在他抽象的文化类型的词汇中，历史上的一个观念文化阶段非常类似于另一阶段；一个理想文化阶段非常类似于下一个阶段；一种感性文化阶段也非常类似于另一阶段。因为这些都是根据一般性范畴和标准去加以描述和分析的，由此它们看起来是属于“同一类型”。

然而作为一名社会史学家，索罗金必须考虑完全不同的问题。不管他的理论所区分的是什么相似**种类**的文化阶段，但有一个要解决的历史问题是，先前的文化产物在多大程度上积累，从而变成了生活在后一阶段的相同或不同文化类型中的人们所拥有的东西。文化变迁的循环不会重新开始。尤其是对科学而言，任何后继的历史阶段都要利用前人的知识作为发展的基础。从更具体的历史意义上说，前一个世纪的感性文化阶段当然**不**同于前一循环中的感性阶段。从索罗金所用的抽象范畴来看，这些阶段是**相似的**，否则它们就不会被列为感性阶段。但它们是不同的，科学是我们要对此进行检验的一个例子，因为前一阶段的某些文化产物可被生活在后一阶段的人所利用。科学在比如说始于 16 世纪早期的感性阶段，并不是重新开始的；如科学史家常常提醒我们的，它是建立在以前成就的选择性积累之上的。

所有这些似乎是非常明显的。然而，可能是因为索罗金强
167 硬地坚持反对文化变迁的线性观，所以他总是忽视有选择的文

化积累[①]对其理论的**意义**。正是这种积累及其结果，才使20世纪的感性文化与其他时期如古希腊时期的感性文化相区别。把这两个时期都称为感性文化时代，仅仅是从抽象的非历史的角度着眼的。因为科学和技术知识的积累可造成生活在后面的感性文化阶段的人所面对的情况与前期有极大的不同。指出知识的单一线性积累这一问题不能被确证为历史事实是一回事，而忽视知识的选择性积累完全是另一回事。[不恰当地举例来说，古希腊人不会有关于量子力学的知识体系或航天技术；或者说不能混淆传奇故事与历史，伊卡洛斯[②]实际不可能与宇航员加加林（Gagarin）和格伦（Glenn）相提并论。]

我们所讨论的这些内容对索罗金的宏观科学社会学提出了两个相关的问题。它们分别是有关于他所区分的极为相似的科学知识和极为不同的科学知识的问题，这些知识存在于同一抽象的文化类型所处的历史时代之中。

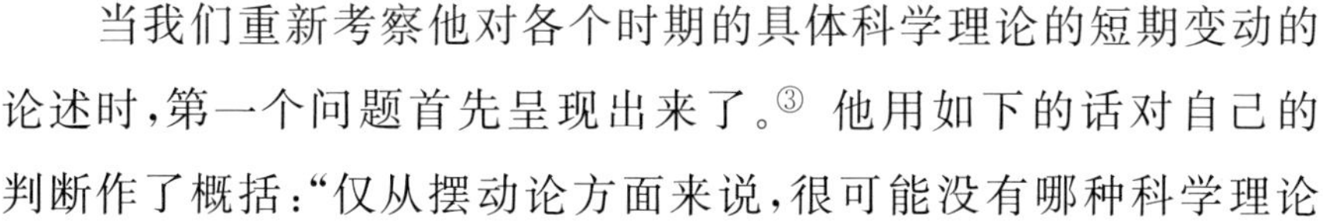

当我们重新考察他对各个时期的具体科学理论的短期变动的论述时，第一个问题首先呈现出来了。[③] 他用如下的话对自己的判断作了概括："仅从摆动论方面来说，很可能没有哪种科学理论

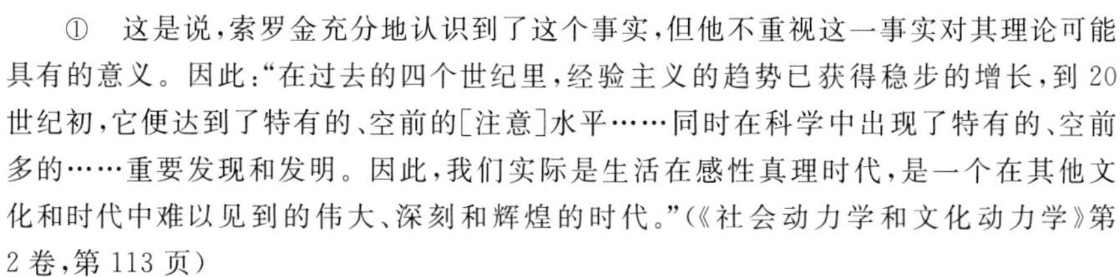

① 这是说，索罗金充分地认识到了这个事实，但他不重视这一事实对其理论可能具有的意义。因此："在过去的四个世纪里，经验主义的趋势已获得稳步的增长，到20世纪初，它便达到了特有的、空前的[注意]水平……同时在科学中出现了特有的、空前多的……重要发现和发明。因此，我们实际是生活在感性真理时代，是一个在其他文化和时代中难以见到的伟大、深刻和辉煌的时代。"（《社会动力学和文化动力学》第2卷，第113页）

② 伊卡洛斯（Icarns），古希腊之神，是建筑师和雕刻家达罗斯之子，逃亡时因飞近太阳，装在身上的蜡翼遇热融化，堕海而亡。——译者

③ 同上书，第2卷，第12章。

不经历这种情况，它跟时尚一样，过去虽然曾受到欢迎，但现在却已声名扫地。”[①]这一判断促使我们去问，从什么意义上说，循环性的观点可以形成一种理论，它现在获得广泛的认可，以后又被如何拒绝，而到了下一个时期它又被重新接受。以索罗金所引用的例子作为理论波动的一个个案，从什么意义上说现在的“原子论”与古希腊时期的“原子论”是同样的？当然，它们具有相似性，但也有明显的和重要的差异。而且正是这些表面上看来是同类的科学理论所存在的积累性差异才构成了科学的进步。只注意形式上的相似性就会丢弃历史上的重要差异，这些差异使得今天的原子论能
168 够探讨的科学问题，显然是古希腊人做梦也办不到的。或者举一个生物进化“理论”中的长时段波动的例子，这个例子被常常提起。达尔文的理论不仅仅是进化论的另一版本；它由于首先明确了物种进化所经历的过程而与以前所提出的理论相区别。同样，把达尔文的理论或后来的进化论看做等同于古代的形式，就忽视了科学的发展会导致科学知识的扩展即选择性积累。只注意一个理论的早期形式与后来形式的相似性就会造成一叶障目，“此做法是主张通过对现代人说了些什么和前人又是如何说的进行仔细大胆的解释，而从前人甚至古代人的成果那里找出当代科学发现的基本原型。”[②]这是一种可能重新搅起古人与现代人之间无意义的争吵的一种行为。

① 《社会动力学和文化动力学》第 2 卷，第 467 页。

② 参见本书第十六章《科学中的单一发现与多重发现》。

因索罗金对科学知识的选择性积累的相对忽视而引出的第二个问题，必定与他对科学现状的诊断以及对其近期前景的预测有关。了解到索罗金关于感性文化的态度后，我们就可以说，他对科学现状的描绘是暗淡的，但他并不使我们感到失望：

> 人们现在可以从事任何一个科学领域，而且会首先发现有很多不同的理论，甚至有时会发现，那些对立的假设为被"承认"为正确的理论而相互斗争。如此多的冲突和相互批评，尤其是在事关最重要的原则时，就不会有任何的确定性，因而滋生了越来越多的不确定性……如果这种情况持续下去，而且只要经验主义占主导，它就会持续下去，不确定性还会增长……因而知识与非知识之间的界限必然会变得越来越不清楚……在这种情况下，感性真理容易会被信念真理所取代。换言之，科学理论的怀疑性、不确定性和多变性都只会有损于科学自身及其真理。当代科学在这方面可能已陷得太深了，故而它已面临着危险。[①]

这段话耸人听闻。它是一位社会学的耶利米*的预言。但是，按照**那种**解释，对它是不能不高度重视的。20 世纪 30 年代索罗金班上的任何一个学生，都不会忘记他每年的富有激情的演讲，他宣布总有一天科学人员将有可能把地球的一切生命消灭掉，而且当那一天到来时，其中的这些人将会惊奇地看到按下按钮时所

① 《社会动力学和文化动力学》第 2 卷，第 119—120 页。

* 耶利米(Jeremiah)，基督教《圣经》中人物，公元前 6—7 世纪时希伯来的预言家。——译者

实际发生的事情。[①]

169 根据这种启示性的远见，我们再来分析索罗金对科学衰落的预测。这又提出了他的理论如何解释科学知识的跨文化积累这个问题。当西方社会极大地忽视了科学时（按照索罗金的观点，是从第3世纪到第11世纪），它也就只有较小程度的积累性知识。[②]它极不同于我们这个感性的时代。我们是属于大量的科学知识的承继者和启动者，也是不容忽视的相关联的技术的承继者和启动者。把预言建立在前述的两种文化的循环之上似乎是极危险的；预言我们时代的科学衰落，意味着没有考虑到自从上一个感性文化时期来所积累起来的极为丰富的科学知识，因而把它当作好像是与古罗马时代的有限的科学知识相同的情形。

同样，认为作为知识之源的科学有衰落的征兆也缺乏证据。的确，我们会发现敌视科学的表现，这主要是因为它所带来的某些技术的社会后果所导致的。科学会被认为是导致人类毁灭的罪魁祸首，它会使我们的文明陷入永远的黑暗和混乱之中。但是索罗金所认为的当代科学发展中内在的科学异化的情况并不多。科学

① 索罗金在写作时比在演讲时少用一些激昂的词语，如1937年他写道："假使某个人发现了一种简单但可怕的爆炸物，它会轻易地把我们星球上的绝大部分东西毁灭掉。从科学的方面来说，它会是一个最大的发现，但从社会的方面来说，它对人类的生存来说是最大的危险，因为在1800000000人中肯定只有少数有'科学头脑的'人，他们想去试验这一爆炸，而结果将会毁灭我们地球。这种爆炸会是科学中的巨大胜利……。这个半幻想的例子说明，必须根据来自科学以外的理由对它加以限制，而这些理由通常是来自信念真理和理性真理。"（《社会动力学和文化动力学》第2卷，第20页。）

② A. C. 克龙比：《从奥古斯丁到伽利略：公元400—1650年期间的科学史》（*Augustine to Galileo: The History of Science A.D. 400—1650*, London, 1952），第1—4章。

家本身的强大似乎更接近于 C. P. 斯诺所描述的情况，当他在剑桥大学谈到近 20 年来科学中所发生的事情时，他说："我有权发表一种旁观者的观点，认为最令人称奇的有创造的时代之一表现在物理学方面。"[①]他进而又描述了"一个更加响亮的声音，即另外一个典范人物卢瑟福宣扬的观点：'这是一个科学的英雄时代！这是一个伊丽莎白的时代！'"[②]最后，他表达了自己的明确观点，那就是这是一个科学革命的时代，是一个因科学而兴奋的时代：

> 大约两年前，他写道，在全部科学中最惊人的实验之一完成了……我们指的是在哥伦比亚大学由杨振宁和李政道所完成的实验。这是一个最漂亮和最有创见的实验；但结果是如
> 此惊人，以至于人们忘记了此实验是多么的漂亮。它使我们 170
> 再次思考物理世界中的某些东西。直觉、常识——它们都统统不可信。其结果也就是众所周知的对宇称定律的否定。[③]

科学中的每一个这样的进步都扩大了我们对未知东西的认识，这种识别力是由科学家，特别是那些最伟大的科学家不断地去努力而获得的。[④] 但是，这似乎与索罗金所描绘的科学家的不确定性和混乱的形象相去甚远。无论如何，促使他重新审视科学知

---

① C. P. 斯诺：《两种文化与科学革命》(*The Two Cultures and the Scientific Revolution*, London: Cambridge University Rede Lectures, 1959)，第 1 页。

② 同上书，第 4 页。

③ 同上书，第 15 页。

④ 关于科学界的谦逊规范，参见本书第十四章《科学发现的优先权》，尤其是边码第 303—305 页。这一规范最著名的表现是牛顿的话，这或许是另外一种表述："我不知道世人如何看我，但在我看来，我仿佛只不过是一个在海边玩耍的孩子，不时发现一块比通常更为光滑的卵石和更为漂亮的贝壳，以此作为消遣，而我却全然没有注意到，浩瀚的真理的海洋就在我的面前。"

识积累这一事实在其宏观科学社会学理论中的地位是有益的。

七、对话主题

现在我们必须终止再具体列举问题。当我们继续研究索罗金的宏观科学社会学时并非不会有其他问题。例如，我们还会遇到索罗金对现代社会科学状况的评价问题。它是否像索罗金在其《动力学》中所指出的那样，[1]是一个很不易对付的问题，抑或它像他后来在《社会、文化与人格》一书中指出的那样，“进入了一个新的综合和对其逻辑结构进一步澄清的阶段？”[2]另外，我们还会遇到的问题是：索罗金是如何看待科学与其他社会制度特别是宗教制度之间的关系的？这两者之间的关系是否如他所说，局限在一者对另一者的积极反对或吞没，而“彼此之间极少（若有的话）密切的合作”吗？事情似乎比这更为复杂。至少，怀特海和其他人的研究发现，某些宗教无意中对科学研究提供了支持，而且除了它们之间有时存在着明显的冲突外，科学制度与宗教制度之间相互支持并不少见。

因而我们可为索罗金提出更多的需重新研究的问题。但是像我们刚刚提到的那些问题一样，这些问题也只是涉及索罗金的科学社会学理论的表层。所以通过扼要说明那些依我们看似乎在他的理论中未被解决的难题和问题，对于结束我们的讨论来说可能
171 是非常有用的。这将为索罗金教授在评论我们的文章时提供一个

[1] 《社会动力学和文化动力学》第 2 卷，第 304 页。

[2] 《社会、文化与人格》，第 30 页。

机会，使我们便于了解他现在对这些问题的想法，甚或放弃他自己的那些一度在其发展的理论中具有确定的地位，但现在根据进一步的研究和反思他认为不再有必要保留的观点。

概要地说，当我们重新去考虑索罗金的科学社会学时，令我们困惑的主要是下列问题：

1．这个理论是否真的采用的是流射论的立场，主张在某一特定文化下的科学和知识的主要特征完全衍生于作为其基础的文化心态？既然按其定义，文化心态似乎包含所说的这种心态的表现，那么，我们是不是不应把这当作是不言而喻的定义，而是当作经验上可检验的假说呢？

2．这个理论的哪部分对存在于每一社会和文化（它们一般以这种或那种类型的文化为特征，如观念的、理想的或感性的文化）**之中**的思想和科学的可变性做了说明？

3．既然在一种文化中的整合的子系统被认为具有一定程度的自主性，在一定程度上独立于它们的社会和文化环境，那么此理论是如何解释不同的子系统所具有的自主性程度的？例如，此理论是否能使我们预期科学、政治、宗教、法律和经济有相同或不同的自主性程度？

4．这个理论赋予了社会分化与知识之间的联系什么地位？知识分子在地位和群体归属方面的社会处境差异，会影响他们所接受的所谓真正知识的特性和他们所提出的关于知识的新主张之特性，对此这个理论如何分析？

5．鉴于索罗金以不同方式表现出的对社会和文化统计资料的矛盾心理，那么他现在对这些统计资料在科学社会学以及在社会学的其他分支学科中的地位是何态度？他把在其《动力学》中运用的这种文化统计资料看做仅仅是与其同代人沟通的手段，还是验证和发展其理论的基础？既然他在《时尚和癖好》中所倡导的非常严格的完善的定量分析标准，不能完全与《动力学》中他自己的文化统计资料相吻合，那么我们是不是最好把他的训诫或他的实践作为社会学定量研究的指导？

6. 在索罗金自己的理论中，他运用的是哪一种科学真理标准？相对主义把科学真理只是当作是一种时尚，认为每一种文化都规定了自己的标准，这个理论是怎样避免陷入这一绝境的？索罗金是否认为每一真理体系像任何其他体系一样仅仅是强制性或任意性的？

172 7. 此理论如何解释科学知识有选择的积累性？这种积累是否已使我们这一感性文化时期有别于以前所经历的感性文化？

如果我们的假设是正确的，即上述问题可使我们关注他的宏观科学社会学理论之不足的话，那么或许当我们听了这个对话的其余部分之后，这些不足会得到弥补。①

---

① 索罗金在同一书的第474—495页对我们的问题做了详细的回答，参见艾伦：《皮蒂里姆・A. 索罗金评论》。

第七章　科学的社会与文化环境[*] 173

1970 年

我的博士论文于 1933 年开始动笔，两年之后写成，应《奥西里斯》的创办者和主编、我的导师乔治·萨顿之约，这一专著首次于 1938 年在该杂志上发表[①]。当时科学社会学还处于休眠时期。相比之下，尤其是美国的社会学家们，对城市生活、家庭和社区问题，种族和民族群体问题，贫穷、犯罪和青少年犯罪问题，以及其余一切由于“大萧条”而在工业文明中所明显暴露出来的多方面的人类问题保持着广泛的关注。由于关注于这些明显的问题，因而社会学家们易于避开对科学家的行为方式和科学这种发展中的社会制度的全面研究。大量的专题论文研究的是青少年罪犯、流浪汉、售货女郎、职业盗贼和职业乞丐，但却没有一篇涉及职业科学家。

但愿我可以说，本专著[**]的问世会适时地弥补了这种明显被

---

* 本章原为罗伯特·K. 默顿所著《17 世纪英格兰的科学、技术与社会》(New York: Howard Fertig, Inc., and Harper & Row, 1970)的《1970 年版序言》(“Preface: 1970”)，见该书第 vii-xxix 页；现获准重印。此文的写作得到了国家科学基金会的研究资助。

① 原载《奥西里斯》第 4 卷，第 2 期(1938 年)，第 360—632 页。

** 这里的“本专著”以及后面的“本书”均指《17 世纪英格兰的科学、技术与社会》，下同。——译者忽视的情况。可惜不可能，在它发表 10 年之后，爱德华·希尔斯这位敏锐的美国社会学状况的观察家，依然可以把“科学和科学组织”列入未开发的社会学研究领域之列，他把拙著算作唯一的“例外”，以证明这是一种普遍现象。这种情况到 1952 年仍无多大改变，当时我在为伯纳德·巴伯的《科学与社会秩序》一书所写的前
174 言里，对这种持续忽视的状况感到困惑，并得出结论，认为只有到了科学本身被广泛地看作是某种社会问题或引起诸多社会问题的一个根源时，社会学家们才会转而认真地对科学与社会之间的相互影响做系统的研究。此后经过 10 年左右的发展，这个粗略的预测得到了证实。

最近所出现的对科学社会学的明显兴趣，是我不无顾虑地同意将这部 30 多年前最初发表的专题论文再以书的形式发行的主要理由。不过，我的顾虑也因科学史家们和科学社会学家们持续不断地讨论和批评本书而有所减缓。例如，托马斯·S. 库恩在其为新版的《国际社会科学百科全书》所撰写的有关科学史的综合性词条中说，本专著提出了关于“大文化”如何“冲击科学的发展”的概念，这个概念应当被吸纳到“科学史当前发展必须遵循的”新“方向”之中。而 A. 鲁珀特·霍尔[①]在其对拙著作的生动认真的批评中，也表达了希望它“能尽快再版”的想法。只是在六年之后，我才把这些提议付诸于行动，这就是本书的再版。

回过头来看这一年轻时的作品，希望我并没有带着老年人对

① 《回到默顿，或 17 世纪的科学与社会》(“Merton Revisited, Or, Science and Society in the Seventeenth Century”)，原载《科学史年鉴》(*An Annual Review*)2(1963 年)：第 1—16 页。

待自己青年时所常有的那种不满之感，但我必须坦率地说，我对它的行文格调并不感到太满意。不过，如果说其风格拘谨忸怩的话，若给作者以公正的评价，其表述应该说还是清晰的。我没有发现其中有多少晦涩的段落，虽然有一些华而不实之处。

当涉及本专著的要义时，我认为自己现在不见得就更有资格去评判它的是非曲直。的确，我是那些后来对它所讨论的问题加以考察的学者的受惠者，或更具体地说，是那些讨论本专著的论文和著作的受惠者。但是，当年笔者在研究过程中筛选和组织历史个案的基本事实时，自始至终深深沉浸在史料中的那种程度，是我现在难以做到的。不过，有可能从两个方面来弥补这一缺陷。我可以利用事后认识这个有利条件，对此研究所提出的至今仍使我们感兴趣的问题和观念做一番简短的考察，这一兴趣部分是由于科学史家和科学社会学家的学术介入所引起的，部分则是由于科学与其社会和文化环境的关系中新近出现的显著变化所造成的。而一部著作在问世之后经过几十年还得以幸存，再也没有什么比这更能使其作者对自己的作品采取某种程度的超然态度了。

从最一般的方面来说，我们仍然要面对此研究所提出的主要问题。即社会、文化与科学之间相互作用的模式是什么？在不同 175
的历史环境中这些作用模式的性质和程度会发生变化吗？是什么促进了这种大规模的转移，即新人流向智力型学科——各门科学和人文学科，从而导致这些学科的发展发生了重大变化？在那些从事科学研究工作的人们当中，又是什么促使他们的研究中心发生转移：从一门科学转向另一门，或在一门科学内从某一组问题转向另一组问题？在什么条件下，关注焦点的转移是有目的制定的

政策计划中的结果，而在什么条件下，它们主要是科学家和控制着对科学资助的那些人的价值取向的非预期结果？当科学处在制度化过程中时，这些情况是怎样，而当科学完全制度化之后，其情况又是怎样？一旦科学业已发展出内部的组织形式之后，科学家之间的社会互动方式和频率怎样影响科学思想的发展？当一种文化强调社会效用是科学研究工作的一条基本的（且不说是唯一的）标准时，它如何以不同的方式影响科学发展的速率和方向？

这些显然都是非常普遍的问题，可适用于具有一定数目的科学工作者的每一社会和历史时期。笔者当时带着年轻人的无拘无束的天真写作这篇论文，目的在于对17世纪的英格兰这个特定历史个案提出这些基本问题，却丝毫也没有认识到这些问题会进一步关系到对科学在社会中的地位及其内部运作的理解。笔者当时探讨这些问题的理论方式仍然具有一定的意义。

支配着这一经验性探究的一个主要的社会学思想是，建立在一个社会制度领域例如宗教或经济的领域内的兴趣、动机和行为的社会形式，同其他制度领域如科学领域的兴趣、动机和行为的社会形式，具有相互依存的关系。它们之间存在着不同类型的这样的相互依存关系，但这里我们只需要涉及其中的一种。同一个个体会具有多重社会地位和角色：科学的、宗教的、经济的和政治的。社会结构中的这种基本联系本身就造成了（若没有这种联系就彼此分立）的制度领域之间的某些相互影响，即便当这些领域分离成为从表面上看是自主的生活部门时，也是这样。此外，出现在一个组织领域里的社会的、学术的和价值成果会延伸到其他的制度领域中，最终会促使人们事先或事后关注组织之间的相互关联。各分立的制度领域只具有部分的而不是完全的自主性。只是在经过一段特别长的发展之后，各种社会制度包括科学制度，才会获得一种相当大程度的自主性。

显而易见，这种社会制度之间互相依存的观念并不是一个全 176
新的观念——不只是现在，即使在首次开展这一研究时也不是新的。尽管如此，这是一个其许多隐含的意义仍未得到完全揭示的思想。即使现在，还有些学者会争辩说，科学按其自身的方式而发展，它不受周围社会结构变化的影响。此外，这种思想也经常被歪曲成为社会发展的“因素”说：关于某个历史社会中的社会的、经济的、宗教的、政治的、军事的、技术的和科学的因素学说。这种思想也被引申成了关于具有普遍性的支配因素的学说，形成了诸如“历史变迁的经济决定论”，或（视具体情况而定）历史变迁的“技术决定论”或“政治决定论”。

现在对我而言非常明确，且我希望对读者们来说也明确的是，这项关于17世纪英格兰的科学与其他制度领域之间的相互依存关系的研究，既没有采取一种因素论，也没有假定发生在这个时期的制度领域之间的交替变化的特性跟发生在其他文化和时期的情况是相同的。相反，这里用了更多的笔墨旨在说明，这些交替变化的性质和程度因不同社会而异，这取决于该社会的科学发展状况以及该社会的经济、政治、宗教、军事等制度系统的状况。这不应当视为一种陌生的观点。毕竟，17世纪时，近代科学及其各技术分支才刚刚开始发展，当时英格兰的科学、经济与政府之间的关系，显然不同于在20世纪的美国和苏联的这类关系，此时此地，科学早已被制度化，科学研究需要巨额资助，而且科学在生产性和破坏性技术方面也取得了大量的新成果。近期高度引人注意的关于工业—军事—科学综合体的出现，更使我们关注到科学与其他社会制度之间趋于相互依赖的倾向，而这些倾向从某种程度上说是一直存在着的。这至少就是本专著考察科学技术与经济发展和军事技术之间关系的那几章的意义所在。

这里还应注意科学历史社会学中的这一个案研究的另一个方面，因为我担心笔者当时对此强调不够，它不一定能引起读者的关注。本专著探讨了科学作为一种不断发展的学术活动与其周围的社会和文化结构之间的**互惠**关系，以便避免当时流行的倾向——这种倾向至今在史学和社会学界的某些方面仍很明显，即对于这种互惠关系的不同方面的关注是失衡的，过于关注科学(以及以科

177 学为基础的技术)对社会的影响，而很少关注社会对科学的影响。这一研究非常重视制度**交替**变化的概念，因为它摒弃了那种简单的片面强调单向影响的假设。

在这个简短的序言中，我想尽可能使作者享有“没有确证，假定其无辜”的权利。这就是我为何没有详细勾勒本书轮廓的原因，我以为本书论述的结构和要义都表述得相当清楚了，读者毫不费力即可以把握。不过，这些年来学者们发表的对本书的回应使我不时地对这一假设有所怀疑。这些回应很少注意我的研究的整体结构。据我估计，在有关本书的讨论中(在 1970 年版的参考文献中已列出了有关的评论)，有十分之九都集中于其中的一部分，即探讨清教主义与科学的制度化之间的相互关系那一部分。这种关注点的集中使人感到有些困惑，我运用乔治·萨顿非常喜爱的内容定量分析法，就可说明这一点。萨顿的无与伦比的《科学史导

论》(*Introduction to the History of Science*)，以三卷五册4243页的篇幅，把我们从公元前9世纪带到公元14世纪末；在此书中，他在分析一部著作的结构时所反复使用的方法，就是指出该书各个组成部分在全书中所占的篇幅，同样他对它引证先前著作的情况做出定量分析，以此作为一种确定它的学术继承性的办法(不能期望他会预见到，用电脑进行引证检索会成为关于当代科学发展的社会学分析的一种重要工具)。采用萨顿的内容定量分析法对此本书的结构加以分析，我们得到了下列算术分布：

主题	页数	内容百分比
各个职业领域招募的新人和科学之间的兴趣转移(第2、3章)	52	20
清教主义与科学关系的假说(第4—6章)	85	32
经济和军事对科学研究范围的影响(第7—10章及附录A)	91	36
人口、社会互动与科学(第11章)	30	12
合　计	255	100

这种萨顿算法告诉我们，如果说本专著在内容上有所偏重的话，那就是在讨论经济和军事对科学研究范围的影响的假说方面，它所用的篇幅，多于有关清教与人们对科学研究的参与和追求之间的关系的假说部分。然而，如前所述，论述第二个主题的那三章在学术出版物中受到各式各样的注意，而关于第一个主题的那四章却很少受到人们的关注。

当然，现在没有理由要求读者对一本书的每个部分都予以同 178
等程度的关注。某些章节也许比其他章节内涵少一些；它们所探讨的学术问题也许并非同样引人入胜；一些枯燥无味、难以理解的阐述也许只能引起那些以解读晦涩文字为乐的专业学者的兴趣。不过，这几种情况似乎无一适用于此。讨论经济和军事对科学的影响的那几章绝不比论述清教与科学的那几章更加深奥难懂。或许学术界对本书的反应极不平衡的情况使我感到诧异，故我将以另一种不同的方式对此书做出回应。

我发现自己更加偏好论述经济和军事对科学研究的影响这一部分，这出于许多理由。首先，它比前面部分在理论观点的构思和研究方法上显得稍微巧妙一些。因为一方面，它自始至终相当清楚地对科学和技术作了区别，而据我回忆，在写作本专著期间，并非所有人一致坚持这个必不可少的区分，即使现在，它还常常被弄得模糊不清。此外，对科学研究问题的选择究竟是完全受经济和军事方面的考虑的支配，还是丝毫不受这方面考虑的影响，本书自始至终并没有在这两种争论之间做出简单化的选择。换言之，它拒绝在一种庸俗的马克思主义和一种同样庸俗的纯粹主义之间做出徒劳无益的选择。今天人们已广泛承认，有必要不偏不倚地抛弃这两种简单主义的做法。但当我撰写本专著时——请记住，当时正处于大萧条时期，庸俗马克思主义几乎是唯一的在美国学术圈边缘得到阐释的马克思主义的变种。①

此研究关于经济和军事对17世纪的科学发展影响的另一概念区分，也是一个基本的但又常常被忽视的区分。这就是对动机分析与制度分析的区分。认为那些影响**仅仅**通过科学家的**动机**而发生作用，即当他们明确地努力解决那些引起他们关注的具体实践问题时，他们审慎地选择了其研究项目，这种假设在理论上是幼

① 值得注意的是，这种情况在今天的某些年轻的美国学者中有所抬头，我不想对此加以讨论，因那样会脱离本书序言的主题。

稚的。这类情况涉及本专著（第十章）所描述的与经济需求、社会
需求或军事需求“直接相关”的科学研究。而其他的研究只是间接
地与这些“实际”利益相关，研究者们并没有明显地关注它们。那
时同现在一样，科学家的行为中的主观意向和客观结果在分析上
是可区分的，它们有时是一致的，有时是不一致的。像以基础知识 179
为目的的研究往往会导致未曾预料到的实用结果一样，旨在实用
性的研究有时也会得出关于自然一致性的新理解。笔者通过对当
时提交给皇家学会的几百份研究报告加以考察，就可以指出，相对
于直接或间接地专注于当时的经济和军事利益的科学而言，皇家
学会从事研究的会员致力于“纯科学”的程度。现在我觉得，这一
类分析法的重要意义，在具体估计外部对研究问题的范围的影响
方面（这些估计当然是粗略的）表现得较少，而更多地是在于避免
采用如下前提的推理方式方面：这类前提假定，科学的发展要么是
完全自主的，要么就是完全由外在力量所决定。笔者在这一点上
似乎把握住了一种程序，不论它多么粗糙，也许仍然适用于分析今
天的各种科学研究工作。

这就使我们直接看到了本专著的另一个特征：在可能的情况下，它就会提出一些可修正的定量数据，以此去得出主要结论并对其进行检验。因而，如我们所看到的，本书不是简单地断言科学问题的焦点完全或丝毫不受当时的实用任务的影响（这种命题受到了广泛的定性观察的鼓励），而是为这类关系的可估量值提供严肃的统计证据。这也是为什么在回顾时我发现自己并不能说本专著得出的是草率结论的一个原因。这些结论或许是不完善的，但绝不是草率的。统计证据的收集是很费力的，有时是很麻烦的。从

《国民传记辞典》(*Dictionary of National Biography*)中查阅大约6000多条传记就是例证，这些数据的处理并没有借助当时还很稀有的IBM设备(在那些遥远过去的日子里，这种稀有设备无论如何几乎是不可能让一个研究生使用的)。另外，对发表在《哲学学报》(*Philosophical Transactions*)上的2000篇文章以及收录在伯奇的《皇家学会史》中的《皇家学会备忘录》中的数百个报告所作的分类，也是一个例证。如此费力和至今看来仍是认真收集的统计资料，可被用作对有关彼时彼地的科学发展情况的各种假说的一种客观检验。

当然这些统计数据只是接近于作者希望得到的理想结果。但是，当作者作为一个初学者发现，科学家李约瑟和人文学者马乔里·尼科尔森都以赞赏的态度对历史学的这一新技术做了评论，他必然既感到欣慰又感到惊讶，那时，李约瑟才开始动笔写作他的权威性著作《中国科学技术史》，而尼科尔森显然注定要成为文学史和科学思想史的重要学者。定量研究的取向旨在尽可能把要解
180 释性观点与用适当形式收集的统计数据相对照并对之做出检验，而不是完全依赖于那些仅仅因为它们与学者的观念相一致就随意选出的一鳞片爪的证据。这里所说的统计资料特别是指由历史社会学家所汇集的，而较少指由当时的社会、政治和经济系统所得出的统计资料，这类资料是由研究者再加工之后才作分析之用的。

除了历史定量资料的应用之外，本专著的其他方面并非完全受到冷遇。然而，尽管所有这些突出的理由要求人们去关注它的其他主题，可是，如前所述，对本专著有所注意的学者们，一般全都把注意力集中在关于清教与科学的关系那些假说方面。倘若17

世纪受过教育、头脑清楚的清教徒们是社会科学家的话，他们会对这种兴趣集中的情况感到极为奇怪。因为他们差不多把下述看法视若不证自明：即科学不是被用来废除上帝，而是提供了一种方法，用以颂扬上帝的大智大慧以及他所创造的宇宙井然有序。

那么，是什么把当时的老生常谈变成了现在的悖论呢？这里有意外的一条线索可循。这篇博士论文恰巧是在这样一所大学里写成的，我或许可以说，那里具有一种特殊的清教传统，尽管当我撰写此论文时，这种传统已不再是无所不在和富有控制力的了。的确是，本论文涉及清教主义的那一部分所集中讨论的那种关于宗教与科学的关系，在当时许多人看来是不成立的，姑且不说是荒谬的。至少在那些曾受到诸如约翰·W. 德雷珀的《宗教与科学冲突史》(*History of the Conflict between Religion and Science*)和 A. D. 怀特的《科学与神学论战史》(*History of the Warfare of Science with Theology*)这类实证主义著作影响的人们看来，情况就是如此，当时人们广泛相信、今天也有些人相信，宗教与科学在历史上的关系主要是一种冲突的关系。大量的历史证据表明，在历史上这两者之间充满了冲突：吉奥达诺·布鲁诺和迈克尔·塞尔维特这类异端者的幽灵就足以证明这一点。因而，按照正统的实证主义模式，只需从这类经验性的冲突事件稍一跳跃，就会相信这一冲突的逻辑和历史必然性。既然科学致力于抨击这些包含在神学之中、并与宗教信仰和实践相联系的关于实在的教条式的假说，或至少是一点点地削弱这些假设，那么科学与宗教二者就必定处于持续的和不可避免的战争状态。持有这种观点的学者所做的唯一让步是，承认科学和宗教这两种天生敌对的力量有时

表现得互相兼容，以尽力减弱战争的强度。

但这一研究认为，17 世纪禁欲主义的新教与当时的科学之间
181 的相互作用完全是另外一种情形。按照假设，清教无意间促进了科学作为一种新出现的社会制度的合法性。笔者并没有从这一假说入手或许是草率的。相反，作者采取了截然不同的方式。作者从探索 17 世纪的英格兰入手，试图了解科学在当时当地开花结果的原因，这项研究是受一般的社会学取向引导的。这种取向非常简单：社会中的各种组织在不同程度上互相依存，因而在经济和宗教领域里所发生的情况，势必同发生在科学领域里的某些情况具有一些可觉察的联系，反之亦然。在阅读 17 世纪科学家们的书信、日记、回忆录和论文的过程中，笔者慢慢注意到，这个时期的科学家们往往信教，更有甚者，他们似乎都倾向于清教。只是到了此时，而且这几乎使他未能跟上研究生学习计划的日程安排，笔者才迟缓地注意到了由马克斯·韦伯、特勒尔奇、托尼和其他人所确立的、集中讨论新教伦理与近代资本主义的出现之间的互动关系的学术传统。笔者当即迅速地矫正了这种暂时性的记忆缺失，转而逐字逐句阅读了韦伯的著作，以了解他是否对清教与科学和技术的关系有所论述。他当然有所论述。结果我发现，韦伯在他那部经典之作中得出的结论是，“下一步的任务”之一就是找出“在前面的简述中仅仅有所触及的禁欲的理性主义对于各种文化的和社会的发展的重要意义”，其中包括“哲学的和科学的经验主义的发展……技术的发展以及……精神观念的发展”。一旦明确了韦伯的思想，他的建议就成了对我的一项训令。

我无意再度回顾关于那些表明了清教主义精神特质与正在出

现的科学这一社会制度之间的重要互动的证据资料的详细积累过程。因为那样做无疑是本书内容的稍加改动的翻版。我也不想详细讨论围绕着这个假说而出现的证实性的和批判性的文献资料。[①] 相反，我将要考察这一论证（如你们愿意，也可叫做理论）的结构脉络，以便在于澄清出版物中所出现的对它的批判性的**和**赞赏性的误解。

我最好应该从那种最易引起混乱的误解入手。某些走马观花式地浏览了此书的评论者想把下述观点强加给笔者：即若无清教， 182
就不会有近代科学在 17 世纪英格兰的集中发展，如果笔者真的持有这种观点，那可就是愚昧至极了。这样的说法表现出一个基本的失误，即未能理解历史社会学中的分析和阐释的逻辑。按照这种分析，绝不能把一个特殊的、**具体的**历史发展当作对于其他同时或后来的发展是不可或缺的。倘若说清教主义不可或缺的意思是指，如果当时清教不登上历史舞台，近代科学就不会在那时出现，那么在这个现成的个案中，这肯定不是事实。这里并没有把历史上具体的清教主义运动当作当时英国科学迅猛发展的先决条件；功能上等价的其他意识形态运动也可以为新出现的科学的合法性提供广泛的承认。此研究所提出的解释，假定了一种对尚未制度化的科学提供社会形式和文化形式支持的功能性要求；但它并没有预先设定只有清教才能够承担这种功能。清教主义在那个历史时期和地点提供了主要（但不是独一无二）的支持，**这是历史上发**

① 其中大部分文献已列入本书的评论和补充参考书目中。还有部分在默顿的新版著作《社会理论和社会结构》中有所讨论；如参见此书 1968 年版，第 649—660 页。——编者

生的情况。但这并没有使它成为不可或缺的条件。然而需要强调的是，这个功能性概念也没有使清教主义变得无足轻重、无关紧要。恰巧是清教而不是其他可以想象的功能替代物，通过为科学的合法性提供一个坚实的基础，从而推动了科学的制度化。而那种把清教当作是历史上不可或缺的过分简单化的做法，只是代表了误置抽象（而不是具体）谬误的一个突出的例子。认为笔者在从事某种历史预言（采用卡尔·波普尔用来表述种种致力于做出具体的历史预言和回溯性预言的企图的那个方便的术语），这是错误的，实际应该说他仅仅致力于科学的历史社会学中的一种分析性解释。

这就把我们直接引入了作为全书基础的一个主要假设。科学的重大和持续的发展只能出现在一定类型的社会之中，该社会为这种发展提供了文化和物质两方面的条件。这一点在近代科学发展的早期，在它被确立为一种具有自己非常明显的价值的主要制度之前，表现得尤为突出。在科学因自身的价值获得广泛承认之前它需要向人们表明，除了知识本身的价值之外，它还有其他方面的价值。这一基本概念把本专著的几个主题结合在了一起，其中之一讨论的是清教在科学的制度化中的作用，另一讨论的是经济和军事在这一过程中的作用。当作者把这两个主题结合到一起时，它们看起来的确像是陌生的伴侣，但我至今仍赞成这种做法。一些评论者则致力于分解出历史社会学的各种理论视角，他们发
183 现，不仅这些视角的分类不伦不类，而且从表面上看，它们是完全矛盾的。清教主义和科学的主题似乎例证了关于历史的“唯心主义的”解释，按照这种解释，种种价值以及反映这些价值的意识形态被赋予了一种对历史发展具有重大意义的作用。而关于经济—

军事—科学的互相影响的主题则似乎例证了关于历史的“唯物主义的”解释，按照这种解释，经济基础决定着上层建筑，而科学是上层建筑的一个组成部分。但人人皆知，“唯心主义”和“唯物主义”的解释从来就是相互排斥的，它们总处于无休无止的矛盾和学术对抗之中。

不过，每个人从思想史中应该了解到，各人通常以为有所认识的情况，其实根本不是那回事。这一研究所提出的解释模式确实指出，清教所提供的价值取向以及那种流行的、认为科学能够解决迫切的经济、军事和技术问题信念（这也许不仅仅是偶然的事实），对科学的合法化起着互相支持的作用，并且各自为科学的合法化做出了独立的贡献。17 世纪绝不仅仅是使我们联想到今天的极不相同的社会结构以及科学在其中的位置，在这个遥远的年代里，崭露头角的近代科学工作者要确立自然哲学家（科学家）的社会角色，并建立科学的社会组织。为此目的，他们需要得到合法化以及各种形式的支持。重要的是，正如本书提供的证据所表明的，他们也需要时常力求向自己证明科学方法的正当性。为了使科学得以向前发展，他们需要比当时所能提供的更多的资源和设备。皇家学会秘书亨利·奥尔登伯格在致罗伯特·波义耳的一封信中忧郁的附言，就是这种持续需要的一个典型例子：“假如我能得到任何有力的援助，那我该能驾驭一种多么伟大而又有用的哲学事业啊！”①

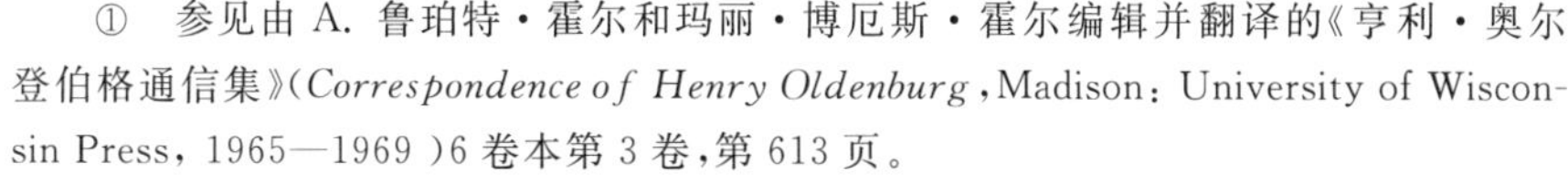

①　参见由 A. 鲁珀特·霍尔和玛丽·博厄斯·霍尔编辑并翻译的《亨利·奥尔登伯格通信集》(*Correspondence of Henry Oldenburg*，Madison：University of Wisconsin Press，1965—1969）6 卷本第 3 卷，第 613 页。

随着科学的成长，资源也必须增长以使科学能够持续发展。正是在这一点上，宗教和经济结合起来为科学的“效用”提供论证（它们的论证常常是很夸张的，其夸张所达到的程度，会使我们联想到今天的一些科学家和门外汉的说法）。当时疑问重重的托马斯们所提出了这个含蓄的、有时却又是明确的问题：为什么要从事科学活动、为什么要支持科学？对此，自然哲学家们、教士们、商人们、矿主们、士兵们和民政官员们开列出一张令人深刻印象的详细目录，以说明科学的各种“效用”：

184 1. 展示出上帝杰作之智慧的宗教方面的效用；
2. 使人们能够在日益加深的矿井里采矿的经济和技术的效用；
3. 帮助航海者们安全驶抵更远的地方，以实现探险和贸易目的的经济和技术的效用；

4. 提供更有效、更廉价的杀敌方法的军事方面的效用；
5. 提供一种智力训练形式这种自我发展的效用（如同学习拉丁文或者数学在今天时常得到的辩护那样）；以及
6. 随着英国人拥有了更多的发现和发明的优先权而增强和加深他们的集体自尊心这种民族主义的效用。

这些宗教的、经济的、技术的、军事的甚至还有自我发展的效用，看起来是为支持和促进科学提供了一种外在的、无须进一步阐释的理论基础。但是，增强英国的集体自尊心这种民族主义效用的理论基础是什么呢？直到数年以前，这种民族主义效用可能被认为是用于支持科学的一个软弱的、不成立的托词，不过，这当然是在苏联发射第一颗人造卫星以前的情况。今天，要理解这种民族优越感的自尊心驱动力的力量，我们只需套用克里斯托弗·雷恩墓志铭上的话:"Si exemplum requiris,circumspice"(请看,这就是一个榜样),而想一下美国高兴地花掉数十亿美元以求赢得登月竞争的胜利也是这种情况。

今天美国人跟俄国人争夺科学上的领先地位,这只不过是17世纪英国人跟法国人或德国人竞争的一种高度精巧的翻版。其差别仅仅在于分配给竞争民族优越感之用的资源数量级方面,而不是本质方面。举一个例子,沃利斯曾写信给奥尔登伯格,就新发现的动物之间的输血方法发表意见,他的意见说出了那种争夺发现的民族优先权的民族优越感的心声,17世纪的科学家和门外汉都一再喊出这种声音:"首先我希望,我们自己的同胞们(尤其是那些重要人物)会比我现在所见到的一般表现更进一步,他们应及时地公布自己的**发现**,而不让外国人获取由我们首创的和所带来的荣誉。"①

争取作为科学发现第一者的荣誉,当然不仅仅是民族优越感的骄傲的事情,科学竞争也是一种激烈的个人事务。本书中有一条脚注评论了17世纪英格兰许多个人激烈争夺发现优先权的情况,同时指出,优先权之争也许可以构成为一个战略性的研究课 185
题,它可提供线索揭示出科学制度塑造科学家的动机、情感以及社会关系的方式。据我所知,这条脚注的年轻作者事实上是它的唯一读者。总之,没有一个人,甚至包括作者本人,注意到这个变哑了的高声疾呼。作者本人慢慢地认识到,虽然其他人完全可以忽视这一处方所包含的明智之处,但至少他有义务去吞服自己所开

① 奥尔登伯格:《亨利·奥尔登伯格通信集》第3卷,第373页。

的药。因此大约在10年以前，我开始尝试着去弥补这一历时20年的过失，从那以后，业已考察了优先权之争在理解科学制度和科学家的行为这两个方面的意义。

因此，民族优越感的荣誉以及功利主义的其他不同表现，就为近代早期科学的合法化奠定了一个坚实的基础。在那个时代，人们极少考虑到重点强调科学的效用最终会限制科学想象力的自由发挥这样的可能性。但也可能是，人们并没有注意到当前的信念乃是历史上长久积累起来的结果，要不然人类行为也许就会完全瘫痪了。在科学作为一种制度获得坚实的基础之前，它需要这些合法化的外部支持。只是到了后来，科学对其他制度化了的价值的这种依赖性才开始缓慢地发生变化。科学逐渐获得了一种日益提高的自主性，如同一个人寻求良好的体魄或个人解放一样，它声称合法性为其自身所固有，就像在文学和其他艺术中的情况那样。纯科学的自主性则由应用科学的自主性演化而来。这种新态度体现在本杰明·富兰克林的一次回答中，当有人向他提出新发现有何用处时，他的回答是："一个新生儿有什么用处呢？"这个回答在后一个世纪得到了巴斯德和法拉第的回应，但它不可能被前一个世纪的人所想到。这种新态度表达了双重信念：基础性的科学知识是一种独立的善，而且作为一种剩余价值，它在适当的时候会带来各种各样的实用结果，满足人类的其他各种利益需要。

从那以后，由于变化着的社会状况带来了不同的维持科学合法性和谋求支持科学的策略和手法，对基础科学的内在的和功利性的理论基础的强调也发生了变化。科学的变化着的明显

可见的社会后果也促进了这些重点的转移，我们在今日的世界中就可以看到这种情况。当前对于科学的社会效用(或者，用一个流行的词说，就是其“关联性”)的迫切要求，也许预示着一个新的限制科学研究范围的时代。但在17世纪，对于科学的效用有时表现出的过分的要求主要是科学制度化的前奏。一旦具有一定程度功能自主性的科学得以建立，基础科学知识学说作为一 186
种自身独立的价值就成了科学家信念的一个组成部分。即便如此，那种对“实用利益回报”的要求仍不时地表现出来，有时要求大，有时要求小。

作者在确定了表现在17世纪英格兰科学所具有的精神的和物质的益处之后，便提出了一个有关社会结构类型的问题，这些有关科学效用的学说适于在这样的社会结构中出现，并证明是富有结果的。(当然，在那个世纪以前很久，这些学说就以这种或那种形式出现了。)笔者粗略地回答了这个问题。新出现的具有远大前景的社会阶层，发现这两种功利性很合他们口味。这并不意味着科学的发展仅**限于**禁欲的新教阶层或社会。不过，除了少数历史学家和社会学家的那种不实事求是的、要么全盘肯定要么全盘否定的断言外，还有谁会主张这种**排他性的**关于科学的分析呢？在本书中，正如在由韦伯、特勒尔奇、托尼和所有他们的众多的追随者所提出的关于经济系统的解释中那样，并不存在任何未经思考的意见，即认为对科学的兴趣唯独限于某些群体之中。与社会中的所有形式的行为和态度一样，这种兴趣只是一个程度问题，这是理所当然的而且也是最重要的。在当时的社会和文化复合体中，某些社会阶层出于前述的缘由，在科学的支持者和实际参加科学工作的相对少数的人中间，形成了一种不成比例的对科学的明显兴趣。正是在这里，关于科学家的禁欲主义新教倾向的社会算术变得适用了。它证实了来自于这个宗教亚文化的人们在追求科学教育、支持和参与科学研究方面的这种有差别但非排他性的倾向。

但是应用于历史的社会算术也有其陷阱，我们很快就会看到这一点。不久以前，多罗西·斯廷森和雷蒙德·斯特恩斯以及本书作者在计算17世纪后半叶英国科学家中的清教徒人数时，得到了十分相近的结果(这可能就是人们希望根据实质上相同的数据独立进行计算所得到的结果)。[①] 后来，有人报告了另一组截然不
187 同的算术结果。刘易斯·S. 福伊尔[②]实际上告诉我们说，以前的计算结果完全是错误的，真实的情况是，在1663年6月皇家学会的119名会员中，"坚持清教伦理[原文如此]的信徒"可以一个不差地用一只手的手指来计数。在剩余的会员中，就那些有足够信息可加以判断者而言，大多数(43名或50名或54名，这个数字在

---

① 本-戴维在考察了更广泛的证据之后指出："在整个欧洲，在科学家当中出身于清教的比出身于天主教的要多得多。虽然关于科学家的宗教背景的数据并非完全可靠，而且难以确切地估计这些科学家所在国的宗教共同体的规模，但是所有现存的计算结果(包括那些旨在推翻关于新教和科学的关系假说的作者们的计算结果)表明，在16世纪到18世纪末的科学家当中，新教徒的人数不成比例地高得多。"[《科学角色：科学在欧洲确立的条件》("The Scientific Role: The Conditions of Its Establishment in Europe")，原载《米涅瓦》4(1965年秋)，第46页。] 有关欧洲的新教徒一般成立的结论，对英国的禁欲主义新教徒的具体情况也是成立的。

② 《科学知识分子》(*The Scientific Intellectual*, New York: Basic Books, 1963)。

福伊尔书中第421页变来变去)，属于他所说的"享乐主义—自由主义者"。这个报告自然引起了苛刻的怀疑，即在什么地方一定出现了错误，甚至是严重的错误。这种新的计算结果怎么会如此同以前的结果完全相抵牾呢？对此做出详细的回答将超出这篇序言的范围。那需要一个报告，对福伊尔的数据整理和计算方法逐一进行分析。不过我们还是可以附带地看一下，他是怎样得出他那些不寻常的结果的

在他得出结论性的统计结果的过程中，福伊尔使我们警觉到，他在干着毫不掩饰的窜改引证的勾当，本书就成了受害者。为了揭露这种特殊的手法，我们采用了古老的、在17世纪就已盛行的做法，即把福伊尔先生诡称所引的原文与他独特的私人翻版重印在一起。

默顿原文

皇家学会的这一[①]核心小组的主要人物是神职人员或笃信宗教的人士，很难说这只是一种偶然的情况，虽然像理查森(Richardson)博士那样坚持认为学会是由清教**学者**占压倒多数的一

福伊尔"引文"

"其[注意——默顿注]核心小组的主要人物是神职人员或笃信宗教的人士……"默顿写道，"很难说这只是一种偶然的情况……"[这里的省略和删节均系福伊尔所为——默顿注]。相反，皇家学

① 读者自己能够看到(见《17世纪英格兰的科学、技术与社会》，1970年版，第112页)，"这一"核心小组的前身专指"加入1645年及以后一段时间里一些热衷科学的、不定期的会晤"的那群人，其中包括"约翰·威尔金斯、约翰·沃利斯、乔纳森·戈达德(Jonathan Goddard)以及随后的罗伯特·波义耳和威廉·配第爵士，看起来，各种宗教力量对于所有这些人都具有十分强烈的影响"。

小群学者发起的，这种说法并不十分准确。不过真实情况显然是，学会最初的创建思想受到了清教观念的影响。（1970年版，第113—114页）

会中的最大的活跃的专业群体是医生……[我做的省略——默顿注]。另一方面，在皇家学会的创立者当中又有多少神职人员呢？（第68—69页）

这种删略及由此引起的错误计算证明他具有一种十分丰富（虽然也许有点儿一厢情愿）的想象力。首先，“这一”核心小组指的是1645年的团体，在这里却被改变成了17世纪60年代某个时期的皇家学会“这个”核心小组。接着，“神职人员和笃信宗教的人士”在福伊尔的实际计算中，却被腰斩为“神职人员”一类。最后，为了保证其统计结果确凿无疑，福伊尔干脆把作者声明自己拒绝那种认为“神职人员”而非笃信宗教的人士在这一小组里占支配地位的观点的一段文字删去了，他竟用这种方便的删略法从原文中
188 删略出他自己所要得到的那个结论。在动了这个技术精湛的小手术之后，再需做的不过就是计算一下以表明神职人员事实上并没有占支配地位。像大多数有点偏爱自己的观点的人们一样，本书的作者无疑想知道，为什么福伊尔要用逻辑砍削术来对待颇有说服力的推理。

所有这一切都是一种预兆，即当有人想这样做时，公认的社会算术就会具有伸缩性。福伊尔式的人员计数法的另一个特征是，把所有的人员都当作是一种类型。他把1663年皇家学会的所有会员都看做是对于评论的假说具有同等的重要性，从而得出了他自己的戏剧性结果。他的名单中包括所有那些能按自己的心愿加

入皇家所支持的这个学术团体的朝臣们,无论是否有证据表明他们具有科学兴趣,更不用说对科学的理解了。科学史家通常则要更多地加以区别对待。查尔斯·C. 吉利斯皮曾指出“出于各种不明文的法律上的理由,1663 年 5 月 20 日通过的皇家学会的第二个宪章上所列的 115 人便构成了官方公认的首批会员”。不过作为一个历史学家而不是法律学家,吉利斯皮接着又指出,这个名单包括数目可观的一批人,他们径直被接纳为会员,仅仅是因为“他们具有男爵以上的爵位”。这些人不同于其他的会员,他们没有先接受审查,以判定他们是否具有从事科学研究的能力甚或具有科学兴趣。[①] 一旦确定把这些王室显贵列入相关联的总人数,福伊尔就可以满怀信心地去得出那些有保证但并非全都相关的结果了。

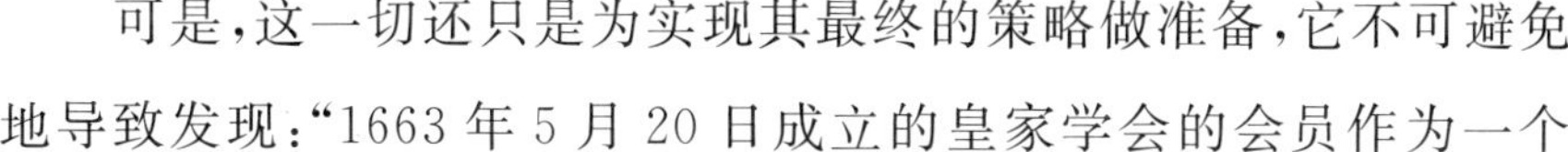

可是,这一切还只是为实现其最终的策略做准备,它不可避免地导致发现:“1663 年 5 月 20 日成立的皇家学会的会员作为一个

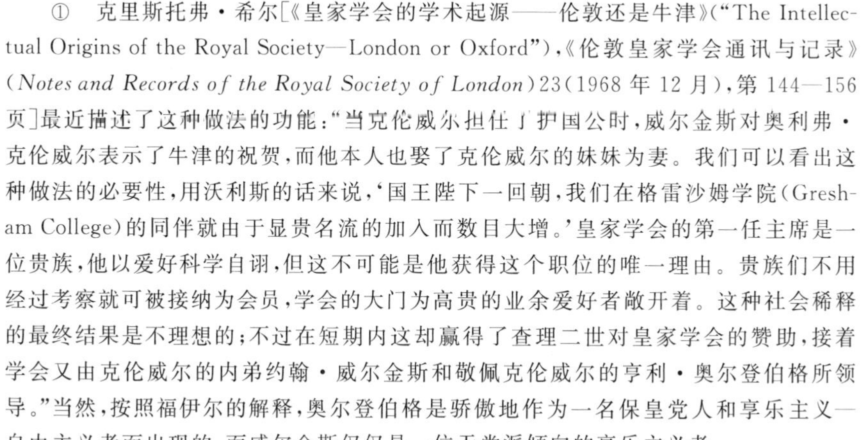

① 克里斯托弗·希尔[《皇家学会的学术起源——伦敦还是牛津》(“The Intellectual Origins of the Royal Society—London or Oxford”),《伦敦皇家学会通讯与记录》(*Notes and Records of the Royal Society of London*)23(1968 年 12 月),第 144—156 页]最近描述了这种做法的功能:“当克伦威尔担任了护国公时,威尔金斯对奥利弗·克伦威尔表示了牛津的祝贺,而他本人也娶了克伦威尔的妹妹为妻。我们可以看出这种做法的必要性,用沃利斯的话来说,‘国王陛下一回朝,我们在格雷沙姆学院(Gresham College)的同伴就由于显贵名流的加入而数目大增。’皇家学会的第一任主席是一位贵族,他以爱好科学自诩,但这不可能是他获得这个职位的唯一理由。贵族们不用经过考察就可被接纳为会员,学会的大门为高贵的业余爱好者敞开着。这种社会稀释的最终结果是不理想的;不过在短期内这却赢得了查理二世对皇家学会的赞助,接着学会又由克伦威尔的内弟约翰·威尔金斯和敬佩克伦威尔的亨利·奥尔登伯格所领导。”当然,按照福伊尔的解释,奥尔登伯格是骄傲地作为一名保皇党人和享乐主义—自由主义者而出现的,而威尔金斯仅仅是一位无党派倾向的享乐主义者。

整体，其占主导地位的伦理并不是清教主义的道德伦理；而是享乐主义—自由主义的伦理。”享乐主义—自由主义的标准看来也许有
189 足够的伸缩性和开放性可用于其目的。即便如此，福伊尔显然认为这种伸缩性还不足以确保其结果是可信的。因为他接着又把一切对于科学工作感到快乐的表示统统包括进“享乐主义—自由主义”这个标准之中。一旦做出了这样的定义——按此定义，科学研究的快乐变成不过是“享乐主义”的另一表达方式，福伊尔显然一定会得出这样的结论，即那个时期(我们可补充说，在任何其他时期)的科学家们肯定是追求享乐主义的。历史学家唐纳德·弗莱明面对这一切更干脆地说：

> 公正地说只能是，福伊尔同加尔文主义的争吵，仅仅是他把“享乐主义”奉做科学的主要来源这种做法的一个附带事件。在这一方面，每个科学家只要他喝过一杯啤酒或瞟过某位女士一眼，二者兼而有之更不用说了，他就成了一位“享乐主义者”。即使按照这些标准去看待科学家，牛顿仍然是个问题；不过福伊尔还是设法用牛顿的侄女同某位“风流名士”之间的“奸情”来分散读者的注意力。在其他说法都行不通的时候，福伊尔就把任何说过自己喜欢从事科学工作的人也都算作是享乐主义者。①

然而，福伊尔采用这些无所不包的标准，却带来了一个困窘的、用他预先设定的结论不能解决的难题：即按照这些标准，根据

---

① 唐纳德·弗莱明：《评〈科学知识分子〉》，原载《伊希斯》56(1965年)，第369—370页。

这五位皇家学会会员的价值取向，怎么能给他们贴上清教徒的标签呢？［合理的好奇心是应该发挥的。以下是这五名奇异的人物，他们在度过了分类认可的可怕考验之后，竟不可思议地保持了其清教徒的身份："克劳福德和林赛的伯爵、哈克（也许是 Theodore Haak），可能还有希尔（Hill）、马萨伦子爵（Viscount Massarene）和费尔默伊登（Vermuyden）。"］一旦科学工作的乐趣变为享乐主义的一个标志，不用费什么力就可以把典型的清教徒科学家约翰·雷或清教徒医生托马斯·西德纳姆或虔诚的罗伯特·波义耳确定为无可救药的享乐主义者。而且以此还可把后来的一些科学家划为他的享乐主义—自由主义者同伙，包括：毫无一贯信念的约瑟夫·普里斯特利；虔诚的圣地马尼派信徒迈克尔·法拉第，他的"宗教感情"如他的传记作者 L. 皮尔斯·威廉斯所说的，"是深厚而持久的"；巴克斯特（Baxter）的虔诚信徒克拉克·麦克斯韦；加尔文主义者威廉·拉姆齐爵士；以及对加尔文主义信仰更深的、一位加尔文教派牧师的儿子伦哈德·欧拉。

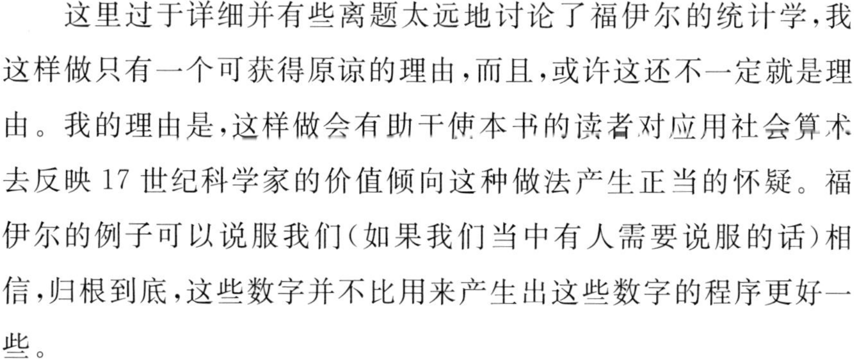

这里过于详细并有些离题太远地讨论了福伊尔的统计学，我这样做只有一个可获得原谅的理由，而且，或许这还不一定就是理由。我的理由是，这样做会有助于使本书的读者对应用社会算术去反映 17 世纪科学家的价值倾向这种做法产生正当的怀疑。福伊尔的例子可以说服我们（如果我们当中有人需要说服的话）相信，归根到底，这些数字并不比用来产生出这些数字的程序更好一些。

另外一类完全不同的问题，则在于如何解决围绕着清教与科 190
学的互动这个基本的学术争论中的困难。深深地卷入这场争论的研究历史个案的学者如克里斯托弗·希尔、西奥多·K. 拉布、R. 胡伊卡斯(Hooykaas)、休·F. 卡尼、李约瑟和劳伦斯·斯通等人。这里,我不想陈述其细节,而只关注争论的中心问题,即在多大程度上,老清教徒转而注意科学(而且,就此而论,转向商业和工业活动)是因为他们的这种兴趣产生于其精神特质?或者在多大程度上是另一种情况,即那些不论出于什么其他原因而已经从事科学(或商业和工业)职业的人们,后来发现清教主义的价值对他们适宜的?若能回答这个问题,即能估计可归入清教→科学序列或科学→清教序列的个案的比例,这将是令人满意的事情。但是看来,今天不见得就比我开始进行这项研究的时候更有可能进行这种严密的分析。所需要的数据根本就没有。不过,推测这两个过程在某种未知的程度上发挥作用,这种猜测并非纯系陈腐之见。根据来自现代其他活动领域的可供利用的证据,我们知道各制度价值、兴趣和成员之间的关系是典型的互惠性的相互作用。某些宗教倾向会融入特定的经济、政治和职业领域,反之亦然,一些出于其他理由而进入这些领域的人倾向于接受那些他们认为适合于其生活方式的宗教取向。归根到底,对历史上的每一社会而言,这是一个相互影响的两个方向何者占优势的问题。这样的结论不可能提供令人满意的理论结论。但是在掌握所需证据之前就采纳某一固定的结论,这对于取得成功并无助益,尤其是当对立的学者提出带有偏见的观念的时候。

对这一基本观点再作一点评论。我最近重新阅读了本书,我必须承认,笔者只在十来处地方提到,宗教信仰及其对科学的贡献的特点所发生的种种变化,部分是属于内在的、部分是属于适应性的。但是，由于未受过学术论述技巧的训练，作者当时显然没有认识到，这些交替出现的陈述并不引人注目，除非把它们纳入到这种经过突出强调的一般表述之中，即尽管科学与宗教是互相联系的，但二者也具有各自的发展动力。

即使现在，我还是倾向于认同这历经多年但也许并不陈腐的论文的有分寸的结束语。[①]

① 这一结束语是："根据以上的研究，得出这样的结论可能并不过分，即17世纪英格兰的文化土壤对于科学的成长和传播来说是特别肥沃的。"——编者

191

第八章　科学与技术兴趣中心的转变*

1938 年

278

在 17 世纪的英国人中，那些在科学和技术方面有所贡献的人，相当大一部分是在这一世纪五六十年代就最先转向了科学和技术领域。在探索对科学的兴趣的这种明显扩大之前，对这个事实本身是否确定无疑作一番考察，似乎是明智之举。从对《国民传记辞典》的传记的统计分析所得出的观点，是否得到了其他证据的支持？不论怎样，哪一门科学与人们的关注点有最大限度的一致呢？是否有任何学科在整个时期保持一种不受挑战的首要地位，或者是否存在着科学兴趣中心的不断转移呢？

一、研究方法

路德维希·达姆施泰特及 26 位学者合作所编写的《科学技术史手册》，可以作为回答以上第一个问题的一种独立的资料来源。①

---

* 本章原为罗伯特·K. 默顿所著《17 世纪英格兰的科学、技术与社会》的第 3 章“对科学和技术的兴趣的汇聚与转移”(“Foci and Shifts of Interest in the Science and Technology”)；现获准重印。另请参见该书新序言版第 38—54 页，本章与原文略有不同。

① 参见《科学技术史手册》(Berlin：J. Apringer，1908)。

这部著作按年代顺序列出了重要的科技发现和发明，虽然它并非穷尽无遗，但在我们所能获得的资料中它是全面的。它虽然在发现的归属和日期方面偶有差错，[①]但是这些错误对于我们使用这些材料并无致命影响，因为我们所关心的不是这些发现属于哪些 192
具体的人。况且，由于编者对与17世纪英格兰有关的条目都做了核实，因而存在重大差错的可能性不大。

对科学发现一览表进行统计本身所固有的种种困难，在本研究中也没有完全避免，但它们却因这一研究本身的性质而得到了缓解。因为我们的主要目标并不是测定科学进步的速率，而是评价反映在成果上的对科学的兴趣的相对程度。因而并没有必要使单个的发现与图表中的"单位"之间建立起一种精确的一一对应关系。科学的每一点增长，无论它对科学发展有何意义，都可作为反映该领域兴趣的指标；因此，为了这些图表，有关这些不同种类的单位之间的可比性和可加性的某些责难也可以抛在一边。[②] 达姆

① 参见乔治·萨顿：《科学史导论》(Baltimore: Williams and Wilkins, 1927—1947)第1卷(1927年)，第144页。鲍里斯·温伯格(Boris Weinberg)：《人类发现的变化规律》("Les lois d'évolution des découvertes de l'humanité")，原载《一般科学评论》(*Revue générale des sciences*)37(1926年)，第43—44页。

② 有关发明一览表的统计分析中所存在的困难的批判性讨论，参见弗洛伊德·H. 奥尔波特(Floyd H. Allport)与戴尔·A. 哈特曼：《文化变迁的预测》("The Prediction of Cultural Changing")，见S. A. 赖斯编：《社会科学中的方法》(*Methods in Social Sciences*, Chicago: University of Chicago Press, 1931)，第307—352页。请相对照T. J. 雷诺夫的《西欧物理学发展中创造性成果的波动性》("Wave-like Fluctuations of Creative Productivity in the Development of West-European Physics")，原载《伊希斯》12(1929年)，第287—288页；A. 索罗金和罗伯特·K. 默顿：《阿拉伯人思想发展的历程：方法研究》，原载《伊希斯》22(1935年)，第516—524页；罗伯特·K. 默顿：《工业发明率的波动》("Fluctuations in the Rate of Industrial Invention")，原载《经济学季刊》(*Quarterly Journal of Economics*)44(1935年)，第454—474页。

施泰特所记录的每一点增长也许并不反映同等量的相应的科学的兴趣，但是在缺乏任何对立的证据的情况下，看起来可以假定这类差异不是累加性的，简言之，它们并不会导致系统性偏差的结果。

这些图表的编制过程依赖于某些假定。我们业已指出，这里假定达姆施泰特的《手册》中提到的科学发现的数目，大体上是当时对科学的兴趣程度的一个函数。显然，情况并非总是这样；对于这里所考察的这个科学天才的世纪，情况也许就并非如此。少数出类拔萃的科学家如牛顿、波义耳、哈雷等人的发现，其显著程度可以说百倍于许多平庸的研究者。[①] 单纯用这一图表列出科学兴
193 趣的近似指标是不够的，但把它与来自《国民传记辞典》的资料，以及来自其他独立来源的资料结合起来，其可靠性就会得到多方面的保证。

二、科学产出率

《手册》通过把每个发现或发明计作一个“单位”，以此为据所得出的统计结果见表1。由于在一个10年期内每一学科的发现

---

① 不过，广而言之，在任何一个领域里的研究者和发现的**数目**，与科学家和发现二者的**重要性**之间，似乎存在着一种显著的关联。参见索罗金和默顿：《阿拉伯人思想发展的历程：方法研究》，第522—524页；以及索罗金教授的《社会动力学和文化动力学》，尤其是第2卷，第1—4章，它似乎确立了这一论点。这种关联的存在可能是由于这样的事实：杰出的科学家常常吸引着一大堆才能略低一点的追随者，因而存在着数目异常多的出类拔萃的科学家的时期，也就是对科学具有广泛兴趣的时期。而且，任何领域里的明显成功，像我们将要看到的那样，都很容易把大量才干平庸的人和有能力的研究者一起吸引到这一领域的。

的数目太小，因而没有按照科学领域对这些发现分别加以分类。

表 1： 1601—1700 年英格兰的重大发现和发明的数量

年　份	数　目	年　份	数　目
1601—1610	10	1651—1660	13
1611—1620	13	1661—1670	44
1621—1630	7	1671—1680	29
1631—1640	12	1681—1690	32
1641—1650	3	1691—1700	17

根据达姆施泰特的《科学技术史手册》整理

这个世纪前后两个半叶的产出率之间存在一种鲜明的对比：后半叶的发现的数目是前半叶的三倍。这与科学史家们经常提到的结论，即在 17 世纪后半叶英格兰科学的发展变得格外引人注目是吻合的。重大发现的数目在初期出现无趋向的波动，随后在 1661—1670 年这 10 年间有了显著增长以后，产出率便明显地减少了。科学的产出在内战频繁时期达到了低点。沃利斯、波义耳及其同代人经常议论战争所带来的使人心烦意乱的影响。1688 年威廉进入英国，引起内乱，这时发生了同样的情况，这种情况正如《哲学学报》的编者在该刊复刊时所作的评论："这些学报的出版过去[曾]一度中断，主要原因是由于**公众事务**的动荡不安的局势，把好奇的思维从**物理**和**数学研究**分散到了一些更迫切的**事务**上。"①

内乱明显地对科学研究在这个世纪中期的两个 10 年间的加速发展起着阻滞作用。接下来的一个 10 年，以那些出席皇家学会正式成立仪式的科学家们之间的不受干扰的、得到加强的互动为标志，是科学最活跃的时期之一。事实上，也许恰恰是内乱的平息 194

① 参见原载《伦敦皇家学会哲学学报》17(1693 年)，第 452 页。

以及在此之前几十年间对科学的兴趣的极大增加,[①]可能是造成60年代里如此众多的基础发现引人注目地“突然”涌现于世的原因。科学运动在此之前的一段时间里已经一直在积攒动力,只不过是受到了这一冲突时期的那种动乱无序的形势所压抑而已。[②]

达姆施泰特的资料所列表的可靠性,可通过与选自《国民传记辞典》中有关科学兴趣的统计资料加以比较而测定,《辞典》的结果如表2所示。

表2：1601—1700年英国对科学和技术的初始兴趣者的数目

年　份	数　目	年　份	数　目
1601—1610	17	1651—1660	46
1611—1620	18	1661—1670	41
1621—1630	23	1671—1680	43
1631—1640	39	1681—1690	38
1641—1650	46	1691—1700	35

根据《国民传记辞典》整理

我们会注意到,在大约10年为间隔中,反映初始科学兴趣的指标与反映科学产出率的指标之间,存在着某种关联。尽管对科学的兴趣在该世纪上半叶一直持续增长,但就科学产出率而言,这是一个潜伏期。科学家之间的互动与后来“无形学院”和日益壮大的皇家学会设立后所出现的那种广泛接触和讨论的情况相比较,显得十分微弱。另一个不同则可以用如前面已经提到的内战的影

① 正如我们从基于《国民传记辞典》的资料中所看到的那样。

② G. N. 克拉克教授采用相同的解释说明了1660年以后科学的“萌芽”。参见他的杰出著作:《斯图亚特王朝后期》(*The Later Stuarts*, Oxford: Printed for the Author, 1934),第28—29页。

响来说明。[1] 此外，对科学所表现出的兴趣的程度与科学产出率之间的互动关系是复杂的。对一专门领域的兴趣的增加，在一定时间可以导致出较高的产出率，而科学发现在数量上的增加反过来又会引起人们更大的兴趣。但是这种过程只是在不出现从科学 195
向其他活动领域的兴趣转移时才会出现，下面将说明这一点。

以上数据资料表明，在 17 世纪中叶前后，科学在英格兰的发展变得格外引人注目。正如已故的马撒·奥斯坦在她那典范式的著作中所指出的那样，[2]可以在这一点上划出一条分界线，因为在西欧，产生 17 世纪上半叶的那些科学成就的力量不同于形成后半叶的科学的那些力量。不容置疑，这个结论更适用于英格兰。上半叶有吉伯和哈维，还有弗朗西斯·培根这位科学宣传家中的贵族，但是科学作为一种社会活动形式，却是在后期才出现的。除了在当时的名流圈子之外，科学也获得了其**大众性**。新兴的实验哲学开始流行，探索自然奥秘成为一种时尚。[3] 尽管这种新获得的大众性并

① 索罗金教授曾指出："在革命和战争期间及以后，天才人物[包括科学家和发明家]增多。这已多次得到证明。"参见他的《社会流动》(*Social Mobility*, New York and London: Harper & Brothers, 1927)，第 513 页。这一结论适用于 1642—1660 年动乱期间的情况，根据我们的《国民传记辞典》数据，在此期间，英国 17 世纪著名科学家的数目达到高峰。R. T. 冈瑟同样注意到这种关联，参见其 10 卷本的《牛津早期的科学》(*Early Science in Oxford*, Oxford: Printed for the Author, 1935)，第 3 卷，第 330 页；另见数学家 S. 布罗德斯基：《艾萨克·牛顿爵士》(*Sir Isaac Newton*, Methuen & Co., 1927)，第 13 页。

② 参见《17 世纪科学学会的作用》(*The Rôle of Scientific Society in the Seventeenth Century*, Chicago: University of Chicago Press, 1938)，第 2 章。该书最初于 1913 年由个人刊印。

③ 托马斯·斯普拉特用这样的话来描写这种变化："它[科学]已经开始留住优秀的人才，开始改善其外表和装扮，开始为达官显贵所追逐，而不再是人们蔑视的对象。"[《伦敦皇家学会史》(*The History of the Royal Society of London*, London, 1667)，第 149 页。]

没有产生出显著的科学成就，但它有助于科学地位的合法化。

三、科学兴趣指标

在这种对科学的兴趣增强的背景中发生了哪种关注点的转移，在对不同的科学和技术的兴趣上又表现出了有什么样的相对变化呢？关于这类转移和变化的最现成的指标可从17世纪英格兰出版的唯一的科学杂志《伦敦皇家学会哲学学报》中找到。但《哲学学报》不能提供出关于这个世纪前半叶科学兴趣的指标，原因是它直到1665年，亦即皇家学会正式成立三年之后，才开始出版。因此，只能考虑这个世纪后半叶的情况，通过把达姆施泰特的《手册》所载资料与从《学报》中获得的那些资料做一番比较，可以确定有关这个世纪后半叶科学兴趣中心转移的那些指标的可靠性。

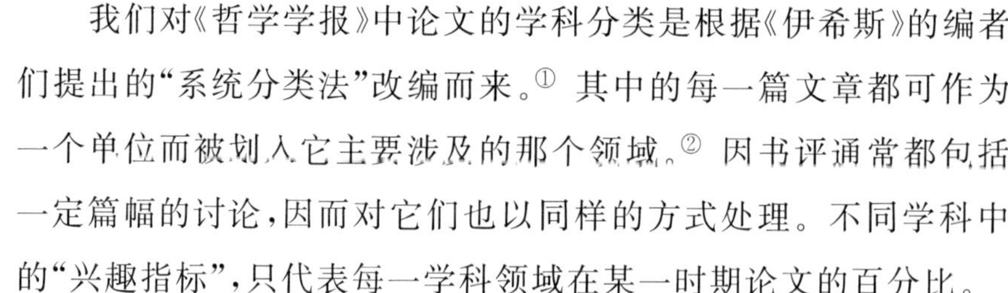

我们对《哲学学报》中论文的学科分类是根据《伊希斯》的编者们提出的“系统分类法”改编而来。[1] 其中的每一篇文章都可作为
196 一个单位而被划入它主要涉及的那个领域。[2] 因书评通常都包括一定篇幅的讨论，因而对它们也以同样的方式处理。不同学科中的“兴趣指标”，只代表每一学科领域在某一时期论文的百分比。

---

① 参见例如：《伊希斯：国际科学与文明史评论》19(1933年)，第431页及以下诸页。

② 可与霍内尔·哈特在《变化的社会态度和兴趣》(“Changing Social Attitudes and Interests”)中所用的方法作比较，见《最近社会趋势》(*Recent Social Trend*, New York: McGrawll-Hill, 1933)第1卷，第384页及以下诸页；霍华德·贝克尔：《美国社会学杂志地域的分布》(“Distribution of Space in the American Journal of Sociology”)，《美国社会学杂志》36(1930年)，第461—466页，及38(1932年)，第71—78页。

显然，这些指标是粗略的，故可忽略一些较小的变化。例如，1677年就没有数学方面的论文，这一事实显然并不表明人们对这一领域的兴趣完全失去了。这些指标的主要作用是表明**趋势**，而不是去说明每年的变化情况。

四、学科之间的兴趣转移

对1665—1702年期间，以三年为一组加以统计的结果如表3和表4所示。[①] 论文的数目和关注指标以三年为期分为一组，因为我们主要想确定趋向，而非每年的摆动。

这些指标表明了几个明确的动向。即在形式科学——逻辑、认识论而且主要是数学中，存在着三个清晰可辨的"周期"。第一个周期在1668—1670年间达到其高峰，当时牛顿、沃利斯和詹姆斯·格里高利(James Gregory)，以及(在较低程度上包括)约翰·科林斯、克里斯托弗·雷恩、J. J. 弗格森(Ferguson)和布龙克尔子爵，都推动了数学的发展。尼克劳斯·墨卡托的《对数术》(*Logarithmotechnia*)出版于1668年，该书引起了人们的兴趣。而且，正是在这个时候(1669年)牛顿向巴罗通报了他的流数与曲

① 我们将会注意到《学报》的出版有两个阶段，第一个阶段开始于1678年，持续了三年时间。1681年，罗伯特·胡克开始发表《哲学文集》(*Philosophical Collections*)，它一直被认为是《学报》的一个组成部分。[参见托马斯·汤姆森:《皇家学会史》(*History of the Royal Society*, London, 1812)，第7页及以下诸页]《文集》的出版持续到1683年，是年皇家学会的秘书罗伯特·普罗特使原杂志复刊，并持续到1687年，此后又出现了三年中断。1691年，理查德·沃勒，尤其是埃德蒙·哈雷再度编辑《学报》，从此以后这一杂志的出版再未间断过。

线求积法概念。《关于无限极限数字方程的分析》(*De Analysi per Aequationes Numero Terminorum Infinitas*)这本小册子，后来又传到了科林斯手里，它激起了对这一领域的进一步的兴趣。从这一时期开始的轻微的衰落持续到第二个周期，这一新的兴趣周期在1681—1683年间达到高峰期。正是在这一时期，这方面的兴趣在约翰·佩尔的《数学思想》(*Idea of Mathematics*)重新复活，此书最初写于1639年，并送给了梅森和笛卡尔评阅。胡克在《哲学学报》中刊登了他们对重印佩尔的这一小册子的评论。[①] 在整个这一时期，伴随着约翰·沃利斯的数学全集的出版，兴趣的高
199 峰期也于1694—1696年达到了顶点。兴趣集中在沃利斯主要关心的那些问题上：应用无穷级数(这是构成微积分的一步)以及流数求解曲线面积的方法。虽然牛顿在《原理》(*Principia*, 1687)一书中已经应用了微积分的原理，但是微积分的独特的英文符号只是到了1693年沃利斯的《代数》(*Algebra*)出版时才出现的。这些事件引起了人们极大的兴趣，从哈雷、亚伯拉罕·棣美弗以及沃利斯本人论述求积及类似问题的文章中都可看到这一点。

显然，对特定领域的兴趣的短期波动来自于该学科**内部的**发展。也就是说，被认为具有极高价值的出版物有助于把人们

---

① 佩尔在世期间并未满足他的朋友和同事在数学上原有的期望。约翰·科林斯认为他是"一个很有学问的人，特别是在代数学某些方面，他比其他人更精通"。"但是，"他进一步说，"激励他发表任何东西似乎是徒劳的，就跟登天一般难。他已成为了一个不易沟通的人。"今天人们所记得的佩尔的东西只是他所发明的除号(÷)。有关科林斯的评论，参见S. J. 里戈：《17世纪科学家通信集》(*Correspondence of Scientific Men of the Seventeenth Century*, Oxford, 1841)，共2卷，第1卷，第195—197页；另见《国民传记辞典》中的《约翰·佩尔》条目。

的兴趣汇聚到问题已经显露出来的领域，并使这些问题有望得到解决。

兴趣中心的微小波动主要是由科学的内部史所决定的，这个结论也可由其他资料来证明。比如，从其作者们的坦率声明中我们获知，许多著作来源于吉伯对磁现象的研究。[①] 哈维的成就特别激励了英国的科学家从事解剖学和生理学这两方面的研究。[②] 英国的解剖学者，如格利森和华顿，把他们的注意力转向了与造血和血液运动有关的器官：肝脏和心脏。[③] 这些为数不多的研究者总被提到，这意味着，对这些领域的关注分散了对毗邻学科的兴趣。兴趣转移到生理学和显微解剖学，便导致了对外科学兴趣的衰落。[④] 有时，杰出的科学天才的贡献也会阻碍进一步的科学

① 例如，爱德华·赖特(Edward Wright)、托马斯·布伦德维尔(Thomas Blundeville)、马克·里德利(Marke Ridley)、威廉·巴洛(William Barlowe)、纳撒尼尔·卡彭特(Nathaniel Carpenter)、乔治·黑克维尔(George Hakewell)、亨利·盖里布兰德(Henry Gellibrand)、亨利·邦德(Henry Bond)、凯内尔姆·迪格比爵士和托马斯·布朗(Thomas Browne)爵士的著作。参见 P. F. 莫特利：《电磁学文献史》(*Bibliographical History of Electricity and Magnetism*, London: Charles Griffin & Co., 1922)。

② 埃里克·诺登斯基尔德：《生物学史》(*The History of Biology*, New York: A. A. Knopf, 1932)，第 147 页；如 J. L. 佩格尔指出："紧接着该书［哈维的《论血液循环》(*De motu cordis*)］的出版以及在随后的时期里，不仅一系列重大生理学问题开始逐一解决，而且大生理学家如雨后春笋般涌现。这全都是受到哈维的发现的刺激。"参见由卡尔·萨德霍夫(Karl Sudhoff)改编的《医学史导论》(*Einführung in die Geschichte der Medizin*, Berlin: S. Karger, 1915)，第 262—263 页。

③ 海因里希·黑瑟：《医学与流行病史教科书》(*Lehrbuch der Geschichte der Medizin und der epidemischen Krankheiten*, Jena, 1887)，共 2 卷，第 2 卷，第 287—288 页。

④ 同上书，第 2 卷，第 430 页；佩格尔：《医学史导论》，第 289 页；爱德华·威辛顿：《医学史》(*Medical History*, London: 1894)，第 329 页："17 世纪的外科学与这之前或之后相比都很不显要，因为生理学的惊人进步似乎把最有才华的人都吸引到了医学问题的研究上了。"

200 研究。例如牛顿的工作所带来的声望，使得大多数他的直接继承人，不敢在他的发现面前越雷池一步。故而，英格兰的流体力学领域（虽然如拉格朗日所说的，牛顿在这个领域里的工作最不令人满意），直到托马斯·杨的时代以前，没有取得任何重大进展。[①]

虽然科学家所面对的那些引出许许多多派生问题的**一般性问题**可以由科学以外的因素所引起，这一点我们后面将会看到，但是，正是通过连续的科学研究而得到揭示的那些派生问题的发展，在最大限度上说明了对既定科学的关注焦点在一个相对短的时期内的汇聚和转移。正是从这一意义上说，对这些短期波动的研究似乎属于科学史家而不是社会学家的事情。

如果我们转而看看 17 世纪后期对诸自然科学学科包括天文学、物理学和化学等的兴趣趋向，那么这一结论似乎又一次得到了证实。直到这个时候，自然科学仍然是最受关注的部分，但是对这些领域的论文的逐渐减少，预示着其主导兴趣在人而不在物的"启蒙时代"的到来。如果将这一衰落与兴趣指标所揭示出的对诸文化科学如史学、考古学、经济学、语文学和政治算术等的兴趣的明显增长加以对比，这种衰退就显得更加引人瞩目。[②]

① 克里斯托弗·华兹华斯：《学院派》(*Scholae Academicae*)，第 66 页及以下诸页；威廉·休厄尔：《归纳科学史》(*History of the Inductive Sciences*, New York, 1858)，共 2 卷，第 1 卷，第 349—350 页。

② 这种趋势的部分证据是由戴维·奥格提供的，他注意到从[17 世纪]70 年代后期开始，大众对历史的兴趣增加了。参见其《查尔斯二世统治时期的英国》(*England in the Reign of Charles II*, Oxford: Clarendon Press, 1934)，共 2 卷，第 2 卷，第 714—715 页。

五、提出一个问题

这里可简要概括一下这些资料所表明的这一时期对科学兴趣的各种趋向。在数学中，我们业已看到，存在着三个短周期。在自然科学中，存在着多多少少连续地得到维持的高度的兴趣，一直到1684—1687年，这时明显出现了衰落。化学史家欧文·马森注意到化学研究在波义耳逝世之后开始衰退；[①]这一短期趋向同样在我们的数据中得到了反映。而生物科学，包括博物学、植物学和动物学等，一直保持着一种大致稳定的科学吸引力。

地学诸学科，用现代术语来说，即大地测量学、地理学和海洋学、地质学、矿物学、古生物学、气象学以及气候学等，没有显示出 201
任何明显的变化。解剖学和生理学从1665年到1676年出现过一个很微小的下滑，接着是较大的增长，增长持续到1683年，然后出现了另一个小周期。文化科学，包括史学、考古学、经济学、语文学和政治算术等，从1668至1702年显示出一种几乎连续的增长。最后，医类科学，包括药学、药理学和内科学等，在1665年至1702年这一期间也表现出增长。

把这些学科进一步分为两大类便可以看出其大致趋势：一类属于研究无机界的，一类属于研究有机界的。第一类包括诸自然科学再加上形式科学；第二类则包括生物科学、人类科学和医类科

① 欧文·马森：《化学三百年》(*Three Centuries of Chemistry*, London: E. Benn, 1925)，第100页。

学。我们略去了地学诸学科，因为它们包括了有机界和无机界两方面的知识。诸文化科学也同样没有包括在内。表5表明了人们对这两大类科学的重视程度的变化情况：对无机科学的兴趣直到[17世纪]80年代末一直比对有机科学的兴趣高一些，此后，兴趣日益明显地转向了后一类科学。

这些趋势所反映的可能不是科学兴趣中心的实际变化，而只

表5　学科群之间的兴趣的转移

年　份	自然和形式科学(B+C)兴趣指标	有机生命的科学(D+F+H)兴趣指标
1665—1667	42.7	38.5
1668—1670	42.7	39.0
1671—1673	45.4	40.1
1674—1676	47.6	35.8
1677—1678	44.6	41.2
1681—1683	44.6	41.5
1684—1687	46.3	34.7
1691—1693	28.9	48.9
1694—1696	23.8	47.4
1697—1699	27.7	48.5
1700—1702	17.7	57.9

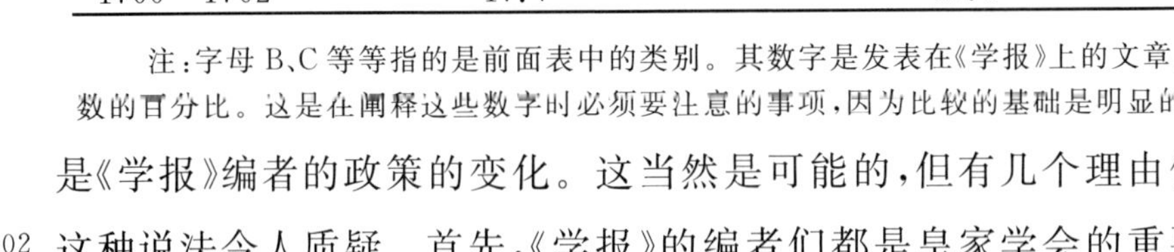

注：字母B、C等等指的是前面表中的类别。其数字是发表在《学报》上的文章总数的百分比。这是在阐释这些数字时必须要注意的事项，因为比较的基础是明显的。

是《学报》编者的政策的变化。这当然是可能的，但有几个理由使
202 这种说法令人质疑。首先，《学报》的编者们都是皇家学会的重要会员，他们与第一流科学家们有直接的接触。其次，文章的撰稿人是当时比较少的研究者，因而按照常理，这些文章是反映了撰稿人的兴趣的。最后，从一些独立的资料中获得了非常相同的结果。

把来源于《哲学学报》的资料与来自达姆施泰特的《手册》的资料加以比较，必须限制确定不同科学群的名次顺序，因为达姆施泰特的资料所包括的关于英国这一时期的发现的数目并不充分，因

而无法保证按具体学科或按早期年份加以比较的可靠性。不过，既然我们所要考察的是关于科学兴趣转移的概略图景的可靠性，这种限制也就无关紧要了。其比较见表 6。[①]

表 6　1665—1702 年英国对不同科学的相对兴趣

	达姆施泰特			哲学学报		
	绝对数	百分数	名次	绝对数	百分数	名次
形式科学	5	5.2	6	101	5.4	6
自然科学	54	55.6	1	686	37.6	1
生物科学	13	13.4	2	366	20.0	2
地　　学	6	6.2	5	186	10.2	5
人类科学	10	10.3	3	226	12.4	4
医学科学	9	9.3	4	257	14.4	3
总　　计	97	100.0		1822	100.0	

从这两个完全独立的资料来源所推得的指标的一致性，证明了这些数据的可靠性。这两组数据之间的名次顺序的一致程度相当高。只是在第 3 与 4 名之间有不同的结果，其百分数有较小的差异。更有意思的是，当时一位有资格的科学发展的观察者也按大致相同的顺序给科学排了名次。马撒·奥斯坦[②]指出："最长足
的进展表现在物理学、天文学、医学和数学方面……；植物学、动物 203
学和化学也取得相当的进展；地质学和古生物学进展最小。"

可以肯定，达姆施泰特的数据不能用来验证根据《哲学学报》的分析所推导出的**趋向**，因为其数据所包含的可用以分析趋向的

① 在《哲学学报》一栏中，略去了哲学类（17 项），文化人类学类（84 项）及其他类（107 项），因为在达姆施泰特的资料中，无可比的同类项目。这就使《学报》条目的总数从 2030 减少为 1822 项。达姆施泰特栏中的条目当然只包括 1665—1702 年这个时期，以便能作出有效的比较。

② 《科学学会的作用》，第 19 页。

个案太少了。但是从这两种资料中得出相同的名次顺序就可以认为这种趋向也是可靠的。

我们已指出，可以认为科学兴趣中心的转移是由于各门科学的内在发展的结果。但是认为全是这样就会有误。正如李凯尔特和马克斯·韦伯他们通过价值关联(Wertbeziehung)概念最有力地说明的，科学家们通常总是选择那些与当时占主导地位的价值和兴趣密切相关的问题作为研究课题。[①] 这一研究的大部分内容将考察某些科学以外的因素，这些因素对科学兴趣中心的转移即使不起完全决定性的作用，也有重大的影响。

① 有关对这一观念的深度探讨，请参见亚历山大·冯·谢尔廷：《马克斯·韦伯的科学观》(*Max Webers Wissenchaftslehre*, Tübingen: J. C. B. Mohr, 1934)，尤其见第235页及以下诸页。

第九章　科学与军事的相互作用* 204

1939 年

科学的兴趣中心除了受科学的内在发展力量所决定外，还受社会力量的决定。因此为了更全面理解科学家们专注于某一研究领域而不是其他领域的原因，我们必须考察那些科学之外的影响因素。为了探索科学与社会之间的这种相互关联，我们将主要以 17 世纪的英格兰为例，说明军事需求促进科学的某一个分支发展的方式。[①]

在 17 世纪时，英格兰的战争和革命频繁不断。此外，在这一时期，火器（步枪和大炮）首次超过佩剑而成为主要的武器，而剑和长矛作为武器几乎完全消失了（作为例外是 1680 年左右它们被用于活动刺刀）。最为突出的是重炮的使用，正因是在这一方面发生的重大变化提出了新的技术问题。自从 14 世纪早期以来，大炮或“纵火罐”已被用于战争，但是直到三个世纪之后，它们才在军事技术中发挥重要作用。

列奥纳多·达·芬奇是第一位把军事工艺与科学知识相结合

* 本章原以《科学与军事技术》（“Science and Military Technique”）为题，发表在《科学月刊》第 41 卷第 6 期（1935 年 12 月），第 542—545 页。

① 请比较一下 B. 黑森的《处在十字路口的科学》，第 151—212 页。

的人，明显的例子就是他发明的多角城堡、气动大炮、后膛炮、来复枪和左轮手枪。其他科学家也都涉及过这些问题。尼科罗·塔尔泰格里亚在他的《新科学》(*Nuova Scienza*，1537)中，涉及了射击的理论与实践。格奥尔格·哈特曼发明了一种口径测量仪，为枪炮的生产提供了一种标准，并改进了射击的经验定律。伽利略在
205 其《关于两种世界体系的对话》(*Dialoghi*)中提出，(忽略空气阻力时)弹道的轨迹是一条抛物线；而托里拆利本人研究了大量的弹道的轨迹、射程和火力范围问题。莱布尼茨的遗著表明，他大量涉及了诸如"军事医学"、"军事数学"和"军事力学"等军事方面的问题。他还制造过一种"新式气压枪"，奥托·冯·居里克和丹尼斯·帕潘也曾做过这类工作。艾萨克·牛顿在其《原理》(第2编，第1—4节)中，尝试计算了空气阻力对弹道轨迹的影响。约翰内斯·伯努利也曾研究过爆炸气体的膨胀问题，他指出了牛顿的错误，结果牛顿在其《原理》第二版中删去了这一错误(第2编，命题37)。欧拉又发展了抛物线最接近于弹道的实际轨迹的理论；莫佩尔蒂(Maupertuis)更仔细地研究了这一课题。

但是这一切只是表明，杰出的科学家有时直接地或许细心地关注到了军事技术问题。为了弄清楚这些实用需要对某些"纯"科学领域的研究的促进，有必要对另外一类例子做仔细的研究。

17世纪火炮的发展所提出的技术和科学问题就是这类例子。内弹道学是关于火药燃烧转化成气体的形式、温度和体积的研究，也是关于这些气体膨胀对枪炮、炮架和枪、炮弹所作功的研究。必须运用有关一定重量的火药所产生的气体赋予枪、炮弹速度的公式，以及对枪炮和炮架所产生的反作用的公式，来决定火药重量与

枪、炮弹重量、炮膛长度、反冲速度等方面的正确关系。

不仅像盖·吕萨克、谢夫勒尔(Chevreul)、格雷姆(Graham)、皮奥伯特(Piobert)、卡瓦利(Cavalli)、梅耶夫斯基(Mayevski)、奥托、诺伊曼、诺贝尔和阿贝尔这些19世纪的科学家关注到了这类问题,而且在他们之前也有许多研究者关心过此类问题。内弹道学最为基本的一个重要问题是气体的压力与体积的关系。波义耳于1662年提出了任何气体的体积都与气压成反比变化,大约14年之后,马略特独立地证明了这一命题。显然,波义耳已认识到了他的发明与内弹道学之间的关系,因为他曾向皇家学会提议“应分析当火药燃烧时真正膨胀的是什么”。[①] 列文虎克也对这同一个问题作了详细研究,尽管他居住在荷兰,但是通过他递交给皇家学会的375 206
篇论文,可以认为他融入了“英国科学”的主流中,他是该学会的一名会员。他发表在《哲学学报》上的关于内弹道学的实验,引起了人们极大的兴趣,帕潘就曾在皇家学会成员面前重复过他的实验。

在皇家学会早期的一次会议上,波义耳和对弹道学特别感兴趣的布龙克尔勋爵二人就提议做大气压力和气体膨胀的实验。其中提议做的实验之一是关于火药的点燃与燃烧——这是几个世纪之后诺贝尔和阿贝尔的关于内弹道学的著名研究报告中的一个基本问题,他们的报告分别于1874和1879年在皇家学会上宣读。

在皇家学会更早的一次会议上“布龙克尔子爵被要求报告有关枪的后坐力实验,并希望在下次会上演示”。[②] 皇家学会的其他

① 参见托马斯·伯奇4卷本的《伦敦皇家学会史》(*The History of the Royal Society of London*, 1756)第1卷,第455页。

② 同上书,第1卷,第8页。

成员也以极大的兴趣重复过这些实验。

外弹道学讨论的是枪、炮弹离开枪炮后的运动：它探讨运动轨迹以及枪、炮弹速度与空气阻力之间的关系。18 和 19 世纪在外弹道学方面最著名的实验，是罗宾斯（Robins）、赫顿（Hutton）、迪迪翁（Didion）、泊松、赫利（Helie）、巴什福斯（Bashforth）、梅耶夫斯基和西阿奇（Siacci）做的一些实验，但这些实验又主要是基于前一时期的科学工作。

众所周知，伽利略在他的《关于两种新科学的对话》（*Dicsorsi*）一书中讨论到了弹道的轨迹问题，他还提到了他得到了佛罗伦萨兵工厂的支持。此外，如休厄尔所指出的，弹道学在实际的军事方面的应用无疑有助于确立伽利略观点的正确性。

对外弹道学的早期探索而言，自由落体的研究是必不可少的，胡克在他的“钢”子弹的下落实验中继续了这一研究。他通过一些实验试图确定空气对抛射体的阻力。他认为，这种阻力可以“从大树的顶上水平地射击”来测定。胡克还制造了一种器械，可以“根据重量来测定火药的力量”，此实验引起了人们广泛的兴趣，因而在皇家学会后来的两次会议上又重复了这一实验。

克里斯托弗·雷恩曾关注“进攻与防御工具”的发明，他以及沃利斯和惠更斯首次正确地描述了物体的直接碰撞运动规律。这一规律与第一、二运动定律一起，共同构成了近似说明弹
207 道轨迹的基础。[①] 牛顿的弟子罗杰·科茨编辑了《原理》的第二版，他在其《和谐的测量》（*Harmonia Mensuarum*）同样研究了抛

① 参见《原理》，“运动定律例证”。

射体的运动。

运动轨迹问题也吸引着哈雷，他证明了牛顿在《原理》中的分析适用于对弹道轨迹的研究。哈雷甚至指出他关于枪、炮弹的近似轨道的数学与力学公式体系具有经济以及技术效益，他说他的“法则可能对所有炮手和枪手都很有用处，他们不仅可以用最小量的炸药把他们的炮弹投到预定目标，而且他们也可以更有把握地射击”。[①]

罗伯特·莫里爵士曾向皇家学会介绍“鲁珀特亲王的火药”，说“其威力远远超过英国最好的火药”，他也介绍了由此亲王所发明的新枪。莫里还提议进行了一系列枪械实验，其结果都刊登在了《哲学学报》上。这些实验旨在确定火药重量、枪的口径与射击距离之间的关系。沙维里的(Savilian)天文学教授约翰·格里夫斯(John Greaves)也曾做过类似的实验。

显然，当代的科学家对与军事直接相关的问题和研究有兴趣，但是，或许不够突出，而更重要的是，许多致力于“纯科学”的研究者也关注此类问题。例如自由落体研究，自从伽利略在物理学的研究中确立了其突出地位以来，要确定枪、炮弹的轨迹和速度，此项研究是必不可少的。“为了用测量落体时间的仪器去测量子弹的速度”[②]，皇家学会进行了一个实验，在此之后，这些问题之间的关系逐渐明晰了。

为了断定军事技术把科学家的注意力吸引到某些问题的大致

① 《哲学学报》16(1686年)，第3—20页。

② 托马斯·伯奇：《伦敦皇家学会史》，第1卷第461、474页随处可见。

程度，我计算了由皇家学会所做的研究及实验的数量，这些研究和实验都直接和间接地与军事需要有关。把在17世纪后期四年的时间里皇家学会所记录的实验列成表，并按它们相关的领域加以分类，就可以做出大致的比较。学会所记录的每一项实验或研究（见于伯奇的《伦敦皇家学会史》）可记作一个“单位”，按它们最接近的领域来划分。于是军事技术领域的划分有如下形式：

208 军　事　技　术

A. **直接相关的研究：**

1. 枪、炮弹的轨迹和速度研究。
2. 投射过程与武器的改进。
3. 枪管长度与子弹尺寸之间的关系研究。
4. 枪炮的后坐力研究。
5. 火药试验。

B. **间接相关的研究：**

1. 气体的压缩与膨胀：枪炮中气体体积与压力的关系。
2. 金属的强度、耐久性和弹性：枪炮的弹性强度。
3. 自由落体以及其加速运动与自由下落运动的关系：确定弹道的轨迹。
4. 物体通过有阻力的介质的运动：当受空气阻力影响时弹道的近似轨迹。

1661年，皇家学会开展了191项不同的科学研究。其中，有18项（15项直接相关，3项间接相关）或9.4%的研究是与军事技术有关。1662年，在203个研究项目中，与军事技术有关的有23个（4个直接相关，19个间接相关），占11.3%；1686年，在241个项目中，与军事技术有关的有 32 个(22 个直接相关，10 个间接相关)，占 13.3%；1687 年，在 171 个项目中，与军事技术有关的有 14 个(8 个直接相关，6 个间接相关)，占 8.2%。因此，在 17 世纪的英格兰这一最著名的研究团体所进行的研究中，平均大约有 10%的项目涉及军事技术方面。故可以设想，这种科学之外的关注使科学研究的焦点集中到了一组特定的科学问题。

当时的军事需要与科学发展之间的关系主要有两类。第一类是当代的科学家有意识地、专门从事这方面的研究，以直接解决军事技术问题。这就是所谓**直接的**关系。第二类关系不甚明确，因为它所关注的科学问题，尽管既是军事需求所应用到的，也是所重视的，但对科学家来说似乎是纯科学问题。这就是所谓**间接的**或派生的关系。对气体的膨胀、火药的燃烧以及燃烧物所产生的压力、物质的耐久性和阻力等问题的关注，在个别的例子中可能并没有意识到与军事技术的直接关联，纵然这类研究的最初动因可能是来自军事的需要。这些派生出的问题可作为纯科学上的问题而纳入科学研究之中。这就是说，最初的问题一旦明确之后，科学研 209
究常常极大地独立于社会力量而自主发展，这样，多数研究可能只是以极小的程度与军事或经济发展相关联。所以科学形成了一种自主的研究体系，它关注于严格的科学问题，而不是功利性问题。正是由于这些发展(它们可能构成了科学的主体部分)产生于相对自主的科学研究，才使得它们看起来与社会力量只有很少的关联，甚至毫无关联。

210 第十章　对科学社会学的忽视*

1952 年

尽管一个多世纪以来，科学与社会之间的互动时而会成为学者们感兴趣的一个问题，但是，人们几乎没有付出什么努力，把构成这个主题亦即科学社会学的事实和观点进行系统的梳理。大量著作，特别是近年来的著作，例如贝尔纳、克劳瑟和法林顿的著作，以及利莱、普莱奇和霍格本的著作，都从不同的角度涉及了这个主题的一个或另一个部分。但是，几乎所有这些著作都没有借助于一种在社会学的其他分支学科中被证明是有效的概念框架来考察科学与社会结构之间的联系，只有利莱的《科学史的社会方面》① 是个重要例外。这部著作** 的独特之处就在于，它使关于科学与社会相互作用所积累的其他零散的和不一致的资料有了一定程度的系统化。

当一部著作的结构清晰而严密时，再在前言中概述它的写作

---

* 本章原系为伯纳德·巴伯的《科学与社会秩序》(New York: The Free Press, 1952)所写的前言，见第 xi-xxiii 页；现获准重印。

① 《科学史的社会方面》("Social Aspects of the History of Science")，参见《国际科学史档案》(*Archives Internationales d'Histoire des Sciences*)28(1949 年)，第 376—443 页。

** 指伯纳德·巴伯的《科学与社会秩序》，下同。——译者方案就显得冗余了。巴伯先生的著作就属于这种情况。这里也没有必要列举出本书的主题，因为作者自己已经清楚而简练地这样做了。不过，设法指出这部著作在其社会背景中的地位和它所反映的东西，以便考虑一下为什么我们为这样一本书等了那么久，这样可能是有一定价值的。在这部著作中，巴伯先生为自己提出的任务是："通过应用一种社会学的分析以更好地理解科学，这种分析在应用于许多其他的社会活动时已被证明是富有成效的。"为什
么科学社会学仍然是一个基本上还未实现的希望，而不是一门高 211
度发达的、由社会科学家、自然科学家和生物学家们来共同培植的专门知识领域呢？它目前的资源和前景如何呢？

可以看到，这个领域长期处于被明显忽视的状况，这并非是什么新鲜事。例如，爱德华·希尔斯新近在对"美国社会学的现状"的诊断中，就把对"科学和科学制度"的研究算作是社会学研究尚未开发的领域。这样一种判断的根据是多种多样但又是一致的。姑且考虑一下教学领域，在美国的学院和大学中，有数千个班级开设社会学的这个或那个分支学科的课程，但只有极少数开设了科学社会学。教科书通常反映了在一门学科中的关注焦点，由于明显的滞后，它们也同样证实了这种被忽视的情况。在现行的社会学入门教材中，特别规定了要使学生们认识的这一领域所关心的专业范围，这些教材都详细地论述了家庭制度、国家制度和经济制度，许多教材还论述了宗教制度，但很少把科学当作现代社会中的一种重要制度。这些教材只是偶尔谈到科学在使社会变得富裕起来中的"重要作用"，但对这种作用几乎没作什么系统的分析。

再考虑一下这一研究领域中的证据。当然，这一相对薄弱的

研究已经确实被引入到了整个社会学之中。但与物理学、化学和生物学中成千上万的年度报告相比，或者与数千的关于历史和英国文学的论文相比，整个社会学领域的报告只有几百份。其中，研究的核心涉及婚姻和家庭的社会学，涉及人口和犯罪、论述宗教社会学的也有相当的数量，但从社会学研究的年鉴目录来看，科学社会学仍然没有引起人们充分的兴趣，尚未得到应有的专门关注。

忽视这一研究的另一明显迹象表现在社会学研究的社会组织方面。在社会科学中，专门的研究机构一般是为适应社会、经济和政治的需要而建立起来的，这一特点即使不是专有的，也是特别突出的，因为这些机构是由社会上一些有影响的团体来决策的。每一种"社会问题"似乎都导致其自身的研究中心的建立。于是，当公众警告说家庭的不稳定性和离婚率上升的时候，大学里就建立起专门研究家庭问题的机构；当世界事务的焦点集中在俄国、近东或远东的时候，大学就建立专门从事这些地区的社会研究的机构。然而，在社会科学中的这些研究机构中，没有一个是以相当的规模专门从事科学社会学的研究。

212 不必继续列举这种忽视的清单了。这些不同的证据全都反映了这样一个重要的事实，即科学社会学只唤起了为数甚少的专家对其予以专门的关注，而其中的多数又集中在英国和欧洲的其他地方。在美国的数千名社会学家当中，甚至只有不到一打的人声称科学社会学是他们的主要兴趣领域。的确，科学社会学已经近乎于形成，但这与其说是靠社会学家，莫如说是靠一些物理学家和生物学家，他们利用业余时间从事这个学科的研究。我们从巴伯先生批判地挑选出来的文献目录中可以看到，正是这些科学家为这个领域做出了最多的、现已广为人知的贡献的。在他所引述的许多书籍和论文当中，粗略地说，有一半是由从事物理学和生命科学的科学家或者由那些已经转向管理的科学家撰写的；四分之一强是由科学史家和科学哲学家撰写的；只有剩下的一小部分是社会学家写的。姑且认为，这些数字只是近似的，并且这些数字也许反映了作者因这样或那样的理由而偏爱于自然科学家撰写的著作。但是，从泛泛而不甚严格的意义上讲，科学社会学的文献也有许多同样的特征：没有太多的人完全从事这个领域的耕耘，从事这方面研究的多是物理学家和生物学家，而不是社会科学家。

所有这一切都对现有的科学社会学资料的特征产生了影响。由于对科学与社会之间的关系感兴趣的许多人主要从事于其他领域的研究，因此，他们的这种兴趣，通常不可能表现为投入大量时间从事这个学科的研究。他们只能利用手头的历史资料，撰写思辨性的著作与文章。所以，在这些论著中，历史上的趣闻轶事常常取代了系统化的数据资料和观点，取代了根据文献资料的推论。从少数几个挑选出来的特例进行概括是容易的。如牛顿是著名的未婚男子，那么他就是为了全心全意献身于科学而过独身生活；拿破仑入侵埃及时，跟随他去的几乎有两百名天文学家、考古学家、化学家、几何学家和矿物学家，由此似乎就可说战争通常推动了科学的进步。这些著作还常常利用同样微不足道的一些经验研究，但基于这些不可靠的研究，还不足以得出有价值的结论。

这一领域中的许多资料是由一些物理学家和生物学家所提供的，而对于这些人来说，它是一种业余爱好而不是主要关心的问题，这种情况留下了另一种印记，巴伯先生试图抹去这一点。与已

牢固确立的学科中的模式不同，在科学社会学中，事实典型地是与
213 系统化的理论相脱节的。经验观察和假说并不能相互提供支持。由于自然科学家不断进行的经验研究不直接涉及有助于积累知识的理论体系，因而其研究所得出的是一些浅薄、零散的发现，而不是密切相关的一系列发现。

所有这些的后果是，科学社会学长期以来处于无序状态：一方面，它过于思辨，只有很少的被确认的事实，而另一方面，它遭受到经验主义的过度侵袭，因为这些事实一般不会构成理论。在这个领域中，极缺乏的是这样一些富有成果的研究模式，正如已经说过的，在这些模式中，人们追寻事实以揭示思想，或者追寻思想以揭示事实。

数年过去了，数十年过去了，而我们关于科学与社会相互联系的知识积累得相对很少，这绝不是这个主题本身的原因造成的。相反，这是持续忽视的自然结果。由于具有必要的理论基础的社会科学家通常不从事科学社会学的经验研究，而那些进行这种经验研究的物理学家和生物学家通常都缺乏所需的理论，因而，这个学科领域的成长受到阻碍就不足为奇了。仅仅是专注于一个专门知识分支的学生数量不足以保证它的快速增长，因为有些问题依然是难以迅速解决的；但是其逆命题却有自明之理：如果忽视某个知识领域，它就不会繁荣。

科学社会学的缓慢、不确定和零星的发展，意味着其占重要地位的那些思想由于重复已经变得陈腐了。作为许多这类事例中的一个例子，不妨考察一下从多次和独立出现的同一科学发现或同一发明中所获得的那些论断的历史。也许毋庸赘言，从这个关键

性的事实中推论出的关于创新的文化环境的意义，属于科学社会学重要的观念之列。这些观念与下列社会学家们是直接相关的：威廉·F. 奥格本和多罗西·S. 托马斯，他们列举出了差不多150个独立的双重科学发现和技术发明，并指出，当这种文化传统的某些类型的知识积累了，并且社会需要直接把人们的注意力引向了那些特殊问题，这时，这些创新事实上已是不可避免的了。

这种思想史从两方面说明了科学社会学发展的步伐缓慢：第一，在一代人以前，这个思想就已被奥格本和托马斯强调过了，但它很少得到详尽的阐述或展开；第二，实际上关于多重独立发现的社会学意义这同一思想已得到多次阐述，特别是在20世纪之前。
早在1828年，麦考莱在他的论述德莱顿（Dryden）的文章中，就提 214
到了由牛顿和莱布尼茨分别独立地发明了微积分，这件事属于一个更大一类的实例，即彼此独立工作的科学家作出了同样的发现和发明。麦考莱把这种巧合归因于公共知识的积累储备和人们关注的焦点相同。正如他所指出的："的确，数学科学当时已经达到这样的地步，即假如[莱布尼茨和牛顿]这两人都不存在，那么在几年之内也会不可避免地有某个人发现这一原理。"这种话由于不断重复，现在已经成为老生常谈了。持这种观点的不只是麦考莱一个人，英国社会的绝大部分人都注意到了这个问题。尽管有卡莱尔的文化英雄学说，但这种非英雄论的观点被维多利亚时代在皇家委员会面前作证的制造商们看成是有用的口头禅，他们会说，发明毕竟只是构成了已有技术的较小的必然增长，这在实际上同时和独立地作出同样的发明的那类例子中，常常总能看见。不久之后，一位厌恶自己的曼彻斯特的制造商身份的著名作者，在描写其

同伴的思想时阐述了同样的论点："如果说马克思发现了唯物史观，那么梯叶里、米涅、基佐以及1850年以前英国所有的历史学家就证明，已经有人力求做到这一点，而摩尔根对同一观点的发现表明，做到这点的时机已经成熟了，这一观点**必**将被发现。"同时，基于同一类证据的相同的观点，也开始在美国得到传播。1885年，威廉·H. 巴布科克和P. B. 皮尔斯在华盛顿人类学会（Anthropology Society of Washington）上向他们的同事们报告说："发明的同时性"证明，"某一学科的进步已达到这样的地步，即迈出某一步已成为不可避免的了"，而且"这表明，与周围的环境相比，个人在发明中的重要性是比较小的"。此后不久，法国的加布里埃尔·塔尔德和阿贝尔·雷伊也分别在1902年和1922年得出了同样的结论，他们注意到，发现和发明的同时性是文化积累之关键性作用的充分证据。

当然，这并不是说麦考莱或维多利亚时代的制造商、恩格斯或美国的人类学家们首先提出了这一观点，也不是说对同一观点的这种多重，以及有些情况下是独立的再发现，可以被看成是一种为其自身的历史证明的假说。这也不是要贬低奥格本和托马斯的真正贡献，他们的确为在社会学思想中确立这个假说做了大量工作。这里的关键实际在于，同样的一个假说一再被重复发现，明显地是由于社会学家们对科学社会学和技术社会学的忽视，正因为如此，与社会学的其他专门分支相比，这一专门领域近年来很少取得新
215 进展。例如，很少有人探究这一假说的内在含义，从而通过实际的经验研究来判定，假说所指出的在出现相同发现或发明的不同文化中同样的那些成分，究竟相对发展到什么样的程度。结果，这个

假说像科学社会学中其他的假说一样，一个多世纪以来实质上依然没有得到扩展。[①]

说明科学社会学为什么在如此长的时期仍然处于一个比较荒漠的状态并不是件容易的事。这种状况是特别反常的，因为人们似乎广泛地同意，科学是现代社会的主要动力之一。可能存在着一些尚未得到注意的社会与制度的环境因素，它们结合起来使学者和科学家忽视了这一主题，人们本来预期，这个主题在一个科学显得十分突出的世界中会得到集中关注。

至于物理学家和生物学家对这个主题的相对忽视，也许不需要做多少解释。毕竟，科学的专门化要求研究集中专一，科学社会学不属于他们的专业范围。他们由于在自己的学科中勤奋研究，因而很少像社会学家那样能过问别的领域。而且，自然科学领域中流行的做法和设想可能会阻碍他们发展对于科学与社会结构之关系的兴趣，即使是偶然的兴趣。例如，在这些科学家当中也许盛行着科学史是由一系列伟人创造的这种设想——鉴于科学史上的转折点确实是与伟大的科学家联系在一起，这种设想似乎不无道理。但拘泥于这样一种假设，科学家们就很容易忽视那些不太明显的社会过程，而这些过程却起着它们必不可少的作用。在向这些伟人表示敬意的时候，社会可能无意中强化了这些假设。以名字命名，即以一位科学家的名字来命名他的发现的命名法，如波义耳定律或普朗克常数；诺贝尔奖以及其他一些较小的奖项；国家

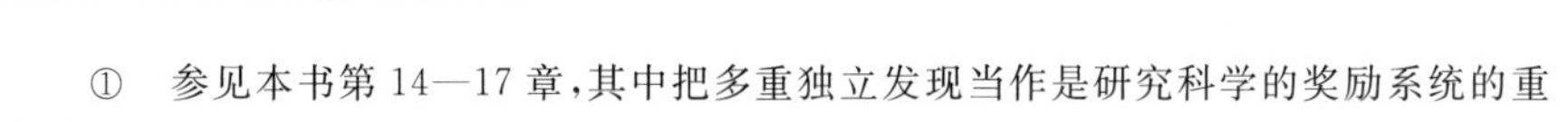

① 参见本书第14—17章，其中把多重独立发现当作是研究科学的奖励系统的重要战略性资料。

呼吁卓越的科学人才集中全力为本国做出贡献；对科学知识的积累不可或缺的不太出名的科学家的工作实际上默默无闻——所有这些以及类似的情况会使这种情形愈演愈烈：更强调伟大科学人物的重要性，更忽视社会和文化的环境，而这种环境曾经明显地促进或者遏止过他们的成功。

物理学家和生物学家完全可能因为另外一组理由而不愿意考虑社会环境对科学的作用。他们可能担心自己工作的高贵性或完整性会由于认识到这样一种事实的内在含义而受到损害，这种事
216 实即如巴伯先生指出的：科学是一种有组织的社会活动，它以社会的支持为先决条件，而且这种支持的分量以及它所支持的科学工作的类型，在不同的社会结构中是不相同的，因此，科学发展的方向可能会受到所有这些因素的显著影响。他们之所以不愿意考虑这类影响，或许是由于这种广为流传的错误的观念，即探索科学与社会的联系就是要指责科学家的动机。但是，就像巴伯先生和其他人所表明的，这一观念把科学家的动机与影响科学进程的社会环境混淆了。也可以假定科学家们常常意识到社会对他们行为的影响，但这绝不是一个自明的真理。考虑各种不同的社会结构怎样影响科学研究的方向以及这种影响有多深，这不是要指责科学家的动机。就像巴伯先生通过强调科学的相对自主性而提醒我们的那样，这也不是要使科学制度仅仅成为政治制度、经济制度和其他社会制度的附属物。

无论这些是不是物理学家和生物学家忽视科学社会学的理由，它们不太可能是社会学家很少关注这个领域的理由。几代人以来，在他们中间，编造神话的历史观即使有人坚持，也已经没有

什么地位了，他们更有可能低估伟大人物在社会变迁中与众不同的作用。社会学家也并非普遍假定，研究人类行为的社会形式就是对以这些形式行动的人的动机加以谴责——他们更可能采取相对主义的观点，即理解就是求辩解，个人责任观是与社会决定论相异的。所以，看起来社会学家对这个领域缺乏一致的研究兴趣必定另有理由。

尽管没有多少证据来作为一种解释的基础，但事实本身却是如此明显和奇特，这就引起了猜测。或许，科学与社会的联系形成了这样一个课题，那些学院式的社会学家们觉得它的名声不好，他们认为这个课题接近于马克思主义社会学的核心。这种态度并不一定是来自于这种担心，即害怕因与政治上受谴责的思想有牵连而遭罪，虽然这一点也可能起一部分作用。[①] 就像对最革命的观点一样，对马克思主义的态度长期以来极端化了：这些态度典型地要求人们要么完全接受要么全盘否定。那些情不自禁地拒绝马克思主义观念的社会学家们还常常拒绝与这些观念相关的课题：美国的社会学家不大研究社会阶级之间的冲突问题，正如他们不大研究科学与社会的关系一样。而另一个极端，那些把自己看作是 217
马克思学说之信徒的人们，似乎仅仅像信徒那样行动，甘愿重复大师们说过的东西，或者用新选的例子来说明老的结论，而不是把这些结论当作只是假说，他们应当通过实际的经验研究来加以检验、发展甚至修正。在这两个极端，科学社会学要么遭到忽视，要么遇

① 此文写于1952年，这一解释显然是指在麦卡锡时期学术界普遍存在的担心。参见保罗·F. 拉扎斯菲尔德和小瓦格纳·蒂兰斯：《学术精神》(*The Academic Mind*, New York: The Free Press, 1958)。

到先入之见。

在一定程度上，这个领域也是现有高等教育计划的受害者。物理学家和生物学家一般都使他们的严格训练局限在他们领域的专门技能和知识方面，对社会科学的知识几乎都是稍微了解一点。与此相类似，社会学家在许多精密的科学分支甚至在科学史方面一般很少受到训练，因而不愿意从事他们认为自己没有准备的那些专业。这样一来，科学社会学在这两个学术部门同时落空了。

还要强调一点，说这个领域受到相对的忽视并不是说它就完全贫乏，或者注定要缓慢地发展。巴伯先生的著作会使任何这样轻率的主张不成立。实际上，有许多迹象说明，这种忽视的状况正在结束，其发展前景比过去任何时候都好。

各种各样的社会趋势虽然不是全新的，但现在已是更引人注目和令人关注的了，这迫使人们把注意力集中在科学与其周围的社会结构之间的关系上。例如纳粹德国和苏联的科学政治化，使许多人有兴趣去确定，科学繁荣所处的特定类型的社会环境，这是科学社会学中的一个中心问题，而巴伯先生比以往更系统地考察了这一问题。同样，在自由社会中，最近的变化使科学家们陷入他们的某些社会角色和根深蒂固的价值观之间的激烈冲突之中。早在其学习阶段，科学家就共同接受了某些价值观，由于社会条件发生了变化，他们后来的生涯又要求他们忘记和放弃这些价值观。例如，要求把新获得的知识变为公共科学财富的一部分的价值观，现在正与对他们作为公民之角色的要求相冲突，作为公民，他们应该保守这种知识的某些秘密。以前没有意识到其态度和价值观的社会环境的人，在明显的来源于社会的张力和压力使他们对自己的目标失去信心之时，对这些环境就会变得很敏感。即使最朴实、最专一、把自己一生的事业和生活局限在实验室范围之内的科学家们，现在也必须知道去适应巴特菲尔德所说的话，即他们“不是在无限自由的世界中行动的、自主的、活似神仙的生物”。

更为特别的是，这些历史发展在科学家们中间引起了一场关 218
于“科学的社会控制”的争论和论战——巴伯先生在其著作的第十章中对这场炽烈的冲突给予了颇有见识的分析。然而，尽管可能提出了争论点但却没有结论，这些对立的观点已经取得了这样的附带结果，即使人们对于科学的社会关系有了比以往更高程度的令人兴奋和持久的兴趣。

不只是科学家，而且广大公众也都由于近期的事件而把注意力集中到了科学的社会意义方面。原子弹在广岛的爆炸和其他核爆炸试验所产生的附带结果，就是唤起了处于休眠状态的公众对科学的关心。许多过去把科学看作就是理所当然的人，除了偶尔对科学的奇迹表示惊叹以外，已经对这些毁灭人类的证明有所警觉并感到沮丧了。科学已经像战争、家庭不断的衰落或周期性的经济萧条一样，变成了一个“社会问题”。

正如我们已经指出的那样，当某种事情被广泛认为是现代西方社会的一个社会问题时，它就会成为一个专门研究的对象。尤其是在美国社会学中，新的学科分支往往都是为了解决一组组新的问题而发展起来的。几代人之前，大量移民的涌入引起了人们对同化与文化适应过程的极大的社会学兴趣，正如黑人在美国社会中地位的变化强化了种族关系的专门研究一样。同样如此，一些更加显著的城市生活问题引起了社会学家们的强烈关注，在一段时间，他们的研究点一般是城市贫民区，主要观察的是少年犯罪、成人犯罪以及其他可能发生的异常行为。随着电影的广泛普及和无线电广播行业的出现，集中研究大众传播与公众舆论问题进入了一个新阶段，从而另一个社会学的专业以前所未闻的规模复兴起来了。更近的几年里，在这个国家中有效的工会组织以及伴随工人与雇主的冲突而出现的组织，随后导致了工业社会学这一专门领域的出现。

有迹象表明，科学社会学作为一个独特的专门研究领域，目前正处在与近20年以前的工业社会学很相近的状况。已有的对这一学科不定型的和零星的兴趣正变得定形并且持续不断。然而，这两个领域的社会环境有着根本的区别，这可能有助于产生不同的结果：工业社会学本身主要关心有关工业的经济利益的问题——关心工人的士气问题，关心非正式群体的结构与生产率之
219 间的关系问题，也关心劳资双方的关系问题。就像技术研究一样，社会学研究也是如此，当它产出许多丰硕的成果时，工业界就开始支持这些研究，因为这样做有好处。营利组织要根据预期的利润来作决定，按照这种狭隘的经济观念，科学社会学研究和科学家不会有多大指望。因而，支持必须来自一些不是为在经济上获益而建立的机构。

在最近历史的发展中出现了这样一些复杂的情况，包括试图使科学服从于政治的控制，人作为科学家的角色与作为公民的角色之间的深刻冲突，以及使得科学被广泛地看作是社会问题的一个来源的那些事件，由于这些情况，对科学社会学的兴趣开始出现了复兴。例如，在与美国文理学院（American Academy of Arts and Sciences)的合作中,菲利普·弗兰克最近联络了一大群学者以促进这个领域的经验和理论研究。另一个小组也已成立,在美国学术团体理事会(American Council of Learned Societies)的赞助之下,开始了对科学的人文主义方面包括社会方面的研究。国际科学史联合会(L'Union International d'Histoire des Sciences)已扩大了它的范围,已包括一个有关科学的社会关系史的委员会,由利莱提交的该委员会的第一份重要报告,对它的社会学取向予以了充分论证。数量相对较少的一些大学的科学史系也开始关心社会学问题,可以期待,随着适当的研究材料的积累,科学社会学会更加迅速地发展。

另外一方面的学术发展为及时给这些研究提供材料提供了保证。十多年来,社会学家们已显示出对社会中的专门职业——医疗和法律、服务业和工程技术以及其他职业的结构、角色和功能的日益增长的兴趣,并开始研究它们的社会意义。这会进而包括对科学和科学家的研究。如果这能实现的话,它将更有利于对历史材料和第一手实地调查材料进行综合。到目前为止,科学社会学中相当大量的研究几乎完全是以历史资料为基础,其中包括科学家留下来的文件、自传、日记和科学学会的报告。这些当然是必不可少的材料,但不够充分。像其他人一样,科学家同样倾向于深深地沉浸在自己的工作中,他们不能认识大量有可能发生在实验室中(就像有可能发生在工厂那样)的社会行动和社会互动,而且,参与这些社会互动的人,在很大程度上对这些互动没有意识。当然,
已经有了大量关于“科学方法”的文献,据推断,也有关于科学家的 220
“态度”和“价值观”的文献。但是,这类文献涉及的是社会科学家

所称的理想模式，即科学家**应当**据以去思考、探索和行动的方式。它不一定按照所要求的详细程度描述科学家们实际思考、探索和行动的方式。对于这些实际的方式缺乏系统的研究——安妮·罗所进行的对生物学家和物理学家的心理测试是一个罕见的例外。如果社会科学家开始在物理学家和生物学家的实验室和野外工作站中进行观察，那么至少可能在短短几年中就会比以往的全部岁月学到更多的科学心理学和科学社会学的东西。

综上所述，就这部著作的问世而言，似乎没有比现在更恰当的时机了。在对这门学科的兴趣重新兴起的时候，即使是单独一部尝试性地对这一领域提供一种系统观点的著作，也会产生超常的巨大效应。巴伯先生的著作以及可能沿着这一思路出版的其他著作，很有可能会进一步激励大学开设引导学生学习科学社会学的课程。很有可能，选修这些课程的部分学生也许是由于最近的历史进程激起了他们对科学的社会环境的好奇心，从而产生了对这一学科的持续的兴趣。这样，这些人将是新的并且实质上是第一代新兵，他们既在社会科学方面又在某一物理或生物科学方面受过训练，当他们成长为独立的学者的时候，他们就会把科学社会学建设成为一个专业化的学术知识领域。巴伯先生的著作朝这个方向前进了一大步。

第三部分

科学的规范结构

223

编者导读

组成第三部分的这些文章构成了默顿有关科学的精神特质研究的核心成果，这种精神特质即“用以约束科学家的有感情色彩的一组规则、规定、惯例、信念、价值观和基本假定的综合体”。显然，这些文章关注的是作为一种社会制度而不是一种知识类型的科学，而且事实是，他有关这一主题的著述自20世纪30年代以来不断问世，就像他在知识社会学方面的著述一样，这表明他同时在这两种分析层次上保持着活跃状态。

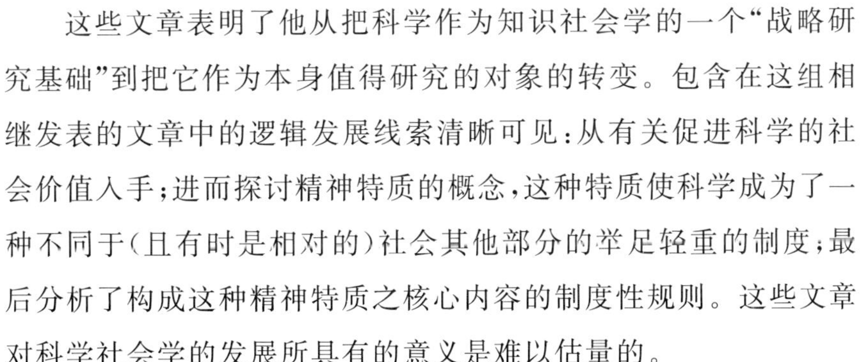

这些文章表明了他从把科学作为知识社会学的一个“战略研究基础”到把它作为本身值得研究的对象的转变。包含在这组相继发表的文章中的逻辑发展线索清晰可见：从有关促进科学的社会价值入手；进而探讨精神特质的概念，这种特质使科学成为了一种不同于（且有时是相对的）社会其他部分的举足轻重的制度；最后分析了构成这种精神特质之核心内容的制度性规则。这些文章对科学社会学的发展所具有的意义是难以估量的。

第一篇文章为默顿的论点提供了定性的基础，在默顿看来， 224
英国科学的增长主要得益于其价值观和看法与清教伦理的价值观和看法之间的明显的相似。（支持这个假说的定量资料此处未再重印，读者可参见默顿的《17世纪英格兰的科学、技术与社会》）人们在这里并不能发现科学是由清教所“引发的”这种质朴的观点，也不能得出在17世纪的英格兰**唯有**清教徒才成为科学家的结论；这里的论点更为精妙、更有说服力。默顿论述了关于初出茅庐的科学制度日益成熟以寻求其合法性的个案研究；他指出，科学不但从清教的价值观中寻找有力的支持，而且认为清教徒发现从事科学这项活动，是清教教义所倡导的一种无比高尚的事情。

附带说一句，人们惊奇地发现，在那些最明显地表述这一论点的背景的段落中，如在这篇文章开始那些以“为了‘赞颂自然界的伟大创造者’”为题的段落中，对价值观与社会制度之间相互作用的这种清晰的陈述，也出现在了新近关于社会的现象学分析之中（例如，彼德·L.伯格和托马斯·勒克曼的《现实的社会构造》①，以及H. 泰勒·巴克纳的《越轨、现实与变迁》②）。

在这里，默顿尚未接近于把科学的精神特质当作是多少一致并且自足的规范和价值观的综合体概念。的确，他的兴趣主要是在于那些推动或阻碍科学增长的基本的文化环境方面，即占主要地位的规定了人们如何认识世界的价值观，而不是决定社会关系的规则，这种认识是通过这些关系才得以实现的。他发现合理性和经验主义是科学和清教的共同之处，同时从附带的意义上强调，促进人类福利和通过上帝之作来颂扬上帝，在当时更直接地与科学活动的动力基础相关。

---

① 《现实的社会构造》(New York: Doubleday and Co., 1966)。

② 《越轨、现实与变迁》(*Deviance, Reality and Change*, New York: Random House, 1971)。

正是在其第二篇文章《科学与社会秩序》(1938 年)中,默顿才开始更加关注科学的精神特质本身。在这里,他提出了科学作为一种制度与它所存在于其中的社会之间的关系问题。这一分析策略推测,科学是社会中的一个突出的构成部分,这是一个需要社会学证明的假设。由于强调社会对科学的反应,因而有必要认识造成这种反应性的社会的本质。所以在这里,默顿才第一次直接考虑科学的精神特质,这标志着他的兴趣明显地从价值观转向了规 225
范,或者说从人们如何确定世界的意义和他们在世界中的角色,转向了这样一些规则,依据它们,人们组织其互动以便把这个更大的角色扮演好。

然而,默顿在说明科学的精神特质的一般特性时,他尚未明确核心性的规范及其相互联系。但此文中已明显具有了这种倾向。例如,他提到了“包含在科学的精神特质中的各种情操表现为学术诚实、正直、有组织的怀疑、无私利性、非个人性等”。在他讨论强迫使用非相关的评价科学知识的标准所导致的问题(如纳粹宣称只有雅利安人才能从事有效的科学研究)时,普遍主义的思想还很不明确。然而,他关于有组织的怀疑的论述,使人们更多地联想到的是巴伯后来把合理性视为科学的一个规范的定义(“用批评的眼光看待所有人类存在的现象,旨在使它们更加有序一致,并获得普遍的理解”),而不是他自己后来对有组织的怀疑的定义(1942 年),按照他的定义,有组织的怀疑主要是强调一种制度化的对科学家同行工作的批评态度。

此外,人们在这里还会看到对科学的精神特质进行更具体描述的轮廓,它正逐渐显露出来。而且,默顿巧妙地运用了在第一篇文章中所用的概念，这有助于他关于我们今天所说的社会对科学的“反冲作用”的分析。在解释宗教如何既能促进科学的发展，其自身又受科学的威胁这一情况时，他提出应把宗教精神特质与明显的神学区分开，并指出，只要行动反映的是“恰当的”动机（即只要它与宗教精神特质相吻合），那么在它们出现之后，人们才会关心其具体的历史结果。他指出，同样，科学家常常是根据由其精神特质所激发的动机而行事的，但他们却没有认识到其行动的结果会对社会产生的影响。这种观点在其较早的一文《有目的的社会行动未预料到的结果》中尚不明晰，但现在清楚了：如果科学家要避免非预期的（和非期望的）行动结果，就必须把科学的制度性要求置于更大的社会背景中加以解释。以下这些话摘自写于1938年的一篇文章，作为反实证主义的预兆，它们表现了日益增加的、现在广泛的针对科学和科学家的攻击：

> 对科学的纯正性的这一强调还有其他方面的结果，这些结果威胁到而不是保护科学的社会声望。人们常常呼吁科学家应该在其研究中只关心知识的进步，而不是其他东西。应
> 226 当只关注其工作的科学意义，而不要关心它可能的实际应用或它的一般社会反响。……这种态度的客观结果为与科学对抗提供了进一步的基础；这是一种实际上在每一门科学已发展到高级阶段的社会中都开始出现的反抗。由于科学家没有或不能控制其发现的应用的方向，因而当这些应用不能被……赞许时，他会成为人们责备的对象和受到更激烈反对的对象。对技术成果的反感针对的是科学本身。因此，当新发现的气体或爆炸物被用来作为军事手段时，整个化学都受到了那些

其人文情操受到凌辱的人的非难。科学在很大程度上被认为对提供毁灭人类社会的工具负有责任，据说，它会使我们的文明陷入永久的黑暗和混乱之中。

第三篇文章，从亚里士多德所谓论述全面的论文这一传统意义上讲，或许是默顿本书的所有文章中最不“完善的”一篇，然而它却是科学社会学史中最为重要的文献之一。他最初是应乔治·古尔维奇之邀而写的，后者当时是一位来自纳粹统治的法国的难民，此文发表在他所创办的不幸的《法律社会学与政治社会学杂志》(*Journal of Legal and Political Sociology*)第1期上，此杂志诞生不久就停刊了。为适应此杂志第1期的主题，此文被加上了一个相当含糊的标题：《论科学与民主》。虽然它为默顿提供了一个难得的机会来系统地阐述科学的规范结构的这样原则，但是，这一必须简练的论文不可能深入地探讨这一问题。可能就是由于这一原因，此文便为默顿范式的批评者提供了一个便利的目标，尽管事实上默顿的其他著作所表明，这些批评大部分用错了地方。

此文简明扼要地界定了四个主要的规范或制度性规则，它们构成了科学的精神特质，并且指出，它们的相互依赖性及其功能关系是为了科学研究工作的常规目标：“扩展被证实的知识。”

与他1938年所发表的那篇论文相比，默顿在此文中较少关注精神特质的非逻辑性，也较少涉及这些规范的历史起源和变化。例如在早期的那篇论文的注脚中，默顿写道：“[规则等的] 某些方面在方法论上可能是合乎需求的，但对这些规则的遵从并非完全是由于方法论方面的要求”；而在此文中，他更直截了当地指出：

“制度性规则(惯例)来自这些目标和方法……[它们]具有某种方法论依据,但它们之所以是必需的,不只是因为它们在程序上是有效的,还因为它们被认为是正确的和有益的。”这两种阐述之间的差别虽然不大,但显然是重要的,后者似乎暗示了(尽管默顿在其功能分析的理论著作中明确拒绝这一观点),功能需要如何形成了必然会实现其需要的结构。

227 后来的科学社会学研究成果[①]证明了这四种规范是如何对科学的目标产生影响的,但如果默顿早指出这些规范与17世纪新教伦理精神之间的这种明显的相似的话,或许就不会有这么多的争论了。例如,无私利性规范可能会因其类似于教会工作或“感召”观念而得到强化;通过揭示和宣传上帝之作的目的来赞扬上帝的愿望,具有传播福音的意义,这些意义也肯定能使科学的公有性规

① 近期运用默顿的科学的社会规范进行研究的著作包括:沃伦·O.哈格斯特龙:《科学共同体》(1965年);诺曼·W.斯托勒:《科学的社会系统》(1966年);诺曼·斯托勒与塔尔科特·帕森斯:《作为一种分化力量的学科》(“The Disciplines as a Differentiating Force”),见爱德华·B.蒙哥马利编:《获得知识的基础》(*The Foundations of Access to Knowledge*, New York:Syracuse University Press,1968),第101—121页;安德烈·F.库尔南与哈丽特·朱克曼:《科学的规则》(“The Code of Science”),《基础研究》(*Studium Generale*)23(1970年10月),第942—961页;斯蒂芬·科特格罗夫与史蒂文·博克斯:《科学、工业与社会:科学社会学研究》第2章;小莫里斯·N.勒克特:《作为文化过程的科学》(*Science as a Cultural Process*, Cambridge:Schenkman Publishing Co.,1972),第6章;马尔兰·布利塞特:《科学中的政治》(Boston:Little, Brown, 1972),第3章;西摩·马丁·利普塞特与理查德·R.多布森:《作为批评者与反叛者的知识分子:关于美国与苏联的专门分析》(“The Intellectual as Critic and Rebel: With Special Reference to the United States and Soviet Union”),《代达罗斯》101(1972年夏季号),第137—198页,尤其是第159页及以下诸页;西摩·马丁·利普塞特:《美国的学术界与政治》(“Academia and Politics in America”),见T. J.诺西特编:《社会科学中的想象力与精确性》(*Imagination and Precision in the Social Sciences*, London:Faber,1972),第211—289页。

范合法化。特别是加尔文主义强调在全能的上帝面前灵魂平等，这对普遍主义规范是强有力的支持，人们甚至会想象到有组织的怀疑也会从这样一些人相互的怀疑中得到实际的鼓励：这些人可能永远也无法确定，其家庭和朋友中的哪些人会被"救赎"，哪些人会被"惩罚"。

尽管此文简短，但它至少包含了两项重要的线索，过了很久以后，它们都在默顿的写作中得到了体现。牛顿有一句名言："如果我看得更远的话，那是因为我站在巨人们的肩膀上"，在讨论这句名言的起源时默顿加了一个注脚，从中可发现他的最初的持久兴趣点的迹象，而这种兴趣的最终结果就是《站在巨人的肩上》(1965年)一书。而在默顿简要地论及命名法的重要性和"制度上强调承认和尊重是科学家对其发现所独有的产权"，以及论述关于优先权的争论中，他几乎认同了科学奖励系统中的主要组成部分。我们现在无法猜测，如果默顿的范式建立于1942年而不是1957年，科学社会学不久以前的历史会是什么样，但是这种差强人意之事只会突出此文的重要意义。

N. M. 斯托勒

228 # 第十一章　清教对科学的激励*

1938 年

我们所谓的新教伦理既是占主导地位的价值的直接表现，也是新动力的一个独立源泉。它不仅引导人们走上了从事特定活动的道路，而且对人们坚定不移地献身于这种活动施加了经久不衰的影响。它的苦行禁欲的教规为科学研究建立起一个广泛的基础，使这种研究有了尊严、变得高尚、成为了神圣不可侵犯的。如果说在此之前科学家已经发现，寻求真理本身就是报酬，那么他此时便有了进一步的根据对这一事业去作无私热忱的追求。而那些一度曾对献身于“无边无际的自然界中微小而且无足轻重的细节”者之业绩持半信半疑态度的人，现在也了解到了这种研究的明显理由。

清教伦理的基本要素是与思想情操和信仰的大气候联系在一起的。从某种意义上说，这些原则和信条已经通过一种带有倾向性的选择而得到了突出强调，不过这类倾向性是一切学术研究共有的。试图解释一定现象的理论需要事实，但是并非所有的事实都同样适用于所研究的问题。由问题的范围所决定的“选择”是必

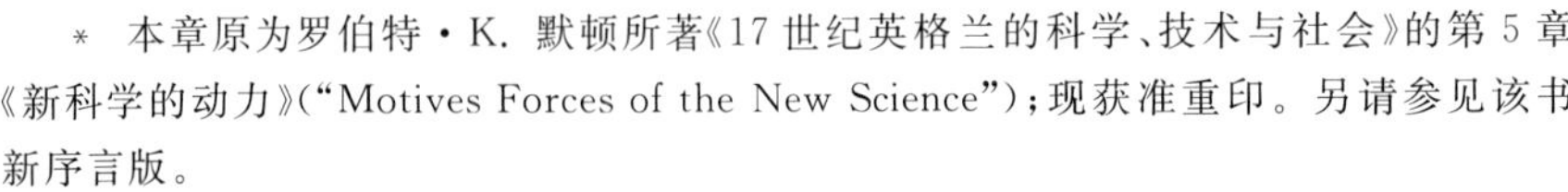

* 本章原为罗伯特·K. 默顿所著《17世纪英格兰的科学、技术与社会》的第5章《新科学的动力》(“Motives Forces of the New Science”)；现获准重印。另请参见该书新序言版。

要的。在文化变量中，那些一直影响科学发展的是占主导地位的价值和思想情操。至少，这是我们的操作假说。在这个特定时期里，宗教在很大程度上融合了大部分主导性的价值复合体。基于这一理由，我们必须对当时的宗教信念的范围和意义加以考察，因为这些也许以这种或那种方式与科学的兴起有所联系。但并不是所有这些信念都是与此有关的。所以，为了抽象出那些具有这种 229
可认识的关系的要素，一定程度的选择是必需的。

清教主义证明了这样一个定理，即带有先验内容的非逻辑性概念，却可能会对实践行为产生相当大的影响。如果说对神秘的上帝的各种想象本身没有帮助科学研究的话，那么，以关于这位上帝的一种特殊观念为基础的人类行动，则的确参与了科学研究。恰恰就是清教主义在超验的活动与人类行为之间架起了一座新的桥梁，从而为新科学提供了一种动力。毫无疑问，清教教义虽然归根到底是建立在一个深奥的神学基础上的，但这些教义又变成了俗人所熟悉且有说服力的语言。

毋庸置疑，清教原则在某种程度上对当时的科学和知识进步起到了调节作用。清教徒们必须在他们的生活观当中为这些活动找到某种有意义的位置。但是用这种俗套话草草了结清教和科学的关系是肤浅之极的。显然，清教的价值体系的心理含义独立地导致了对科学的某种拥护，如果我们没有能注意到这两大运动的汇合，那么我们就会粗暴地简化事实使之适合某种预设的论点。此外，当时处在变化中的阶级结构，加强了清教那些有利于科学的思想情操，因为清教徒中有一大部分人来自于正在崛起的资产阶级和商人阶级。[1] 他们至少从三个方面表现出日趋壮大的势力。首先，他们对科学和技术持肯定态度，而科学和技术反映并有可能增强他们的势力。第二是他们的日益增加的对进步的炽热信念，这种信念是来自于他们对自己在社会和经济中正在形成的重要地位的信心。第三个方面的表现是他们对既存的阶级结构的仇视，这种阶级结构限制和阻碍了他们参与政治统治，这种对立在革命时期达到了顶点。

不过我们不能因为清教伦理对资产阶级的思想情操具有吸引力，便轻易假定资产阶级分子统统都是清教徒。此话反过来说也许更有意义，正如韦伯所表明的那样。清教的思想情操和信仰激起了合理的、不倦的勤奋，从而有助于经济上的成功。相同的结论也同样可以应用于清教与科学之间的那种密切关系：这种宗教运动使自己部分地"适应"于科学的日益高涨的声望，但它一开始就包含着一些根深蒂固的思想情操，它们鼓舞着其追随者们去对科学事业产生浓厚而始终如一的兴趣。

230 清教教义是极其明确的。如果它们为当时的科学家们提供了动力，这一定会表现在他们的言行之中。这并不是说，科学家们比其他常人一定更多地意识到了那些赋予他们的生活方式以意义的思想情操。不过，旁观者则往往有可能，尽管不太容易，发现这些

---

① 参见恩斯特·特勒尔奇两卷本的《基督教教会的社会教育》(*The Social Teachings of the Christian Churches*, New York: Macmillan, 1931)第 2 卷，第 681 页；罗兰·尤舍两卷本的《英格兰教堂的重建》(*The Reconstruction of the English Church*, New York: Appleton, 1910)，尤请参见第 2 卷，其中包括对清教牧师的社会起源的统计研究。

心照不宣的评价，并把它们揭示出来。这种方法应该能使我们得以确定所假定的清教伦理产生的结果是否真的有效。此外，这将揭示出那些深受清教伦理影响的人在多大程度上知晓这种影响。相应地，我们将对那位“在使**科学**变成有教养者的知识装备的一部分这方面，无疑比当时任何其他人做得都多的”自然哲学家——罗伯特·波义耳的工作作一番考察。[①]他在物理学、化学和生理学方面的研究都具有划时代的意义，我们这里所提到的仅仅是这位多面手实验家的几个主要成就领域。另外一个事实是，他也是那些明确地致力于按照文化价值尺度确定科学地位的人物之一，故他对于我们研究的特定问题来说显得非常重要。但不只波义耳一人，对我们来说同等重要的还有被哈勒热情洋溢地称为人类历史上最伟大的植物学家的约翰·雷；在动物学中其地位或许可与雷在植物学中的地位相媲美的弗朗西斯·威洛比；作为“无形学院”即后来发展成皇家学会的精神支柱之一的约翰·威尔金斯；奥特雷德、巴罗、格鲁、沃利斯、牛顿；不过列出一份完整的名单就会成了当时的**科学家登记册**了。皇家学会为我们的目的提供了进一步的材料，它于17世纪中期成立后即促进了科学的进步。在这一方面我们特别有幸掌握了一份当时的介绍，它是在该学会的会员们的不断督导下写成的，以便能够展现代表这个群体的动机和目的。这就是托马斯·斯普拉特的《伦敦皇家学会史》，该书经威尔金斯

① J. F. 富尔顿：《罗伯特·波义耳及其对17世纪思想的影响》(“Robert Boyle and His Influence on Thought in the Seventeenth Century”)，原载《伊希斯》18(1932年)，第77—102页。波义耳的丰富成果见于富尔顿教授的示范性的文献目录。

和皇家学会的其他代表审阅之后，于 1667 年付梓出版。[①] 故从这些著作中以及从当时其他科学家的著述中，我们可以窥见新科学的主要动力。

231 一、为了“赞颂自然界的伟大创造者”

一旦科学成为牢固的制度之后，除了它能带来经济效益以外，它还具有了一切已确立起来的和复杂的社会活动所具有的吸引力。这些吸引力本质上表现在两个方面：使用社会许可的与其同行交往的模式而得到普遍奖励的机会；创造出受这个群体尊重的重要社会产品。这类群体许可的行为有助于持续而不受到挑战，几乎没有人对它的存在的理由提出质疑。制度化的价值观被当作为不证自明的和无需证明的东西。

但是所有这一切都在激烈的变迁时期被改变了。新的行为模式如果想要站住脚并成为社会思想情操的中心，就必须被证明是合理的。一种新的社会秩序的存在是以一套新的价值体系为先决条件的。对于新科学来说，也是如此。若得不到那些已经控制着人们意志的力量的支持，科学就只能得到仅有的一点点关注和忠诚。然而，当科学与一个激励着人们广泛投身于具有指定功能的活动之中

---

① 参见查尔斯・索尼申的博士论文：《托马斯・斯普拉特的生活和著作》（“The Life and Works of Thomas Sprat”, Havard University，1931），第 131 页及以下诸页。其中有充分的证据表明，《皇家学会史》一书代表着皇家学会的观点。如同我们将要看到的，斯普拉特书中关于皇家学会的目标的表述在每一点上与波义耳所刻画的一般科学家的动机和目的非常相近。见上书第 167 页。这种相近性证明了包含着这些态度的精神特质是主导性的。

的强大的社会运动结合在一起时，它就开足马力全速前进了。

这一过程并不缺乏明显的表现。新教伦理已渗透到了科学领域中，并在科学家对待科学工作的态度上打上了不可磨灭的烙印。在表达自己的动机、预见可能的异议，以及在面对实际的责难时，科学家便在清教教义寻找相似的动机、认可和权威等等。在那些年代里，对像宗教这样一种占支配地位的力量，并没有也不可能把它划分为各自独立的部分，给它画地为牢。因此，在波义耳的那受到高度评价的为科学的辩解中，我们了解到：

> 用不着冒什么风险就可以认为，上帝至少在**创造月下世界**和那些更耀眼的**星星**时，他的两大目的就是**彰显他的伟绩**和**人性之善**。[①]
>
> 这对于你［皮罗菲鲁斯(Pyrophilus)］来说也许并不困难：去识别那些竭力阻挠人们孜孜不倦地**探索自然界**的人，他们恰恰是(虽然我不认为是有预谋地)踏上了想从上述两个目的击败上帝的**道路**。[②]

① 罗伯特·波义耳：《对实验自然哲学之用途的某些思考》(*Some Considerations Touching the Usefulness of Experimental Natural Philosophy*, 2nd ed. Oxford, 1664)，第二版，第 22 页。

② 同上书，第 27 页。这里提到的当时对科学的反对，指的是来自于一些狂热教士的反对。一般说来，对科学的责难有四个主要来源。第一，有一些心怀不满的人，例如罗伯特·克罗斯，作为伪亚里士多德主义的卫道士，他认为皇家学会是耶稣会反对社会和宗教的一项阴谋。还有亨利·斯塔布，一位职业文痞和盖伦派医生，他加入这场论争是为了抬高自己个人和职业的地位。这些夸大渲染的反对手法影响甚微，根本不能说明科学和科学家在 17 世纪后期的地位。参见阿瑟·E. 希普利：《17 世纪科学的复兴》("The Revival of Science in the Seventeenth", in*Vanuxem Lectures*, Princeton, N. J. :Princeton University Press, 1914)；F. 格林斯莱特：《约瑟夫·格兰维尔》(*Joseph Glanvill*, New York: Columbia University Press, 1900)，第 78 页。第二个反对来源是

232 这个主题不断出现在那些通常包含有重大的科学贡献的著述中：这些世俗活动和科学成就彰显了**上帝的伟绩**，增进了**人性之善**。将精神的和物质的东西相提并论乃是其特征和意义。这一文化完全建立在一个由那些确定了应用性和真实性的功利性规范组成的基础之上。清教主义本身赋予了科学三重效用。首先，在对科学家皈依状态做出实际证明方面，其次，在扩大对自然界的控制方面，第三，在赞颂上帝方面，自然哲学都起着工具性的作用。科学被用来为个人、社会和上帝服务。不可否认，这些都是充分的依据。它们不仅构成了一种争取合法性的要求，而且提供出种种不可能轻易受到忽视的激励。我们只需仔细阅读一下 17 世纪科学家们的个人书信，便可理解这一点。①

约翰·威尔金斯宣称，关于大自然的实验研究是促使人们崇

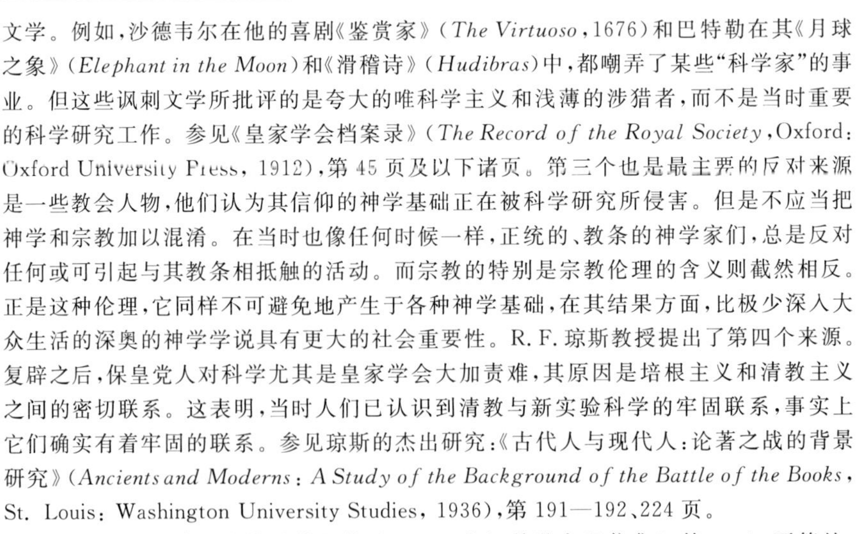

文学。例如，沙德韦尔在他的喜剧《鉴赏家》（*The Virtuoso*，1676）和巴特勒在其《月球之象》（*Elephant in the Moon*）和《滑稽诗》（*Hudibras*）中，都嘲弄了某些“科学家”的事业。但这些讽刺文学所批评的是夸大的唯科学主义和浅薄的涉猎者，而不是当时重要的科学研究工作。参见《皇家学会档案录》（*The Record of the Royal Society*，Oxford：Oxford University Press，1912），第 45 页及以下诸页。第三个也是最主要的反对来源是一些教会人物，他们认为其信仰的神学基础正在被科学研究所侵害。但是不应当把神学和宗教加以混淆。在当时也像任何时候一样，正统的、教条的神学家们，总是反对任何或可引起与其教条相抵触的活动。而宗教的特别是宗教伦理的含义则截然相反。正是这种伦理，它同样不可避免地产生于各种神学基础，在其结果方面，比极少深入大众生活的深奥的神学学说具有更大的社会重要性。R. F. 琼斯教授提出了第四个来源。复辟之后，保皇党人对科学尤其是皇家学会大加责难，其原因是培根主义和清教主义之间的密切联系。这表明，当时人们已认识到清教与新实验科学的牢固联系，事实上它们确实有着牢固的联系。参见琼斯的杰出研究：《古代人与现代人：论著之战的背景研究》（*Ancients and Moderns*：*A Study of the Background of the Battle of the Books*，St. Louis：Washington University Studies，1936），第 191—192、224 页。

① 例如，威廉·奥特雷德的信见于《17 世纪科学家通信集》，第 xxxiv 页等处。或者，参见由埃德温·兰克斯特主编的《约翰·雷书信集》（*Correspondence of John Ray*，London，1848）第 389、395、402 页等处的约翰·雷的信件。

拜上帝的一种最有效的手段。[1] 弗朗西斯·威洛比也许是当时最杰出的动物学家，他因过分谦虚而认为他的著作不值得出版，只是当雷坚持说发表这些著作是赞颂上帝的一种方法，才说服了威洛比同意出版他的著作。[2] 而雷本人为那些通过研究上帝的杰作去 233
赞颂上帝的人们歌功颂德的著作，则受到高度欢迎，以致在大约20年里就出了五个版本。[3]

今天，许多获得了解放的心灵习惯于把宗教与科学截然割裂开，并且坚信，宗教对于现代西方世界并没有太大的社会重要性，他们倾向于把这种状况当作是普遍的。在他们看来，那些曾反复被人们所使用的虔诚言辞等同于马基雅维利的策略或为个人打算的伪装，充其量也不过是一些习惯用语，但绝不是一些根深蒂固的、给人以动机的信念。这类极端虔诚的表现结果却引起了无中生有(qui nimium probat nihil probat)的指责。但是这样一种阐释也许只是以一种无根据的推论为基础的，即把20世纪的信念和态度推演到了17世纪的社会。尽管“揭穿”永远有助于使反偶像崇拜者的自我得到满足，有时也起着吹捧他自己所在的那个社会

① 参见《自然宗教的原理和责任》(*Principles and Duties of Natural Religion*, London,1710)，第6版，第236页及以下诸页。

② 参见埃德温·兰克斯特主编：《纪念约翰·雷》(*Memorials of John Ray*, London, 1846)，第14页注。

③ 约翰·雷：《上帝的智慧》(*Wisdom of God*, 1691)，第126—129页等处。在雷的书信中，我们处处可以发现令人惊奇的例子，它们足以表明他吸收清教思想情操的程度。例如在(1701年4月4日)致詹姆斯·佩蒂沃的信中，他写道：“我很高兴知悉您的事业在发展，因而需要更多的精力，投入更多的时间，没有更好的方式能比得上把精力和时间用在您那神召事业的工作上了。您会把您必须付出的时间，妥善地用于对上帝的作品和大自然的探索和思辨上，就像您现在正在做的那样。”(《约翰·雷书信集》，第323页)

的形象的作用，但它可能用谬误取代真理。关于这一点的一个例子是，波义耳为了表示他的虔诚，除了用较少的物质方式外，还花了数目很可观的金钱请人把《圣经》译成数种外国文字，我们难以相信，他只是在对新教信仰尽口头敷衍之事。正如G. N. 克拉克教授对此恰当指出的：

> 在确定多大程度上，宗教渗透到我们所说的17世纪所有以宗教语言表述的事物方面……始终存在着困难。对所有神学术语持怀疑态度，把它们仅仅当作是共同的形式，此困难也不会得到解决。相反，我们更有必要时常提醒自己，当时这些词语总是带着它们相关的意义而被使用，而且它们的使用一般都隐含着一种强烈的感情。认为**上帝**和**魔鬼**与日常生活的每个行为和事实息息相关，这种感觉是该世纪特征的一个组成部分。[①]

这样，一般的宗教观念就以各种方式被转换成了具体的政策措施。这并不是纯粹的智力游戏。清教主义把禁欲的活力输送到那些当时自身尚不能自主的活动之中。它因此重新定义了神学的和世俗的事务之间的关系，从而把科学推到了社会价值的前列。这碰
234 巧是直接以文学作为代价，而且最终以宗教事业作为代价的。如果加尔文派的上帝，从他不能直接为有教养、有才智的人直接掌握这个意义上说是非理性的，那么通过对上帝的自然杰作的敏锐细致的研究却可以去赞颂上帝。[②] 这不单纯是与科学的一种妥协。清教与

① 《十七世纪》(*The Seventh Century*，Oxford University Press，1929)，第323页。

② 参见特勒尔奇：《基督教教会的社会教育》，第2卷，第585页。

天主教不同，它逐渐表现出对科学的宽容，它不仅容忍而且需要科学事业的存在。“赞颂上帝”是一个有弹性的概念，[①]天主教和新教对它的定义有着根本性的差异，以致产生出完全相反的结果，因而“赞颂上帝”到了清教徒手里就成了“多出科学成果”。

二、“使人类过上舒适的生活”

新教主义为科学研究提供了进一步的依据。请记住，清教精神特质中的第二个主导信念是把社会福利，即为多数人的善行，规定为一个必须牢记在心的目标。在这里我们又一次看到，当时的科学家选定了一个目标，这个目标除了本身所具有的明显优点外，还带着一连串的宗教的思想情操。应当扶植和培育科学，以便使它促进技术发明，从而改善人类在地球上的命运。我们从资深的皇家学会史专家们那里获知，皇家学会“无意止步于某种特殊的利益，而是要更进一步，探询所有杰出发明的根源。”[②]而且，那些不直接带来收益的实验也不应该受到责备，因为正如高贵的培根所断言的那样，有真知灼见的实验终将引出一系列有益于人类的生活状态的发明。[③]他接着说，科学改善人类的物质条件的这种力量，不仅具有纯属世俗的价值，按照耶稣基督的救世福音教义看

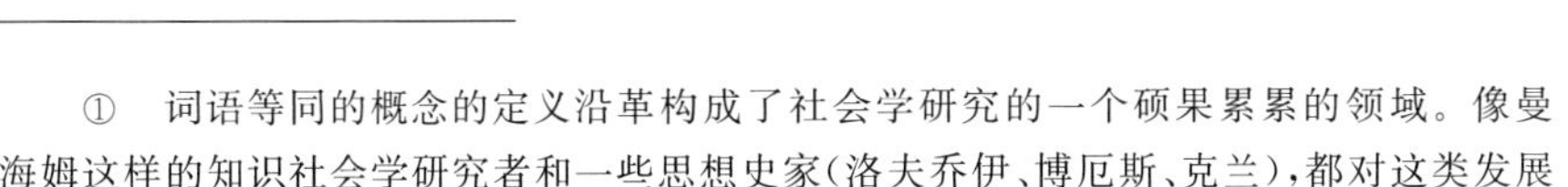

① 词语等同的概念的定义沿革构成了社会学研究的一个硕果累累的领域。像曼海姆这样的知识社会学研究者和一些思想史家（洛夫乔伊、博厄斯、克兰），都对这类发展进行过重要的研究。

② 托马斯·斯普拉特：《伦敦皇家学会史》，第78—79页。

③ 同上书，第245、351页及以下诸页。

来，它还是一种善的力量。

波义耳在他的临终遗嘱中也反映出这种态度，他这样祝愿皇家学会的会员："祝愿他们在其值得称赞地致力于发现**上帝杰作**的真实**本性**的**尝试**中，取得令人愉快的成功；并祝愿他们以及其他所有**自然真理**的**研究者们**，**热诚**地用他们的**成就**来赞颂伟大的自然
235 创造者，并且使**人类**过上舒适的生活。"[①]"对波义耳和培根来说都一样，实验科学本身就是一项宗教事业。"[②]

在该世纪早些时候，这种基调就已回荡在弗朗西斯·培根这位"学术界名副其实的宣传家"的洪亮的雄辩声中。培根本人并没有做出什么科学发现；他也不能正确评价吉伯、开普勒和伽利略这些同代人的重要性；他天真地相信可能存在着一种科学方法，它可以"把理智和理解置于差不多同一水平上"；他还是一位激进的经验主义者，认为数学对于科学毫无作用可言；然而，培根是一位对科学做出肯定性社会评价、对"不育的经院哲学"加以拒斥的主要宣传家，在这方面他取得了高度的成功。作为一位"有学问、能言善辩、笃信宗教、充满清教热忱的妇人"之子，培根承认受到了其母亲的态度的影响，[③]他在《学术的进展》中讲到科学活动的真正目

---

① 引自吉尔伯特·伯内特(Gilbert Burnet)：《在可敬的罗伯特·波义耳葬礼上的悼词》(*A Funeral Sermon Preached at the Funeral of the Honourable Robert Boyle*, London, 1692)，第 25 页。

② 埃德温·A. 伯特：《现代物理科学的形而上学基础》(*The Metaphysical Foundations of Modern Physical Science*, New York: Harcourt, Brace & Co., 1927)，第 188 页。

③ 参见玛丽·斯特尔特：《弗朗西斯·培根》(*Francis Bacon*, London: K. Paul, Trench, Trubner & Co., 1932)，第 6 页及以下诸页。如 M. M. 纳彭教授给作者指出的，培根曾向詹姆士提出反对清教的法律根据是事实。但是不应该把这件事同培根对清教主义的许多非政治性方面的默许认可加以混淆。关于培根哲学的融合性，参见 R. F. 琼斯的《古代人与现代人》，第 92 页及以下诸页。

的就是“赞颂造物主和改善人类状况”。[①] 许多官方和私人文件相当清楚地表明，培根的学说构成了皇家学会建立的基本原则，因此，皇家学会的章程中表达出同样的思想情操，也就没有什么可奇怪的了。[②] 托马斯·西德纳姆这位狂热的清教徒，[③]同样对培根深表钦佩。而且像培根一样，他也倾向于把经验主义夸大到完全 236
排斥理论阐释的极点。“在他看来，纯学术上的好奇……并没有什么重要性，这也许在一定程度是由于他的个性中的清教气质。他对知识的评价要么根据知识的伦理价值即表现造物主的壮丽，要么根据知识的实用价值即促进人类福利。”[④]经验主义显然支配着西德纳姆的医学研究，他把“对细节的反复、不断的观察”放在所有临床观察价值的首位。这一世纪的两位最伟大的临床医生梅耶恩(Mayerne)和西德纳姆，都出身于清教世家，这是耐人寻味的。

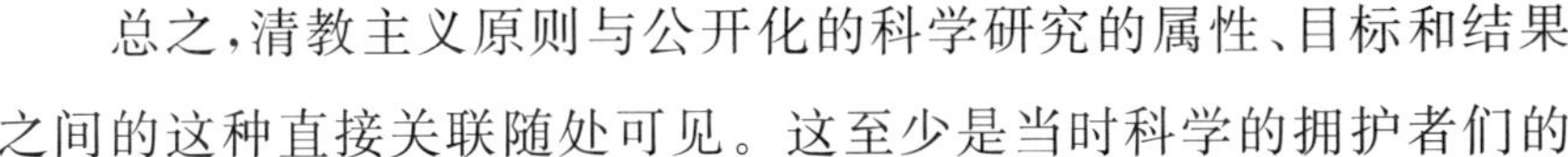

总之，清教主义原则与公开化的科学研究的属性、目标和结果之间的这种直接关联随处可见。这至少是当时科学的拥护者们的

---

① 在《新工具》(*Novum Organum*)第一部，箴言 89 中，科学被形象地称为宗教的婢女，因为它有助于显示上帝的威力。这当然不是一种新奇的观点。

② 皇家学会的第二个章程于 1663 年 4 月 22 日通过，这部章程至今仍然有效，我们从中了解到，其会员的研究“必须通过权威性的实验用于进一步促进关于自然事物的科学和有用的工艺科学，用于赞颂造物主上帝和人类的利益”。(《皇家学会档案录》，第 15 页)请注意这里加强了对功利主义的强调。

③ 参见约瑟夫·F. 佩恩：《托马斯·西德纳姆》(*Thomas Sydenham*, New York: Longmans, Green & Co., 1900)，第 7—8 页等处，其中提供了丰富的证据说明西德纳姆的清教背景。“他沉浸在清教徒那种热烈的诚挚之中，而且在反对任何类型的权威方面做好了准备，如果有必要就会应召成为反抗者。如果我们忘记这一事实，就不能理解他的全部性格和生平。”

④ 同上书，第 234 页。

论点。斯普拉特问道，如果清教主义要求一个人在他的事业中坚持系统的有条理的劳动、坚持不懈的奋斗，那么还有什么能比得上**实验艺术**这种“靠某个人的持续劳作或那个最伟大的学会的前赴后继的力量都难能完成”的事业，更活跃、更勤奋、更有系统性呢？[①] 实验科学所需要的是最大限度的持之以恒的勤勉，因为即使那些最不易察觉的、深深隐藏着的**自然**财富，也可以通过刻苦和耐心得以发现。[②]

清教徒戒绝游手好闲不就是因为它会引起邪恶之念(或干扰个人的事业)吗？“在一个如此**有益**和有效地运用[在例如自然哲学]的头脑中，还能给那些低贱渺小的事物留有什么空间吗？”[③]戏剧和剧本不是有害的、引起肉欲(因而对更严肃的事业起着破坏作用)的吗？[④]因而，这就是“**实验**兴起的最恰当的理由：通过实验，能教给我们来源于**知识**深处的**智慧**、摆脱邪恶并且驱散[剧院所带来的涣散精神的]阴霾。”[⑤]最后，现实之中的一种热诚执着的积极生活不是比修道院的禁欲生活更可取吗？那么，承认自然哲学研究“之所以适合我们，并不在于它揭开**隐匿**的秘密，而是它使我们能

① 参见约瑟夫·F. 佩恩：《托马斯·西德纳姆》(*Thomas Sydenham*, New York: Longmans, Green & Co., 1900)，第341—342页。

② 雷：《上帝的智慧》，第125页。

③ 斯普拉特：《皇家学会史》，第344—345页。

④ 参见理查德·巴克斯特五卷本的《基督教指南：实用神学大全》[*A Christian Directory: or, A Body of Practical Divinity*, London, 1825(1664—1665)]第1卷，第152页，第2卷，第167页。也参见教友会卫道者罗伯特·巴克利的著作，他特地建议把“几何和数学实验”作为值得追求的无邪恶的娱乐，而不要寻求有害的戏剧娱乐；见《为真正的基督教神学辩解》[*An Apology for the True Christian Divinity.*, Philadelphia, 1805(1675)]，第554—555页。

⑤ 斯普拉特：《皇家学会史》，第362页。

为世人服务”这个事实吧。[1] 简言之,科学体现了一些行为模式,237
它们投合清教徒的口味。首要的是,它拥有两种受到高度赏识的价值:功利主义和经验主义。[2]

皇家学会史专家认为,这展现了清教信条同科学作为一种职业所具有的那些明显可取的本质之间明确的吻合,从某种意义上讲,这种说法是一种诡辩术。毫无疑问,在一定程度上,这表达了一种企图,旨在于把科学家作为虔诚的一般信徒纳入主流的道德和社会价值的框架。由于神职人员的法定地位和个人权威在当时比在今天显得更加重要,他们就有可能为宗教和社会对科学的认可摇旗呐喊。科学在某种程度上仍要受到神职人员的批准,这种情况与文学和政治没有什么差异。[3]

然而这并不是全部的解释。我们现在关于“理性化”和“衍生物”的讨论倾向于掩盖某些基本问题。事实是,用来表明一个人的行为的“理由”通常并没有令人满意地对这种行为做出解释。还有一种可以接受的假说认为意识形态极少**引起**行动,反之,意识形态和行动这二者都是共同的思想情操和价值的产物,它们反过来对这些思想情操和价值又有反作用。但有两个理由使我们对这些观念不能忽视。它们为探索导致行为的动机的基本价值提供了一些

① 斯普拉特:《皇家学会史》,第 365—366 页。

② 斯普拉特敏锐地指出,出于宗教顾忌而引起的修道院禁欲主义,是经院哲学家们缺乏经验主义的部分原因:“但当哲学属于他们的宗教的一部分时,他们必须提出何等悲哀的哲学才使他们自己尽最大可能脱离与人类的交流呢?当时他们还远远不能发现自然界的奥秘,因而他们难得有机会去审视它的常理。”(同上书,第 19 页)

③ H. H. 亨森:《17 世纪英格兰宗教研究》(*Studies in English Religion in the Seventeenth Century*, London:J. Murray,1903),第 29 页。

线索。这些路标是不可能被忽视的。具有更大重要性的是观念在把行为指引向**特定**路线上的作用。正是占主导地位的观念体系，对于在各种与基础性的思想情操同样兼容、可供取舍的行动模式之间做出选择时起着决定性的作用。若无这种路标导引，非逻辑性行动就会在价值系统范围内变成随机的了。[①]

17 世纪，科学家一再求助于宗教的保护，这一事实首先说明，
238 宗教当时是一种非常强大的社会力量，完全可以求助于它来支持一种当时人们出于本能还较难接受的活动。这也引导观察者去注意特别有影响力的宗教取向，它能给科学事业注入所有形式的价值，从而能把信仰者们的兴趣引导到科学之路上。

斯普拉特、威尔金斯、波义耳或雷，努力为他们对科学的兴趣加以辩护，这种做法所反映的并不是纯粹的机会主义的献媚态度，而是一种诚挚的努力，即试图证明科学之路是通向上帝的。宗教改革已把拯救个人的重担从教会那里推卸到了个人身上，而正是这种“为自己的灵魂负责的千斤重担压身之感”，在一定程度上说明了对宗教辩护的渴望[②]和对个人职业的执着追求。如果科学没有被证明是一种“合法的”、可取的职业，它绝不能得到那些认为自己“一直是主看中”的人物的关注。那些辩解所诉诸的正是这种强烈的感情。

---

① 在使用上，“衍生物”和“剩余物”之间通常有一细微而不定的界线（帕累托）。与行动相关联的言语反应中的稳定要素，体现着根深蒂固的、有影响力的思想情操。简略地说，这些稳定要素为行为提供了动机，而那些可变要素只是起着事后说明的作用。但是在实践上，人们通常极难对这二者做出区分。一旦知晓了当时的一些宗教信念所承载的强烈的情感负荷，我们就会发现有正当理由去把这些当作剩余物而不是衍生物。

② 尤舍：《英格兰教堂的重建》，第 1 卷，第 15 页。

三、理性主义和经验主义

清教精神特质中对理性作用地位的抬高，部分原因是由于理性概念是抑制情感的工具，这不可避免地导致出对那些始终需要运用严格推理的活动的同情态度。[①]但是我们要再次强调指出，与中世纪的理性主义相反，这种理性已被看做为从属和辅助于经验主义。斯普拉特直截了当地指出，科学在这方面是非常适合的。[②]可能正是在这一点上，清教主义和科学最为气味相投，因为在清教伦理中居十分显著位置的理性主义和经验主义的结合，也构成了
近代科学的精神实质。清教主义充斥着新柏拉图主义的理性主 239
义，这在很大程度上是来自于对奥古斯丁教义作出的适当修改。但它却没有就此止步。成功处理现世中的实际生活事务这种明确的需要，来自于主要由加尔文主义的宿命论和通过成功的世俗活动的必要性（certitudo salutis）这二者的特定扭合，与这种需要相

① 必须记住的是，清教徒对运用理性的赞扬，部分原因在于理性起到了使人与动物相区别的作用。这种观念融入当时科学家思想的程度，可从波义耳的一段表述中看出。“上帝在宇宙中显示出如此令人赞叹的杰作，对之视而不见、见而不加以思辨判断的肉眼来说，绝没有任何意义，**野兽栖居在这个世界并享受其乐，而人如果不甘仅限于此，就必须研究世界并赋予它精神上的意义**。”［波义耳：《著作集》（*Works*），托马斯·伯奇编，第3卷，第62页］

② “谁应当被当作是最关心肉欲者？是那些用其情感污染宗教的狂热者？还是那些并不使用它［理性］去迎合和服从自己的欲望而是用它去抑制欲望的实验家？”（斯普拉特：《皇家学会史》，第361页）我们会记得，巴克斯特在某种方式上是清教徒的代表，他竭力反对“狂热”对宗教的侵蚀。认为理性“必须保持它驾驭和支配你们的思想的权威”（《基督教指南》第2卷，第199页等处）。以类似的精神，那些寄居在威尔金斯住所并为皇家学会奠定基础的人“所向无敌地披挂上阵，反对各式各样的宗教狂热”（斯普拉特：《皇家学会史》，第53页）。

联系的，是对经验主义的强调。这两种思潮通过一个具有内在一贯性的神学体系的逻辑汇聚在一起，它们又与当时其他态度互相联系，从而为人们接受自然科学中所出现的类似结合铺平了道路。

清教坚持经验主义，坚持实验方法，这同它把思辨与游手好闲视若等同，把体能消耗和对物质客体的处置与勤劳刻苦视若等同具有密切的联系。[①]实验是清教徒的那些注重实际、积极活跃、有条有理的倾向在科学上的表现。当然，这并不是说，实验方法完全导源于清教。但这有助于说明为什么这些眼睛盯着来世、双脚却牢固踩在现世的人们，会如此热情地支持新实验科学。此外，正如特勒尔奇所指出的，加尔文主义摈弃了上帝的绝对之善，而倾向于强调个人、强调经验性、强调对一切事物做出实际上不受妨碍和功利主义的判断。他从这种精神的影响中，发现了盎格鲁-撒克逊思想的经验主义和实证主义倾向的一个最为重要的因素。[②]

一名率直的清教徒，诺阿·比格斯，以他对当时的大学的尖锐抨击，证实了这种态度。

> 它们[大学]究竟在哪些方面对发扬或发现真理做过贡献？……**机械化学**这个通过它倍增的实在经验而超越了其他**哲学分支**的**自然**的婢女，与我们在哪些方面有关呢？哪里才

① 这个论点是琼斯教授那部有价值的著作《古代人与现代人》的诸多贡献之一。参见其中第5章，特别是第112—113页。我的论文"清教主义、虔信主义与科学"[《(英国)社会学评论》28(1936年)，第1—30页]，并未充分澄清对经验主义的这种强调所派生的结果。

② 恩斯特·特勒尔奇：《新教对开创现代世界的意义》(*Die Bedeutung des Protestantismus für die Entstehung der modernen Welt*, Munich:R. Oldenbourg,1911)，第80—81页。

> 有对**实验**的考察和推理呢？哪里才存在对一个促进、完善、激励着新**发明**的新**知识**世界的鼓励呢？在哪里我们经常读到了关于生或死的**解剖学**或有关**草药**的直观演示呢？哪里才有对旧**实验**和旧**传统**的**考察**，并把那些危害**知识**之**庙宇**的垃圾排除出去呢？①

清教徒们的一个共同实践就是把他们对"空洞的逍遥派哲学" 240
的强烈蔑视，同对用事实取代幻想的"机械知识"的过分推崇结合在一起。来自各个方向的清教伦理的要素汇聚在一起，强化了这一类态度。主动的实验方法体现着一切优秀的美德而摒弃一切有害的恶习。它代表着对那种传统上与天主教联系在一起的亚里士多德主义的一种反叛；它用主动的操作取代被动的冥想；它所许诺的是实用性的功利而不是不结果实的臆想；它以不容置疑的方式确立了上帝创造物的辉煌壮观。无怪乎清教对价值的重新评价具有对实验主义的始终如一的赞许。②

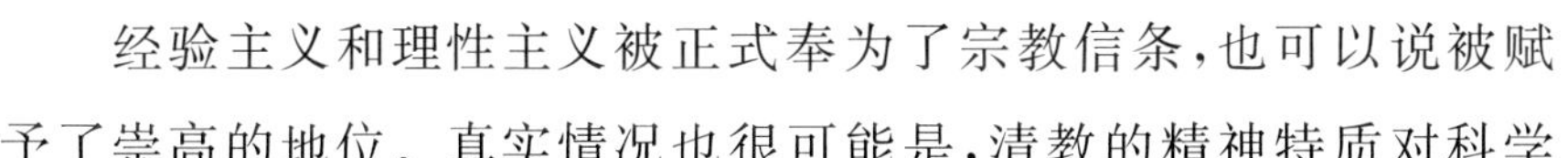

经验主义和理性主义被正式奉为了宗教信条，也可以说被赋予了崇高的地位。真实情况也很可能是，清教的精神特质对科学

① 我要感谢琼斯教授(《古代人与现代人》第 104 页)使我得以转引比格斯的这段话，见诺阿·比格斯的《医学实践方法论》(*Mataeotechnia Medicine Praxeos*, London, 1651)，该书系献给当时的改革者议会之作。

② 杜里在《让·杜里关于英格兰宗教现状的信》(*Lettre du sieur Jean Dury touchant l'état présent de la religion en angleterre*, London, 1658 年)中这样描写"公理会教徒"："他们不相信那些说教观点(Ils ne croient que ce qu'ils voient)。"由乔治斯·阿斯科利引，见《17 世纪大布列塔尼的法国人的观念》(*La Grande-Bretagne devant l'opinin française au XVIIe siecle*, Paris: Librairie Universitaire J. Gamber, 1930)第 1 卷，第 407 页。巴克斯特写道："我敌视他们那种贬低感觉的哲学！"而约翰·威尔金斯则从实践方面肯定地说："我们最好、最神圣的知识是旨在于为了行动的知识；而那些没有把实践作为其正当目的的则只应当算作不出成果的研究工作。"[《数学的魔力》(*Mathematical Magic*, London, 1648)，第 2 页]

的方法并无直接影响，这只不过是科学内部史中的一种平行发展而已，但已变得明确的是，通过对某些思想和行为模式的心理上的赞许，这类复合的态度便使得以经验为基础的科学得到了人们的首肯，而不是像在中世纪时期那样受到压制，或充其量也只是得到默认而已。简言之，清教主义改变了社会取向。它导致确立起了一个新的职业等级，这一等级的标准就是赋予自然哲学家的声望。斯皮尔教授说得好："不存在任何这样的活动，它们本身值得尊敬而且被所有社会组织视为出类拔萃。"[①]但清教主义的一个结果就是以为科学带来声望的方式改造社会结构。这对于某些天才转向科学领域必定产生了影响，而在另一个社会环境中，他们就会转向其他职业领域。

四、向科学转移

随着清教伦理自己展现了它的全部意义，各门科学便成为社会兴趣的汇聚中心，即使在革命没有取得政治上的成功以后，也不应错误地认为，这意味着清教对社会态度的影响丧失殆尽。科学
241 的新风貌同以前的状态形成了鲜明对照。[②]这产生了一些效应。有一些此前可能会转向神学或修辞学或语言学的人，现在通过微妙的、很大程度上不可觉察的新兴的社会取向而被引导到了科学的征途上。比如托马斯·威利斯，他的《脑解剖学》(*Cerebri Anat-*

① 汉斯·斯皮尔：《荣誉与社会结构》("Honor and Social Structure")，原载《社会研究》(*Social Research*)第2卷(1935年)，第79页。

② 参见斯普拉特：《皇家学会史》，第403页。

ome)也许是迄此时为止对神经系统的最完整和最精确的解说,他的名字因“威利斯学派”而不朽,然而他“最初有志于神学,但鉴于当时的条件不利于神学,他就把注意力转向了医学”。①

这种兴趣的转移也表现在艾萨克·巴罗在担任剑桥大学希腊语教授时发出的哀叹:“我孤零零地坐在那里,就像一只古雅典的猫头鹰,被排除在了其他鸟群之外;而**自然哲学**的课堂却总是满满的。”②显然,对于巴罗来说,这种孤单实在是太难堪了,因而,众所周知,他在1663年辞去这一教席,而接受了新设立的卢卡斯数学教授席位,成了这个席位的牛顿的前任。

科学业余爱好者的涌现,是这个世纪后期的十分显著的特征,也反映了这种新态度的效果。贵族们和富有的平民百姓都转向了科学,他们不是把科学当作一种谋生手段,而是作为所热衷的兴趣的对象。尤其是对于这些人来说,他们并不去考虑直接的经济方面的功利利益。当游手好闲的安逸从新的价值尺度上消失的时候,科学给他们提供了一个机会去把他们的能量投入到一项高尚的事业,去履行一种新的职责。③

---

① 约翰·H. 巴斯:《医学史和医学职业史大纲》(*Outlines of the History of Medicine and the Medical Profession*, New York,1889)。

② 转引自赫尔曼·黑特纳:《英格兰文学史》(*Geschichte der englischen Literatur*, Brunswick,1894),第16—17页。

③ 由威廉·德勒姆对艺术鉴赏家和动物学家威洛比所做的评论清楚地反映了这一点。“他如此专心致志地搞他的设计,仿佛他不得不以此为生似的;我们谈到的这一切……是那些有着巨大资财和天资的人们中的一个榜样,他们激动不已地要达到一些目的,为了这些目的,他们不惜投入上帝给予他们的财产、闲暇、才华和天资甚或天才;这并不是要让他们用于无所事事或邪恶放荡,而是用来赞颂造物主上帝并为他服务,用来为世人行善。”[埃德温·兰克斯特主编:《纪念约翰·雷,包括由德勒姆医生写的生平》,(*Memorials of John Ray*, *Consisting of his Life* by Dr. Derham, London, 1846),第34—35页。]

在科学史上，这类业余爱好者中最著名的自然是罗伯特·波义耳，不过关于业余爱好者的重要作用的最好标志，可从他们在皇家学会形成过程中所起的作用中找到。[①]在那些于1660年这个“异常和平的年头”里把自己组成一个团体的人们当中，这类业余爱好者的数目相当可观，其中有布龙克尔勋爵、波义耳、布鲁斯(Bruce)勋爵、罗伯特·莫里爵士、威尔金斯医生、配第医生以及亚
242 伯拉罕·希尔。一些艺术品鉴赏家所付出的勤奋努力一点也不比他们逊色，如威洛比勋爵、约翰·伊夫琳(John Evelyn)、塞缪尔·哈特利伯(Samuel Hartlib)、弗朗西斯·波特(Francis Potter)以及威廉·莫里纽克斯(William Molineux)。

社会对科学的这种重视具有特别有效的影响，这或许是由于当时科学发展的基本状况所致。研究的方法和对象往往与日常经验相差无几，因而它们不但可为具有特别训练的人们所理解，也可以被许多未受过多少专门教育的人们所理解。[②]可以肯定，对科学的浅薄涉猎式的兴趣几乎不能直接丰富科学的成果，但它有助于把科学更坚定地确立为一种在社会上受人尊重的事业。清教主义的确能够发挥这种功能。今天的科学几乎完全同宗教的认可无关了，这个事实本身是有意思的，因为它是世俗化过程的一个例子。当科学成长起来并脱离了对宗教的依靠之后，它反过来便成为了占主导地位的社会价值，而其他价值却变为从属性的了。今天在西方世界中，更常见的是各种不同观点去尽可能争得科学而不是

① 马撒·奥斯坦:《17世纪科学学会的作用》，第91页及以下诸页。

② 马撒·奥斯坦:《17世纪科学学会的作用》，第53页。

宗教的认可；当前的广告日益诉诸于科学的权威，"科学的"一词总是具有赞扬的含义，这些都从不同方面反映了科学的社会地位等级。[①]

五、世俗化过程

虽然这种世俗化过程的萌芽在中世纪后期就隐约可见了，[②]

---

① 如 C. 布格雷教授评论说："科学业已决定性地跃居到价值表的前列。"[《价值的演化》(*The Evolution of Values*, New York: Henry Holt & Co., 1926)，第 201 页。]

② G. R. 奥斯特在他的基于新文献证据的典范式研究成果：《中世纪英格兰的文学和布道》(*Literature and Pulpit in Medieval England*, Cambridge: Cambridge University Press, 1933)，第 188—189 页、第 554—557 页等处，对中世纪的布道作了一番深入细致的分析，因当时这类布道在决定大众的世界观方面影响甚大，他注意到了这个潜在的倾向。正如我们所指出的，正是中世纪教会的代言人自己吩咐人们从五光十色的自然现象中去考虑上帝的杰作，而这确实是对科学事业的一条强有力的辩护原则。然而，与此相联系的却是宗教对世俗化知识的禁止，但也不能过高地估计，由于神学家们的专横禁令就可永远抑制一致的努力。知识的世俗化随着 12 世纪强大的大学运动已经显得令人惊讶，在一定程度上为了对付这种威胁，托钵僧教被制定出来了。可是"最初设计这种托钵僧教是为了给凡夫俗子的道德和精神训练指引出一条安全的中庸之道，但它本身却无意识地帮助产生了一个新的危机，在这个危机中这种世俗化最终变得不可避免了"(第 189 页)。正是宗教改革后所出现的宗教伦理，冲破了对自然哲学的禁止性控制的最后几道锁链，并为它创立了一个在当时可被科学家和宗教人士们共同接受的，且从属于最高宗教目标但在自己的研究范围内具有自主性的地位，这就使得世俗化运动变得如此明确奔放，而不像以前那样含蓄节制。改革者的信念并不是为了枝繁叶茂，也不代表着与过去的彻底决裂，但是，通过转移和加强了强调的重点，有助于实现这种变化，虽说先行倾向的积蓄有了很长的历史，但这种变化看起来还是一个飞跃。如奥斯特所指出的，洛拉德(Lollard)派教义提醒我们"**工作**在新教信仰和实践中仍占据受尊崇的位置。它所带来的无论是在科学还是工业方面的成就，……当'善行'最终不被当作一回事时，再次证明了我们同过去的联系。宗教改革的鸿沟就这样再次被跨越，我们历史的精神连续性也得到保持，即使存在着所有这些不可避免的变化"(第 557 页)。

243 但从某种意义上说，它们是在清教精神特质中才充分形成的。不过，清教徒并非仅仅是中世纪的最后一批人，也并非仅仅是近代的第一批人。他们二者都是。正如我们所看到的，正是在清教价值体系中，理性和经验开始被认为是独立的获取真理，甚至获取宗教真理的手段。巴克斯特宣称，不引起疑问和未经“理性衡量过的”信仰并不是信仰，而是一种梦幻或幻想或意见。实质上这赋予了科学一种力量，这种力量最终会限制宗教的势力。这种毫不犹豫地把道德统治权给予科学的做法是基于对经验知识和超越感觉知识的统一性的明确假设，故而科学的证实必定起到确证宗教信仰的作用。①

这种认为理性与神启具有相互印证性质的信念，为确立有利于实验研究的态度提供了进一步的依据，实验研究被认为会加强基本的神学信条。然而，受到毫不生疑的宗教家们的如此充分赞许的活跃的科学事业，却形成了一种新的思想格调和方式——用莱基的话来说，它是“以后的时期里各种观点的最高仲裁者”。②这个变化所带来的一个结果就是，教士们再也不能求助于为人们所

① 如巴克斯特所说的，在自然科学的发现与超自然的神力之间并不存在着这样的神奇的一致性和对应性，前者“大大有助于我们”对后者的信仰。(《基督教指南》，第1卷，第172—174页。)这证明了一种刚刚露出的倾向，即神学在某种意义上变成为科学的婢女，因为宗教概念变得依赖于人们所能认识的那种宇宙。参见保罗·R.安德森：《捍卫自由宗教的科学》(*Science in Defense of Liberal Religion*, New York: Putnam, 1933)，第191页及以下诸页。

② 威廉·E.H.莱基两卷本的《欧洲理性主义精神的兴起与影响史》(*History of the Rise and Influence of the Spirit of Rationalism in Europe*, 2 vols, London, 1865)，第1卷，第7页。另见A.C.麦格利弗特(McGriffert)：《现代宗教观念的兴起》(*The Rise of Modern Religious Ideas*)，第18页等处。

普遍接受的科学学说了，因为这些学说看起来已经和各种神学教义大相径庭，因此教士们在这场冲突中为力争成为胜利者，就可能再次用权威取代理性。

因而，清教循着一个方向走的结果是，不可避免地废除宗教对科学工作的限制。这是清教信仰的独特的近代要素。但这并不包含宗教对于行为规定的放松；恰恰相反，同世人妥协是不可容忍 244
的。对世人必须通过直接的行动加以征服和控制，这种禁欲苦行的强制被推行到了生活的每个领域。所以，把清教对科学的亲善简单地描绘成对该时代的学术环境的一种"适应"，那就错了。[①]这种世俗化的因素是存在的，特别是随着时间的推移，但是，这些因素与敦促人们献身于自然哲学这个幸运宠儿的坚定的强制因素相比，就显得微不足道了。

因而这种建立在刻板的神学基础上的宗教伦理，便矛盾地而又不可避免地推动了那些后来看起来推翻了正统神学的科学学科的发展。

这些不同的观念各自都是强烈的思想情操的汇聚中心，它们能结合成为一个更强大有力的系统，这主要是因为在心理上而不是在逻辑上的一致性；这种结合导致了一系列的后果，但它们一点

① 这种假设是奥莉芙·格里菲思的《宗教与学术：从1661年到一位论运动的发起中长老会思想研究》(*Religion and Learning: A Study in Presbyterian Thought from 1661 to the Foundation of the Unitarian Movement*, Cambridge: Cambridge University Press, 1935)中的一个基本缺点，要不然，此书是一本优秀的论著。她的处理方式毫无根据地自始至终预先设定宗教信条本质上是静态的，只是通过外部压力才发生变化，然而我们这里分析的论点则认为，这些变化在很大程度上是内在固有倾向的结果，这些倾向在时间的进程中逐步变成现实。参见我对奥莉芙·格里菲思博士的成果的评论，《伊希斯》26(1936年)，第237—238页。

也没有对毁灭这个观念系统本身起实质性作用。我们将会看到，虽然相应的宗教**伦理**不一定丧失它作为一种社会力量在破坏其神学基础方面的作用，但它会在时机成熟时才这样做。这一关于科学在世俗化过程中的影响的说明，会有助于理解宗教和神学在它们与科学的关系中所起的不同的、近乎相反的作用。

一种宗教可以间接地促进科学的发展，尽管一些具体的科学发现会与此同时地遭到那些怀疑它们可能具有颠覆性质的神学家们的猛烈攻击，这里以及在这整篇论文中，我们把宗教理解为那些构成一个信仰和崇拜体系的伦理道德的信念和实践，也就是理解为一种宗教伦理。正是由于这种由一些互相交错、互相矛盾的力量构成的模式经常得不到分析，我们便绝对有必要把宗教领袖们的意图和目的与其教义的（常常不能预见到的）后果明确地区分开。[①] 一旦清楚地理解了这种模式之后，人们对路德特别明显地

245 而梅兰希顿不太强烈地诅咒哥白尼宇宙学说就不感到惊奇或前后矛盾了。路德用威严傲慢的口吻这样斥责哥白尼的理论："那个傻瓜竟想把天文学整个颠倒过来。但是按照《圣经》的宣示，约书亚说静止不动的是太阳而不是地球。"[②]同样，加尔文对于人们接受

---

① 如托尼先生所指出的："那些射出灵光之箭的人对于它们将在何处闪亮不甚知晓。"[《宗教与资本主义的兴起》(*Religion and the Rise of Capitalism*, New York: Harcourt, Brace, 1926)，第 277 页]但加尔文本人也可能说："上帝已使人文科学得到复兴，这门科学有益于人类的生活行为。这门学科既可为我们所利用，也能帮助我们去获取荣誉。"参见奥托·罗德瓦尔德：《约翰内斯·加尔文关于教育社团的思想》(*Johannes Calvins Gedanken über Erziehung Bünde*, Westphalia: Ziegemeyer, 1911)，第 37 页及以下诸页。

② 转引自多罗西·斯廷森：《对哥白尼理论的逐渐认可》(*The Gradual Acceptance of the Copernican Theory*, New York, 1917)，第 39 页。如斯廷森所指出的那样(第 99 页)，这类斥责比起天主教教士们的那些斥责来说影响较小，这在很大程度上归因于新教关于个人有权作出阐释的教义。这是世俗化的一个有效根源。

当时的许多科学发现皱眉蹙额表示不满，而根源于他的宗教伦理却鼓励了自然科学事业。①

这些改革者们未能预见到其教义的某些最根本的社会效果，这并非只是由于无知而造成的。毋宁说，它是那种首先考虑行为的动机而不顾及其可能后果的非逻辑思维的结果。动机的正当性是根本的问题；其他问题，包括关于实现目的的可能性都不在考虑之列。由占主导地位的那组价值所规定的行为是**必须**要实施的。但是，随着社会中各种力量相互作用的复杂化，行动的结果就会分散。它们并不限定在那些价值最初所集中的特定领域内，而且出现在相互联系的领域，这些领域开始时被忽视了。然而正因为这些领域事实上相互联系的，就使得相邻领域中的结果反作用于基本的价值体系。正是这种通常未预料到的反作用构成了世俗化的过程、价值体系的转变或瓦解过程中的一个十分重要的因素。这

① 按这一分析的观点，我们惊讶地注意到据说是马克斯·韦伯提出的一种说法，即新教改革者们（对科学）的反对是不能把新教同科学的发展联系起来的充分的理由。参见《经济通史》（*Wirtschaftsgeschichte*, Munich: Duncker & Humblot, 1924），第314页。这个观点特别出乎意料，因为它一点儿也不符合韦伯在他的其他著作中关于同一点的论述。参见《宗教社会学文集》（*Gesammelte Aufsätze zur Religionssoziologie*, Tubingen: J. C. B. Mohr, 1922），第1卷，第564、141页；《作为职业的科学》（*Wissenschaft als Beruf*, Munich: Duncker & Humblot, 1921），第19—20页。对此的解释也许是，第一种说法并不代表韦伯的观点，因为《经济通史》是他的两名学生根据课堂笔记整理而来的："一大堆笔记，它们都只不过是些手写的流行语，即使对那些熟悉的人来说也难以辨认。"韦伯不大可能犯这种简单的错误，把改革者们对科学发现的反对同新教伦理的未预见到的结果混为一谈，特别是因为他在其《宗教社会学文集》一书中明确告诫对此要加以区别。他也不可能把改革家们本人的观点同其追随者们随着新教运动的发展而提出的观点等同起来。可进一步参见特勒尔奇《基督教教会的社会教育》（第2卷，第878—880页）的评论，他认为，事实上，虽然加尔文本人反对一些科学发现，但他的教义的结果却为直接有利于科学的观点提供了一种发酵剂。

是社会行动的本质性矛盾——价值的“实现”会致使这些价值遭到
246 抛弃。因此，我们可以意译歌德的诗句：“那总是意在于善的力量，却总是带来恶。”(Dir Kraft, die stets das Gute will, und stets das Böse schafft)[①]

只要神学家们的观点在实际上控制着具有颠覆性的宗教伦理，科学的发展就可能受到很大妨碍，其影响主要在日内瓦的加尔文的权威，直到18世纪上半叶都起着这种控制作用。由于这个缘故，对早期和晚期的加尔文主义加以区别有重要的意义。它的教条的含义只是随着时间的流逝才逐步表现出来的。但是当这种敌意的影响有所松动时，随着一种导源于它但却迥然有别的伦理的注入，科学才获得了新的生命，而这，的确就是从大约18世纪中期以后日内瓦出现的情况。[②]这种发展过程在日内瓦特别受到妨碍，原因在于，那里的权威是加尔文本人而不是他的宗教体系隐含的意义，因而不能被很快驱除。

六、宗教和科学的整合

因此，如果我们想要理解17世纪英格兰的科学与宗教的整合，就必须转向宗教的精神特质而非神学。

---

① 参见罗伯特·K. 默顿：《有目的的社会行动未预料到的结果》，《美国社会学评论》1(1936年)，第894—904页。

② 参见阿方斯·德·康多尔：《两个世纪以来的科学史和科学家》(*Histoire des sciences et des savants depuis deux siècles*, Geneva-Basel: H. Georg, 1885)，第335—336页。

也许，在这种赞扬自然科学的精神特质中最具直接影响的信念认为，研究自然能更充分地欣赏上帝的杰作，并因此引导我们去赞赏和颂扬表现在其创造物中的上帝的威力、智慧和善行。虽然中世纪的思想家对于这个概念并非一无所知，但由此推导而来的结果却截然不同。例如，维拉诺瓦的阿那尔都斯(Aranaldus of Villanova)在研究“上帝作坊”的产品时，严格坚持中世纪经院哲学的观念，根据**项目表**(其中所有偶然性的组合都可按逻辑法则排列出来)去确定现象的属性。[①]但在17世纪，当时对经验主义的强调则引导人们主要通过经验去探索自然。[②] 对于实质上同一的教义的阐释方面的这种差异，只能根据流行在这两种文化中的不同价值来理解。离群索居的静默沉思被摈弃了，而引入了积极主动的实验方法。

皇家学会在宣传和应用推广这种新观点这两个方面，起着无 247
可估量的重要作用。与同英格兰大学的死气沉沉的情况相对照，它的成就显得更卓著。众所周知，大学以保守主义的堡垒而著称，它们事实上无视科学，谈不上是新哲学的摇篮。正是皇家学会在影响科学家的联系和社会互动方面产生了如此明显的效果。《哲学学报》和类似的刊物在很大程度上废除了先前流行的、通过个人通信交流新的科学思想这种不能令人满意的交流方式。与科学的大众化相联系，出现了用本国语撰写科学著作的倾向(波义耳在这

① 沃尔特·佩格尔：《17世纪医学生物学的宗教动机》(“Religious Motives in the Medical Biology of the XVIIth Century”)，原载《医学史学会会刊》(*Bulletin of the Institute of the History of Medicine*)3(1935年)，第112页。

② 同上刊，第214—215页。当然也不能认为这种经验主义倾向完全导源于清教主义。我们将会看到，至少一个其他的来源是经济和技术方面的。不过清教主义确实为这一发展提供了另外一种经常被忽视的力量。

方面表现得特别突出），或至少将难懂的拉丁文和希腊文译成英文。正是这种逐渐积累的科学与社会之间的互动注定要塑造一种舆论环境，使得科学受到公众的高度尊崇，尽管这是在宗教为科学的辩护被人遗忘很久以后才出现的。

但是在17世纪，这种宗教辩护却有着十分重要的意义，这不仅在于它为人们欣然接受科学成果制造了社会气氛，而且它也为当时的许多科学家提供了最终目的。例如对巴罗、波义耳或威尔金斯、雷或者内赫米亚·格鲁来说，科学在其存在的目的和全部存在的意义亦即赞颂上帝和人之为善中，找到了它的理论基础。用波义耳的话说就是："关于**上帝杰作**的知识是同我们**赞赏**这些杰作的程度成比例的，这些杰作享有并显示出它们的**创造者**的永不枯竭的**完美至善**，因而，我们愈是深入地加以凝思，我们所发现的**造物主完美至善**的**足迹**和**印记**就愈多；我们的最高**科学**就只会使我们更有理由崇拜上帝的无限威力。"①

① 《实验自然哲学之用途》，第51—52页。波义耳接着说："上帝之仁爱，值得我们所有的**同仁**加以尊敬，因而除了**信仰**的行动，还应该用**理性**的行动去赞颂和感激上帝，我们通常所具有的关于上帝的**神威**和**智慧**的那个一般的、混乱的、懒散的观念，与关于那些**属性**的独特的、理性的和动人的概念之间一定存在着巨大的差异，后者是通过对各种**创造物**的仔细考察而形成的，它们最明白易懂，而且也正是为此目的而创造出来的。"（第53页）参见雷：《上帝的智慧》，第132页；威尔金斯：《自然宗教》（*Natural Religion*）第236页及以下诸页；艾萨克·巴罗：《作品》（*Opuscula*），第4卷，第88页及以下诸页。参见内赫米亚·格鲁：《神圣宇宙论》（*Cosmologia Sacra*，London，1701），他指出上帝是"**原初**和**最终**目的"，因而"我们**一定要**研究他的作品"（第64、124页）。斯普拉特的言论代表着皇家学会，他明确规定出了科学在生活的手段-目的图式中的位置。"不可否认，它掌握在**自然哲学家**手中，并最好地推进这部分神学[知识]：它并不用那类敏感的、强有力的默思来充填头脑，如那些向我们表明人类通过耶稣基督而赎罪一样，但它绝非是不受人注意的过客：**他是确立他者的绝妙依据**。"（《皇家学会史》，第83页，另见第132—133页等处）

雷由这一概念得出了它的逻辑结论，因为，如果**自然**是上帝威
力的表现，那么**自然界**中就没有任何东西过于卑贱而不能作为科
学研究的对象。[1] 大至宇宙，小至昆虫，宏观世界和微观世界之 248
类，都体现着“上帝的**理性**，这个理性就像**黄金的矿脉**贯穿于**无情
自然界**这整个的**铅矿**之中”。

以此为基础，宗教就被用来作为鼓励科学的力量。不过有必要把这个联系及前面提到的类似的联系放到一个适当的角度加以讨论。因为似乎是，我把在这个时期里的宗教看做自变量而把科学看做是应变量，尽管一开始就指出，这绝不是我的意图。

清教伦理同科学的加速度发展的整合看起来是显而易见的，但这只不过是坚持认为，它们是一种文化的要素，这种文化主要是以功利主义和经验主义的价值观为中心的。[2] 也许可以不过分地附和着莱基说，人们对观念的每一个重大变化的认可，与其说是取决于这个学说的内在力量或其辩护者们的个人能力，莫如说是依

---

① 《上帝的智慧》，第 130 页。“如果人类应当通过赞颂造物主的**作品**来反思其**创造者**，那么就应该注意他的一切作品，而不应认为有任何东西是不值**一顾**的。**无所不能的上帝的智慧**、**技巧和威力**也的确从最细小的**昆虫身体**的**结构**中闪耀出光辉，如同在**马**或**象**的身体结构中那样……因此，我们还是不要认为有什么东西可以予以轻视，不值得考虑或不值得注意的吧；因为这会贬损**造物主**的**智慧**和**技巧**，并且承认我们自己不配拥有造物主所赋予我们的**认识**和**理解**的**天赋**。”马克斯·韦伯对斯瓦姆默丹的相同观点作了评论，他引用后者的话说：“这就是我对你们的证明：上帝之意就在一只虱子的解剖学中。”（《作为天职的科学》，第 19 页）这是一种一贯引导科学家本人将其研究工作同占主导地位的宗教观念联系起来的倾向，当宗教作为一种社会力量而且显得相当强大时，它对某一活动的高度评价便具有极其重要的影响。

② 参见恩斯特·特勒尔奇：《新教对开创现代世界的意义》，第 80 页及以下诸页，对此观点有明确的说明。

赖于先前的那些社会变革，有人认为(这确实是后验的)，这些变革使得新学说与该时期占主导地位的价值和谐一致。古代学术的复兴、科学的踌躇的然而却又明确可见的更新、经济趋势的摸索着的然而却又坚定不移的强化以及对经院哲学的反抗，所有这一切都有助于形成这样一种社会形势关注的中心，在这种形势下，新教的信仰和科学的兴趣都会被人们接受。[1] 但是要理解这一点就要承认清教主义和科学二者都是一个由种种互相依赖的变量所组成的极其复杂的系统的组成部分。如果要梳理出某种可理解的秩序，就必须用这一复杂形势中的一部分去代替整体；而这个步骤只有当这种暂时性的表述不被误认为是一种“完整的”解释时，才能证明是可行的。

249 17世纪许多杰出的科学家和数学家，例如奥特雷德、巴罗、威尔金斯、沃德、雷、格鲁等等，同时也是教士，这个事实并没有充分证明宗教价值和作为当时科学家活动的基础的许多价值结合成了一个整体。在教会中供职也可以是出于经济方面的考虑——虽然在上述几个例子中有其他证据使我们怀疑这一点，因为教士生活提供了相当充裕的收入和闲暇以供从事科学。而且，我们必须记住，当时每个被授予学院教职的人都必须是神职人员。因而与通过研究杰出科学家生平所揭示出的一些因素相比，这些“外部的”因素是次要的。波义耳虽说从未加入任何神职，但他却笃信宗教：他不仅捐出一大笔款项供翻译《圣经》之用，而且还设立了波义耳神学讲座，而且他还学习希腊语、希伯来语、古叙利亚语和迦勒底

① 莱基：《欧洲理性主义精神兴起与影响史》，第1卷，第6页。

语以便可以阅读原文版《圣经》![1] 出于类似的理由,那位可敬的植物学家内赫米亚·格鲁学习了希伯来语,这在他的《神圣宇宙论》一书中已有说明。耐普尔和牛顿刻苦研究神学,在牛顿看来,科学在某种程度上受到高度评价,是因为它揭示出了上帝的威力。[2]

所以,宗教是首要考虑的因素,而这种宗教的教义被赋予了一种力量,它出现时得了引人瞩目的强调。在追溯这种影响时,也无 250

① 波义耳是国会在1649年设立的新英格兰福音传播会的主事。关于波义耳的深厚而认真的宗教虔诚,参见吉尔伯特·伯内特:《生活与性格》(*Lives and Characters*, London,1833),第352—360页,这是由其当代的朋友所做的说明;威廉·休厄尔:《布里奇沃特论文集》(*Bridgewater Treatise*, London,1852),第273页。参见H.T.巴克尔:《英格兰文明史》(*History of Civilization in England*, New York:Boni,1925),第210页。

② 参见路易斯·T.莫尔:《艾萨克·牛顿传记》(*Isaac Newton: A Biography*, New York:Charles Scribner's Sons,1934),第134页;伯特:《现代物理科学的形而上学基础》,第281—283页。有意思的是帕累托和隆布罗索对牛顿的神学著作的观点所持有的态度。前者认为,伟大的牛顿竟会撰写一部论述《圣经·启示录》的著作,这看起来不可思议,尽管是事实。见其《普通社会学纲要》(*Traite de sociologie générale*),第1卷,第354页。恺撒·隆布罗索则说得更加极端。"当牛顿屈尊自己的智慧去阐释《启示录》时,我们很难说他是神经正常的。"[《天才之人》(*The Man of Genius*, London:Scott,1891),第324页。]帕累托和隆布罗索也许同样会对对数的发明者约翰·耐普尔吹毛求疵,因为耐普尔也认为撰写一部论述《启示录》的著作要比他的数学工作更加重要。参见阿瑟·舒斯特和阿瑟·E.希普利:《不列颠的科学遗产》(*Britain's Heritage of Science*),第6页及以下诸页。这些对17世纪科学家的"矛盾"表示惊讶失望的表述,忽视了人类行为中的非逻辑环节和当时的特殊的价值环境。一旦将这些纳入考虑之列,牛顿的多种兴趣在特定的社会环境内就显得相当协调了。具有重要意义的是,从巴罗和其继任者牛顿的例子中可以看到清教态度的影响。参见巴罗的《勤奋》(*Of Industry*, 第2页及以下诸页),他在那里用典型的清教术语赞扬严肃、稳定地应用思维去完成合理的、实施某种善的计划。必须有效地利用时间,游戏、赌博、上剧院、赋诗等等,都必须避而远之。牛顿同样蔑视"纯粹的美"而推崇严格的"有用性"。他的藏书表现出一种"近乎清教的选择"——没有一本幽默的书,实际上也没有一本文学书,而在诗歌方面则只有清教诗人米尔顿的著作。参见R.德·维拉米尔:《牛顿其人》(*Newton: The Man*, London:G. D. Knox,1931),第10—16页。

需涉足科学家个人的动机这类事情。这里只是坚持，被当作一种社会力量的宗教伦理是如此地把科学奉为神圣，以致使它成为一个受到高度尊重和推崇、并且值得称赞的关注中心。

正是这一**社会的**主导精神，通过驱除贬损科学的社会态度的梦魇而灌输有利于科学的态度，促进了科学的发展。而为这种社会影响所左右的各个科学家，恰恰极少注意到这种影响。[①]我们注意到，宗教直接提升了科学的地位，宗教是一种占主导地位的社会力量，科学在这一世纪后半叶显然受到社会的较高的尊重，因此，根据非常确凿的证据，我们就可以得出结论说，宗教在这一发展中发挥了重要的作用。

七、科学和清教中隐含的假设的共同性

我们至此所讨论的主要是直接可感知的新教伦理对科学的赞许。虽然这一点极为重要，但是还有另一种关系可能具有同等的重要意义，尽管它很微妙且难以领悟。清教主义是构成一套很大程度上隐含的假设的一个要素，这些假设使得人们乐于接受 17 世纪及以后几个世纪里特有的科学倾向。这并不是简单地说新教促进了自由探究(*libre examen*)，或贬低了修道院禁欲主义。这些经常提到的特征只是触及了这一关系的裸露出的表层。

① 爱德华·斯普兰格对人们为什么难以清楚地觉察到社会力量对他本人的行为的影响做了解释："对一个历史人物的理解……有可能比他对他自己的理解更深刻，部分原因是因为他并没有把自己当作理论反思的对象……而且由于他对那些理解他自己所必需的事实全无觉察。"[《人的类型》(*Types of Men*)，第 367 页。]

已经变得非常清楚的是，每个时代都存在一种科学体系，它赖以建立的一套假设，通常是含而不露的且极少受到该时代的大多数科学工作者的质疑。[①] 近代科学，亦即在 17 世纪有了明显的轮廓、而且持续至今的那种类型的科学工作，其基本假设"就是一种广泛传播、出自本能的信念，即相信存在着一种**万物的秩序**，特别是一种**自然的秩序**"。[②]这种信念或这种信仰（至少从休谟以后就必须把它当作信仰），就是"坚定地对一种一致的合理性的要求"。[③]

在伽利略、牛顿及其后继者们的科学思想体系中，实验的验证是真理的根本标准，但是，正如我们指出的那样，如果没有那个前提性的**假设**，即认为**自然界**构成了一种可以理解的秩序，或者用个比喻，如果提出一些合适的问题，自然界将会做出回答，那么，实验的概念本身就不成立了。因而这是一个具有决定性和绝对意义的假设。[④] 正如怀特海教授所指出的，这个"对于科学的可能性的信仰，产生于近代科学理论的发展之前，系无意识地导源于中世纪的神学"。[⑤] 但是，尽管这个信念是近代科学的前提条件，但它却不足以引起近代科学的发展。所需要的是一种持续的兴趣，寻求以 251

---

① 阿尔弗雷德·诺思·怀特海：《科学与近代世界》（*Science and the Modern World*, New York：Macmillan，1925）第 1 章；另请参见 A. E. 希斯的论述，见《艾萨克·牛顿：纪念文集》（*Isaac Newton*：*A Memorial Volume*, London：G. Bell，1929），由 W. J. 格林斯特里特为数学协会编，第 133 页；伯特：《现代物理科学的形而上学基础》。

② 怀特海：《科学与近代世界》，第 5 页。

③ 同上书，第 6 页。

④ 见《艾萨克·牛顿：纪念文集》，关于这一科学信仰的一种经典解释，见牛顿在《原理》一书中关于哲学推理的规则的论述。

⑤ 参见怀特海：《科学与近代世界》，第 19 页及以前，对此发展做了讨论。

经验和理性的方式去找出这种自然秩序，亦即一种对现世及其发生的事物的**积极主动的兴趣**再加上一种特定的经验探讨方法。随着新教的出现，宗教提供了这种兴趣——新教实际上给人们强加了一些义务和职责，使其注意力高度集中于世俗活动，并且强调经验和理性是行动和信仰的基础。那些受加尔文主义影响的教派认为善行是皈依的义务，但不应当把他们所说的善行同天主教的"善行"概念混为一谈。在清教的例子中，它含有关于一个超验的上帝的概念和对"来世"的向往，这是事实，但它同时要求通过研究种种现世的过程来驾驭今世；而在天主教那里，除了最低限度的不可排除的现世事物外，它要求完全专注于超感觉的东西，专注于一种直觉的对上帝的爱。

正是在这一点上，新教对理性和经验的强调具有头等重要性。新教的宗教体系中，有着**赞颂上帝**这个不受挑战的公理，而且，如我们所见，与这一原则非逻辑地相联系的行为模式具有功利主义色彩。实际上，除此以外的所有概念都要受到甚至需要理性和经验的审查。即使是具有最终的和完善的权威的《圣经》，也要由个人以这些为根据做出阐释，因为尽管《圣经》是一贯正确的，但其内容的"意义"却是必须加以寻求的，从巴克斯特就此的讨论，人们也许会记住这一点。隐含在宗教体系和科学体系中的探讨和理性态度之间的相似性是饶有趣味的。这种宗教观点必定形成于一种看待感觉现象世界的态度，它非常有助于人们欣然接受科学中的同
252 一种态度，并且确实为后者作了准备。近来一位加尔文神学的评论者注意到了这类相似性。"那些观念变化具有客观性，并且形成一个客观的教义体系。它直接获得了一种自然科学的特征；它清

楚易辨而且容易表述,因为所有那些属于外部世界的事物,一定比发生在内心深处的情况表现得更加清楚。"①

对于不可改变的规律的信念,在宿命论中表现得也像在科学研究中一样明显:"不可改变的规律是存在的而且必须得到承认。"(das unabänderlich Gesetz ist da und muss anerkannt werden)②赫尔曼·韦伯也清楚地表明了这一概念与科学研究之间的相似性:"当人们把感性事实当作自然科学的事实时,就切中了宿命论的核心,只有那个最高原则除外,它认为每一自然科学的表象复合,都是对上帝的最深刻的赞颂。"③

新教领袖们承诺,对除了基本假设以外的所有宗教信仰都要诉诸理性和经验来加以"检验",这与科学中的情况完全一样,这种承诺纯粹被当作为一种信仰问题,它的部分基础就是前面提到过的那种信念,即相信一切知识,不论是感性的还是超感觉的,都具有一贯性、一致性以及相互证实的性质。因而看起来,禁欲的新教主义和科学的假设在某种程度上具有一种共性:二者中都存在着那种不受质疑的根本性假设,以它为基础,整个体系便通过理性和

---

① 赫尔曼·韦伯:《加尔文神学》(*Die Theologie Calvins*, Berlin: Elsner, 1930),第 23 页。

② 赫尔曼·韦伯:《加尔文神学》,第 29 页。关于上帝的先知在加强关于自然规律的信念方面的重要作用,巴克尔作过评论,见《英格兰文明史》,第 482 页。重要的是,第一个坚持认为彩票也受纯自然规律支配的作者是一位清教牧师托马斯·伽塔克,见其有趣的小册子:《论不同种类的抽签的性质和使用》(*On the Nature and Use of Different Kinds of Lots*, London, 1619)。这一假设超越了各种宗教差异的屏障,它同后来格朗特、配第和哈雷等人发展出"政治算术"是相关的。

③ 韦伯:《加尔文神学》,第 31 页。参见怀特海:《科学与近代世界》第 1 章,对近代科学的类似特征作了论述。

经验的应用而建立起来了。在各自的领域中都具有合理性，尽管其基础是非理性的。[①] 这个基本相似性的意义是深刻的，虽然那
253 些受它影响的人们几乎从未有意识地认识到这一点：宗教无论出于什么缘由曾经采纳了一种本质上属于科学的思想，从而使该时期典型的科学态度得到了加强。流行于这个社会的种种对待自然现象的态度来源于科学和宗教这两者，它们在无意之中帮助维持了新科学特有的观念的确立。

① 一位现代逻辑学家中肯地指出，社会科学必须确定出理性和非理性思想的非理性（更确切地说，非逻辑）的根源。参见鲁道夫·卡尔纳普：《逻辑》，见《决定人类行为的因素》（*Factors Determining Hunan Behavior*, Cambridge, Mass: Harvard Tercentenary Publications, 1937），第 118 页。清教主义当然不是近代科学的"来源"，但它显然起了刺激这种思想的作用。参见沃尔特·佩格尔（《17 世纪医学生物学的宗教动机》，第 112 页）对 17 世纪的宗教与科学的"非理性和经验主义"的类似比较。

第十二章　科学与社会秩序[*] 254

1938 年

在 20 世纪之初，马克斯·韦伯就指出："对科学真理的价值的信仰不是来自自然界，而是来自一定的文化产物。"[1]我们现在可以进一步说：而且这种信仰容易转变为怀疑或不相信。科学的持续发展只会发生在具有某种秩序的社会中，它受一组特定的隐含性预设和制度因素的制约。在我们看来，那些无需解释和肯定有许多自明的文化价值的东西是正常的现象，但在其他时代乃至许多地方，它们却被认为是不正常的和极少出现的。要保持科学的连续性，就需要那些对科学研究事业有兴趣和能力的人的积极参与。但是对科学的这种支持只能靠适宜的文化条件的保证。因而，考察促进科学职业生涯发展、选择和赋予某些科学学科声望而拒绝或贬损其他学科等等影响因素，是非常重要的。制度结构的变迁可以削弱、改变或者可能阻碍科学事业的发展，这一点将变得日益明显。[2]

---

* 本章原载于《科学哲学》5(1938 年)，第 321—337 页。现获准重印。此文最早曾在 1937 年 12 月召开的美国社会学学会的年会上宣读。作者对里德·贝恩、塔尔科特·帕森斯和 E. Y. 哈茨霍恩所提供的有益建议深表谢忱。

① 马克斯·韦伯：《宗教社会学文集》，第 213 页；参见皮蒂里姆·A. 索罗金四卷本的《社会动力学和文化动力学》，尤其是第 2 卷，第 2 章。

② 参见罗伯特·K. 默顿：《17 世纪英格兰的科学、技术与社会》第 11 章。

一、对科学怀有敌意的根源

对科学的敌意可能至少产生于两类条件，尽管这种敌意所基于的各种具体的价值体系，如人文价值体系、经济价值体系、政治
255 价值体系、宗教价值体系等等，差别非常大。第一类条件属于逻辑性的、尽管不一定是经验证实的结论，即认为科学的结构或方法不利于满足重要价值的需要。第二类条件主要包括非逻辑性的因素。它基于这样一种感觉，即包含在科学的精神特质中的情感与存在于其他制度中的情感是不相容的。只有当这种感觉受到挑战时，它才会变得理性化。这两类条件都在不同程度上构成了现在对抗科学的基础。也许还可以再补充一句，这种逻辑的和情感的反应也包含在对科学的社会支持之中。然而在这些情况下，人们认为科学有利于达到得以赞同的目的，并且觉得基本的文化价值是与科学的价值相一致的，而不是在情感上不相容的。因此，可以把科学在现代世界中的地位，当作支持和反对科学这种大规模社会活动的两种相互冲突的作用的结果，对之做出分析。

我们的考察，只限于几个明显的低估科学的社会作用的例子，但这并不表明，反科学的行动仅仅是局部性的。我们所分析的大部分情况完全可能适用于其他时代和其他地方。①

1933 年之后纳粹德国的情况即表明了改变或削弱科学活动的逻辑与非逻辑因素共同作用的方式。在一定程度上，对科学的妨碍是政治结构和民族主义信条变化出乎意料的副产品。按照种

① 根据本章所作的分析，E. Y. 哈茨霍恩的早逝阻碍了现代对科学的应有研究。

族纯洁性的信条，在大学和科研机构中强行规定了这样的政治标准，即必须出身于“雅利安”家族并且公开赞同纳粹的目的，实际上所有不能达到这一标准的人，都被排斥在大学和科研机构之外。[①] 由于这种排斥使大量优秀的科学家被驱逐；因而种族清洗的一个直接后果就是削弱了德国的科学。

包含在这一种族主义之中的是这种信念，即通过实际的和符号的接触会使种族受到玷污。[②] 那些无疑是“雅利安”世系的人若与非雅利安人合作或接受了非雅利安人的科学理论，那么他们的科学研究或被限制或被禁止。有人提出了一种新的种族政治范畴，即“白种犹太人”，把那些曾经被断定是 *echt-arisch*（纯雅利安人）的不 256
可救药的科学家都包括在内。在这一新种族中有一位杰出的成员，这就是获诺贝尔奖的物理学家维纳尔·海森伯，他曾坚持主张，爱因斯坦的相对论形成了“进一步研究的显而易见的基础”。[③]

① 参见 E. Y. 哈茨霍恩：《德国的大学与国家社会主义》(Cambridge, Mass.: *Harvard University Press*, 1937)第 3 章，关于大学的清晰的论述；另见《人民与教育》(*Volk und Werden*)5(1937 年)，第 320—321 页，这里涉及到了有关博士学位的某些新要求。

② 这是在德国引入种姓制度的诸多方面之一。正如罗伯特·M. 麦基弗所指出的：“玷污的观念普遍存在于种姓制度之中。”[《社会》(*Society*, New York: Farrar & Rinehart), 1937，第 172 页]

③ 参见 SS[党卫军]的官方报刊《黑色社团》(*Schwarze Korps*)，1937 年 7 月 15 日，第 2 页。在该期中，物理学与技术协会主席约翰内斯·斯塔克强烈要求取消仍然进行的这些合作，并反对任命三个大学教授，因为他们已经是非雅利安人的“信徒”了。另见 E. Y. 哈茨霍恩：《德国的大学》，第 112—113 页；阿尔弗雷德·罗森贝格：《德国纳粹党的性质、原则和目的》(*Wesen, Grundsätze und Ziele der Nationalsozialistischen Deutschen Arbeiterpartei*, Munich: E. Boepple, 1933)，第 45 页及以下诸页；J. 斯塔克：《作为德国的自然研究者的菲利普·勒纳》(“Philipp Lenard als deutscher Naturforscher”)，原载《纳粹党月刊》(*Nationalsozialistische Monatshefte*) 71 (1936 年)，第 106—111 页，其中，海森伯、薛定谔、冯·劳厄和普朗克都因没有使自己与爱因斯坦“犹太物理学”相脱离而受到了严厉斥责。另见本书第五章。

在这些例子中，民族的和种族的纯正性情感压倒了功利主义的合理性。这种标准的应用，导致了德国大学中的自然科学和医学方面的教职员流失的比重高于神学和法学方面，E. Y. 哈茨霍恩的研究说明了这一点。[1]与此形成对照的是，当官方政策开始关注科学研究的方向时，功利主义因素就成为最重要的了。那些许诺可为纳粹党或“第三帝国”的科学带来直接利益的研究工作，就会首先获得支持，而且研究经费也将根据这一政策进行再分配。[2]海德堡大学的校长就曾宣布“任何知识的科学重要性［Wissenschaftlichkeit］问题，与其应用性问题相比较时显然就是次要的了”。[3]

反理智主义的基本调子以及对理论家的蔑视和对行动者的赞
257 扬，[4]对德国的科学的地位可能产生了长远的而不是暂时的影响。

① 这里所引述的资料来自 E. Y. 哈茨霍恩未发表的研究。

② 参见《科学与四年计划》(*Wissenschaft und Vierjahresplan*)，1937 年 1 月 18 日；E. Y. 哈茨霍恩的《德国的大学》，第 110 页及以下诸页；E. R. 詹奇：《德国大学生和高校的新形象》(*Zur Neugestaltung des deutschen Studententums und der Hochschule*，Leipzig：J. A. Bart，1937)，特别是第 57 页及以下诸页。例如在历史学领域，沃尔特·弗兰克这位研究机构的领导者，“根据国家社会主义革命精神所创立的第一个德国科学组织”证明，他是最后一位摒弃古代史研究的人，“即便外国人有此研究”，但是他指出“考古所”先前提供的研究经费须作重新分配，以提供给新的历史研究团体，这些团体将“因撰写国家社会主义革命史而感到荣耀”。参见其《未来与民族》(*Zukunft und Nation*，Hamburg：Hanseatische Verlagsanstalt，1935)，特别是第 30 页以后。

③ 埃尔内斯特·克里克：《国民政治教育》，第 8 页。

④ 纳粹理论者阿尔弗雷德·鲍姆勒写道：“今天的学生往往不愿意服从某种政治规则，例如，不愿意参加劳动或军训，理由是这些活动会耽误他的时间。这些人显然没有意识到，他可能耽误的仅仅是那些用于抽象的、没有明确目标的学习时间。”《男性与科学》(*Mannerbund und Wissenschaft*，Berlin：Junker & Dunnhaupt，1934)，第 153 页。

因为一旦这些态度固定化，那么可以预期，最有才能的人将会避开已经不受重视的学科。到了 20 世纪 30 年代后期可以发现，这种反理论的影响出现在了德国大学学术兴趣的分布上。[①]

认为纳粹政府完全否定科学和学术也会造成误导。官方对科学的态度显然是矛盾的和多变的。（由于这个理由，在纳粹德国，任何有关科学的陈述都有待更正。）一方面，有魅力的科学的怀疑主义，与一组强加于人并且要求毫无怀疑地认可的新价值观是相冲突的。但是，正如霍布斯所论证的那样，国家必须要么就全要，要么什么都不要，这种新式专政也必须承认，科学就是力量。由于军事、经济和政治上的原因，抛弃理论科学不可能不冒风险，更受重视的与其密切相关的技术就更不用说了。经验表明那些最深奥的研究也有重要的应用价值。如果我们不忘记功利和合理性，那么就不会忘记克拉克·麦克斯韦关于以太的猜想结果导致了赫兹的研究及无线电的发现。的确，一位纳粹发言人曾说："由于今天的实践依赖于昨天的科学，同样今天的研究是明天实践的基础。"[②]强调效用就要求对能为国家和工业服务的科学有充分的兴趣。[③] 同时，这一强调会限制纯科学的研究。

① E. Y. 哈茨霍恩：《德国的大学》，第 106 页以后；参见《科学与四年计划》，第 25—26 页，其中指出，现在"科学生产的间断"的部分原因是这样一个事实，即大量的可以接受科学训练的人都应征入伍了。尽管对这种情况还只是一种尚无定论的解释，但是对理论科学兴趣的长期偏离肯定会导致科学成就的下降。

② 即蒂森教授，见《科学与四年计划》，第 12 页。

③ 例如，化学就因其现实重要性而受到了极高的称赞。正如希特勒所指出的："我们将进行下去，因为我们有热情使我们自助，而且因为在德国，我们还有化学家和发明家，他们将会实现我们的需求。"引自《科学与四年计划》，第 6 页等处。

二、社会对科学自主性的压力

对纳粹国家的科学角色的分析可以揭示下列要素和作用。国家这部分社会结构的控制的扩展，引起了对其绝对忠诚的要求。科学家以及所有其他人都被要求不能依附于任何这样的制度性规
258 范，即从政治权威的观点看与国家规范相冲突的规范。[①] 科学的精神特质规范必定被牺牲掉了，因为它们的要求与政治上所强加的有关科学有效性或科学价值的标准背道而驰。因而政治控制的扩大导致了相互冲突的忠诚。就此而言，虔诚的天主教徒们反对用政治权威去重新规定社会结构、侵占传统上非宗教莫属的领域做法，他们的这些反应与科学家的抵制在程度上是相同的。从社会学的观点来看，科学在集权社会中的地位，除了在这个新的专制国家之外，与其他制度的地位大体上是相同的。基本变迁包括把科学置于一个新的社会环境之中，在这一环境中科学有时似乎是与对国家的忠诚相对抗的。因此，与非雅利安人的合作被认定为政治上不忠诚的表现。而在自由秩序的国家中，对科学的限制不是出于这种方式。因为在这种结构中，非政治制度享有极大的自主性——尽管其程度肯定有所不同。

因此，集权国家与科学家之间的冲突，在一定程度上是来自于科学伦理与新的政治准则之间的不一致性，这种政治准则强加在

① 这显然是由德国科技部长伯哈德·拉斯特所提出来的，见《纳粹德国与科学》(*Das Nationalsozialistische Deutschland und die Wissenschaft*, Hamburg: Hanseatische Verlagsanstalt, 1936)，第1—22页，特别是第21页。

一切之上，根本不考虑职业信义。但科学的精神特质[①]包括功能上必需的要求，即对理论或概括的评价要依据于它们的逻辑的一致性和与事实的相符性。而政治伦理会引入理论家与此无关的种族或政治信仰的标准。[②] 现代科学已把个人因素看做是出错的潜 259
在根源，并且形成了纠正这类错误的非个人标准。有人要求现代科学断定，某些科学家由十他们的非科学方面的关系，天生就做不了其他任何事，而只会提出虚假的和错误的理论。在有些情况下，科学家需要接受那些对科学一窍不通的政治领导人关于**科学事业**的决定。但这些政治上贤明的策略与科学的制度化规范却是南辕北辙的。然而，集权主义国家把科学规范当作“自由主义的”或“世界性的”或“资产阶级的”偏见而排除在外，[③]因为它们不易与为了

① 科学的精神特质是指用以约束科学家的有感情色彩的一套规则、规定、惯例、信念、价值观和基本假定的综合体。其中的某些方面在方法论上可能是合乎需求的，但对这些规则的遵从并非完全是由于方法论方面的要求。这种精神特质像一般的社会规范一样，是靠它所适用的那些人的情操来维持的。违反规范的行为将受到内化的禁律的抑制，并且会受到精神特质的支持者们所表达出的反对情绪的抑制。一旦具备了这种有效的精神特质，愤慨、藐视以及其他表示厌恶的态度就几乎自动地使已有的结构稳定起来。这一点，从近期德国一些科学家抵制对这种精神特质的主旨进行显著的修改中可以看到。可以认为，这一精神特质作为科学的“文化”要素，与其“文明”要素是不相同的。参见 R. K. 默顿：《文明与文化》，原载《社会学与社会研究》（*Sociology and Social Research*）21（1936 年），第 103—113 页。

② 参见鲍姆勒：《男性与科学》，第 145 页。另见克里克：《国民政治教育》，他提出：“并非所有可以对科学性提出要求的事物都处于同样的地位和同样的价值等级上。新教的或天主教的科学、法国的或德国的科学、日耳曼的或犹太的科学、人道主义的或种族主义的科学，所有这些只不过是指尚未实现的，甚或具有同等价值的可能性。对科学价值的确定产生于科学的‘现代性’、丰富程度和它塑造历史的力量。”

③ 因此埃尔内斯特·克里克说：“未来，人们对科学中失去的中立性，不会比对法律、经济、国家或一般的公正生活中的情况予以更多的关注。科学的方法的确只是政府方法的一种反映。”（《国民政治教育》，第 6 页）参见鲍姆勒：《男性与科学》，第 152 页；沃尔特·弗兰克：《未来与民族》，第 10 页；这与马克斯·韦伯的“偏见论”即“在大学课堂上政治是无威力的”形成了对照。

某种无怀疑的信条而进行的政治运动相吻合。

从更广阔的视角来看，这种冲突是制度动力学的一个发展阶段。科学要求具有相当大程度的自主性，并已形成了一种制度化的保证科学家忠诚的体系，但是现在，科学在其传统上的自主性及其游戏规则即其精神特质方面，受到了外部权威的挑战。包含在科学的精神特质中的各种情操表现为学术诚实、正直、有组织的怀疑、无私利性、非个人性等，但它们却被这个国家的一组新的情操践踏了，这组情操会干扰科学研究领域。在前一结构中，数个人类活动领域只被赋予了有限的权利空间，而在后一结构中，一个核心的权威中心却控制着一切行为，当从前者转向后者时，每一领域的代表者都会抗拒这种转变，并且维护原有的多元权威结构。尽管人们通常认为科学家是不受感情影响的、非个人化的个体，但是必须记住，科学家像所有其他专业工作者一样，都对其生活方式有大量的情感投入，尽管受制约其活动的制度化规范的限制。按照这种精神特质，只有进行适当的防卫，以抵制外界强加于科学界自身的变化时，科学的社会稳定性才能得到保证。

维护制度的完整并拒绝会干扰科学自主性的新的社会结构，也可以从另一方面表现出来。现代科学有一个基本的假定：科学命题“不受个人因素影响”，也不受群体因素影响。[①]但在一个完全
260 政治化的社会里，这个假定就受到了怀疑，例如有一位纳粹理论家指出：“应认识到政治的普遍意义。”[②]科学发现被当作仅仅是种

---

① H. 利维：《科学世界》(*The Universe of Science*, New York: Century Co., 1933)，第189页。

② 鲍姆勒：《男性与科学》，第152页。

族、阶级或国家的表现。[①] 当这些学说传到外行人那里时，它们会导致对科学的普遍怀疑，并有损科学家的声誉，他们的发现显得任意和不确定。这种反理智主义的变化威胁着科学家的社会地位，对此科学家完全可以予以拒绝。同样从意识形态的方面说，集权主义导致了与现代西方科学的传统假设的冲突。

三、纯科学规范的功能

被科学家从其一开始的训练中就接纳的一种情操与科学的纯正性有关。科学不应该使自己变为神学、经济学或国家的婢女。这一情操的作用在于维护科学的自主性。因为如果接受这样一种非科学的标准，即假定科学价值是与宗教信条或经济利益或政治目的相一致的，那么只有当科学符合这些标准时，它才会得到承认。换言之，当纯科学的情操被排除后，科学就会受到其他制度机构的直接控制，而且它在社会中的地位也会变得日益不稳定。科学家不断地拒绝把功利性规范应用于其研究工作，其主要作用就是可防止这种危险，这一点在现代尤为明显。对这一功能的默认，可能就是在剑桥举行的一次科学家晚宴上（也许不足以为信）的祝酒词的来源：为纯数学干杯，即使它可能对人们来说永远不会有任何用处！

① 相当有趣的是，集权主义理论家都采取了这种极端相对主义的知识社会学（*Wissenssoziologie*）态度，对所怀疑的“自由主义的”、“资产阶级的”或“非雅利安人的”科学作政治处理。他们所基于的是这样一种阿基米德支点：领袖和其人民是正确无误的（the infallibility of der Führer and his Volk）。参见赫尔曼·格林将军：《德国再生》（*Germany Reborn*，London：Matthews & Marrot，1934），第 79 页。卡尔·曼海姆的“关系主义”（如《意识形态和乌托邦》）在政治上的变异被沃尔特·弗兰克、克里克、拉斯特和罗森贝格这些理论家用于了宣传目的。

因此纯科学的提升被认为可以防范这样一些规范的侵害，它们会限制科学可能的发展方向，而且会威胁科学研究这种有价值的社会活动的稳定性和连续性。当然，科学进展的技术标准对于科学也具有社会功能。由于技术、并且最终是由于科学所产生的不断提高的人类舒适与便利会引来社会对科学研究的支持。它们
261 也证实了科学家的正直，因为不能为外行人所理解或评价的抽象而艰深的理论，大概可以用一种所有人都能理解的方式得以证明，这种方式就是它们的技术应用。自愿承认科学的权威性，在相当大程度上依赖于其力量的日常证明。若不是通过这种间接的证明，那么，对大众不易从学术上理解的科学的持续的社会支持，就难以仅凭信仰而得到加强。

同时，对科学的纯正性的这一强调还有其他方面的结果，这些结果威胁到而不是保护科学的社会声望。人们常常呼吁科学家应该在其研究中只关心知识的进步，而不是其他东西。[①] 应当只关注其工作的科学意义，而不要关心它可能的实际应用或它的一般社会反响。这一原则的常规理由部分地根源于具体情况，[②]但无

---

① 例如，帕累托写道："试验的一致性问题就是目的本身。"参见乔治·A. 伦德伯格的典型表述："对发明了高效爆炸物的化学家来说，他所做的并不是去考虑其结果是否会被用于炸掉大教堂，或者用于开凿山洞隧道。同样，社会科学家在制定了某一群体行为的法律后，他所做的事情也不是去考虑其结论如何与已有的观念相一致，或对社会秩序会产生什么样的影响。"[《美国社会学趋势》(*Trends in American Sociology*, New York：Harper，1929)，乔治·A. 伦德伯格、R. 贝恩和 N. 安德森编，第 404—405 页]另见里德·贝恩的观点《作为公民的科学家》("Scientists as Citizen")，原载《社会力量》11(1933 年)，第 412—415 页。

② 这一观点的神经学理由可见于 E. D. 艾德里安的著作：《决定人类行为的因素》，第 9 页。"关于歧视行为……必定存在某些利益：然而如果具有太多的利益，这一行为就不再是歧视性的了。在高度的情感压力下，行为趋向跟几个刻板形式中的某一个相一致。"

论如何，正如我们刚刚说明的，它具有社会功能，它认为，不能坚持
这一戒律将会增加偏见和错误的可能性，从而阻碍科学研究。但
是这一**方法论**观点忽略了这种态度的**社会**结果。这种态度的客观
结果为与科学对抗提供了进一步的基础；这是一种实际上在每一
门科学已发展到高级阶段的社会中都开始出现的反抗。由于科学
家没有或不能控制其发现的应用的方向，因而当这些应用不能被
权威机构或控制群体所赞许时，他会成为人们责备的对象和受到
更激烈反对的对象。对技术成果的反感针对的是科学本身。因
此，当新发现的气体或爆炸物被用来作为军事手段时，整个化学都
受到了那些其人文情操受到凌辱的人的非难。科学在很大程度上
被认为对提供毁灭人类社会的工具负有责任，据说，它会使我们的 262
文明陷入永久的黑暗和混乱之中。或者再举另外一个著名的例
子，科学及相关的技术的飞速发展，已导致了由既得利益者和那些
经济公正性意识受到侵犯的人进行的一种隐蔽的反科学运动。著
名的乔赛亚·斯坦普爵士和一群不太著名的人士都主张暂停发明
和发现，[①]以便人们有一个喘息时间，调整其社会和经济结构，来

① 当然，这本身并不构成一种反科学的运动。此外，毁坏工作用的机器和从财力上抵制发明也都是发生在过去。参见 R. K. 默顿：《工业发明率的波动》，原载《经济学季刊》49(1935 年)，第 464 页及以下诸页。但是这一运动导致这种观点流行了起来，即科学应对其社会影响完全负责。乔赛亚·斯坦普爵士的建议见于 1934 年 9 月 6 日他在阿伯丁召开的英国科学促进协会(British Association for the Advancement of Science)上的讲话。M. 卡约[参见约翰·斯特雷奇：《为权力而斗争》(*The Coming Struggle for Power*, New York，1935)，第 183 页]、H. W. 萨默斯(Summers)在美国众议院以及许多其他人也都主张这种暂停。根据现在的人文、社会和经济标准，某些社会科学成果是有害无益的。这种评价会损害科学工作的存在基础。正如一位科学家悲伤地指出的：如果科学工作者必须为其工作道歉的话，那么我是在浪费我的生命。参见F. 索迪主编的《科学的挫折》(*The Frustration of Science*, New York：Norton，1935)，第 42 页等处。

适应不断变化的环境，在这一环境中人们被“越来越多的技术产物所困扰”。这些看法通过报刊而得到了广泛传播，在科学团体和政府机构面前，人们也得坚决强调这些观点。[①] 反对者主要是来自劳动阶层，他们害怕失去技术优势，因为大量新技术如潮水般涌现，他们的技术将会被淘汰。尽管这些主张可能不会在不远的将来转变成行动，但是它们构成了一种可能的使反科学变成普遍化的核心。认为科学最终对不希望的情况负有责任这些观点是否成立并不很重要。W. I. 托马斯的社会学定理：“如果人们把情境看做是真实的，那么其结果将成为真实的”，在这里很是适用的。

263 简言之，对科学重新评价的这一基础来自我在别处所称的“急功近利”。[②]由于科学的主要目的是促进知识的发展，它并不关注与直接利益相关的结果，但是这些社会结果会起反作用，从而影响到原来的目的。就有望导致满足直接的利益而言，这种行为可能是合理的。但是从另一种意义上说，它又是不合理的，即它否定了其他价值，尽管这些价值此时并不是最重要的，但它们却是整个社

① 英国科学家特别反感“科学应用于战争这种堕落”。在英国科学促进协会年会的主席致辞中，在《自然》(*Nature*)杂志常见的编者按和读者来信中，都主张“在新兴起的一代科学工作者中树立新的社会责任意识”的运动。弗雷德里克·高兰·霍普金斯(Frederick Gowland Hopkins)爵士、约翰·奥尔(John Orr)爵士、F. 索迪、丹尼尔·霍尔(Daniel Hall)爵士、朱利安·赫胥黎博士、J. B. S. 霍尔丹和兰斯洛特·霍格本教授就是这一运动的领导者。例如，由剑桥大学的 22 位科学家所签名的一封信就要求使科学与战争相脱离[《自然》137(1936 年)，第 829 页]。英国科学家的这些一致行动努力与这个国家对科学问题持冷漠态度的科学家形成了鲜明对照。[这一分析是在原子武器出现之前。]这种对照的基础很值得探讨。

② R. K. 默顿：《有目的的社会行动未预料到的结果》，原载《美国社会学论》1(1936 年)，第 894—904 页。

会价值的有机组成部分。显然由于科学研究不是在社会真空中进行的，其影响也会渗透到其他价值和利益领域之中。只要这些影响被认为不是社会希望的，科学就要负责任。科学的产物不再被认为是绝对能带来福利的。从这一视角考察可以得出，纯科学和无私利性原则只会变为其自己的墓志铭。

可用这一问题来划分战线：好树能结出恶果吗？那些认为知识之树结出了受指责的果实因而想砍倒或者抑制这棵树的人会主张说，恶果是国家和经济机构嫁接到好树上的。指出是不适当的社会结构导致了科学家的发现被歪曲，可以使其个人的良心得到安慰。但是这难以使激怒的反对者满意。科学家的**动机**有可能从热切期望促进知识发展到对获取个人声望有浓厚的兴趣，科学研究的**功能**也有可能从为现存的秩序确立有很高声望的理性化基础，转变为扩大我们对自然界的控制，同样，科学的其他社会**结果**也可被认为是有害于社会的，或者会导致科学的精神特质本身的改变。科学家有一种倾向，即认为从长远的观点看，科学的社会结果**必定**是有益的。这条信念所起的作用是为科学研究提供一个理论基础，但它显然不是事实陈述。它把真理与社会效用混淆了，这一点在科学的非逻辑方面表现得尤为明显。

四、令公众感到神秘的高深莫测的科学

科学与社会秩序关联的另外一个相关因素很少被认识到。随着科学研究复杂性的日益提高，长期的严格训练对于证实甚至理解新的科学发现是必要的。现代科学家必须承认对高深莫测的尊 264
崇。其结果是科学家与外行者之间的鸿沟逐渐增大。普通人对相

对论或量子论或其他诸如此类的高深问题，必定只能盲目地相信普及性的说明。他们容易这样做是因为他们总认为，他们会从中受益的技术成就最终是来自于这样的研究。然而，人们对这些异乎寻常的理论总是存有某些疑虑。对新科学的普及性的而且常常是断章取义的说明，强调的是那些似乎与常识相反的理论。在大众看来，科学和高深的术语具有密不可分的联系。对那些未受过教育的外行来说，集权主义的代言人关于种族、经济或历史的所谓科学主张，与有关宇宙膨胀或波动力学的观点毫无二致。在这两种情况下，外行人不能理解这些观念，也不能去检查其科学有效性，而且在这两种情况下，这些观念都可能与常识不一致。如果有区别的话，对公众来说集权主义理论家的神秘性比认可的科学理论似乎更有理，也肯定更易接受，因为它们更接近于常识经验和文化偏见。所以，在一定程度上由于科学的进展，大多数人对那些披着明显的科学术语外衣的新神秘主义的看法也变得成熟了。这普遍促进了宣传的成功。非科学的学说把科学的权威借用过来，以此象征它们有着富有权威的声望。

五、对有条理的怀疑态度的公开敌视

科学态度的另外一个特征是有组织的怀疑，它常常足以成为反偶像崇拜的力量。[①] 科学似乎只要对其他社会制度"心安理得

① 弗兰克·H.奈特：《经济心理学与价值问题》，原载《经济学季刊》39（1925年），第372—409页。天真的科学家忘记了怀疑主义主要是一种方法论准则，想把其怀疑主义贯彻到一般的价值领域。符号的社会功能被忽视了，而且被指责为"非真实的"。社会效用与真理性再次被混淆了。

的权利设想"进行超然的审视，[1]就可以对它们提出挑战。有组织的怀疑包括对已确立的规则、权威、既定程序的某些基础，以及一般的神圣领域提出疑问。的确，**从逻辑上**确立观念和价值观的经验来源并不会否定其有效性，但天真的心灵常常会产生这种心理反应。制度化的符号和价值观要求要有忠诚、坚韧和尊重等态度。由于科学关注的是涉及自然和社会的方方面面的事实问题，对同 
样的资料，它就会与其他制度所做的具体化而且往往是仪式化的说明，产生心理上而非逻辑上的冲突。大多数制度要求无条件的忠诚；但科学制度把怀疑态度作为一种美德。从这一意义上说，每一种制度都有一神圣的领域，它反对用科学观察和逻辑方法对其进行不敬的考察。科学制度本身包括情感上坚持的某些价值。但是不管是神圣的政治信念领域，还是宗教信仰领域，或是经济权利领域，科学研究者都不是用预先规定的非批评的和仪式性的方式进行研究。他不会对神圣事物与世俗事物、要求绝对尊崇的事物与要求作客观分析的事物持不同的态度。[2]

正是这一点在一定程度上形成了反对所谓的科学侵入其他制度领域的根源。过去，这种反对主要是来自教会，它限制对那些神圣的教义进行科学考察。对《圣经》文本的批评仍然是受怀疑的。随着社会力量的重心向经济和政治制度的转移，这种有组织的宗教上的反对变得不那么重要了，经济和政治制度明显地也公开反

① 查尔斯·E.梅里亚姆：《政治权力》(*Political Power*, New York：Whittlesey House，1934)，第82—83页。

② 在这些方面有关神圣性的一般讨论，参见埃米尔·迪尔凯姆：《宗教生活的基本形式》，第37页及以下诸页。

对普遍的怀疑态度，因为人们觉得它对制度的稳定性的基础提出了挑战。这种反对也可能与引入似乎会使有关宗教、经济和国家的信条无效的科学发现毫无关系。它只是一种相当零乱的而且往往是模糊的认识，认为怀疑态度威胁到了其现状。必须再次强调的是，存在于科学领域的怀疑态度与其他制度所要求的情感的依附之间的冲突，并不具有逻辑上的必然性。但是作为一种心理学的派生物，这种冲突一定会出现，无论是当科学拓展了其研究的新领域，对其采取制度化的态度的时候，还是当其他制度扩大了其控制领域的时候。在集权社会中，制度控制的中心化是导致反科学的主要根源；在其他社会结构中，科学研究的扩展具有更大的重要性。专制政权形成、集中反科学的根源，并且使其得到了加强，而在自由的社会结构中，这种根源只有无条理的、零散的且常常是潜在的影响。

在自由社会中，整合主要来自人们活动以之为取向的文化规范体系。而在专制社会结构中，整合主要是受社会控制的正式组织和集中的社会控制的影响。通过加快把新的文化价值灌输到国家之中，通过用高压宣传代替较慢的灌输各种社会标准的过程，社
266 会控制容易得到认可。整合通过不同的机制以独特的方式得以实现，而这些机制中的差异，使得包括科学在内的各种制度的自我决定和自主性，在自由社会中比在专制社会中可能有更大的自由空间。专制国家通过这种强有力的组织，强化它对非政治制度的控制，从而导致了不同性质和程度的控制。例如，反科学的情况在这个纳粹国家比在美国更常见到，在美国并没有如此统一的利益，以致人们要加强对科学的限制并认为这些限制是必要的。不相容的

情操必然要么相分离，要么为了社会的稳定而整合在一起。但是，当在任一社会生活部门的保护下而存在集中控制时，这种分离是完全不可能的，因为这一部门要求并强使人们接受其价值和情操，以作为继续存在的条件。在自由社会结构中，由于没有这样的集中控制，通过保证每一领域都有一定的自主权就使得一定程度的分离成为可能，从而能够逐步整合一些暂时不相关的要素。

六、结论

本文的主要结论可做如下简要概括。在许多社会中存在着潜在的和实际的对科学的敌视，尽管这种敌视的程度还不能确定。科学在近三个世纪中所获得的声望如此之大，以致那些想缩小其范围或对它部分否定的做法，通常是与科学的不受干扰的整合或"真正的科学的再生"相伴的。对亲科学情操表示敬意的这些词语，经常随表示这种敬意的人们的行为而变化。在一定程度上，反科学运动来自于科学的精神特质与其他社会制度的精神特质之间的冲突。因此可得出的结论是，当代对科学的反对**在形式上**类似于以前的反对，尽管其**具体**根源有所不同。当科学知识的应用产生了并非是人们所希望的社会结果时，当科学家的怀疑态度直接触及到了其他制度的基本价值观时，当政治的或宗教的或经济的权威的扩展限制了科学家的自主性时，当反理智主义对科学的价值和完善提出疑问时，以及当人们对科学研究的适当性提出非科学标准时，冲突就会出现。

本文并不想提供一种行动纲领以抵抗对科学的发展和自主性

的威胁。但可以说，只要社会力量的中心位置处于科学之外的任何其他制度中，只要科学家本身不能肯定其首先忠于的是什么，他们的地位就会变得脆弱和不稳定。

第十三章　科学的规范结构[*] 267

1942 年

科学像任何其他具有社会协作性的活动一样，也受到多变的命运的支配。但在这样一种文化中，即认为科学在诸事物中即使不处于主导地位、但也有突出地位，那些受此熏陶的人难以接受这一观点，因为这显然意味着，科学难免会受到攻击、约束和压制。在前不久的著述中，凡勃伦可能注意到了，西方文化关于科学的信念是不受约束、毋庸置疑和至高无上的。对科学的反感过去似乎是不可能发生的，只有胆怯的学者才会去考虑一切意外，不管是多么久远的事。但现在这种反感已引起了科学家以及普通人的关注。反理智主义的局部蔓延有流行起来的危险。

一、科学与社会

对科学的完善已开始的和实际上的抨击使**科学家认识到，他们依靠于特定类型的社会结构**。科学家协会的宣言和声明都在关

* 本章最初以《论科学与民主》为题，发表在《法律社会学与政治社会学杂志》1（1942年），第115—126页。后又以《科学与民主的社会结构》（"Science and Democratic Social Structure"）为题收录于罗伯特·K. 默顿的《社会理论与社会结构》。现获准重印。

注科学与社会的关系。受到抨击的制度必须重新考虑它的基础，重审它的目标，寻找它的基本原则。危机唤起了自我评估。现在，科学家的生活方式受到了挑战，他们受到了震动，进入了敏感的自
268 我意识状态：即对作为社会整体的一个要素、并具有相应的责任和利益的自我的意识。[1]当象牙塔之墙受到长期攻击时，它就会变得摇摇欲坠。在一个长久的相对稳定的时期里，对知识的追求和传播，即使没有在文化价值中占据第一位的话，也会占有主导地位，在经历了这段时期之后，科学家不得不向人们证明，科学的方法是正当的。因此他们绕了整整一圈后，又回到了科学在近代世界重新出现时的起点。三个世纪之前，科学制度几乎还提不出任何自主的要求社会支持的理由，这时自然哲学家同样也可能证明：科学是实现文化上合法的经济效用目的和颂扬上帝的手段。对科学的追求在那时并无自明的价值。然而，随着无穷无尽的成就的涌现，工具转变成了目标，手段变成了目的。这样，科学家们坚定了自己的意志，他们认为自己独立于社会，并认为科学是一种自身有效的事业，它存在于社会之中但不是社会的一部分。需要给科学自主性当头一击，以使使这种自信的孤立主义态度转变为现实地参与革命性的文化冲突之中。这种问题的提出导致了对现代科学的精神特质的明确化和重新肯定。

科学是一个容易使人产生误解的范围广泛的术语，它所指的是诸多不同的、尽管是相关的事项。它通常被用来指：(1)一组特定的方法，知识就是用这组方法证实的；(2)通过应用这些方法所

① 由于此文写于1942年，显然原子弹在广岛的爆炸已使更多的科学家惊醒，他们开始对自己的工作的社会后果进行反思。

获得的一些积累性的知识；(3)一组支配所谓的科学活动的文化价值和惯例；或者(4)上述任何方面的组合。在这里，作为准备，我们要考虑科学的文化结构，即科学作为一种制度的一个有限的方面。所以，我们将考虑的不是科学方法，而是束缚科学方法的惯例。诚然，方法论准则常常既是技术上的权宜之计，又是道德上的规定，但我们这里只关心后者。这不是科学社会学的一个论题，而是方法论的偏移。类似地，我们并不讨论科学的重大发现(假说、统一性、定律)，除非它们与关于科学的标准化的社会思想情操有关。这不是博学者的一种冒险。

二、科学的精神特质

科学的精神特质是指约束科学家的有情感色彩的价值观和规 269
范的综合体。[①] 这些规范以规定、禁止、偏好和许可的方式表达。它们借助于制度性价值而合法化。这些通过戒律和警诫传达、通过赞许而加强的必不可少的规范，在不同程度上被科学家内化了，因而形成了他的科学良知，或者用近来人们喜欢的术语说，形成了他的超我。尽管科学的精神特质并没有被明文规定，[②]但可以从

① 关于精神特质这一概念，参见威廉·格雷厄姆·萨姆纳：《民俗论》(Boston: Ginn,1906)，第 36 页及以下诸页；汉斯·斯皮尔：《社会对观念的决定作用》，原载《社会研究》5(1938 年)，第 196 页及以下诸页；马克斯·舍勒：《遗著集》(*Schriften aus dem Nachlass*, Berlin,1933)第 1 卷，第 225—262 页。阿尔贝·巴耶在他的关于这一问题的著作中，不久便放弃了对布道的描述与分析；参见其《科学的道德》(*Le morale de la science*, Paris, 1931)。

② 如巴耶所说："这种(科学的)道德没有它的理论家，但是有它的使用者。它没有表达出它的理想，但是它为它的理想服务：这种理想包含在科学本身之中。"(《科学的道德》，第 43 页)

科学家的道德共识中找到，这些共识体现在科学家的习惯、无数讨论科学精神的著述以及他们对违反精神特质表示的义愤之中。

对现代科学的精神特质的考察只是在一定限度内引入了一个更大的问题，即对科学的制度结构的比较研究。尽管收录必须的比较研究资料的专题论著很少且分散，但它们还是为下述前提假设提供了某些基础，即“与科学的精神特质相吻合的民主秩序为科学的发展提供了机会”。但这并不是说科学事业仅限于民主政体。[①] 大相径庭的社会结构都为科学提供了某种程度的支持。我们只要记得这些就足够了：西芒托学院（Accademia del Cimento）是由梅迪契家族的两个人资助创办的；查理二世由于给伦敦皇家学会发了特许状和赞助格林尼治天文台（Greenwich Observatory）而在历史上受到关注；在柯尔贝尔的倡导下，路易十四赞助成立了科学院（Académie des Sciences）；在莱布尼茨的竭力要求下，腓特烈一世恩准并出资成立了柏林科学院（Berlin Academy），而圣彼得堡科学院（St. Petersburg Academy of Sciences）是由彼得大帝创建的（为的是驳斥俄国人未开化的观点）。但是这些历史事实并不意味着科学与社会结构的联系是随意的。还有一个进一步的问题是科学成就与
270 科学潜力的比率关系。自然，科学会在不同的社会结构中发展，但是，哪些结构为它最充分的发展提供了制度环境呢？

① 托克维尔甚至提出：“未来会证明［对科学的］这些一度缺乏但又富有创造力的热情，在民主社会中也是否会像在贵族社会中那样，如此迅速地立足和增长。至于我自己，我承认我慢慢地开始相信它了。”［《论美国的民主》（New York，1898），第 2 卷，第 51 页］另外一则证据是：“不可能在民主与科学之间建立起一种简单的因果关系，也不能说唯独民主社会为科学的发展提供了适宜的土壤。然而，科学在民主时代的实际繁荣，不能说仅是一种巧合。”［亨利·E. 西格里斯特：《科学与民主》（“Science and Democracy”），原载《科学与社会》2（1938 年），第 291 页］

科学的制度性目标是扩展被证实了的知识。实现这种目标所应用的技术方法提供了贴切的关于知识的定义：知识是经验上被证实的和逻辑上一致的对规律(实际是预言)的陈述。制度性规则(惯例)来源于这些目标和方法。学术规范和道德规范的整体结构将实现最终目标。有经验证据的学术规范是适当的和可靠的，它是被证实为正确的预言的一个先决条件；逻辑上一致这一学术规范，也是做出系统和有效的预测的一个先决条件。科学的惯例具有某种方法论依据，但它们之所以是必需的，不只是因为它们在程序上是有效的，还因为它们被认为是正确的和有益的。它们是学术上的规定，也是道德上的规定。

四种制度上必需的规范——普遍主义、公有性、无私利性以及有组织的怀疑态度，构成了现代科学的精神特质。

三、普遍主义

普遍主义[①]直接表现在下述准则中，即关于真相的断言，无论其来源如何，都必须服从于**先定的非个人性的标准**：即要与观察和以前被证实的知识相一致。无论是把一些主张划归在科学之列，还是排斥在科学之外，并不依赖于提出这些主张的人的个人或社会属性；他的种族、国籍、宗教、阶级和个人品质也都与此无关。客

① 对社会关系中的普遍主义的一个基本分析，请参见塔尔科特·帕森斯：《社会系统》(*The Social System*, New York: Free Press, 1952)。这一规范观念的一种表达形式是："科学完全独立于国界、种族和信仰"，参见美国科学促进协会委员会的决议，原载《科学》87(1938年)，第10页；另见《促进科学与社会的发展：建议全球联合起来》("The Advancement of Science and Society: Proposed World Association")，原载《自然》141(1938年)，第169页。

观性拒斥特殊主义。在这种特殊意义上，被科学证实的表述涉及的是客观的结果和相互关系，这种情况是与任何把特殊的有效性标准强加于人的企图相冲突的。纽伦堡的法令不能使哈伯（Haber）制氨法失效，"仇英者"（Anglophobe）也不能否定万有引力定律。沙文主义者可以把外国科学家的名字从历史教科书中删去，但是这些科学家确立的公式对科学和技术却是必不可少的。无论纯种德国人（echt-deutsch）或纯种美国人最终的成就如何，每一项新的科学进展的获得，都是以某些外国人从前的努力为辅助的。普遍主义的规则深深地根植于科学的非个人性特征之中。

271 然而，科学制度作为更大的社会结构的一部分，并不总是与社会结构相整合的。当更大的文化与普遍主义规范相对立时，科学的精神特质就会受到严峻的考验。种族中心主义与普遍主义就是不可调和的。特别是在国际冲突时期，当形势的主调强调效忠祖国时，科学家就会遇到相互冲突的职责，一种是科学的普遍主义规范要求的，另一种是种族中心主义这一特殊主义规范要求的。①

① 此文写于1942年。到1948年，苏俄的政治领导人进一步强调俄国民族主义，并开始坚持科学的"国家"性质。故有一条社论：《驳世界主义的资产阶级意识形态》["Against the Bourgeois Ideology of Cosmopolitanism", *Voprosy filosofi*, no. 2 (1948)]，英译文见《当代苏联报刊文摘》(*Current Digest of the Soviet Press*)，第1卷第1期(1949年2月1日)，第9页："只有世界主义而没有祖国，根本无视科学的实际命运，就可能毫不在乎地否认科学在其中生长和发展的诸多不同的国家形态。从科学的实际历史和具体的发展道路看，世界主义的代言人杜撰了超国家的、无阶级的科学概念，可以说，这些概念剥夺了一切有国家特色的价值，抹去了人们的创造性工作富有生命力的光彩和特性，变成了一个无壳的幽灵……马克思列宁主义粉碎了超阶级、无国家、'普遍主义的'科学这些世界主义的幻想，明确地证明，科学与现代社会中的所有文化一样，具有国家的形式和阶级性的内容。"这一观点混淆了两类不同的问题：第一，任何一个国家或社会的文化环境都可能影响科学家关注某些问题，使他们对某些科学前沿问题很敏感，而忽视了另外一些问题。这早已被人注意到了。但它从根本上说不同于第二类问题：有关声称是科学知识的那些主张的有效性标准与国家好恶和文化无关。那些相互竞争的声称是正确的主张，迟早要由普遍主义的标准来判定。

他所处的这样的境遇结构决定了他需要承担的社会角色。从事科学工作的人可能被转变成战争狂人——并且按照相应的方式行事。因此，1914 年，93 位德国科学家和学者，其中包括拜耳(Baeyer)、布伦塔诺、埃尔利希、哈伯、爱德华·迈耶、奥斯特瓦尔德、普朗克、施莫勒和瓦色曼(Wassermann)发表的声明引起了论战，在这场论战中，德国人、法国人和英国人都披着科学家的外衣，以掩饰他们的政治面目。正直的科学家批评"敌人"的贡献，说他们带有民族主义的偏见、相互吹捧、进行学术欺骗、无竞争性和缺乏创造性。[①] 但是，这种对普遍主义规范的背离实际上是以规范的合法性为前提的。因为只有从普遍主义的标准来看，民族主义偏见才是可耻的；而在另一种制度背景中，它会被当作是美德、是爱国主义。所以在谴责违背惯例的过程中，惯例得到重新肯定。

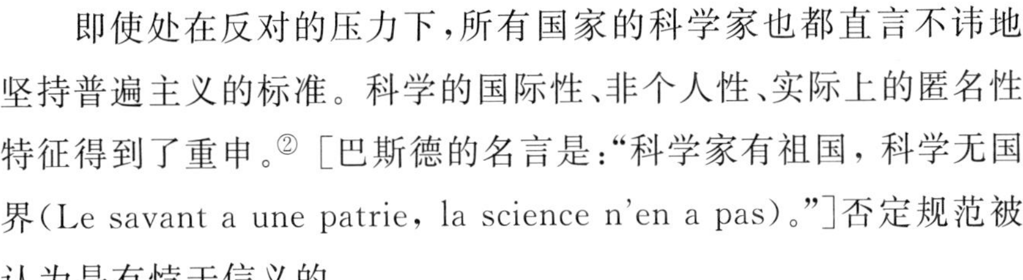

即使处在反对的压力下，所有国家的科学家也都直言不讳地 272
坚持普遍主义的标准。科学的国际性、非个人性、实际上的匿名性特征得到了重申。[②] [巴斯德的名言是："科学家有祖国，科学无国界(Le savant a une patrie, la science n'en a pas)。"]否定规范被认为是有悖于信义的。

① 加布里埃尔·配蒂特和莫里斯·勒德特的《德国人与科学》荟萃了这类文献，颇有启发意义。例如费利克斯·德·丹泰克发现，埃尔利希和瓦色曼两人都对科学界犯有典型的德国式欺骗。("Le bluff de la science allemande.")皮埃尔·迪昂得出，德国科学的"粗放的精神"(geometric spirit)压制了"精益求精的精神"(spirit of finesse)，见《德国科学》。《思想战》的作者赫尔曼·克勒曼，则是一位斗志昂扬的对手。这场冲突持续到战后；参见卡尔·赫尔克霍夫：《反对德国科学之战》。

② 参见格里教授对信念的表述(见配蒂特与勒德特的《德国人与科学》，第 181 页)："不可能有德国的、英国的、意大利的或日本的真理，也不可能有法国的真理。谈论德国科学、英国科学或法国科学，就是陈述一个与科学概念本身相矛盾的命题。"也可参见格拉塞特(Grasset)和里歇的证实，同上书。

普遍主义规范的另一种表现是，要求在各种职业上对有才能的人开放。制度性的目标为此提供了理论基础。除了缺乏能力外，以任何其他理由限制人们从事科学都不利于知识的进步。自由进入科学研究领域具有功能上的必要性（functional imperative）。便利和道德也会相合。因此就会出现这样的反常，有一位查理二世援引科学的惯例，指责皇家学会要把约翰·格朗特这样的政治算术家排斥在外，并且命令说："如果他们发现更多的这类人才，就应该毫不犹豫地接纳这些人。"

这里再次出现了这种情况，即科学的精神特质与更大的社会的精神特质不一致。科学家可以适应等级标准，并使他们阶层的人接近地位低下的人，不管他们的能力或成就如何。但是这会导致某种不稳定的局面。人们会提出精心构造的意识形态，用以掩盖等级制度的惯例与科学的制度目标的互不相容。下等人必然被看做天生无能力从事科学工作，或者至少，他们的贡献总是被有意贬低。"从科学史中可以找到证据证明，物理学研究的奠基人和伟大的发现者，从伽利略和牛顿到我们时代的物理学先驱，几乎无一例外都是雅利安人，其中主要是北欧日耳曼族的人。"可以认为，"几乎无一例外"这一修饰语并不是否定贱民的科学成就所有权的充分基础。这种意识形态的最终结果就是"好"科学与"坏"科学的观念：即雅利安人的实在论的、实用主义的科学，与非雅利安人的教条的、形式化的科学相对立。[①]或者，可以从作为国家或教会敌

① 约翰内斯·斯塔克，原载《自然》141（1938年），第772页；《作为德国的自然研究者的菲利普·勒纳德》，《纳粹党月刊》7（1936年），第106—112页。这类似于迪昂对"德国的"科学与"法国的"科学所作的对比。

人的科学工作者的超科学角色中找到排斥的理由。[①]这样，那些发誓弃绝普遍主义标准的文化的代表们，一般也会感到不得不对科 273
学领域中的这一价值标准给予口头上的支持。普遍主义在理论上被有偏差地肯定了，但在实践上却受到压制。

无论在把普遍主义付诸实践时可能会出现怎样不恰当的情况，民主精神的确是把它当作一个主导性的指导原则的。民主化意味着逐步消除对得到社会重视的能力发挥和发展的限制。成就评价的非个人标准和地位的非固定化是开放的民主社会的特征。但只要上述限制存在，它们就会被看做是充分民主化道路上的障碍。只要不干涉主义的民主容许某些部分的人的不同优势得到积累，容许那些同已被证明的能力差异无密切关系的差异存在，民主过程就会通过政治权威加强调节。在变化的条件下，必须建立新式的专业组织以保护和扩大机会的平等性。我们可能需要政治机构把民主价值付诸于实践，并维护普遍主义标准。

四、“公有性”

财产公有制的非专门的和扩展意义上的“公有性”，是科学的精神特质的第二个构成要素。科学上的重大发现都是社会协作的

① “我们不是把他们[‘马克思主义的敌人’]作为科学的代表清除去，而是清除那些把颠覆一切制度写进他们的政治纲领的党徒。对他们来说，把一种无价值的和缺乏前提的科学作为占统治地位的思想，对于继续他们的计划，似乎是一种值得欢迎的保护。越是这样，我们就越有必要果断地清除他们。并非是我们强奸自由科学的尊严……”伯哈德·拉斯特：《纳粹德国与科学》(*Das nationalsozialistisch Deutschland und die Wissenschaft*, Hamburg: Hanseatische Verlagsanstalt, 1936)，第13页。

产物，因此它们属于社会所有。它们构成了共同的遗产，发现者个人对这类遗产的权利是极其有限的。用名字命名的定律和理论并不表明它们为发现者及其后代所独占，惯例也没有赋予他们使用和处置它们的特权。科学伦理的基本原则把科学中的产权削减到了最小限度。科学家对“他自己的”知识“产权”的要求，仅限于要求对这种产权的承认和尊重，如果制度功能稍微有点效用，这大致意味着，共同的知识财富的增加具有重要意义。因而以名字命名，如哥白尼体系，波义耳定律等等，只是一种记忆性和纪念性的方式。

一旦在制度上强调，承认和尊重是科学家对自己的发现的唯一的财产权，那么对科学的优先权的关注也就成为一个“正常”的反应了。不时插入近代科学史中的那些关于优先权的争论，都是
274 因对独创性的制度性强调而引起的。①这就引发了竞争性合作。竞争导致的产品被公有化，②而生产者获得了尊重。国家也会对优先权提出要求，有少数科学领域的记载贴上了以国民名字做的标签：牛顿和莱布尼茨因争夺微积分的优先权而引发的激烈争论就是一个例证。但所有这些并未动摇科学知识作为公共财产的地位。

---

① 牛顿根据自己痛苦的经历评论说：“[自然]哲学如同一个傲慢的好斗的女士，由于男人不得不对付她，以至于他也就成了诉讼的好手。”罗伯特·胡克是一位社会活跃分子，他完全靠其科学成就而建立起了自己的地位，却以“好斗”而闻名。

② 尽管像医学这样的专门职业也会承认社会知识是公有财产，但它明显受社会中的商业主义的影响。参见 R. H. 施赖奥克：《医学中的自由与干预》（“Freedom and Interference in Medicine”），原载《年鉴》（*The Annals*）200（1938 年），第 45 页。“医学专业……通常不赞成医务人员拥有专利……自从 17 世纪专利法诞生后，这个固定的职业……一直坚持这个原则以反对个人垄断。”这导致了一种矛盾的局面：在这个知识的社会化不受挑战的领域中，医学活动的社会化却遭到拒绝。

科学是公共领域的一部分这种制度性概念，是与科学发现应该交流这一规则联系在一起的。保守秘密是这一规范的对立面；充分和公开的交流是它的规定。[①]拓展知识的疆域这一制度目标，以及当然有时是依发表成果而定的承认给人们的激励，增加了传播研究成果的压力。一个不把自己的重大发现传播给科学界的科学家，例如亨利·卡文迪什，便会成为矛盾反应的众矢之的。卡文迪什因为他的才能，或者因为他的谦虚而受到尊重。但是，从制度方面考虑，依照科学财富共享的道德要求来看，他的谦逊却完全用错了地方。尽管奥尔德斯·赫胥黎是个外行，但他就此对卡文迪什的评论富有启发意义："我们对他的才华的敬仰由于某种非难而减弱；我们觉得像他这样的人是自私的和脱离社会的。"这两个形容性的词语特别有启示意义，因为它们意味着对某种确定的制度性要求的背离。即使他不是蓄意这样去做，隐匿科学发现也还是

① 例如贝尔纳注意到："现代科学的增长伴随着对保密观念的明确反对。"贝尔纳从列奥弥尔《把锻铁炼成钢的技术》(*L'Art de convertir le fer forgé en acier*)那里引用了一段重要的话，其中对一个人发表科研成果的道德要求明显地与科学的精神特质的其他要素有关。例如："有人对我发表了不应泄露的秘密感到惊讶；还有人本来希望：保有这些秘密的只限于那些有可能利用这些秘密的公司，它们不但为自己的利益而工作，而且为整个王国利益而工作。第一种想法中包含的情绪是不够崇高的，甚至不足以使持有完全相反的意见的人觉得自己有什么可以自豪的地方。这种情绪不是甚至违背了天然的平等吗？我们真的可以肯定我们的发明完全属于自己吗？我们真的可以肯定公众对它们毫无权利，它们也丝毫不属于公众吗？我们大家是不是应该争取为社会的共同福利作出贡献？这难道不是我们的首要义务吗？凡是能够作出一点贡献而却没有这样做的人，凡是仅仅说几句话就能做到这点，而却没有这样做的人，都是没有尽一个基本的义务，而且是在最可鄙的情况下没有尽这个义务。这个原则既然肯定下来了，那么还可以根据什么情况说我们是自己发明的绝对主人呢？"(J. D. 贝尔纳：《科学的社会功能》，商务印书馆1982年版中译本，第227—228页。——译者)

会受到谴责。

科学的公有性还反映在，科学家承认他们依赖于某种文化遗产，他们对这种遗产没有提出不同的要求。牛顿的名言——“如果
275 我看得更远的话，那是因为我站在巨人们的肩膀上”，既表明了他受惠于公共遗产这层意思，又承认了科学成就在本质上具有合作性和有选择的积累性。[①]科学天才的谦逊不能简单地说是有良好的文化素养的表现，而是因为他们认识到，科学的进展包含着以往的人与现代人的合作。迷恋于创造神话的历史观的是卡莱尔而不是麦克斯韦。

科学精神特质中的公有性与资本主义经济中把技术当作“私人财产”的概念是水火不容的。当代一些讨论“科学中的挫折”的著作反映了这方面的冲突。专利要求使用、而且常常要求禁止他人使用专有权。隐瞒发明就是否认科学的产出和传播的基本原则，例如我们可以从美国联邦政府对美国贝尔电话公司(American Bell Telephone Co.)一案的法庭判决中看到这一点：“发明者是发现了某种有价值的东西的人。它是他的独有财产。他可以严守关于它的知识不让公众知道。”[②]对于这种冲突的反应现在已有所变化。作为一种防御性措施，一些科学家最终还是为其成果申

① 很有趣的是，牛顿的格言作为一种标准的箴言，它至少从 12 世纪起就已被不断提到了。看起来，[科学]发现和发明依赖于存在着的文化基础这一观点在现代社会学家提出之前就已存在了。参见《伊希斯》24(1935 年)，第 107—109 页；25(1938 年)，第 451—452 页。

② 167 U.S. 224(1897 年)，转引自斯特恩：《对利用发明的限制》，原载《年鉴》200(1938 年)，第 21 页。更广泛的讨论，见斯特恩的相关的进一步的研究；另见沃尔顿·汉密尔顿：《专利与私营企业》，见《国家临时经济委员会报告》第 31 号(1941 年)。

请了专利，以便以这种方式确保公众可以利用其成果。爱因斯坦、密立根、康普顿（Compton）、郎缪尔都获得了各自的专利。[①]人们强烈要求科学家应成为新的经济事业的促进者。[②]其他一些人则通过倡导社会主义以寻求解决这一冲突。[③]这些建议，无论是要求对科学发现予以经济回报，还是要求通过社会系统的变革促进科学事业繁荣发展，都反映了在知识产权观念方面的差异。

五、无私利性

总的来说，科学也像许多职业一样，把无私利性作为一个基本的制度性要素。无私利既不等同于利他主义，也不是对利己主义感兴趣的行动。这样等同就把分析的制度标准与动机标准混淆 276
了。[④]求知的热情、莫名其妙的好奇心、对人类利益的无私关怀和许多其他特殊的动机都为科学家所具有。但是，对不同动机的探讨似乎被误导了。其实，能够说明科学家的行为特征的，是对大量动机的制度性控制的不同模式。因为一旦制度要求无私利的行

---

① 汉密尔顿：《专利与私营企业》，第 154 页；罗宾：《科学事业的法律保护》（*L'oeuvre scientifique: sa protection-juridique*, Paris: Impr. de Montparnasse, 1928）。

② 万尼瓦尔·布什：《工程研究的趋势》［"Trends in Engineering Research", *Sigma Xi Quarterly* 22(1934)］，第 49 页。

③ 贝尔纳：《科学的社会功能》，第 155 页及以下诸页。

④ 塔尔科特·帕森斯：《职业与社会结构》（"The Professions and Social Structure"），原载《社会力量》17（1939 年），第 458—459 页；参见乔治·萨顿：《科学史与新人文主义》（*The History of Science and the New Humanism*, New York, 1931），第 130 页及以下诸页。制度要求与动机之间的区分，是马克思主义社会学的一个关键、但又不很明确的概念。

动，遵从这些规范是符合科学家的利益的，违者要受惩罚，而当这个规范被内化之后，违者就要受到心理煎熬。

在科学编年史中，欺骗行为实际上是很罕见的，这与其他活动领域的记载相比似乎是个例外，这种情况有时被归因于科学家的个人品质。言外之意，科学家是从那些具有不寻常的完美道德的人中招募的。然而事实上，没有令人满意的证据来证明情况就是如此；从科学自身的某些与众不同的特性中却可以找到一个更似合理的解释。科学研究包括其成果的可证实性，实际上都要受到同行专家的严格审查。换句话说，科学家的活动会受到严格的控制，其所达到的程度或许是任何其他活动领域不能相比的，当然，这种看法可能会被解释为有失恭敬。对无私利性的要求在科学的公众性和可检验性中有坚实的基础，可以说，这种环境有助于科学家的正直。科学领域里存在着竞争，这种竞争会因强调优先权是成就的标准而加剧，而且在竞争条件下，也可能导致鼓励人们以不正当的手段压倒对手。但这种鼓励在科学研究领域中出现的机会不多。崇拜、非正式的派系、滥竽充数的出版物——所有这些以及其他一些伎俩可能会被用于自我膨胀。①但是，一般来说，虚假的主张似乎是微不足道的和无效的。无私利性的规范向实践的转变，通过科学家对其同行的最终负责而获得有效的支持。社会化的情操的驱使与权宜之计的驱使大体上相合，将有助于制度的稳定性。

① 参见洛根·威尔逊的解释，《学术人》(New York: Oxford University Press, 1941)，第201页及以下诸页。

在这一方面,科学领域跟其他的职业领域有所不同。科学家并不以相同的方式去面对外行当事人,例如像医生和律师那样。277
他们利用门外汉的轻信、无知和依赖性的可能性显著减少了。欺骗、狡辩和不负责任的主张(大话)至少可能比在“服务性”行业中要少。但当科学家与门外汉的关系成为最重要的关系时,就会出现一种对科学惯例规避的刺激。而有资格的同行所确立的控制机构如果变得无效,滥用专家权威和炮制伪科学现象就会应运而生。[①]

在外行人看来,科学的声誉和高尚道德情操在很大程度上可以说是技术成就的结果。[②]每一项新技术都为科学家的正直诚实提供了佐证。科学会把其主张变为现实。然而,科学权威可能被和正在被盗取,以用于有私利目的,这恰恰是由于外行常常不能把虚假的主张与这种权威性的真正主张区别开来。集权主义代言人关于种族、经济或历史的所谓科学看法,对未受教育的外行人来说,与报刊上关于膨胀的宇宙或波动力学的报道并无二致。在这两种情况下,普通人都无法对它们进行核实,而且对一般公众来说,它们可能有悖于常识。要说起来,在一般公众眼中,神话比得到认可的科学理论似乎更有理,也肯定更易于接受,因为它们更接近于常识经验和文化偏见。因而,在一定程度上由于科学的进展,一般人很容易受借用貌似科学的术语来表述的新的神秘主义的影

① 参见 R. A. 布雷迪:《德国法西斯的幽灵与结构》(*The Spirit and Structure of German Fascism*, New York: Viking, 1937),第 2 章;马丁·加德纳:《以科学的名义》(*In the Name of Science*, New York: Putnam's, 1953)。

② 弗朗西斯·培根对这种大众实用主义早就提出了一个最简明的表述:“现在这两种倾向,一种是实用性的,另一种是思辨性的,乃是同一回事;凡是在实践上最有用的,在知识方面也是最真实的。”(《新工具》第二部,箴言 4)

响。被借用的科学权威使非科学的学说获得了声望。

六、有组织的怀疑

如我们在前一章所看到的，有组织的怀疑与科学的精神特质的其他要素都有不同的关联。它既是方法论的要求，也是制度性的要求。按照经验和逻辑的标准把判断暂时悬置和对信念进行公正的审视，业已周期性地使科学陷于与其他制度的冲突之中了。科学向包括潜在可能性在内的涉及自然和社会方方面面的事实问题进行发问，因此，当同样的事实被其他制度具体化并且常常是仪式化了时，它便会与其他有关这些事实的态度发生冲突。科学研
278 究者既不会把事物划分为神圣的与世俗的，也不会把它们划分为需要不加批判地尊崇的和可以作客观分析的。

我们已经注意到了，这似乎就是反对所谓的科学制度侵入其他制度领域的根源。与经济团体和政治团体相比较，有组织的宗教团体对科学的这种抵制已变得不那么显著了。即使完全撇开那些似乎有损于教会、经济或国家之特定信条的特殊的科学发现，冲突仍可能存在。认为怀疑主义威胁着当代的权力分配，这种理解是相当混乱的而且往往是含混不清的。当科学把它的研究扩展到已存在某些制度化观点的新领域，或者当其他的制度把其控制扩展到科学领域时，冲突就变得严重了。如在现代的集权主义社会中，反理性主义和中央集权的制度控制这两者都限制着科学活动的范围。

珍藏本
纪念版

汉译世界学术名著丛书

科学社会学

——理论与经验研究

下册

〔美〕R.K.默顿 著

鲁旭东 林聚任 译

商务印书馆
SINCE 1897 The Commercial Press

2017年·北京

目　　录

第四部分　科学的奖励系统

第五部分　科学中的评价过程

第四部分

科学的奖励系统

编 者 导 读

这部分论文将把我们引向默顿范式的中心——非常有影响的科学的规范结构及其在制度上与众不同的奖励系统，它所提供的科学共同体的结构模型和动力学模型，虽然是简化的，但也是最基本的。这些论文是在1957—1968年间发表的，在此期间，美国的社会学家开始把这个领域看做是一个富有吸引力的研究中心，这些论文证明，基本的理论阐述可以给我们提供方便，以了解其他人利用最初的契机所进行的一系列敏锐的研究。这一部分的文章记录并充分地证明了这一点，它们基本上是默顿的独立之作。在1957年的那篇文章发表的那两年里，沃伦·O.哈格斯特龙和我本人正忙于撰写博士论文，这些论文大量吸收了这个新发展的范式。在以后10年左右的时间里，克兰、朱克曼、马林斯、斯蒂芬·科尔、乔纳森·科尔、加斯顿以及其他许多人也为这个范式做出了贡献，他们的贡献远远超出了过去40年所发表的论文。①

① 迈克尔·J.马尔凯是默顿范式谨慎的批评者，他也得出了类似的看法，他描述说，《科学发现的优先权》是“一篇最重要的文章，整个奖励系统的研究传统就是起源于此”[《创新的社会过程：科学社会学研究》(*The Social Process of Innovation*：*A Study in the Sociology of Science*，London：Macmillan，1972)，第62页]。我要指出，这篇文章之所以有这种影响，与其说是由于它本身，莫如说是由于它促进了这个范式的发展。

这些论文的中心论题是，认识成果实际上陷入了科学的社会基质的纠缠之中。作者依据在明晰的理论背景衬托下的历史资料，对优先权、多重发现的普遍存在、科学家对环境以及成就的后
282 果的态度等问题进行了详细的讨论，而这种理论背景使得分析更有生气也更为充实。默顿不仅能阐明奖励系统的基本性质，而且能把它与规范系统结合在一起，使得从这种机制的两类不兼容的规则中产生的问题可以被人们理解。

可以认定，科学的一些社会反常现象就是规范系统与奖励系统之间**特有的不连续状况的结果**，因而，对它们的研究也许会有助于不断积累的知识。科学的机制有它自己的问题，就像政治机制和经济机制有其各自的问题一样，但是，仅仅指出这一点恐怕还是不够的；没有一个适当的概念框架，那些问题和人们所看到的科学家对制度化准则的背离，就总是一些会使人不舒服的反常。因此，正是对规范系统和奖励系统之间可变化关系的构想，使得这种范式有能力对科学的这个领域中的从众和越轨行为提出有意义的研究问题。

顺便说一句，前三篇文章措辞考究，这可能是因为它们是准备用做发言的缘故，第一篇是美国社会学学会 1957 年年会的主席发言，第二篇是 1968 年的 Phi Beta Kappa-Sigma Xi* 年度演讲，第三篇是为纪念弗朗西斯·培根诞辰 400 周年所作的一个演讲，这

---

* 据默顿教授解释说，Phi Beta Kappa 是美国历史最悠久、最受人尊敬的大学生学者荣誉协会，创建于 1776 年；Sigma Xi 是一个非常著名的全国科学协会，创建于 1886 年。这两个协会每年各自安排一次联合专题演讲会，由一位科学家或学者主讲，随后，演讲稿将发表在它们的杂志上。——译者

些文章除了显示出常见的默顿高超的学术水平外，还比他的其他著作多了几分幽默。编者本人是第一次出席这种会议（第一次参加全国社会学家的会议），而且仍然记得，对科学的渊源、不同层次的名祖命名法以及科学家的各种不良行为等等的阐述，人们的反应此起彼伏。（如果所讨论的问题与对其在科学中的角色表现出强烈关心的诸多听众有直接关系，那么，人们笑一笑，也能使默顿在探讨某些游戏规则及其后果时给他们增加的忧虑，有所减轻。）

第四部分的开篇《科学发现的优先权》，是默顿第一篇论述科学中的奖励系统的重要文章。他更早一些的论著表明，他意识到优先权之争潜在的理论意义和名祖命名法实践潜在的理论意义已
经有 20 年了，但是直到这篇论文发表，这个范式的所有要素才有了 283
适当的位置。无论关于科学规范的抽象陈述，还是对奖励科学成就是一种重要的制度这一职业认识的构想，都不能单独地说明科学中各种形式的越轨行为的根源。但是，把这二者结合起来，就像这里所做的那样，它们就能确定那些涉及个别科学家“不幸的”不良行为的偶然事件的范围和结构，而在以前，这些事件简直就是一堆毫无联系的大杂烩。科学的规范结构与奖励结构之间互动这种基本思想，为理解作为一种社会制度的科学提供了一个坚实的基础。

从某种观点看，这篇论文是默顿在《有目的的社会行动未预料到的结果》(1936)中提出，并且不久之后又在《社会结构与失范》(1938)中有了很大发展的论点的进一步扩展。这种论点即：奖励系统非常鼓励从制度上大力强调已获承认的成就这种观念，有可能会像蓄意轻视规范一样，对人类的目的和社会制度有反功能。而且，一种情况会导致另一种情况。从另一种观点看，这篇文章解

决了默顿在其论文《关于社会学中问题——发现的笔记》("Notes on Problem-Finding in Sociology")[①]中所发现的这个普遍的社会学问题，即"怎样说明那些文化规范没有规定的或者有争议的社会行为的规则。它对人们所熟悉的这个假设提出了怀疑，即社会行为的一致必然是遵守行为规范的反映"。

在《科学发现的优先权》这篇论文中所采用的理论研究方法，导致了对在科学共同体中出现的各种致病状况的系统认识，并且在更大的范围内，对科学家产出率的不均衡的后果、对传播职业认识的系统中公平的程度以及科学工作的观察者和某些从事实际工作的科学家本人所赞成的怪论，提出了意味深长的置疑。

最近普遍流行的一种怪论是，科学家之间为优先权所进行的竞争是件新事物，它完全是现代极大地增加了的科学规模、科学财富和科学声望的产物。这种信念常常表现在对詹姆斯·D. 沃森1968年出版的《双螺旋》(*The Double Helix*)[②]的评论中，沃森在这部书中回顾了发现DNA分子结构的过程，这一发现使他和弗

284 朗西斯·克里克获得了诺贝尔奖。在默顿关于优先权的论文发表十多年以后，对于科学社会学家来说，《双螺旋》中的那些启示也就没有什么可值得惊讶的了。

在接下来的这一章《科学家的行为模式》("Behavior Patterns

---

① 见《今日社会学》，1957年，第xxiii页。

② 一位分子生物学家对有关《双螺旋》的六篇评论(其中有一篇是默顿写的)提出了批评，参见冈瑟·S. 斯坦特：《他们在对正直的吉姆说什么？》("What Are They Saying about Honest Jim?")，见《生物学季刊》(*The Quarterly Journal of Biology*) 43(1968年6月)，179—184页。

of Scientists")中,默顿把沃森的这部书作为他的论题,更新了他在关于优先权的那篇论文中所提出的思想。本书所刊出的这一章实际上是两篇文章合二为一的产物,第一篇以本章的题目为题发表于 1969 年,第二篇是与理查德·刘易斯合著的,以《争夺优先权的竞赛》("The Race for Priority")为题发表于 1971 年。在本书中之所以把它们合二为一,乃是因为,后一篇文章扩展了对科学竞争变得白热化的条件的分析,对前一篇文章是一种补充。作者证明,在过去的一个世纪中,科学家们涉及优先权问题方面的行为,除了在争夺优先权时可能更有礼貌外,**没有**什么大的变化。默顿指出,个人对这些冲突的看法方面和这些冲突实际发生的频率方面的变化,可以从科学共同体的结构特性的某种组合和它们专业化的知识体的某种组合中追溯其原因。

这一部分的第三篇论文《科学中的单一发现和多重发现》("Singletons and Multiples in Scientific Discovery")提到了另一种怪论:真正可能的多重发现是很罕见的。这篇文章发表于 1961 年,该文从更广阔的视角入手讨论优先权问题,以便阐明一些可供选择的有关科学发展过程的观点。默顿指出,科学中独立的多重发现的出现,比通常人们所假设的要频繁得多,其中的一个重要原因是,宣布发现有可能会阻止别人完成与宣布者在同一方向上的工作;随后,就这种论点,即科学进步必然**要么**源于伟大的科学家的研究,**要么**是积累的科学知识状况实际上不可避免的结果,他又进一步证明,这种论点是似是而非的。他指出,恰恰是那些证明最能利用现有的学术成果的伟大的科学家,比其他人更多地卷入了多重发现,所以,这两种理论观点实际上是相互补充的。

有眼力的读者在这里也许会发现一种不同思想的线索，这种思想在数年后扩展成了《科学界的马太效应》（“The Matthew Effect in Science”，重印于本书第五部分）。这一线索出现在该文接近结尾的一段陈述中：“像弗洛伊德那样的人还要使许多人的注意力集中在一些思想上，若非如此，这些思想就不会引起他们的注意。”置于这个基本范式的框架之中，这种试探性的意见提出了有关科学交流系统的功能和反功能的问题，以及在与之相应的地位方面有很大差异的个体科学家的功能和反功能的问题，这个问题后来得到了详细的考察。

随后的两篇文章，原属于一篇长文。在这里之所以把这篇长文分成两部分，是为了使所考察的不同问题更为突出。第一篇文章现在的题目是《作为战略研究基础的多重发现》（“Multiple Discoveries in Science as a Strategic Research Site”），该文在展示多
285 重发现现象的八个侧面的同时，探讨了这种现象的理论意义，而对这八个侧面的研究，可以澄清作为一种社会制度的科学的诸方面的问题。默顿说明，这些研究的某些政策含义非常重要。依据其以前的分析，他指出，把所有“重复研究”当作是必然的浪费而予以取消的统一决定，有可能会妨碍科学的发展。

在这篇论文中，我们也可以发现一种明显的迹象，即作者考虑到，科学知识的实质结构为社会学的战略研究提供了一个基础。在对多重研究的一个方面进行讨论，即讨论所列的八个方面的第四方面时，默顿指出，从社会学的角度看，不能再把科学共同体当作似乎是完全和谐的整体了。他论证说，各个科学分支之间（在一定程度上由于它们的特定的知识体的性质和结构）存在着重要的

社会学差异，而且这些差异是可解释的；例如，这些差异在对多重发现的不同估计中就有所反映，而且也许在对争夺优先权的频率的不同看法中也有所反映。

这部分的尾声是《科学家的矛盾心理》(“The Ambivalence of Scientists”)。该文所讨论的问题是社会科学家们为什么不怎么系统地研究常见的多重发现现象，这一点的确令人费解；默顿认为，这种情况本身就是一个很值得研究的问题，并且把它当作是深入地探索科学规范结构的复杂性的一个契机。默顿关注的焦点是，奖励系统以什么方式运行加剧了规范结构的组成部分之间的紧张和矛盾，以至于导致了科学家之间的内部冲突。例如，要求自己的科学贡献得到承认是合理的，这种要求既能维护独创性的价值，又能确保奖励系统的运行，但这种要求与要抑制对科学成果的索取这一价值(无私利性和有组织的怀疑等规范用于个人的成果时的派生物)是直接矛盾的。这是“科学家们轻视那些从他们所赞同的[科学]制度中得出的看法”这一强烈的矛盾心理的产物。

在科学家中，有关压力与冲突的这些问题并没有严重到使他们失去信念和动力的地步。对于他们的大部分人来说，他们所面临的不是在维护还是失去发现的优先权之间进行选择的问题，他们所面临的是这样一个艰巨的任务，即设法为知识的积累做出某种贡献。当然，贡献的大小程度要由不同的科学共同体来评定。本书最后一部分的那些论文，将通过考察科学的评价过程更仔细地探讨科学知识财产的社会学意义。

N. M. 斯托勒

286 # 第十四章　科学发现的优先权*

1957 年

关于未来的历史学家对今天的社会学状况会说些什么，我们只能猜测。但我们似乎可以有把握地预测他们的某一个见解。当2050 年的特里威廉（Trevelyan）们撰写我们这一段的历史时（他们多半会写，因为英国的这一历史学家家族作了保证，要把历史永远写下去），毫无疑问，他们会发现很奇怪，在 20 世纪竟然只有如

406 此之少的社会学家（和历史学家）在他们的研究工作中把科学作为他们时代的一个重要的社会制度加以研究。他们会注意到，在科学社会学成为一门单独的研究领域以后很久，[1]在科学已经使人类面临十分严峻的生存或毁灭的选择的这个世界上，这一学科仍然处于几乎未开发的状态。他们甚至会认为，在社会科学家考虑世界现在是什么样、过去曾经是什么样的过程中，不知在什么地

---

* 本章曾作为会长致辞在 1957 年 8 月举行的美国社会学学会的年会上宣读。本文首次发表在《美国社会学评论》，第 22 卷，第 6 期（1957 年 12 月）：第 635—659 页，现经美国社会学协会同意重印。

① 有关科学社会学的雏形，可参见伯纳德·巴伯的《科学与社会秩序》中关于这个问题的概述；另可参见伯纳德·巴伯：《科学社会学：发展趋势报告与文献目录》（"Sociology of Science: A Trend Report and Bibliography"），原载《当代社会学》（*Current Sociology*）第 5 卷，第 2 期（Paris: UNESCO, 1957）。

方，价值观念似乎已经混乱不堪了。

因此，在这个被忽略的广阔领域里还有文章可做，虽然不可能全面地，但也可以根据科学的几个主要组成部分，把科学作为一种社会制度加以考察。

一、作为社会冲突的优先权之争

(一)优先权之争的历史

我们注意到，科学的历史常常被关于发现的优先权的争论打 287
断，这种争论往往是可悲的，我们就从这里开始入手。现代科学的发展已历经了三个世纪，在过去的这段时间里，无数的科学家，其中既有大科学家也有小科学家，都参与过这种刻薄的论战。只要回顾这几个例子就够了：伽利略非常敏锐地认识到他的发明和发现的重要性，他奋力捍卫自己的优先权，成了一个饱经风霜的斗士，首先，他在其著作《驳巴尔达萨尔·卡普拉的诽谤与欺诈》(*Defense against the Calumnies and Impostures of Baldassar Capra*)中，说明了他的“几何军用罗盘”的发明是怎样被窃取的，然后，他又在《试金者》(*The Assayer*)中痛斥了另外四个想要与他争夺优先权的人。第一位是霍拉蒂欧·格拉西神父，伽利略指责他试图“削弱对这项属于我的发明[即用于天文学的望远镜之发明]的任何可能的赞美”；第二位是克里斯托弗·沙伊纳，这个人声称是他首先观察到了太阳黑子(尽管沙伊纳和伽利略两人都不知道约翰内斯·法布里休斯以前已经发表过这样的观察结果)；第三位是伽利略未指明的一个乡巴佬(可能是法国人让·塔尔德)，

伽利略指责他“企图掠夺本来属于我的荣誉而假装没有看见我的著作，并且声称他们是这些奇迹最早的发现者”；最后一位是西蒙·迈尔（马里于斯），伽利略说他“居然厚颜无耻地宣称在我之前已经观察到了围绕木星运行的几个梅迪奇行星，他找到了[并且使用了]一种狡诈的方法企图确立他的优先权”。[①]

举世无双的牛顿曾就有关光学和天体力学的优先权问题与罗伯特·胡克发生过几次论战，在微积分的发明问题上则与莱布尼茨进行了长期而痛苦的论战。胡克[②]被描述为“什么都想要的人”，因为“几乎没有哪项他那个时代的发现，他不认为不归他所有”（也许应补充一下，情况确实常常如此，因为他是他那个天才辈
288 出的世纪中最有发明才能的人之一），胡克不仅与牛顿争夺发明权，而且还就一项重要的发明与惠更斯争夺过优先权，这项发明即用于消除地心引力作用以校准时钟的螺旋弹簧摆。

① 伽利略：《试金者》，1623年，译文见斯蒂尔曼·德雷克：《伽利略的发现与见解》（*Discoveries and Opinions of Galileo*，N. Y.：Doubleday，1957），第232—233、245页。伽利略认为，迈尔很狡猾，他根据儒略历注明他自己著作的出版日期是1609年，而没有说明，作为一个新教教徒，他还没有接受“我们天主教徒”所采用的格雷果里历，而按照后一种日历，出版日期就会移到1610年1月，这时，伽利略已经报告了他最早的观察结果。在本章后面，我将更详细地讨论重视这种短暂的（区分相互竞争的关于优先权主张的）间隔的内在意义。

② 有些对胡克在引力理论发展中的作用的重新评价，很有学术价值，请参见，例如路易丝·D. 帕特森：《胡克的引力理论及其对牛顿的影响》（“Hook' Gravitation Theory and Its Influence on Newton”），原载《伊希斯》40（1949年11月），第327—341页；《伊希斯》41（1950年3月），第32—45页；以及E. N. da C. 安德雷德：《罗伯特·胡克》（“Robert Hooke”），威尔金斯讲座，原载《皇家学会会刊》（*Proceedings of the Royal Society*），137（1950年7月24日），“系列B：生物科学”。玛格丽特·埃斯皮纳斯最近出版的传记，批评不当，有欠完善，因而不能令人满意；参见《罗伯特·胡克》（*Robert Hooke*，London：Heinemann，1956）。

18 世纪的历史中也充满了争论。其中最乏味，且宗派主义色彩最浓的是“关于水的论战”，在这场论战中，腼腆、富有且出身显贵的科学天才亨利·卡文迪什也被扯进了与瓦特和拉瓦锡的激烈的三角战之中，他们争论的问题是：谁最先证明了水的化合物性质，从而把上千年以来认为水是一种元素的说法纠正了过来。尘世的论战也涉及了一些有关某些天体的发现的优先权，那个世纪最富有戏剧性的天文学发现是海王星的发现，英国人约翰·库奇·亚当斯和法国人于尔班·让·勒维烈都推断了这颗行星的存在并预言了它的位置，后来人们在他们各自独立的计算表明的它所应该在的位置上，发现了这颗行星。医学方面也存在着争夺优先权的冲突，例如，詹纳认为他是第一个证明了牛痘接种能够为免患天花提供安全保障的人，而皮尔逊和拉博(Rabout)的辩护者们的看法却与此不同。

整个 19 世纪而且一直到现在，关于优先权的论战仍然频繁而激烈。利斯特(Lister)认为他首先介绍了防腐法，但另一些人则坚持勒梅尔(Lemaire)过去就完成了同样的工作。敏感而谦逊的法拉第受到了其他一些人的伤害，这些人对他在物理学方面的几个主要发现的所有权提出了要求：其中有他关于电磁旋转的发现，这项发现被说成在过去就已被沃拉斯顿完成了，法拉第从前的良师益友汉弗莱·戴维爵士(他本人也卷进了类似的争论之中)实际上反对把法拉第选进皇家学会，其根据是，他认为法拉第的发现并不是独创性的。[①] 拉普拉斯、伯努利家族的好几个人以及勒让德、

---

① 本斯·琼斯：《法拉第的生活与书信》(*The Life and Letters of Faraday*, London: Longmans, Green, 1870)第 1 卷，第 336—352 页。

高斯和柯西也都卷入了优先权之争，而他们仅仅是卷入这种争论的数学界巨擘中的几个。

在物理学、化学、天文学、医学和数学中发生的事情，在除社会科学和心理科学之外的所有其他学科中也发生了。我们知道，社会学只是经过了长期异常剧烈的阵痛之后才正式诞生的，而且出生后也没有得到更多的安宁。它也被圣西门（St. Simon）和孔德的门徒的剧烈争论所困扰，因为他们为这二人到底谁是社会学之父、而谁仅仅是接生婆这样一个微妙的问题争论不休。至于说到最近的历史，有好几个人声称他们在弗洛伊德之前就掌握了精神分析的本质，雅内只不过是其中的一人。

289 把关于优先权之争的清单再扩大一些可能要下很大的工夫，现在这样做也是多此一举。就目前的情况而言，已经足以说明这些争论绝不是什么科学上罕见的例外情况，长期以来，这些争论一直在频繁发生，它们是残酷的和丑陋的。实际上它们成了科学家之间社会关系的一个不可分割的部分。这种情况的确如此普遍，以至德国人根据其特点为它创造了一个复合词：*Prioritässtreit*（优先权之争）。

从表面上看，可以很容易地对争夺优先权之冲突的模式作出解释，它似乎仅仅是由同时或者差不多同时作出的同样发现导致的结果，这是一种科学史上经常发生的事件，至少在威廉·奥格本和多罗西·托马斯进行了确定性研究以来，这种事件再也没有逃脱社会学家或其他人的注意。但再进一步看看，事情似乎并非这么简单。

科学上的一连串类似或同一的发现只是关于优先权争论的一个**诱因**[①]而不是它们的**起因**或它们的**理由**。毕竟，科学家们也知道，很多发现常常是独立完成的。（我们在后面会看到，他们不仅知道这一点，而且对此感到忧虑，这常常致使他们仓促行事以确保他们的优先权。）因此，对科学家来说问题似乎很简单，即承认他们的同时发现是各自独立完成的，这样也就无所谓优先权的问题了。偶尔，正如我们在科学史上所有最动人的高尚行为的例子中将会看到的那样，也会发生这种事情：达尔文、华莱士都想把他们因为分别解决了问题而应得的荣誉互相谦让给对方。这件事情发生了50年之后，华莱士仍然坚持把他匆忙完成的工作（仅在他有了那种伟大的思想后一周就写成的东西）与达尔文以20年收集的证据为基础而完成的工作进行对比。华莱士追忆说："**我**那时（而且以后也常常）是一个匆匆忙忙的年轻人，而**他**则是一个刻苦、耐心的学者，寻求一切可以证明他所发现之真理的充分证据，他并不是一个想一举成名的人。"[②]

在其他一些情况下，自我克制甚至走得更远了，例如，举世无双的欧拉隐瞒了他长期"寻求关于变分法的解"，直到23岁的拉格

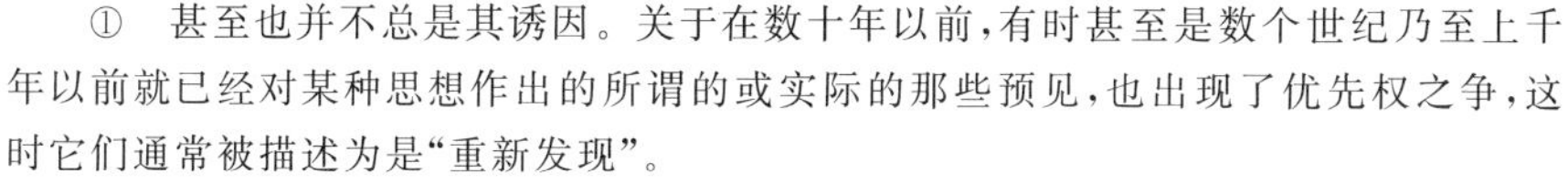

① 甚至也并不总是其诱因。关于在数十年以前，有时甚至是数个世纪乃至上千年以前就已经对某种思想作出的所谓的或实际的那些预见，也出现了优先权之争，这时它们通常被描述为是"重新发现"。

② 这段话引自华莱士对这项共同发现完成50年的评论，这是自我放弃优先权的一个典范，这个几乎被人们忘记了的事例，很值得引起人们重新注意。副本请参见詹姆斯·马钱特：《艾尔弗雷德·拉塞尔·华莱士：书信和回忆录》(*Alfred Russel Wallace*：*Letters and Reminiscences*，New York：Harper，1916)，第91—96页。

朗日发现了这种解所需要的另一种新方法时，才将它付印，欧拉告
290 诉这个青年人说："这样才不会剥夺应该属于你的任何荣誉。"[①]在科学编年史上，除了这些和其他的许多慷慨之举的例子外，毫无疑问还有更多的人从没有设法使他们载入史册。然而经常性的优先权之争具有很大的影响，给这些高尚之举投下了巨大的阴影，因此仍然有必要对它们加以说明。

(二)争夺优先权之冲突的所谓根源

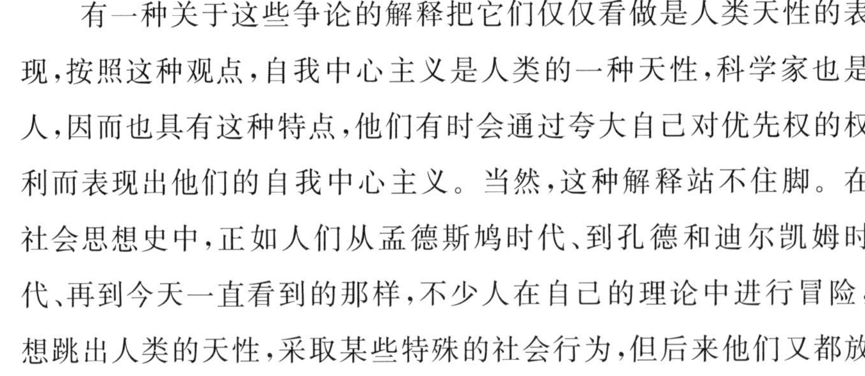

有一种关于这些争论的解释把它们仅仅看做是人类天性的表现，按照这种观点，自我中心主义是人类的一种天性，科学家也是人，因而也具有这种特点，他们有时会通过夸大自己对优先权的权利而表现出他们的自我中心主义。当然，这种解释站不住脚。在社会思想史中，正如人们从孟德斯鸠时代、到孔德和迪尔凯姆时代、再到今天一直看到的那样，不少人在自己的理论中进行冒险，想跳出人类的天性，采取某些特殊的社会行为，但后来他们又都放弃了。[②]

第二种解释不把这些冲突看做是源于所有人都共有的天性，而看做是源于在某些人身上才能发现的自我中心主义的癖好。这

---

① E. T. 贝尔：《数学家》(*Men of Mathematics*, New York: Simon and Schuster, 1937)，第 155—156 页。也可参见令人尊敬的勒让德对二十几岁的数学天才尼尔斯·阿贝耳的慷慨之举(同此书，第 337 页)。

② 埃米尔·迪尔凯姆早在他 1892 年的拉丁文论文中就已经探究过社会学理论中的这个基础性的问题了，幸运的是，该文已经译成了法文，我们这些后来的社会学家都可以从中受益。参见他的《孟德斯鸠与卢梭：社会学的先驱》(*Montesquieu et Rousseau: Précurseurs de la Sociologie*, Paris: Marcel Rivière, 1953)，尤请参见第 1 章。

种解释假定，像其他职业一样，科学这种职业吸引了一些以自我为中心的人，它还进一步假定，科学甚至可能会吸引许多这样的人，他们渴望得到荣誉，因而选择了一种保证对成功者给予不朽荣誉的职业。与那种认为冲突是源于天性的论点不同，这种解释涉及自我选择和社会选择过程，从原则上讲它是没有什么缺陷的。不同个性的人可能会被吸收到不同的职业，对此，虽然我偶有怀疑，但也有可能，那些生性争强好胜的人特别容易被吸引到科学这种职业上来，并且受聘成为科学事业的成员。这种情况达到什么程度仍然是一个有待回答的问题，但是，对从事各种职业的人的个性特征进行研究，也许会在适当的时候发现在什么程度上情况是这样的。[①] 无论怎样，找出一些咄咄逼人的科学家不应该是什么难事。

即使选择过程的结果是雇用了一些爱争辩的人，在理论上也 291
仍然有理由相信，这并不能对科学上突然爆发的关于优先权的大量争论做出恰当的说明。举一个例子来说，这些争论常常涉及一些通常具有谦逊气质的人，他们只有在捍卫自己的知识产权时才会以一些似乎是任性的方式行事。这种情况常常是引人瞩目的，而且有时非常令人难以理解。正如汉弗莱·戴维爵士在卡文迪什和瓦特之间关于水的问题发生大论战时所问的那样，卡文迪什

---

① 有关这方面的资料十分贫乏而且不能令人满意。一项关于主题理解测验(thematic apperception test)的研究，从零开始，对 64 位著名的生物学家、物理学家和社会科学家进行了调查，但从对调查记录的研究中并没有发现他们有“特别争强好胜”的迹象。请参见安妮·罗：《科学家的培养》(*The Making of a Scientist*, New York: Dodd, Mead, 1953)，第 192 页。

“毫无野心，平易近人，要下很大的气力……才能说服他公布他的重要发现……而且……他害怕张扬”，这样一个人怎么会卷入关于优先权的冲突之中呢？[①] 卡文迪什的传记作者记述了这件事，把这种情况描述为“一个令人困惑不解的难题，两个非同寻常的既谦逊又没有野心的人，因为其正直受到了普遍的尊敬，他们的发现和发明使他们闻名天下，但忽然之间，他们却处在了相互敌对的位置上”。[②]显然，为争夺优先权而战并不需要根深蒂固的自我中心主义。

另外一类重要的事实表明，把这么多的争斗解释为源于自我中心主义的个性是不恰当的。情况往往是这样，当事人自己，即发现者与发明家本人并没有参与争夺优先权的争论（或者，当他们发

① 汉弗莱·戴维爵士：《文集》第7卷，第128页，转引自乔治·威尔逊：《可敬的亨利·卡文迪什传》（*The Life of Honorable Henry Cavendish*, 2 vol., London, 1851），第63页。

② 威尔逊：《亨利·卡文迪什》，第64页。关于卡文迪什这位（病态的）腼腆的隐居者，人们几乎不可能怀疑他的谦逊的品格，他的未发表的笔记中记载了许许多多的发现，它们证明了当时普遍认可的某些理论是不成立的，并且预见了很久以后才作出的一些发现。毋庸置疑，他是一个很典型例子，甚至像他这样的人也被牵扯到有关优先权的争论之中了。

科学史显然有它自己的链式反应。正是读了威尔逊的《卡文迪什传》中的记述，了解到卡文迪什长期被遗忘的关于碱周围气体放电现象的实验，使拉姆齐（同样也使瑞利）发现了元素氩。瑞利和拉姆齐都很审慎地提出了他们各自对这项发现的所有权，由于他们关系密切，因此他们的要求难以解决。最终他们同意，把共同发表这项发现作为分配适当荣誉这一问题的“唯一解决办法”。这件事引起了一场关于优先权的大论战，这两位发现者都不会参与这种论战；这场辩论在这二者的传记中仍在持续：一方是拉姆齐的老朋友和合作者莫里斯·W. 特拉弗斯，参见他的《威廉·拉姆齐爵士传》（*A Life of Sir William Ramsay*, London: Edward Arnold Ltd., 1956），其论述在第100、121—122、292页随处可见；另一方是瑞利勋爵的儿子R. J. 斯特拉特，参见他的《约翰·威廉·斯特拉特：瑞利男爵三世》（*John William Strutt: Third Baron Rayleigh*, London: Edward Arnold, 1924），第11章。

现坚持他们自己应得的荣誉或剥夺其对手的荣誉，使他们扮演着一种令人厌恶的角色，这时，他们就会从这样的争论中退出）。反而，他们的朋友和门徒，或者是其他更为公正的科学家，却总把优先权的认定看做是必须争出一个结论的道德问题。例如，是沃拉
斯顿的朋友而不是这位卓越的科学家自己暗示，年轻的法拉第侵 292 
吞了电磁旋转实验的荣誉。[①] 与此类似的是，普里斯特利、德吕克(De Luc)、布莱格登(Blagden)等“所有这些在科学上出类拔萃、品格洁白无瑕的人”，使羞怯的卡文迪什和谦逊的瓦特陷入了关于水的优先权的争论。[②] 最后还有个例子，就是好争论的、才华出众的并且十分受人尊敬的科学家弗朗索瓦·阿拉戈（我们在后面还要提到他）和一群天文学家，主要是法国和英国的天文学家，也有一些德国和俄国的天文学家，而不是“害羞、文雅和单纯的”海王星的共同发现者亚当斯，挑起了关于海王星发现的优先权之争，他们使这场争论达到白热化的程度，然后慢慢平静下来，达成了一种了普遍的共识：这颗行星是亚当斯和勒维烈各自独立发现的。[③] 科学史中有关优先权的一个又一个历史争论，情况大都是如此。

在成功地为他们所拥戴的人争得了权利之后，这些争论的协

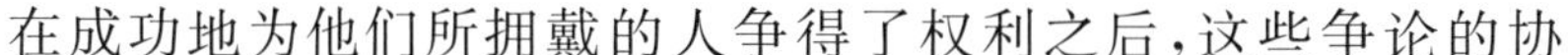

① 琼斯：《法拉第》，第351—352页；另可参见T. W. 查尔默斯资料丰富的著作：《历史研究：物理学发现和化学发现史部分》(*Historic Researches: Chapters in the Physical and Chemical Discovery*, New York: Scribner's, 1952)，第54页。

② 这个同代人的判断出自威尔逊的《亨利·卡文迪什》，第63—64页。

③ 哈罗德·斯宾塞·琼斯：《约翰·库奇·亚当斯与海王星的发现》(“John Couch Adams and the Discovery of Neptune”)，重印于詹姆斯·R. 纽曼：《数学世界》(*The World of Mathematics*, New York: Simon and Schuster, 1956)第2卷，第822—839页。可以开列一个很长的个案清单，在这些个案中，都是同事而不是当事人在那些冲突中起着主导作用。这个清单我就不在这里列出了。

助者与旁观者们，除了把自己看做是与权利获得者属于同一学派或同一民族而得到一种匹克威克式的欣慰之外，他们从这种胜利中几乎不能得到或者根本得不到任何利益。他们的行为难以用自我中心主义来解释。如果竞争对手要求享有优先权，他们不会因此而蒙受痛苦，他们个人的地位将不会受到威胁。他们一而再、再而三地为这种地位之战而冲锋陷阵，[1]为任何沉溺于自我吹嘘的表现大吵大闹，对他们所拥戴的人受到的粗暴伤害表现出极大的道德义愤。

我认为，这是一类特别重要的事实，因为我们从关于制度的社会学理论中得知，表达没有私立的道德义愤，象征着宣布某种社会规范遭到了违背。[2] 虽然义愤填膺的旁观者本人并不会受到在他们看来是犯罪一样的错误行为的伤害，但他们会做出有敌意的反应。
293 他们希望看到“公正行事”，看到行为者遵守游戏规则。正是他们参

与了争论这一事实表明，科学是一种社会制度，它具有独特的可发挥道德权威作用的规范体系，如果感到有人正在违背这些规范，人们就会特别援引它们。从这个意义上讲，关于优先权的论战（这种论战总是异常激烈，而且参与者容易感情冲动）尽管可能会使争论的温度升高，但它们并非仅仅只是脾气暴躁的表现，从本质上讲，它们是对被看做是违反了知识产权制度规范的行为所作出的反应。

---

① 当然，有时候他们的行为像是个法官和仲裁人，而不像是倡导者，赖尔和J.D.胡克在涉及达尔文和华莱士的事件中就是如此。正如我们将要看到的那样，人们使同样的制度规范在所有这些个案中以不同的方式发挥作用。

② 关于道德责任及其相关的道德义愤在制度理论中的理论地位的敏锐分析，尤其是迪尔凯姆的长期研究对这一问题的揭示，请参见塔尔科特·帕森斯：《社会行动的结构》，第361页及以下诸页。

二、科学的制度规范

如果把关于优先权的这些经常性的冲突说成是源于人类本性中的自我中心主义，那么几乎什么也解释不了；如果说它们源于受雇于科学的那些人的好争论的个性，尽管可以解释部分东西，但这种解释还不充分；我认为，把这些冲突说成在很大程度上是科学自身的制度规范的结果，则更加接近事实。因为，正如我将要指出的那样，给科学家施加了压力要他们去维护自己的权利的，恰恰是这些规范，这有助于解释这样一种似乎自相矛盾的情况，即在日常生活中的其他方面并不特别强调自己权利的谦逊和没有攻击性的人，在他们的科学工作中却常常这样做。

科学规范促使产生这种结果的方式似乎是十分清楚的，人们从各个方面提醒科学家，增进知识是他的任务，实现这个任务亦即大大增进知识则是他最大的幸福。当然，这只不过是说，在这种科学制度中独创性非常受重视。因为正是通过独创性，知识才会以较小或较大的增幅得以发展。当科学的制度有效地发挥着作用时(像其他社会制度一样，它并不总能有效地发挥作用)，对那些最出色地履行了自己角色的人，以及那些为公共知识的积累做出了真正开创性贡献的人，人们的承认和尊敬就会自然增加。这样就会看到那些快乐的局面：个人利益与道德义务相符合并且融为一体。

因此，对一个人所取得的成就的承认是一种原动力，这种原动力在很大程度上源于制度上的强调。对独创性的承认成了得到社会确认的证明，它证明一个人已经成功地实现了对一个科学家最严格的角色要求。科学家的个人形象在相当程度上取决于他那个领域的科学界同仁对他的评价，即他在什么程度上履行了这个高标准的极为重要的角色，正如达尔文曾经指出的那样："我对自然科学的热爱……因有心要得到我的自然科学家同行们的尊敬而大大加强了。"

294 因此，对承认的兴趣[①]虽然很容易成为，但不一定就是一种对自我抬高的渴望或自我中心主义的表现，毋宁说，从心理学角度讲，这种兴趣就是这样一种动机，它是与制度层次上对独创性的强调相对应的。每个科学家并不一定一开始就有成名的欲望，科学只要坚持并经常从功能方面强调独创性，并且把大部分奖励授予有独创性的成果，就足可以使对优先权的承认变得至高无上。这样，承认和名气就成了一个人工作出色的象征和奖励。

这意味着，早在我们知道这个或那个科学家各自的个性以前，我们就知道，他将处在这样一种压力之下，即要使他对知识的贡献为其他科学家所知，而那些科学家将处于承认他享有自己的知识产权的压力之下。可以肯定，有些科学家比其他科学家更容易受到这些压力的伤害——有些人不愿抛头露面，有些人却喜欢大出风头；有的在给予承认方面慷慨大度，有的则吝啬小气。但是，频频出现的关于优先权的争执并非仅仅是由科学家个人的品质所导

---

① 当然，并非仅仅是科学制度逐渐向人们灌输和强化了对承认的关心；从某种程度上讲，所有制度都是如此。自从 W. I. 托马斯把"承认"归结为他所谓的人的"四种愿望"之一以来，这一点就变得更明显了。但是关键在于，在强调独创性时，科学制度大大地加强了这种关心，并且间接地致使科学家在涉及他们的优先权时奋力坚持己见。有关托马斯对这四种愿望的详细说明，请参见《未适应的姑娘》(*The Unadjusted Girl*, Boston: Little Brown, 1959)，第 1 章。

致的，而是由科学的制度所引起的，科学制度把独创性解释为一种最高的价值，因此使得一个人的独创性是否能得到承认成了一个事关重大的问题。[①]

当对优先权的承认未能通过或者从视野中消失了时，科学家也就失去了他的科学财产。虽然像其他种类的财产一样，这种财产也存在着一个对“所有者”权利的普遍承认的问题，但是它在其他一切方面都与别的财产截然相反。一旦一个科学家做出了他的贡献，他就不再有排他性的获得它的权利了。他的贡献成了科学的公共领域的一部分。他也没有权利以是否承认这是他的贡献为前提来控制别人对它的使用。简言之，在科学界，财产权[②]被削减得只剩下这样一个方面：其他人承认在导致这一成就方面该科学家起了独特的作用。 295

情况可能是这样，通常在其他形式的财产中结合在一起的数种权利凝聚成了一种，即被其他人承认的权利，这也使得通常可以

① 在阐述这一观点时，我并不想暗示，科学家只不过是比其他人更顺从的木偶，他们所做的就是社会制度要求他们做的事。我也并不想说，科学家像其他制度领域中的人一样，倾向于按照这种制度为他们界定的方向阐明价值观并引导他们的研究动机。有关制度化动机的一般理论的深入阐述，请参见塔尔科特·帕森斯：《社会学理论论文集》(rev. ed., Glencoe: The Free Press, 1954)，尤请参见第2章和第3章。

② 财产是科学制度必要的组成部分这一观念，可以从科学家们谈论他们的工作时所使用的语言中看出。例如，拉姆齐要求瑞利“允许”他“观察大气中的氮”，瑞利已经开始并正在对此进行研究；年轻的克拉克·麦克斯韦写信给威廉·汤姆孙说：“我不知道科学的游戏规则和科学的专利法……但是我肯定打算照搬您对电的描述”；诺伯特·维纳把“不同的空间，亦即布朗运动的空间”描述为“从其纯数学方面讲完全属于我，而我在巴拿赫空间理论中只不过是一个小字辈的搭档”。借用、侵犯、照搬、信用、剽窃，以及某个“属于”我们的概念，所有这些仅仅是科学家理所当然地使用的有关财产的词汇中的一小部分。

描述优先权之争特点的情感因素大大集中了。这种情感的强度似乎往往与理由不相称;例如,当一个实际上只对知识做出了很小一点贡献的科学家感到他的贡献没有得到足够承认的时候,他所作出的愤慨的反应可能与一个真正有发明创造的科学家一样大,如果他暗地里认为,他已经做出了他能够合理地期望的最大限度的贡献,那么他的愤慨可能会更大。[①] 上述财产权集中成为一个被承认权的现象也可以解释以下现象:当许多科学家中的某一个人

① 在伽利略对萨尔西(Sarsi,格拉西的笔名)的反击中也发生过某种这类情况:"萨尔西只是非常明确地证明了他的企图,即他要完全剥夺对我的任何赞誉。对于我们所提出的解释彗尾有时弯曲、呈现出弧状这一事实的推理,他予以了反驳,但并不满足于此,因而又补充说,我在这里没有得出什么新的结论,因为有关论述在很久以前就发表过了,而且那时就遭到了约翰·开普勒的反驳。在同意萨尔西说明的读者的心中,可能会产生这样的想法,即我不仅是一个剽窃他人思想的贼,而且是一个卑鄙而吝啬的贼,甚至连已遭到反驳的东西都要设法窃取。谁知道呢;也许,在萨尔西的眼中,这种偷窃的卑鄙勾当,理应受到责备,就像如果我大胆使用更多的赃物会受到谴责一样。如果我不窃取无价值的东西,而是更高尚地设法去寻找某个可尊敬的但在这些方面还不是尽人皆知的作者的著作,然后试图隐瞒他的名字,把他的所有劳动成果都归功于我自己,萨尔西也许会认为,这样一种事业是重要的和高尚的,就像在他看来另一种事业似乎是怯懦的和卑下的那样。"(伽利略:《试金者》,第261—262页。)

我(在这篇论文未发表过的部分)把这种反应形式描述为"专业预示论者"的反应,本杰明·富兰克林因其他一些人声称他们首先完成了灯鸢的实验而感到痛苦时,也作出了这样的反应。他指出,在某种程度上(他的见解的其余部分几乎同样是切中要害的)"当一个竞争者对他人的猜疑和妒忌很容易使你遭到反对,至少会使问题受到怀疑时,你的发明越小,你在与他争夺该发明的荣誉时所受到的屈辱也就越大。它本身不足以引起一场争论,没有人会认为你的证明和理由值得他们注意:如果你不就此问题进行争辩并证明你是对的,你不仅会在这样的事件中失去你具有**独创性**的荣誉,而且还会蒙受你没有**独创性**的耻辱;你不仅是个剽窃者,而且是个剽窃无价值的东西的人。如果这项发明比较大,那你蒙受的耻辱就会小一些;因为人们对一个人在公路上抢劫黄金,并不会像对他扒窃半个便士和四分之一个便士那样鄙视他。"[转引自 I. B. 科恩材料翔实、意义深远的专著:《富兰克林与牛顿》(*Franklin and Newton*, Philadelphia: The American Philosophical Society, 1956),第76页。]

的优先权遭到否认或受到挑战的时候，这些科学家都会表达他们 296
强烈的道德义愤。即使这个事件与他们个人并无利害关系，他们也会强烈地意识到这种单一的财产规范，他们表示出敌意则可以起到这样一种潜在的作用，即重新肯定这种规范的道德有效性。

国家对享有优先权的要求

在一个由众多民族国家组成的世界上，每一个国家都有它自己的民族优越感，新发现不仅增加了发现者个人的荣誉，也增加了一个民族的荣誉。至少从 17 世纪起，英国人、法国人、德国人、荷兰人以及意大利人都极力为他们的国家争夺优先权；稍晚些时候，美国人和俄国人也加入了他们的行列，以便澄清他们所具有的首创权。

例如 17 世纪的英国科学家沃利斯写道："我非常愿意看到，胡克先生和牛顿先生能认真促进望远镜的设计工作，这样，其他人可能就不会仅仅因为我们忽视了发表我国的发明而从我们这里窃走那些发明。"哈雷在谈到他关于彗星的发现时也曾这样说过："如果按照我们的预测它在 1758 年左右会返回的话[当然，它后来确实返回了]，即使不公正的后代也不会拒绝承认，这是由一个英国人首先发现的。"①

或者，我们把目光迅速转向现在，来看看俄国人，现在他们已经在世界舞台上占据了一个强有力的位置，他们也开始坚持科学的民族特性，并且坚持认为，澄清一项发现的第一人是谁具有重要

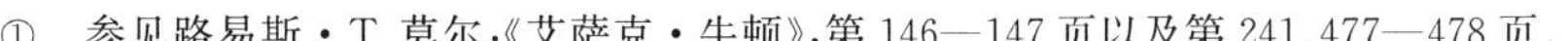

①　参见路易斯·T. 莫尔：《艾萨克·牛顿》，第 146—147 页以及第 241、477—478 页。

的意义。尽管这种国家对享有优先权提出要求的模式比较陈旧，但是仅从一个俄国杂志如此有魄力地公开说明了它的理论基础这点来讲，也值得把其阐述引用如下：

> 马克思列宁主义粉碎了关于超阶级的、非国家所有的、"全人类的"科学之世界主义的臆想，它明确地证明，像现代社会的所有文化一样，科学也具有民族形式和阶级内容……对科学上的优先权问题，哪怕是稍微有一点点不重视或者稍微有一点点忽视，都必须受到谴责，因为这样就中了敌人的诡计，他们假设科学的优先权问题亦即哪些民族[请注意，在这里，集体取代了科学家个人]对世界文化的总积累做出了什么贡献的问题并不存在，并用这种世界主义的空谈来掩盖他们的意识形态侵略……[一个简洁的概括概述了有关这些问题的答案]俄国人民具有最丰富的历史，在这个历史进程中，这个国家创造了最丰富的文化，这个世界的所有其他国家以往都依赖它，而且时至今日还在继续依赖它。[①]

297 以这种断言为背景，人们可以更好地评价赫鲁晓夫最近的讲话和《纽约时报》的评论，赫鲁晓夫说："我们俄国人在你们之前就有氢弹了"，《纽约时报》的评论则说："氢弹爆炸的优先权问题是……一个语义学问题"，只有在我们知道了所谈论的是"原型氢

---

① 社论：《驳资产阶级的世界主义意识形态》，英译文见《当代苏联报刊文摘》第1卷，第1期(1949年2月)：第9—10、12页。有关的详细说明，请参见大卫·乔拉夫斯基：《苏联的科学史观》("Soviet Views on the History of Science")，原载《伊希斯》46(1955年3月)，第3—13页，尤其是第9页注和第11页，这里讨论了俄国对优先权变化着的态度以及同一时期的发明；另请参见默顿：《社会理论与社会结构》，第556—560页[以及本书第13章。——编者]。

弹”还是“发展成熟的氢弹”时，这个问题才能解决。①

俄国人最近以各种方式宣称他们对发明和科学发现享有优先权，这种倾向是在大力再现其他国家以前宣称享有类似的优先权的倾向，这些国家的这种倾向虽然远没有消失，但现在已经不那么强烈了。在法定或自行设立的国家代表提出他们的权利要求的情况下，科学家个人在提出这样的权利要求时常常表现出的那种抑制就不那么容易觉察了。

三、科学的奖励系统

像其他的制度一样，科学制度也发展了一种经过精心设计的系统，给那些以各种方式实现了其规范要求的人颁发奖励。当然，情况并非总是如此。这一系统的演化历经了好几个世纪的工作，而且显然，永远也不会结束。在现代科学的初期，弗朗西斯·培根可能既是解释又是抱怨地说过：“只要人们在科学园地中的努力和劳动得不到报酬，那就足以阻遏科学的增长……因此，一项事物不被人尊崇就不会兴旺，也就没有什么可奇怪的了。”②半个世纪后，

---

① 《纽约时报》，1957年7月27日，第3版，第1栏。当骄傲地声称首先造出了氢弹时，民族的自大也就成了毁灭的前兆。

② 弗朗西斯·培根：《新工具》，埃利斯和斯佩丁译（London：Routledge，n. d.），第1卷，箴言91。上面正文中的省略号是为了简洁；在这里应把省略的部分补全，因为培根接着进行的论述也是相关的：“现在的情况是科学耕耘和对科学的报酬两事不落在同一人身上。科学的增长是出于伟大的才智之士，对科学的奖品和报酬则掌握在一般人或大人物之手，这些人，除极少数外，连中等学问都没有。并且，这类的进步不仅得不到奖品和实在的利益，就是连舆论赞扬都搏不到。因为这种事情高于人们的一般水平，为他们所不能接受，而反要被舆论的狂风所压倒、所扑灭。”

罗彻斯特大主教托马斯·斯普拉特，在他为新创立的皇家学会所撰写的正史中，也说过与此非常相似的话：

> 如果说，对于那些到目前为止还无利可图并且不会得到别人喝彩的研究工作，人们并不非常热心的话，这也没有什么可奇怪的。倘若最终只会使他们被别人看不起，那么又能用什么来激励他们花费他们的时间和技艺为人类揭示那些**科学**
> 298 **之谜**呢？将会有几个人愿意为了公共的利益而去受穷呢？当他们看到所有可能给他们的**事业**以活力的奖励从他们身边溜过而授予了那些千篇一律、较为容易的研究工作时，他们又会作何感想呢？[①]

这些抱怨的回声现在仍在大学和科学学会的讲堂里回荡，但主要涉及的是物质性的奖励而不是名誉性的奖励。随着科学的增长和专业化，名誉奖励体系变得花样繁多，日益复杂，而且显然，其变化的速度越来越快。

把长期以来所使用的大量不同的承认形式列一张清单，其中排在第一位的就是以名字命名，[②]这种做法把科学家的名字加在他们发现的全部或部分现象之前，例如哥白尼宇宙体系、胡克定律、普朗克常数、哈雷彗星，等等。通过这种方式，科学家们会在历

---

① 托马斯·斯普拉特：《皇家学会史》，第27页。

② 伽利略在他的《星际使者》（"The Starry Messenger"）的献词中，宣布他发现了木星的卫星，他首先赞扬了这种命名的做法，他一开始是这样说的："确实，有些人提供了公共服务，以防止品德出众的人的杰出的成就遭到妒忌，从而避免了那些应当万古流芳的英名被人遗忘和忽略。"[德雷克：《伽利略的发现与见解》(*Discoveries and Opinions of Galileo*)，第23页]接下来他就把那些卫星称之为"梅迪奇星"，以表示对托斯卡纳(Tuscany)大公的敬意，后者不久便成了他的赞助人。

史上留下他们不可磨灭的标记，他们的名字会进入这个世界的所有科学语言之中。

在这个命名体系的巅峰险峻难攀、人员稀少，站在这个顶峰之上的，就是那些给他们那个时代的科学和思想留下他们烙印的人。这些人自然为数甚少，有时候整个时代都以这几个人的名字命名，比如我们所说的牛顿纪元、达尔文时代或弗洛伊德时期，等等。

命名的等级也具有古特曼(Guttman)度量表的特点，按照这种度量表，那些得到了最高地位的人在荣誉承认方面也被排了在稍低一些的位置上。因此，这些无与伦比的科学家常常也排在命名录的下一个最高的位置上，在这里他们获得了一门新的科学或一个新的科学分支之父的美誉(按照英雄理论，有时候，他们通过一种显然不需要合作者的单性生殖就可以获得这种荣誉)。这种或那种科学(或者这种或那种专业)杰出的创始人有着某种目标，但这一目标并不是轻而易举就能实现的。下面仅仅考虑这样少数几个人，这是从一个比以下列表长很多倍的清单中挑选出来的：

莫尔加尼(Morgagni)，病理学之父；

维居叶，古生物学之父；

法拉第，电工学之父；

丹尼尔·伯努利，数学物理学之父；

比沙(Bichat)，组织学之父；

冯·列文虎克，原生动物学和细菌学之父；

詹纳，预防医学之父；

299 克拉尼，现代声学之父；

赫尔巴特(Herbart)，科学教育学之父；

冯特，实验心理学之父；

皮尔逊，生物统计学之父；

当然，还有：

孔德，社会学之父。

在化学这样一门源远流长、屡经分化的科学中，创始人往往不止一个。如果说罗伯特·波义耳是无可争辩的化学之父的话[按照他的爱尔兰文墓志铭的记载，他也是科克(Cork)伯爵的叔叔]，那么普里斯特利就是气体化学之父，拉瓦锡是现代化学之父，而举世无双的威拉德·吉布斯则是物理化学之父。

间或，人们会要求一门科学假定的创始人的亲传弟子或后来的继承人，来证明该科学之父当之无愧，比如约翰内斯·米勒和阿尔布雷希特·冯·哈勒，他们分别被看做是实验生理学之父。

一旦这种命名模式建立起来了，人们便会使它逐渐走向极端。每一种新的专业都有自己的开山鼻祖，其身份往往只有那些从事这个专业工作的人才知道，就这样，曼纽尔·加西亚作为喉头镜检查术之父、而阿道夫·布隆尼亚尔则作为现代古植物学之父、蒂莫西·布赖特作为现代速记学之父、约翰·德齐尔松神父(他的重要研究可能对孟德尔产生了影响)作为现代合理养蜂学之父在历史舞台上出现了。

有时候，一种特定形式的学科以命名的方式来为首先使之定型的那个人作证，比如：希波克拉底医学、亚里士多德逻辑学、欧几里得几何学、布尔代数和凯恩斯经济学等等。还有一种非常罕见的情况，即同一个人，既由于他取得的成就也由于他没有取得的成就，而获得了双重的不朽之名，比如欧几里得几何学与非欧几里得几何学、亚里士多德逻辑学与非亚里士多德逻辑学，等等。

按照粗略的等级次序，下一个等级由成千上万个以人名命名的定律、理论、定理、假说、仪器、常数和贡献组成，我们不能指望，一个短短的清单就可以描述那些范围宽广的科学贡献，正是这些贡献使完成它们的那些人名垂史册了。随便举几个例子，比如布朗运动、塞曼（Zeeman）效应、里德伯（Rydberg）常量、莫塞莱（Moseley）原子数和洛伦兹（Lorenz）曲线，如果我们仅仅考虑那些在当代有把握得到的承认而不是有可能永垂不朽的名声的话，我们还可以举出几个例子，如斯皮尔曼（Spearman）矩阵、罗尔沙赫（Rorchach）墨迹、瑟斯顿（Thurstone）度量表、博加达斯（Bogardus）社会距离度量表、贝尔斯（Bales）互动范畴、古特曼度量图以及拉扎斯菲尔德潜在结构分析，等等。

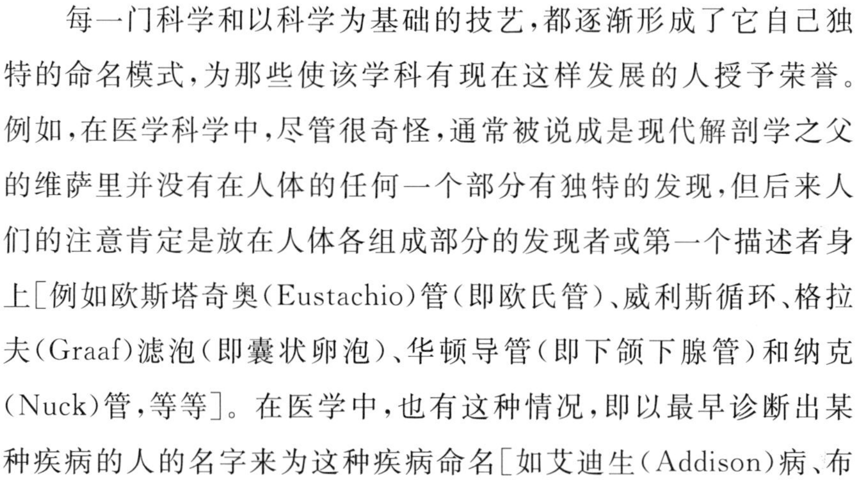

每一门科学和以科学为基础的技艺，都逐渐形成了它自己独 300
特的命名模式，为那些使该学科有现在这样发展的人授予荣誉。例如，在医学科学中，尽管很奇怪，通常被说成是现代解剖学之父的维萨里并没有在人体的任何一个部分有独特的发现，但后来人们的注意肯定是放在人体各组成部分的发现者或第一个描述者身上[例如欧斯塔奇奥（Eustachio）管（即欧氏管）、威利斯循环、格拉夫（Graaf）滤泡（即囊状卵泡）、华顿导管（即下颌下腺管）和纳克（Nuck）管，等等]。在医学中，也有这种情况，即以最早诊断出某种疾病的人的名字来为这种疾病命名[如艾迪生（Addison）病、布

赖特肾病、霍奇金(Hodgkin)病、梅尼埃尔(Menière)氏病、帕金森(Parkinson)病,等等];或以诊断化验的发明者的名字命名[如罗姆伯格(Romberg)症、瓦色曼(Wassermann)反应、卡尔梅特(Calmette)试验和巴彬斯基(Babinski)反射];也有一些是以在研究或实践中所使用的仪器的发明者的名字命名的情况[如凯利(Kelly)垫、凯利夹和凯利直肠镜等]。然而,无论医学中的这种命名有多少,无论其形式如何变化,[①]它们也只是使少量的人的名字保留了下来,而实际在医学领域工作过的人是数不胜数的。虽然,用名字命名这种奖励的绝对数量很大,但依然只是局限于相当少的一部分人。

时间不允许、况且目前这个场合也不需要我详细考察所有其他科学中的命名情况。那么,我在下面只考虑两种其他的命名模式,在物理学的一个特别分支中已经形成了这样一种惯例,即用伟大的物理学家的名字命名电磁单位,从而把荣誉赋予那些伟大的物理学家[例如伏(特)、欧(姆)、安(培)、库(仑)、法(拉)、焦(耳)、亨(利)、麦(克斯韦)、高斯、吉伯和奥(斯忒)等]。在生物学中,长期以来一直有这种惯例,即用一个物种的第一个描述者的名字来命名该物种,这种习惯严重扰乱了达尔文的工作,因为在他看来,这会使博物学家中的那些"物种贩子"草率而粗心的工作受到奖励,这些人想仅靠"两三行对某一个物种糟糕

① 有人指出,至少在医学中,只要疾病没有充分地被人们所了解,它们就有可能被冠以人名来命名。"任何以人名命名的疾病都是一个很好的研究主题"[O. H. 佩里:《医学词源》(*Medical Etymology*, Philadelphia: W. B. Saunders, Co., 1949),第11—12页]。

的描述”轻而易举地获取一个不朽的名声。[①]（我想指出，除了这个例子以外，我们还可以从其他情况中了解到：科学的奖励系统怎么走到了这样一步，以至于它完全失去了控制并破坏了它原有的目标。）

以名字命名可能是科学界中一种最持久，而且也许是声望最高的制度化的承认方式。但如果把奖励系统限制在这一范围之内，那么这种奖励系统就不会使许多其他卓越的科学家受益，而没 301

有他们的工作，许多革命性的科学发现就不可能完成。对科学领域中有价值的东西的分级奖励，即科学家同行表示尊敬的承认，是按照科学成就的分层等级进行分配的。只要再列举另外几个也相当重要的承认形式，也许就足以使我们想到科学奖励系统的复杂结构了。

在最近这几十年中，由全世界知名科学家提名而获得诺贝尔奖，或许就是在科学界得到承认的成就的最高证明。[②] 科学界还有一种象征名望的方法，那就是授予著名科学家奖章或授予获奖者以类似的奖品（例如拉姆福德奖章和阿拉戈奖章）。除此之外的奖励还有，成为有很高威望的科学研究机构和科学组织［例如皇

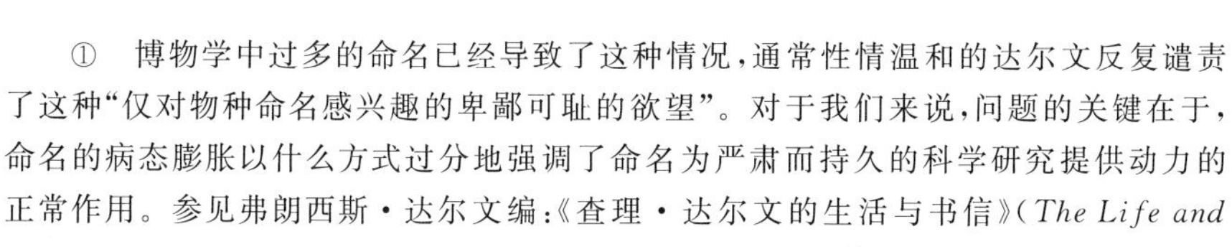

① 博物学中过多的命名已经导致了这种情况，通常性情温和的达尔文反复谴责了这种“仅对物种命名感兴趣的卑鄙可耻的欲望”。对于我们来说，问题的关键在于，命名的病态膨胀以什么方式过分地强调了命名为严肃而持久的科学研究提供动力的正常作用。参见弗朗西斯·达尔文编：《查理·达尔文的生活与书信》(*The Life and Letters of Charles Darwin*, New York: Appleton, 1925)，第1卷，第332—344页。

② 有关诺贝尔奖和其他奖金的授予方法和结果，请参见巴伯：《科学与社会秩序》，第108页及以下诸页；以及利奥·莫林：《诺贝尔科学奖1901—1950》(“The Nobel Prizes for the Sciences, 1901—1950”)，原载《英国社会学杂志》(*British Journal of Sociology*) 6（1955年9月），第246—263页。

家学会和法国科学院(French Academy of Sciences)]的成员，以及成为全国和地方性学会的成员。在那些仍然保留着贵族头衔的国家中，科学家还有可能被封爵，例如在英国，安妮女王授予了牛顿骑士爵位，以此为其皇权增辉，女王此举并非像人们推测的那样，是因为牛顿作为铸币局局长的卓越的管理工作，而是因为他的科学发现，从此之后，又有一些科学家被授予了贵族爵位。但这类情况进展缓慢，几乎过了两个世纪直到1892年，另一位英国女王因一位科学家的科学成果而把王国的贵族爵位授予了他，从而把卓越的威廉·汤姆孙先生变成了同样卓著的开尔文男爵。[①] 科学家们自己出版了“科学明星”人名录，从而把这些明星与辅助性的配角人物区别开了，众所周知，大学一直把名誉学位授予科学家以及更大量的慈善家、工业家、企业家、国务活动家和政治家。

对优先权的承认，最终是由科学家去世后其名声的那些捍卫者亦即科学史家分配的。从最有条理的各种学术著作，到那些为成千上万人写的通俗并且带有感情色彩的报道，人们都把大量的注意力放在发现的优先权上，放在关于“第一名”的重申和再重申上。通过这种方式，许多科学史学家就能够有效地强调优先权的重要性并维持这种制度性的强调。在这些科学史学家中，最著名的要算乔治·萨顿了，当他写道“把这一学科[科学史]构想成一门独立的学科并且认识到其重要性的第一个学者是……奥古斯

① 有关对科学家的这种承认的滞后情况的尖刻评论，请参见西尔弗纳斯·P.汤普森：《拉格斯的开尔文男爵——威廉·汤姆孙传》(*The Life of William Thomson, Baron Kevin of Largs*, London: Macmillan, 1910)，第2卷，第906—907页。

特·孔德”时，他也就表白并举例说明了编年史工作的纪念功能。他继而又指出，伟大的学者保罗·坦纳里最值得称之为“我们的学 302
问之父”，最后，他陈述了这样一种命题：“由于人们期望历史学家不仅要确定在不同的、按年代顺序排列的时期科学思想的相对真实性，而且还要确定它们的相对新颖性，因此他不可抗拒地要确定那些‘**首次出现的**’事件。”①

虽然科学知识是否称得上是真理必须完全撇开其来源来进行评价，从这种意义上讲，科学知识是非个人性的，但为了保证对其渊源的共同记忆，就要求科学史学家防止科学知识陷于(或出现)作者不明的状态。身份不明的知识贡献者在这种实践体系中是没有地位的。标准的方法是命名而不是匿名。而且，正如我们所看到的那样，著名科学家接下来就会努力工作以便在第一名的金榜

① 乔治·萨顿：《科学史研究》(*The Study of the History of Science*, Cambridge: Harvard University Press, 1936)，第3—4和35—36页。萨顿进而指出，这种鉴定首次出现的事件的活动“并没有给他[历史学家]带来新的麻烦，因为绝对从零开始的创造，即使出现的话，也是十分罕见的；大部分创新只不过是旧的要素的新的组合，因此创新的程度也不过是一个解释问题，在相当程度上它可能因历史学家的体验、观点或成见而有所不同……当一个人必须心甘情愿地去冒险并提出质疑，而这是得到纠正的唯一方法，且这种纠正是必不可少的时候，即使采取了每一项合理的预防措施，这样做也总是很危险的”(同上书，第36页)。这是以下这种根深蒂固的情感的一个很能说明问题的迹象，即必须表示对科学中的独创性的承认，而且“人们期望历史学家……”找出“最早”为某种思想或发现作出贡献的人——这是一种义务，尽管一种有关科学探讨具有积累性和连锁性的综合性观点暗示，确定谁是“第一名”往往是很困难的，而且有时是任意的。有关这个优先权问题的进一步论述，请参见乔治·萨顿：《数学史研究》(*The Study of the History of Mathematics*, Cambridge: Harvard University Press, 1936)，第33—36页。

我不可能在这里详细去考察科学史家在强调查明优先权方面通常所表明的态度。但是可以说，这些人的心理往往也是矛盾的。

上刻上他的大名。[①]

从这个两方面，即用国际性的科学语言来命名从而使科学家的名字万古流芳，或者实施大量地区性的和暂时性的奖赏，我们可以看出，科学的奖励系统又进一步在科学制度上加强了对独创性的强调并使之永久化了。正是在这个特定意义上，可以说，独创性是现代科学的一个主要的制度化目标，有时可以说是至高无上的目标，而对独创性的承认则是由此派生出来的，但往往却被过分强调了的目标。在为人类科学知识做贡献的有组织的竞赛中，谁跑得最快，谁首先做出了贡献，谁就将**赢得**这场比赛。

303 谦恭的制度规范

如果科学制度**仅仅**把独创性看做具有重大的价值，那么科学家们可能就会把对优先权的承认看得比现在更为重要。当然这种价值观并不是孤立的，它只不过是构成科学的精神特质的一整套复杂体系的一个组成部分，这个体系还包括：无私利性、普遍主义、有组织的怀疑、精神财产的公有性以及谦恭。[②] 其中社会所强调

① 情况大概也并不总是如此。众所周知，中世纪的作者常常试图在他们的著作中用匿名的办法来掩护自己。不过，这里不适于详细考查这个复杂的课题，即从文化上强调独创性和承认方面存在的不同情况。有关这方面的见解，请参见乔治·萨顿：《科学史指南》(*A Guide to the History of Science*, Waltham, Mass.: Chronica Botanica Co., 1952)，第 23 页，萨顿提醒我们注意到了古代和中世纪的那些实践，在这些实践中，“最谦逊的作者会试图把他们自己的作品归之于以前某个时代的某个著名作者的名下”，而他们在背后为这个人捉刀代笔。也可参见 R. K. 默顿：《17 世纪英格兰的科学、技术与社会》，第 360—362 页，见第 528 页。

② 有关其他价值的评论，请参见巴伯：《科学与社会秩序》，第 4 章；默顿：《社会理论与社会结构》，第 552—561 页；H. A. 谢泼德：《一个大学研究小组的价值体系》(“The Value System of a University Research Group”)，原载《美国社会学评论》19(1954 年 8 月)，第 456—462 页。

的谦恭的价值是与当前关系最密切的问题，在只强调独创性和确立优先权的重要性的情况下，科学家可能会做出一些错误的行为，而谦恭可以把这种可能性降低。

谦恭的价值观有多种多样的表现形式。一种形式就是，承认前人所留下的知识遗产使我们受益匪浅。也许，牛顿的格言就是这种谦恭最好的表达："如果我看得更远的话，那是因为我站在巨人们的肩膀上。"（顺便提一句，这句话出自他写给胡克的一封信，当时胡克正就颜色理论的优先权论向牛顿提出挑战）[①]从达尔文对赖尔的赞美中可以推断，这一传统在实践中并非总能实现，达尔文称赞赖尔说："你以一种煞费苦心的诚实态度引用了一切在世的和去世了的地质学家的话"，达尔文本人在承认前人的贡献方面是很慷慨大方的。[②] 对某个科学领域文献资料的探索，不仅成了一种旨在向过去学习的手段，而且也成了旨在向那些为我们的工作开辟了道路的人表达敬意的一种纪念方式。

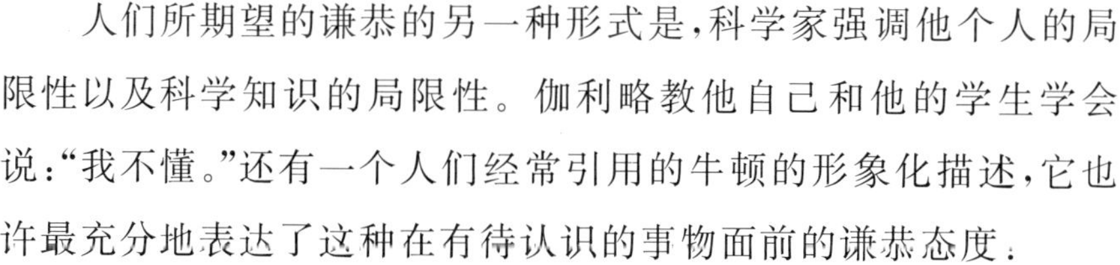

人们所期望的谦恭的另一种形式是，科学家强调他个人的局限性以及科学知识的局限性。伽利略教他自己和他的学生学会说："我不懂。"还有一个人们经常引用的牛顿的形象化描述，它也许最充分地表达了这种在有待认识的事物面前的谦恭态度：

> 我不知道世人如何看我，但在我看来，我仿佛只不过是一个在海边玩耍的孩子，不时发现一块比通常更为光滑的卵石

① 亚历山大·科伊雷：《一封未发表过的胡克致艾萨克·牛顿的信》（"An Unpublished Letter of Robert Hook to Isaac Newton"），原载《伊希斯》43（1952 年 12 月），第 312—337 页，这句话见第 315 页。

② F. 达尔文：《查理·达尔文的生活与书信》，第 1 卷，第 263 页。

和更为漂亮的贝壳，以此作为消遣，而我却全然没有注意到，浩瀚的真理的海洋就在我的面前。[①]

304 如果说在公众面前的形象（"世人如何看我"）与自我形象（"但在我看来，我仿佛……"）之间的这种对比适合于那些最伟大的科学家的话，那么这种对比对其余的科学家大概也并非完全不合适。这个话题经久不衰。拉普拉斯，这位法国的牛顿，尽管被人描述为"渴望在不断变化着的公众尊敬的中心大放光芒"，但据报道，他在临终时说了一句格言，可算是对牛顿的释义，他说："我们所知道的并不多，我们所不知道的太多了。"[②]拉格朗日用一句话总结了他一生的发现："我不懂。"开尔文男爵在庆祝他作为一个著名科学家工作50周年（在此期间他获得了许多科学学会和科学院授予他的荣誉）的大会上，用一个词表征了他为建立一个关于物质属性的庞大而具有综合性的理论所付出的毕生精力，这个词就是"失败"。[③]

① 大卫·布儒斯特：《艾萨克·牛顿爵士的生平、著作及发现实录》（*Memoirs of the Life, Writings, and Discoveries of Sir Isaac Newton*, Edinburgh and London, 1855），第2卷，第27章。我们的宗旨与史学家的宗旨不同，牛顿是真的有谦逊感抑或仅仅是为了顺应人们的期望，这对我们来说是不同的问题。无论是哪一种情况，他都表达了一种个人谦逊的规范，人们普遍认为这是很恰当的。I. B. 科恩（《富兰克林与牛顿》，第47—58页随处可见）反复深刻地证明，无论是对牛顿的赞扬还是批评，都未能把他的言与行作出必要的区分。

② 贝尔：《数学家》，第172页。贝尔提到了"真正杰出的科学家在其常常表白他知之甚少时的一种通常的和可爱的品质"。他所描述的科学家的品质，也可以看作是对科学家共同体的一种期望。许多科学家并非**恰巧**就是谦逊的人，只不过，人们**期望**他们是谦逊的人。参见E. T. 贝尔：《数学与推测》（"Mathematics and Speculation"），原载《科学月刊》32（1931年3月），第193—209页，见第204页。

③ G. F. 菲茨杰拉德：《开尔文男爵（1846—1899）》（*Lord Kelvin, 1846—1899*），为纪念开尔文从事科学事业50周年而作，其中有一篇论述他1899年的著作的短论；S. P. 汤普森：《拉格斯的开尔文男爵——威廉·汤姆孙传》第2卷，第24章。

像所有的人类价值观一样，有关谦逊的价值观也可能会因过分和不假思索的重复而被庸俗化，并且陷入糟糕的境地。它可能变得仅仅成了一种形式化的东西，没有实质内容和真正的感情。确实，任何事物**可能**都有一个度，超过了这个度就可能适得其反。可能正是这种过分使得夏尔·里歇(他本人是诺贝尔奖获得者)转述了一个著名科学家转弯抹角的自我欣赏："我具备每一种好的品质，但使我与众不同的首先是谦逊。"[①]其他的科学家，例如伟大的哈佛数学家乔治·伯克霍夫，恐怕从来不讲什么谦逊，无论是虚假的、一本正经的，还是真正的谦逊。有一位墨西哥物理学家曾经对他说，希望美国会继续"给我们送来像您这样气质不凡的学者"，伯克霍夫不动声色地回答说："埃罗(Erro)教授，在美国我**是**唯一具有我这种气质的人。"据说诺伯特·维纳在为伯克霍夫写的讣告中说过："他是我们之中最出色的一位，并且承认了这一事实。他并不是一个谦逊的人。"[②]然而，像这样直截了当地声称自己卓尔不群的做法，并非就是科学家们所遵循的规范。

因此，也像其他制度一样，科学制度似乎把可能是水火不相容 305
的价值观念糅合在了一起：其中既有关于独创性的价值观，它驱使科学家要求人们承认他们的优先权；也有关于谦恭的价值观，它使得科学家坚持认为他们能够取得的成就是相当小的。当然，这些

---

① 参见夏尔·里歇《一个学者的发展史》(*The Natural History of a Savant*)中的那些清晰的钢笔肖像——科学家群英谱，奥利弗·洛奇爵士译(New York: Doran, 1927)，第 86 页。

② 卡洛斯·格里夫·费尔南德兹(由塞缪尔·卡普兰记录)：《我与阿尔伯特·爱因斯坦的争论》("My Tilt with Albert Einstein")，原载《美国科学家》(*American Scientist*)44(1956 年 4 月)，第 204—211 页，见第 204 页。

价值观并非真的是矛盾的("这很微不足道,但却是我自己的"),但它们所提倡的确实是相反的行为。要把这些可能是矛盾的东西融入一个单一的取向中,[①]而且要在实践中使它们协调起来,并不是件轻而易举的事。而我们现在将要看到,这两种价值观是同族的,就像该隐和亚伯是亲兄弟一样,而它们之间的紧张关系在那些内化了这两种价值观的科学家中间造成了内在的冲突,并且使他们对提出享有优先权的要求产生了一种明显的矛盾心理。

四、对优先权的矛盾心理

这种矛盾心理的组成部分是相当清楚的,毕竟,声称享有优先权,并以这种方法坚持自己有独创性不是什么丢人的事,而不理会独创性从而放弃优先权也并非就能证实独创性的价值。[②] 这种冲

---

① 谈到这种把互不相容的规范混合成一些固定的行为模式的问题,涉及医生个案的进一步的考察请参见 R. K. 默顿:《医学教育社会学的一些基本问题》,见 R. K. 默顿、G. G. 里德、P. L. 肯德尔合编的《学生—医生:医学教育社会学初探》(Cambridge: Harvard University Press, 1957),第 72 页及以下诸页。众所周知,R. S. 林德已经提出了这样一种一般性的观念,即制度性规范是把差不多不相容的东西组织在一起的;参见他的《知道什么?》(*Knowledge for What*? Princeton: Princeton University Press, 1939),第 3 章。

② 当然,严格地讲,独创性与优先权并不是一回事。有些独立发现是在别人所作的发现早已为人所知以后完成的,但这类落后的重新发现也许代表了重新发现者的独创性,这种情况的一个著名例子也许就是 20 世纪印度自学成才的数学家斯里尼瓦沙·拉曼努阇,他在全然不知以前有人已经作出的发现的情况下,重新创造了 19 世纪的大部分数学体系以及其他一些东西。参见 G. H. 哈代:《拉曼努阇十二讲》(*Ramanujan: Twelve Lectures Suggested by His Life and Work*, Cambridge: Harvard University Press, 1940)。埃德温·G. 博林长期以来一直对科学中的优先权问题感兴趣,在一些很有洞察力的评述中他特别指出,独创性与优先权并不是完全同一的。参见,例如,他早期的论文《科学中的优先权问题》("The Problem of Originality in Science"),原载《美国心理学杂志》39(1927 年 12 月),第 70—90 页,尤请注意第 78 页。

突的结果是，科学家对自己要求那些科学制度的价值观促使他们要求的东西，会逐渐产生鄙视。

达尔文极为正直并因此而著称于世，正因为如此，他非常明显地表现出了这种令人烦恼的矛盾心理，他的这种心理表现得如此淋漓尽致，以至可以把他的情况看作是其他许多人的情况的一个范例（其他人的情况的记载既不那么具体，也不那么公正）。达尔文在他的《自传》中写道，甚至在 1831 年乘坐贝格尔号开始他的历史性的旅行之前，他就“有一种雄心壮志，很想在科学家中间取得相当的地位：我这种雄心壮志，究竟比我的大多数研究科学的朋友，是大些还是小些呢？我无法做出断定”。[①] 在这次航行过了四 306
分之一世纪之后，他仍然在与他的雄心壮志较量，他在一封信中感叹道：“要是我能比现在对无论当前还是死后的华而不实的虚名看得更轻一些就好了，但是我想，无论如何我也做不到这一点。”[②]

来自华莱士的消息使达尔文的精神受到了创伤，在此之前两年，达尔文给赖尔写了一封现已非常著名的信，报告他完成了进化论，并解释说，他还没有完全准备好按照赖尔建议的那样，为了不被别人抢先而发表他的观点，他用这段话再一次表达了他的难以控制的矛盾心理：“尽管如果有人在我之前发表了我的学说，我肯定会感到很烦恼，但我非常厌恶为了优先权而写作的想法。”[③]

随后，在 1858 年 6 月，打击降临了。全世界现在都知道，赖尔警告过可能会发生的事，而达尔文不愿相信可能会发生的事，确确

① F. 达尔文：《查理・达尔文的生活与书信》，第 54 页。

② 同上书，第 452 页。

③ 同上书，第 426—427 页。

实实地发生了，下面是达尔文就这一决定性事件给赖尔所写的信中的一段话：

> [华莱士]今天给我寄来了随信附上的这篇东西，他要我转交给你，在我看来它非常值得一读，你说我会被别人抢先，这句话彻底应验了……我从来没有见过比这更令人惊讶的巧合；即使华莱士手上有我1842年所写手稿的草稿，他也不会写出比这更好的简短的摘要！甚至他用的术语也可以作为我的章节的标题……所以，我的全部独创性，无论它可能有多么了不起，都将化为乌有。①

谦恭和不图私利驱使达尔文放弃提出享有优先权的要求，而对独创性和得到承认的希望则使他相信还不一定会失去一切。一开始，他以一种典型的宽宏大量和并非故作镇静的态度，做出了一个悲观的决定，即完全回避。一周以后，他再次写信给赖尔说，也许，他可以发表他的经过多年积累而写成的文章的简短摘要，大约“十几页左右”。他在他的这封痛苦的信中说：“我不能说服我自己：我这样做是高尚的。”在这种复杂的感情的折磨下，他这样结束了他的这封信：“我亲爱的好朋友，请原谅我吧，这是一封受到了浅薄的情感影响的浅薄的信。”为了最终使他自己摆脱这种情感，他在信的末尾附了一句：“我再也不会为这个问题麻烦你或胡克(Hooker)了。”②

第二天他又给赖尔写了一封信，这次他背弃了他在前一封信中的附言。他又一次表达了自己的矛盾心理：“我恐怕要失去多年

① F. 达尔文：《查理·达尔文的生活与书信》，第473页。

② 同上书，第474—475页。

以来的优先权了，这对我来说似乎是难以忍受的，但我丝毫也无法肯定，这样就改变了这件事的公正性。第一印象一般来说总是正确的，最初我曾以为，现在发表我的东西对我来说是不体面的。”①

祸不单行，达尔文当时正在为他幼女的去世而伤心。他设法 307
回复了他的朋友胡克的要求，把华莱士的手稿以及他本人在 1844 年写出的草稿寄给了他，达尔文写道：“根据你自己的手稿你唯一能够弄明白的，就是你的确在读它……不要浪费太多的时间。毕竟对我来说，计较优先权是件很可悲的事。”②

科学共同体的其他成员却做了烦恼缠身的达尔文自己不愿做的事。赖尔和胡克手里掌握了一些原稿，他们安排了一次林耐学会(Linnean Society)的重要会议，在会上两篇文章都被宣读了。他们共同写了一封信作为出版“C. 达尔文先生和 A. 华莱士先生”的共同论文的前言，他们写道：“在采取我们现在的这种做法的过程中……我们向他[达尔文]解释说，我们并非仅仅考虑到他本人和他的朋友对享有优先权的相应要求，而是广泛地考虑了科学的利益。”③尽管没有宣布谁享有优先权，但是应当注意，科学的**知识**并不因得到了应该给予的荣誉而变得更加丰富些或更加贫乏；由于一而再、再而三不能公正地分配荣誉而受到伤害的，正是科学的

① F. 达尔文：《查理·达尔文的生活与书信》，第 475 页。

② 同上书，第 476 页。

③ C. 达尔文和 A. R. 华莱士：《论物种形成变种的趋势；兼论变种和物种借助自然选择法的存续》(“On the Tendency of Species to Form Varieties and on the Perpetuation of Varieties and Species by Natural Means of Selection”)。此文由 C. 赖尔爵士和 J. D. 胡克转交，刊载于《林耐学会会报》(*Journal of the Linnean Society*)3(1895 年)，第 45 页，1858 年 7 月 1 日宣读。

社会**制度**和科学家个人。

这绝非仅仅是个历史事件，而是一个具有历史意义的事件，它非常清楚地展示出因对优先权和谦逊的双重关注所引起的矛盾心理，因而不需要作进一步的考察了。如果对独创性进行制度化的强调是这里唯一要考虑的问题，那么，在这个事件中，对优先权提出要求大概既不会引起自我责备，也不会引起自我轻视；很久以前的工作成果的发表，可能已经表明了其自身的独创性。不过，独创性的价值观与谦恭和谦逊的价值观结合在一起了。坚持优先权恐怕就要吹嘘自己卓越，而作为遵循制度规范的第三方，发现者的科学家同行和朋友宣布发现者们对独创性享有共同的权利，可能也是十分适当的，而发现者们自己可能不会这样做，他们对优先权总会有一种深刻的令人不安的矛盾心理。

我还没有把那些有记载的关于科学中优先权争论及其解决方式的个案考虑进去。不过，即使考虑进去，也不会说明全部情况，因为这样做还没有包括毫无疑问数量巨大的这样一些情况，即有些独立的思想和发现从来没有被宣布，因为它们的发现者们发现，自己的思想已经被别人抢先付诸文字了。不过，给我留下深刻印象的是，关于优先权的论战，甚至是很痛苦的论战的个案，在数量上超过了尽管心存失望但却毫无保留地承认别人首先做出了发现的个案。

308 显然，制度上谦逊的和谦恭的价值观，并非总能够既充分抵消对独创性的制度性强调，又完全阻止奖励分配系统的实际运行。正如以这种新思想或新发现为例所证明的那样，独创性在科学上更容易被其他人观察到，而且会比那种常常无法观察到的谦恭更能充分地得到奖励，谦恭精神会使一个独立的发现者克制自己，不去报告他也有的同样思想和同样发现。另外，一个人在别人发表了研究结果以后，即使不是不可能，但通常却很难证明自己也已独立地得出了同样的结果。基于这些原因和其他一些原因，正确使独创性得到承认的价值观与谦逊的价值观之间的竞争一般来说是不平等的。伟大的谦逊可以得到人们的尊敬，而伟大的独创性则有可能获得不朽的声誉。

简言之，科学的社会组织分配荣誉的方式，常常会使对谦逊的制度性强调失效，我认为，正是这一点有助于解释：为什么这么多的科学家，甚至那些平常最一丝不苟的正直的科学家，会竭尽全力强调他们享有发现的优先权。正如我常常（可能太经常）指出的那样，任何**极端的**制度性的

> 对成就的强调，无论这种成就是科学的生产率、财富的积累，还是通过想入非非得到唐璜那样的战利品，都会妨碍人们遵循这样一些制度规范，它们对想取得特定形式的“成功”行为起着调节作用，这种妨碍对那些在竞争中处于不利的社会地位的人尤其显著。[①]

① 默顿：《社会理论与社会结构》，第166页。科学家在社会结构中并非都占据着相似的位置；因此，在得到取得科学成就的**机会**方面就存在着差异（当然，个人在取得成就的能力方面也存在着差异）。社会结构与失范之关系的理论，要求我们探索在社会结构中处于不同位置的那些科学家的不同压力。只要把罗伯特·胡克与亨利·卡文迪什比较一下就可以了：胡克喜欢争论，他的社会地位是逐渐上升的，而他的崛起完全是他的科学成就的结果；卡文迪什是个非凡的不爱争辩的人，他出身高贵并且非常富有（按照伯克氏贵族的标准，他甚至比另一位伟大的贵族科学家罗伯特·波义耳富有得多也高尚得多），用毕奥（Biot）的话说，他是“所有学者中最富有的人，也是所有富有的人中最有学问的人”。或者，也可以考虑一下诺伯特·维纳对他自己的评价：“我比年轻一些的数学家更能经得起竞争的考验，我同样也知道这不是一种非常恰当的看法。不过，这也并不是一种我可以随意采取或拒绝的看法。我很清楚，在那些有权势的人眼里，我是个没有地位的人，我不力争就得不到丝毫承认。”［《我是个数学家》（*I am a Mathematician*, New York: Doubleday, 1956），第87页］不过，这只不过是些知秋落叶，限于篇幅，我只能对问题作出确认，而不能对它加以考察。

或者，更具体、更全面地说，对独创性得到承认这一目标的巨大关心，可能会在游戏规则的范围之内产生激烈的行为，甚至可能会产生远远超出游戏规则范围的更为激烈的行为。下面本文将试图说明，那些曾竭尽全力争取他们的独创性得到承认的科学家们的行为就是这种情况。

309 五、对文化上强调独创性的各类反应

（一）科学界的欺诈行为

科学中越轨行为的极端情况，当然可能就是使用欺诈手段以便获得一项有独创性的发现的荣誉。由于某些有待考察的原因，科学编年史中只收入了为数极少的彻头彻尾的欺诈行为的例子，当然，要精确估计这类现象的频繁程度是不可能的。例如，达尔文曾经说过，他只知道在科学上有“三起有意识的弄虚作假的报告”。[①] 然而在此不久以前，与他的同时代的人，数学家和计算器的发明者（其中有一种计算器有先见之明地使用了穿孔卡片）查尔斯·巴贝奇却愤怒地开出了一份科学界欺诈行为的分类清单。[②]

① F.达尔文：《查理·达尔文的生活与书信》，第 84 页。

② 查尔斯·巴贝奇：《英格兰科学的衰落》（*The Decline of Science in England*, London, 1830），第 174—183 页。乔治·伦德伯格独立地注意到，“一个科学家对赞扬的渴望（有时会）变得超出了他对真理的热诚”[《社会研究》（*Social Research*, New York: Longmans Green, 1929），第 34 页；1946 年第 2 版简明本，第 52 页]。

最极端的情况就是欺骗和伪造，亦即在科学和学术活动中，或者更确切地说在伪科学和假学术中，编造虚假的数据。有时候，那些原来口碑甚佳的人，为了得到金钱或名誉大量地伪造文献。尽管没有人可以肯定，但看起来，文献学宗匠、珍贵书籍和手稿鉴定方面的最高权威托马斯·J. 怀斯伪造的 50 多本 19 世纪珍贵的小册子，其根源是贪财。而约翰·佩恩·科利尔则完全是另一种类型，他是研究莎士比亚的学者，他在伊丽莎白时代戏剧方面的天才发现举世无双，并“受到他的同事日益增多的喝彩的鼓励”，无法再满足于现有的那种程度的名望，因而以其渊博的学识和卓越的技艺伪造了数不清的文献。[1] 但这两个无赖与多产的、胆大妄为的弗雷恩-路加斯（Vrain-Lucas）比起来真可谓是小巫见大巫了，弗雷恩-路加斯在八年的时间里伪造了 27000 多件手稿，这些手稿都及时地卖给了可能是 19 世纪中叶最杰出的法国几何学家米歇尔·夏斯莱，这位几何学家比我们还要轻信，因为这一巨大的收藏包括了下面这些人的信件：庞修斯·彼拉特（Pontius Pilate）、玛丽·马格达林（Mary Magdalene）、复活了的拉扎勒斯（Lazarus）、奥维德（Ovid）、路德、但丁（Dante）、莎士比亚、伽利略、帕斯卡和牛顿，这些都是用现代法语写在纸上的。在这些文件中，最滑稽可笑的是帕斯卡与当时年仅 11 岁的牛顿之间的通信（当然所有信都是用法文写的，虽然牛顿到了 31 岁才能借助词典啃法语），因为这些文件 310

① 我的这些假学术界欺骗行为的例子，选自理查德·D. 奥尔蒂克《学者历险记》（*The Scholar Adventures*, New York: Macmillan, 1951）第 2 章和第 6 章中风趣而详细的叙述。

明确地说明，是帕斯卡而不是牛顿第一个发现了引力定律，因而法国应当赢得更大的荣誉。这是对历史的重大纠正，这件事在好几年中引起了法国科学院的兴趣，白白浪费了《法国科学院记录》(*Comptes Rendus*)的许多篇幅，直到 1869 年弗雷恩-路加斯最终被定了罪并被判处两年监禁，这场闹剧才落下帷幕。在我们看来，要是弗雷恩-路加斯让帕斯卡把下面这一格言加在写给牛顿这个小孩的信中就更相称了："*Tout homme qui n'aspire pas à se faire un nom n'exécutera jamais rien de grand*（无意求名者难成大器）。"①

人们并没有觉得，这样大量地伪造证据对科学来说是正常的，但是，因要证明一种理论是真理或者要做出一种惊人发现而承受的压力，偶尔也导致了伪造科学证据的行为。例如生物学家保罗·卡默勒就制造了一种有斑点的蝾螈，想从实验上证明拉马克的理论，他因此获得了莫斯科大学的一个席位，在该校，1925 年米丘林的拉马克理论占据了统治地位。由于有证据表明，这一物种是伪造的，他把这一欺诈行为归咎于一名助理研究人员，而他自己

① 谈到这件事，我没有找到 M. P. 福热尔(Faugère)所写的，以及亨利·博尔迪尔(Henri Bordier)和马比耶(Mabille)所写的关于弗雷恩-路加斯事件的明确的报告；那些实质性的细节，包括法庭诉讼的摘要，均取自抄本研究学家艾蒂安·夏拉维的《弗雷恩-路加斯事件的批判性研究》(*Affair Vrain-Lucas*; *Etude Critique*, Paris, 1870)；比较容易找到的是 J. A. 法勒的《伪作》(*Literary Forgeries*, London: Longmans Green, 1907)，它的第 12 章对此事件作了概述，但它对弗雷恩-路加斯惊人的创造力有失公允。牛顿传记的作者大卫·布儒斯特爵士，在其著作的第 87 页确实捍卫了史学的诚实性，但他却没有阻止夏斯莱高度评价伽利略的三千封信，这些信是他从他的一个朋友那里获得的，尽管它们碰巧是用法文而不是用伽利略通常所使用的拉丁文或意大利文写的。

则自杀了。[①] 人们曾经根据头盖骨和颌骨推论出辟尔唐人的存在，在这一推论好不容易被人接受了40年之后，最近已被证明这是一个精心制造的骗局。[②]

过分关心科学工作的"成功"，有时也导致了巴贝奇形象地称之为"修剪"或"烹饪"的那类欺诈行为。修剪者"在这里或那里对少量超出平均值最多的观测结果进行修剪，并把它们[贴]……补在那些观测值太小的结果上……以便[实现不能允许的]'平衡调整'"。而烹饪者则是制造出"大量的观测结果"，并且只选用那些与某个假说相符的结果，而且，正如巴贝奇所说的那样："如果烹饪者不能选出15或20道以上备用的菜，那么，这次烹饪肯定就很不 311
走运。"这种想证明一个命题的迫切心情，有时甚至可能会导致人们用经过加工的数据为真理提供营养，劳伦斯·库比就描述过一个这样做的神经过敏的科学家："他已经证明了他的主张，但他却在其忧虑的强烈驱使下，忍不住伪造了一些完全没有必要的附加的统计数据，以此支持他已经得到了证明的定理。"[③]

在文化上大力强调对独创性发现的承认，有可能逐渐地从这

① [卡默勒的自杀可能并不是由这个给人造成精神创伤的事件引起的。参见最近阿瑟·凯斯特勒在其著作《产婆蟾事件》(*The Case of the Midwife Toad*, New York: Random House, 1972)中为卡默勒的辩护。]马丁·加德纳：《以科学的名义》(New York: G. P. Putnam's Sons, 1952)，第143页；W. S. 贝克：《现代科学与生活的本质》(*Modern Science and the Nature of Life*, New York: Harcourt, Brace, 1957)，第201—202页；康韦·泽克尔：《引证骗人的数据》("The Citation of Fraudulent Data")，原载《科学》(*Science*)120(1954年7月30日)，第189—190页。

② 小威廉·L. 斯特劳斯：《辟尔唐大骗局》("The Great Piltdown Hoax")，原载《科学》119(1954年2月26日)，第265—269页。

③ 劳伦斯·S. 库比：《科学事业中某些未解决的问题》("Some Unsolved Problems of the Scientific Career")，原载《美国科学家》41(1953年)，第561—613页；同上刊，42(1954年)，第104—112页。

些稀少的彻头彻尾的欺诈行径，导致更经常的刚好超过可接受性边缘的越轨的行为，而有时候，科学家并没有意识到他已经超出了可允许的界限。科学家们可能会发现，他们自己仅仅是在报告"所谓的成功的实验或结果，而忽略了报告'失败的情况'"。艾伦·格雷格是医学研究、实践和教育方面见多识广的观察家，他报告了以下的个案：

> 一位最优秀的医学科学家告诉我，他在一所著名的英国大学读研究生期间，第一次听说这样的思想，即一个人在科学工作中应该十分诚实地报告他的实验结果。在此之前，有人常常告诉他，而他也非常自然地认为，重要的是要使别人接受他的观测结果和理论，并且把它们发表出来。[①]

不过，应当正确地看待这些越轨行为。现有的证据表明它们是极为罕见的，而且，暂时把注意力集中于它们，肯定不会被人们误解为是把例外的情况当作典型。除了科学家本人的气节以外（当然，这是科学中诚实的重要基础），在科学的社会组织中还有许多东西为诚实工作提供了进一步的令人不得不信服的基础。科学研究，即使并不总是，但却很典型地是处在专家同伴的严格监督之下的，这种研究尽管实际上并不总是但却应该包含其结果被其他人证实的可能性。科学探索实际上是处于严厉的管制之下，其程度也许是人类活动的任何其他领域都无法与之相比的。个人是否诚实要由科学的公共性和可检验性来证明，正如巴贝奇所指出的那样："烹饪者[充其量]只是获得了一时的声望……而这却要以其

① 艾伦·格雷格：《对当代医学的挑战》(*Challenges to Contemporary Medicine*, New York: Columbia University Press, 1956)，第115页。

永远声名扫地为代价。”

大力强调有独创性和有重要价值的发现，加剧了科学领域的
竞争，这种竞争有时可能会怂恿人们使用不正当的或可疑的手段
去贬低对手。但是，这种情况产生时的表现形式，很少是准备一些
虚假的数据；相反，它产生时常常表现为另一种形式的越轨行为，
其中包括谎称做出了发现。说得更具体一些，在科学微不足道的 312
阴暗面中，人们可能会看到的是一种偶尔发生的偷盗行为而不是
造假，而且比盗窃更常见的则是诽谤和中伤。

（二）剽窃：事实和中伤

越轨行为最常见的形式包括，偶尔的剽窃以及大量中伤性指责或含沙射影地攻击某人有剽窃行为。历史记录表明，一个科学家真的剽窃别人成果的例子是相当少的（当然，这种记录可能并不完善）。我们确信，在《天体力学》（*Mécanique céleste*）一书中（到那时为止，只有牛顿的《原理》比它的地位更高），拉普拉斯“未表示任何感谢就盗用了大量的定理和公式”。① 或者，举一个介乎两者之

① 引自天文学史家艾格尼丝·梅·克拉克（Agnes Mae Clerke）为《不列颠百科全书》第11版撰写的关于拉普拉斯的词条。克拉克的某些进一步的观点也非常切中要害：“当然，在给他自己分配较大份额的功绩这　微妙的工作中，他不会在谦虚方面犯什么错误；但是，正如要找出一个他在评价别人时宽宏大量的事例很难一样，举出一个侵权的例子恐怕也不是件容易的事。人们对他更严厉的指责是，他在这部书中几乎根本没有提到他的前辈和与他同时代的人的名字，而且在他的整个著作中错误百出……可以说，这是把一个世纪的人坚韧不拔的辛苦工作成就编辑在一起的结果，但它出现在世人面前却仿佛是某一个大脑的产物。”这些问题很少是完全一样的，“毕奥叙述说，当他本人开始自己的事业时，拉普拉斯为了解释其想象的有关混合差分方程的发现，在研究所向他作了介绍，后来又在他发誓严格保守秘密的情况下，给他看了那时已经因年代久远而发黄的论文，在其中有他在很早以前就得出的同样的结果。”（第16卷，第201—202页）正如我们将要看到的那样，在向前人表示谢意方面非常谨慎的高斯，也曾像拉普拉斯对待毕奥那样对待年轻的鲍耶。

间的例子，埃弗拉德·霍姆爵士是英国的一位著名的外科医生，他被任命为他更为出名的姻兄约翰·亨特未发表的文件的保管人，在亨特去世后，他在《哲学学报》上发表了116篇来源不明的论文，并且还把亨特的手稿烧了，这一行动受到了当时的有识之士和持怀疑态度的人的强烈批评。[①] 以下也是实情：罗伯特·波义耳并没有深切地感到，剽窃他的思想也许是对他的才能表示崇高的敬意，无可奈何之下，他不得不于1688年采取了一种权宜之计，他登出了一个“关于他的许多论著丢失情况的广告”，后来他又描述了他的工作成果被剽窃的情况，并且告诉别人，从那时起他只在活页纸上写作，希望这样会比“大包裹”少引来一些窃贼，他接着说，为了避免拖得太久的延误，他决定不进行全面的校订就把他的著作

313 送去付印。[②] 不过，即使有这类大规模的剽窃案，可以证实，在现代科学中剽窃案的总量毕竟还不是很大的。

有一种做法显得尤为突出，即不断重复地指责别人窃取了科学思想。例如笛卡儿被错误地指责剽窃了哈维在生理学上的成果、斯

① 拉尔夫·H. 梅杰：《医学史》(*A History of Medicine*, Oxford: Blackwell Scientific Publications, 1954)第2卷，第703页。

② 在A. M. 克拉克为《国民传记辞典》(*Dictionary of National Biography*)撰写的关于波义耳的词条中，有些地方错把对剽窃的指责当作是登出的广告了。这种指责只是说，由于“一些令人不愉快的意外”(例如，把腐蚀性的液体洒在了手稿上)，手稿有些损失，而且最多暗示，至少有些损失是非人为因素造成的。但是，波义耳后来的一篇未发表的论文所针对的却是他的著作的诸多剽窃者，该文是由他的传记作者伯奇发现的。这份文件共有三页对折的印刷纸，概述了17世纪科学界一些主要的剽窃者开发出来的一些巧妙的剽窃手段。参见6卷本的《可敬的罗伯特·波义耳著作集》(*The Works of Honourable Robert Boyle*)，该书有J. 伯奇撰写的作者生平(London, 1772)，第1卷，第cxxv—cxxviii页，和第ccxxii—ccxxiv页。

涅耳在光学上的成果、哈里奥特和费马在几何学上的成果，而他则反过来指责霍布斯和未成年的帕斯卡剽窃了他的成果。① 为了保护自己的知识产权，笛卡儿对他的朋友梅森说："我也请求您尽可能少告诉他[霍布斯]您所知道的我未发表的见解，因为假如我的看法没有什么大错的话，他是一个以牺牲我为代价，并且通过不正当的活动来寻求获得名望的人。"②由于所有人都不知道性情沉静且没有野心的高斯很久以前就发现了最小平方法，所以勒让德（他本人是"一个具有非常高尚的品格和一丝不苟的公正精神的人"）实际上指责高斯剽窃了他的思想，并且抱怨说，高斯已经有了这么多重要发现，至少应该体面一点，而不应窃取他的脑力劳动成果。③

有时候，相互竞争的对优先权的关注导致的不是同族相倾，而是兄弟反目为仇，例如两个伟大的18世纪数学家雅格布·伯努利和约翰内斯·伯努利兄弟俩就曾为了优先权问题反反复复尖刻地互相攻击。（后来约翰内斯对此类事的处理更进了一步，他把自己的儿子赶出了家门，因为他的儿子赢得了一项他自己一直觊觎的法国科学院奖。）④

① 有关哈维的情况，请参见A.R.霍尔：《科学革命：1500—1800》（*The Scientific Revolution, 1500—1800*, London, Longmans Green, 1954），第148页；有关霍布斯的情况，请参见笛卡儿：《文集》（*Oeuvres*），夏尔·亚当（Charles Adam）和保罗·坦纳里编，第3卷，《书信集》（*Correspondances*, Paris, 1899），第283页及以下诸页；有关帕斯卡的情况请参见同上书，第5卷（1903年），第366页。

② 笛卡儿：《文集》第3卷，第320页。

③ 贝尔：《数学家》，第259—260页。勒让德似乎对这类问题特别敏感，这也许是由于他常常被人骗；请注意克拉克的评论：拉普拉斯与勒让德之间的"感情'非常冷淡'，这都是因为他盗用别人的劳动成果而又很少表示感谢造成的"。《不列颠百科全书》第16卷，第202页。

④ 贝尔：《数学家》，第134页。

或者，我们转过来看看自己的领域，有人曾暗示孔德的三阶段说实际上来源于圣西门，他为此而感到痛苦，他谴责他过去的一位
314 老师，并且把他描述成为一个“肤浅的和堕落的假内行”。[①] 再举一个例子，用弗洛伊德自己的解释说，雅内宣称“精神分析学中一切好的东西都是雅内的观点的重复，只不过稍微加了一点修改——精神分析学除此以外的所有东西都是糟糕的”。[②] 弗洛伊德不肯在他称之为“与一群显贵的匪徒的斗剑中”与雅内厮杀得难解难分，但几年以后，他的弟子欧内斯特·琼斯在伦敦的一次会议上宣布，他已经“终止”了雅内的那些权利要求，弗洛伊德在一封信中为之欢呼，并敦促他为了“公正”要“趁热打铁”。[③]

这种模式几乎没有丝毫改变地不断重复着。两个或更多的科学家平静地宣布一个发现。因为真正独立的发现常常是如此，每一个科学家都分别展示他们思想的独创性，所以事态发展的过程

① 弗兰克·E. 曼纽尔：《亨利·圣西门的新世界》(*The New World of Henri Saint-Simon*, Cambridge: Harvard University Press, 1956)，第340—342页；也可参见曼纽尔所引用的理查德·L. 霍金斯的《奥古斯特·孔德与美国》(*Auguste Comte and the United States*, Cambridge: Harvard University Press, 1936)，第81—82页。

② 西格蒙德·弗洛伊德：《心理分析运动史》(*History of Psychoanalytic Movement*, London: Hogarth Press, 1949)；也可参见弗洛伊德：《自传》(*An Autobiographical Study*, 1925; London: Hogarth Press, 1948)，第54—55页，在那里，他试图“结束这种对观点的肤浅的重复，即心理分析中任何有价值的东西只不过是从雅内的思想中借用来的……从历史的观点看，心理分析完全是独立于雅内的发现的，它的内容与那些发现迥然相异而且远远超出了它们”。雅内的那些暗示并不总是很难理解的，关于这一点，请参见他的《心理治疗》(*Psychological Healing*, New York: Macmillan, 1925)第1卷，第601—640页。

③ 欧内斯特·琼斯：《西格蒙德·弗洛伊德的生活与工作》(*Sigmund Freud: Life and Work*, London: Hogarth Press, 1957)第2卷，第112页。

有时就这样定型了：把荣誉归功于双方，就像达尔文与华莱士的情况那样。但是，由于证明每个人的作用并不是件容易的事，因而情况常常难以确定，加之每个人都**知道**他自己已经做出了发现，且关系名誉的制度化奖励是很高的，从发现中能够享受的快乐又是巨大的，所以这种解决方式往往很不稳定。起初，一个发现者或另一个发现者，或者，通常是发现者的同事或同胞们，认为他而非他的竞争对手是真正的第一发现者，至少，其竞争对手的独立性是未经证明的。然后出现的是人们熟悉的情况，即抑制相互冲突的标准衰败了：另一方聚集力量开始还击，这一方认为剽窃确实已经发生，应该让剽窃者显露原形，而且要把问题澄清，剽窃是对方干的。群体忠诚意识而且通常是沙文主义，会使论战加剧，论战中充满了关于剽窃的相互指责，从而会产生一种完全敌意和互不信任的气氛。

有时候，这种气愤会导致彻头彻尾的欺骗行为，以便证明自己的权利的有效性，例如，牛顿与莱布尼茨关于微积分的发明所发生的论战就是这样。当皇家学会最终成立了一个委员会来裁决对立的关于发明权的要求时，当时任皇家学会会长的牛顿安插了自己 315
的人充任这个委员会的委员，从而很容易操纵其活动，他匿名为第二次发表的报告写了一个前言(草稿是牛顿的笔迹)，并在这个前言中引用了一个排除别人怀疑的古老的法律格言："任何人都不适于为自己作证，[因此]一个人如果允许任何人在涉及自己的案件中作为合法的证人，他恐怕就是一个不义的法官，他就会践踏所有

人的法律。"[①]我们可以估计到，对于像牛顿这样一个采用这些方法证明自己的要求是合理的人来说，自我辩解必然受到了巨大的压力。并不是因为牛顿非常虚弱，而是因为制度化的价值观是如此之强大，才把他逼到了这种地步。

这种进攻性与防御性策略的相互作用（毫无疑问，博弈论学者们可以更加严格地再现它们），会使对优先权的强调进一步升级。科学家们试图事先使自己避免受到有剽窃行为的可能的指控，他们会不遗余力地确立自己发现的优先权。但是这种预防本身却常常可能产生它原来想避免的结果，因为这会导致别人证明，最先宣布或发表的东西并不一定就意味着没有剽窃行为。

捍卫优先权和证明一个人的正直的努力，导致了各种制度化安排，以便处理科学奖励系统所到的受压力。例如在17世纪，甚至一直到19世纪，人们有时以字谜游戏的形式来报告科学发现（如伽利略所谓的土星的"三重星"，胡克所谓的紧张定律），以达到双重目的，一方面确立观念的优先权；另一方面也不会使竞争对手

---

① 关于牛顿与莱布尼茨之争，有相当多的文献讨论。我主要参照的是：莫尔的《艾萨克·牛顿》，他的第15章通篇讨论的都是这个话题；奥古斯塔斯·德·摩尔根的《论牛顿的生活与工作》（*Essays on the Life* and Work of Newton, Chicago: Open Court Publishing Co., 1914），尤其是附录2；以及布儒斯特的《艾萨克·牛顿爵士的生平、著作及发现实录》第22章；参见科恩：《富兰克林与牛顿》，他在许多方面非常恰当地对莫尔的传记提出了批评（例如，第84—85页）。在仔细查阅《朴次茅斯报》的基础上，他得出结论说："这些原理以及实际上所有与之相关的东西不负责任地构造了一些命题，这些命题都是虚假的；而且其中没有一个有清晰的记录。"（第567页）E. N. da C. 安德雷德的这一判断是对牛顿的矛盾心理很适当的总结："可以举出证据证明这一观点，即牛顿是一个谦逊的人，或者是一个最傲慢的人；其实，他是一个性格非常复杂的人……当他不烦恼或不生气的时候，他对自己的成就是很谦虚的。"参见安德雷德：《艾萨克·牛顿爵士》（*Sir Isaac Newton*, London: Collins, 1954），尤其是第131—132页。

在他的独创性思想进一步完善之前注意到它们。[①] 那时像现在一样，复杂的思想很快就以摘要的形式发表出来，例如哈雷就曾敦促牛顿这么做，以便确保“在他有余暇发表他的发明之前保证这项发明归他自己所有”。[②] 还有一个长期以来一直使用的方法，这就是把密封好，并标明了日期的手稿交给科研院所或学会保管，以便使其优先权和思想都得到保护。[③] 科学杂志往往在所发表的文章的手稿上注明收到该文的日期，这样做除了达到以上意图之外，还可以记录下该文首次被注意的日期。人们还发明了大量个人的权宜之策，例如给自己可能的对手写信，详细地解释的自己思想，这样就可以让对手缴械投降；让初步的但有把握的研究报告在经过选择的几个人中间传阅；在个人的研究记录上细心地注明日期(就像开尔文男爵所做的那样)。最后，人们常常建议，在科学界也应建立其功能类似于专利局那样的机构，以便裁决竞争对手对优先权提出的权利要求。[④]

316

① 众人皆知，以前人们普遍使用这种字谜游戏。到了 19 世纪，物理学家鲍尔弗·斯图尔特和 P. G. 泰特重新引入了这种方法，并且“为了确保优先权……[采取了]非同寻常的措施，即在其著作出版前几个月，以字谜游戏的方式在《自然》杂志上发表了[他们的思想]”[J. J. 汤姆森爵士：《回忆与反思》(*Recollections and Reflections*, London: G. Bell, 1936)，第 22 页]。

② 托马斯·伯奇：《伦敦皇家学会史》(*The History of the Royal Society of London*, London: 1756—1757)第 4 卷，第 437 页。

③ 最近的事例，可参见维纳所描述的那件事，即布里甘德与维纳为“势论”提供新概念的竞赛，这场竞赛最终不分胜负，因为布里甘德把他的“结果装在一个密封的信封中，按照学院传统数个世纪以来所承认的习俗提交给了[法国]科学院”(维纳：《我是一个数学家》，第 92 页)。

④ J. 赫廷格：《科学产权问题及其解决办法》(“Problems of Scientific Property and Its Solution”)，原载《科学进展》(*Scientific Progress*)26(1932 年 1 月)，第 449—461 页；也可参见伯恩哈特·J. 斯特恩在《医学发展中的社会因素》第 108 页所引用的纽约医学院(New York Academy of Medicine)的 A. I. 索特西博士的论文。

现在总结一下(也许拖得太久了,但现在总结似乎仍然太快了一些),在这些做法中,有些是因对优先权的制度性强调而导致的越轨行为,有些则是为了减少那些越轨行为的频率而设计的制度性的权宜之计。但是,从这种有关对过分强调目标作出可能反应的理论中我们会料想到,也许还有其他形式的行为,这类行为虽然仍然没有超越习惯规则所允许的范围,并且不会像造假那样受到道德的谴责,但正在接近越轨。

(三)对强调独创性的可能的反应

像绝大多数的艺术家、作家、医生、银行家和出版家一样,绝大多数的科学家几乎没有什么希望实现重大的和有决定性意义的独创。对我们大多数从事研究工作的匠人来说,把成果付梓出版,成了与做出重大发现有同等意义的一种象征。没有这些无穷无尽的、报告精心研究成果的文章,科学也不能进步,即使这些文章仅仅是普通的文章而不是出类拔萃的独创。报告研究成果是必不可少的,但是它有可能会转化成一种对发表成果的渴望,进而又会被这种倾向所加强,在许多学术机构中又把发表文章的数量变成了科学和学术成就仪式化的衡量标准。[①]

317 科学有这样一种道德责任:要使一个人的工作为他人所知,这使这种渴望发表文章的心情变得更迫切了;与那种在文化上已被否定了的像守财奴一样为自己聚敛科学知识的做法相比,这种做

① 限于篇幅,这里无法考察那些制度性的条件,这些条件使大量发表论文实质上变成了一种仪式性的活动。

法还是值得肯定的。普里斯特利可能会说:“无论什么时候他在科学中发现了新的事实,他就会立刻公布于世,以便除了他自己以外别人也能关注它 。”[①]的确,17 世纪的微型传记大师、皇家学会会员约翰· 奥布里可能扩展了知识交流的道德规则,他认为如果原作者不打算把他的思想付印的话,甚至也可以证明剽窃是正当的。因为按照他的观点,窃取科学成果并使之流传于世,总比完全失去它们要好。[②]

到目前为止(令人欣慰的是,我要告诉大家本文即将结束),我们已经考察了不同类型的越轨行为,它们都是对从制度上强调优先权所作出的反应,而且都是**主动的**反应:伪造“数据”、以侵犯他人利益的方式强调自己的权利、谴责竞争对手、剽窃和指责别人剽窃。其他科学家对同样的压力却做出了**被动的**反应,或者至少是抑制他们的侵犯行为,并引导他们做违反他们自己意志的事。[③]

① 普里斯特利的论述由他终身的朋友 T. L. 霍克斯(Hawkes)进行了意译,并由乔治·威尔逊作了转述,见《可敬的亨利·卡文迪什传》,第 111 页。17 世纪德国显微镜学天才安东·冯·列文虎克也采用了一种策略,他描述说:“每当我发现任何值得注意的东西时我就想到,把我的发现付诸文字是我的责任,这样,所有有独创性的人也许就可以从这里了解到我的发现。”(转引自梅杰:《医学史》第 1 卷,第 531 页)其他许多人,其中包括圣西门也表露过同样的情感。参见曼纽尔:《亨利·圣西门的新世界》,第 63—64 页。

② 奥布里也许会不负责任但并无恶意地说,数学家约翰·沃利斯“可能坚持认为,许多荣誉是靠他自己获得的,没有必要注视别人,至于**名望**,他对赞美贪得无厌,以至于他会窃取别人的羽毛来装饰他自己的帽子;例如,当克里斯托弗·雷恩爵士、罗伯特·胡克先生等人演讲时,他在一旁观看,把他们的观点记在他的笔记本上,然后把它发表,而不承认这些成果应归那些创造者所有。当然,他们常常对此抱怨。然而,尽管他发表这些新奇的观点对**发明者**是**不公正**的,但却有益于**学术事业**,因为创造者(尤其是克里斯托弗·雷恩)也许总找不到闲暇时间自己把它们写出来”[约翰·奥布里《传略》(*Brief Lives*, ed. Andrew Clark, Oxford, 1898)第 2 卷,第 281—282 页]。

③ 这种越轨行为的主动与被动形式的划分,取自塔尔科特·帕森斯:《社会系统》(Glencoe: The Free Press, 1951),第 256—267 页。

因为与主动的反应不同，这些被动的反应都是私下的且常常不会被公众察觉到，所以它们在历史记载中很少见。当然，这并不一定意味着，在科学界，从争夺独创性的竞争中被动撤出的情况是不常有的事；它也许只是意味着，以这种方式作出反应的人不会受到公众的注意，除非在其成就已经使他们有资格载入史册之后，他们才会引起公众的注意。

在这些被动的越轨反应中，最重要的是我有时称之为**退却主义**的表现，即放弃一度受到尊敬的具有独创的文化目标和为了达
318 到这一目标而进行的实践。在这类事例中，科学家们从研究领域撤退，他们或者完全放弃科学，或者把自己限制在某些替代它的角色上，如教学或做行政管理工作。（当然，这并不是说，教学和行政管理没有它们自己的吸引力，或者它们不像研究工作那样重要；我在这里所要说的仅仅是，科学家们由于其研究达不到他们自己的最优标准，不情愿地放弃了研究。）

用几个这类退却主义的历史事例，肯定就能说明许多类似的情况。19 世纪的物理学家沃特斯顿关于分子速度的经典论文，被皇家学会以“除了废话外什么也不是”为理由拒绝了，在此之后，他绝望地失去了信心，并且完全脱离了科学界。[①] 孟德尔深感失望

① R. H. 默里：《19 世纪的科学与科学家》(*Science and Scientists in the Nineteenth Century*, London: Sheldon, 1925)，第 346—348 页；戴维 · L. 沃森：《科学家是人》(*Scientists are Human*, London: Watts and Co., 1938)，第 58、80 页；斯特拉特：《约翰 · 威廉 · 斯特拉特：瑞利男爵三世》，第 169—171 页。沃斯顿在《国民传记辞典》中本应有一个令人尊敬的位置，但是显然，该词典的编者西德尼 · 李(Sidney Lee)不可能看透这一点：这位伟大的发现者是由于对其工作毫无理由的拒绝才陷入这种湮没无闻的境地的；因此，在这部辞典中没有关于沃斯顿的传记。

的是，人们对他关于遗传学的具有历史意义的论文没有什么反应，因此他不肯再发表他进一步的研究成果，因而这些成果也就永久性地丢失了，在他成为他所在的修道院的院长之后，他就放弃了关于遗传学的研究。① 罗伯特·迈尔被拒绝承认享有能量守恒原理的优先权，这使他痛苦不堪，他试图从三楼的窗口跳下去自杀，结果仅仅摔断了自己的腿，有一段时期他被穿上了约束服，关在一家精神病院里。②

在数学上，退却主义最能说明问题的例子可能就是雅诺什·鲍耶——非欧几何的发明人之一。鲍耶的父亲也是一位数学家，因在其经历中饱尝了苦果而警告自己的儿子放弃想证明平行线公设的任何努力，父亲这样形象地对他说："要像憎恶淫荡的交媾一样憎恶它；它会夺走你所有的闲暇时光，夺走你的健康，让你无法休息，并使你失去全部生活的幸福。"年轻的鲍耶努力遵从父训，他顺从地投笔从戎，成为了一名陆军军官，但是鲍耶过人的精力不允许 21 岁的他把平行线公设丢在一边。经过几年工作之后，他建立了他的几何学，他把手稿寄给了他的父亲，他的父亲又把它转寄给

① 雨果·伊尔蒂斯：《孟德尔传》(*Life of Mendel*, New York: W. W. Norton, 1932)，第 111—112 页；另可参见孟德尔的预言："我的时代将会来临。"(同上书，第 282 页)

② 迈尔的一些参加了 1848 年革命的有自由主义思想的朋友拒绝了他，他被当作保守者而受到了反对，这可能就是造成他精神失常的原因。最近有些证据表明，非专业的社会学家约瑟夫·波普尔维护了迈尔的优先权，有关这方面的情况，请参见奥托·布吕赫：《激励的价值：朱利叶斯·罗伯特·迈尔和约瑟夫·波普尔-林克斯研究》("The Value of Inspiration: A Study on Julius Robert Mayer and Josef Popper-Lynkeus")，原载《伊希斯》43(1952 年 9 月)，第 211—220 页。布吕赫认为，在科学界人们不再把优先权看得很重了，这种观点似乎有点言过其实。

了高斯这位数学王子，以征求权威的意见。高斯在给老鲍耶的信
319 中这样写道，他从这一著作中看到了真正天才的证明，并且接着说，事实上他无法充分表达他的激动的心情，尽管他想这样做，因为“赞美它也是赞美我自己。的确，这一著作的全部内容、你的儿子所采取的方法以及他所得出的结果，几乎与我的思考完全吻合，这是过去的30或35年中我的头脑中一直在考虑的问题之一……我真高兴恰好是我的老朋友的儿子以这样一种令人惊讶的方式走到了我的前面”。受到了这样的赞扬，老鲍耶非常高兴，他写信给他的儿子，天真地说这部著作是“非常令人满意的，它会为我们的国家和民族增光添彩”。年轻的鲍耶读了这封信，但他对这一说法并不感兴趣：他的思想很正确，而且按照举世无双的高斯的评判，他有幸得到天才的称号。他所关注的仅仅是：高斯已经走在了他的前面。有一段时间，他认为他父亲一定事先向高斯泄露了他的思想，因而高斯把它们变成了自己的东西。① 他的优先权失去了，几年以后又来了进一步的打击，这就是罗巴切夫斯基的非欧几何

① 保罗·斯塔克尔的两卷本的《沃尔夫冈·鲍耶与约翰·鲍耶：地理研究》(*Wolfgang und Johann Bolyai, Geometrische Untersuchungen*, Leipzig: 1913)，提供了一些重要的有关鲍耶情况的原始资料，包括相关的通信，但我在写此文时没有找到这部书。由罗伯托·伯诺拉著、H. S. 卡斯劳译的《非欧几何学》(*Non-Euclidean Geometry*, 2d rev. ed., La Salle, Illinois: Open Court Publishing Company, 1938)，第96—113页有非常精彩的简要的说明；也可参见德克·J. 斯特勒伊克：《数学简史》(*A Concise History of Mathematics*, New York: Dover Publication, 1948)第2卷，第251—254页；弗兰茨·施密特：《匈牙利数学家约翰·鲍耶传》(“Lebensgeschichte des Ungarischen Mathematikers Johann Bolyai de Bolya”)，见《数学史论文》(*Abhandlungen zur Geschichte der Mathematikers*)8(1898年)，第135—146页。

学，从此他再也没有发表任何数学著作。①

这些历史个案表明，一些著名的科学家在本应给予他们的承认遭到拒绝以后，从研究领域撤退了，除了这些个案以外，还有许多当代的个案，它们得到了精神病学家而不是历史学家的注意。在精神病学家中，几乎只有劳伦斯·库比把这些情况的描述付诸 320 了文字；科学家们对独创性发现和由此而来的赞扬的渴望难以抑制，并为此而烦恼，库比对这种不协调的情况作了恰当的说明，我将借鉴他的这一说明。

当科学家们的抱负太大以至于无法实现时，其结果有时会是冷漠，总在想入非非，用库比的话说就是：

> 年轻的科学家可能多年以来就有做出伟大科学发现的希望，但却缄默不语，秘密地进行筹划。随着时间的流逝，他的湮没不彰开始使他感到惊恐不安，为了设法控制他的恐惧，他

① 有两封信提供了鲍耶从兴奋的巅峰一下子落入失望的泥潭的背景情况。1823年，他写信给他的父亲说：“……目标还没有达到，但是我已作出了一些非常令人惊叹的发现，我激动得几乎说不出话来了，如果失去它们，我恐怕会终身感到遗憾。当您看到它们您就会明白这一点。与此同时我只能说：**我已经从零做起创造了一个崭新的世界**。到目前为止我寄给您的所有东西，还不是一个十分牢靠的计划。我确信，如果我完成了这项发现，它将给我带来荣誉。”正如大约30年以后赖尔有先见之明地警告达尔文小心被别人抢先一样，老鲍耶警告小鲍耶说：“如果你真的已经在这个问题上取得了成功，最好不要耽误时间马上把它发表，理由有两条：第一，因为思想很容易从一个人传到另外一个人那里，而后者有可能抢先把它发表；第二，确实也会有这种情况，即有这样一个时代，许多发现在几个不同的地方被同时完成，就像春天处处都会出现紫罗兰一样。科学中的战斗就像是一场真正的战争，我说不准什么时候会出现和平。因此，如果我们有能力，我们就应该力争获胜，因为获益的总是第一个到达终点的人。”(转引自伯诺拉：《非欧几何学》，第98、99页。)尽管小鲍耶继续零零星星地从事他的数学研究，但他再没有发表他的研究成果，这的确有点令人疑惑不解。

可能会逐渐形成一种日益强烈的神秘的感觉，即这种湮没不彰是可敬的，一旦他准备好了披露他的那些理论，它们便会使世界为之震撼。因此，在年轻的研究工作者们的雄心壮志之中有可能隐藏着这种不可思议的自大狂。[①]

可能最值得强调的是这样一种情况，给予科学家的承认与他的事业或者甚至与他的工作成绩不相称。他可能发现，自己所起的作用主要是为别人的根本性发现消除了障碍。他的"否定性实验为科学的稳步前进扫清了道路，但是与此同时，它们也为其他科学家的更有魅力的成功扫清了道路，而这些科学家可能并没有付出更多的才智、技能与献身精神，也许，他们甚至付出得更少一些"。[②] 像其他人一样，科学家也受到了涉及整个人类的邪恶问题的干扰，在这种情况下，"人的命运似乎实际上与他们的功绩和努力毫不相干"。[③]

库比冒险作了进一步的评述，它们听起来好像是在描述对某种相当失范的情况作出反应时的那种失职行为。"无论是在具体的研究中，还是在整个某一事业中，成功或失败可能几乎都是偶然的，机会并不是决定发现什么的主要因素，而是决定什么时候发现和由谁发现的主要因素……然而人们并未告诫年轻的学者，他们未来的成功，有可能取决于他们自己的创造力以外或他们努力工作的意愿以

① 库比：《科学事业中某些未解决的问题》，第 110 页。

② 同上文。

③ 吉尔伯特·默里，转引自默顿：《社会理论与社会结构》，第 147 页，在那里引用这句话时的理论背景与此处相似。

外的力量。”①由于这些原因，库比猜想出现了一种他所谓的“新的 321
科学家精神失常症，它可能并非与走入绝境的年轻人的歹徒传统完全没有关系。我们是否是在亲眼目睹一代麻木不仁、玩世不恭、没有道德意识、痛苦不堪、理想幻灭的年轻科学家的成长呢?”

由于缺乏证据，最好还是把这一情况作为一个修辞学问题搁置起来。不过，需要对问题的重要性加以说明。在《社会结构与失范》中，我已经对一种强调一切人都要有抱负的文化传统的作用方式进行了诊断，由于许多人无法实现这些抱负，这些抱负就会产生一种压力，从而可能会导致越轨行为和玩世不恭，导致对占统治地位的道德准则和游戏规则的拒绝。在这里我们看到了，同样的压力也有可能会对科学制度产生某种程度的作用。然而，尽管这些压力非常大，但也并非必然会产生大量越轨行为。科学的社会结构与越轨行为很频繁的其他社会结构之间存在着很大的差异。尤其是，科学制度一直不断强调其他一些价值观念，它们会抑制从文化中产生趋于越轨行为的倾向，而且科学制度强调任何人所发现的真理的价值，并信奉对真理的无私的追求。既然我们把注意力放在

① 古尔伯特·默里，转引自默顿:《社会理论与社会结构》，第 111　112 页。对这种情况的这一解释，与多重独立发现或发明的事实是矛盾的。正如许多社会学家尤其是 W. F. 奥格本和 D. S. 托马斯业已指出的那样，多重发现漫长的历史清楚地表明，当文化基础积累到一定程度时，有些发现几乎就变得“不可避免”了。但在关于**谁**将**首先**作出发现这个问题上，他们仍然没有作出确定的回答。库比提到了一些发现“几乎错过”的情况，它们表明，当有人**首先**完成一项发现时，长处就不完全是长处了，库比所说的这种情况还可以列出许许多多。此外，我们当然也不知道，在发现别人已经作出并宣布了某一发现时，哪些科学家放弃了他们为作出这一发现正在努力进行的探讨。这些准发现的“个人悲剧”(从这种流行的文化信念即所有荣誉都属于“第一名”来看，这的确是一种悲剧)之所以是悲剧，就在于它们在科学编史学中没有留下任何痕迹。

了科学家的越轨行为上，我们就不应忘记这些情况是非常稀少的。只有很少的人试图使用将会使他们失去名誉的方法来获取名誉。

六、强调优先权的功能和反功能

人们有时候说，强调对优先权的承认具有激励科学家做出发现的功能。例如，发现糖尿病之胰岛素疗法的主要人物弗雷德里克·班廷爵士长期以来为这样一种信念而烦恼，即他在这项发现中做出了贡献，而他那个部门的领导却得到了过多的荣誉。班廷一次又一次谈到了给予一项发现应有的荣誉的重要性，他说："……它造就了研究人员。它会激励个人并且使个性得到发挥。我们的宗教、我们的道德结构和我们的生活基础本身都是以奖励思想为中心的。因此，研究人员渴望他自己的工作和思想得到荣誉并非是不正常的，如果剥夺他的这种荣誉，那么也就撤去了最能鼓舞他工作的兴奋剂。"①

① 转引自劳埃德·史蒂文森：《弗雷德里克·班廷爵士》(*Sir Frederic Banting*, London: Heinemann Medical Books, 1947)，第 301 页。两百年以前，美国第一所医学院驰名的创办人约翰·摩尔根表达过同样的观念，不过，他的说法从社会学角度讲更具有可接受性。他认为，个人想成名的动力是与科学进步的社会效益联系在一起的。他说，科学家们"具有的这种无比巨大的动力，可以激励一个有崇高理想的人去从事研究。他们会认为自己处于众目睽睽之下，每一个有独创性的人都要用劳动成果向公众证明自己的价值。对名望的热爱和值得称赞的雄心对他有着极大的魅力。无论在什么时代，这种热望都激发了英雄、爱国者和热爱科学的人们的热情，使他们在战争中威名远扬，在治理国家和维持和平中脱颖而出，在改进理论知识和应用知识方面誉满天下。"实际上，如果别人的判断标准是合理的，那么，"受外界影响"对社会来说就有一定的作用。参见约翰·摩尔根：《论美国医学院校的惯例》(*A Discourse upon the Institutions of Medical Schools in America*, 1765; photo-offset reprint of first edition, Baltimoure: The Johns Hopkins Press, 1937)，第 59—60 页。

由此看来，鉴于制度性强调的功能效用，似乎应当坚持这种强 322
调。但是，正如我尝试着指出的那样，对优先权的强调往往并不局限于功能范围之内。一旦确定要强调优先权，竞争的互动的力量会导致这种做法失去控制。对优先权的承认所起的作用是，奖励那些因其首先做出了重大的发现从而极大地促进了科学发展的人，但由于其自身的缘故，这种强调会成为一种带有感情色彩的东西。如果从理论上把这种强调解释成一种为独创性工作提供激励的手段，解释成对那些为科学进步做出了重大贡献的人表达的敬意，那么渐渐地，这种强调本身将会转化为目的。它将逐渐超出效益的范围，导致极端的反功能。[①] 它甚至有可能达到露骨的极端程度，对这种情况，法国科学院的常任秘书弗朗索瓦·阿拉戈（在谈到卡文迪什和瓦特的论战时）大概会高声说，把发现的完成说成是"'大约在同一时间'证明不了任何东西；因为相差几星期、几天、几个小时、几分钟都有可能产生优先权的问题"。[②]

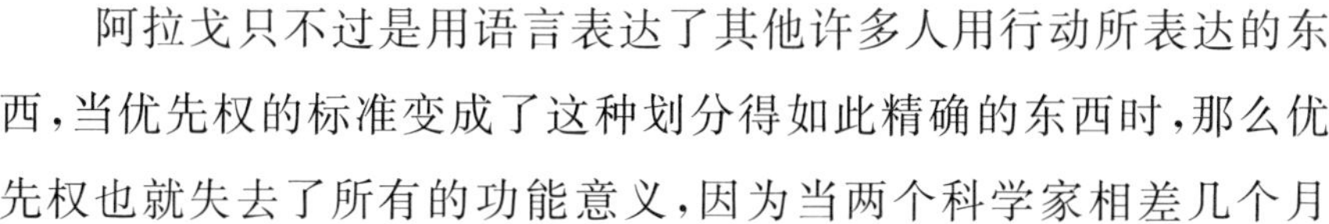

阿拉戈只不过是用语言表达了其他许多人用行动所表达的东西，当优先权的标准变成了这种划分得如此精确的东西时，那么优先权也就失去了所有的功能意义，因为当两个科学家相差几个月

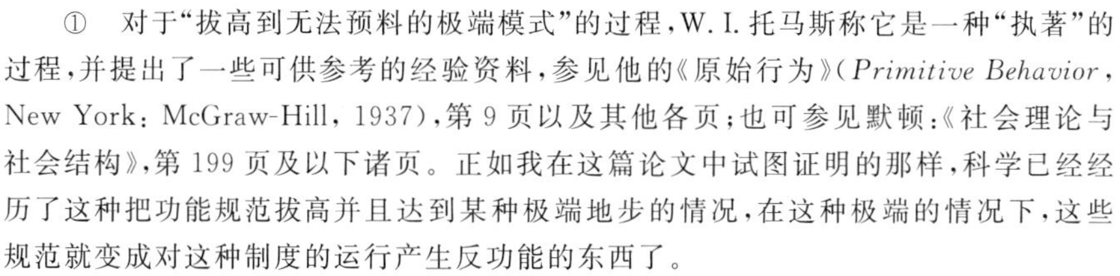

① 对于"拔高到无法预料的极端模式"的过程，W. I. 托马斯称它是一种"执著"的过程，并提出了一些可供参考的经验资料，参见他的《原始行为》（*Primitive Behavior*, New York: McGraw-Hill, 1937），第 9 页以及其他各页；也可参见默顿：《社会理论与社会结构》，第 199 页及以下诸页。正如我在这篇论文中试图证明的那样，科学已经经历了这种把功能规范拔高并且达到某种极端地步的情况，在这种极端的情况下，这些规范就变成对这种制度的运行产生反功能的东西了。

② M.［F.］阿拉戈：《历史上对詹姆斯·瓦特的赞誉》（*Historical Eloge of James Watt*），J. P. 米尔黑德译（London，1839），第 106 页。整个这一文件和阿拉戈在亚当斯-勒维列之争中做扮演的角色，就是对导致优先权冲突之力量的清晰的例证。

或几个星期(更不用说相差几天或几个小时)独立地做出同样的发现时,几乎不能设想其中一个人比另一个人具有更大的独创性,也不能想象,他们相差的那么短的时间可以用来加快科学发展的速度。

七、结论

我很高兴地说,我试图在这里阐述的解释并不是什么新东
323 西。我也不认为它已得到了充分的证实,不会引起争议。毕竟,无论是谁,既不可能根据逻辑定律也不可能根据其他领域的定律,死抱着一个假说不放,理由很简单,因为他是尝试性地使用它的。但是,这种解释似乎说明了科学界优先权冲突的其他一些令人迷惑不解的方面,而且,它与社会学理论的主体是紧密地结合在一起的。

简要地回顾一下,这种解释即:像其他的社会制度一样,科学制度也有其自己特有的价值观、规范和组织。其中对独创性价值的强调有一种自明的理论基础,因为正是独创性为推进科学发挥了重大作用。也像其他的社会制度一样,科学有其自己的根据角色表现的情况分配奖励的系统。这些奖励大部分是名誉性的,因为即使到了今天,科学基本上已经职业化了,但从文化上讲,对科学的追求仍被定义为主要是一种对真理的不谋私利的探索,其次才被说成是一种谋生的手段。与对这种价值的强调相一致,奖励是按照成就的大小给予的。当科学制度能够有效地运行时,知识的增加与个人名望的增加并驾齐驱;制度性目标与对个人的

奖励结合在一起。但这些制度的价值观在质的方面也有其缺陷。当对独创性的强调和对其承认的强调拔高时，这种制度可能会在一定程度上失去控制。科学家们越彻底地把一种无限的价值归于独创性，在这个意义上，他们就越会致力于知识的进步，越会专注于成功的探索结果，而其感情也就越来越容易受到失败的伤害。

在这种社会文化背景下，人们可以开始粗略地了解的是科学家个人的不良行为之根源，而不是它的实质。由此看来，科学文化是病根所在。它可能会导致科学家们对承认产生一种极度的关心，而承认就是同行们对他们工作的价值的证实。喜爱争论、坚持己见的要求、怕别人占先而保密、只报告支持某一假说的数据、毫无根据地指控别人剽窃，甚至偶尔偷窃别人的思想以及在极少数情况下编造数据——所有这些行为，在科学史上都曾出现过，可以认为，科学文化对独创性发现的大力强调，与众多科学家在做出一项独创性发现时所经历的实际困难之间存在着差异，这些越轨行为就是对这些差异的反应。在这种重压处境下，人们会充分利用各种方式的适应行为，其中某些行为远远超出了科学惯例。

可以推而广之，把这一切运用到更一般的情况。最近几年来，我们已经听到了许多有关由于强调价值观的相对性而导致了危险的情况，也听到了这样一种社会不安定情况，即人们对价值观的信奉没有达到足够的深度，而对他们实际相信的东西也没有足够强
烈的感受。如果说，从对信奉独创性之绝对重要性的某些后果的 324
这一评论中，有一个教训要吸取，那么它可能就是这个古老的训

诚，即没有限制地信奉绝对的东西也有危险。这可能会导致一种异想天开的狂热，在这种狂热驱使下，什么都可能发生。把价值观绝对化本身可能像价值观的衰微一样，对社会中人的生活是危险的。[①]

① 饶有趣味的是，当本文排出了清样时，整个世界都处在对俄国科学家把人造卫星送入太空所产生的社会的、政治的和科学的反响之中，这项成就堪称是建立在科学基础上的技术“第一个”惊人的壮举。

第十五章　科学家的行为模式* 325

1968 年

科学的历史记录着，1953 年是发现 DNA 分子结构的一年，这一记录是不可磨灭的。而在历史上，1968 年将可能作为探讨科学家行为的双螺旋年出现，因为詹姆斯·沃森对那次发现所作的极具个性的解释，已经明显地抓住了公众的想象力，他的那部著作(指《双螺旋》。——译者注)到目前为止已印了九次。在科学杂志和科学以外的杂志上，涌现出了广泛而多种多样的评论，大量的月刊、周刊、日报都对它进行了讨论——从伦敦的《泰晤士报》 467
(*Times*)到宾夕法尼亚州伊利市的《时报》(*Times*)，从《乡村之声》(*Village Voice*)到《华尔街日报》(*Wall Street Journal*，该报非常恰到好处地设法使此书染上了淡淡的金融色彩，并得出了这样的结论："从长远的观点看，沃森可能为科学做了一件好事。在这些日子里，当要求公众为科学研究分配亿万款项的时候，知道花钱者

---

* 本章曾作为 Phi Beta Kappa-Sigma Xi 的年度演讲提交给美国科学促进协会 1968 年举行的会议，随后同时发表在《美国科学家》58(1969 年春季号)，第 1—23 页，和《美国学者》(*The American Scholar*)38(1969 年春季号)，第 197—225 页。现在的本文也包括了罗伯特·K. 默顿和理查德·刘易斯的《竞争压力(1)：争夺优先权的竞赛》的部分段落，后者发表于《科学对社会的冲击》(*Impact of Science on Society*)第 21 卷，第 2 期(1971)，第 151—160 页，1971 年版权归联合国教科文组织所有，现经该组织允许重印。

是有人性的可算是某种安慰。”)。

从公众的评论来判断,的确可以认为,这本书所传达的主要信息是:科学家们也是有人性的。其实,这种表述并不意味着终于可以把科学家们归属于人类这个物种了。即使在《双螺旋》一书出现之前,许多美国人和一些英国人显然就已经作好了准备,要接受这种有用的假设。显而易见,沃森使人产生的科学家也是有人性的这一看法意味着:科学家也全都是人;用圣路易斯的《邮政快讯》
326 (*Post-Dispatch*)的简明但带有偏见的话来说就是:“他们可能是自以为是、嫉贤妒能、喋喋不休、言辞激烈、[而且甚至是]冥顽不灵的人。”

沃森叙述了参与这一发现的社会和知识的互动,这些故事引起的公众反响是,科学家也全都是人,那么,他究竟讲了些什么呢?他所讲的最重要的是:关于争夺优先权的竞赛;对一个在这种智力竞争中必然败北的冠军竞争者的准确认识;坚持不懈地从有时是勉强的,有时是漫不经心的合作者那里获取必要的资料;卡文迪什实验室和加州理工学院实验室之间多年以来为一些特定的发现所进行的一种竞争;一种据说是英国人的对科学研究的私人领域(这些领域带有不容侵犯的标记)的意识;一种对取得成就的雄心的表述,这种成就的最高象征就是诺贝尔奖。他也讲述了:紧张的思考阶段和几乎是有意的无所事事阶段(而这时,思想遵循着自己的路线在孕育着)的交替;种种荒谬的推理出发点和推理错误;快速地对所需的科学知识进行研究,而对给人印象深刻的有关最初无知状况的记录无动于衷;各种天赋和技能的互补性,以及共事的合作者们的性格结构;对于关键性问题的可靠的判断力,以及对其答案

的本质所具有的一种直觉的和执著的意象，以及弗朗西斯·克里克用有意掩饰的巧妙方式所表述的结论："我们所推测的对绞现象直接暗示着遗传物质的一种可能的复制机制，这一点并没有逃过我们的注意。"

在消除公众关于科学家复杂行为的神话方面，《双螺旋》一书所详述的故事显然有巨大的影响力。公众之中会普遍产生这种反应，这并没有什么可奇怪的。由于科学家们的所作所为是世界文明的某些主要价值观的具体体现，所以长期以来他们处于受人们尊敬的地位，他们可能并不希望被抬高到这个位置——至少，他们当中富有思想的人不希望如此。

有关科学家会冷静、有条不紊并且准确无误地接近他们所报告的结果这种意象，可能在一定程度上源于左右着科学论文写作的那些规则。我们知道，这种规则要求这些论文是经过很多删改的著作，要求在最终形成对任何事物的报道时删除一切复杂的事件和行为，而只把它们认识的实质内容保留下来。不妨比较一下：1953 年 4 月号那期重要的《自然》杂志上发表了简朴、紧凑、几乎可以说是简练的仅有 900 个词的文章，而沃森则用洋洋四万词撰写了有关同一发现的长文，报道了错综复杂的事件之网。

而且，公众通过了解到科学家实际上也是人获得了意外的发现，这种发现的意义，证实了与以前的一种流行信念相反的东西。非常具有讽刺意味的是，旧的神话现在似乎将被一种多少有点新的变体所取代，这种变体既表现在科学家同样也表现在人文学家
对沃森回忆录的反应之中。（我是在其明确的非学术性意义上使 327
用神话这个术语的，用以指某个利害关系群体不加批判地持有的

一组没有根据的信仰。)这种新的变体有几个相互联系的组成部分。有人认为,沃森在出言不逊的自然主义的叙述中所表现出的动机和行为模式,是科学的最新纪元的特点,这种新纪元充满了“一种新型的科学家和一种在科学变成群体性职业之前几乎是不可想象的人”。据说,只有在我们这个高度竞争的时代,才会有大批的科学家关心“抢在”其领域的其他从事研究的人之前发表成果,以便使自己的成就获得公认。正如另一位科学家兼评论家杰罗姆·莱特文所注意到的那样,沃森的部分报告所要表达的“只不过是一种普遍的机会主义——这是现代竞争性科学的一种特点”,在这一陈述中起关键作用的是“**现代**竞争性的科学”这个短语。另外还有一种观点,这就是人文学家对《双螺旋》一书的反应,这种观点表现出了毫不掩饰的反感,它指出:“在那些日子里,对早点获得公认的热望甚至可能像才智一样,是发现所必不可少的。像所有其他活动一样,科学**现在**”(我再次把时间的修饰词标成了黑体),“也受到了很大压力,并且在加速进行。**不再**可能有人独自坐在那里,任凭苹果掉下来了”。

早在沃森带有刺激性的书出版以前,有些科学家就已经把他们记忆中大约在二次世界大战之前的科学较为平静的时代,与今天激烈竞争的局面做了比较。汉斯·盖弗伦在一个怀旧的、极为简明的例子中写道:

> 到了1970年,当代的大学生发现令人难以置信的是,至少我们当中的许多人,在20年代时从来就没有想过必须争分夺秒,或者必须在尚不成熟的情况下发表结果,也没有想过要时不时地担心这些结果被忽视,或者它们被别人全盘继承过

> 去。即使是重要的发现，也要在发现它们的人手中停留一两年，以便他能依照自己的方法和能力揭示它们。我们经常说："咬过的苹果没有吸引力。"原来预期，首先咬苹果的人将继续吃他的苹果。但是后来，越来越多的人纷纷登场，他们毫不在乎地去咬所能得到的每只苹果，但常常随即又迅速把它扔掉。这是一种非常糟的习惯，但这也许是人的未来……。
>
> 因其工作而使之与科学研究联系在一起的人的数量显著地增加了，这种情况不仅已经改变了通常的科学家形象，而且也已改变了科学家的动机和他与同事的关系。这些同事并不是在邻近领域工作的伙伴，他们往往都是一些直接的竞争对手，也在同时从事于完全相同的实验。不仅已得到确认的生意技巧的冷酷无情侵入了工业开发与研究相重叠的领域，而且人们已不再认为这种行为是与科学不相容的了。

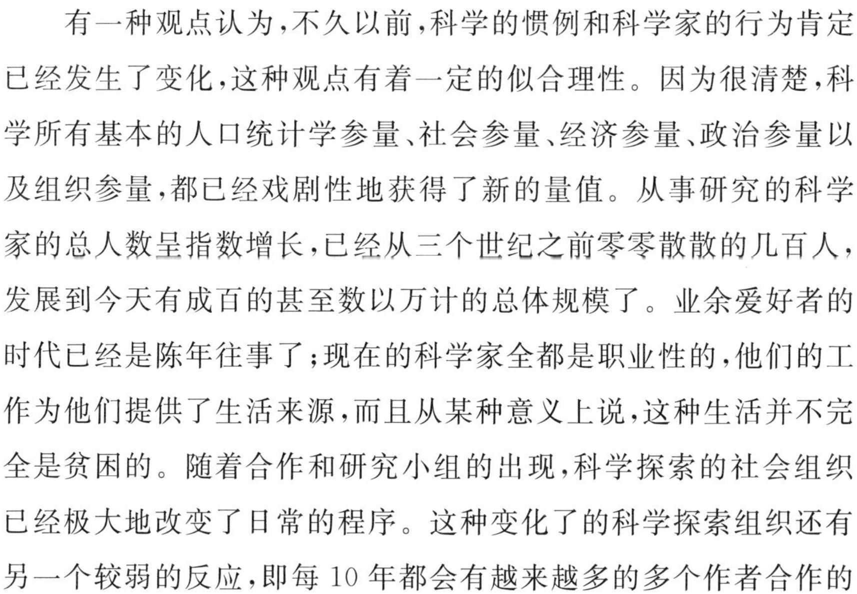

有一种观点认为，不久以前，科学的惯例和科学家的行为肯定已经发生了变化，这种观点有着一定的似合理性。因为很清楚，科
学所有基本的人口统计学参量、社会参量、经济参量、政治参量以 328
及组织参量，都已经戏剧性地获得了新的量值。从事研究的科学家的总人数呈指数增长，已经从三个世纪之前零零散散的几百人，发展到今天有成百的甚至数以万计的总体规模了。业余爱好者的时代已经是陈年往事了；现在的科学家全都是职业性的，他们的工作为他们提供了生活来源，而且从某种意义上说，这种生活并不完全是贫困的。随着合作和研究小组的出现，科学探索的社会组织已经极大地改变了日常的程序。这种变化了的科学探索组织还有另一个较弱的反应，即每10年都会有越来越多的多个作者合作的

文章出现，这与在人文科学中（几乎毫无变化的）论文由单一作者撰写的特点，形成了鲜明的对比。指定用于科学的预算额是巨大的，尽管我们知道，这些预算几乎从来都不够用，但它们比仅仅几代人之前寒酸的预算高出了很多数量级，其数量之巨大与更加遥远的过去相比就更不用说了。科学家的数量和为科学所提供的基金数额的巨大增长，实际上促使了研究成果的发表量呈指数增长。随着科学变得日益制度化，它与其他社会制度的关系也变得更加密切了。以科学为基础的各种技术和一种科学观的部分传播，已经产生了巨大的社会力量，它们推动着我们的历史，并极大地影响着世界各民族之间所建立起来的关系。当然，科学家并不做出重大的政治决策，但是他们现在对这些决策有重要的影响。例如，某些人会把齐拉特和爱因斯坦给罗斯福总统的信描述为有记载的历史中最富有成果的通信之一（尽管现在的证据表明，无论如何，人们还是推进了有关原子弹的研究工作）。

这是一个缩短了的描述今天的科学与早期的科学截然不同的详细情况一览表，但我们也没有必要继续展开这个一览表了。只要你给任何社会学家一个机会，他很可能就会告诉你，伴随着所有这些深刻的变化，在国外也一定有了一种的新科学精神特质，一套新的价值观以及制度上模式化了的动机。而且，正如我已经指出的那样，在生物学、物理学以及化学领域中工作的科学家，确实已经表明我们现在有了一种新型科学家，他们由一些新的动机所驱使，瞄准了获利良机，并且为遭遇失败深感焦虑。像其他人一样，科学家也受到了涉及整个人类的邪恶问题的干扰，用吉尔伯特·默里的话说，在这种情况下“人的命运似乎实际上与他们的功绩和努力毫不相干”。

精神分析家劳伦斯·库比根本没有接受这种新的科学神话，他问道：“我们是否是在亲眼目睹一代麻木不仁、玩世不恭、没有道德意识、痛苦不堪、理想幻灭的年轻科学家的成长呢？”

这个问题与这个新的神话并非没有关系，因为这种神话坚持 329
认为，沃森直言不讳地描述的那种行为，对我们的时代来说是某种新的现象，因此我们必须设想，它与被称作科学早期的英雄时代，例如17世纪，是完全相异的。这是一种引人入胜的见解，而且正像我所说的那样，它并非全无道理，本篇论文的余下部分就准备考察这种思想。

在这里我要作一个个人性的声明，因此必须打断一下这些介绍性的报告。正是30年之前，在一本论述17世纪英格兰科学的专著的一个脚注中，我就指出，争夺优先权的竞赛有可能为研究构成一个战略性的课题，而且有可能提供线索，使我们了解科学制度以什么方式塑造科学家的动机、热情和社会关系。我只能说，可以证明，那个脚注的年轻作者是这一脚注的唯一读者。无论如何，没有人(甚至包括他自己)对这一被减弱的嘹亮号角之声给予过注意。大约十多年前，当我为1000名着了迷的社会学家作讲演时，我曾试图为这20年的失误进行补偿，并试图考察争夺优先权的竞赛对理解科学制度和科学家行为的重要意义。近些年来，我和我在哥伦比亚的同事们在一系列的调查研究中考察了这些含义。在下面的讨论中，我将毫不客气地利用这些研究。

现在回过头来讨论这种信仰体系：它认为科学中杂乱无章的比赛和竞争是我们自己这个堕落的时代所特有的，它把这种竞赛看做是不可避免的自我扩张，并且认为在发现中争取第一的努力，会不可避免地取代（约翰·洛克所说的）“知识享受”，会使发现中内在的快乐或者相当简明的思想之美中的乐趣丧失殆尽。

像大多数神话一样，这个神话并非是与日常经验的世界毫无关系的。尽管沃森坦然自若的关于争夺优先权竞赛的报告可能使局外人感到惊讶，而这对他的科学家伙伴来说几乎算不上是什么新鲜事。他们从来之不易的经验中认识到，大约同时作出的多重独立发现，构成了他们的一种职业灾难。他们不仅认识到它，而且常常依据那个前提行事。因而出现了大批人蜂拥而上争夺优先权的情况，这在我们这个时代是很普通的，几乎用不着文献证明。证据随处可见。沃森的读者广泛得多，在他打动这些读者前几年，阿瑟·肖洛在报刊上偶然注意到了查尔斯·汤斯，“当然”他已经“相当紧张了。我们担心其他人提出同样的思想只是个时间问题了。因此我们决定在建立一个有效的模型之前就发表……结果，西奥多·梅曼在许多实验者之间的这场疯狂竞赛中，赢得了胜利，研制出第一个激光器。我们的理论被证实了”。汤斯的紧张是有相当
330 丰富的传奇式理由的。在20世纪50年代初，他曾陷入了那项微波辐射的五重独立发现的纠缠之中，这一发现的其他四名发现者是：威利斯·兰姆、约瑟夫·韦伯、尼古拉·巴索夫，以及亚历山大·普罗霍罗夫。

科学家们的以下情形使得现代科学编年史变得更富于刺激性：由于他们知道其他人可能会有大致相同的行动路线，因而就快马加鞭，奋力争先。哈丽特·朱克曼对与诺贝尔奖奖金获得者的采访中发现，用其中一个人的话来说，他们中的许多人可以证明，“它

肯定不久就会出现。如果我不完成它,……它就会在那儿,等待着某个人……[或许]是洛克菲勒研究所(Rockefeller Institute)的某个人来完成它”。或者,从科学不断变化的前沿转向科学的内部地区,沃伦·哈格斯特龙发现,在一个大约1400名科学家的抽样中,有三分之二的人在他们自己的贡献即将完成时被别人占了先,这些人中很多人还不止一次被人占过先。如果还需要找出任何进一步的迹象,以便说明当代科学家经常参加争夺优先权的竞赛的话,我们只要看看塞缪尔·古德斯密特在《物理学评论通讯》(*Physical Review Letters*)上发表的那些定期的社论就够了,他在这些社论中注意到了为了确保优先权而迅速发表著作的竞争,它有时候损害了那些“沿着同样的思路进行研究,在发表其发现前想使工作更为完善”的物理学家的利益。他的某些社论带有苦恼的色彩,例如他对物理学家所采取的权宜之计的评论:物理学家们谋求用这些办法在《物理学评论通讯》上发表文章,从而“‘抢在’一个已经提交过一篇详尽的论文的竞争者之前发表”,或者利用报纸首先宣布他们的发现或思想。

科学社会结构的变化对这种形式的竞争似乎有相反的作用,有的可以使之加强,有的可以使之减弱。一直与科学家数量呈指数增长相伴的,是科学研究中的日益专门化,这与斯宾塞和迪尔凯姆的角色分化理论是完全一致的。在特定的狭窄领域中,尽管这种分化过程已经减少了那些为了发现而参与直接竞争者的数量,但是它可能已经提高了人们的这种意识,即同样的问题可以到别的地方去研究,从而加剧了竞争。(年轻的沃森一直觉得,伟大的鲍林可能在那个方面获得第一,他对这种感觉的坦诚的描述,为我们所说的这一点作了充分的例证。）

科学专业的知识结构和社会结构之间的各种差异，大概会对这些专业内的发现竞争的范围和强度有所影响。可以认为，不同领域科学家的“人口密度”也有一定的差异。这并不意味着，在这种或那种学科或专业中从事研究的科学家在绝对数量上有明显的差别。人口密度所指的是那些其工作与该领域中重要问题相关的科学家的数量，因此，从许多研究人员都把注意力集中于同样的问题这个意义上讲，有些领域就比其他的领域更加“拥挤”。

331 在这样的专业中，竞争愈演愈烈，由争夺优先权的竞赛所引起的紧张状态也变得更为严重。而且，通常伴随着剧烈的直接竞争，有可能会引起这样的竞争行为，它们不是实际违背科学规范，就是逃避这些规范。因而我们发现，《物理学评论通讯》上的社论像有人断言的那样：“《通讯》在实验高能物理学方面正在失去控制。在物理学的这一分支科学中，竞争是如此激烈，以至于甚至有人要求迅速发表那些不重要的投稿和未完成的研究结果。”

用众多科学家参加的专题讨论会的行话来说，这些高度竞争的领域都是“热门领域”，它们所探讨的也都是“热门课题”。热门领域明确的特征似乎是，它有高比率的重大发现（除此之外，相对于极为重要的思想和发现而言，也许它在墨守成规方面的比率是比较低的）。因此，作为一个好奇的观察者，阿尔文·温伯格就可以这样描述这类热门领域：“在全国科学院（National Academy of Sciences）的《院刊》中，几乎没有一个月不报道在分子生物学中令人震惊的成功。”

热门领域不仅比“冷门领域”更加活跃，而且，它们的成果所具有的意义，也被认为完全超越了该专业的范围。至少在一段时期内，这些领域很容易吸引较大部分天才的科学家，这些人对涉及极为重要的问题（而不是那些不太不重要的问题）的研究的症结所在独具慧眼。热门领域在出现变冷的预兆之前，也会有一个较高的人员迁入率和一个较低的人员迁出率。

在热门领域，尤其是在该领域的前沿，研究者之间互动的水平非常之高。接近非正式的交流渠道也许会加剧竞争，但却可以减少焦虑，因为在该领域中的研究人员不必推测对手的进展如何，或者推测有些什么新发展正在进行之中。

在所有领域中，竞争的种类和程度不仅在专业之间有所不同，而且，或许在科学家不同的威望分层中也不尽相同。

科学的开拓者之间在解决深奥而重大的问题时所进行的争夺优先权的竞赛，往往与发生在更为庞大的中层和普通的科学家之中的那些竞争不同。一个领域的前沿，即使并非碰巧就是一个很快能够取得进展的领域，在这里工作通常也意味着比较容易了解到在该领域中进行着什么。这样也就使得那些科学带头人们知道了他们的主要竞争者就是其对手。

在中层和低层的科学家之中，这一点逐渐导致了更加非个人化的竞争。这些科学家往往不知道还有别的什么人参与了类似的工作，这种信息方面的匮乏产生了它特有的压力和焦虑。虽然竞
争往往是紧张的，但是很少会有个人对抗赛那样的竞争体验；为了 332
不被未知的他人占先，这种竞争很容易变成一种要求迅速发表成果的扩散式压力。

这种情况并不意味着，一门科学的前沿地区的竞争强度始终

比它的内部地区大。对被占先的担心是相对的，并不一定与进行中的工作在学术方面的重要性有关。因此，焦虑也是相对于渴望的水平和成就的水平而言的，而且，像对待较大的风险的焦虑一样，人们对似乎较小的风险的焦虑同样强烈，甚至有过之而无不及。

大规模的科学研究的迅速增长，已经以另一种方式对竞争的模式产生了影响。朱克曼注意到："随着科学研究的社会组织变得更加复杂、更加经常具有合作性，而且有时是错综复杂地组织起来的，**个人**履行角色的可见性被降低了。" 这一点在科学中造成了它特有的紧张的多样性。

科学制度长期以来以这样的方式运行，即通过有见识的同行对科学家独特的贡献予以承认来奖励这些科学家。相应地，科学家们表现出了一种热望，即要出名而不是默默无闻。

但是，由于大规模研究经常伴有庞大的研究者队伍，因而它有一种副作用，即对于它的成员来说，这是一种默默无闻的工作。因此，《物理学评论通讯》的编辑报道了"难以因各个科学家的贡献而把荣誉归于他们"的情况，并且，作为一个相关的特定个案，提到了"一封信，在作者一栏里，署有三个研究所的名字；而参加工作的物理学家们甚至在脚注中都没有被提到……在这同一期刊物上……我们发表了论及同一题目的另一封信，但是这封信中列出了两个研究所的 17 名作者的名字……从这些和以前的多作者的论文来看，很显然，在这种情况下单个研究者的作用几乎是无法估计的"。

协同工作的增多，不仅使**其他人**对个人贡献的承认成了疑难问题，而且也使对**他们自己**贡献的估价成了疑难问题。在这种情况下，按照亚当·斯密、黑格尔、马克思所观察的复杂的劳动分工方式，变化着的研究组织可能会助长科学研究工作者与他们所参与的科学研究相疏远。

由于书籍的出版呈指数增长，在科学中确立一种公众认同的问题变得更加复杂了。一部发表的著作要成为对科学的真正贡献，毫无疑问，它就必须具有足够的传播范围，从而可以为他人所用。在今天，一流贡献的传播范围与出版物较少时代的传播范围可能是一样的，因为向杂志提交论文并由评议人评价和审查这一体制，尽管具有不完善性，但一般能起到鉴定它们的作用。然而尽 333
管有用但却不太重要的贡献现在更容易被忽视，谁会评价这一点对科学发展的影响呢？

在这些情况下，对确定观念的优先权的关心，可能会因从事研究的科学家的数量巨大而加大。科学中令人担忧的缺少公众认同现象，可能也会加剧人们在威望高的杂志上发表成果的竞争，因为这类杂志与知名度较低和读者面较窄的杂志相比，传播范围更大。

公众对沃森个人回忆录的反应，几乎都没有考虑科学家们对竞争的态度有着巨大的差异。有些人喜欢竞争；有些人却躲避竞争。对某些人来说，竞争是富有刺激性的；对另外一些人来说，竞争却是令人烦恼的或有危险的。有些人喜欢比赛的紧张性；而另外一些人则更偏爱实际上根本没有竞争的宁静。例如，弗洛伊德曾以怀旧的心情描述心理分析的早期，那时他可以什么都不顾，享受着一种“美妙的孤立”，在这种环境中，“没有什么东西逼迫我。……在发表著作方面，我几乎不会感到有什么烦恼，这些著作的发表可能总是远远落后于我的知识，而且只要我愿意，这些著作延期多久发表都可以，因为并不存在令人烦恼的需要加以捍卫的‘优先权’”。

亚克·阿达马以同样的情绪写道，他最初曾被数学中那些在很大程度上已忽视的问题所吸引。他指出：“在开始着手探索一组问题，并且发现其他几个作者已经开始沿着同样的那条路向前走之后，我……［真想］放弃，去研究一些其他的问题。”

诺伯特·维纳也是如此，尽管他把自己描述成一个富有竞争精神的人，然而他却强调说，他“不喜欢为了确保巴拿赫(Banach)或其波兰同行不会在我之前发表某些重要的结果而日复一日地查阅文献。”

最后一个例子是，马克斯·普朗克把他的同事一开始对他的工作缺乏兴趣，描述为对他有“莫大的好处”，他注意到：“由于熵这一概念的意义尚未得到十分充分的评价，因此没有人对我所采用的方法予以任何注意，这样我可以完全从容不迫地进行我的计算，可以一丝不苟，而不用担心干扰或者竞争。”

也许正是由于偶尔出现这些暂时不流行的专业和不普及的研究领域，才导致人们产生了这样一种怀旧式的、过分笼统的印象，即科学界的竞争完全是我们这个时代所特有的。

无论如何，在哪个领域都能找到这样的证据：不知有多少同时代的科学家都在积极设法在那里夺得第一名。这是一个很平常的事实。但是，把这个事实吸收到这个逐渐出现的神话之中，是否就能证明以下推论有充分根据？这种推论即：为了发现而进行的激烈的竞争，是具备扩大了的科学家群体、资助、奖金以及专业报酬
334 的科学新时代所具有的一种意义重大的特点。我认为并非如此。

这种神话的构成是狭隘的感性认识的结果。它源于这样一种简单的权宜之计，即对在近代科学整整几个世纪的历史中所能看到的东西不予考虑。这是一种把科学史加以阉割而得到的神话。

当然，这也是明显的事实，即在整个现代科学时代，争夺优先权的竞赛已经变得很频繁了。例如，仅仅回溯一代人左右的历史，我们就能看到，例如，哈恩（Hahn）和博尔特伍德（Boltwood）之间为发现"镭的母体"所进行的温和的竞赛，博尔特伍德本来能首先发现镭的母体，但就在那时哈恩发现了新钍，博尔特伍德承认他的发现已远远被抛在后面了，他只好说："我自己几乎就要到达那里了。"就在拉姆奇和特拉弗斯要宣布他们已经在氖的发现方面以微小的差距超过了杜瓦之际，拉姆奇"立即"打电报给在巴黎的贝特洛（Berthelot）告诉他分离出了氦，并给瑞利写了大意相同的信，而且给皇家学会送去了一篇短文以便确立优先权。诺伯特·维纳对布里甘德与他自己之间在势论方面的竞赛作了直截了当的说明，这使得维纳"明白他必须抓紧工作"，但是这场比赛却以"不分胜负"的结果而告结束，因为恰好在维纳把供《法国科学院记录》（*Comptes Rendus*）发表的一篇短文寄出的前一天，布里甘德已经把他的结果"装在一个密封的信封中提交给了［法国］科学院"。

我们很难忘记，在划时代的奔月航行刚刚决定的时候，美国火箭之父、技术专家罗伯特·戈达德便提出了争夺"外层空间第一名"的竞赛，那是 1923 年之后，"当时赫尔曼·奥伯特的德国支持者在报刊上对优先权提出了要求……"促使他快马加鞭"加倍努力"，仅仅三年之后就发射了他的第一枚液体推进火箭。

在这方面，无论时代和民族文化有什么差异，科学家的行为并没有表现出有多大的差别。彼得·卡皮查在描述俄罗斯科学之父罗蒙诺索夫的行为时，很自然地表达了这一点，他说："在那个时代，对科学研究中的优先权的重视并不比现在逊色。"对于这一点，罗蒙诺索夫和他的同事提供了戏剧性的证据。1763 年，物理学家里希曼(Richman)被闪电夺取了生命，俄国科学院(Russian Academy of Sciences)取消了它的全会，然而只有罗蒙诺索夫要求给他一个机会以发表他关于电的论文，用他的话来说，"以免它失去新颖性"。科学院院长懂得这一点的重要性，为此安排了一个特别会议，按照他的解释，这是为了"罗蒙诺索夫先生自己的新成果不会落后于其他欧洲科学家，而他的论文也不会在做电学方面的实验的同时，错过发表的时机"。

事实是，几乎所有那些在科学众神殿中具有牢固地位的人，无论是牛顿、笛卡儿、莱布尼茨、帕斯卡，还是惠更斯、李斯特、法拉

335 第、拉普拉斯或戴维，都摆脱不了欲望的驱使，他们要奋力争夺优先权，并且使这种优先权得到公认。只要考虑一下一个非常简练的有关牛顿是怎样处理这些事情的叙述就足够了。此时此刻，我并不同意依据牛顿和沃森的天赋才能或者依据他们具有社会特点的成就把他们加以比较。这种比较不仅令人厌恶，而且愚蠢之极。但是，当有人告诉我们，在 20 世纪中叶的科学界中，沃森追求奖金且具有争强好胜、竞争性以及开拓性的行为是某种新的摆脱了束缚的事物时，那么，考察 17 世纪科学巨匠适当的行为就有一定的意义了。有一种纯粹的年代学上的偶然的相似性，但这是微不足道的，只要附带提一下就行了。毫无疑问，他们二人的鼎盛时期，都正值他们的青春年华。正如吉姆·沃森是在他人生的第 23 个

年头着手解决他给自己提出的问题一样，我们将联想到，诚如牛顿自己所言，在那非凡的一年，时值牛顿23岁或24岁之际，他发现了二项式定理，开始着手微积分的发明工作，向确立万有引力定律迈出了第一步，并且开始了他的光学实验。

在牛顿已经对数学和物理学做出了这些举世无双的贡献很久以后，他仍然忙于从事确保自己的荣誉和名望的活动。他不仅关心确立自己的优先权，而且也时不时地受到这方面问题的困扰。“为了有力地确立他的名望”[正如历史学家弗兰克·曼纽尔在其近著《艾萨克·牛顿的画像》(*Portrait of Isaac Newton*)中所指出的那样]，牛顿创办了一个青年数学家和天文学家团体，其中包括：罗杰·科茨，戴维·格雷戈里(David Gregory)，威廉·惠斯顿(William Whiston)，约翰·凯尔(John Keill)，其中最重要的是，埃德蒙·哈雷。在牛顿的长篇手稿中，至少含有他捍卫自己在发明微积分方面的优先权、反驳莱布尼茨的12种说法。最后，当时担任皇家学会会长的牛顿，任命了一个委员会来裁决莱布尼茨和他自己相互竞争的主张，他把他的拥护者安插进这个委员会，指挥了委员会的每一项活动，他匿名为第二次发表的报告写了一个前言(草稿是牛顿的笔迹)，并在这个前言中引用了一个排除别人怀疑的古老的法律格言：“任何人都不适于为自己作证，[因此]一个人如果允许任何人在涉及自己的案件中作为合法的证人，他恐怕就是一个不义的法官，他就会践踏所有人的法律。”我们可以估计到，对于采用这些方法证明自己的要求是合理的牛顿来说，确立他独一无二的优先权必然受到了巨大的压力。正如我现在要指出的那样，这倒不完全是因为牛顿非常虚弱，而是因为在科学中，鼓励

独创性的制度化的新价值观是如此之强大，以至于他发现自己被逼到了这种地步。

相比之下，沃森对卡文迪什实验室之内的一次优先权小冲突的附带说明，只能说是平淡的和不偏不倚的，甚至几乎是宽宏大量的。那种冲突大体上证明了产生于同事之间互动过程中的思想模棱两可的起源，也许还涉及一点潜隐记忆。

336 的。那种冲突大体上证明了产生于同事之间互动过程中的思想模

有些人认为，沃森的回忆录表达了一种新奇而且极端的在科学中获取第一的倾向，对这些人来说，读一下 1715 年 1 月和 2 月皇家学会的《哲学学报》就会找到矫正的方法，当时的《哲学学报》几乎全部登的都是这种火气很大的探讨，即要证明牛顿领先于莱布尼茨而享有优先权。还有些人认为，沃森的描述把科学变成了一种能吸引观众的运动的竞技场（这是一种新的或我们时代所特有的现象），对他们来说，从弗兰克·曼纽尔的观察中可以学到一些东西：

> 两位不仅在他们自己的时代，而且在整个欧洲漫长的历史中都堪称是这里最伟大的天才的人物，曾经一直私下里用中伤的词汇相互攻击，并鼓励他们的支持者在学术杂志上发表言辞粗鲁的影射。在理性时代，他们的举止却像罗马竞技场上的斗剑士。这是两个老单身汉，莱布尼茨死之将至，牛顿多活了十个年头，他们相互搏斗为的是独家占有各自的智力成果，即争夺这样的权利：要求微积分的发明属于他自己，而不属于任何别的什么人。

很典型的是，重大科学成就经常是如下情形：要么是公认的多重发现，要么具有勉强确立的优先权，而那些设法使这些成就的永

久性权利得到承认的人，可能就曾为技术发明的优先权进行过斗争。因为发生过这样的事：设立了这些奖金的资助者阿尔弗雷德·诺贝尔本人，就曾为无烟硝化甘油火药的发明而深深地卷入了与弗雷德里克·阿贝耳和詹姆斯·杜瓦的交锋之中。有关这段情况的文件“在诺贝尔基金会(Nobel Foundation)的档案馆里所占的书架有好几码长”。对于焦虑不安的诺贝尔来说，这也算是一种小小的安慰：尽管高等法院的法官迫于技术方面的原因做出了不利于他的裁决，但他却使得法官在宣布裁决时借用和修改了牛顿使之闻名的格言说：“显而易见，一个能爬到巨人[当然，诺贝尔就是巨人]肩上的矮子，能够比巨人看得更远。”诺贝尔因自己的知识产权遭到剥夺而受到的挫伤和表现出的怨恨，只是在他的话剧《杆菌专利》中可略见一斑，该剧嘲讽了英国的法庭制度。

从历史中选取的这一证据，也许足以使我们对今天的科学达到了前所未知的竞争程度这一信念提出疑问。如果说科学的精神特质的这一方面有过什么变化，那么，它似乎完全是另外一种变化。科学家们已经明显更充分地意识到，随着每个特定的领域中研究人员的数量日益增长，像他们自己能做出发现一样，任何发现也都很容易被其他人完成，因而难以像从前那样认为，相似的发现肯定是些仿效的发现。埃丽诺·巴伯和我已经发现，多重发现成
为剧烈的优先权冲突的一种诱因的频率，在过去三个世纪中有缓 337
慢的下降。或许，今天的科学文化已经不像以前那样多病了。

缺乏历史的观点是这种新的科学神话另一个特征的标志。这个新的神话认为，为确保优先权(如果不是在尚未成熟时)迅速发表成果是我们新型的科学家所特有的，在具有决定性意义的1953

年4月2日送到《自然》杂志的编辑手中那篇手稿，就是一个见证。从社会学的视角和历史的视角来考察这种看法将是无害的。像往日一样，今天的科学家们被科学制度所包含的许多矛盾的信条中的某一个限制住了。这个信条要求科学家必须准备好尽可能快地使他发现的新知识为他的同行所用，**但是**他又必须避免那种不适当的仓促交稿出版的倾向。（请比较一下法拉第的座右铭"工作，完成，出版"与埃尔利希的格言"多工作，少发表！"）要想在适当的历史环境中理解这一点，我们就必须记住，最初的科学杂志所面临的不是来稿过剩，而是值得发表的稿件匮乏。问题并非仅仅在于从事科学研究的人为数甚少。还存在着更深一层的限制性因素，这就是：提倡公开透露一个人的科学研究这一价值观，还远远没有被人们普遍接受。

从一开始，[①]科学杂志就引进了迅速出版的制度性手段，以便推动科学家们用立足于公开发表他们新创造的知识的价值观（但是在我们的时代，有人通过目标置换，常常把这种价值观荒谬地强调为发表而发表，几乎不考虑所发表的东西有什么价值），取代立足于秘而不宣的价值观念。在当代科学中，对迅速付梓出版的关心很少受到限制。

沃森在学术界引起了轩然大波，在更广泛的读者大众中就更不用说了，因为他告诉我们，他已经和克里克一起发表了一个热情的祝酒词："为鲍林的失败干杯……尽管局势依然对我们不利，但莱纳斯（鲍林的名字——译者注）也没有赢得他的诺贝尔奖。"沃森

① 有关这一点，请参见本书第21章。

似乎又一次违背了科学中那些制约竞争行为，并且把这种行为公开出来的惯例。然而，正如我们在前一章里所看到的那样，在过去的英雄时代，伟大的科学家们公开对他们的同代人品头论足，相比之下，这个事件是何等温和而有节制啊。尽管可以获得大量相反的历史事实，但仍然出现了一个新的神话，它认为科学家的竞争行为是我们这个竞争的时代所特有的。

这就导致了一个富有启示的悖论。这些时期的确是科学的精神特质变化的时代。但是，沃森轻率的回忆录并不能证明曾经流 338
行的规范失败了，这些规范要求对同时代的科学同行所作的评论要考虑周全、用语温和。也许，像他的这样一部回忆录，在 17 世纪好骚动的科学共同体看来，还是一个有纪律约束的温和典型。这一回忆录会引起，也确实引起的轰动证明，随着科学的制度化，指导科学家的公共品行以及对同代人的公共评价的那些严格的道德规则，已经变得更加精确了，而不是相反。其结果是，沃森的这本小书，虽然与伽利略或牛顿刻薄的、有时是恶意的语言相比，实际上是那么有节制，在语气上是如此温和，但仍然伤害了许多适应了这些更加严格的道德准则的人的感情。

所有这一切，最终把我们引向了由众多科学家和外行人对沃森回忆录作出的反应所引起的那个问题。也许，我们现在可以很容易地看出，这些反应与长期否认下述事实有关：数个世纪以来，科学家们，而且往往是那些最伟大的科学家们，一直就很关心争夺并捍卫他们的优先权。这个问题就是：是什么导致了人们对承认科学中存在这种争夺优先权的倾向感到不安？为什么会有这样一种古怪的观点，即渴望做出意义重大的独创、渴望有能力的同事认可那种创造就是堕落——有点像是渴望例如波旁威士忌酒和七点牌一样？或者，用弗洛伊德自我贬抑的话来说，从事科学是出于一种“无价值的和幼稚的”动机？

一方面，达尔文或弗洛伊德对于自己对优先权有兴趣感到尴尬，这种态度是基于这样一种含蓄的假定：实施某个行为是出于某种单一的动机，那么对于该动机，就可以用好或坏、高尚或不高尚来评价。它假定真正具有献身精神的科学家，必然只受一种动机所驱使，这种动机就是对促进知识发展的关注。这样一来，对使自己的优先权得到公认有浓厚兴趣，就会被看做是玷污了他作为一名科学家的高尚的(noble)目的(尽管人们可能还记得，“noble”这个词一度具有“著名的”这一含义)。

而且，人们怀疑是否存在着一种要求在科学上得到承认的本能的冲动，在这种怀疑中，出现了一种心理学真理的萌芽。任何外在的奖励——无论是名誉、金钱还是地位，在道德上都是模棱两可的，而且对那些在文化上受到尊重的价值观有潜在的破坏作用。因为奖励就是使人得到满足，它们可能会取代那种原始的动机：对得到承认的关心可能会取代对促进知识发展的关注。一种过分的鼓励有可能导致令人烦恼不安的冲突。

另一方面，对优先权的矛盾心理，意味着科学家们自己对科学的社会制度本身有一种矛盾心理。这种矛盾心理也来自下述错误信念：对优先权的关心必然表现出赤裸裸的自私自利，并且完全是为自己利益服务的。从表面上看，对获得承认的欲望似乎仅仅是
339 个人虚荣心的表现，它产生于内部，而需要从外部得到满足。但是，当我们更深一步探究使这种欲望更加强烈的制度上的复杂因

素时，就证明它根本不是个人性的，一个又一个科学家以轻微的差异一再重复它就表明了这一点。因此，所谓虚荣心可以看做是对一种内在需要的外在表现，这种内在需要就是：使人们相信某个人的工作确实重要，某个人已经达到了科学家共同体所坚持的严格标准。当然，有些时候对获得承认的渴望也会不断增加，以至失去控制。它变成了一种对赞扬的强烈追求；妄自尊大取代了心安理得的舒适感。不过，不必把极端的情形当作典型。在对成就提供适当的承认方面，科学制度具有几种功能，它们既能服务于科学家也能服务于科学制度本身。

这样，科学共同体就为科学研究提供了社会确认。在这方面，它扩大了亚里士多德《形而上学》一书的著名的开篇辞："求知是人类的本性。"或许，由于其文化修养，科学家渴望知道他所知的东西确实如此。科学组织的运行，就像是一种制度化的警戒系统，其中包括了竞争性的合作。对于发现别人在什么地方犯了错误、发现别人在弄清他们的研究结果的意义之前在某个地方停了下来，或者发现别人在他们的研究中忽略了用另一种新的眼光就能看到的东西，科学组织会提供支持和奖励。在这样一种体制中，科学家们准备对每一个有关知识的新主张进行挑错和评价。这种严厉的评判、赞扬和惩罚的变化没有止境，在科学中已经发展到了这样的程度：它使得双亲对孩子行为的监督看起来也不过是一种儿戏。只有当科学家工作的创造性和结果已经被其他重要人物证明了之后，他才能有理由对之感到有信心。此外，被人们深刻地感到的因工作做得好而得到的称赞，会使给予荣耀者的地位与得到荣耀者的地位同样得到提高；这使他们结合在一起，成为了共同事业的象

征。在一定程度上，这表现了科学中竞争性合作的特征。

通过承认而消除疑虑这种功能，在知识的社会方面有着一种可靠的基础。几乎没有多少科学家对自己的研究的价值有很大的把握。即使是看起来最有信心、心理上最坚定不移的 T. H. 赫胥黎在他的日记中也要谈一谈，在他 26 岁时被选入皇家学会对他意味着什么，当时他在同事中是最年轻的一位。最重要的是，这使他有了非常必要的自信：他是走在正确的轨道上；用他的话来说，这是对他所做的事情的“价值承认”。像我们每个人一样，由于赫胥黎偶尔也会怀疑他自身的能力，并且会认为自己是个笨人，因此他得出结论说：“荣誉的唯一用途就是可以用来作为治疗沮丧发作的解毒药。”当他后来得知他差一点就获得皇家学会奖章时（他在第二年荣获了该奖章），他又说道：

> 340 我所关心的是，这个地位所标志的东西证明我所走过的道路是正确的。我是个固执己见和执拗的人……曾有不少次，重大的疑云笼罩在我的心中，后来，类似这样的证据又恢复了我的自信。

追求优先权的倾向，在某种程度上就是一个人消除对自己创造性思维能力的怀疑的一种努力。这样，从发现中得到快乐和对科学同行的承认的追求，并非像新的科学家神话所认为的那样是相互排斥的；相反，它们可以是同一个心理硬币的两个侧面。通过相互结合的方式，它们双双表示要对促进知识这一价值观承担一项基本的义务。

但是只有其判断值得尊敬的那些科学家才能提供可靠的再担保。我们的社会学家可能会认为，我们每个人都有我们自己的参照群体和参照个体，他们对我们的表现的见解事关重大。在成就的等级制度中，我们的同行和我们的上级变成了对我们来说至关重要的鉴定人。关于《物种起源》，达尔文“带着可怕的忧虑”写信给赫胥黎，认为：“也许，像许多人所做的那样，我也自己欺骗了自己，因而我在心目中确定了三个鉴定人，我由衷地决心遵守这几位鉴定人所作的决策。这三位鉴定人是赖尔、胡克和您本人。”在这方面，达尔文所重复的是众多在他之前和在他之后的科学家的行为。天文学家约翰·弗拉姆斯蒂德在与牛顿结下世仇之前曾经写道：“我的研究并不是为了赢得眼前的喝彩。对于我来说，牛顿先生的称赞比世界上所有愚昧无知的叫喊更为重要。”薛定谔几乎用同样的语言给爱因斯坦写信说：“您的认可和普朗克的认可对我来说比半个世界的认可还重要。”还有利奥·齐拉特或马克斯·德尔布吕克，众所周知他们是极端固执和要求苛刻的鉴定人，寸步不让，即使在给他们的同事以短暂的安慰时也绝不放松评判的标准，他们是参照人物，他们的赞扬对已完成的工作具有一种扩大效应，进而会影响到其他许多科学家的判断。

另外一些对全局有重要意义的事实表明，把关心科学工作是否能得到承认当作只是利己主义的一种表现是不恰当的。情况往往是这样，发现者们自己并不参与有关他们优先权之索取和贡献之意义的争论。反而，他们的朋友和其他更公正的科学家，把优先权的分配看做是一种不可忽视的道德问题。对他们来说，对所有应得的荣誉的分配，是科学制度本身的一种功能条件。归根到底，保护其他人的优先权只不过是按照这样一种规范行事（这种规范的力量从弗朗西斯·培根的时代以来一直在增长），它就要求科学

家承认他们受惠于其他人先前的工作。正如卡皮查在谈到他的老师时所说的那样："如果有谁在其发表的著作中忘记提到已知的思
341 想不是他自己的，那么卢瑟福就会立即提出抗议。他要用一切可能的方式使……真正的优先权得到保护。"或者，举一个在我们这个时代也许是最重要的例子：尼尔斯·玻尔被这样一种想法搞得焦虑不安，即迈特纳和弗里施(Frisch)，也许还有哈恩和斯特拉斯曼(Strassmann)，在原子分裂方面有优先权，只不过，他们的优先权被对哥伦比亚大学实验室铺天盖地的宣传淹没了，这样，在整理记录时会给他造成巨大的痛苦(就像他后来献身于使政府机构和物理学家们考虑核武器对于人类的影响的工作时一样)。

我认为，察尔伽夫(Chargaff)的以下观点是正确的：沃森的回忆录"对于亟需消除现代科学的神话也许能起到一定的作用"。但是正如我曾试图阐明的那样，强调"**现代**科学"只是用一个新的变种代替旧神话。在这方面，我并非是孤掌难鸣。在《双螺旋》出版之前和出版之后，有些职业科学家已经抛弃了下述神话：在科学中为独创而进行的竞争与从发现中得到快乐是不相容的，而且，寻求承认的倾向会引起自我轻视。汉斯·萨尔耶问他的同行说："为什么每个人都那么急于否认他是在为了获得承认而工作的呢？……我非常了解的所有能充分作出判断的科学家(我自己也属于这个群体)，都非常急于使他们的工作得到别人的承认和赞扬。一个客观的科学家允许这样歪曲他的真实动机，难道不有失尊严吗？那么，让人感到耻辱的是什么呢？"仿佛是在回答这个反诘，P. B. 梅达沃接着论证说："在我看来，一个科学家应当对优先权问题毫不在乎这种观点，只是一个骗人的鬼话。科学家们有权为他们的成

就感到骄傲，然而除了他们首先完成或想到的事情之外，还有什么成就能称之为是‘他们的’呢？那些批评科学家想要从知识所有权的满足中得到快乐的人，把占有的骄傲与占有的东西混为一谈了。”保罗·萨缪尔森不仅仅是位经济学家，而且长期以来也是一位人类行为观察者，他把科学名誉和大众声望分别比做黄金和黄铜，对它们进行了明确的区分。这就是他在结束他的主席讲演时对他的经济学同行所说的话：

> 我们需要的并不是众人的瞩目和欢呼喝彩。但是这并不意味着比赛是得不偿失的，也不意味着我们最终不会赢得这场比赛。从长远的观点来看，经济学者的工作就是为了那唯一有价值的东西——这就是我们自己的欢呼。

当科学家和人文学家寻求共同理解的时候，只有这样才是适当的：从事研究的科学家和从事创作的诗人也许都已经看到了，在当今的科学中，对有意义的并得到承认的独创性的渴望有更深刻的含义。以诗人固有的眼光，罗伯特·弗罗斯特这样写道：

倘若我抢先一步 342
他是否会介意？
他能否告诉我
为什么要标新立异？
究竟有什么必要
必须赢得第一？
假如撒谎说
头筹有主，那又如何？
他认为我可笑

并且以此为乐趣。
我看不出有什么好笑，
他也置之不理。

万恶之首
莫过于窃取荣誉，
这比掘坟盗墓
还要可恶之极。①

科学的历史揭示了诗人所要歌颂的东西：对真理的关心就意味着对真理追求者的关心。

---

①　摘自罗伯特·弗罗斯特的诗《贪心的基蒂》（"Kitty Hawk"）的一个改写本，该诗最初发表在《大西洋》（*Atlantic*）上。1957年的版权为罗伯特·弗罗斯特的遗产。现经霍尔特、莱因哈特和温斯顿股份有限公司（Holt，Rinehart and Winston，Inc.）允许重印。

第十六章　科学中的单一发现和多重发现* 343

1961 年

一、培根的科学发现的问题群

弗朗西斯·培根曾经认为,所有知识都在他的研究范围之内,他甚至给即将成为社会学的知识也留了一个位置。他在富有启发性的著作中谈到了一种社会科学的凭证,一种设想的对它们的几种类型的划分,一种指导人们应把哪些问题考虑进去的规则(若没有这种规则,有些问题就可能会被社会科学家忽视),以及最后,一种初级的虽不完善但仍有启发意义的对数种假说的系统阐述,本文的很大一部分就是要讨论这些假说。

在培根看来,真正的学者是朴实无华的,他在《新工具》中记述了可算作是人文科学凭证的东西:

---

* 本章曾于 1961 年 1 月 23 日在"科学对现代文化的影响暨纪念弗朗西斯·培根诞辰 400 周年"大会上宣读,这次会议是由美国哲学学会(American Philosophical Society)和宾夕法尼亚大学联合召开的。本文最初以《科学中的单一发现和多重发现》为题,发表在美国哲学学会《会刊》(*Proceedings*)第 105 卷,第 5 期(1961 年 10 月),第 470—486 页;现经美国哲学学会允许重印。

> 还有一点，与其说是反对，不如说是疑问。有人会问，我是说只有自然哲学应当用此方法进行呢，还是说其他各种科学以及逻辑、伦理学、政治学等亦都应用此方法进行呢？我的意思当然是指，上述是就所有这些而言的。正如那种受三段论支配的普通逻辑不仅涉及自然科学而且涉及一切科学，同样，我这种依归纳法来进行的逻辑也是通贯一切的。因为我不仅为冷、热、光、植物以及类似的问题编纂了历史和发现表，关于愤怒、恐惧、羞耻等等，关于政治方面的事情，关于精神活动如记忆、分合[福勒(Fowler)指出，这可能是亚里士多德所说的"肯定和否定"]、判断和其他等等，我亦同样编纂了历史和发现表。[1]

344 培根不仅准备把人文科学纳入他的计划，而且他非常仔细地对它们进行了区分。尽管如果在今天，他大概也会探索心理科学与社会科学之间的区别和联系，但他把他所说的"关于人的哲学或人文学研究"描述为包括"两个部分：一部分考虑单独的人或作为个体的人；另一部分考虑作为集体的人和人的社会"。[2]

在那个天才辈出的世纪，在没有什么人注意到社会科学微光初露之时，在社会科学有零星的进展之前，培根为使社会科学

---

① 《新工具》第1卷，箴言127。

② 《学术的进展》(*Advancement of Learning*)，见詹姆斯·斯佩丁、罗伯特·L. 埃利斯和道格拉斯·D. 希斯所编的《弗朗西斯·培根文集》[(*The Works of Francis Bacon*, Boston, 1863)以下简称《文集》]第6卷，第236—237页。培根依据惯例写道："关于同情和心灵与身体之间的协调的知识是混合在一起的，归于哪一门科学都不可能适当"(同上书，第154页及以下诸页)，这一次，时代的压力是不可避免地的，我抵制了诱惑，没有使我们自己去联想：培根对心身医学(如果时代错误能够允许的话)有进一步的论述。

获得合法地位已经付出了如此巨大的努力。没有经济学家，培根也能在1615年创造“贸易平衡”这个术语（即使还不能算是一个概念），[①]就在这同一年，安托尼·德·蒙克莱田（Antoyne de Montchrétien）[在其《论政治经济学》（*Traicté de l'Economie Politique*）中]首先使用了“政治经济学”。没有心理学家，培根也能在那个世纪的中叶先意识到霍布斯、笛卡儿和斯宾诺莎等人反思人类情感的努力，并注意到有关知觉、感觉、想象等等问题。培根并不非常推崇数学，但他却认识到了量化的价值，他的著述，也许比威廉·配第爵士、格雷戈里·金以及非凡的伦敦杂货商约翰·格朗特能够创立一门新的政治算术，早了好几十年，而这些人的工作开了认真研究人口统计学、都市社会学和流行病学的先河。

当然，培根并没有把所有这些都预见到。在他那个时代，能够让他描述的东西是很有限的，他只能按照伽利略描述数学的方式，把社会科学描述为“崭新的讨论古老课题的科学”。当然，他所说的研究的哲学允许进行这样的构想。注意到这一点，我们就没有必要去确定一个特定的日期，认为这就是关于社会科学诞生日期的权威记载。毕竟，培根曾带着赞许的口吻提到，起源于他那个时

① 在《文集》他的《给乔治·维利尔斯爵士的忠告信》（*Letter of Advice to Sir George Villiers*）中，培根的用法与以前意大利人对这个短语的使用是无关的；参见W. H.皮尔斯《“贸易平衡”这个短语的起源》（“The Origin of the Phrase ‘Balance of Trade’”），原载《经济学季刊》20（1905年11月），第157页，另可参见伊丽莎白·布迪·熊彼特根据约瑟夫·A.熊彼特（Joseph A. Schumpeter）的手稿编辑的《经济分析史》（*History of Economic Analysis*, New York: Oxford University Press, 1954），第345—346页关于概念与术语的脚注，该脚注很长，但非常有见地。

代以前的社会科学使他想到了他那个时代的人，例如，“我们十分感激马基雅维利以及其他人描写了人之所为，而非他们应当
345 做什么”，后来他又加上了华贵的和无可比拟的伊丽莎白时代的散文，从这个巅峰时期以后，我们一直在衰落，“因为如果人们对蛇的所有情况没有确切的了解，不知道它以腹而行，不知道它的卑鄙、善辩、狡诈、妒忌、刻薄以及其他所有邪恶的形式和本性，就不可能把蛇的智慧与鸽子的纯洁联结起来；因为没有这种知识，人的品德就处于没有防范的状态。”①因此，在下文中，尽管不提鸽子之善和蛇之恶，我也将努力恪守培根的训诫以及在他之前的马基雅维利的训诫，考察“[科学]人之所为，而非他们应当做什么”。

培根使社会科学获得了合法的地位，把它们分成了不同但又相互联系的学科，并且指导我们去考察现实以避免把它误解为是理想，他就探讨的范围给我们提出了忠告，力劝我们放弃“孩子式的挑剔”，这样会使我们只去观察自然和社会中那些我们觉得美好的、有趣的或引人入胜的事物。你们会回想起这样一个忠告，它注定要在自他以来的数个世纪里引起众多伟大的科学家（其中包括克劳德·贝尔纳或巴斯德）的反响，或者得到他们独立的再证实：

> 再说那些所谓卑贱的或甚至污秽的事物，即那些[如普林尼(Pliny)所说]须先道歉然后才能说出口的事物，像那些最华美最有价值的事物一样，也必须纳入自然史之中。而自然

① 《学术的进展》，见《文集》第6卷，第327页。

> 史也并不会因此而被玷污，犹如太阳既照宫殿也照阴沟，而并未染到污垢。至于我自己，我并不是要建立一座万神殿或金字塔以资人矜夸，而是要在人类理解中按照客观世界的模型来给神圣的庙宇奠定一个基础。因此，我就依照那个模型。凡是值得存在的东西就值得人们认识，因为知识就是存在的表象；而卑贱的事物和华贵的事物同样存在。并且，正如某些腐烂的质体——例如麝鹿和香猫——有时会产生最醇美的香味，同样，从卑贱可鄙的事例中有时也会发出最美的光亮使人得到最好的知识。关于这点，说到这里已足够了，已太多了；因为这种过分挑剔本不过是妇孺之见。[①]

把某些发现归功于某些科学家是很恰当的，但也可以说科学发现的出现并不依赖这些**特殊的**科学家无可置疑的才华，当我们考虑这种说法的意义时，当我们现在在这里考虑（我在其他论述中考虑过的）经常出现的关于发现的优先权之争（它们是科学史的特征）的社会学意义时，当我考察这些以及相关的问题时， 346
我绝不会轻视那些对科学的发展有巨大的决定性作用的天才科学家，我只想使他们独特而复杂的作用与那种发展相适应。也许，培根的训诫将有助于我们从这些问题中发现对科学家的工作来说似乎是偶然的“绝妙的启发和资料”。

---

① 《新工具》第1卷，箴言120。后来，彻底的培根主义者罗伯特·波义耳又探讨了这同一个主题，并且将其扩大了，见《对实验自然哲学用途的某些思考》(*Some Considerations Touching the Usefulness of Experimental Natural Philosophy, Propos'd in Familiar Discourse to a Friend, by Way of Invitation to the Study of It*, Oxford, 1663)第一部分的第一篇论文。

弗朗西斯·培根力劝我们探讨和揭示他这位被人们纪念的人之论述的力量，而不仅仅是重复他所说过的话，从而使我们在例如现在这样的纪念场合有了一种适当的态度；他为我们提供了人文科学一般的凭证，并对主要关注“单独的人”的初期心理科学与主要关注“集体的人”的初期社会科学进行了区分，尽管这种划分最终是暂时性的，但却很有用；他还力劝我们考察人之所为，而不仅仅是他们应当做什么；他告诫我们不要冒险把看上去平淡的和微不足道的东西从研究范围中排除出去；培根所做的这一切尽管尚不充分，但在做了这些之后，他提供的一部综合性的原著使我在这里的工作变得既轻松又愉快，因为它所讨论的特定主题也正是我所希望考察的，这就是：有关科学中单一发现和多重发现的系统研究对我们理解科学如何发展的意义。

500 在自培根时代以来发展的那些思想的启发下，我们可以把他的那些不连续但很有启发意义的见解拼凑在一起，这些就是一个关于发现和发明的社会过程的理论最基本的组成部分。我之所以说“拼凑起来”，是因为在培根的任何著作中都不会发现，这些基本的部分简洁而有条理地构成了一个单一的整体。在有些部分，我的重构有意没有按照年代顺序来编排。但是从一定程度上讲，这种编排像完整地阅读培根的著作一样，可以理解他所构想的做出科学发现的意义，而不会对他有什么曲解。

首先，培根完全拒绝这种思想，即新科学中的发现也许很典型地是偶然出现的，是借助走运的天才的力量从天上掉下来的。培根则断言，一旦走对了路，无数的发现就会从不断增长的知识的储备中产生出来:这是一个以前不规则而现在稳定地增长的过程。我们今天也许会把这种观念描述为积累的文化基础,科学的大厦正是建立在这个基础之上的。这种观念已经成了那个世纪中叶培根有时过分热情的门徒大量讨论的他的思想之一。我们只需考虑这些人中更为热心的一位,这就是约翰·韦伯斯特,他在1654年就说:“我们博学的世纪伟人培根勋爵”已经阐明,“每一个时代、每一代人,沿着同样的道路前进,遵循同样的原则,就能日复一日地把这项工作继续下去,最终建成一座基础完备的、持久的建筑物,这的确就是学术和知识的更新与发展的 347
真正道路。”①

其次,培根认为,科学中完全孤立地从事其日常工作的个人,至多只能导致很小的挑战;正如他在《新工具》中所预示的那样,“科学之路像哲学之路一样,并非一个人在一个时代就能走完。”从他以下的论述考虑,要求他预见到今天如此之多的科学家极为繁忙的生活,也许有些过分了:“在人们富有闲暇,共同劳作,并且代代相承的情况下,我们的希望又当如何……不要很多人都做相同的事,而是每个人各自负责一件事,只有到这时人们才会开始理解他们自己的力量。”②在17世纪,这个论题不仅被皇家学会第一

① 约翰·韦伯斯特:《学术考察》(*Academiarum Examen*;*or*,*the Examination of Academies ... Offered to the Judgment of All Those that Love the Proficiencie of Arts and Science*,*and the Advancement of Learning*, London, 1654),第105页。这是一本非常恰当地献给培根的著作。

② 《新工具》第1卷,箴言113。在这里,我采用的是本杰明·法林顿的译文,而没有采用斯佩丁、埃利斯以及希斯的译文,甚至也没有采用福勒的译文。参见法林顿:《弗朗西斯·培根》(*Francis Bacon*, New York: Henry Schuman, 1949),第112页。

位历史学家“胖子汤姆·斯普拉特”谈到过，而且也反复被其他人重新提起。斯普拉特恰当地对培根做出了反应，他可以说明，科学中的“个体劳动者”不足以使科学有重大的进展；这样的进展需要“许多人的联合”，甚至要做到“**把**他们**联合**起来组成**委员会**（如果我们可以在某种哲学意义上使用这个词，并且可以因此稍稍洗刷一下它以前那不好的名声的话）”。[①] 斯普拉特主教仍然保持着培根的风格，他注意到，科学工作者之间的互动会促进富有独创性的构想；或者像他不太严格地表述的那样：“与闭关自守相比，集合在一起时，大多数人的智慧就更敏锐，他们的理解就更迅速，他们的思想也更丰富。”[②]

积累的文化基础和通过社会互动使其思想变得更敏锐的科学工作者的协作努力，是科学发展的两个前提，在阐述了这两个前提之后，培根又一而再、再而三地讨论了发现的社会过程的第三个组成部分。他告诉人们：他所提出的科学探讨的方法怎样降低了人们不容否认的不同能力的重要性。关于这一点，大家也许会想起《新工具》中这段铿锵有力的话：

> ……我所提出的科学发现的过程，殊少依赖于智慧的敏
> 348 锐和力量，而是把一切智慧和理解力都置于几乎同一水平上。
> 譬如要画一直条线或一个正圆形，若是只用自己的手去做，那

① 托马斯·斯普拉特：《伦敦皇家学会史》[*The History of the Royal-Society of London, for the Improving of Natural Knowledge*, London, 1667（下文简称《学会史》）]，第85页。科学通过“许多人联合的力量”或“把许多**劳动者**组织在一起”而进步这一论点，反复出现在《学会史》之中，例如，第39、91、102、341页等等。

② 托马斯·斯普拉特：《伦敦皇家学会史》，第98页。

就大有赖于手的稳定和熟练，而如果借助尺和规去做，手的关系就很小甚或没有了；关于我的计划，情形也正是如此。[①]

根据这个语境或培根表述同一思想的其他语境来理解，即使不是出于刚愎自用，人们也可能很容易误解培根的思想。人们会以为他的主张是：科学工作者的能力水平是相同的。这种误解常常出现。[我本人 1938 年的一种见解就是这种情况的一个例子；参见本书第 11 章，边码第 235 页。]此外，人们还常常认为，培根的观点断言，科学方法会把科学家的能力**降低**到同样的水平，而不是**提高**到极高的水平。

然而，从培根的其他著作中我们认识到，无论是在《新工具》之前还是在其之后，他的意思并不是这样。他屡次承认，人具有各种能力，而且在他的科学事物的图式中，他为每一种能力都安排了一个不同的位置。想象的研究机构所罗门之家，按照一种复杂的科

学劳动分工，把所有等级的能力和各种技艺都考虑了进去。这个 503
机构包括："见解商"，他们的职责是盯住国外正在进行的工作（用今天的语言讲，就是科学情报人员）；"寻秘者"，他们负责把科学和机械技术中的早期实验结果收集起来（用今天的话说，就是设法恢复科学信息的人）；"开拓者"或"采矿者"，他们的任务是"从事他们

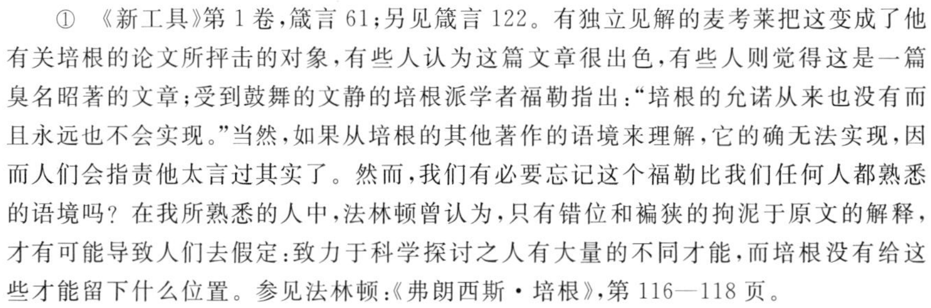

① 《新工具》第 1 卷，箴言 61；另见箴言 122。有独立见解的麦考莱把这变成了他有关培根的论文所抨击的对象，有些人认为这篇文章很出色，有些人则觉得这是一篇臭名昭著的文章；受到鼓舞的文静的培根派学者福勒指出："培根的允诺从来也没有而且永远也不会实现。"当然，如果从培根的其他著作的语境来理解，它的确无法实现，因而人们会指责他太言过其实了。然而，我们有必要忘记这个福勒比我们任何人都熟悉的语境吗？在我所熟悉的人中，法林顿曾认为，只有错位和褊狭的拘泥于原文的解释，才有可能导致人们去假定：致力于科学探讨之人有大量的不同才能，而培根没有给这些才能留下什么位置。参见法林顿：《弗朗西斯·培根》，第 116—118 页。

自己认为有益的新实验”(即有创造性的、熟练的实验工作者);“汇编者”或较次要的理论家,他们对积累的材料进行考察,并从中选取一些参考资料;“有才能的人”或“学界恩人”,他们设法使这种知识得到应用(即现在从事研究与开发的人);“指导者”,他们在所有成员的“若干次会议和协商之后”,着手“对更高层次的、比以前更深入地探讨自然的新实验进行指导”(即指导一系列渐进实验的实验家);“嫁接者”,即“按照这种指导完成实验并汇报实验结果”的技术人员;最后,还有他的“自然的解释者”,他们“通过实验把以前
349 的发现变为更重要的知识、原则或箴言”——这些人即纯理论家。所罗门之家还为高年级的学生即“新手或初学者”留了个位置,以便“以前的受雇者不至于后继无人”。[①]

那么显而易见,培根没有把所有科学工作者放在单一的水平上,他也没有愚蠢地认为他们都是可以相互代替的。相反,他强调,他相信有条不紊的工作程序会使科学研究更为可靠。一旦一个科学问题得到了解释,科学家之间极大的个人差异将影响找出某个答案的可能性,不过,已经确立的科学工作的程序会减小成果方面的差异程度。按照培根的思想,只是在这种意义上,并且只有在达到这种层次时,新科学才会把“一切智慧和理解力都置于几乎同一水平上”。

除了这三个组成部分(知识的渐进积累、科学工作者之间的互动以及研究程序有条不紊的应用)之外,他还为他含蓄的关于发现

① 参见《所罗门之家》(*Solomon's House*),见《文集》。

的社会理论加上了第四个也是更著名的组成部分。所有创新，无论是社会创新还是科学创新，都是“时代的产物”。[①] “时代是最伟大的创新者。”他解释说，他自己在推进知识中的贡献“与其说是智慧的产物，毋宁说是时代的产物”，[②]这时，他用了同样的比喻来描述他本人和其他人的工作。一旦所需的前提条件得到满足，发现就会成为他们那个时代自然而然的产物，而不会完全偶然地出现。

说发现的时代到来发现就会产生，意思是指，只要在可证明是同一的必要条件下，它们就会出现。培根说，过去，发明和发现使它们看起来像是零零星星的，甚至是偶然的。之所以如此是因为，那时既不存在积累知识的条件、科学家进行合作的条件，也不存在有条理地、综合性地利用经验研究和理性研究的条件。对于新科学来说，所有这一切都发生了变化。自然的秘密

> ……完全处于人们想象的范围之外，迄今尚未被发现。毫无疑问，经过若干年之后，这些秘密将会同其他已经出现的东西一样，在这个时代或那个时代自行显露出来；不过，倘若使用我们现在所论的方法，我们就能迅速地、出乎意料地、同时地使它们出现，并且能使它们的出现提前。[③]

这段论述再继续下去，培根几乎就要得出关于科学发展的社会学观念了，然而，他并没有得出这样的观念。

要完成这一点，他只需再加上一个要素，即如果发现是“时代的 350
产物”，那么将有不止一位发现者会做出这些发现。关于这一点，培

① 《论说文集》(*Essays*)，见《文集》第 12 卷，第 160 页。

② 《新工具》第 1 卷，箴言 122。

③ 《新工具》第 1 卷，箴言 109。

根没有讲得这么详细，但他暗示过这一点，而且不止一次暗示过。由于要对他的语言进行释义，我打乱了他思想的年代顺序，但并没有违背他的思想。他只是说，多重独立的发现的确会发生，但是远非像人们想象的那样频繁。有些人把他们自己的思想误以为是古人的思想，另一些人则声称发现了确实是新的但表面上却是旧的东西，这两类人都会做出这种错误的想象。因此，培根指出：

> 那些已经进入研究领域的人，有些已经得出了一些想法［亦即见解］，而经过研究后他们认为，这些东西与他们在以前的创造者那里发现的东西是一样的，**所以研究者们很快得出了这样的信念，即一个人可能只有花费更多的劳动才会偶然做出他也许可以很轻松地从别人那里得到的同样的发明**；而这只不过是智慧毫无价值和自我取悦的重复劳动，就像一个人宁愿要他自己采集的一束花，而不要更好的已经采到并送到他手中的花。**同样懒散和缺乏自信的心情暗示，一个人将只能复兴古人在很久以前创造的思想，然后对其进行考察、拒绝。人们很容易得出这样的错误想法**［观点］：**一个人的意见或见解是与前人的某个观点相同的**。之所以会出现这样的错误，一方面是因为新的想法［见解］必须用旧的词语来表达，另一方面是因为，有很大而且是很可靠的理由可以相信，人们可能会得出同样的结果或结论，就像几条线或几个圆圈在某一点相交一样。①

---

① 《瓦勒里乌斯自然解释的界限》(*Valerius Terminus of the Interpretation of Nature*)，见《文集》第6卷，第72—73页。黑体字为我所标。

有些人以会发现新思想是旧的为借口对其进行诋毁，我们也许可以把这种见解称之为“预示论”，这种见解有缺陷，但我们绝不能因此无视这个事实：重新发现有时的确会发生。然而，并不能由此得出结论说，新出现的东西就是重新发现。柏拉图错误地认为：“一切的知识都不过是回忆。”[①]过去，这种错误是由于，尤其是在“理性问题”方面，经常出现这样的情况：最初发现新的思想很奇怪，而后来却又发现它非常熟悉。[②] 另一方面，错误来自读者有选择的认识。“对于几乎所有学者来说，当任何问题提到他们面前时，他们将从他们已知的知识中认识它，而不是从他们未知的情况中了解它。”[③]除了这种常见的把新知识误认为是科学中的旧知识的错误之外，还有这样一个事实，即尽管人们最初的思想也许会有

分歧，但他们“可能会得出同样的结果或结论”。事实上，重新发现 351
的预示论和对它的全盘否定，都不是正确的学说；这样重构培根的判断才是正确的：重新发现确实会出现，但并不像预示论所假设得那样频繁。

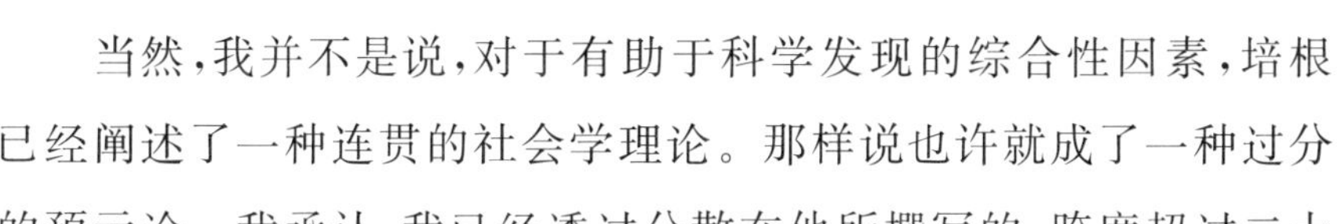
当然，我并不是说，对于有助于科学发现的综合性因素，培根已经阐述了一种连贯的社会学理论。那样说也许就成了一种过分的预示论。我承认，我已经透过分散在他所撰写的、跨度超过二十

① 《论说文集》，第五十八篇：《论易变兴亡》（“Of Vicissitude of Things”），见《文集》第 12 卷，第 273 页；参见《学术的进展》，见《文集》第 6 卷，第 88 页。

② 《学术的进展》，见《文集》第 6 卷，第 130 页：“在理性问题方面，这种情况很常见；最常见的也许就是欧几里得命题，在它们得到证明前，我们会同意它们是很奇怪的；但是，一旦得到证明，我们就会从内心接受它们，并且会有一种（像律师们所说的）似曾相识的感觉。”

③ 《科学推进论》（*De Augmentis*），《文集》第 9 卷，第 170 页。

年的数种著作中的见解，把他对这种理论的暗示拼在了一起。然而，多亏了对历史的事后认识和后来所阐述的那些思想，我们才能辨认出培根思想中所包含的这种理论的**成分**。他本人并没有看出它们之间的联系。或者，也许他看到了它们的联系，但他从没有在流传给我们的著作中把它们记载下来。更有意思的是，这些成分在三个多世纪以前就出现了，而许多人花了很长时间才偶然重新认识它们，并开始把它们作为科学发现社会学的理论出发点。①

① 培根还得探讨许多其他问题才能使他有资格成为科学社会学的先驱之一；我不想在这里讨论这些问题。但是至少在下面可以把这两组见解分开，以表明他的理解有广阔的范围。第一，他注意到了社会结构与知识特性之间的关系这个问题："有些障碍已经具有了社会性和政府政策的性质。无论是社会集团或社会的结构，还是人的等级或社会地位，都不可能与正确的知识没有一点矛盾。君主政府倾向于利用才智追逐利润和享乐，老百姓则倾向于用它们去获取荣誉和满足虚荣心。大学倾向于利用才智进行诡辩和施加影响，修道院则倾向于把它们用于探索寓言和无益的难以捉摸的事物，以及对多种问题的详细研究；很难说，是思考与积极生活的相互结合还是完全退隐专心思考，使人失去了才智并且使人的心理能力受到了更大的阻碍"(《瓦勒里乌斯自然解释的界限》，见《文集》第 6 卷，第 76 页)。因此，无论我们可能怎样看待他的假说，我们都必须承认，他认识到了社会结构类型与脑力劳动类型之间的关系**这个问题**。第二，他鉴别了所有这样的社会思维方法，这种思维会影响从事科学或学术的人通常记录他们已获得的知识的方式(而且他暗示，如果科学机制是要发展知识而不是使知识冻结，那么，也许必须使这种令人遗憾的变化得到充分的标准化)："……由于到目前为止知识已经得到了传播，在传播者与接受者之间就有了一种错误的契约；传播知识的人希望传播的方式是尽可能使人相信这些知识，而不是使人最方便地对其加以考察；接受知识的人希望马上就得到满足，而不愿等待充分的探索；因此，与其说人们不愿怀疑，莫如说他们不愿出错；荣誉使得传播者非常小心地避免把自己的弱点暴露出来，而懒惰使得接受者不愿尝试一下自己的力量。但是传播给别人的知识像将要吐出的丝一样，理应(如果可能的话)在最初发明它的方法中给人以暗示。通过归纳获得知识的确是可能的；但是，借助(所使用的)这种超前的和不成熟的知识，一个人不可能毫不费力地说明他是怎样得出他所获得的知识的。很可能，一个人或多或少要回顾他自己的知识，追溯他的认识和认可的足迹；并且通过这种方法把它移植到别人的心中，让它像在他自己的心中那样发展"(《科学推进论》，见《文集》第 9 卷，第 122—123 页；另见第 16—18 页；也可参见《瓦勒里乌斯自然解释的界限》，见《文集》第 6 卷，第 70—71 页)。

在所有这些论述中，培根都坚持了这样一个显著的事实：不能 352
把科学发展的过程理解为单独的个人的成就。然而，他有些夸大了，因为他认为新的科学方法会“把人们的智慧置于同一水平上并且殊少依赖于个人的卓越”。不过，还不能把这解释为他是有意这样做的。这种没有必要的夸大，并非仅仅培根一人所为。自培根以来的数个世纪里，许多评述者几乎用同样的选言推理方式重复这个问题：我们应当把科学和技术的发展过程理解为，这是一个连续的积累增长过程，与之相伴的发现在适当时机就会出现，还是理解为，这个过程是导致科学的根本性进步的天才及其助手的成就？对这些问题，人们通常是这二者取其一：**要么**提出发现的社会理论，**要么**提出发现的“英雄”理论。培根所意识到的那些东西，其他人认识得更充分一些，但他们都没有对假定的这些理论的对立提出质疑。因此，在长达三个多世纪的时间里，科学发现的英雄论与社会决定论的提倡者们之间，曾有过断断续续的并非真正的争论。在这种冲突中，真相往往是主要的受害者。由于缺少一种可替代的理论，因而人们谴责我们反复在以天才为中心的英雄论和以科学发现的社会决定为中心的社会学理论之间进行假选言推理。

二、自我例证的多重发现假说

同样的科学发现会以多重独立的方式出现（为方便起见，我将在这里把它描绘成多重发现）这一重要的事实，是科学发展的社会学理论的基础。自 1922 年以来，美国社会学家们就恰当地把这个理论与威廉·F. 奥格本和多罗西·S. 托马斯联系在了一起，因为这二者为用社会学思想证实这个理论做了大量的工作。[①] 在汇集了大约150个独立发现和发明的个案的基础上，他们得出结论说，作为在文化继承中积累起来的一定的知识，并且作为引导研究者关注特定问题的社会发展，创新实质上已经变得不可避免了。

这个假说得到了它自己的历史相当充分的证明。（我们将会看到，它差不多就像是一部莎士比亚的剧中剧。）因为多重发现和发明具有社会学意义这种思想，在数个世纪的时间里不时地被重
353 新发现。今天我将追溯19世纪的一些个案。我先从1828年开始，在这一年，麦考莱在其论述德莱顿的论文中注意到，牛顿和莱布尼茨独立发现微积分，也属于这个更大类的事例（即各自独立工作的科学家做出了同样的发现或发明）之一。例如，麦考莱告诉我们：

> 租赁学说现已被政治经济学家普遍接受，它几乎是由两位没有联系的作者同时提出的。以前的一些思索者在这个问题上总是因疏忽而出错；但是它不可能再让最心不在焉的探索者把它错过了。

然后，他用典型的麦考莱式的单调的口吻和无可置疑的麦考莱的天赋总结说：

> 我们对人类知识储备每次的巨大增加深怀敬意，并且倾向于认为，情况是类似的：没有哥白尼，我们也会有太阳中心说，没有哥伦布，美洲也会被发现，没有洛克，我们也会有关于

① W. F. 奥格本和D. S. 托马斯：《发明创造是必然的吗？》，原载《政治学季刊》37（1922年3月），第83—98页；W. F. 奥格本：《社会变迁》，第90—122页。关于这个问题也可参见本书第十章和第十七章。

人类思想起源的正确理论。[①]

人们已经注意到了多重发现及其对科学理论发展的内在意义，这些发现常常是独立作出的，而且有些已经发表了；这种情况有许多，但现在还不是详细考察它们的时候。从事实际工作的科学家、史学家和科学社会学家、传记作家、发明家、律师、工程师、人类学家、马克思主义者和反马克思主义者、孔德主义者和反孔德主义者，尽管认识的程度有所不同，但都一而再、再而三地呼吁人们既要注意多重发现这个事实，也要注意它的某些内在意义。也许，列举一部分，就能揭示出许多这样的事例，在这些事例中，人们独立地提出了这个事实并提出了与之相关的科学和技术中独立发现的假说：

1828 年——我已经说过，麦考莱引人瞩目地在他论述德莱顿的论文中谈到过这个问题；

1835 年——奥古斯特·孔德，在他的《实证哲学教程》(*Positive Philosophy*)中论述了这个问题；

1846、1847 和 1848 年——数学家和逻辑学家奥古斯塔斯·德·摩尔根；

1855 年——大卫·布儒斯特爵士，他是一位物理学家、《爱丁堡百科全书》(*Edinburgh Encyclopedia*)的编者，他还是牛顿传记的作者，他很赏识牛顿，尽管并不总是具有鉴别力，他本人也和马吕(Malus)以及菲涅耳一起，卷入了一些多重发现问题之中；

1862—1864 年——在此期间，发表了一组涉及多重发现的

① 特里威廉夫人编：《麦考莱勋爵杂文集》(*Miscellaneous Works of Lord Macaulay*, New York: Harper, 1880)第 1 卷，第 110—111 页。

见解，这些见解源于当时英国流行的关于专利体系之争，《伦敦时
354 报》（*London Times*）一再发表有关这个问题的社论，对这个通常众所周知的事实评论说："力学发现的进步就是这样持续记录着的，即许多人同时想到用同样的方法克服某个特定的困难"（1865年9月13日）；

1864年——萨缪尔·斯迈尔斯，他是一位非常受欢迎的维多利亚时代的传记作家和自助的倡导者，曾多次谈及有关多重发现的事实；

1869年——弗朗索瓦·阿拉戈，他是一位天文学家、物理学家、传记作家和科学院的常务秘书，曾有过多次多重发现的经历；

1869年——弗朗西斯·高尔顿，他在其所著的《遗传天赋》（*Hereditary Genius*）中认为，正如几年前一些著名的相关个案所证明的那样，"众所周知，不同的人经常在同时做出相同的发现，"他在1874年的《英国科学家》（*English Men of Science*）中又回过头来再次讨论了这个问题；

1885年——当时不太出名的美国人类学家巴布科克和皮尔斯讨论过这个问题；

1894年——弗里德里希·恩格斯在他致海因茨·施塔尔根堡（Heinz Stargenburg）的信* 中谈到他的合作者的思想时写道：

---

* 原文如此。实际上，这封信是写给当时布勒斯劳（弗罗茨拉夫）的德国大学生W.博尔吉乌斯（Borgius）的。海因茨·施塔尔根堡是《社会主义大学生》的撰稿人，恩格斯的这封信就是由他第一次发表在该杂志1895年第20期上的，但发表时未注明收信人，这样，《马克思恩格斯全集》俄文第一版将施塔尔根堡误作收信人，从而导致了后人以讹传讹。引文见《恩格斯致符·博尔吉乌斯（1894年1月25日）》，《马克思恩格斯选集》第4卷，人民出版社1972年版，第507页。——译者

“如果说马克思发现了唯物史观，那么剩叶里、米涅、基佐以及1850年以前英国所有的历史学家就证明，已经有人力求做到这一点，而摩尔根对同一观点的发现表明，做到这点的时机已经成熟了，这一观点**必**将被发现。”

1904年——法国社会哲学家和历史学家弗朗索瓦·蒙特莱在其发表在《科学评论》(*Revue scientifique*)上的基础性论文《论发现的同时性》(“La simultanéité des decouvertes”)中，列举了大约50个例子；

1905年——英国法学家和政治学家艾伯特·维恩·戴西的权威性的《关于法律与舆论的关系的演讲》(*Lectures on the Relations between Law and Public Opinion*)；

1906—1913年——物理化学家和现代科学史的奠基人之一皮埃尔·迪昂考察了他每一项重要工作中的多重发现的事实及其意义；

1906年——德国著名的生理学家埃米尔·杜布瓦-雷蒙；

1913年——成为美国科学史家的老前辈的乔治·萨顿；

1917年——美国人类学家的老前辈A. L. 克罗伯；

1921年——爱因斯坦；随后，当我们接近在美国众所周知的系统阐述时，

1922年——不同国家的学者阐述了有关多重发现的事实和与之相关的假说，如法国的科学史家阿贝尔·雷伊，俄国马克思主义主要的代表人物尼古拉·布哈林，英国权威的政治学家和随笔作家莫利子爵，当然，还有美国的奥格本和托马斯。

因时间有限，我只能把这张不完全的一览表限制在19世纪 355

和20世纪初。但是,这种自行确定的标准肯定至少还会再一次被打破。因为这次我们几乎不可能排除美国哲学学会和宾夕法尼亚大学(University of Pennsylvania)的主要创建者对这个问题的看法。从富兰克林关于这个问题的几种看法中,我选择了其中的一种,这种看法带有他本人的明显特征。在写给德·拉·罗奇(de la Roche)教士的信中,他评论说:

> 在阅读M.爱尔维修的著作时我常常注意到,尽管我们彼此的出生和成长相隔有两个世纪之遥,我们却常常会有相同的思想;一想到这一点我就很高兴:我们所爱的是相同的研究,而且就我们所知,我们所爱的朋友和女人也是相同的。[①]

在这里以及其他论述中,富兰克林把多重发现的出现看做是很自然的事。

这份缩短了的多重发现一览表中的其他大部分人,也持有这样的多重发现理论。至少,他们表述这种思想的方式暗示着,他们中的许多甚至大部分人都是独立地得出这种思想的,他们都已经发现这是个值得注意的问题。有些读者是在出版物(无论是书评还是文章)中偶然读到有关这种思想的评论的,而每一个成功的关于这种思想的阐述都会引起这些读者的兴趣,这也暗示着这种思想所具有的独立性。事实上,这种理论在学者和科学家中得到了不同程度的传播。19世纪中叶,对某些人来说,这种理论已经是一种很平常的而且常常使人感到痛心的事实;对其他人来说,它代

① 艾伯特·亨利·史密斯:《本杰明·富兰克林的著作》(*The Writings of Benjamin Franklin*, New York: Macmillan, 1905—1907),第7卷,第434—435页。

表了一种全新的构想：通过不均衡的知识积累、通过许多科学家受主观或社会影响在大约同一时期对特定问题的关注，科学的发展得以实现。

这种思想从某种意义上讲已经“流传了”大约三个世纪。有些批判者攻击它是完全荒谬的或者至少从观念上讲是可疑的，这无意之中也提供了进一步的证据，说明这种思想是被独立地重新发现的。到了今天，有些作者可以把这种假说描述为实质上是马克思主义的，因而会使我们假定，它一定是错误的。然而，当麦考莱第一次提出他关于这个问题的思想时，马克思不过是一个早熟的十岁男孩儿，而当孔德表明同样的思想时，马克思还是一个十八岁左右爱激动的青年（当然，孔德命中注定也将成为马克思发泄愤怒的对象），看起来，那些把多重发现理论描述为纯粹的马克思主义理论的人，也许对所有这一切一无所知。那些维多利亚时代早期为《伦敦时报》撰写社论的作者们，在对他们所发表的这个假说的 356
这种描述面前，又会说些什么呢？很遗憾，人们对此只能猜测。简而言之，尽管有关多重发现的理论在多种不同的场合发表过了，但它仍然时不时地被许多观察者独立地作为一种新思想而提出来。

尽管如此，科学中的多重发现这个事实，仍然被一些人（包括一些上层人物）看做是非常奇怪的甚至几乎是难以解释的东西。伟大的病原学家和医学史家威廉·亨利·韦尔奇对这个问题就曾提出过这样的看法：

> 人们等待已久的发现或发明被不止一个研究者独立地而

且几乎是同时地用不同方法完成，这样的情况太奇怪了，它们并不总是那种发现史所熟悉的可解释的现象。[①]

其他学者则心照不宣地假定，多重发现的模式既是古怪的，也是与他们自己的研究领域不同的，例如，考虑一下著名的几何史家朱利安·洛厄尔·库利奇的见解：

数学史中有这样一个奇怪的事实：最重要的发现是由许多不同的天才同时完成的。[②]

据记载，近年来社会学家塔尔科特·帕森斯描述说，对“价值观和文化内化为个性的一部分”的三重或者四重发现，是“一种非常奇异的现象，因为所有这些人都是彼此独立的，而他们的发现是……十分重要的”。[③]

当然，这些见解有的仅仅是随便的评论，不能单从字面上来理解。不过我现在想提出这样一个假说，即科学中的多重发现模式，

516 既不是古怪的、奇怪的，也不是奇异的，大体上讲它是一种占主导地位的模式，而不是一种次要的模式。而单一发现，亦即科学史中仅做出过一次的发现，才是附属现象，需要特别解释。说得更严厉一些，这种假说认为，所有科学发现，包括那些表面上像是单一发现的发现在内，大体上都是多重发现。

① 威廉·亨利·韦尔奇：《论文与演讲》(*Papers and Addresses*, Baltimore: Johns Hopkins Press, 1920)第3卷，第229页。

② 朱利安·洛厄尔·库利奇：《几何学方法史》(*A History of Geometrical Methods*, Oxford: Clarendon Press, 1940)，第122页。

③ 塔尔科特·帕森斯，原载《国家社会学家社会学杂志》(*Alpha Kappa Deltan: A Sociological Journal*)(1959年冬季号)，第3—12页，见第9—10页。

三、关于多重发现的假说

如果采用这种极端形式的观点，那么这个假说乍听起来似乎有些过了头（并不是说已经超过了可以修正的程度），远非对适当 357
证据任何可能的检验所及。因为，甚至历史上已认定的单一发现，也被断定为原则上是多重发现，即以单一发现形式出现的潜在的多重发现，这似乎是一种封闭式的假说，不受研究的影响。不过，或许所有情况即便如此，也不见得真有什么不妥。

当然，一个不可更改的假说，根本就不是假说，而只是一个教条，也许只不过是一个咒语。然而我认为，关于多重发现的这个假说绝不是不可更改的，因而也不是令人不能容忍的，事实上，从事实际工作的科学家在大多数情况下都坚持这个假说。有关这一点的证据唾手可得，一旦发现证据的适当性，就可以由它得出丰富的结论。在这里，关于科学中的发现大体上是多重发现，单一发现是需要特别解释的例外这一假说，有十种相关的证据。

第一，长期以来被看做是单一发现的那类情况，结果被证明是以前发表过的成就的重新发现。这类个案有很多。不过在这里，我只举两个著名的例子：即卡文迪什和高斯。在卡文迪什丰富的未公布的实验和理论中，大部分只是在他 1810 年去世之后，人们从阿尔古（Harcourt）1839 年出版的他的某些化学著作、克拉克·麦克斯韦 1879 年出版的他的电学著作以及索普 1921 年出版的他关于化学和力学的全面研究中逐渐认识到的。[1] 在这期间，卡文迪什那些未发表的发现，有许多也被与他同时代或他以后的研究者们独立地完成了，如：布莱克（Black）、普里斯特利、约翰·罗比森（John Robison）、查理（Charles）、道尔顿、盖-吕萨克、法拉第、博斯科维奇（Boscovich）、拉莫尔以及皮克林（Pickering）等等，这里所列出的只是其中的一小部分人。卡文迪什档案的公布得晚了一些，而在此之前，上述重新发现的个案大都被看做是单一发现。就我们所知，高斯的情况与卡文迪什大体相同。高斯在他的笔记本中记下了许多数学发明和其他方面的发现，但他不愿草率地拿出来发表，而阿贝耳、雅格比、拉普拉斯、伽罗瓦、狄德金（Dedekind）、弗兰茨·诺伊曼、格拉斯曼（Grassmann）以及汉密尔顿等人也完成了这些发明或发现。[2] 当高斯未发表的著作公布于
358 世时，这些被假定为单一发现的情况，再次证明是多重发现。卡文

① 在下列著作中可以找到详细的有关重新发现的例子：G. 威尔逊：《可敬的亨利·卡文迪什传》；亨利·卡文迪什：《科学论文集》（*Scientific Papers*, Cambridge: At the University Press, 1921），根据已发表的论文和卡文迪什的手稿编辑，第1卷：《电学研究》（*Electrical Researches*），克拉克·麦克斯韦编，约瑟夫·拉莫尔勋爵修订，第2卷：《化学和动力学研究》（*Chemical and Dynamical*），爱德华·索普爵士等人编；A. J. 贝里：《亨利·卡文迪什的生活与科学研究》（*Henry Cavendish*: *His Life and Scientific Work*, London, Hutchinson, 1960）。

② 关于高斯未发表的成果的这些重新发现初步的一览表，是根据他的多卷本书信集中的详细资料编成的，如《高斯与贝塞尔通信集》（*Briefwechsel zwischen Gauss und Bessel*, Leipzig: Wilhelm Engelmann, 1889）；《卡尔·弗里德里希·高斯与沃尔夫冈·鲍耶通信集》（*Briefwechsel zwischen Carl Friedrich Gauss und Wolfgang Bolyai*, Leipzig: Teubner, 1899）；另可参见沃尔多·G. 邓宁顿：《卡尔·弗里德里希·高斯》（*Carl Friedrich Gauss*, New York: Exposition Press, 1955）。这些科学家屡屡卷入多重发现之中，在本文稍后，当我提出一种关于科学天才的社会学概念时，我将回过头来讨论这种情况进一步的意义。

迪什和高斯这两个个案绝不是什么例外，它们都是一个更大类情况的例子。

适用于未发表的成果的情况，对虽然发表了但相对来说没有被重视或者难以得到的成果也适用，这样的成果之所以没有被重视或难以得到，其原因或者是由于在当时流行的观念看来它很古怪，或者它高深莫测、难以理解，或者是因为它只在一个不太出名的杂志上发表了，等等。当以前的成果过了很久被人们辨认出来之后，这些单一发现又被重新解释为是多重发现。要想在这类个案中选出一些最相近的情况，只需回忆一下孟德尔和吉布斯就行了。对人们来说，孟德尔的情况[①]可谓是耳熟能详，不必进行什么考察了；吉布斯的情况人们几乎也是很熟悉的，奥斯特瓦尔德在其《热力学研究》(*Studies in Thermodynamics*)德文版序言中评论说，事实上，"重新发现吉布斯比理解他更容易"。[②]

所有这些都是看似单一发现但后来被证明是多重发现或重新发现的情况。还有其他一些更为咄咄逼人的证据，可以证明这个看似不可更改的假说：单一发现而非多重发现才是需要特别解释的例外，而科学中的单一发现大体上都是潜在的多重发现。这类证据都是抢先发表的多重发现，这些发现在历史上之所以被认为是单一发现，只不过是因为关于发现的公开报告，在其他独立做出

---

① 参见雨果·伊尔蒂斯：《孟德尔传》；康韦·泽克尔：《格雷戈尔·孟德尔与他的前辈》("Gregor Mendel and His Precursor")，原载《伊希斯》42(1951 年 6 月)，第 97—104 页。

② 这是穆里尔·鲁凯泽在其《威拉德·吉布斯》(*Willard Gibbs*, New York: Doubleday Doran, 1942)第 4 卷，第 314 页作的非常恰当的解释。

同样发现的人之前发表了。对于这些个案可以说，要不是得到了迅速传播，就会有一个多重发现。①

第二，在包括社会科学在内的每一门科学中，许多已发表的报告都说某个科学家已不再继续某项趋于完成的探讨了，因为某部新的论著已经领先于他的假说和他所设计的对假说的探讨了。当然，对这种情况出现的频率还无法做出有力的证明，但我可以说，已经发现了许多这样的情况。

第三，与前一种类型非常相近的是这样一些情况，即科学家虽然被别人占了先，但他仍然继续报告他原来的、尽管已被别人领先的工作。我们可以想起在科学文献中有无数这样的脚注，他们懊恼地宣称："完成这个实验以后我发现，伍德沃斯（或贝尔或迈诺特，依具体情况而定）已经在去年就得出这个结论了，而琼斯早在六年以前就做到这一点了。"毫无疑问，今天，我们这里的许多人已
359 经历过一次或不止一次这样的事件，即我们发现最好的，严格地讲我们最有创造性的探讨，已被别人占了先。关于这一假定，我只选了一个相关的个案：

> 开尔文勋爵十八岁时有过这样的经历，当时他还是个大学生，是尚无爵位的威廉·汤姆孙，他把他第一篇关于数学的论文寄给了剑桥的《杂志》，结果发现，"法国著名的几何学家M. 夏斯莱已经在两个问题上领先了……[而]当这篇论文几个月后发表时，前面又增加了两个参考文献，即 M. 夏斯莱的

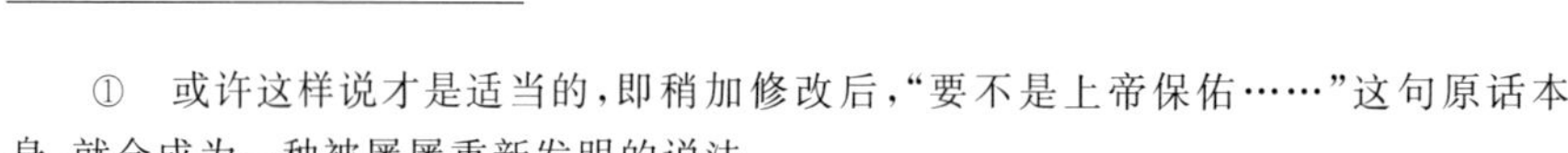

① 或许这样说才是适当的，即稍加修改后，"要不是上帝保佑……"这句原话本身，就会成为一种被屡屡重新发明的说法。

记录和 M. 斯特姆的类似的记录。再后来，汤姆孙发现，高斯也陈述并证明过同样的定理；在这以后，他又发现，十多年以前，格林(Green)就已经发现这些定理，并且把其发现完全发表了，而他在 1845 年以前从未看到过格林稀有的著作。”①

这类后来发现、而且是屡屡发现的一系列多重发现，有相当多的实例，它们再三出现，足以称得上是司空见惯的了。

第四，当然，这些有公开记载的被人占先的多重发现的事例，并没有穷尽所有这类情况，未被记载的事例可能还有许多，也许其数量相当大。许多科学家不可能公开发表报告说，别人已经领先他们了。这些情况，通常只有很小范围的人知道，这些人非常熟悉被别人占了先的那些科学家的工作。通过对科学家交流的访问研究，已经可以对这种通常鲜为人知的被占了先的多重发现情况的频率开始进行确认了。对这种情况的系统的实地研究，已经证明了大量常常被描述为研究中的“毫无必要的重复劳动”的情况，这种情况是由于当时科学家之间的交流渠道不完善造成的。例如，其中一项对美国和加拿大的数学家的研究②发现，在非常多产的

① 西尔弗纳斯·P. 汤普森：《拉格斯的开尔文男爵——威廉·汤姆孙传》第 1 卷，第 44—45 页。

② 参见哥伦比亚大学应用社会研究所的赫伯特·门泽尔为国家科学基金会准备的一份报告(1960 年 1 月)：《对科学家之间信息流动的研究考察》(*Review of Studies of the Flow of Information Among Scientists*)，第 1 部：第 21 页，第 2 部：第 48 页。门泽尔的这部专著中还概述了许多其他有用的信息，但我无法把它们都塞进本文之中。不过，应当补充一句，那些未把重点放在多重发现和单一发现问题上的研究，还不了解这些资料；在我发表了另一篇关于这个普遍问题的论文之后，我很自然地得到了一些以前未泄露的关于多重发现的个人报告，根据这些报告我会得出这样的判断：对那些如此大规模发生的事情几乎还没有人开始进行评价。

数学家中，有31%的人报告说，其他人被延误发表的成果，导致了这种“不必要的重复劳动”，亦即多重发现。

第五，我们发现，有些似乎是单一发现的情况屡屡被证明是多重发现，因为朋友、敌人、合作者、教师、学生或者偶然对科学有些了解的人，勉强或渴望为一个公正的朋友提供这样的服务，亦即使一个得意洋洋的科学家认识到，他有各种理由认为是单一发现的
360 他原来的发现或思想，并非是单一发现，而是一个双重发现或多重发现，这样，他最近独立完成的该项发现，永远也无法发表。因此，尽管年轻的W.R.汉密尔顿偶然发现并发展了一种光学思想，但他对此事却作了这样悲哀的描述：

> 两星期前我以为，没有哪位作者曾按照类似的计划探讨过光学。但在此期间，我的导师、尊敬的博伊顿(Boyton)先生在学院的图书馆给我看了马吕关于这个问题的绝妙的研究报告……对于这些属于双方的结果，这样说是恰当的，即在我知道他的成果之前，我在我的研究中得出了这些结果。[①]

汉密尔顿的导师为他所做的，也正是其他人多年来为无数科学家所做的。在科学家们的日记、书信以及记录中，有大量这种类型的个案(并且说明了，他们以各种方式对给他们带来坏消息的人做出了什么反应)。

第六，这种被别人占先的多重发现模式，通常是口述传统而非成文传统的一部分，它的出现还有另一种形式，即演讲。在这里，

---

① 罗伯特·珀西瓦尔·格雷夫斯:《威廉·罗恩·汉密尔顿爵士传》(*Life of Sir William Rowan Hamilton*, Dublin: Hodges Figgis, 1882)第1卷:第177页。

举一个例子肯定可以代表许多情况。只需考虑一下开尔文在约翰斯·霍普金斯大学著名的演讲就够了，据记载，在这里，他“[从他的部分听众那里]惊讶地发现，他新近独立发现的东西，已经被别人发现并发表过了”。[①]

第七类典型的情况是，人们倾向于把潜在的多重发现改变为单一发现，从正式的历史记录看，这类现象通常在这种情况下出现，即科学家们已经被迫把注意力从某个得到了明确阐述的研究纲领移开了，因为所有迹象都表明，这个研究纲领所要探索的问题，已经有人成功地进行了探讨。当然这只是一种猜测，即实际被别人作出的发现，事实上可能已被第一个转向的研究者完成了。不妨考虑一下，例如像罗兰·罗斯爵士这样的科学家，他曾劝人相信他关于疟疾的寄生菌和许多蚊子的发现仅仅是个开头，他叙述了他的这种信念，即若不是雇用他的那些权威们干涉他的计划，他会继续进行别人所作出的发现：

> 巨大的宝库已经打开，但是在我能触摸这些宝物之前，我被拖走了。现在我有一大堆未完成的极有价值的研究，我本应继续研究蚊子胃中的“虫样体”，但却把它留给了罗伯特·克赫。我本打算把“胚体纤维”与鸟血相混合，但却把它 361
> 留给了绍丁(Schaudinn)。我希望完成人体寄生虫生活周期

① 汤普森：《威廉·汤姆孙》，第 2 卷，第 815—816 页。开尔文谈了其中的一件事，于是：“三天前在思考这个问题时，我对自己说，‘有一些物体具有能产生很强的吸收作用的分子，从这样的物体上，肯定会反射回明亮的光。’在吃早饭时，我把这个想法与瑞利勋爵谈了，他告诉我说，斯托克斯(Stokes)有这样一篇论文，我找来了论文并且看到，我所想到的东西该论文里已有论述。这已完全为人所知了，但我还是第一次认识到这样的分子。”

的研究，但却把它留给了意大利人和其他人。[①]

当然，这是猜测，但它暗示，外部环境终止了某个本来会导致某些发现的研究纲领，这些发现变成了多重发现，而没有停留在偶然的单一发现上。

不过，这几个被人占先的多重发现模式，给我们提供的仅仅是关于这个看似不可更改的假说(即潜在的和实际的多重发现是科学发现的惯例，而单一发现则是需要特别解释的例外)不完全的证据。我现在转向另一类截然不同的证据，即科学家本人的行为以及作为那种行为之基础的假定。我要在这里指出，这个假说绝不是令人无法容忍的，实际上它通常被科学家本人作为一种可行的假设而采纳。我认为，在实际的实践中，科学家本人，尤其是那些最伟大的科学家们假定，单一发现是立即就会出现的多重发现。假设根据行为来推断信念是困难和不可靠的，就像根据信念来推断行为一样困难和不可靠。但是在这种情况中，我们将看到科学家的行为显然证明了他们的基本信念：科学中的发现都是潜在的多重发现。

毕竟，科学家有理由知道许多发现都是独立完成的。他们不仅认识到了这一点，而且也在这样做。[②] 由于科学文化不仅鼓励独创性，而且鼓励首先做出的发现，因而可以理解，对多重发现的这种认识促使人们奋力争先，以便保证优先权。人们提出了许多

---

① 罗兰·罗斯：《备忘录和对重大的疟疾问题及其解决方案的完备的说明》(*Memoirs, with a Full Account of the Great Malaria Problem and Its Solution*, London: John Murray, 1923)，第313页。

② 以下部分的论述是以本书第十四章《科学发现的优先权》为基础的。

权宜之计，以确保不被别人占先：例如，把详细讨论某个人的新思想或新发现的信件迅速送往其潜在的竞争者那里，以便使对手缴械投降；到处散发初步性的研究报告；仔细地注明个人的研究记录的日期（如阿贝耳和开尔文所做的那样），等等。

这种抢先报告某项发现的竞赛证明了这个假设：如果一个科学家不迅速做出发现，别人就会完成这项发现。这又为我们的假说提供了**第八**种证据［即本书第 14 章所陈述的证据］。这里讨论的许多例子都是非常典型的；诺伯特·维纳在谈到他的经历时既不详尽也不坦率，沃利斯、雷恩、惠更斯、牛顿、伯努利以及在数个世纪中无数的科学家们也都是如此，他们的日记、自传、书信以及笔记都证明了这种结果。

在所有这些证据中，我排除了这样一些情况，即科学家们着手 362
确立其优先权的目的，仅仅是为了他们本人的创造性作用在科学家共同体中变得显而易见之前，不让其发现在这些人中传播，或者是为了确保他们以后不会被别人指责说，他们的思想是通过剽窃其科学家同行的成果而获得的；我也排除了像普里斯特利那样的个案，在这类个案中，科学家们为了使其他人了解他们的工作从而推动科学快速发展，很快就把他们的成果公布于世了。在这类适合于这种假说的个案中，我只提到了这样的情况，即大家公认促使人们争先确立优先权的动机，是为了不被别人占先，这是唯一的一个适当的证据，它可以证明：科学家们事实上假定，他们最初的单一发现注定不会总是单一发现；简而言之，多重发现肯定在进行之中。

第九，并非所有认识到自己卷入了某个潜在的多重发现之中的科学家，都准备对这个问题坦率直言。在许多这类个案中，他们的科学家同行或他们的亲属却是这样。不妨回忆一下老鲍耶，他本人就是一位相当重要的数学家，他曾很有先见之明地警告他的儿子“不要失去发表它[即他的非欧几何]的机会”，理由有两条：

> 第一，因为思想很容易从一个人传到另外一个人那里，而后者有可能抢先把它发表；第二，确实也会有这种情况，即有这样一个时代，许多发现在几个不同的地方被同时完成，就像春天处处都会出现紫罗兰一样。科学中的战斗就像是一场真正的战争，我说不准什么时候会出现和平。因此，如果我们有能力，我们就应该力争获胜，因为获益的总是第一个到达终点的人。①

我们几乎都听说过，某人忠实的同事用这些词语反复警告他说，被人占先的危险迫在眉睫了：奥特雷德的朋友鲁滨逊(Robinson)劝说他把他关于对数的成果发表；②沃利斯和哈雷警告过牛顿；③哈雷警告过弗拉姆斯蒂德；④贝奇警告约瑟夫·亨利“不要失去在美国哲学学会当面发表他的评论的机会”，这些话现在又成

① 这封信引自罗伯托·伯诺拉：《非欧几何学(第二次修订版)》(*Non-Euclidean Geometry*, 2d rev. ed., La Salle, Ill.: Open Court Publishing Co., 1938)，第98—99页。参见本书第十四章。

② 斯蒂芬·彼得·里戈编：《17世纪科学家通信》(*Correspondence of Scientific Men of the 17 Century*, 2 vols., Oxford: Oxford Univ. Press, 1841)第1卷，第7页；第2卷，第27页。

③ 查尔斯·R.韦尔德：《皇家学会史》(*A History of the Royal Society*, London: Parker, 1848)第1卷，第408—409页。

④ 弗朗西斯·贝利：《第一任皇家天文学家约翰·弗拉姆斯蒂德牧师记事(根据从未发表过的他本人的手稿和其他权威文件编辑)》(*An Account of the Rev. John Flamsteed, the First Astronomer-Royal; Compiled from his own Manuscripts, and other Authentic Documents, never before published*, London: Printed by Order of the Lords Commissioners of the Admiralty, 1835)，第161页。这个事例有特别的意义，因为哈雷和弗拉姆斯蒂德无疑是对手，但是哈雷认为，不让外国科学家领先英国科学家是很重要的。

了法拉第关于自感应研究的结论；[1]赖尔警告达尔文［不管爱德华·布莱斯(Edward Blyth)怎样］一定要把他的成果发表，否则就会 363
被别人占先；[2]贝塞尔和舒马赫警告高斯他将(他实际上已经)在各个方面被别人领先；[3]年长的勒让德警告年轻的卡尔·雅格比，更年轻的尼耳斯·阿贝尔在发现椭圆函数的理论竞赛方面有可能赶上他，除非"你尽早让你的著作出版，以便拥有属于你的东西"。[4]

科学家们倾向于假定，如果他们不赶紧把自己有创造性的发现发表出来，那就有可能被别人重新发现，在上述那些人中，高斯和贝塞尔为此提供了一个极为令人啼笑皆非的例子。忠实的贝塞尔连续好几年都对高斯高谈阔论，劝他把新的发现发表，否则会被别人占先。最终，高斯按照贝塞尔所说的做了。他发表了一篇关于屈光学的论文，并且把一个副本送给了贝塞尔，贝塞尔对他的成果大加祝贺后不无怜悯地告诉他，他的研究已经被贝塞尔本人现在进行但仍未发表的研究超过了。[5]

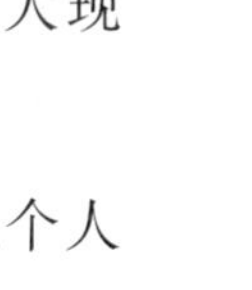

对于科学家或数学家所持的一项发现或发明不会只为他个人所有这种坚定的信念，高斯给我们提供了另一个惊人的例子。1795 年他年满 18 岁，刚刚成年，他设计了一种计算最小二乘方的

---

① 托马斯·库尔森：《约瑟夫·亨利的生活与工作》(*Joseph Henry: His Life and Work*, Princeton, N. J.: Princeton Univ. Press, 1950)，第 109—110、147—148 页。

② 弗朗西斯·达尔文编：《查理·达尔文的生平和书信》(*The Life and Letters of Charles Darwin*, New York: Appleton, 1925)第 1 卷：第 426—427、473 页。

③ 邓宁顿：《高斯》，第 216 页；C. A. F. 彼得斯编：《高斯与舒马赫通信集》(*Briefwechsel zwischen C. F. Gauss und H. C. Schumacher*, Altona: Gustav Esch, 1860)第 2 卷，第 82—83、299—300 页；第 3 卷，第 69、75 页；第 6 卷，第 10—11、55 页。

④ 奥尔(Ore)：《尼耳斯·亨里克·阿贝尔》(*Niels Henrik Abel*)，第 203 页。

⑤ 《高斯与贝塞尔通信集》，第 531—532 页。

方法。在他看来，这种方法似乎就是以前的一项工作的直接结果，因此他确信，别人肯定也已经想到了它；例如，他愿意打赌，托拜厄斯·迈尔肯定已经知道它了。[①] 当然，后来他才知道，在这一点上他错了；他有关最小二乘方的发明并没有被别人占先。不过，原则上讲他是相当正确的：这项发明必然会成为一种多重发现。事实结果证明，它是一项四重发现：在高斯致力于发表它之前，拉格朗日于1805年独立地发现了它，而稍后，丹尼尔·于贝尔在巴塞尔、罗伯特·阿德雷因(Robert Adrain)在美国也发现了它。[②]

最后一个而且也许是最有决定性意义的证据是，科学家共同体事实上确实假定，发现都是潜在的多重发现。这个证据是由一
364 些已形成惯例的权宜之计提供的，而这些权宜之计旨在保护科学家观念的优先权。自17世纪开始，科学院和科学学会就把存放在它们那里的手稿密封起来并注明日期，以便对思想和优先权加以保护。对此，皇家学会早期的会议记录是这样描述的：

> 如果任何一位会员有了某种哲学见解或发明，但还没有证明，他通常希望把它密封在一个也许可以存放在一位秘书那里的盒子中，直到它完善了再把它公布，为了更好地保护其作者，有可能允许这种做法。[③]

---

① 《高斯与舒马赫通信集》，第3卷，第387页。

② 邓宁顿：《高斯》，第19页。阿德雷因是他那个时代杰出的美国数学家，与几次多重发现有关。参见J. L. 库利奇：《罗伯特·阿德雷因与美国数学的起源》("Robert Adrain and the Beginning of American Mathematics")，原载《美国数学月刊》(*American Mathematics Monthly*)33(1926年2月)，第61—76页。

③ 托马斯·伯奇：《伦敦皇家学会史》(*The History of the Royal Society of London*, London: A. Millar, 1756)第2卷，第30页。法国科学院广泛地使用了这种办法；在诸多密封存放的文件中，有拉瓦锡关于燃烧的论述；参见拉瓦锡：《拉瓦锡著作集·书信》(*Oeuvres de Lavoiser. Correspondance*, Paris: Michel, 1957)，勒内·弗里克(René Fric)编，第2卷，第338—389页。

大家会想起，至少从17世纪起直至19世纪，人们在报告发现时往往采取字谜游戏的方式(如伽利略所谓的土星的“三重星”，胡克所谓的紧张定律)来确立观念的优先权，同时，在进一步完善之前，不让竞争对手了解其有创造性的思想。[①] 为了同样的目的，从牛顿时代起，科学家们就先发表一个简短的摘要。[②] 这些以及一些类似的权宜之计都证明，科学家们甚至包括那些表面上同意相反观点的科学家们实际上假定，发现都是潜在的多重发现，只有在采取迅速行动防止后来的独立发现的情况下，才能保持独立发现的状态。因此，那个乍看上去似乎是不可更改的、或许是令人不能容忍的关于科学中多重发现的假说，事实上广泛地被科学家本人接受了。

我在这里只提出了十个相关的证据，而实际上证据有许多，它们证明，一旦科学制度化了，并且有相当多的人从事科学研究，那么，人们就会不止一次地做出同样的发现，而且可以认为，单一发现是占了先的多重发现。

四、多重发现的模式

在转向本文的最后一部分(这部分将讨论社会学对天才在推动科学发展中的作用的构想)之前，我认为，根据对多重发现的系统研究来描述一下某些发现是很有益的。埃莉诺·巴伯博士和我对大量多重发现中的264项进行了细致的考察。这些发现中的大

① 参见本书第十四章。

② 参见伯奇:《伦敦皇家学会史》，第4卷，第437页。

部分，共计 179 项，是双重发现；51 项是三重发现；17 项是四重发
365 现；6 项是五重发现；8 项是六重发现。这 264 项多重发现中还有一项是七重发现，两项是九重发现，在这九个独立的共同发现者中，绝大多数人大概倾向于接受这个假说：即使他们当中的某个人没有做出这个发现，这个发现无论如何也可以完成。

通过对与其相关的专门证据的研究，这 264 项多重发现中的每一项，都已经被划入了不同的类。每一项分类所依据的是：它出现于其中的特定的学科、多重发现的历史时期、重新发现的时间间隔、共同发现的数量、它是否引起了优先权之争、共同发现者（有别于同一国国民）的民族、共同发现者的年龄，等等。对通过历史探讨所获得的每一个多重发现的信息都已经进行了编码，并且已经转换成了穿孔卡，这样就可以进行详细的统计分析了。

现在不是描述现有的发现的时候；我此刻的目的仅仅是要指出，对更大量个案的系统分析，会为对特定的多重发现个案深入细致的研究提供富有启发性的补充。这一点可能很重要，例如，所评论的 20%的多重发现，都出现在一年之中；其中有些是在同一天或同一个星期出现的。另外 18%出现在两年之中，更多一些的多重发现则出现在十年或更长的时间内。某项多重发现几次出现的间隔越短，所引起的关于独立发现或优先权的其他方面的争议就越少：在一年之内做出的多重发现中，只有大约一半涉及了优先权的争论；而在 20 多年的时间内作出的多重发现中，有五分之四都卷入了争论之中。尽管存在着民族中心主义，如果共同发现者分属不同的国家，涉及优先权的冲突的可能性也比较小，而不是很大。这可以说明另一个初步的发现：从总体上讲相当令人鼓舞的

是，因多重发现而导致科学家之间发生冲突的频率，似乎处于下降的趋势。在我们考察过的1700年以前的36项多重发现中，92%有过严重的争议；到了18世纪，这个比例降到了72%；19世纪上半叶，这个比例保持在大体相同的水平(74%)，而在这个世纪的下半叶，该比例明显地下降到59%；在20世纪的上半叶，该比例已低于33%。也许，随着每个特别的领域中研究者数量的增加，科学家们开始充分认识到，像他们自己有可能会做出某个特定的发现一样，别人也会做出这个发现。

不管怎么说，这种研究足以使我们相信，关于发现的历史数据的统计分析，是科学社会学紧接着就要实施的一个可行并且富有启发意义的步骤。

五、关于科学天才的社会学理论 366

在这个短暂的穿插讨论之后，我要回过头来阐述科学发展的社会学理论的最后一部分，即天才在发展中所扮演的角色。我已经暗示过，关于多重发现的假说长期以来与另一个相关的假说联系在一起，这个假说就是：科学界的伟人即那些无可否认的天才，是可有可无的，即使他们没有降生，事情的结果大体上也会像他们实际降生后的情况一样。关于这个问题的争论持续了好几代，人们的争议很大也很激烈。科学家、哲学家、文学家、史学家、社会学家以及心理学家，都曾在这个时期或那个时期以某种论战观点参与了这场辩论。有些人曾用社会理论反对给科学天才个人提供广袤空间的理论，如爱默生(Emerson)和卡莱尔、斯宾塞和威廉·詹姆斯、奥斯特瓦尔德和德·康多尔以及高尔顿和库利等(这只是其中的一小部分人)。许多思想敏锐的人可能长期以来都认为这是一场权威的争论,但他们肯定不能阻止我们注意到,对那些问题所得出的结论是错误的。一旦这两种理论阐述清楚了,它们之间的对立也就变得没有必要了。相反,有人提出,如果从社会学角度而不是像通常那样从心理学角度来考虑科学天才,那么,这两种环境决定发现的思想就可以融合为一个理论。这两种思想绝不是不相容的,而是互相补充的。

按照这种扩展了的社会学构想,天才科学家就是这样一些人,他们的成果最终有可能成为别人的重新发现。这些重新发现可能不是被某一个科学家做出的,而是被一批科学家做出的。按照这种观点,科学天才个人在功能上等价于一大批具有不同天资的科学家。根据这个假说,伟大科学家不可否认的巨大才干仍然是个未知数。这并不是为了削足适履,以便与某种强求一致的、关于环境决定科学发现的理论相适应。同时,为了防止把具有较大天分和具有较小天分的科学家之间的差异夸大到令人置疑的地步,这种扩展了的构想也不会放弃发现的社会学理论;套用培根的话来说,它并**没有**“把一切智慧和理解力都置于几乎同一水平上”。

这种扩展了的社会学构想认为,伟大的科学家将会再三涉及多重发现。首先,因为天才将会做出许多发现;而按照这个理论的第一部分,这些发现中的每一个都是潜在的多重发现,因此其中有些
367 发现会成为实际的多重发现。其次,这意味着每一个天才的科学家对科学发展所做出的贡献,在功能上等价于许多其他科学家集体所做出的贡献,其中有些人卷入了天才所涉及的多重发现之中。

总之，最伟大的科学家已经卷入了大量的多重发现之中。对伽利略和牛顿来说是如此，对法拉第和克拉克·麦克斯韦是如此，对胡克、卡文迪什、斯坦森(Stensen)、高斯、拉普拉斯、拉瓦锡、普里斯特利以及谢勒也是如此，简而言之，对所有其在科学众神殿中具有无可争议的地位的人来说，无论按照他们的天才标准来看他们可能有多么大的差别，情况都是如此。

我还是只能间接地提一下适当的证据，而无法对它加以详细的描述。借助例证来考虑一下开尔文这个个案吧。在考察了他的661篇通信和演讲中的大约400篇之后(其余的仍有待研究)，埃莉诺·巴伯博士和我发现，开尔文证实，他最终发觉至少在32项多重发现中，他自己独立做出的发现也已被其他人完成了。这32项多重发现涉及了总计30位科学家，其中有斯托克斯、格林、亥姆霍兹(Helmholtz)、卡文迪什、克劳修斯(Clausius)、彭加勒、瑞利，这些人本人就是不可否认的天才，还有像汉克尔(Hankel)、普法夫(Pfaff)、霍默·莱恩(Homer Lane)、瓦利(Varley)、拉梅(Lamé)这样的虽不是最出类拔萃但也很有天分的人。卡文迪什的这些多重发现大都是双重发现，但也有一些三重发现和少量的四重发现。鉴于这个假说，即这些发现中的每一个注定都会出现，即使开尔文的天才没有得到公认，也还存在这样最完善的传统证明：事实上每个发现都有人完成了。而开尔文作为一个科学家的才干并没有减少。因为需要相当多的其他人才能重复开尔文本人完成的32项发现。

深入探讨这种事实的内在逻辑，我们就可以揭示多重发现的模型，模型中的细目会指出涉及每个多重发现的特定的科学家。

在这些人中，有些人自己就是天才，常常涉及其他多重发现。模型中的另一些人的天分稍逊一筹，从平均水平看，他们所涉及的多重发现较少一些。更次一等的被证明有科学天分的人，是数量巨大的一批科学家，他们作为一个集体对科学发展来说是必不可少的，他们所取得的一时的重要成就，往往是他们独立地做出了天才科学家业已独立完成的诸多发现中的某一项发现。

我们继续讨论开尔文这个样本个案。当然，这 32 项多重发现仅仅是他一生中所涉及的多重发现的一部分。因为我已经说过，这些只是开尔文本人所发现的其他人也完成了的发现。除了这些之外，还有一些开尔文作出的发现在以后被其他人完成了。对于这些我们还没有得出一个确定的估计。除此之外，还有一些我说

368 过的占了先的多重发现：从现有的记录上看，开尔文的这些发现并没有被其他人独立完成，但是按照我们的假说，要不是开尔文先完成的发现得到普遍流传的话，就会有其他人做出这些发现。即使根据这种不完善的主张，似乎也可以相当合理地认为，一个科学天才在功能上等同于许多其他科学家。而且，即使我们注意到，科学天才本人对这些发现来说并不是必不可少的（因为事实上别人也做出了这些发现），他个人在科学上的成就也不会有丝毫减少。正是在这种意义上，扩展了的社会学理论既可以说明两种环境决定发现的理论，同时又不至于夸大科学家个人在智力方面的差距。

对于在另一个完全不同的领域中的另一个类似的事例，我们没有太多要补充的。无论人们对西格蒙德·弗洛伊德还有什么别的评价，他毕竟是心理分析主要的创始人，这一点是不可否认的。而对他发表的 100 部（篇）论著进行的第一次考察就发现，他描述

了他所涉及的总计 30 多项多重发现，这些发现是他在完全不知道别人已经完成了的情况下做出的。这个样本的情况很像我们在开尔文那里所看到的情况。弗洛伊德后来发现的领先者中，有一些是著名的最有才华的人物，如席勒、冯·哈特曼、叔本华、费希纳(Fechner)等。但是，在他的其余众多独立的共同发现者或领先者中，几乎没有什么是为我们大多数人所知的获得过最高科学成就的著名人物，如沃基斯·劳埃德、库钦(Kutschin)、E. 哈克(Hacker)、格拉塞特(Grasset)、诺伊菲尔德(Neufeld)等等。弗洛伊德一人需要完成其他许多人各自完成的发现；弗洛伊德还要使许多人的注意力集中在一些思想上，若非如此，这些思想就不会引起他们的注意；这些和类似的一些方面，奠定了他的天才地位。尽管对思想的发展而言，他的历史作用比其他人更大一些，但他个人并不是不可或缺的，他实际上从事的多重发现，以及其他许多他大概凭借个人举世无双的天才而抢先做出的多重发现，业已表明了这一点。

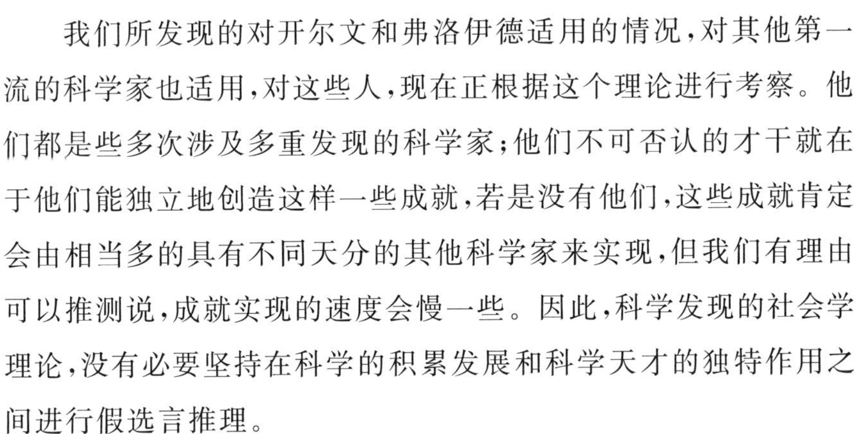

我们所发现的对开尔文和弗洛伊德适用的情况，对其他第一流的科学家也适用，对这些人，现在正根据这个理论进行考察。他们都是些多次涉及多重发现的科学家；他们不可否认的才干就在于他们能独立地创造这样一些成就，若是没有他们，这些成就肯定会由相当多的具有不同天分的其他科学家来实现，但我们有理由可以推测说，成就实现的速度会慢一些。因此，科学发现的社会学理论，没有必要坚持在科学的积累发展和科学天才的独特作用之间进行假选言推理。

也许还有时间来谈谈我自愿承担的几个很有必要的防止误解 369

的说明。因为我难以摆脱这种不舒服的感觉：即使你们承认我是对的，这个简短但并非十分简明的对大量科学发现资料的概述，肯定也会导致误解。只要有很多问题尚未说明，就会出现这种情况。为了防止这种误解，也许我在结束本文时应列出一些**看似显而易见的**推论，它们绝不是我设法描述的东西中所隐含的。

第一，在提出这个经过修正的关于科学发现过程长达三个世纪之久的构想时，我并没有暗示，所有发现从这种意义上讲都是不可避免的，即无论怎样，即使事实上做出发现的某个(些)人没有完成它们，它们也会在那个时间那个地点被别人完成。正相反，确实存在这样的个案，即某些科学发现的主要成分在文化中先出现了很长一段时间，从这个意义上讲，这些发现在实际完成之前可能会经历几代人甚至几个世纪。被耽搁了很长时间才完成的发现的现象经常发生，这对这里阐述的理论提出了一些不同的问题，但它们绝非是不可解决的问题。

第二，也许与我所陈述的看法相反，这种理论拒绝我称之为“预示论”的那种做法，即通过对现在所谈论的和以前所谈论的问题进行过于自由的解释，而声称会在很久以前甚至是古代的研究中发现对现在的科学发现的预料。这个理论并不是 17 和 18 世纪关于古代与现代之争在 20 世纪的翻版。

第三，这个理论并不是《传道书》的一个翻版，认为“普天之下并无新奇之物”。这个理论对科学的增长、分化以及发展提出了附带的条件，恰恰是因为它考虑到了这个事实：科学中的有些增长大体上或者事实上是重复的增长。它也考虑到，科学理论时不时地会出现一些重要的新变化，尽管引起这些变化的科学家不止一个人。

第四，这个理论并不认为，真正的独立的多重发现在时间顺序上肯定是同时完成的。只有有限的一些个案是这种情况。即使历法时间上相距遥远的发现，人们也可能根据知识在不同文化中积累的状态以及这些发现在其中出现的不同社会的结构，把它们看做是在社会和文化时间上“同时”或差不多是同时完成的。

第五，这种理论考虑到了，实际的而非潜在的多重发现的概率，因特定发现的性质不同而存在的差异。当然，科学发现并非都属于同一个类型。有些发现，是以前知识明显的推论，从这个意义 370
上讲，它们是这些知识的直接结果。其他发现包含了大量在以前知识基础上的跃进，这些也许不太容易成为多重发现。然而人们认为，最终会证明，这些发现也是与其他发现相同的科学发展过程。

第六，这个理论尤其反对，在科学发现的社会决定与科学中的天才或“伟大人物”所扮演的角色之间进行假选言推理。这个理论从社会学角度把科学天才看做是这样一个人：他个人在功能上等价于许多不同的在才华上稍逊一筹的科学家们所起的作用；从而，这个理论坚持认为，天才在推动科学发展过程中扮演着一种截然不同的角色，他常常会大量借助他的权威，使科学发展的速度加快，或延缓进一步的发展。

第七也是最后一点，对这个理论形形色色的推论可以进行系统的研究。研究的基础材料既可以从历史证据中获取，也可以从对当代科学家经历的实地研究中获取。培根间接注意到的并得到许多其他人经常考察的东西，有可能成为当代科学社会学的一个重要的焦点。

371 # 第十七章　作为战略研究基础的多重发现*

1969 年

科学史的记录记载了数千个相似发现的事例，这些发现都是由彼此独立工作的科学家完成的。有时候，这些发现是同时做出或几乎是同时作出的；有时候，一个科学家会重新做出某项发现，而他不知道，这个发现在多年以前就已经有人完成了。这些事件表明，当人类文化的储备中积累了必要的知识和工具时，当相当多的研究者的注意力集中在因社会需要、因科学内部的发展或者因这两方面的需要而出现的问题时，科学发现实质上就成为不可避免的了。

正如我们在前一章中所看到的那样，这是一个被其历史所确证了的假说。[1] 这种独立的多重发现（为了简洁，我继续把它们称作“多重发现”）的思想，具有重要的社会学意义，该思想本身在数个世纪的时间里也不时地被人们重新发现。另外，对相同事实以及与之相关的假说的这种重复的重新发现，人们的看法这些年来

---

* 本章最初是作为《对科学多重发现的系统研究的抵制》（“Resistance to the Systematic Study of Multiple Discoveries in Science”）的一部分，发表在《欧洲社会学杂志》4（1963），第 237—249 页；现获准重印。

① 从科学社会学的主题、问题集以及其作为一个学科的特性等方面考虑，需要给它提供大量这种自我例证的思想。

一直没有变，即总认为这种重新发现仿佛是没有发展的重复。毕竟，奥格本和托马斯编完他们的独立发现一览表已经过去50年了。[①] 至少在一个半世纪以前，观察者们就开始正式注意多重发现的事实，甚至开始编制简短的相关个案的一览表，并且开始探讨 372 这个事实的内在意义。正如我们业已看到的那样，自弗朗西斯·培根以一组富有启发性的箴言的方式提出这个假说的某些主要部分以来，至少已经有350年了。那么，为什么在此期间这种思想一直没有什么变化呢？

当然，之所以如此，可能是因为关于多重发现对科学发展理论的意义已有定论了。也许，这种思想之所以停滞不前，是因为众所周知的多重发现的事实是非主流的，而且没有什么重要的意义；它们就像例如人们有时会失言或出现笔误这个同样为大家所熟悉的事实一样，是无足轻重、没有什么价值的。这些都有可能。不过，现在我想考察这样一种主张，即尽管这是可能的，但实际上却并非如此。首先，我要指出，多重发现和科学发现中的优先权等事实提供了一个研究基础，它对推动科学社会学和科学心理学的研究具有战略意义，这种意义超出了人们一般所认识的程度，其次，有人对这个研究基础不抱希望，这在很大程度上是因为，他们对系统地考察这些事实采取了一种非理性的抵制态度。那么，本文要探讨的就是，如何理智地对多重发现进行系统的研究；下一篇论文要探讨的则是这样一个假说，即这种轻视源于另一些同形的抵制。简

① W. F. 奥格本和D. S. 托马斯：《发明创造是必然的吗？》，原载《政治学季刊》37(1922)，第83—100页；W. F. 奥格本：《社会变迁》，第80—102页。

而言之，我首先要回答这个问题：为什么人们讨厌对这个问题进行**系统的**研究？然后要回答下一个问题：考虑到它的理论意义，为什么社会科学家不讨厌它呢？

对科学中的新思想和新发现的“抵制”（从通俗的意义上讲即“反对”），既表现在庞大的门外汉共同体中，①也表现在较小的科学家共同体中，②其中的某些社会的、文化的以及经济方面的原因，已被人们认识到了。既然事实上存在多重发现而且常常会出现关于科学发现优先权的争论，那么在考察科学家对多重发现的
373 详细研究的抵制时，对于有意轻视或否认某种能够看到但令人痛苦的现实的情况，我将更多地从其技术意义和心理学意义上来思考有关“抵制”的问题。③

① 伯恩哈德·J. 斯特恩的一系列论文和专著非常引人注目，如：《医学发展中的社会因素》；《我们是否应当接种疫苗？》（*Should We Be Vaccinated*? New York: Harper and Brothers, 1927）；该书从历史和科学方面对这一争论进行了概述；《对采用技术革新的抵制》，见《技术趋势与国策》，第 39—66 页。也可参见 R. K. 默顿：《科学与社会秩序》（即本书第十二章）；《机器、工人与工程师》，原载《科学》105（1947），第 79—84 页（该文论述了门外汉对社会研究的抵制）。

② 参见伯恩哈德·J. 斯特恩：《社会与医学的发展》，尤其是第 9 章“对医学变革的抵制”（“Resistance to Medical Change”）；伯纳德·巴伯：《科学家对科学发现的抵制》（“Resistance by Scientists to Scientific Discovery”），原载《科学》134（1961 年 9 月），第 596—602 页；关于反对发展科学社会学的情况，可参见本书第十章“对科学社会学的忽视”。也可参见菲利普·弗兰克：《接受科学理论的各种理由》（“The Variety of Reasons for the Acceptance of Scientific Theories”），原载《科学月刊》79（1954），第 139—145 页；亚历山大·科伊雷：《哲学倾向对阐述科学理论的影响》（“Influence of Philosophic Trends on the Formulation of Scientific Theories”），原载《科学月刊》80（1955），第 107—111 页。

③ 西格蒙德·弗洛伊德：《对心理分析的抵制》（“The Resistance to Psycho-analysis”），原载《意象》（*Imago*）11（1925），第 222—233 页。重印于詹姆斯·斯特雷奇（James Strachey）所编的《西格蒙德·弗洛伊德心理学著作全集（标准本）》（*Standard Edition of the Complete Psychological Works of Sigmund Freud*, London: Hogarth Press, 1961）第 19 卷［1923—1925 年］，第 213—222 页。

作为战略研究基础的多重发现

我说多重发现提供了一种战略研究的基础，仅仅是指它们所提供的资料可以用来进行更有效的研究，从而澄清科学发展的社会文化过程的作用。[①] 我们至少可以举出八个相关的方面，它们的情况都是如此。

第一，当前科学社会学和科学心理学的研究重点是“创造性”问题，这种研究主要集中在(a)科学界中具有创造性的天才人物所表现出的与众不同的心理素质；(b)科学思维以这种或那种形式适应彭加勒以及后来格雷厄姆·华莱斯(Graham Wallas)所说的四个阶段(准备、酝酿、阐明和证实)的心理学过程；(c)具有创造性的科学家的社会地位；而有关多重发现的系统研究则是对这种研究的一种补充。[②] 当然，现在对科学家个人的心理和社会特征的这一系列研究都有了适当的位置。但是我们也知道，这只是一种类型的研究，而且并不一定是唯一适当的研究。的确，最近许多关于“科学中的创造性”的研究，会使人回想起早期关于“领导能力”的研究，对于这种研究所暗示的所有领导者来说，该研究得出的关于人类事物中“领导者”的性格特点和品质等方面的明确发现，

① 有关“战略研究基础”的概念，可参见 R. K. 默顿：《社会学中的问题-发现》，见 R. K. 默顿、L. 布鲁姆和小 L. S. 科特雷尔编：《今日社会学》，第 xxvi—xxix 页。

② 有关对这些问题的泛泛的评论，可参见莫里斯·I. 施泰因和雪莉·J. 海因茨：《创造性与个人：心理学和精神病学文献精选概述》(*Creativity and Individual*：*Summaries of Selected Psychology and Psychiatry*，Glencoe：The Free Press，1960)。

实在少得可怜。

第二，当前研究的一个侧重点是科学家在工作中所涉及的人际关系，也就是说，当前研究所注重的是科学家的"背景"，[①]有关多重发现的研究，是对这方面研究的一种补充，这一点很快就会变
374 得很明显。传统的小群体的研究使这种强调得到了加强，完全可以理解，人们把这种研究已确立的理论和研究工具应用到了对研究群体——科学家群体的研究之中。

第三，对于这种模式，即使新的关于科学家行为的研究适应另一种已确立的社会科学研究传统(亦即对研究机构的正式组织的研究，以及对于这种组织对富有创造性的科学家的工作之影响的研究)，多重发现的研究能够提供一些补充。

对科学家的行为和创造性的研究主要有三个方面：他们的性格特点和他们的创造性研究的心理过程，当地的人际关系对他们的影响以及他们的工作场所的正式组织对他们的影响，我不打算

① 这里所谓的"背景"，是指介于个人和更大的社会结构之间的个人关系网，有关这个概念，可参见 H. H. 格斯和 C. M. 米尔斯：《品性与社会结构》(*Character and Social Structure*, New York: Harcourt, Brace, 1953)；关于这种趋势，即有些社会科学家注重讨论与社会环境这一更大的结构相对应的背景，可参见 R. K. 默顿《社会文化环境与失范》("Social-cultural Environment and Anomie")，见 H. L. 威特默和科廷斯基(Kotinsky)编：《少年犯罪研究的新视角》(*New Perspectives for Research on Juvenile Delinquency*, Washington, D. C.: Government Printing Office, 1955)，第 25—26、42 页。我在该文中指出，当前过分强调与较大的社会结构相对应的背景，"有点像 17 世纪物理学家中盛行的对超距作用概念的抵制。"背景并不等同于所谓的"非正式群体"，因为它也包含了某些正式的人际关系。它与所谓的"周围环境"部分相同，但并不完全一致：后者指的是所有人的集合，而不仅仅是指在目前这个社会环境中与某个人相互作用的那些人。参见西奥多·卡普洛：《周围环境的定义与衡量》("The Definition and Measurement of Ambiances")，原载《社会力量》34(1955)，第 28—33 页。

对这三类研究的用途提出什么疑问。然而，承认它们有这些用途并不需要隐瞒这样一个事实：它们或者涉及科学家个人内心的或社会的特质和作用，或者涉及科学家们发现他们自己目前身处其中的社会环境。我们也知道这个明确的事实：科学家生活和工作的社会文化环境，比由他们的地方背景构成的那些环境大多了。对于他们当中最富有创造性的人来说，似乎尤其如此。杰出的科学家打算做“世界主义者”，他们倾向于扩大国家的和跨国家的环境，这一点与“地方主义者”不同，地方主义者所面向的主要是他们当前的合作群体。①

例如，K. E. 克拉克对美国心理学家的研究发现，尤其是那些具有创造性的心理学家，他们比一个受控群体更倾向于描述说，他们的重要的参照群体和参照个体（“他们关心其研究观点的那些”人），是由美国和别的国家的其他杰出的心理学家构成的，而不是由他们当地的同事构成的。②

① R. K. 默顿：《社会理论与社会结构》第 10 章“影响的模式：在当地有影响的人物和在世界上有影响的人物”（“Patterns of Influence: Local and Cosmopolitan Influentials”）。有关这些概念在对科学家、院士以及其他专业人员之行为的研究中的应用，可参见 A. W. 古尔德纳：《世界主义者与当地人：试析潜在的社会角色》，原载《管理科学季刊》2（1957）：第 281—306 页，2（1958），第 444—480 页；W. G. 本尼斯等人的文章，同上刊，2（1958），第 481—500 页；赫伯特·A. 谢泼德：《工业研究中的九个二难推理》（“Nine Dilemmas in Industrial Research”），同上刊，1（1956），第 295—309 页；阿尔蒙德·菲尔兹：《关于行政角色的研究》（“Eine Untersuchung über administrative Rollen”），原载《科隆社会学与社会心理学杂志》（*Kölner Zeitschrift für Soziologie und Sozialpsychologie*）8（1956），第 113—123 页。有关这些类型与“有效范围”的关系，可参见 P. F. 拉扎斯菲尔德和小 W. 蒂兰斯：《学术精神》，第 263—265 页。

② K. E. 克拉克：《美国心理学家：对一个发展中的专业的考察》（*America's Psychologists: A Survey of a Growing Profession*, Washington, D. C.: American Psychological Association, 1957），第 85—86 页。

375 科学史证明，这是过去三个世纪里每一门科学中的杰出研究者的典型情况。不应当忽视这种现象的理论意义。与不在当地环境中的科学家的社会互动，在科学研究中大概有着很重要的影响，把对性格分析或小群体研究的重点放在这方面是很有助益的，而听任人们把重点从这里移开则是愚不可及的。这样做也许会把一些方便的、现有的研究工具强行应用于某个问题，而对这个问题来说，它们可能并不是最适宜的，甚至可以肯定，它们不是完全合适的。根据经验，对有些科学家来说，远距离的互动模式似乎非常重要，而处理更大范围内相互作用的科学家以及相距遥远的参照群体和参照个体的数据、工具和理论，似乎特别适用于对这些科学家的行为的研究。这只是关于“有效范围”的普遍假说的一个特殊个案。[①] 有着不同社会地位的人，他们有效的社会环境的半径也有差异：有些是地方主义者，他们主要面向的是他们当地的环境，另外一些人是世界主义者，他们主要面向的是更大的社会，并且会对这个社会作出反应。毫无疑问，对多重发现和科学发现中的优先权问题的系统研究，把科学家与身处异地他乡的其他人联系在了一起，因而，也就为研究科学家与对他们工作的这些影响之间的扩展了的社会关系提供了基础。

把这一点放在一个稍微有点不同的环境中来讨论是很有益处的。科学史家和其他学者长期以来都在使用“科学家共同体”这个短语。在很大程度上，这个短语仍停留在比喻的意义上，而没有变

---

① 拉扎斯菲尔德和小蒂兰斯：《学术精神》(Glencoe: The Free Press, 1958)，第262—265页。

成一个常用的概念。它没有必要保留书面语的特征:适当、文雅,未被现实中的习惯玷污。因为我们发现,从地理上讲,科学家共同体是一个分散的而不是集中的集体。因此,把注意力集中在科学家所属的较小的地方群体上,就不可能对这种共同体的结构有恰当的理解。多重发现是由彼此独立工作的科学家完成的,这个真正的事实证明了这个更进一步的关键事实,即尽管在空间上相距遥远,他们都在对触及他们所有人的社会作用和观念作用作出反应。简而言之,科学中鲁滨逊·克鲁索(Robinson Crusoe)像老式的经济学中的鲁滨逊·克鲁索一样,在很大程度上是一种虚构。他是一种思想图式创造出来的幻觉,这种图式要求我们只从内部来观察思想过程,并且完全以这种方式从那种思想更广阔的社会文化环境中进行抽象。有时候,科学家们可能会假设,他们实际上是在独自工作,这并不意味着这样一个明显的事实:唯有个体的男人和女人而非“群体”在思考、在提出富有想象力的思想,而是意味 376
着,他们在这样工作时不关心价值结构、社会关系以及由社会和知识领域所导致的焦点问题。但是,正如多重发现证明的那样,科学工作者的这种想象是一种错置具体情况的谬误,就像这种生意人的想象一样:“他把自己的成就归功于他本人独立的努力,对社会秩序却丝毫没有意识,而没有这种秩序持续的支持时时警惕的保护,他就会像一只在沙漠中咩咩叫的小羚羊。”[1]对于科学家来说,即使他们之中的“孤独的狼群”中的最孤独者,彼此也都是“群体中的一员”。对多重发现的研究说明了,在过去使科学家们联系在一

① R. H. 托尼:《宗教与资本主义的兴起》。

起的，是不断累积的知识的储备，而现在，使他们联系在一起的，则是他们在工作中与其他人的相互作用，以及社会和知识领域所强调的利益引起他们对特定问题和观念的注意，在未来，使科学家们联系在一起的，将是他们作为传播者的社会角色中所固有的义务：他们既要传播增长了的知识，也要把（非常具体化的）他们某个方面的无知留给后人。无论在时间还是在空间上，科学家共同体都在延续和扩充。

多重发现研究的这三个方面为战略研究提供了基础，它们是同一个具有指导意义的观念的不同侧面：它们使人们相信，科学家的行为不仅是科学家的个人特性和所在地周围环境的产物，而且也是他们所处的更广大的社会结构和文化的产物，从而使目前所强调的对科学家行为的研究得到了补充。除了这些以外，有关多重发现的研究还有其他一些用途。

第四种用途是，帮助我们确认不同学科的科学家之间的相似性和差异。就多重发现的比率和重新发现的类型而言，社会科学和心理科学与物理科学和生命科学是大体相同的，正如这些比率和类型中的差异提醒我们注意到了它们之间的差异一样，那些相似性也使我们注意到了它们之间的相似。简而言之，对多重发现的研究，可以为传统的科学统一观念提供补充，这种观念通常是根据方法的逻辑阐述的。这种研究使我们立足于每一个主要的科学分支中科学家的实际行为，重新考察这种统一，从而确定它们与它们各自的社会文化环境的不同关系。当然，这种类型的行为探索并不能取代对科学哲学和科学方法的逻辑基础的研究。但它会为它们提供补充，它会注意各门科学中科学家们的实际行为，即他们从事的工作，而不会把我们局限在科学方法教科书所告诉我们的他们应当做的事情上。

这就使我们看到了多重发现研究的**第五**种用途。我们业已注 377
意到，很典型的是，科学家们都把经历多重发现作为他们职业的一种意外。这种场合会给人造成很大的压力。的确，当得知自己对科学的最出色的贡献(经过长期艰苦的努力才获得的结果)，“只不过”(像这个生动的短语所表明的那样)是以前有人作出的发现的重新发现，或者“仅仅”是与别人几乎在同一时期作出的同样的发现，这时，没有几个有科学家会安之若素。如果实事求是，那么，没有哪个系统地考察优先权争论的人能够接受对科学家这样的判断：由于他的社会角色和他在社会上已经定了形的个性，他不会因**他的**思想和**他**所发现的一度不为人知的事实，而卷入感情纠葛之中。考察处于压力下的人的行为，对于更好地理解他们在其他情境中的各种行为方式是很有价值的，对此我们没有必要在这里再作重述。[①] 科学家在发现中被别人抢先时会受到压力，通过考察他们在这种情况下的行为，我们就会得出一些线索，以了解科学的社会机制以什么方式构成了科学工作者的动机、社会关系以及对他们的影响。我试图在其他论述中[②]说明，例如，科学的价值观和奖励系统，以及它们对独创性的强调(这种强调有时会导致一种病态)，对于解释科学家的某些越轨行为会有什么帮助，这些行为包括：在研究的早期阶段实行保密，以免被别人占先；因优先权而发

① 可参见，例如，汉斯·萨尔耶：《生活的压力》(*The Stress of Life*, New York: McGraw-Hill, 1956)。

② 参见本书第十四章《科学发现的优先权》。

生的剧烈的冲突；络绎不绝地出版不成熟的作品，以便为日后声称其成果是首先发表的提供依据，如此等等。我认为，这些是对整合不当的科学体制的正常反应，基于这一点，我们就可以更容易地理解这个事实了：对美国“受命运支配的科学工作者”的一个抽样调查报告指出，除了他们所谓的“个人的好奇心”之外，“竞争”就是最常见的对他们工作的激励了。①

对于多重发现研究的**第六**种用途，我想在论述上多花点时间，因为它不仅对科学发现的社会学理论有重要意义，而且对资助科研工作有决定权的社会政策也有重要的意义。随着支持科学研究的公共基金和私人基金的大量增加，人们也对如何避免所谓的这
378 些基金分配中的“浪费性重复”，表现出了极大的关心。② 近年来，

① S. S. 维谢尔：《1903—1934 年“美国科学工作者”中受命运支配的科学家》(*Scientists Starred 1903—1934 in "American Men of Science"*, Johns Hopkins University Press, 1947)，第 531—532 页。

② 参见，例如，1958 年 11 月 16—21 日在美国首都华盛顿举行的国际科学信息大会内容丰富的《文献汇编》(*Proceedings*, Washington, D. C.: National Academy of Sciences-National Research Council, 1959)。当然，这个问题并非现在刚被认识到。所谓的科学论文和专著的“通用目录”已经有很长的历史了。甚至在 1828 年圣西门的信徒就曾抱怨说：“由于没有官方的已确定之发现的目录，孤立的科学工作者们每天都在冒重复别人已经做过的实验的危险。如果他们了解别人的实验，他们也许就不必花很多精力去做那些徒劳无功的事，他们也许就能更容易地找到不断前进的方法。”这还不是全部。在探索科学中的优先权问题的评述中，也有对浪费性重复的抱怨，早期的圣西门主义者说：“我们要补充一句，科学工作者还不十分安全。他们会受到竞争者的工作的困扰。也许别的人也发现了同样的领域，并且可能像俗话说的那样，‘领先了一步’。科学工作者不得不掩饰他自己，不得不草率动手，孤立地从事研究，而他所做的工作本应经过深思熟虑，并且需要从与别人的协作中得到帮助。”[《圣西门学说评注——第一年：1828—1829》(*The Doctrine of Saint-Simon: An Exposition, First year*, 1828—1829)，乔治·G. 伊格尔斯译(Boston: Beacon Press, 1958)，第 9 页]

有计划的苏联社会也像无计划的西方社会一度所做的那样，对此表现出了普遍的关注。这导致了改善科学家之间交流的新组织的出现；例如，在美国成立了生物科学信息交流中心（Bio-Science Information Exchange）。这个交流中心明确的作用之一，就是为个体科学家提供保护，使他不致因“刚要把手稿送出去却发现别人已经做了他所做的工作”而蒙受痛苦。[①] 在这里，不需要对这种功能加以评论：它就是设计用来改善科学的交流系统，以便防止人们在无意之中去为业已**完成的**科学研究而竞争。不过，人们也认为，这个交流中心还有这样的功能，即对人们分配研究基金提供指导，从而可能使他们减少（或者，更理想地，根除）通常人们所说的“科学研究计划的浪费性重复”。

关于重复的这种见解往往会把这样一个前提隐瞒起来，对于这个前提，在根据其表面价值把它用来作为政策指南之前，本应按照关于科学中多重发现的研究加以进一步的考察。因为在某些科学家个人或科学家小组看来，为了同样的问题而工作并寻求解决办法，似乎根本算不上是“浪费”。只需考虑一下下面这四个方面的情况，如果看不到或想不到它们，那么肯定会得出这个没有说服力的结论：多重发现必然意味着重复（或在不知情的情况下重复）的科学研究计划的“浪费”。

其一，的确，科学的多重发现理论会使我们得出结论说，考虑到即使一个卷入了多重发现的科学家没有做出某项发现，另一个

① 《谁？什么？在哪里？（社论）》（“Who? What? Where?: An Editorial”），原载《科学》128（1958 年 8 月 8 日）：第 277 页。

科学家也会做出这项发现(而且我们知道,事实上他的确做出了这项发现),那么,这些重复发现就是“不可避免的”。但是这种“不可避免性”,只是在某些条件下才会成立,而这些条件尚未得到充分的认同。在评价多重发现的事实时,我们往往只知道几个科学家实际上**确实**做出了同样的发现;我们通常不知道还有许多其他科学家也在为同一问题而工作,但却没有取得成功。简而言之,我们实际上并不知道,在某个特定的问题上,需要集中多少科学家、达
379 到什么样的竞争程度才能确保该问题有很大的可能性在某个时期得到解决。如果由于乍看上去似乎合理的政策只拨给相关问题的研究一笔或很少的几笔经费,因而使研究者的人数逐渐减少,那么至少在某个给定的时间内,这项发现绝不是不可避免的。

其二,如果正在处理的问题完全是例行公事,而且只要科学家决定认真研究它们,肯定就会找出某种解决办法,那么,这时重复的科学研究计划就会是真正的浪费。当然,这些都只会在科学中导致一些小的变化。当讨论的问题并非是例行公事,而且一旦问题解决就会对进一步的探讨产生深远的影响,那么,这时的二重、三重或更多倍的重复研究计划,绝非是浪费。

其三,如果目前已制订好的要在创造性科学工作中取得成效的研究计划被证明是弄巧成拙的,那恐怕会使人感到啼笑皆非。在过去,对科学的资助既少又分散,这种看似无效的模式会在许多多重发现中产生实效,其部分原因在于许多科学家都选择了同一个问题开展工作,而他们却往往不知道这一点。在取代某个看似有效的无效政策的过程中,也许会导致对“浪费性重复”的肤浅的认识,根据这种认识,在分配研究基金时将极为严格地限制就同一

问题开展工作的科学家的范围，这样会减少出现多重独立解决方案的可能性，但也就减少了在这一时期任何解决方案出现的可能性。多重发现理论为重新考察如何分配资助科学之基金的政策决策提供了一个基础。

其四，浪费性重复的谬误很可能就是这样一种谬误，它长期以来困扰着对科学中的多重发现的解释。这种谬误沿用了一种老式的（严格来说是老式的）重复概念，因为这个概念在哲学家、史学家和社会学家的圈子里已经使用了两三百年了。它的论证如下：多重发现的出现本身证明，除了一个人以外，所有实际的发现者都属于重复者（亦即多余的人）。因为无论如何，即使所有其他共同发现者没有做出这项发现，这项发现也会有人做出。因此，事实证明他们是多余的。

令人感到棘手的是，那些防止因疏忽大意而从正确的证据中得出这类错误结论的方法论问题，但我不会为此而操心。我只注意这一点，即这种老式的重复概念通常包含着两种不同的含义。一方面，它意味着比达到某一目的理论上所需的条件更充分、更充裕、更丰富。另一方面，它意味着多余，这种多余完全可以去掉**而不会有任何危险**。这两种意义并在一起就在暗中导致了一种谬误。这是一种绝对的谬误，它假定，某种情况，无论其所处的环境如何，肯定要么是永远过剩，要么是永远不足。而比较新的、极为
不同的重复概念，具有相对的和统计的性质。这种概念承认，效率 380
也会增加出错的可能性；而重复（或效率下降）也会避免出错。它促使我们去思考并且在某些个案中去估计，在某些特定的条件下，功能上最适度的重复的量值应该是多少，这个量值近似地等于这

样一个最大的概率:它既能得到某个预期的结果,又不至于大到其最后的增量无法明显地增加这个概率的地步。科学中的多重发现构成了一种特殊的重复,我们可以根据这个新的内容更丰富的概念来考虑这种重复,因为这种概念使我们看到了大概一直存在但却未被注意到的情况。关于相似的独立发现者的人数,存在着一个安全可靠的量值。

一旦我们使用这个概念,我们就会看出,在多重发现中除了一个人以外所有发现都是多余的这个命题,表面上似乎有说服力而实际上是一种谬误。从逻辑的角度看它似乎无懈可击,但从社会学的角度看它却是错误的。因为它所假定的东西仍有待证明。它假定,做出发现仅仅是为了使发现能进入科学的公共领域。但是用个案对科学史加以检验则表明,实际情况并非如此。通常,在某人获得和发表一种新的思想或新的经验发现时,别的人往往注意不到,直到它后来被人了解或被独立地重新发现,并且随后被吸收到科学之中,其他人才会注意它。毕竟,这就是我们所说的重新发现:某个发现所提供的信号在构成科学的巨大信息系统的喧闹声中被淹没了,因此必须重新把它发送出去。在科学的社会系统中,多重发现(亦即所谓的重复发现)被别人听到的机会更大一些,因此能及时对它的进一步发展产生影响。从这种观点来看,多重发现是重复的,但不一定就是多余的(或浪费的)。当人们说同样的发现有几个近乎相同的形式是多余的时,所指的仅仅是发现者的心理体验:他的确做出了这项发现。但是这种说明忽视了发现过程的社会学要素,这些要素涉及由此做出这项发现的可能性,以及一旦做出此项发现,它作为科学功能的一部分被吸收的可能性。

因此可以认为，多重发现对科学系统有几种不同的社会功能。它们能提高及时地把发现结合到现有的科学知识中的可能性，以及会因此推进知识的进一步发展的可能性。它们能证实发现的真实性（尽管偶尔有人也单独地**犯过**一些错误）。它们将有助于我们认识到，有个问题我还没有准确地加以阐述，更不用说把它解决了，这个问题就是：在独立解决已经选定的科学问题过程中如何计算功能上适度的重复的量值，从而使解决问题的概率最大限度地 381
接近于不致使研究计划的重复大到其最后的增量无法明显地增加这个概率的地步。它们能有助于我们把创造了一种新的且内容丰富的思想，或者做出了一项富有成果之观察的个体科学家的心理体验，与这项发现是否能成功地同当时的科学知识主体结合在一起的社会过程区分开来。关于这第六组用途（它们是构成科学多重发现的系统研究之理论说明的一部分），就谈这么多吧。

关于**第七**种用途，我已经在其他论述中进行过一番考察，①在这里我只想概述一下。对多重发现有条理的研究，能够使我们提出一种关于科学天才在科学发展中所扮演的角色的社会学理论。这种新的理论取消了在科学英雄论与环境论之间进行的假选言推理；科学英雄论把所有的重大进步都归功于天才，而环境论则认为，这些天才并非是必不可少的，因为可以证明，即使他们没有降生，事态的发展也会像他们降生后一样好。这些在传统上对立的理论并非本来就是对立的；只有在把它们推向极端，以至于在理论

① 参见本书第十六章。也可参见本文的一个节略本：《天才在科学发展中的作用》（“The Role of Genius in Scientific Advance”），原载《新科学家》（*New Scientist*）259期（1961年11月2日），第306—308页。

上站不住脚时，它们才会变成对立的。按照一种扩展了的社会学构想，那些科学天才其实就是这样一些人，他们的发现在当时无人知晓，但最终会被重新发现。**不过**，这些重新发现可能不是由某一个科学家而是由一群科学家完成的。根据这种观点，科学天才个人在功能上等价于一大批具有不同天资的其他科学家。许多不可否认的科学天才卷入了多重发现之中，这种多重性在一定程度上为这种观念提供了证据。

就目前的讨论而言，**第八**也是最后一种用途必然涉及多重发现研究对科学家共同体的所谓的治疗功能。不过，我将把对这种用途的进一步考察延迟到下一章结束，那时我们将论述某个这样的证据，它表明，在我们自己的时代像在过去的时代一样，科学家们也仍然需要大量这种治疗功能。

关于多重发现的系统研究的理论说明，这些论述也许已经足够了。这个课题至少为我们提供了八重保证，使我们可以扩大对科学发展进程的理解，如果这种看法还有点价值，自然就会出现这样一个问题：那么，为什么非常缺乏这种系统的[①]研究呢？像科学
382 社会学中的许多其他问题一样，这个问题也是一个自我例证的问题：它需要把科学社会学中的思想应用到科学社会学家自身的认识行为和社会行为之中。

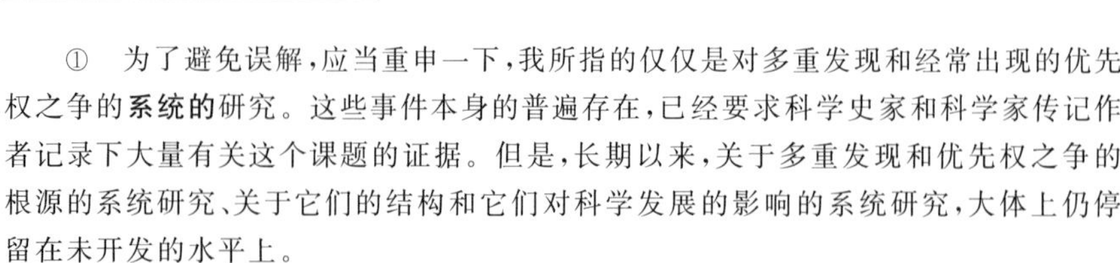

① 为了避免误解，应当重申一下，我所指的仅仅是对多重发现和经常出现的优先权之争的**系统的**研究。这些事件本身的普遍存在，已经要求科学史家和科学家传记作者记录下大量有关这个课题的证据。但是，长期以来，关于多重发现和优先权之争的根源的系统研究、关于它们的结构和它们对科学发展的影响的系统研究，大体上仍停留在未开发的水平上。

第十八章　科学家的矛盾心理* 383

1963 年

在科学家的日记、信件、笔记本、科学论文和传记中，很容易找到许多涉及多重发现和优先权问题的事实，这些事实无穷无尽，一而再、再而三地出现。这也正是这个问题没有得到多少系统的关注的秘密所在。人们已经注意到了这些事实，因为它们太引人注目了，以至于人们不可能不去观察它们，但是随后，它们很快被抛在了一边，放在了不显眼的位置上，从而被忘却了。在这里，似乎存在着故意忽视科学家这方面的行为的情况，而这正是我现在要考察的假说。

可以认为，对多重发现的研究和优先权的研究的这种抵制，是迫切要求公众承认科学成就的强烈作用的结果，而这些作用却又受到了科学家们的社会角色中所固有的相反力量的阻碍，这种相反的力量强烈要求科学家即使不是非常谦卑，也要谦虚地承认那些成就是有局限的。这种抵制是科学的社会制度整合不良的标志，它可

---

* 本章最初是作为《对科学多重发现的系统研究的抵制》的一部分，发表在《欧洲社会学杂志》4(1963)，第 250—282 页；现获准重印。本文部分的节略，曾以这个标题发表在约翰斯·霍普金斯医院(Johns Hopkins Hospital)的《通报》(*Bulletin*)112(1963 年 2 月)，第 77—97 页。

能体现了矛盾的价值观：在这些价值观中，鼓励独创性的价值会致使科学家要求承认他们的优先权，而鼓励要适当谦虚的价值会致使他们坚持认为，他们事实上所能做到的事情是很少的。要把这些可能是矛盾的东西融入一个单一的取向中，而且要在实践中使它们协调起来，并不是件轻而易举的事。相反，我们将会看到，这些相关价值之间的紧张状态，引起了已经内化了这两种价值观的科学家的思想冲突。尤其是，这种紧张状态导致了明显的对多重发现的系统研
384 究的抵制，而且往往与关于优先权的冲突联系在一起。①

许多不同的公开行为都可以解释为是这种抵制的表现。举例来说，有人试图把科学中的多重发现和优先权的那些事实淡化或者看做是非主流的东西，这种反复出现的行为模式就是那种抵制的一种表现。当在出版物中讨论这些问题时，讨论者通常会认为，对于科学家的生活和科学的进步来说，它们似乎要么是罕见的和失常的（尽管它们常常出现而且是很典型的），要么是没有什么价值的（尽管可以证明，它们对这两方面都是很重要的）。

完全可以理解，许多科学家自己认为，对于他们继续他们的主要工作来说，这些问题是些令人遗憾的阻碍。例如，开尔文评论说，当一个人转过头来适当地关注知识的进步时，"优先权问题，无论对所涉及的人多么有意义，都会变得无足轻重。"②这些问题的确是这样，可是，在对科学家行为的历史研究和社会学研究中也渗

① 这段论述，吸收了本书第十四章《科学发现的优先权》对这些价值在科学的社会制度中的作用的更为充分说明。

② 西尔弗纳斯·P. 汤普森：《拉格斯的开尔文男爵——威廉·汤姆孙传》，第2卷，第602页。

透着这样的情感，以至于对这些问题的系统探讨最终总是有欠缺。或者，有人觉得，“优先权问题在我们时代的科学文献中只起了一种无关大局的作用”，[①]因此，他们认为，对于（如果以前是这样认为的话）澄清科学家的复杂的动机和行为而言，这个问题不再能提供某种基础了。

这种试图把可能被证明是重要的东西视为无足轻重的做法，就是一种众所周知的抵制的表现。听起来，这类陈述好像就是法律不过问琐事这个古老格言的一种释义：科学[法律]不过问琐事。对于思想界尤其是科学界中这些紧张的人类冲突，并非存在着一种保持缄默的密约。这些冲突已经太引人注目了，因而要否认它们是根本不可能的。有人认为，屡屡出现的科学界中大人物和小人物的冲突行为是附属的东西，它们并没有反映科学家作用的任何重要的方面。

这种抵制也表现在各种曲解中：如有目的的错误认识，回忆和报告中的中断，等等。它常常会导致一些充满欲望的信念和错误的记忆，这些就是我们所说的假象。正因为如此，有关多重发现和优先权的历史记载并不总是很充分的。即使如此，根据经验估计，385
记载得相当准确的材料也不少了。有这样一个规律：每当某个科学家的传记或自传宣称他不怎么关心或根本不关心发现的优先权时，很可能过不了多少页，我们就会在这本书中发现，他深深地卷入了这场或那场争夺优先权之战。这里举几个个案作为代表：

① 奥托·布吕赫：《激励的价值：朱利叶斯·罗伯特·迈尔和约瑟夫·波普尔-林克斯研究》，原载《伊希斯》43(1952 年 9 月)，第 211—220 页，见第 211 页。

关于伟大的外科医生W. S. 霍尔斯特德[他和奥斯勒、凯利以及韦尔奇一起创建了约翰斯·霍普金斯医学院(Johns Hopkins Medical School)],哈维·库兴写道:他"对自己的工作过分谦虚了,而对优先权问题毫不关心"。① 经验估计使我们期望我们所能发现的东西:在这本书中,从我们引用这段话之处向后翻过大约20页,我们看到了霍尔斯特德关于他把可卡因用于麻醉研究的一封信:"我的研究比施莱希的所有研究都领先了大约六年(或五年)…… [在维也纳,]我向沃尔弗勒说明了如何使用可卡因。但是他宣称,这在外科手术中没有什么用处。然而,在我离开维也纳之前,他在一家日报上就此问题发表了一篇热情的文章。可是他却没有想到提一下我的名字。"②

另一个例子是,有关萨尔佩特里埃尔伟大的精神病学家夏尔科的权威传记,满意地引用了一段颂词,说尽管夏尔科有许多发现,但他"一刻也没有想过要求享有优先权或受到奖励"。我们有了经验也就做好了准备,我们发现,过了大约30页后,有一段记述说,夏尔科坚持认为,是他首先认识到突眼性甲状腺肿的,稍后,他又以断然的口气肯定地说,他"想要求"对把患有癔病的病人隔离起来的想法"享有优先权"。③

---

① 在其很有权威性的传记《哈维·库兴》(*Harvey Cushing*, Springfield: Charles C. Thomas, 1946)的第119—120页,约翰·F. 富尔顿介绍了库兴所写的霍尔斯特德传记的梗概,这里的这段话就引自于此,这是"一段非常精彩的描述"。

② 同上书,第142页。

③ 乔治斯·古兰:《J. -M. 夏尔科的生活及其工作》(*J. -M. Charcot: His Life, His Work*),由皮尔斯·贝利编辑并翻译(New York: Paul B. Hoeber, 1959),第61、95—96、142—143页。

然而，这种否认某个可以找到的事实最恰当的例子，也许就是欧内斯特·琼斯，他在他的综合性传记中写道："尽管弗洛伊德对优先权问题从不感兴趣，因为他发现这个问题只会令人烦恼，"（毫无疑问，这是一个使问题淡化的典型的个案）"他热衷于探究似乎是独创性的思想尤其是他自己的思想的根源。"[①]这是一段非常富有启发性的陈述。当然，从狭义的认识意义上讲，没有谁比琼斯更"了解"弗洛伊德是怎么常常致力于优先权问题的：关于他自己的优先权问题，他的同事（既包括朋友也包括对手）的优先权问题，以及心理学史中的优先权问题。

事实上，埃莉诺·巴伯博士和我已经确认，弗洛伊德对优先权 386
表现出兴趣的情况有150多次。弗洛伊德本人有一种独特的自我意识，他说，他甚至梦见过获得优先权和因为在科学上的成就而获得荣誉。[②] 在处理优先权问题的矛盾心理的两端，他摇摆不定：他

① 欧内斯特·琼斯：《西格蒙德·弗洛伊德的生活与工作》3卷本。相比之下，戴维·里斯曼在《个人主义再思考》（*Individualism Reconsidered*, Glencoe: The Free Press, 1954）第314—315页以及378页，充分注意到了弗洛伊德对优先权的兴趣。

② 西格蒙德·弗洛伊德：《释梦》（*Interpretation of Dreams*），A. A. 布里尔译，第3版（London: Allen & Unwin, 1932），第175页。"那么[我的梦的]含义就是：'我的确写了很有价值而且也很成功的（关于可卡因）的专题论文。'"弗洛伊德好像觉得，他差一点就被人们承认发现了可卡因是一种局部麻醉剂，这在弗洛伊德较大部分生涯中时不时地对他产生着影响。弗洛伊德根本不可能就此罢手。1884年，他正向这种思想迈进，他在给他的未婚妻玛莎的信中谈道，他在"以一个项目作为消遣……这个项目也许一无所获。这是一项包括使用可卡因的临床实验。……也许，不知有多少人已经在做这个实验了；也有可能，实验不会取得成功。但是，我肯定要试一下，你知道，如果一个人对某事屡试不辍，而且总想完成它，说不定有一天他就会成功"[恩斯特·L. 弗洛伊德编：《西格蒙德·弗洛伊德书信集》（*Letters of Sigmund Freud*, New York: Basic Books, 1960），第107—108页]。七个月后，他在写给他未来的小姨子的信中说："可卡因已经给我带来了很大的荣誉，但是最大的那份荣誉已经另有其主了。"（转引

387 在记录这样一种怪念头时，偶尔也看到了多重发现是不可避免的，在这种怪念头中“科学会在我的整个生涯中把我忽视；过几十年以后（因为现在时机还不成熟），别的人也许难免会遇到同样的事情，他们也许会有亲身的认识，并且会对我这位不可避免要失败的先驱者表示敬意”。①在其他一些场合，他有时勉强地，有时平静而固执

自欧内斯特·琼斯：《西格蒙德·弗洛伊德的生活与工作》中的《可卡因事件》第1卷，第98页，这一章有很详细的论述）两年以后，他写信给玛莎提到了萨尔佩特里埃尔的一件事，而当时“写了很多关于可卡因的文章”的美国著名眼科专家赫尔曼·纳普对另一个人谈起弗洛伊德时说，“正是他首开了这一切的先河”（同上书，第209页）。显然，这是个令人痛苦的事件，大约38年之后，当弗里茨·维特尔斯所写的令人反感的弗洛伊德传记出版英译本时，弗洛伊德在写给弗里茨·维特尔斯的信中没有援引其他有关它的引述，在谈到“可卡因事件”时他说：“我猜想它对眼球是有用的，但是出于个人原因（为了去旅行）不得不中断实验，并且亲自责成我的朋友柯尼格斯坦做这种药物用于眼球方面的试验……柯尼格斯坦（是他而不是我对与荣誉失之交臂深感遗憾）后来要求人们承认他[和科勒]是共同发现者……柯尼格斯坦和科勒都选择了尤利乌斯·瓦格纳**和我本人**作为仲裁人。我想，我们俩各自拥护对立双方中一方的观点，会给我们都带来荣誉。瓦格纳作为科勒的代表，表示赞成柯尼格斯坦的要求，而我则全心全意地支持只把荣誉奖给科勒。[弗洛伊德宣称]我记不清我们最后达成了什么妥协。”（《西格蒙德·弗洛伊德书信集》，第351页）大约在同时，弗洛伊德把所有这一切都付诸了文字（见《自传》，第24—25页），他解释说：“当我的研究处于中期时，我有了一个旅行的机会，可以去看望我的未婚妻，我和她分别已经有两年了。我赶紧放下了对可卡因的研究。在我自己有关这个问题的书中，我很满意我预见到：不久将会发现这种药物有更多的用处。不过，我向我的朋友眼科学家柯尼格斯坦建议，他应该探索一下，可卡因的麻醉药性究竟能在多大程度上应用于眼球疾病。当我度假回来之后，我发现，不是他而是我的另一位朋友科勒（现在在纽约），完成了决定性的实验，我也曾对他谈起过可卡因。……因此，理所当然应该认为，科勒是把可卡因用于局部麻醉的发现者，这项发现对微型外科手术来说十分重要；[不过弗洛伊德又补充说]我并不怨恨我的未婚妻打断了我的工作。”除了可卡因事件之外，弗洛伊德坚决反省而不做自欺欺人的事，他分析他的另一个梦的根源是“抱负的一种妄自尊大的幻想，但是，并非这种抱负，而是对它的抑制和妄自菲薄进入了梦境”。《释梦》，第440页。

① 西格蒙德·弗洛伊德：《精神分析运动的历史》（“On the history of the psychoanalytic movement”），见詹姆斯·斯特雷奇所编共20卷本的《西格蒙德·弗洛伊德全集（标准本）》（*The Standard Edition of the Complete Works of Sigmund Freud*, London: Hogarth Press, 1953）第14卷，第22页。

地承认，别人的思想领先了一步，或者他自己的思想走在了别人的前面；① 他“恳求”他的门徒卢·安德烈亚斯-萨勒梅完成一篇论文，以便“不使我在时间上领先”；② 他对他所描绘的阿德勒“对优先权不加控制的渴望”提出了告诫，③ 他也同样对乔治·格罗代克提出了告诫，因为格罗代克不能克服“那种追求独创性和优先权的平庸的抱负”；④ 他评价（而且是一再地评价）了布罗伊尔和他本人在建立精神分析方面的不同作用；⑤ 他一而再、再三地重新提起他 390

---

① 这类例子有很多，不需要一一列举，只要看一下一篇著名的论文就足以了，在这篇论文中，弗洛伊德宣称，“细致的心理学研究……会揭示出一些隐蔽的长期以来被淡忘了的根源，正是这些根源激发了看起来是独创性的思想；另外，这种研究还会通过使某些被遗忘的东西恢复活力并把它们用于新的资料，取代表面上是新的创造。在这方面没有什么可遗憾的；我们没有权利期望‘首创的’东西可能是难以寻觅的和不确定的。

“就我而言也是如此，我用于释梦和心理分析的许多新思想的独创性，就是以这种方式失去的。在这些思想中，我只对其中的一种思想的根源不了解。它不仅对我关于梦的思想是非常关键的，而且有助于我解开它们的谜团。……我从我的许多梦中那种奇怪的、混乱的而且是无意义的符号着手，突然想到，与那些梦纠缠在一起的奇想之所以会变成那样，是因为某种东西要拼命通过它们来表现，这种东西由于源自其他精神力的抵制而受到了阻碍。……

“可是，恰恰是我的梦的理论最基础的部分，波普尔-林克斯也独立发现了。……[他的小说《白日梦》(*Träumen wie Wachen*)] 肯定是在不知道我 1900 年发表的关于梦的理论的情况下写成的，就像我那时也不知道林克斯的《幻想》(*Phantasien*)一样。”[西格蒙德·弗洛伊德：《约瑟夫·波普尔-林克斯与梦的理论》(“Josef Popper-Lynkeus and the Theory of Dreams”)，《西格蒙德·弗洛伊德全集(标准本)》第 19 卷，第 261—263 页]

② 他 1916 年 5 月 26 日所写的信，见《西格蒙德·弗洛伊德书信集》，第 313 页。

③ 弗洛伊德：《精神分析运动的历史》，见《西格蒙德·弗洛伊德全集(标准本)》第 14 卷，第 5 页。

④ 《西格蒙德·弗洛伊德书信集》，第 317 页。在本文考察科学中完全独立的创造基本的**不确定性**时，我将回过头来讨论这封信后面的部分。

⑤ 也许要用一整篇文章才能详细描绘和解释：为分辨布罗伊尔和他本人对精神分析的产生的贡献，弗洛伊德在长达 30 多年的岁月里反复所做出并且不断加大的努力。当社会认为他们二者的贡献是一样的，而且他成了这种社会压力的对象的时候，

当他看起来差异逐渐变得明显了的时候，他试图进一步分清他们在这种理论的发展中各自不同的思想作用。我们只需考虑一下这几个相关的情况：

［1896 年］“我应该把我的结论归功于使用了一种新的精神分析方法，即 J. 布罗伊尔的探索方法。”[《神经官能症的遗传和病原学》(“Heredity and the aetiology of the
388 neuroses”)，见弗洛伊德：《论文集》(*Collected Papers*，London：Hogarth Press)，4 卷本，第 1 卷，第 148 页]正如编者指出的那样，这是第一次使用“心理分析”这个词，而且，30 岁的弗洛伊德还不可能知道，最终将证明用这种方法能做什么，他只是认为这种方法与布罗伊尔的“探索方法”是一致的。

［1896 年］当然，在同一年发表的他的论文《癔病的病原学》(“The Aetiology of Hysteria”)中，弗洛伊德继续参照了“布罗伊尔方法”，他的出发点是，“J. 布罗伊尔的重大发现：癔病的症状(除了特征以外)是由病人的一些产生了伤害效果的体验决定的，并且，这些症状会在他的精神生活中作为这些体验的记忆符号再现出来”。正是在这篇论文中，他毫无保留地指出，“从每个癔病病例的原因中都会找到一种或更多的童年早期不成熟的性体验，在过了几十年之后，这种体验也许还可以通过分析工作再现出来”——当然，他后来发现这个判断是错误的并把它收回了，而且，他勇敢且富于想象地把它转变成了这个问题：为什么受到过伤害的体验如此经常地成为幻想的内容？在探索中，他大概有六次参照了“布罗伊尔方法”，但是我们可以看出，他开始把他的某些思想与布罗伊尔的那些思想区别开了(《论文集》第 1 卷，第 183—219 页)。

［1904 年］到了这一时期，弗洛伊德已经明白并且要使其他人也明白，他已经超过布罗伊尔了：例如，“弗洛伊德使用并且命名为精神分析的这种特殊的精神治疗法，［请注意］是他与 J. 布罗伊尔合作讨论的宣泄疗法的一个结果。……由于布罗伊尔个人的建议，弗洛伊德使这种方法重新流行起来，并且在相当多的病人身上试用了这种方法。……弗洛伊德对布罗伊尔方法的改进最初是技术性的；但这些改进导致了一些新的结果，尽管与治疗工作的观念并不矛盾，但最终它们必然会与之有区别”[《弗洛伊德的心理分析法》(“Freud's psycho-analysis method”)，《论文集》第 1 卷，第 254—265 页，这就是弗洛伊德对洛温菲尔德的《心理压力现象》(*Psychische Zwang-erscheinungen*)的贡献]。

［1905 年］当弗洛伊德谈到“布罗伊尔和我发现的宣泄研究或精神分析研究”时，好像又有点从这种新发觉的差异后退了[《性欲理论三讲》(“Three Contributions to the Theory of Sex”)，见由 A. A. 布里尔编辑并翻译的《西格蒙德·弗洛伊德的基础著作》(*Basic Writings of Sigmund Freud*，New York：Modern Library，1938)，第 573 页]。

［1905 年］但是在这同一年，弗洛伊德明确地与布罗伊尔的思想分道扬镳了，他说：“如果合作研究的某一部分有争议，那么作为结果而分割产权是合情合理的，我想借此机会申明，‘催眠状态’假说完全是由布罗伊尔创立的。许多评论者倾向于把这个假说看作是我们工作的核心，但我认为，使用这样的术语是不必要的，而且会给人以误导。”[《一个癔病病例的分析片段》(“Fragment of an analysis of a case of hysteria”)，《论文集》第 3 卷，第 35 页注]

[1909 年] 由于应邀为克拉克大学(Clark University)建校 20 周年庆祝会作演讲，因而弗洛伊德把重点放在国际公认的心理分析上，他有点陶醉了，暂时放弃了他已经逐渐确定下来的布罗伊尔和他本人的不同作用，并且毫不含糊地说：“就算发明心理分析是一个功劳，这功劳也不属于我。我当时是一个正在忙于准备我的最后考试的学生，是维也纳的另一位医生，约瑟夫·布罗伊尔博士，首先把这种方法用在了一个患癔病的女孩儿(1880—1882)的病例上。”西格蒙德·弗洛伊德：《心理分析的起源与发展》(“Origin and development of psycho-analysis”)，原载《美国心理学杂志》(*American Journal of Psychology*)21(1910)：第 181—218 页，引文见第 181 页。有此声明的这篇论文同时用英文和德文发表，并且很快被译成了荷兰文、匈牙利文、俄文和意大利文。

[1914 年] 五年以后，弗洛伊德对这个问题谈了另一些想法：“1909 年，在美国一所大学的教室里，我第一次有机会在公开场合讲心理分析。这个机会对我的工作来说是至关重要的，受这种思想影响，我宣布，创立心理分析的并不是我：这个功绩应归于别人；应归功于约瑟夫·布罗伊尔。……由于我作了那些演讲，一些好心的朋友对我提 389
出了疑问：我那次所表达的感恩之词没有太过分吧？在他们看来，我应当像我以前那样做：把布罗伊尔的‘宣泄法’看作是心理分析的初级阶段。……无论如何，这一点并不重要[请注意，他在长达 20 多年的时间里一直为这个问题而烦恼]，即心理分析的历史记载是从宣泄法开始还是从我对它的修改开始；我之所以提到这个无关紧要的问题，[请注意]仅仅是因为心理分析的一些反对者有个习惯，偶尔会使人想到心理分析技术根本不是我发明的，而是布罗伊尔发明的。当然，只有在他们的思想允许他们从心理分析找出一些值得注意的东西时，才会出现这种情况；如果他们对心理分析的拒绝以这样的限制为前提，那么毫无疑问，心理分析是我独立进行的工作。我从来也没听说，布罗伊尔分担的心理分析的大量工作使他遭到了相应份额的批评和辱骂。正像我长期以来认识到的那样，激起矛盾和引起苦难，是心理分析不可避免的命运，我已经得出了结论，我肯定心理分析中所有独特的东西的真正的独创者。我很高兴能再补充一句，在创造这种受到众多辱骂的分析中，我的努力，哪怕是最微小的部分，既不是源于布罗伊尔本人，也从来没有要求得到他的任何支持。

“布罗伊尔的发现[包括那个相信癔病症状的‘理论片段’]意味着不正常地使用了许多刺激，而这些刺激并没有得到处理(变形发泄)。就布罗伊尔对《癔病研究》(*Studies on Hysteria*，1895)的理论贡献而言，每当他提到变形发泄构成时，他都会在这个术语后面的括号中加上我的名字，尽管最早尝试这种理论评价的优先权应属于我。[编者注：‘这里似乎有点错误。在布罗伊尔写作过程中，他至少有 15 次使用了“变形发泄”这个术语(或它的派生词)。但是只有一次(这是他第一次，《西格蒙德·弗洛伊德全集(标准本)》第 2 卷，第 206 页)弗洛伊德的名字在括号中被提到。看起来，弗洛伊德可能看到过布罗伊尔手稿的某个初稿，并且劝说布罗伊尔在书出版时最多只提一次他的名字。’无论这最后的猜测对错与否，事实再一次证明，弗洛伊德一直对优先权问题及其结果感兴趣，并且谨慎地为适当地分配到独创性的‘荣誉’而努力。]我认为，实际上这种区别只在名字上，而我们是完全同时有了那种构想的。”(《精神分析运动的历史》，

与雅内的优先权之争，①宣称他已经劝倔强的布罗伊尔同意及早发表他们合作的专著，因为“在那个时候，雅内的某些结果已经领

见《西格蒙德·弗洛伊德全集(标准本)》第14卷，第7—9页)

[1924年] 10年以后，弗洛伊德又回到这个话题上，而且以后一直坚持另一种说法，他写道：“在关于癔病的研究成果发表后不久，布罗伊尔与弗洛伊德的合作也就走到尽头了。布罗伊尔实际上是个一般的实践者，他放弃了精神病的治疗，而弗洛伊德却在想方设法去完善他的老同事留下的这种方法。他所作出的技术革新和新的发现，把宣泄法转变成了心理分析。”[《心理分析：对隐蔽的心灵深处的探索》(“Psycho-analysis: exploring the hidden recesses of the mind”)，见《岁月多变故》(*These Eventful Years*, London and New York: 1924)第2卷，第513页]

[1925年] 弗洛伊德所写的布罗伊尔的讣告会被看作是对此事的最后了结：“我曾反复尝试……以便解释我在我们合作出版的《研究》中所起的作用。我的功劳主要就在于，重新唤起了布罗伊尔似乎已经失去了的兴趣，并且说服他发表他的成果。……后来我觉得有理由假定，他之所以对进一步解释神经官能症感到反感，也是出于一种纯粹的感情因素。他遇到了某种绝非少有的情况——他的病人对她的医生产生了移情，而他没有把握住这个非个人过程的本质。……除了他的第一个病人的病例史外，布罗伊尔还为《研究》撰写了一篇理论文章。它绝没有过时；相反，它隐藏了一些直到现在都没有得到充分说明的思想和建议。任何专注于这篇思辨性文章的人都会对这个人的精神状态形成这样一种真实的印象，**哎呀，在他漫长的生涯中，这个人的科学兴趣只在很短的一部分时间里转向了我们的精神病理学**。”[《约瑟夫·布罗伊尔》(“Josef Breuer”)，《西格蒙德·弗洛伊德全集(标准本)》第19卷，第279—280页]

在大约40年的时间里，弗洛伊德不断试图把他的贡献与布罗伊尔的那些贡献区别开，而以上只是这种情况的一个梗概，它暗示着这样一种可能性，即他并非完全对他所说的“并不重要”和“并不令人感兴趣”的东西不感兴趣，从一定程度上讲，这是社会压力的结果，正是这种压力迫使他要证明他本人的独创性的本质；至少，如果那些“重要”的问题能够引起人们的注意力，他就不会不感兴趣。

① 弗洛伊德曾多次回到皮埃尔·雅内要求享有优先权这个话题上，我只引用了《西格蒙德·弗洛伊德全集(标准本)》中《精神分析运动的历史》第14卷，第32—33页，以及《自传》第21、33、54—55页，在那里，他试图“结束这种对观点的肤浅的重复，即心理分析中任何有价值的东西只不过是从雅内的思想中借用来的……从历史的观点看，心理分析完全是独立于雅内的发现的，它的内容与那些发现迥然相异而且远远超出了它们”。雅内的那些暗示并不总是很难理解的，关于这一点，请参见他的《心理治疗》第1卷，第601—640页。

先于他[布罗伊尔]了”;①他以怀旧的心情描写了“我美妙的孤立”的时光,那时“没有什么东西逼迫我。……在发表著作方面,我几乎不会感到有什么烦恼,这些著作的发表可能总是远远落后于我的知识,而且只要我愿意,这些著作延期多久发表都可以,因为并不存在令人烦恼的需要加以捍卫的‘优先权’”;②他屡屡在其他人之间(如勒邦、费伦奇、布洛伊勒、斯泰克尔等等,这只是其中的一
小部分)分配优先权;③他甚至把一项错误的优先权归于阿德勒;④ 391
这类情况不必再列举,只说一点就够了:他一再卷入了他的弟子与他当时或以前的同事关于优先权的纠纷中(例如,亚伯拉罕与荣格

① 《自传》,第 36—37 页;《约瑟夫·布罗伊尔》,见《西格蒙德·弗洛伊德全集(标准本)》第 19 卷,第 279—280 页:“在我们出版《研究》的时候,我们才能借助夏尔科的著作和皮埃尔·雅内的研究,在那时,这些东西已经取得了布罗伊尔发现的部分优先权。但是,在布罗伊尔(在 1881—1882 年)处理他的第一个病例时,这个病例中没有什么东西是已知的。雅内的《无意识心理状态》(*Automatisme-psychologique*)1889 年出版,而他的《癔病患者的精神状态》(*L'état mental des hystériques*)直到 1892 年才出版。看来,布罗伊尔的研究完全是独创性的,而且是在这个病例资料所提供的暗示的指导下进行的。”

② 《精神分析运动的历史》,见《西格蒙德·弗洛伊德全集(标准本)》第 14 卷,第 22 页。关于传记作者的格调和弟子们对科学家的实际经验令人迷惑的确信,请考虑一下这段话的译者 A. A. 布里尔的做法,他大概觉得“并不存在令人烦恼的需要加以捍卫的‘优先权’”这句话与前面不连贯,所以把它完全删去了。参见《西格蒙德·弗洛伊德的基础著作》,第 943 页。

③ 有关这些情况的参考资料,散见于弗洛伊德所出版的著作以及他的信件中:例如,《群体心理学与自我的分析》(*Group Psychology and Analysis of the Ego*, London: Hogarth Press, 1921)第 23—24 页婉转地提到,希格海尔在他最重要的思想方面,即“在群体中对思想作用和提高情感能力的集体压抑”,已经领先于勒邦了。有关这个例子,可参见 R. K. 默顿为勒邦的《大众》(*Crowd*, New York: Viking Press, 1960)所写的导言,第 vii—xviii 页。关于费伦奇他写道:“你在这方面的所有优先权都是显而易见的。”琼斯:《西格蒙德·弗洛伊德的生活与工作》第 3 卷,第 353—354 页。

④ 弗洛伊德在他对这位脱离主义者的反击中严厉地写道:“阿德勒肯定会被授予把梦与潜伏的梦的观念混为一谈的优先权。”(《精神分析运动的历史》,见《西格蒙德·弗洛伊德全集(标准本)》第 14 卷,第 57 页)

之争)，[①]说他不能“抑制关于优先权的争论，因为在这些共同的工作条件下有着如此之多的机会”。[②]

即使从所举的不多的这几个例子来看，也可以说，“弗洛伊德对优先权问题从不感兴趣，因为他发现这个问题只会令人烦恼”这一琼斯的著名评论，是抵制的一种征兆，这种解释并非鲁莽之词。弗洛伊德对优先权问题有一种矛盾心理，这一点千真万确；他为优先权之争感到痛苦，这一点无可争议；他对别人的优先权的证明很关心，仿佛那就是他自己的优先权似的，这一点不容置疑；但是要把他描述成对优先权问题“从不感兴趣”并且为此感到烦恼，那就需要超常的否认技巧，这样才能否认弗洛伊德对这个问题表现出浓厚兴趣的那些情况的痕迹，就仿佛从来没有出现过这类情况似的；出于对一个真正学者的爱慕，琼斯对其中的许多情况进行了详细描述。的确，对这些问题，弗洛伊德看起来不像伽利略、拉普拉斯、达尔文或任何其他科学巨人那样关心，对于这些科学巨匠，传记作者和其他一些人刚刚宣布这些人对优先权毫不关心，而这些坦率的学者给我们提供的相反的证据却又如潮水般涌来。对他们所报告并将其分开的实际情况的这种否认，似乎就是暂时把理智和洞察力搁在一边的一个例子，它非常典型地反映出抵制是根深蒂固的。

当然，指出这种例子有助于说明，对多重发现和优先权的系统研究的蓄意否定，并没有解决导致抵制的原因是什么这个问题。看起来，这个问题不仅与心理分析本身，而且与思想史的其他方面的情况有明显的相似之处，对于大量可以得到的有深远理论意义

① 琼斯：《西格蒙德·弗洛伊德的生活与工作》第2卷，第52—56页。

② 《精神分析运动的历史》，见《西格蒙德·弗洛伊德全集(标准本)》第14卷，第25页。

的事实，当人们感到它们是不光彩的或令人讨厌的、或者是不体面的或无足轻重的时候，他们就会谨慎地忽视它们。这有点像心理学家因不宜在文雅的场合讨论性欲而一度普遍忽视这个问题，也有点像心理学家曾经觉得梦或不完全的行动显然是没有价值的，因而认为不值得对它们进行深入的探讨。

使多重发现和优先权这个个案的问题变得复杂的是，这种研究要求其他科学家对某些科学家的行为进行公正的考察。甚至收集有关个案的事实也会被指责为有损无可否认的伟大科学家的记录；因为这样做就仿佛是专门报道丑闻，而一位绅士对这种丑闻应 392
该保持沉默。更有甚者，有的人认为，对这个问题的系统研究不仅是在报道丑闻，而且是在制造丑闻。①

① 不过，科学史家和其他一些人正在奋起反击对科学家的生活和工作不恰当的删改。例如，乔治·萨顿强烈要求关注"导致每一个[发现]的长期艰苦的努力，甚至可能是痛苦所犯的错误，所走的错误的道路，误解，争论，胜利与失败……对构成生命科学基本材料的偶然性和偶然的事物逐渐的揭示"[《科学史指南》，第41页]。A C. 克龙比注意到，"我们肯定完全误解了牛顿这个人，而且，我们有可能正在错过发现一个非常有创造性、非常具有他的个性特点的十分重要的心理过程，如果我们不喜欢科学家的那些影响和他的那些兴趣，或者我们觉得它们很古怪，因而就把它们全部排除在外，我们就会冒这种失之交臂的风险。通过更仔细的考察就会证明，事实上，那些东西正是他主要的关心所在，它们对他的科学想象的影响是最为深远的"[《牛顿的科学方法观》("Newton's Conception of Scientific Method")，原载《物理学会会刊》(*Bulletin of the Institute of Physics*)，1957年11月，第350—362页，引文见第361页]。雅克·巴松发现，对人们有影响的，不过是这样一些东西，它们看起来是对科学家的描述，而实际上却是一些讨厌的说教。巴松提醒我们说："科学就像诗歌、哲学和人的历史本身一样，是人从利益、错误和希望出发创造出来的。这样说并不像幼稚的人可能认为的那样，会贬低科学；正相反，通过说明科学的成就不是来自对某个不朽人物的宽容，而是来自天才在艰苦的环境中的辛勤劳动，将会提高这些成就的地位。"[《美国的教师》(*Teacher in America*, Garden City, N. J. : Doubleday, Anchor Books, 1954)，第90页]早在19世纪40年代，奥古斯塔斯·德·摩尔根就抱怨过"传记作者[尤其是科学家的传记作者]令人难以理解的倾向，即把他们为之作传的人夸大成了十全十美的怪物"。没有人能指责德·摩尔根干过这种事，尤其是他在写作关于牛顿的文章时。参见他的《论牛顿的生活与工作》，第62—63页。

人们对涉及多重发现和优先权之争的科学家伙伴的行为，往往是加以谴责或赞扬，而不是进行分析。人们所作的是道德方面的评价，而不是系统的研究。关于优先权的争论被简单描述为是“不幸的”，人们用道德判断代替了这种理解的努力，即弄清这对科学家的心理学、对作为一种制度的科学社会学意味着什么。我们发现，歌德提到过“所有那些关于先发现和后发现、剽窃和准剽窃的愚蠢的争论”。[①] 当然，我们可以无拘无束地认为，这种行为是不幸的或愚蠢的，是可笑的或可悲的。但是，对我们前辈或同辈科学家的行为的这些带有感情色彩的反应，似乎剥夺了分析的地位，它们本应该让位于对这种行为及其对科学发展方式的意义的分析。好像很少有这样的情况：医生对疾病只会做出评价性的反应，把它描述为是不幸的或痛苦的，并认为他的任务就此已经完成了；或者，精神病医生会描述说，精神分裂症患者的行为是荒唐的，并且就此为止，不再继续讨论了；或者，犯罪学家会
393 用他认为某些犯罪是令人震惊和卑鄙的这种看法，取代找出导致这些犯罪之原因的努力。科学史表明，为了从方法论上对现象进行研究而暂时摆脱情感，是极为困难的，在各种科学的不同时期，在每门科学选择研究的问题的不同时期，都有过这种情况。摆脱情感的做法，在大部分医学史中出现得相当早，但在治疗精神病和分析犯罪行为的历史中则出现得很晚。我认为，只是到了现代我们才开始这样做：使对科学家的具体行为的研究，

① 歌德的信，见《全集》(*Weimar*：*Hermann Boehalus*，1903)第 27 卷，第 219—223 页。我要感谢《思想史杂志》(*Journal of the History of Ideas*)的艾伦·诺兰(Aaron Noland)提醒我注意到歌德的这段话。

摆脱我们那种带有人情特点的总的倾向，即根据情感和我们自己所确立的价值观去对待这种行为，而不是以明智的公正方式考察它们。

显然，谈到多重发现和优先权的研究，我们又会想起克拉克·麦克斯韦曾经注意到："当人们确信，要理解事物的本质他们必须从探究这个事物属于哪一类、达到什么程度入手，而不是从询问它是善还是恶、是有害还是有益入手时，这就是科学的一大进步。这样，在科学研究中，质和量就会被认为是应当观察的主要性质。"①所有这些，从理论上讲我们都知道，但有时候当我们处理新的情况时，我们很容易把它们忘记。

设法用情感代替分析，从而抵制对多重发现和与之相关的优先权之争进行系统的研究，常常会在科学家的实际行为与对他们行为的理想描述之间形成令人不愉快的对比。

由于我们对科学家都有一种理想的看法，所以，第一任皇家天文学家约翰·弗拉姆斯蒂德对埃德蒙·哈雷的直截了当的描述："他道德败坏，而且懒惰、没精打采"，会让我们感到不知所措。在随后的叙述中，他使另一位更伟大的人物的名字也卷入了这个戏剧性事件：

> 根据我对月球的观测，他[哈雷]给出了它的准确位置和区域，这是从我的三个详细的提纲中抄袭去的，我曾把它们透露

① 克拉克·麦克斯韦：《数学与物理学的关系》("Relation of mathematics and physics")，这是他1870年在英国科学促进协会(British Association for the Advancement of Science)的一个演讲。

> 给牛顿，并且要求他在我离去之前不要把它们告诉任何人。然而，正是这位信守诺言而又坦率的骑士，立刻把这些内容告诉了哈雷；而哈雷尽可能详细地把它们发表了。……这个既懒惰又居心不良的贼几乎没费什么力气就把它们据为己有了。[①]

394 弗拉姆斯蒂德曾经非常明确地说过，他发现牛顿"总是狡诈、野心勃勃，并且对荣耀过分贪婪"。[②]

社会科学中的情况几乎是一样的。我们发现，在 18 世纪，亚当・弗格森在回答有人指责他剽窃了他的朋友亚当・斯密的演讲时，他承认"他从一位法国作者那里得到了许多见解，在他去之前，斯密到过那里"。[③]（顺便说一句，"你也一样"或"是你而不是我"这样的辩论方式，那时已经完全被认可了；例如，牛顿就曾采用这种反击方式来回答罗伯特・胡克。）另一位朋友，亚当・罗伯逊，则

① 弗朗西斯・贝利：《第一任皇家天文学家约翰・弗拉姆斯蒂德牧师记事（根据从未发表过的他本人的手稿和其他权威文件编辑）》，第 323—324 页。这部书的大部分叙述的是："众所周知的"和充满敌意的有关优先权和知识产权的争论，这些争论把弗拉姆斯蒂德、牛顿以及哈雷都牵扯了进去。

② 同上书，第 73—74 页。

③ 威廉・罗伯特・斯科特：《亚当・斯密：学者与教授》（*Adam Smith as Student and Professor*, Glasgow: Jackson, Son and Co., 1937），第 119 页；参见卡莱尔的《自传》（*Autobiography*, Boston: Ticknor and Fields, 1860），第 285 页。在这个朋友圈中，亚历山大・卡莱尔引证了弗格森的这个模棱两可的"辩护"。有关牛顿运用这种快速反击的情况，可参见他 1686 年 6 月 20 日致哈雷的信，他在这封信中写道："有人从参加过你们最近一次会议的一个人那里获悉并且告诉我，胡克在那里引起了巨大的轰动，他自称我完全是从他那里得知这一点的，并且希望他们会看到他为他自己主持了正义。这种举动既奇怪也不值得；我忍不住也要谈谈正义问题，我要告诉你，他已经把波义耳的假说冠以他的名字发表了；他之所以引起了轰动，我觉得，就是因为他断言这属于他，并把它当作自己的东西来完成。"此信转载于大卫・布儒斯特：《艾萨克・牛顿爵士的生平、著作及发现实录》（*Edinburgh: Thomas Constable*, 1855）第 1 卷，第 442 页。

被认为无意识地运用了斯密在演讲和谈话中提出来的思想,“为了确定优先权”,斯密被迫发表了一个公开的演讲,在演讲中,他“把他的新思想列了一个相当长的清单”。[①]

我们发现,圣西门曾以同样的语气给历史学家基佐写过一封信,以讥讽的口吻“衷心感谢”他“把我在《组织者》(*Organisateur*)中所发表的见解推广了”,圣西门请基佐“仔细地”阅读这封感谢信,“[因为]公众和我本人都极为希望他像以往对待我首创的思想那样,尽可能充分地盗用它的内容”。[②]

在20世纪初,我们听到了居斯塔夫·勒邦与西皮奥·希格海尔之间长期激烈的争论,在争论中,这位意大利人抱怨勒邦“使用了我关于大众心理学的见解,但却只字未提我”,并且补充说:“我认为,也只有采用我的思想而只字不提我,这样才能得到这种可疑的荣耀,这绝不是讽刺。”[③]

从另一个时期的例子中我们看到,莱斯特·沃德在写给E. 395
A. 罗斯的信中谈到阿尔比恩·斯莫尔的《普通社会学》(*General Sociology*)时说:“我想我应该以此为乐而不是为之气恼。但洋洋洒洒这么一大本书没有别的,全都是你和我说了多年的东西,只不过使用了一种啰唆的语言来表达以避免别人用过的特殊的词,并

---

① 斯科特:《亚当·斯密:学者与教授》,第55、101、119页。

② 《圣西门学说评注——第一年:1828—1829》,第23页注。

③ 西皮奥·希格海尔:《群体犯罪:集体心理学论文集》(*La foule criminelle*: *essai de psychologie collective*, Paris: Alcan, 1901),第2版,第二部分,第11章《成就生理学》(“physiologie du succès”),此章的开始有一个注释,说该文最初发表于1894年10月1日的《评论》(*Revue des Revues*),他想引证这个日期来维护他相对于勒邦的优先权。

且把那些新思想换种说法以此骗人，这实在让人恼怒。”[①]

这样的事例还有许许多多。撇开物理学和生命科学中这类愤怒抱怨的情况不谈，我们可以听到孔德谴责圣西门，圣西门谴责孔德；斯宾塞为孔德主义者认为他不过是孔德的模仿者而对他们大加责备；[②]马克思斥责海德曼是他的思想明目张胆的盗贼；[③]通常很文静的伽塔诺·莫斯卡对“帕累托侯爵”的双重罪过火冒三丈，因为他先是盗用了莫斯卡的“政治等级”理论，随后又用一个非常流行的术语“精英”为它重新命名；[④]荣格派的人指责弗

① 1906年3月18日的信，以《沃德与罗斯的通信（IV）：1906—1912年》（*The Ward-Ross Correspondence*，IV，1906—1912）为题重印，B. J. 斯特恩编辑，见《美国社会学评论》14（1949），第88—119页，引文见第90页。在回信中，罗斯写道：“我同意你对斯莫尔著作的看法。我决定一如既往假装没看见，不就这本书中的问题进行争论。但是，不容否定的是，这部书的冗长且朦朦胧胧的叙述会给公众造成不良影响，而且会使社会学蒙上耻辱。我已经注意到有这样一种看法：‘如果这就是社会学，老天爷，快救救我们吧！’无论如何，社会学已经忍受许多这样的事了，我对最终成功的信心从来没有动摇。”（同上，第93页）

② 例如，戴维·邓肯《赫伯特·斯宾塞的生平与书信》（*The Life and Letters of Herbert Spencer*，London：Methuen and Co.，1908），附录B，第565—572页。

③ 有关这一点，可参见艾赛亚·伯林：《卡尔·马克思》（*Karl Marx*），第2版（London：Oxford University Press，1948），第267页。另外，伯林注意到：“马克思对剽窃态度激烈”，正如我们从他对马尔萨斯和巴师夏（Bastiat）无拘无束的抨击中所看到的那样。

④ 对莫斯卡来说，这场涉及优先权的漫长的冲突太令人痛心了，以至过了35年之后，他又重提旧事。可以从詹姆斯·H. 迈泽尔的《统治阶级的秘密：伽塔诺·莫斯卡与“精英”》（*The Myth of Ruling Classing*：*Gaetano Mosca and the*“*Elite*”，Ann Arbor：University of Michigan Press，1958）第8章中，读到与此有关的详细说明。当莫斯卡注意到其他一些同时代的人，其中包括诺维科夫和奥托·安蒙（Otto Ammon）等，独立地得出了许多同样的结论时，他并没有支支吾吾，而是指出，就这些和其他的思想而言，“唯有对帕累托教授的情况，我不能说服我自己相信这是他独立所为”。随后，莫斯卡进一步解释说：“社会科学中的剽窃并不像文学作品中的抄袭那样容易证明，因为对于前者来说，最重要的是概念，而不是形式，通过改变几个词而复述和仿造某个概念总是可能的。……而且也总存在这样的可能，即一个受过教育并且精明的人会对现有的成果作一些改动，甚至补充少许他自己的东西。”（转引自迈泽尔，第173页）

洛伊德，[①]弗洛伊德指责阿德勒(更多的而且人们现在已经非常熟悉的指控是，某某使其所借用的思想“通过变换术语贴上了他自己的标签”)，[②]阿德勒派的人则对弗洛伊德和许多人都提出了指控。[③]

谈到今天的社会科学，我们也会听到，充满这些愤怒和焦虑之 396
词的反响，在宁静的科学圣堂的通道中回荡。由于这些事件涉及了与我们同时代的人而且常常是我们的同事，我们一定会认为，与已经是遥远的过去的事件相比，考察它们更令人痛苦，公正地分析它们也更为困难。当代关于优先权的冲突中，只有少数由于它们暗示或明确地表明了涉及不表示感谢的借用，因而对作为旁观者的那些社会科学家们所感受到的窘迫和令人不舒服的情况，需要重新加以确定。

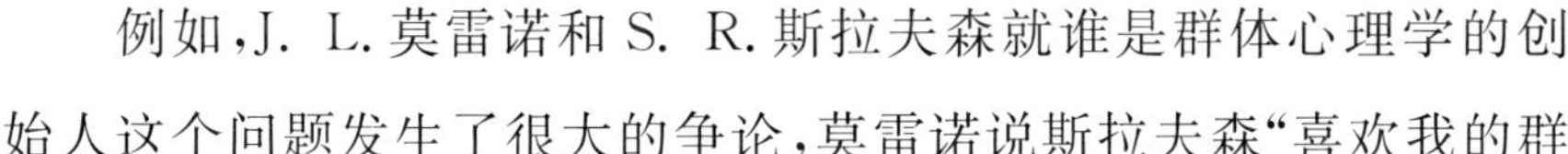

例如，J. L. 莫雷诺和 S. R. 斯拉夫森就谁是群体心理学的创始人这个问题发生了很大的争论，莫雷诺说斯拉夫森“喜欢我的群

① 有关这一争论，可参见爱德华·格洛弗：《弗洛伊德或荣格》(*Freud or Jung*, New York: W. W. Norton, 1950)。

② 参见弗洛伊德对阿德勒毫无保留的攻击，他说，除此之外，“在维也纳精神分析学会上，有一次我们确实听到他要求对‘各种神经官能症的统一性’的构想以及有关神经官能症的‘动力学观点’等享有优先权。这使我大为惊讶，因为我一直认为，这两个原则在我认识阿德勒以前，我就已经阐述过了”(《精神分析运动的历史》，见《西格蒙德·弗洛伊德全集(标准本)》，第 14 卷，第 51—58 页)。

③ 有关的例子，可参见海因茨·L. 安斯巴切尔和罗恩纳·R. 安斯巴切尔：《阿尔弗雷德·阿德勒的个体心理学》(*The Individual Psychology of Alfred Adler*, New York: Basic Books, 1956)，以及戴维·拉波波特对它和 R. W. 怀特的评论的反击，他“在某些方面”使阿德勒获得了荣誉，原载《当代心理学》(*Contemporary Psychology*) 2 (1957 年 11 月)：第 303—304 页。也可参见琼斯：《西格蒙德·弗洛伊德的生活与工作》第 3 卷第 296 页。

体疗法和群体心理疗法等概念和术语，没过几年他就[开始]使用它们，但却没有说明出处”。[①] 接下来，斯拉夫森反击说，莫雷诺并不是心理剧的真正发明者，这项优先权实际上属于瑞典的卡尔·乔根森，随之而来的是，以要求享有更早的优先权的方式进行的常规反击，这种反击也许是下意识地提出来的。[②] 还是这个莫雷诺，坚持认为他的思想和库尔特·莱温的某些思想并不真正属于独立的多重发现的情况，当莱温发表他的关于群体动力学或行动动力学的著作时，他莫雷诺，则成了“行动理论和群体理论的新发展……公认的领头人”。[③] 莫雷诺继续说，莱温的某些学生“参加了他的讨论班”，并且通过将标签改头换面，在群体动力学中应
397 用了他的思想和技术。莫雷诺使用了生动的语言，使我们想起了，我们已经看到过去那些愤怒的科学家们也曾使用过类似的语言，他指出：

① J. L. 莫雷诺：《谁将幸存？社会计量法、群体心理疗法及社会剧之基础》(*Who Shall Survive? Foundations of Sociometry, Group Psychology-therapy and Sociodrama*)，第2版(Beacon, New York, Beacon House, Inc., 1953)，第 lxi 页。莫雷诺进一步注意到：“他对优先权提出了要求(这是傲慢的一种表现)，而这证明他已经变得不受大多数人欢迎了。”(第 lxii 页)最终为莫雷诺的地位辩护的，是迪迪埃尔·安齐欧的《儿童心理剧分析》(*Le psychodrame analytique chez l'enfant*, Paris: Presses Universitaires de France, 1946)，第28—29页。

② S. R. 斯拉夫森：《心理剧疗法与群体心理疗法之关系初探》(“A preliminary note on the relation of psychodrama and group psychotherapy”)，原载《国际群体心理疗法杂志》(*International Journal of Group Psychotherapy*) 5 (1955)，第361—366页。另可参见约瑟夫·迈尔斯(Joseph Meirs)的答复《斯堪的那维亚心理剧的神话：与S. R. 斯拉夫森的〈初探〉相反的陈述》(“Scandinavian myth about psychodrama: a counter-statement to S. R. Slavson's ‘preliminary note’”)，原载《国际群体心理疗法杂志》10 (1957)，第349—352页。

③ 莫雷诺：《谁将幸存？社会计量法、群体心理疗法及社会剧之基础》，第 ci 页。

> 至少在**某些**人心中传播以下观点是一种很精明的策略，即由于纯属巧合的情况，同样的思想各自独立地发展起来了。这些人只彼此引证都属于他们那个小集团的人的观点，而不引证我的那些亲密的同事或我本人的思想，这种两面派的做法成了内行人的笑料。[①]

皮蒂里姆·索罗金以大体相同的方式，在更大的范围内抨击了他所说的现代社会学和与心理有关的社会科学中的“健忘症和发现者情结”。他既鞭挞了那些在他看来借用了前人观察的成果但却没有表示感谢的社会科学家，也痛斥了那些他认为从同时代的人那里窃取思想然后当作自己的东西发表的社会科学家。他所使用的语言又像是愤怒的伽利略、弗拉姆斯蒂德或胡克使用的语言。因此，“基本的个性结构”这个概念，被描述为是“从社会学家那里‘偷来’的古老概念含含糊糊的变种”。[②] 他满意地引述了莱奥波德·冯·维泽的话，维泽曾撰文指出，有些社会理论家“不可思议，很少提及他们的前辈”，而且，尽管社会学框架“本质上是相似的”，他们“完全不提多年以前就已经发表的我的[索罗金的]理论”。[③] 索罗金说，通常，对优先权的要求大概是由于“我们那些伪发现者的无知，这些人大多是从其他领域新来的人”，例如，过去搞统计学的人，他们还做不到在发现前人已经取得的成就时表示谢意。[④]

---

① 莫雷诺：《谁将幸存？社会计量法、群体心理疗法及社会剧之基础》，第 cii 页。

② 皮蒂里姆·索罗金：《现代社会学和相关科学中的时尚和癖好》（*Fads and Foibles in Modern Sociology and Related Sciences*, Chicago: Henry Regnery Co., 1956），第 13 页。

③ 同上书，第 14 页。

④ 同上书，第 17 页。

他写道，除了这个仅仅是无知的群体外，在今天的社会科学里那些“自称是哥伦布的人”之中，还包括“一部分可鄙的蓄意剽窃者”。在其中，那些

> 伪发现者既是远远超出他们自己创造潜力的野心的牺牲品，也是我们这个社会的竞争习俗和对成功的崇拜的牺牲品。在他们的自恋情结和竞争的持久操纵力的驱使下，他们渴望过高地估计他们的成就，大肆宣扬说他们是“首次发现”，而且他们有一种半理性的幼稚的想法，以为他们可以用自己的要求非常诚恳地欺骗他们自己和别人。[①]

最后，大概可以算作是对沃德给罗斯的信中对斯莫尔的描述，或者是对莫斯卡对帕累托的描述，弗洛伊德对阿德勒的描述的一
398 种反应，索罗金谈到“用新的概念使旧的概念有一种创新模样的方法。使用这些以及类似的手段，很容易把旧的思想当作新的产品向特别易于轻信的公众兜售”。[②]

在这些谴责所营造的气氛中，即使那些暂时还没有被直接牵扯进去的社会科学家，实际上也会感到不舒服。由于忧虑和苦恼，他们难以投入到对这种行为的研究之中。如果把情感从社会学分析中完全排斥出去，那么，社会学家就只有在这个冷酷的环境中战栗了。但另一方面，如果夹杂了个人的感情和忠诚，那么，就更难用所要求的公正态度去考察同事间的那些激烈冲突。因此，对多重发现和优先权的社会学和心理学研究，以及这种研究所能告诉

---

① 皮蒂里姆·索罗金：《现代社会学和相关科学中的时尚和癖好》，第 19 页。

② 同上。

我们的科学家的社会文化行为的所有情况，仍然很不完备。

所有这一切造成了对这个问题及其意义的某种程度的矛盾心理。例如，弗洛伊德在写作题为《米开朗琪罗的摩西》（“The Moses of Michelangelo”）的著作时，也认识到了他自己的矛盾心理，这部著作很短（只有46页），由英国人沃基斯·劳埃德于1863年出版，弗洛伊德解释说，他

> 怀着复杂的感情。我又有一次机会亲自体验甚至在我们非常认真的思想和行动中渗入的那些毫无价值和极为幼稚的动机。我的第一个感受是很遗憾，作者本应当领先我的思想的许多部分，该思想在我看来是非常宝贵的，因为它是我自己努力的结果；其次才是感到欣慰，因为它出乎意料地证明了我的观点。[①]

莫雷诺在结束他对那些不承认其构想的独创性的人的抨击时，则用另一种方式表达了这种矛盾心理。他评论说，

> 那些与以前的同事发生个人冲突的动机，与“优先权”和“承认”问题没有多大的关系。我对自我满足的渴望，对“被爱戴和受尊敬”的渴望，已经令人满意地得到了回报。一位思想之父如果能够得到百分之五十的报答，他可能就会认为他很幸运，而我得到的比这多多了。[②]

我们仿佛又一次看到，笛卡儿设法一方面说他“并不自夸是第一个发现者”；另一方面又在别的场合坚持他领先于帕斯卡。[③]

① 《米开朗琪罗的摩西》，弗洛伊德：《论文集》第4卷，第284—285页。

② 莫雷诺：《谁将幸存？社会计量法、群体心理疗法及社会剧之基础》，第cvi页。

③ 参见本书第十四章。

在要求享有优先权方面的矛盾心理意味着，科学家们轻视
399 那些从他们所赞同的制度中得出的看法。他们对科学制度和这种制度对独创性的巨大奖励的感情，使得他们很难放弃对某个新思想或新发现享有权利的要求。然而，恰恰就是这种制度却又强调，为了知识进步本身，就要对它无私奉献。关心优先权但又对这种关心持有矛盾心理，表明了科学的价值系统对个人的影响。①

当科学家们沮丧地注意到他们对自己发现的优先权是否得到承认很关心时，他们常常会表现出自卑，这种自卑显然是基于这样一种普遍但却未经过鉴别的假设：实施某个行为是出于某种单一的动机，那么对于该动机，就可以用好或坏、高尚或不高尚来评价。他们假设，真正献身于事业的科学家一定是只关心知识的进步。这样一来，如果他们对使他们发现的优先权得到同行们的承认有浓厚的兴趣，那他们就会被看做是玷污了他们作为一名科学家的高尚的(noble)目的(尽管人们可能还记得，“noble”这个词一度具有“著名的”这一含义)。这种假设有了一种心理学真理的萌芽：任何奖励——无论是名誉、金钱还是地位，在道德上都是模棱两可的，而且对那些在文化上受到尊重的动机有潜在的破坏作用。因为如果给予奖励，例如，使人获得名望，那么，追求奖励的动机就会取代原来的动机，对谋求得到承认的关心就会取代对发展知识的

① 莱昂内尔·特里林已经注意到，“科学家也爱名，但爱名却又是不适宜的：这与他应当这样做的专业神话，是不相符的，而且一旦这种会使他有负疚感的热情被人发现，他会为此感到羞愧”[《逃跑者的聚会》(*A Gathering of Fugitives*, Boston: Beacon Press, 1956)，第143—144页]。

关注。[1] 但这只是一种可能性，而并非不可避免的情况。当科学的制度有效地发挥着作用时（像其他社会制度一样，它并不总能有效地发挥作用），对于那些已经充分地履行了其角色的科学家和为知识的共同积累做出了重要贡献的科学家来说，他们所得到的承认和尊敬会自然而然地增加。这样就会看到那些快乐的局面：道德义务与个人利益相符合并且融为一体。人们所注意到的科学家在关心自己的优先权得到承认方面的矛盾心理（我们看到，最精明的心理学家弗洛伊德所表现出的正是这种矛盾心理），说明他们假定，那种附属的动机不知怎么玷污了他们对科学进行探索之兴趣的“纯洁性”。科学家们并不一定只是一味地寻求赢得同行们的喝彩，只不过，当这种喝彩响起时，他们会感到愉快和满足。

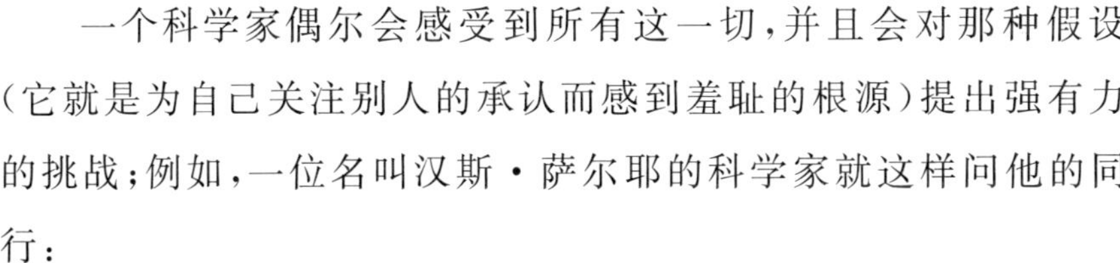

一个科学家偶尔会感受到所有这一切，并且会对那种假设（它就是为自己关注别人的承认而感到羞耻的根源）提出强有力的挑战；例如，一位名叫汉斯·萨尔耶的科学家就这样问他的同行：

> 为什么每个人都那么急于否认他是在为了获得承认而工作的呢？以我的地位，我认识了许多科学家，其中有些是我们 400
> 这个世纪最著名的学者；但是我怀疑，他们任何一个人会认为公众对他的成就的承认，无论是头衔、奖章、奖金或名誉学位，在激发他的研究热情方面起着决定性的作用。当一种奖赏能使人名利双收时，许多科学家甚至倾向于承认，更让他们高兴

① 有关目的的替代，可参见默顿：《社会理论社会结构》，第 199—200 页。

的是金钱("谁都必须生活")而不是公众的承认("我不会对恭维话感到兴奋")。为什么甚至最有才智的人也要屈尊去迁就那些谎言呢？如果不是有意撒谎，那么，这些推理无疑是错的。许多真正有天才的科学家们并不是财迷；他们也不会宽容他们自己或别人对财富的贪婪。另一方面，我非常了解的所有能充分作出判断的科学家(我自己也属于这个群体)，都非常急于使他们的工作得到别人的承认和赞扬。一个客观的科学家允许这样歪曲他的真实动机，难道不有失尊严吗？那么，让人感到耻辱的是什么呢？[①]

没有必要总把萨尔耶博士的最后一个问题留在那里。所谓耻辱，就是当一个人的身份和自我形象突然被其实际行为玷污了时的那种感受，例如我们看到，当达尔文自己的行为迫使他这样去认识问题时，即承认他的优先权的意义比他曾经设想的要大，他就表白了这种耻辱。肯定那种根深蒂固的想得到人们承认的愿望，好像就是喜欢得到人们的承认，而不喜欢(作为发现本身目的之一的)发现的乐趣，从而会进一步使人觉得，希望自己的成就得到承认的欲望有可能(也许是暂时地)取代为了科学本身的目的而从事科学工作的欲望。

从表面上看，想得到别人承认的这种渴望似乎只是个人的虚荣心在作怪，这种虚荣心产生于人的自身内部，并且希望从外部得到满足。然而，这实际上是一种肤浅的判断，它是这二者的混合

① 汉斯·萨尔耶:《生活的压力》，第288页。关于这个问题也可参见本书第十五章。

物：一方面是对自己或别人的不同意见从道德上所做的解释，另一方面是弄错具体情况之谬误的典型事例的体现，在这里，只注意特定的个别科学家的感情状态的做法，无法使人们认识到相关的社会学细节。当我们更深入、更广泛地了解那种使获得承认的渴望变得愈加强烈的制度复合体时，可以证明，这种渴望绝不是个人的或个别的情况，除了略微有点变化外，一个个科学家都一再表现出了这种渴望。那么，这种所谓的虚荣心就应看做是一种内在需要的外在表现，这种内在需要就是：使人们相信某个人的工作确实重要，某个人已经达到了科学家共同体所坚持的严格标准。这样一来就清楚了，这种科学制度增强而不是导致了这种根深蒂固的对所完成工作予以证实的要求。当然，有时候这种要求会不断增加，以至失去控制，结果，要求得到承认的愿望变成了非要赢得（甚至是没有根据的）喝彩不可的欲望，妄自尊大取代了心安理得的舒适感。但是切不可把这种极端的情况误认为是典型的情况。一般来说，要求成果得到承认，是专心于知识的发展、把它作为最终价值 401
的结果，而这种承认对科学家来讲意味着，他所了解的同行认定他的工作是有价值的。关心成果是否能得到承认，并非必然会与献身科学背道而驰，相反，这种关心通常是这种献身的直接表现。但这一点只有在这种情况下才会变得显而易见，即不是停止分析，把这种关心表征为虚荣心或自我膨胀的问题，而是进一步从社会学的角度考虑，认清其他有识之士对成果的承认，是对那一成就的一种社会印证机制。科学是特别具有社会性特点的领域，而不是唯我论世界的聚合物。对成果的不断评价和承认，完善地构成了一种使科学界融为一体的机制。

狂喜综合征

所有这一切都可以从多少有点不同的环境来理解：对确立发现的优先权或者至少是发现的独立性的深切关注，仅仅是欢欣症的另一个方面，这种欢欣症伴随着发现一种新的和正确的科学思想或结果而来，并且被社会加剧了。人们对某项发现所投入的精力越大，对否定其创新性的凶兆的反应大概也就越强烈。对优先权的关心，通常只不过是发现欢欣症——狂喜综合征的另一个组成部分。在科学编年史中，我们只需记住对发现的喜悦也许最欣喜若狂的表白：这就是开普勒发现行星运动第三定律时的心情：

> 一旦我发现天体轨道距离的数值与五个(正则)立体相关，我在22年以前预见的东西，我在看到托勒密的和谐论以前很久就确信不已的东西，我以这部书的名义向我的朋友保证我在16岁以前就命名的东西，我作为目标孜孜以求的东西(我为此与第谷·布拉赫合作、定居布拉格，并且为此花费了大半生用于天文学计算)，终于被我揭示出来了，而且我看到结果的准确超出了我最高的期望。这并非是在我看到第一线光明18个月以后，而是在我突然从晴朗的天空中看到太阳壮丽辉煌的景象三个月之后。别让什么东西来限制我吧；我要在这种神圣的令人心醉神迷的状态中纵情享受。我将用我诚实的自白征服人类，我承认，我偷了埃及人的一些金瓶，因为我要在远离埃及大陆的地方为我的上帝建造一座圣殿。如果你们宽恕，我会感到欣喜；如果你们愤怒，我也无能为力。书

> 已写完；木已成舟。诸位是现在读还是让后代去读它，我都不在意。也许要过一个世纪后才会有一个读者，就像上帝过了6000年之后才有一个注视者一样。[①]

如果另一个人声称他很久以前就发现了行星运动第三定律，这会给开普勒造成多深的痛苦呢？对此我们只能推测。谈到盖- 402
吕萨克，情况也是如此，他拽住一个他最亲密的人来跳一曲庆祝胜利的华尔兹，这样他就能“用这种移动的诗来表达他在获得一项新发现时的欣喜若狂的心情”。[②] 或者，举个更近一些的例子，威廉·詹姆斯对他的实用主义思想“总是激动不已”，而且难以控制自己对它的兴奋。[③] 约瑟夫·亨利，曾经想到了一种新的制造电磁铁的方法，虽然他尽量抑制住自己，不表现出兴高采烈的样子，但他还是说：“当我的头脑中闪现出这种构想时，我高兴得跳了起来，禁不住产生了一种心满意足的感觉。”[④]最后一个例子，年轻的弗洛伊德在写给他“心爱的姑娘”玛莎的信中，谈到了他对自己一个“也许并不重要的发现”的“喜悦心情”，这项发现是一种用氯化金溶

① 英译文见威廉·S. 尼克博克：《现代科学名著》(*Classics of Modern Science*, New York: Knopf, 1927)，第30页。

② 爱德华·索普：《历史上的化学论文集》(*Essays in Historical Chemistry*, London: Macmillan, 1931)。

③ 参见詹姆斯致弗卢努瓦的信，载于拉尔夫·巴顿·佩里：《威廉·詹姆斯的思想和个性》(*The Thought and Character of William James*, Boston: Little Brown, 1936)第2卷，第452页。

④ 托马斯·库尔森：《约瑟夫·亨利的生活与工作》，第49—50页。这也许会使人们想起，不喜欢出风头的亨利也曾时常卷入多重发现之争，有时甚至会卷入优先权之争，例如，他在坦率的报告中说，他对人们认为法拉第最先发现了电磁感应极为失望，这就相当明显地证明了这一点。

液给神经组织染色的新技术，[①]过了若干年后，卡尔·亚伯拉罕回忆说："能最早获得那些知识我们相当高兴。"[②]

总之，当一个科学家做出了一项真正的发现时，他就会体会到科学家所能感到的那种快乐。但是倘若高兴到了极点，一旦发现的荣誉被别人夺去，这就会加剧他的失望。[③] 如果失去发现的荣誉仅仅是由于，人们弄清了原来他不是第一个发现者，而只是一个独立发现者，尽管他会得到这样一种安慰：毕竟，这种思想也被别人证明了，但这种安慰是令人沮丧的，所以他仍会受到相当大的打击。不过，假如与这样一种会给人造成心灵的创伤的指责相比，即这一发现不仅是比别人晚，而且实际上是借用了别人的成果、甚至是盗窃了别人的成果，那么上述打击就真可谓小巫见大巫了。发现的乐趣和对得到科学同行承认的渴望，并不是相互排斥的，从心理学上看，它们就像是同一个硬币的两个面。它们都可以表明对发展知识的价值的一种基本的信仰。

潜隐记忆（"无意识的剽窃"）

所谓"无意识的剽窃"现象，使对多重发现已经复杂的情感变

---

① 《西格蒙德·弗洛伊德书信集》，第72页。

② 同上书，第286页。

③ 例如，舒马赫告诉高斯，尼尔斯·阿贝耳听说雅格比领先于他时很沮丧，并且需要饮白兰地度日，舒马赫在结束评论时说："你要发表你的成果，就可能会使别人付出更大的代价。"［见C. A. F. 彼得斯所编的《高斯与舒马赫通信集》（*Briewechsel zwischen C. F. Gauss und H. C. Schumacher*, Altona: Gustav Esch, 1860）第2卷，第179页］

得更加混乱了。这种大杂烩式的术语本身就证明,通常在讨论这 403
个问题时,分析与道德解释是混杂在一起的。它是由表达得并不严格的心理学部分(“无意识的”)与法律-道德部分(“剽窃”,包括违反某种法规和伴随着犯罪等所有含义)组成的混合体。在心理学研究中像在精神错乱的研究中一样,“无意识的剽窃”是一个误置的并且过了时的概念,把它归入法律范畴并不错,它在这里会不断导致某种令人不愉快的情况。潜隐记忆这个中性的和分析性的术语,更适合我们,它实际上所指的是这样一种看似创造性的思维,在此过程中,以未回忆起来的过去的体验为基础的思想,被当作了新的东西。

由于潜隐记忆毕竟会出现,因此,对于科学家(和其他进行创造性工作的人)来说,总存在这样的可能性:他最喜爱的具有创造性的思想,可能实际上是他已经忘记了的他以前在别的地方曾经读到或听到的什么东西的记忆痕迹。这也许会引起行为模式相互冲突的双方的担心。在某些情况下,一个富于想象力的人的断然要求的背后,可能隐藏着这样的含义:就他新发现的思想而言,他不会感谢任何人。① 一个科学家非常肯定地认为他具有独创性,但并不知道他是对还是错,这种形式的可能的潜隐记忆,当然与以下这种形式是不同的:一位女士极力为自己申辩,而她在这样做的时候知道,她的行为与她所说的是不相符的。在其他情况中,知道有可能会出现潜隐记忆的科学家也许会假定,他不知不觉地吸收

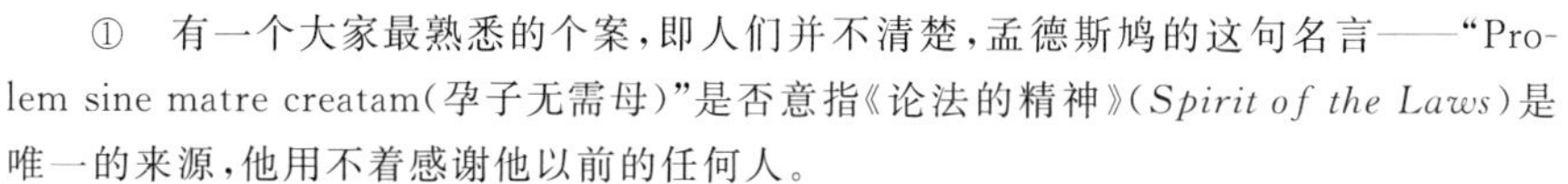

① 有一个大家最熟悉的个案,即人们并不清楚,孟德斯鸠的这句名言——“Prolem sine matre creatam(孕子无需母)”是否意指《论法的精神》(*Spirit of the Laws*)是唯一的来源,他用不着感谢他以前的任何人。

了一种他曾经认为创始于他的思想。无论是那些重要的思想还是不太重要的思想，都有可能出现这种情况。我知道，统计学家 W. 艾伦·沃利斯不会介意我以他经历过的一个小插曲作为例子。在哈里·罗伯茨和他于 1956 年出版的那本著名的统计学教科书中，他们介绍了给表格和图表编号的便利方法，这种方法不是像通常所做的那样，依次编号，而是按照它们所出现的那页的页码编号。这有一个优点，从后面对这些表格和图表的相互参照中，一下子就可以知道它们最初出现在哪一页。结果证明，这种虽然并不重要但很实用的思想也属于多重发现。这本书出版后不久，沃利斯受到了一位经济学家友善的来信，这位经济学家告诉他，这种编号体系，早在邓拉普(Dunlap)和库尔茨(Kurtz)1932 年出版的一本统计学手册中就已经使用过了。由于认识到潜隐记忆总可能存在，沃利斯不那么有把握了，他的回信就是一个例证：

> 我对您的来信非常感兴趣……我觉得这种编号方法非常好，因而显然，以前必定已经有人想到它了……实际上我可以肯定，邓拉普和库尔茨的那本书就放在我在芝加哥的办公室里。十年前，我作为特德·英特马(Ted Yntema)的继任者来
> 404 到芝加哥时，他非常仁慈地把他相当一部分统计学藏书留给了我。我注意到了这本书，但想不起来是否读过它。不过，我觉得确实有这种可能性，我也许什么时候翻了翻这本书，注意到了这种编号体系，随后就忘了，但当我面对一个编号问题时，我又想出了这种“新的”方法。[①]

---

① W. 艾伦·沃利斯：私人通信。

对这个小例子适用的东西，对于那些对科学有影响的发现来说也同样适用：潜隐记忆的可能性会使某些人怀疑自己的回忆能力，并且会猜想，他们一度认为是他们自己首创的思想，其实也许是以前遇到的别人提出过的思想的痕迹，只不过它已被忘记了。

相关的个案有许多，我们只考虑这几个就够了。威廉·罗恩·汉密尔顿是位数学天才，他发现了四元数（格拉斯曼也独立地发现了其中一部分），由于汉密尔顿曾有过这样的经历：在 18 岁时得知，他关于光学的发现"只不过"是一项重新发现，因此，他一生都全神贯注，既害怕被别人剽窃，也害怕无意中剽窃别人。在与德·摩尔根的通信中，他曾多次谈及这个问题，有一次他说："至于我本人，我可以**确定**，我**肯定**经常把我很久以前听到过的东西重新展现出来，而没有认识到它们是属于别人的成果。"[①]还有一次他说："谈到'叹气'，难道我该去与狄更斯争吵，或者把他的某部著作的日期往后算么？我对此已经厌倦了，你可能也是这样；不过，对于科学中任何重要的问题，如果我会因一时疏忽而受到剽窃的指责，那么我倒愿意把受到**警告**看做是一种恩惠。"[②]

从数学领域转向心理学领域，我们发现，弗洛伊德很有个性地考察了他本人的经历，他想起了他 14 岁时得到了玻恩（Borne）的

① R. P. 格雷夫斯：《威廉·罗恩·汉密尔顿爵士传》，第 3 卷，第 297 页。这部有广泛影响的传记收录了汉密尔顿一些信中的论点，这些信记录了他对优先权、重新发现、科学中对创新所给予的荣誉、剽窃、科学家对流芳百世的渴望以及对被别人抢先的担心等等问题的普遍关注。德·摩尔根注意到，汉密尔顿被可能的潜隐记忆所困扰："他有一种病态的担心，害怕成为剽窃者；他给予他探讨类似问题的那些人的信，有时包含着对他本人的优先权的莫名其妙的和不自然的忧虑。"（同上书，第 217 页）

② 同上书，第 368 页。

著作，并且在50年后还保留着这一著作，尽管论述作为创作过程的联想的“相关论文他记不得了”，但是，“看起来这并不意味着不存在这样的可能性，即这种暗示也许已经表露了潜隐记忆，人们可能怀疑，在许多个案中，看起来是首创的东西的背后，都隐藏着这
405 种潜隐记忆”。[①] 谈到波普尔-林克斯和他本人在梦的理论方面的多重发现，弗洛伊德是这样评论的：

> 独创性的主观方面也值得考虑。一个科学工作者有时可能会问他自己，他所独有并应用于他的新资料的那些思想的来源在哪里？不用仔细考虑他就会发现，其中有些思想源于一些暗示，或者其他人的论述，他领会并修改了这些思想，而且阐述了它们意义。但是对于他的其他思想，他可以不这么认为；他可以只作这样的假设：这些思想和研究方法产生于他自己的精神活动，至于怎么产生的他说不清，而他对享有首创权的要求，正是以这些思想和研究方法为基础的。
>
> 然而，细致的心理学研究会进一步削弱这一要求。这种研究会揭示出一些隐蔽的长期以来被淡忘了的根源，正是这些根源激发了看起来是独创性的思想；另外，这种研究还会通过使某些被遗忘的东西恢复活力并把它们用于新的资料，取代表面上是新的创造。在这方面没有什么可遗憾的；我们没

---

① 弗洛伊德的匿名论文：《分析技术史前史评述》（“A note on the pre-history of the technique of analysis”），转引自刘易斯·W. 布兰特富有启发性的论文：《弗洛伊德与席勒》（“Freud and Schiller”），该文论述了席勒可能是弗洛伊德的潜隐记忆的一个根源，原载《心理分析与心理分析评论》（*Psycho-analysis and the Psychoanalytic Review*）46（1960年冬季号），第97—101页。

> 有权利期望“首创的”东西可能是难以寻觅的和不确定的。
>
> 就我而言也是如此，我用于释梦和心理分析的许多新思想的独创性，就是以这种方式失去的。在这些思想中，我只对其中的一种[“梦的潜意识压抑力”]的根源不了解。[①]

在撰写《有限的和无限的分析》(“Analysis Terminable and Interminable”)时，弗洛伊德对潜隐记忆**有可能**出现这一事实内在的本质上的不确定性，进行了极为透彻的考察：

> 我相当高兴的是，最近我发现，那个[“死的本能”的]理论已经被古希腊一位伟大的思想家证明是成立的。既然它已被证实，尤其是我阅读到那么多古人的著作，以致我再也不能肯定：我认为是我自己创造的思想是否真的不是潜隐记忆的产物，在这种情况下，我很乐意放弃享有这个理论的首创者的荣誉。[②]

毫无疑问，正是这类事情使无拘无束的马克·吐温断言：“当亚当说有个问题他知道从来没有人谈到过时，他太走运了。”

在创造性工作的所有领域，都有许多好像是潜隐记忆的著名个案。我们仅举一个富有戏剧性的例子，海伦·凯勒绝望地写道，她发表的一部小说“在思想和语言方面[与别人的作品]如此相像，因此显然”，一定有人给她读过以前别人写的那部作品，而“我的作品是一部——”[即使在书出版后，她在这里停顿了一下，并且深深地吸了一口气，这样她才能把话说出来]“我的作品是一部——抄袭之作”。她断定：“没有谁会比我更痛苦”，尽管证明，根本不可能 406

① 弗洛伊德：《约瑟夫·波普尔-林克斯与梦的理论》，《西格蒙德·弗洛伊德全集(标准本)》第19卷，第261页。这段话是从布兰特那篇文章所引的德文原文翻译过来的。

② 我要感谢刘易斯·W. 布兰特，由于他的提醒我才注意到这段话。

发现有什么人实际上给她读过那部小说。[①]

这样的情况也反复出现过：一个科学家无意识地借用了他本人的思想，这进一步说明了一个人的创造力的范围是不确定的。许多科学家和学者都曾懊悔而又怀疑地发现，某个似乎蓦然在他头脑中出现的思想，其实是他们多年以前就已经形成、以后又被他们淡忘了的东西。一个旧笔记本、一篇重新找出的论文、一个为完全恢复记忆而苦恼的同事、一个以前的学生等等，都可以证明：被认为是新方案的东西，其实是他们自己以前制订的计划的翻版（至多有些扩充和修改）。这样的个案有许多，我们只考虑几个，其中有的是一个世纪以前或更早一些的，有的则是本世纪的：

约瑟夫·普里斯特利懊恼地叙述说：

> 我把我自己所发表的东西忘得一干二净，以至于我在阅读我自己的著作时，我会从中发现常常在我看来是全新的东西，我不止一次地做实验，而实验结果我已经发表过了。[②]

坦率而快活的数学家奥古斯塔斯·德·摩尔根自己有过这样愉快的经历：

> 我在此之前读过一篇论文（但不是关于数学的），并且自己对自己说，我完全同意这个人的观点，这个人很聪明，最后发现，我正在读的是我自己很久以前写的一篇论文，我为公正地证明了自己的成就感到很高兴。[③]

---

① 海伦·凯勒：《我的一生》（*The Story of My Life*，New York：Doubleday，Page and Co.，1908），第 63—72 页，引文见第 65 页。

② 《普里斯特利传》（*Life of Priestley*），一百周年纪念版，第 74 页。

③ 奥古斯塔斯·德·摩尔根致 W. R. 汉密尔顿的信，见格雷夫斯：《威廉·罗恩·汉密尔顿爵士传》第 3 卷，第 494 页。

据说,卓越的数学家詹姆斯·约瑟夫·西尔维斯特“很难记住他自己的发明,有一次,他竟对自己的一条定理是否可能是正确的提出了质疑”。[①]

再来考虑一下我们这个时代从自己那里得到的潜忆借用的事例吧:

诺贝尔奖获得者奥托·勒韦叙述说,他在半夜醒来,并且把他认为是重大发现的东西做了个简略的记录,然后又回去睡觉了,起来后他发现,他无法辨认潦草模糊的笔记,他花了一整天,费了很大劲,但却徒劳无功,想不起他脑中曾经出现过的东西,次日凌晨
三点,那种想法在他微睡时又出现了,他冲进实验室,做了一项实 407
验,两个小时之后,决定性地证明了神经冲动的化学传递。到此为止,尚无问题:这是彭加勒令人难以忘怀地描述的另一个显然是潜意识创造的个案。若干年后,当勒韦应邀在国际心理学大会上讲述这一切时,他以前的一位学生提醒他,在这个夜间发现 18 年以前,他就充分地叙述过他的基本思想了。勒韦回答说:“我已经把这忘得一干二净了。”[②]

心理学家埃德温·博林给我写信说,有一位同事欣喜若狂地去他那里宣布,自己刚刚设计出一种确定感觉测量等级的新方法,现正在搜索枯肠想给它取个名字。但是,在“这个新思想的光泽消失”之前,“他发现,他已经在大约六年以前发表的著作中讨论过这种方法,甚至还给它起了一个暂定的名称”。

① E. T. 贝尔:《数学家》,第 386 页。

② 奥托·勒韦:《来自发现作坊的报告》(*From The Workshop of Discoveries*, Lawrence, Kansas: University of Kansas Press, 1953),第 33—34 页。

谈到弗洛伊德(我之所以总提到他，只不过是因为，与众不同的是，他的思想体验有文献根据)，琼斯讲了他的几个例子：他“骤然间有了一种清晰的领悟，随后就忘了，过了些时候它又作为一种新发现突然出现了”。① 正如弗洛伊德在谈到别的问题时注意到的那样：“理由是世所周知的，即对记忆的准确性的确信是没有客观价值的。”②

如果潜隐记忆可能涉及自己以前的工作，那么毫无疑问，它也并非不可能涉及别人的工作。这样看来，一个确实构想出了某种新思想的人在与其他人构想出的另一种形式的同一思想相对质时，他可能就没有百分之百的把握了。

涉及自己工作的潜隐记忆出现的可能性，也许会受不同环境的影响。相对于把自己的工作严格地限制在有连续性特征的问题上的科学家，那些在不同领域工作的科学家的身上，更有可能出现潜隐记忆。考虑一下这个假说，当然，不是就个别科学家而言，而

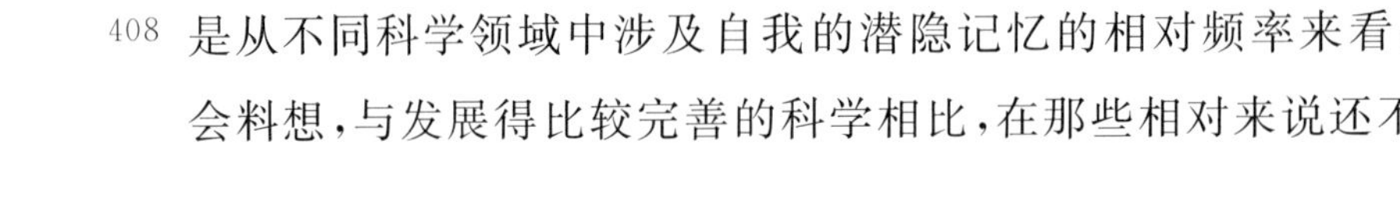

408 是从不同科学领域中涉及自我的潜隐记忆的相对频率来看，我们会料想，与发展得比较完善的科学相比，在那些相对来说还不规范

---

① 琼斯：《西格蒙德·弗洛伊德的生活与工作》第 3 卷，第 271 页。例如，其中的一个个案是，弗洛伊德把患妄想狂者的妒忌构想成是受压抑的同性恋的一个实例。

② 这一见解出现在他 1913 年发表的一篇论文：《心理分析治疗中的似曾相识(已讲述过)的体验》[“Fausse Reconnaissance(‘Déjà raconté’) in psycho-analytic treatment”]，《论文集》第 2 卷，第 334—341 页。在这同一篇论述记忆错误的论文中，弗洛伊德谈到了一个多重发现，他向读者(和他自己)保证，这只是一个多重发现，而不是潜隐记忆的实例：“1907 年，在我的《日常生活的心理病理学》(*Psychopathologie des Alltagslebens*)第二版中，我对这种类型的明显的记忆错误作了完全相似的解释，但却没有提及格拉塞特[1904 年的]那篇论文，或者不知道有这篇论文。借表示歉意的机会，我也许可以顺便说一句，我的结论是一项心理分析研究的结果，我为此可以举一个业已为人所知的例子……[它]发生在 28 年以前。”(同上书，第 337 页)

因而更接近于经验知识的新兴科学中，潜隐记忆出现的频率将更高一些。从理论整合程度中所表现出的这些典型差异来看，可以料想，在社会科学领域中，会出现更多的涉及自己工作的潜隐记忆。

科学研究的社会组织似乎对科学中的多重发现的各个方面都有影响，它对这种潜隐记忆也有影响。我们必须假定，当组成研究小组开展工作时，以前的思想或发现被完全忘记的可能性就会减小。因为即使这个小组的某些成员把它们忘了，其他人还会记得。另外，合作者之间不断重复的相互作用有助于巩固人们对这些思想和发现的记忆。

科学研究的社会组织中的明显变化，不仅会对涉及自我的潜隐记忆问题，而且会对科学中的多重发现和优先权的每一个方面都造成显著的影响。研究组织中的协作研究倾向，在成果发表的形式上就可以反映出来：越来越多的研究论文不是由一个作者而是由多个作者共同完成的。这种变化的程度，会因学科的不同而表现出差异。有了令人信服的理论、复杂而且常常是昂贵的仪器以及精密的实验和成套的观察设施的科学，似乎会比那些在这些方面还比较落后的科学更早和更快地经历这种变化。为了说明，只要考虑这三个个案中的成果发表形式就够了：第一个选自对物理常量的测量；第二个选自心理学；第三个选自社会学。有一部权威性的论述物理常量测量的专著[①]引证了 414 篇有关这一课题的论文，我把这些文章中每一篇的作者的人数列了一张表。简单地

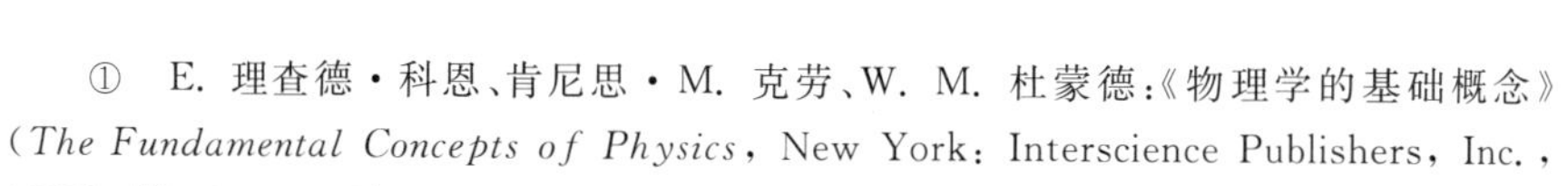

① E. 理查德·科恩、肯尼思·M. 克劳、W. M. 杜蒙德：《物理学的基础概念》(*The Fundamental Concepts of Physics*, New York: Interscience Publishers, Inc., 1957)，第 92—102 页。

说，结果是这样：在1920年以前发表的论文中，93%的论文是由一个人完成的；在1920到1940年之间发表的论文中，这个比例下降到65%；1940年以后发表的论文中，这个比例下降到26%。从最近这个时期的情况看，28%的论文有两个作者；19%的论文有三个作者；14%的论文有四个作者；13%的论文有五个或五个以上的作者（其中大约2%的论文有十个或十个以上的作者）。

自1936年以来，发表在《变态心理学和社会心理学杂志》(*Journal of Abnormal and Social Psychology*)上的论文也有大致相同的趋势，尽管这种趋势不像上述那么明显：把时间按5年分为一个周期，可以看到，单一作者论文的比例从1936年的80%下降到75%，然后又下降到69%，再下降到54%，在最后的5年中

409 下降到49%。《美国社会学评论》在同一时期也见证了相似但更为有限的趋势，单一作者论文的比例从1936年的92%下降到90%，然后又下降到87%，再下降到76%，最后下降到65%。①

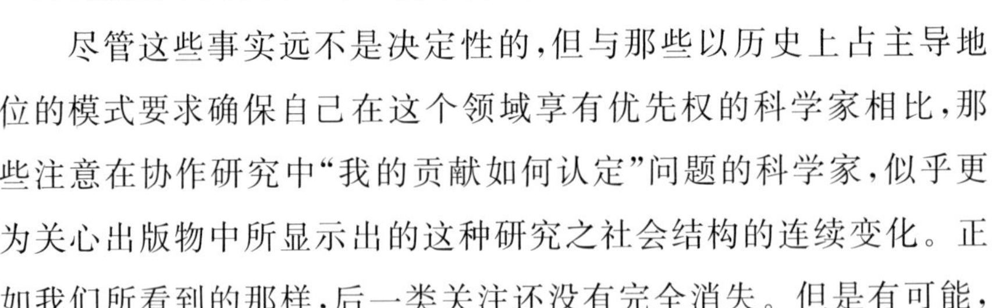

尽管这些事实远不是决定性的，但与那些以历史上占主导地位的模式要求确保自己在这个领域享有优先权的科学家相比，那些注意在协作研究中“我的贡献如何认定”问题的科学家，似乎更为关心出版物中所显示出的这种研究之社会结构的连续变化。正如我们所看到的那样，后一类关注还没有完全消失。但是有可能，

① 哈丽特·朱克曼对主要的科学和人文学学科中的协作模式的这些差异程度进行了研究；参见她即将出版的《科学界的精英：美国诺贝尔奖获得者》。伯纳德·贝雷尔森也发现，1957—1958年期间，在十年以前获得博士学位的那些人中的一份抽样调查显示，单一作者的出版物的相关数量是，化学17%，生物学30%，历史学96%，英语语言文学97%。参见贝雷尔森：《美国的研究生教育》(*Graduate Education in the United States*, New York: McGraw-Hill, 1960)，第55页。

与因惯例而产生的对优先权的关心相比，因结构而产生的对协作者名誉分配的关心，将会变得更加重要。对30位经济学家和行为科学家的一个小组的研究发现，“与经济学家相比，行为科学家不太看重‘侵权’、‘名誉’等问题。这种差异也许是由于行为科学比经济学更强调协同创造”。[1]

对我们来说，协作中的这些变化的意义，首先在于科学中对优先权的关心程度大概不是一个历史常量；其次，关心的程度会因科学研究组织的不同而有所变化；第三，协作中的那些变化也许最终会直接促进对科学中的多重发现和优先权的无偏见的、有计划的研究，因为对科学中多重发现的普遍性的广泛认识，将使对这种研究的抵制失去其基础。

然而，尽管科学家们**知道**在科学中会出现真正的独立发现，但正如我们注意到的那样，他们中的许多人并没有想要了解这对他们的工作有什么意义。我已经设法表明，由于许多原因，科学家们发现很难、有时甚至不可能接受这样的事实：他们落在别人后面了，一个同时代的人与他们同时得出了同样的结果，或者别的人所取得的成果的确是独立于他们完成的。我们也看到了，科学社会制度中的价值观念，与对思想的独立性周围不确定性的影响交织在一起，使人不会轻易承认这样一些事实，这些事实会使人对自己享有独一无二的独创性这一信念丧失其基础，而人们的这种信念是从导致新思想或新结果所必需的艰苦的工作中产生的。结果， 410

① 沃伦·G. 本尼斯：《社会研究中协同工作的某些障碍》（“Some Barriers to Teamwork in Social Research”），原载《社会问题》3（1956），第223—235页，引文见第228—229页。

人们也许会感到，多重发现是一种令人不快的现实，这算是最好的情况，在最糟的情况下，人们也许会觉得，多重发现是出现了有意借用或潜隐记忆借用的一种证明。对多重发现和优先权的相当公正的研究，大概可以抵消这些沮丧和猜疑的倾向。

这些研究也许不会导致歌德有力地重新肯定《传道书》时的高傲心境："没有谁能剥夺我们首先意识到某种事物亦即所谓的发现时的快乐。但是，如果我们也要求获得荣誉，那么，我们的这种快乐就会因我们常常不是第一个发现者而被完全毁掉。发现意味着什么，谁又能说他发现了这或发现了那？毕竟，自吹说拥有优先权纯粹是一种愚蠢的行为；因为不能坦率地承认自己是抄袭者就是一种无意识的自负的表现。"[①]但是也可以认为，多重发现，正如我们前面已经看到的那样，不仅有益于增加科学发展中迅速捕捉到发现的可能性，而且对单独的发现者也有益。我们注意到，弗洛伊德曾努力进行证实，以便使他从被沃基斯·劳埃德领先的矛盾心理中振奋起来，因此，独立的多重发现看起来确实能导致对某种思想的确证或导致某种探索结果。此外，即使 W. R. 汉密尔顿一

① 转引自兰斯洛特·劳·怀特：《弗洛伊德以前的无意识》(*The Unconscious Before Freud*, New York: Basic Books, 1960)。我们没有必要嘲讽说，普天之下并无新奇之物这个格言本身就以不同形式反复出现过：只需记住泰伦提乌斯(Terence)受到大量盗窃的指控困扰时所说的话："nihil est dictum quod non sit dictum prius(无话未曾言)。"或者记住五个世纪之后，多纳图斯(Donatus)痛苦的呼声："Pereant qui ante nos nostra dixerunt(所有那些也许会使比我们先说出了这些话的人受到伤害)。"或者记住莎士比亚的十四行诗的第59首：

如果天下无新事，现在的种种
从前都有过，我们的头脑多上当，
当它苦心要创造，却怀孕成功
一个前代有过的婴孩的重担！

生都很苦恼，因为他既害怕被别人剽窃，也担心自己成为一个“无知的剽窃者”，但至少有一次，在给赫歇尔的信中努力化解他的矛盾心理时，他像弗洛伊德一样试图表明多重发现尽管不是最重要的，但也有益处：

> 我劝我自己，如果有人已经在我之前得出了那些结果，那么，得知此事不会给我造成什么痛苦；就我对自己的感受的分析来看，当我听说以前就有人得出了有关曲率线与圆截口的关系的结果时，我并没有任何烦恼的感觉。纯数学领域而非综合性的领域，太大、太丰富了，因此，任何人在发现他开始把这块或那块土地作为自己的财产来耕种时，它们已被别人占去了，他没有什么理由坐下来抱怨。[下面是他来之不易，但可悲的是昙花一现的顿悟：]真理的存在会激发起一种更为强烈的感情，当我们看到我们自己的独立发现与别人的发现一致时，我们都会声称为真理做出了贡献。两个人同时听到的声音更真实、更客观，任何人都因此都会更加肯定，这不是个人或私人的幻想，不是个人特有的怪癖，不是失常的耳朵中的 411
> 鸣响，不是我们揉眼睛时看到的闪光。[1]

后来，汉密尔顿还是控制不住自己，他在这同一封信中宣布，他在椭面的研究方面领先于乔基姆斯托尔（Joachimstal），发表其成果的“那本杂志早就停刊了，他[乔基姆斯托尔]大概从未听说过有这么一本杂志，时间正好是十年以前”。[2]

① 格雷夫斯：《威廉·罗恩·汉密尔顿爵士传》第2卷，第533页，1846年11月23日致赫歇尔的信。

② 同上书，第534页。

如果天才的汉密尔顿时起时落的心理失调证明，具有多重发现特点的知识并不是医治对优先权的矛盾心理的灵丹妙药，那么他瞬间的那种顿悟可能表明，它或许有一点点作用 。就我所知，R. L. 怀尔德是唯一一位对此有清晰认识的数学家，既让我高兴也令我沮丧的是，他在我之前就已经认识到，对于科学家共同体来说，对多重发现的研究也许能有一种医疗功能。既然他的见解领先于我，我不妨借用他的一段话来说明问题：

> 我希望超越个人的标准去探索数学概念产生的方式，并研究促使它们形成和影响它们发展的那些因素。我认为，这种探索将会非常有益。例如，如果一个独立进行研究的数学家认识到，当一个概念行将诞生时，很有可能，它会以不止一个数学家作为媒介而问世；而且，如果他知道这种现象的原因，那么可以料想，在痛苦中不能自拔的情况和怀疑有人剽窃的情况，肯定比我们在过去那些著名的事例中所发现的要少。数学史上有许多争论优先权的个案，而论战的硝烟消失之后，却什么问题也没有解决，除非在这种情况下不会发生这样的争论：你正确地把某种思想运用于实践，而这种思想若干年以前就已经有人想到了，但是，那个人没有认识到他的发现的全部意义，或者，很不走运，他不具备把它付诸实践的工具……[然而，]一个人也许恰恰期望的是，了解那些概念演化的方式。[①]

当然，所有这一切并非是否认，在一些特殊的个案中可能会出

---

① R. L. 怀尔德：《数学概念的产生和发展》（“The origin and growth of mathematical concepts”），原载《美国数学学会会刊》(*Bulletin of the American Mathematical Society*)69(1953)，第423—448页，引文见第425页。

现无意或有意利用某些思想和发现但却不表示感谢的情况。我在
其他论述中[①]指出，科学的制度及其对独创性的奖励，是导致科学
家的越轨行为的间接动机。对于我们理解科学知识的发展而言，
长期以来我们首先需要做的是，克服人们在对多重发现无偏见和
有计划的研究方面的抵触情绪，以及与之相随的优先权冲突，而不
是完全忽视这种研究，或者只在我们作为感情复杂的参与者陷入 412
知识产权的冲突时才考虑这种研究。毕竟，分配给社会学家的任
务之一，就是研究各种人(其中也包括科学家)的行为，而不是顺从
这种完全不可思议的倾向：用咂嘴和谴责某某的实际情况不应当
如此来代替那种研究。[②]

① 参见第十四章。

② 这项研究得到了约翰·西蒙·古根海姆纪念基金会研究基金的赞助。我尤其要感谢埃丽诺·巴伯博士对我的科学社会学研究给予的很大帮助。哈丽特·朱克曼、杰拉尔德·T. 黑格以及辛西娅·爱泼斯坦也为这项研究的这个或那个部分提供了有力的支持。

第五部分

科学中的评价过程

编 者 导 读

组成本书最后一部分的四篇文章所反映的，不仅有对基本范式的核心关注的拓展，而且还更进了一步，考察了附加变量与此范式相关联的因素的互动方式。(潜在的和后致的)角色表现和(工具性的和荣誉性的)承认问题是所有这些文章的中心问题，因而这里主要关注的焦点集中在积累的荣誉性承认的结果，这种承认的获得或被拒绝的过程，以及(生物学的和社会的)年龄与前面问题的关联。

第一篇文章最初是为“对优异成就的承认”的会议准备的，发表于1960年，该文所考虑的研究问题，对于社会如何承认和奖励、或者拒绝甚至惩罚优异，以及这些过程的效果会怎样增加等普遍问题，具有重要的意义。作者的观点涉及了社会每一部分的角色表现，不过，本文的主要推理及证明资料来自默顿早期在科学制度环境中对这一主题的研究。它为更集中地关注科学(这也正是以下文章的特点)提供了有用的背景材料。

第一篇文章与第二篇文章有着明显的联系。如果说，对确 416
保优异在社会中得到承认的关心，激发作者撰写了第一篇文章，那么，承认尤其是在科学中的承认的积累之结果，则形成了“马太效应”的中心。第二篇文章发表于1968年，但默顿至少从

1961年起在其他文章就涉及了这个现象，故这是他长期关注的一个成果。在社会中起作用的任何奖励系统都会导致它所分发的有价值之物的不平均分配，这有价值之物可能是金钱、权力或声望，而考察这一事实对于所涉及的人和制度产生的结果，总是一个值得研究的问题。尽管默顿没有把科学中的奖励系统与经济制度和政治制度中的奖励系统加以比较，但值得注意的是，可以对它们进行比较，在这三类系统中，都是富者越来越富，尽管有时说得过分了。

虽然专业上的承认会产生影响并可能带来权力，但与金钱和政治权力相比，它与基本的生活机会的直接联系似乎比较少，而且它也更难以用非法手段去获得。然而，承认是这一领域的通货，且在科学界它对科学家来说具有至高无上的重要性。“马太效应”表明，这种承认具有自己加强的趋势(但当得不到承认时就会负向加强)，因此科学生涯，无论是成功或是失败，都会形成一种类似逻辑曲线的走向，而不会呈现出直线。在指出并证明这一过程对科学家个人的反功能的同时，默顿还对它的个人与社会结果作了明确区分。

比较科学界与其他制度领域中的奖励系统的平等程度，是一个尚未解决的难题。在科学中，根据普遍主义的理想规范，完全应由同行根据此学科的现况对工作质量所作的判断，来决定承认的方式。能够对科学研究工作的质量做出有效评价的一个重要的制度机制，就是评议人体制，这也正是本部分的第三篇文章的主题。

在《科学界评价的制度化模式》(“Institutionalized Patterns of

Evaluation in Science”）中，朱克曼和默顿首先通过从源头追溯评议人体制，促进了我们对在科学制度化过程的理解。接下来他们分析了《物理学评论》（*Physical Review*）的档案，而不是仅仅分析实际发表在此杂志上的论文的分布，以便确定评议人采用或拒绝稿件是否受作者的一般的外在特征的影响。此外，这篇论文的一个创新是提出了对评审的社会计量学分析：即用统计矩阵把科学家作者的地位（年龄、声誉、制度归属）与评审其论文的科学家的地位等联系在一起。从这一杰出的物理学杂志的个案中，他们发现 417
“评议人与作者的相对地位对评价方式没有明显的影响”。

接下来一步应是比较分析在不同学科的评议人体制中的作用过程。此文没有走这一步，而是比较了不同的自然科学杂志和人文学杂志投稿的被拒绝率，然后指出，被拒绝率会随着知识条理化方面总的差异而有所不同。不过，作者在这里并没有追求总的目标；而是详细地探讨了评议人体制的各种功能以及在其运作中所固有的问题。

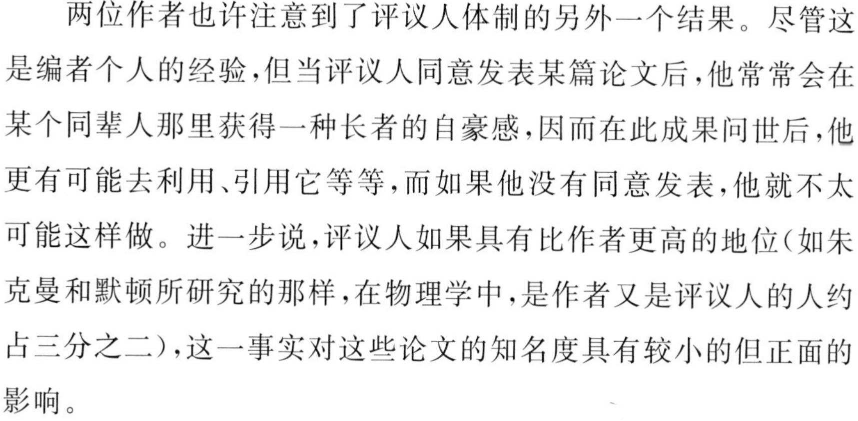

两位作者也许注意到了评议人体制的另外一个结果。尽管这是编者个人的经验，但当评议人同意发表某篇论文后，他常常会在某个同辈人那里获得一种长者的自豪感，因而在此成果问世后，他更有可能去利用、引用它等等，而如果他没有同意发表，他就不太可能这样做。进一步说，评议人如果具有比作者更高的地位（如朱克曼和默顿所研究的那样，在物理学中，是作者又是评议人的人约占三分之二），这一事实对这些论文的知名度具有较小的但正面的影响。

最后一篇文章《科学人员的年龄、老龄化与年龄结构》（“Age,

Aging, and Age Structure in Science”)，也是默顿与哈丽特·朱克曼合著的，它把科学人口学与科学的社会结构结合在一起。该文发表于 1972 年，是一个有关老龄化与社会的研究项目的成果，此项目是在罗素哲人基金会赞助下，由马蒂尔达·怀特·赖利、安妮·福纳和玛里琳·约翰森所主持的。该文明确地证明了一个经过检验的范式所具有的优势：它不仅会促进“对无知的详细说明和梳理”，亦即对已知矩阵新增加的变量所提出的问题进行的系统考察，而且它还会使科学家对范围更广的与新形成的问题相关的资料变得更敏感。

这两位作者认为，此文更像是一个研究计划书，而不是一组确定的结论。不过，由于它以一种范式为基础，它的确提供了对有望发现的经验研究的预见。运用一组相互依赖的假说集中解决某个问题，当然比那种用完全特设性（ad hoc）方式处理相同的现象更为有效。

年龄因素明显地以下列几种方式与科学的社会结构中的行为相关联：对科学家事业的发展阶段的影响、根据事业和生活圈寻找其同行以及把自己与其他的不同年龄的科学家相联系。然而朱克曼和默顿并不满足于只探讨这些问题。他们用比前文更系统的方
418 式，把科学知识的属性，尤其是不同知识系统体系化的相对程度，作为重要的中介变量，借以解释年龄在不同的科学领域中的不同作用。

这最后两篇文章都指向了科学社会学的一个可能的新阶段，即一种不断发展的研究科学的社会结构的范式，将与一种不断发展的研究科学各学科的认识结构的范式联系在一起。随着人们对

科学社会学兴趣的迅速增长，这一发展可能会比仅仅几年前所期望的有更快的进度。如果真是这样的话，那么这里所做的最保险的预言就是，对这一发展做出的主要贡献将是来自于罗伯特·K.默顿。

N. M. 斯托勒

419 # 第十九章 “承认”与“优异”富有启示性的双重含义*

1960 年

承认和**优异**这两个词中的每一个都有一对主要含义,更重要的是,这两个词在每一对含义上都是对称相关的,要考察这些含义不仅要分析其语义,如果我们把这两个词及其所指弄清楚,我想,我们就更易于理解涉及促进对优异的承认的特定目标了。

608 ## 一、工具性承认的含义

首先分析**承认**一词启示性的双重含义。**承认**的一个含义是指这一事实,即认识到或确认某种事物,或者把它归于特定的范畴,或者认为它具有某种特征。(就目前情况而言,尚未明确的是**优异**的特征。)在这里我们将讨论优异的可揭示的品质,这些品质通常也许不会被注意到。此词的这一含义还隐含着这样的意义,即如果优异的这些品质不能引起有关的其他人的关注,它们往往得不

---

* 本章原载于亚当·亚莫林斯基主编:《优异的承认:研究文集》(*Recognition of Excellence: Working Papers*, New York:The Free Press,1960),第 297—328 页,现获准重印。

到展示，也不能被认识。这种关心即在于找到可揭示的潜在优异的方式，以及尽早去找以便使潜在性变为现实。

简言之，这是承认的工具性含义。它使我们关注到这样一种可能性，即在某种未知的程度上，人们获取具有社会价值的成就的大部分能力，仍然处在潜在的和未展示的状态。可以认为，许多天才未能表现出来，就是因为遇到了不利的条件。与承认的工具含义有 420
关的策略关系到优异品质的早期揭示，关系到排除在它们的展示中通常所存在的障碍，也关系到它们最适当展示的机会的提供。

这样，承认的工具性含义至少意味着三个相关而不同类型的研究，这些研究旨在为有关策略提供知识基础。

第一，它要求对辨认天才的方法加以研究，这些天才常常可能被忽视，或者发现得太迟，从而失去了接受适当训练的机会。这是“发掘研究”。

第二，它所要求的研究旨在找出当时影响各类有社会价值的天才有效发展的主要障碍。这是“补救研究”。

第三，它所要求的研究旨在发现这样一些类型的人类组织环境，它们有助于培养各种具有社会价值的创造性（技术创新或商业才干），而且这种创造性“理应”具有更高的价值（科学发现或诗歌创作）。它大概并不研究旨在发现那些有助于产生无社会价值的“创造性”（如帮派首领的组织才干或者策划一些新的种族灭绝的能力）的环境。从更广的意义上说，这是“教育”或“唤起”研究。

大部分研究工作都是从工具性意义上探讨对优异的承认：鉴别天才，清除路障使天才得以表现，以及提供实际的教育环境。当然，沿着这些方向还需要进行更多的系统研究。不过也不能说，对优异的承认的这些工具性含义没有引起人们的注意。只能说对此复杂的难题相对来说注意得较少。

显然我们可以从“对优异的承认”的第二个主要含义来分析此问题，这方面可称之为**荣誉性**含义。

二、荣誉性承认的含义

把承认的工具性含义与荣誉性含义相区分是暂时的，尽管它们从根本上说是相关联的，其荣誉性含义是指，主要由一个社会之公共和私人的机构对建设性的成就所作的高度评价。从这方面讲，承认的目的就是对成就的奖励。相关地，得不到承认并非像其工具性含义所指的那样，由于不可控制的因素埋没了天才或才华。

421 相反，据设想，成就是存在的，只不过由于它们那个时代，它们未引起公众的注意。成就以及产生成就的天才或才华尚未得到承认；它们未获得应有的声望。

从荣誉性含义来看，不能获得承认反映了对重大和较大成就做出适当的、公开的承认这一普遍问题的一个特例。为防止出现这种特例和可能更普遍的情况，我们可以给其增加一个特定的附加语：未获承认之**惋惜的**含义。宝石**具有**最完美无瑕、灿烂夺目的色彩，但可惜的是，它待在黑暗的未知其深的海底洞穴中；鲜花**是**芳香迷人的，虽然在沙漠中它会凋谢。当我们哀叹忽视了被证明是伟大的东西时，为时已晚。损失最大的是我们自己。而才华展现出来而未被注意只是次要的损失。我们除了失去这些外，还会有内疚感。我们作为文化的承继者和传播者，没有履行我们不言而喻的责任，没有使杰出的成就放出异彩并给予一定的荣誉。对重大成就的公众承认将构成我们展现文化价值的一种方式。因而可以说，认识不到这类成就我们就会受到指控。如果只关心我们的私人问题和较小的价值，我们就不能对我们周围的人有时取得的伟大成果做出应有的反应。

对优异的承认的荣誉性含义和未予承认的惋惜的含义，经由一种有趣的和有意义的假定，逐渐被掩盖而转向了工具性含义。我们多数人认为，倘若某些天才和才华得不到承认和荣誉，其结果将是出现这样一个价值世界，在这里，潜在的天才和才华得不到承认的局面会愈演愈烈。在一个对诗人才华不相容的世界里，我们所看到的只能是缄默无语和湮没无闻的弥尔顿。或者如在近代科学的早期，弗朗西斯·培根曾抱怨和说明的那样：

> ……这一领域人们的努力和劳动没有得到回报……足以检查这种科学的增长，得不到奖励的事业就不会繁荣，这一点也不奇怪。

正如我们将要在下文指出的，对于各种为优异提供荣誉性承认的体系影响有天才或有才华的人的情况，我们在方法方面知之甚少。因而，非常有必要在这里进行透彻的分析。毕竟，自从斯普拉特主教暗示这一假说，即某些类的奖励系统会比其他奖励系统，更能赋予那些从事当时并不流行，但具有重要的文化意义的人之事业以生命力，到现在已经过去三个世纪了。也许我们不应急于去研究这一假说，看看它会把我们引向哪里。

培根和斯普拉特的抱怨所产生的共鸣至今仍然回荡在大学和
科学界的殿堂之中，尤其更经常地回荡在人文科学和社会科学破 422

落的寓所之中。随着震撼世界、令人激动的“太空时代”的出现，物理学最近异军突起，其显著地位得到了加强，大众的喝彩（与公开的责难）轰动一时，有如人们在现代棒球和赛马、足球和拳击的比赛场上不停的呼喊。当然，对科学技术人员的喝彩往往用错了地方。因为正如培根在他那个时代注意到的那样，与面对大众化的体育活动不同，我们这些人通常无力对科学研究工作的功绩做出充分独立的判断。我们会误解太空时代的硬件——技术的显而易见的功绩，因为它们在科学中并不突出但却是基础性的东西，对我们大多数人来说是完全难以理解的。所有这一切只不过突出反映了发展一些新的奖励系统时所固有的问题之一，这些系统所要面对的是科学、艺术、人文科学、社会科学以及一切为公众谋福利的活动领域中所取得的成就。谁将做出判断？他们将采用什么样的判断标准？

或许我们已充分说明了“承认”的工具性和荣誉性的双重含义，在对优异提供扩大的和适当的承认方面，如何与不同但相关的研究和行动问题相联系。总的来说，其工具性含义使我们关注发掘优异成就的潜在可能性，关注机会的提供，使这种潜在可能性比在其他情况下更经常地成为现实。荣誉性含义则使我们关注突出和奖励得到证实的优异。荣誉性承认不但会为获得者带来荣誉，也会为提供者带来荣誉。它将表现和证明授予者有正确的价值观；从这个具体意义上说，授予荣誉比获得它更神圣。通过它对那些证实了优异的荣誉获得者可能的影响，以及对那些还必须展示其素质的新手们的影响，荣誉性承认与工具性承认结合在了一起。一个并非不合理的但仍未证实的假定是，公开承认优异的机制会导致更多的有才能的年轻人追求卓越。把培根的名言变成充满希望的话就是：获得了荣誉的事业就会繁荣，这一点也并不奇怪。

三、优异的品质含义

优异的双重含义只在上述分析中有密切关系。我们大部分人都相信我们**知道**我们所谓的优异是何含义，而不喜欢别人要求我们做出解释。我们仿佛相信，对优异观念的这种严格审查会使它
变得毫无意义，如同在明智的物理学家敏锐的目光来看，有关两个 423
相距遥远的事件的同时性观念是毫无意义的。不过我们不必，或许庆幸的是不能像其他人那样敏锐。就当下而言，注意到这一点就足够了：**优异**一词的两种含义，与我们已经简要考察过的**承认**的两种含义大致是对应的。

与承认的工具性含义相对应的优异的含义是个人品质。这是指会（或者用法官的话说，应该）得到高度褒奖的人们的品质。这种品质至少会有某种最细微的表现，否则的话，我们怎么能说琼斯或史密斯“有”这种品质呢？的确，对才能、人格和性格等等完整的大量检验和测量的任务，就是试图对人类品质得出一些可靠的外在指标，而这些靠我们的肉眼是做不到的。这项任务是庞大的，相关的工作刚刚开始。对这一点已有了基本的认同，而且不仅仅是在那些熟练的有思想的这些检验和测量的实施者之间。

或许在优异变得极为明显以至人们认为它们必然出现之前，还有更好的鉴别其品质的方式。或许到头来，大批心理学家和统计学家缺乏想象力的工作毫无进展。当然，只有赞同花费如此大

量的劳动的社会才会集体打一个赌：这是尽早鉴别天才、为其才能尽可能充分地发挥提供必要机会的方式之一，而且也许是最有希望的方式。我们中的有些人拒绝打这个赌，尤其是我们中的一些人，他们被 IBM 公司与心理学家之间，以及他们与学校、商业、政府和几乎社会生活的其他所有领域中需要天才的用户之间不体面的联盟吓坏了。但是我们应该知道，我们不可能拥有这两种方式。如果我们发现所有这一切都无意义，并且认为大量的检验和测量是不真实的，那么我们就必须想法找到某些更好的尽早发现优异者的方式。相反，如果我们采取第二种思路，并相信在这些检验和测量的有效性中存在着对人和社会的危险性，那么我们也许会考虑怎样能提供其他的促进这些品质发展特殊的机会。最后，如果我们拒绝为天才提供特殊机会的全部观念，认为这是“英才教育”或者是“非民主的”，而且是完全令人厌恶的，那么我们也许会直接
614 承认这一点，可以考虑不为天才提供他们所需的特殊便利的其他意义。

无论我们如何看待现代试图尽可能早地发现优异之品质的方法，我们必须找出想发现优异之**品质**的理由。为什么不能等到品质得以展现，能力变为现实呢？我已经指出，已提出的各种原因似
424 乎可归结为一点：我们要鉴别人们的优异之品质，以便为它们的有效表现和发展提供最充分的机会。一言以蔽之，社会环境会促进或者阻碍个人才能的表现和发展，只有与研究社会环境性质的社会学和心理学研究结合起来，旨在鉴别个人才能的心理学研究才会有社会价值。

可以证明这样一个事实，在鉴别个体能力差异问题方面，所投

入的研究和研究者远远超过了对相关的鉴别社会环境差异问题的关注，而促进或压制个体能力有效发展的，却恰恰是社会环境。我认为这不是一个社会学沙文主义者令人讨厌的报道。毕竟，社会学家在为需要研究的课题和问题犯愁，这些比他们现在要处理的课题和问题多得多。他们并不奢望探求一个新的“领域”，这需要付出劳动。然而事实是，对个人能力研究的强调，与对社会环境的研究的强调是不相称的，毕竟，具有相同或不同才能的人是在社会环境中共同生活、学习和工作的。有关第一类问题的心理学研究对扩展个人愿望的实现几乎没有什么意义，除非它与有关第二类问题的社会学研究联系在一起。只有这样，我们才能理解个人愿望与个人成就之间、作为品质的优异与作为成就的优异之间常见的差距。

四、优异的成就含义

大家可以看出，我认为如果不把**优异**的第一种含义与第二种含义联系在一起，就不可能进行思考。优异的成就含义是指，显著地具有某种由成就所证实的品质。如果作为品质的优异的第一种含义，体现了这样一种信条，即根据对那些还必须自我证明的个人的信任作出判断，那么作为成就的优异的第二种含义明确体现的信条则是，根据工作作出判断。人与世界的关系的永恒问题会在最意想不到的地方以某种方式突然出现：作为品质的优异概念使我们想到了路德，而作为成就的优异概念使我们想起了加尔文。

我们都知道但有时会忘记的基本问题是，能力和成就可能而且常常是相脱节的。我们每个人都有自己熟知的例子：那些非常有才能的人不知怎么未能实现他们的目标，而那些显然是平庸的人，却不知怎么做出了超出他们自己水平的事情。心理学家近来
425 把这些情况称为"成绩不佳者"(under-achievers)和"成绩优异者"(over-achievers)：前一类人从其潜力来判断未能达到应有的成就，而后一类人取得了比人们所想象的更好的成就。对于有助于这种或那种已知的成就模式的条件，社会学和心理学方面的研究才刚刚开始。在这方面还需要有更多的研究，这样我们才可能更好地理解，品质亦即一个人的品性的优异，如何能够在优异的成就中得到更普遍的表现，并理解其社会和文化方面的重要意义。

五、承认与优异之多重关联的结构和功能

试图澄清我们关于对优异的承认之看法的一个办法，是从方法上考察承认与优异之间的联系。可用一种人们熟知的逻辑句法来勾勒这些联系的基本轮廓，按照这种句法，每个词语的每种意义与另一个词的每一意义作不同的结合，如下表所示：

1. 工具性承认，作为品质的优异
2. 荣誉性承认，作为品质的优异
3. 工具性承认，作为成就的优异
4. 荣誉性承认，作为成就的优异

通过探讨承认与优异之间的这些关系，我们可以区分出四个主要类别的问题，它们明显地与下面所讨论的事项有关。在简要分析每种情况时，我自然并不认为，我已指出了需要考虑的所有问题。

(一)工具性承认与作为品质的优异

这是指在优异的能力得到充分展现之前对其加以鉴别的研究。显然,首要的问题是对旨在尽早鉴别天才的现行程序做出正确的评价。人们对这一方面的研究付出了相当多的努力。在极大程度上,这种研究现在强调的是对那些鉴别首先是年轻人,其次是成年人的个人才能的各类检验和测验的有效性进行评价。这类工作受到了看似有影响的批评者的非难,例如威廉·怀特,他认为:(a)若它们的有效性极小,那么它们是误导性的;(b)若它们的有效性很大,那么它们预示着在一个警察国家中,我们每个人都被专家一劳永逸地置于某一职业位置之上,而这一切都是以我们的个性 426 和自主性为代价的。我并不想对此批评做出评价;它是典型的断章取义,尽管有些部分貌似很有根据。

然而,在我看来,对于发展其他的及早识别具有优秀才能的人的方法,所做的工作是很少的。人们的印象是,几乎在每一社会中,只有某些人在天才尽人皆知之前有发现他们的眼光。或许应当努力找出这些像警犬一样敏锐的人,这些人不知怎么透过表面现象看到了潜在的品质,不知怎么在首次遇到优异时,并且在其他人认识到之前就把它识别出来了。他们是些什么人?无疑,其中的一些人是教师,他们在日常的工作过程中,难免会接触一些比较年轻的人,而且其中有些人的敏感能力并没有因实施教学法而丧失,或者因某种文案工作而变得迟钝,以致看不到应当看到的东西。但是,如果根据某些早期的关于鉴别社区中“有影响的人物”的社会学研究,我们就可做出判断,那么,可以说这些非正式的天才侦探也会从许多其他的生活领域中找到。他们可能是牧师或艺术家、报社编辑或医生。他们的职业范围可能很广泛，但是他们共同的一点就是能识别各类真正的有才能人。他们是美国的民间“伯乐”。

这类人有多少、他们是什么样的人，完全凭借人们的想象。也许他们的人数如此之少，以致他们可能处于最好的环境之中却显不出来。但也许不是这样。事实是我不知道并且(因而?)我极为怀疑有人真正知道。但无论如何，我们应该找出他们。我认为，我们这里所需要的是对“发现天才的天才”和如何尽早发现天才进行一些仔细的研究。对两三个社区的探讨也许足以看出这是否值得去做，以及什么不是完全无关的、是否可以去做。

如果这些民间的伯乐数量很大，如果辨识他们的方式能够得以发展，他们就会成为鉴别优秀人才的公共事业的重要力量。要实现这一点，就有必要赋予他们以某种正式身份。作为独立的个体，若脱离能力选择与奖励的制度机制，那么就不会有人听从他们。或许，从棒球和其他体育运动的伯乐们最初朴素而现在越来越专业化的经验中，我们可以学到一些东西。全面来看，他们在发掘相对开发不足的天才方面做了大量的工作。

例如，地方上的伯乐有时会使我们直接注意这样一些年轻人，
427 他们在正式的能力测验中表现不佳，但仍有能力把某些事情做得相当好。换言之，伯乐也会纠正有时必然会出现于大量对人的能力的测量之中的错误。首先是，他们也许要消除其中的某个偏见，这种偏见的大小尚不得知，但我相信，它是我们把优异当作品质并对其加以奖励的体系中所固有的。如果这种偏见确实存在，它会

使未成名的但大量的有能力的年轻人被埋没，这是不公正的，并使社会失去一些才华横溢的成果，这是浪费。既然道德的考虑与权宜的考虑难得一致，我们就应该对这种相吻合的例子特别注意。

“大器晚成”的情况及其对优异性承认的意义。艾伦·格雷格是一个有智慧和优秀的人，据我所知他是唯一的一个窥见偏爱早熟者的人，这种偏爱被置于发现和奖励天才的制度之中。他是通过先辨识四种类型的“应变能力”而找出问题的，每一类型的“应变能力”都分别与“对能力的承认”相关［在《寄语未来的医生》(“For Future Doctors”)中，他讲的是医务人员，但我认为可以把它推而广之，适用于所有职业］。

(1)**壁垒型能力**：是指迅速上升较早地达到一个顶点后，又开始逐渐下降。用句不中听的话说就是，曾经快速辉煌跃起，却又骤然黯然跌落。

(2)**高原型能力**：同样是指迅速地达到顶峰地位，但能保持住。这是一些可靠而持续的表现者，没有大起大落，不受厄运或糟糕管理的制约。

(3)**缓慢渐进型能力**：表现为在其一生中有平稳而缓慢的发展；指开始较慢者，他既不会带来重大的期望，以后也不会带来很大的失望。他会成为其领域的“老黄牛”。

(4)**大器晚成型能力**：他会设法使成功与奇迹结为一体，由于其能力表现太晚且没有被寄予期望，不会令人振奋，因而几乎他不会引起妒忌，也不会有什么追随者浪费他的时间。

尽管这四种类型中的每一种都与我们的主题有某种同源的关

系，但是我想集中讨论“大器晚成型”，因这一类型对鉴别和奖励有才能的人的制度的运行，提出了一些关键性的问题。由于大器晚成者在开始时发展缓慢，他自然属于常常被忽视的那类情况。这种内在的忽视很可能是由于我们社会制度的特性决定的，我们的社会制度只重视能力的早期表现，即重视早熟者。我认为，对于这种情况没有比格雷格的论述更好的了：

428 > 大自然并不吝惜时间，是的，它十分慷慨，从而使人类有特别的机会去学习。在奖励早熟而撇开这种自然优势时，能有什么收益呢？我们按照年龄顺序安排孩子进入相应的年级，如6岁起进入小学一年级，而大多数人进入大学的年龄为17岁半到19岁。当**你的学生大部分是同龄时，学习奖励**——从奖学金到实习补助金和高级医学训练，会给予那些**同龄者**中非常聪明的人。换言之，你奖励了早熟，但它可能是也可能不是后来能力的预兆。因而事实上，你无意地轻视了人们最基本的教育资本——成熟的时间。

格雷格进一步论证说：“早熟可能会在短时期的竞争斗争中取胜，但从长远看，其代价是只有较慢的发展速度，而且需要较大的潜力。”在主张较慢的发展与更大的潜力有重要关联时，格雷格也许对他当时的结论采取的是假设的态度，但是他的观点是非常深刻的。因为我们只知道最终取得了成功的“大器晚成者”；但我们不知道那些潜在的大器晚成者，他们在年轻时既未得到支持也未得到响应，从来就没有想过得到自己应获的东西。通常根据与他们的同龄组的早慧者比较来判断，多把他们当作是缺少能力的年轻人。他们没有被我们确认能力的制度筛选过，因为这是一种以年龄顺序为基础评价相对能力的筛网。由于他们被制度系统当作是没有什么发展前途的平庸之辈，所以许多有潜力的大器晚成者有可能相信自己就是这样，并以此方式行动。至少我们对其知之甚少的自我形象形成的社会心理学表明，情况就是如此。我们大多数人，而不仅仅是我们当中那些所谓“受他人指引的人”，大多数时候倾向于按照其他人直率地说出的对我们的印象而形成自我形象——我们的潜力形象和成就形象。而且这种制度权威对我们的看法，特别容易变成自动实现的形象：如果教师检查了我们的衣阿华测验分数和我们的能力测验成绩，并与我们的同龄人相比较，从而得出结论说，我们是平庸之辈，**并这样对待我们**，那么他们就使我们会成为他们所认为的那样的人。

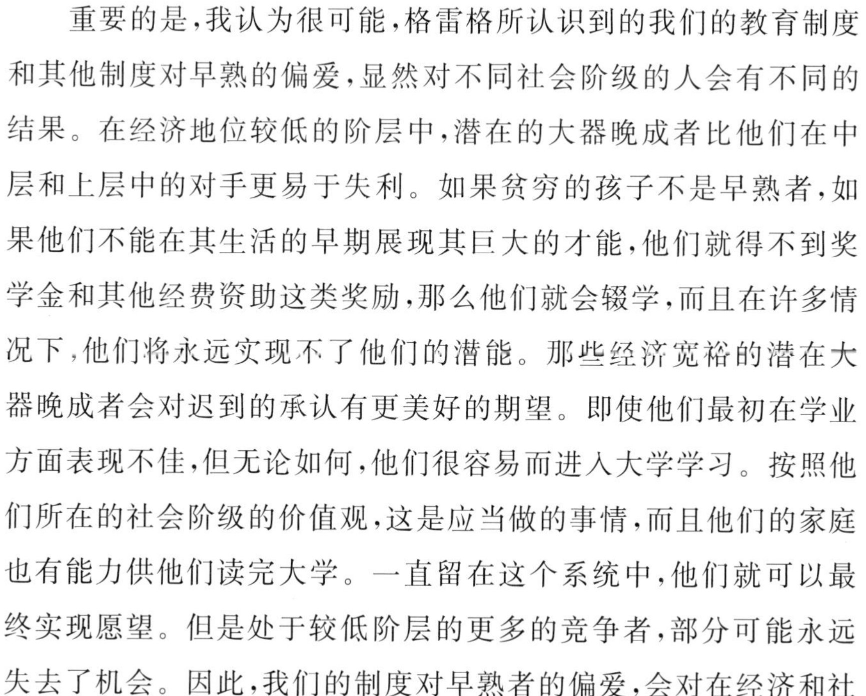

重要的是，我认为很可能，格雷格所认识到的我们的教育制度和其他制度对早熟的偏爱，显然对不同社会阶级的人会有不同的结果。在经济地位较低的阶层中，潜在的大器晚成者比他们在中层和上层中的对手更易于失利。如果贫穷的孩子不是早熟者，如果他们不能在其生活的早期展现其巨大的才能，他们就得不到奖学金和其他经费资助这类奖励，那么他们就会辍学，而且在许多情
况下，他们将永远实现不了他们的潜能。那些经济宽裕的潜在大 429
器晚成者会对迟到的承认有更美好的期望。即使他们最初在学业方面表现不佳，但无论如何，他们很容易而进入大学学习。按照他们所在的社会阶级的价值观，这是应当做的事情，而且他们的家庭也有能力供他们读完大学。一直留在这个系统中，他们就可以最终实现愿望。但是处于较低阶层的更多的竞争者，部分可能永远失去了机会。因此，我们的制度对早熟者的偏爱，会对在经济和社

会上没有占优势的大器晚成者造成极大的伤害。而这个群体或许可以由我们的民间的伯乐来拯救。

我已详细论述了对能力优异的工具性承认的这些方面，因为它们似乎最易被忽视。这些是心理测验和测量都未解决（它们也没想解决）的问题。这就是为什么我相信我们需要新的社会学研究，集中考察现在对天才的鉴别和选择的社会过程。无论如何，这是值得考虑的。

（二）荣誉性承认与作为品质的优异

我已经不可避免地触及对较高的能力的荣誉性承认——给予象征性和物质性的奖励。对此我没有太多要补充的，因为我想转向其他问题。因而在这里，我只对某些值得注意到的问题略作说明。

一个问题是：对能力的荣誉性承认的范围有多大？我们的制度是不是对那些竞争中的胜者承认得太多了，而对那些只是名列前茅的人承认得太少了？对排名在这些人之后的其他人又是怎样处理的呢？

我并不主张，不考虑论其能力，向所有人提供无意义的安慰性奖励。这会满足一小部分人的目的，而且事实上也许会损害公众对远大前程的承认的意义。不过，人们的印象是，对前程之承认的截止点，不是仔细评价后确定的，而是其他决定的产物。

另外一个问题已在正文中探讨过了：怎样改变局部的价值倾向，从而能赋予学术和艺术的兴趣与能力更重要的意义？人们通常会说**应该**这样去做，但是很少有人论及怎样**才能**做到。我认为，探讨这种似乎指明了所要达到的目标的研究方式和行动方式是很有价值的。

(三)工具性承认与作为行为的优异

这里涉及的问题，不仅有鉴别能力优异，而且有鉴别实际成就的优异。乍看起来，这似乎像是要自圆其说。不同于不易观察到 430
的能力的优异，已被证实的成就的优异大概必然是有目共睹的。然而，恰恰是这个假设应受到质疑，而不应认为是一个事实。

那么，哪些类型的优异成就基本被忽视了，也许，只被少数直接受益于这一成就的人所承认呢？

我已经说过，长期以来，我就对鉴别和奖励那些促进他人取得优异成就者感兴趣。因此，我总是喜欢提到这个话题，也许正是它使我投入这方面的研究之中。即使我尽可能地克制，我仍然认为，它对任何承认优异成就的单位来说都是一个特别有意思的主题。

有一种优异可能相对来说未被关注到，这就是某些人所具有的激发他人取得最高或最大成就的才能。我是从广义即激发他人取得最大成就，而不是从狭义即使他人的优异焕发出来考虑的，因为这似乎是这一类型的本质。这类人不仅会成为我们的非正式伯乐中的一员，他会发掘优异并尽量去帮助它得以成功，而且通常，这类人可做出较大的尽管不是惊人的事情：他们会使其周围的人取得最佳成就，包括那些才能明显较差的人。

假设的这种人可以称之为催化剂。（我想，用“催化剂”这个词可能不够严格，因为我相信他在其过程中也会有某些变化，但因找不到更好的词语，姑且用这个词。）我们都知道，这些人类价值的催化剂是加速人们的正向发展的促动因素。我们当中只有很少的一些人能非常有幸亲身碰上一两个这种人。从早期到近年来的历史，有时也记录下了这类人以及他们在促进人们取得成就上的无可否认的作用。或许他们需要做无名英雄，以便完成自己选定的工作。如果是这样的话，他们的荣誉性承认也许就是自拆台角。

我下面列举的一些例子是相当随意的，即它们碰巧引起了我的关注，它们涉及爱德华·马什或伊萨克·比克曼(Issac Beeckman)或马林·梅森神父或德·贝律尔红衣主教。从刚刚出版的由克里斯托弗·哈索尔撰写的马什的传记来判断，他本人并不是一个天才，但是如评论家哈罗德·霍布森在《基督教科学箴言报》(*The Christian Science Monitor*)上所指出的，“他是其他人的天才的激发者，或解放者”。(在这些“其他人”之中，有一位就是温斯顿·丘吉尔，人们会被认他是不需什么帮助就可以掌握自己命运的人。)另一个完全不同时代和地点的唤起优异者是17世纪的伊萨克·比克曼，尽管他自己是一个具有某些天赋的数学家，但是其名气主要在于发现和唤起了尚未被他人注意到的年轻的笛卡儿的数学天才。我们来考虑一下笛卡儿，他是一系列催化作用的受益
431 者。除比克曼之外，还有梅森神父，他是17世纪科学的集大成者，正是梅森为笛卡儿(及其他人)提供了源源不断的对他非常具有挑战性的科学和数学问题。后来，据说笛卡儿得以发表其某些论著，完全是由于德·贝律尔红衣主教坚持认为，他这样做是出于“良心的责任”，而且笛卡儿也有责任在当时说明“du tort qu'il ferait au genre humain en le privant du fruit de ses méditations(因剥夺人类深思的结果而给人带来的损害)”。早期的这些所谓逐字逐句记

录下来的谈话，必然令人怀疑，因为当时没有录音作为证据。但是由笛卡儿自己的信件似乎证实了其主要意义：在贝律尔之前，笛卡儿轻蔑地拒绝了成为一个“faiseur de livres”（著作家）的观念；但在贝律尔之后，他所做的根本不同于以前。

在这几个例子中，梅森神父一定会被认为是催化剂的原型，他发现了康帕内拉（Companella）、培根、伽利略、赫伯特（Herbert of Cherbury）的优秀品质，并找到了适当的承认他们的方式。他是许多大人物的朋友，这些人彼此陌生，只能通过他来交流，其中包括：博格兰德（Beaugrand）和德扎尔格（Desargues）、笛卡儿和伽桑狄、罗贝瓦尔（Roberval）和霍布斯。他激励别人取得了他自己不可能取得的成就。帕斯卡对梅森神父的颂扬，也是对那些无私地唤起他人优异品质的人的颂扬：

> 他有提出大量问题的独特才能，这些问题既不相同，也没有同样地得到解决的运气，而所有的荣誉就在于解决问题。当然，人们确实感谢他，因为他曾创造了许多发现的机会，如果他没有激起科学家的欲望，这些发现也许永远不会实现。

再列出一些唤起优异者没有什么太大困难，他们可见于伟人的传记之中。但除了偶尔的轶事外，我们对造就了最优秀的当代天才的催化剂式的人物所知无几。对此进行研究将既有价值而且显然也是可行的。可以遵循为研究某些地方社区“有影响的人物”所设计的研究模式：亦即研究那些常常被周围的人找来征询建议的人。要使这种方法适应当前的目标，人们就应该着手编出在自然科学、艺术和人文科学，或许还包括政府、管理和教育等方面的杰出人物录。可以对这些人进行抽样调查，以查明在他们的事业过程中，他们是否曾遇到过催化剂式的人物，即使他们的最佳才能显露出来的人。所列出的清单可形成进一步研究的基础，这种研究将特别关注那些不止一次发现了人才的人物。因此，这些人就构成了我们时代的唤起优异者群体（不一定是有代表性的样本）。
432 有待考察的是，他们是些什么类型的人，哪些人的唤起优异者的角色已被公众认可，等等。或许我们可以找到一些在社会上并不知名的人物，他们为其他那人所取得的众所周知的优异成就做出了很大贡献。

当然，所有这一切并不是说这些唤起优异的人只在与其有密切关系的社会圈中被人知晓。有些人可能是这样，只在当地使自己周围的最优秀者涌现出来，这些人可能有着特殊的意义。但其他一些人，可以证明是大多数，是世界性的而不是地区性的人物，他们已得到了其所处的地区以外的认可。总之，利顿·斯特雷奇(Lytton Strachey)被克莱夫·贝尔描述为这样一类倾听者，他引导人们去说出值得听的事情，他在封闭式的布卢姆斯伯里小组(Bloomsbury Group)*之外几乎没有什么荣誉和声望。斯特雷奇的例子也提醒我们，唤起优异者从其自身来说也是一名优异者。这些角色并非是相互排斥的。

这里再分析这种双重角色的另一例子，这个例子来自科学界。约翰·纽波特·兰利(John Newport Langley)对实验生物学的诸多贡献——他的研究几乎持续到1925年他去世，足以奠定他在这

---

* 经常在伦敦市内布卢姆斯伯里区内，以贝尔夫妇和斯蒂芬兄妹的家为活动地点的一群英国作家、哲学家和艺术家。——译者

门学科的编年史中的持久地位；至少C. S. 谢灵顿有这样的判断，他们大概相互认识。但除了他自己的科学贡献外，兰利也是其他人获得科学发现的源泉。他在剑桥的生理学学院是“优秀生理学家令人惊讶的多产之地”，这显然在很大程度上是由于他本人作为这个研究群体的导师的直接影响的结果。（作为一名讲演者，他显然没有影响力。）除此之外，他还帮助确立了全英国心理学工作和心理学实验报告的等级标准。

这些其优异成就获得了广泛承认的人，也许容易得到人们有主见的承认，认为他们有使他人的优异焕发出来的能力。但是其他许多人的情况可能极不相同，他们只创造了很少有知名度的成就，但他们潜在的才能形成了使他们周围的人取得杰出成就的原因，至少是诱因。我认为这些人被忽视了，尽管许多学院和大学对其“伟大教师”（这些教师本身可能没有学术和科学成就）给予了承认。尤其是，也许被探索网络认可的这些人，指导了已取得了公认 627 的杰出成就的人。

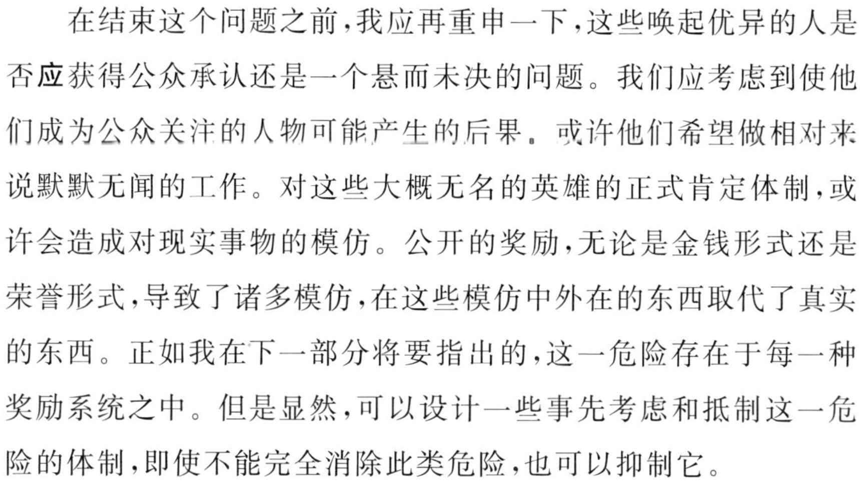

在结束这个问题之前，我应再重申一下，这些唤起优异的人是否**应**获得公众承认还是一个悬而未决的问题。我们应考虑到使他们成为公众关注的人物可能产生的后果。或许他们希望做相对来说默默无闻的工作。对这些大概无名的英雄的正式肯定体制，或 433 许会造成对现实事物的模仿。公开的奖励，无论是金钱形式还是荣誉形式，导致了诸多模仿，在这些模仿中外在的东西取代了真实的东西。正如我在下一部分将要指出的，这一危险存在于每一种奖励系统之中。但是显然，可以设计一些事先考虑和抵制这一危险的体制，即使不能完全消除此类危险，也可以抑制它。

(四)荣誉性承认与成就的优异

我将对一些假定和问题提出几点疑问，这些假定和问题在历史上与有关优异成就的公众承认的正式体制联系在一起。

首先，是成就的“单位”问题，这是构成质的判断的基础。它是指**一个**发现、**一篇**论文、**一部**著作、**一幅**画、**一个**建筑、**一座**塑像，还是指**一首**交响乐或者**一个**维护和平或结束战争的成就呢？这种单一成就的原则似乎支配着科学中诺贝尔奖的颁发。但在文学中，通常所承认的是一个人一生的成果。**什么样**的成果将得到承认这个问题是每一个奖励系统必须解决的，然而通常所运用的不同标准的相应优点还不十分清楚。这是一个值得探讨的问题。

第二个问题，对一项所谓的成就应从哪些质的方面加以判断？是它的大众性、正统性还是异端性？在我看来，似乎对这一问题没有自明的适当回答。就“正统性”和“异端性”而言，我们每个人可能都会举出一些例子说明，当时对特定人物的价值和他的异端成果所作的判断，又被后来的历史颠倒过来了。多数(并非全部)创新都具有异端的性质，我们也都知道许多异端的创新者常常是最不幸的人。据说，汉米尔顿在其光学和动力学方面的研究赢得了承认之后，他提出了激进的四元数运算法的思想，那时他好不容易才发现，只有一个数学家十分认真地对待它，并把它运用到工作之中。而西德纳姆这位在17世纪英国医生中地位可能仅次于哈维的人物，却从未当选为皇家医师学会(Royal College of Physicians)的会员。诸如此类的例子很容易再列出一些，在这些例子中，真正的优异比较而言未受到关注，或者受到了指责，原因就在于它极大地背离了占支配地位的观点。

但是，如果避开这种错误，即把异端学说当作是完全错误的、或丑恶的或阴险的，反而陷入了同样的相反的错误，即把异端学说看做是完全正确的、或优美的或优秀的，那么这既不值得庆幸也没有什么价值。确切地说，这是陈词滥调的套话。不过，与周围的世界相异的人往往就是把异端学说当作本身是好的东西，尤论其特 434
征如何。而其他一些人，或许由于害怕被称作门外汉，或许由于看到了每个时代的类似的实例，即具有真实价值的东西因为非正统而被人忽视了，他们会很快承认异端学说、反循环论或“独创性”的价值，而不管其实质如何。显然在每一时代，敏锐的人都认识到了，一定类的看似异端的东西得到了充分的回报。这常常是成名的门票(但不一定众所周知)。17 世纪英国的迪格比们，尤其是凯内尔姆·迪格比爵士，最擅长通过打破受大众称道的某种成规而成为英雄。而今天，每一个在妇女俱乐部、文学圈和商人协会发表讲演的人都知道，赢得听众的最好方式，就是抨击他们所坚持的某些观点，但同时又让他们知道他们不是不可救药的。

所有这些与优异的标准问题都有些距离，但是我认为它们又不是全然不相关的。在人类活动的诸多领域中都存在着一个难题，即把值得承认的真正的创新与不值得承认的仅仅是新颖之物区别开。

与对什么做出判断和用什么标准进行判断相关的是第三个问题：谁做出判断？这里重要的一点是，社会对成就的价值的判断是不断发展的。此外，每一个社会，部分是无意、部分是有意地出现了一些独特的地位鉴定者。有时这些鉴定人没有什么官方地位，

但影响很大。例如，伯克哈特(Burckhardt)告诉我们，在意大利文艺复兴时期，诗人一学者具有“最强烈的意识，认为他就是荣誉和不朽的给予者，如果他愿意的话，他也可以让人默默无闻”。

在根据设想的能力和责任心正式指定了地位的鉴定人之后，仍然存在着这个问题：如何确保判断优异的标准能有效地得以运用。除此之外，还有一个问题是，要确定获得承认的人的数目应当是固定的还是不固定的。例如，法国科学院执行这样一个决定：在任何时候只能有 40 个人有资格获得院士称号，这样，几个世纪以来，许多获得了不朽地位的著作家都被排斥在外。当固定的数目与不断增长的保守主义倾向在一起时，其结果就是导致了一些第四十一席的院士——“落选者”，他们展现出的优异水平难以在官方选定的院士中找到对手。人们熟悉的第 41 席位者包括笛卡儿、

435 帕斯卡、莫里哀(Molière)、拉罗什富科(La Rochefoucauld)、培尔
630 (Bayle)、卢梭(Rousseau)、圣西门、狄德罗(Diderot)、司汤达(Stendhal)、福楼拜(Flauber)、左拉(Zola)、普鲁斯特(Proust)。不用费多大力气就可以再列出一些类似的清单，从中可以看到，一些天才或非常杰出的人物，没有得到据推测被指定对优异给予承认的机构的官方认可，尽管他们出色地展现出了这种优异。这在一定程度上是判断错误的结果，亦即可能存在着某个最低限度的此类错误。但是，在一定程度上，这些错误又是对承认有一定数量的限制而造成的。如果碰巧，特定的一代人大量地在某一生活方面取得了最高的成就，那么就会出现这种情形：一些其成就从绝对水平上说相当高的人，却被排除在官方的承认之外。也许在某种意义上说，他们的成就远远超出了另一个产出量相对较低时期的

那些人，这充分证明应当使这些天才得到最高的承认。不过无论选定的人数是固定的还是不定的，在确定从哪里和如何确定分界点方面仍存在着困难。确定将是任意的，而且我认为必然是这样。即使我们能够非常精确地“测量”优异的程度，但如何对那些与特定的承认形式相符的成就与那些被认为与此形式不一致或根本不符的成就做出区分，仍然是个问题。

这个问题还会表现为另外的形式，我在这里只是提出来而不加以讨论，因为我在前面已涉及了。即正式奖励系统如何对不同等级的成就提供承认，而不是仅仅限于承认最高的成就？

六、奖励系统的功能和反功能

在本章的第一节中，我已简要讨论了支撑任何承认优异的系统之可能的理论基础，这种优异既包括能力方面，也包括成就方面。现在也许很有意义的是，再考虑一些具体的问题，当人们评价对优异成就予以承认的主要目的时，人们就会联想到这些问题。就目前而言，考察两个主要的效果和与它们各自相关的问题就足够了。第一个效果是承认将可能使被承认者受益；第二个效果是它将对其他人产生可能有益的影响，从而形成一种有利于优异之发展的气氛。

这里一个明显的问题是，确定奖励的**时机的选择**。在事业的哪一阶段做出承认将证明是对被承认者最有帮助的？在这里，我甚至不可能对此问题进行仔细的考察，只想作几点说明。

法拉第的谈话是个很恰当的例子。正好在大约一个世纪前， 436

英国科学促进协会审议委员会问他："在这个国家，是否政府或立法机关采取的任何议案都能改善科学的地位或科学工作者的地位呢?"法拉第根据自己的经历做了回答，他当时 63 岁，他说他本人很久以前得到过他所需要的一切帮助和承认；他不能说他不"重视这些荣誉"，的确，他高度珍视这些荣誉，尽管他认为他从不是为了荣誉或刻意追求荣誉而工作；但是即使新的荣誉"现在来了，它们也不再像当年那样对我有很大吸引力了"。

法拉第是很有代表性的，他是否是这样确实是个问题，看起来新的奖励似乎对于那些接近垂暮之年、已经获得了重大承认的人来说，没有什么意义了。

通常，那些已取得了重大成就的人，对在其生活的后期才获得荣誉性承认会感到非常酸楚，这种承认"本应该"早早给予他们。赫伯特·斯宾塞就是一个恰当的例子，他"描写自己时用的完全是他描写全人类时的腔调"，他尤其对迟到的荣誉的不公正性，并且从普遍意义上对奖励成就系统的不公正性作了最详尽的说明。在他致道德与政治学会（*Académie des Science Morales et Politiques*）的信函中，解释了为什么他必须谢绝当选的荣誉，他说这类荣誉对"更有前途的人"最有用，因为他们"陷于同偏爱成名者的社会的不利环境进行的斗争之中"，有时这类奖励可以把他们从中解救出来；但是这种帮助通常是在不再需要它时、当障碍被克服之后才到来的。大概是由于这个原因，斯宾塞在其晚年几乎谢绝了授予他的一切荣誉。

如果我们可以从我碰巧遇到的例子做出判断，那么这类反响或许比我们想象的更普遍。当凡勃伦很晚才被要求出任美国经济协会(American Economic Association)主席时，他的答复是：“当我需要它时他们并未给予我。”博物学家和学者达西·温特沃思·汤普森，经典之作《增长与形式》的作者，感到愤愤不平的是他没有得到正式的承认，尤其是直到年近60岁时，他才当选为皇家学会会员。当一向平静的霍姆斯大法官被哈佛(特别是由埃利奥特)授予他法学博士时，他说他没有丝毫“真正的喜悦感”，因为这一“荣誉来得太迟了”。

是否存在着这样的荣誉体系，它们既会避免因荣誉来得“太迟”而变得“太轻”，也会避免相反的错误，即因荣誉来得“太早”而变得“太多”(其中荣誉获得者在得到了最高奖励后，就会自满地停滞不前了)？

如果说斯宾塞因直到很晚才引起官方重视而十分痛苦的话，那么他的同行赫胥黎作为一名科学家却在很早就获得了极高的荣
誉。他的日记中讲述了在他26岁时被选入皇家学会意味着什么， 437
当时他在竞争者中是最年轻的一位。最重要的是，这显然使他有了非常必要的自信：他的工作正沿着正确的轨道前进。这是对他所做的事情的“价值承认”。像我们每个人一样，由于赫胥黎偶尔也会认为自己是个笨人，并且怀疑他自身的能力，所以他得出结论说：“荣誉的唯一用途就是治疗沮丧发作的一剂解毒药。”当他得知他差一点就获得皇家学会奖章后不久(只过了一年，他就荣获了该奖章)，他又说：“除了它作为一种获得地位的手段这一实用价值外，我对奖章没有太大兴趣。我所关心的是，这个地位所标志的东西证明我所走过的道路是正确的。我是个固执己见和执拗的人……曾有不少次，重大的疑云笼罩在我的心中，后来，像这样的

证据又恢复了我的自信。”阻止严重的自我怀疑的功能，可能是有效管理的公开承认体系最为重要的结果之一。[①]

授予较高荣誉的时机选择问题，长期以来受到科学家们的关注，他们关心的是这是否会对科学研究有所激励。在法国，“科学”这个词到了19世纪之初才开始使用。当时没有多少人敢于反驳很有权威的拉普拉斯所提出的任何观点，但拉格朗日是这些勇敢者之一。当然，这两个人都是有名的院士，他们就作为未来院士的弗朗索瓦·阿拉戈的优点展开了争论。拉普拉斯理解阿拉戈工作的重要性和实用性，但认为这仅仅是有希望的迹象；拉格朗日打断他的话说：

> “即使您，拉普拉斯先生，当您成为院士时，也没有什么辉煌的成就；您也只不过给人带来了一点希望而已。您的重大发现是在此后才取得的。”
>
> [拉普拉斯从自己的例子转到了他所信仰的相关原理：]“我坚持认为，把院士职位留作一种未来的回报对年轻学者是有益的，可以激发他们的热情。”
>
> [拉格朗日反驳道]“您就像个出租马车的车夫，赶着马疾驰，把一束干草绑在马车车辕的杆头；可怜的马付出了双倍的努力，但干草总是在它们前面飘动。最终，车夫把它们累垮了，而且很快它们就死了。”

这段对话的副本也许不是逐字逐句的记录，但是它也提出了这个问题：如果把重大奖励作为激励尚未表现出优异的优异者和

---

① 关于这一点，参见本书第十五章。——编者

使他们恢复自信的手段，选择什么时机最佳？

这些分散的评述集中于一点，即奖励相对于获奖者的功能。438
有关它们对价值观和对刚刚开始其研究的新手的功能的简略评价，可参见柴斯洛夫·米沃什对“知识分子”的公众承认所做的评论。

米沃什事实上认为，不应只从心理学角度把荣誉性奖励看做会对优异的工作起到激励作用。这些奖励还具有一种社会功能，即证明优异工作的优点，若非如此，这些优点会被认为只有很小的社会意义。承认可以制止知识分子觉得自己与社会有隔阂的倾向。

439 # 第二十章　科学界的马太效应*

1968 年

本文提出了一种构想，即某些心理社会过程影响按科学家的贡献对其进行奖励的分配方式，这种分配进而会影响科学中的交流网络中思想和发现的传播。这一构想基于对哈丽特·朱克曼在与美国诺贝尔奖获得者的采访中所记录的一系列经验资料的分析，[①]同时还基于其他科学家的日记、信函、笔记、科学论文和传记资料。

636 ## 一、奖励系统与“坐第 41 席位者”

我们最好是先根据早期的理论表述和经验研究来对科学的奖励系统进行一般性考察。不久之前[②]我们就已注意到，科学领域

---

* 本章是在提交给 1967 年在旧金山召开的美国社会学协会（American Sociological Association）年会论文基础上写成的。原载于《科学》第 159 卷，第 3810 期（1968 年 1 月 5 日）：第 56—63 页，现获准重印；1968 年版权归美国科学促进协会。

① H. A. 朱克曼在其《科学界的精英：美国诺贝尔奖获得者》中，描述了获取这些录音采访资料的方法和其基本特点，又见《采访超级精英》（“Interviewing an Ultra-Elite”），原载《舆论季刊》36（1972 年）：第 159—175 页。[我现在（1973 年）明白这一点已经晚了，即我如此之多地吸收了朱克曼的采访和其他研究资料，因而显然，本章本应由我们俩人合作完成。]

② 参见本书第十四章。

中的分等的奖励，主要是根据科学家同行对研究的承认而分配的。这种承认因科学家同行所评定的科学成果等级的不同而存在差别。科学家的自我形象以及公众形象的形成，在很大程度上是由 440
于公众确认了其他重要人物的证明，即这些科学家在不同方面达到了制度对其角色的严格要求。

在经验研究方面，许多研究者考察了被如此理解的科学奖励系统的各个方面。例如，格拉泽[①]发现，一定程度的承认对稳定科学家的职业生涯是必要的。在一例个案研究中，克兰[②]用出版物的数量（姑且不考虑质量）作为科学产出率的测量指标，并且发现，一流大学中高产的科学家，比在较低层次的大学中有同样产出的科学家获得的承认更多。哈格斯特龙[③]提出并部分验证了这一假说，即科学中的物质奖励主要功能是加强一个奖励系统的作用，在其中对科学贡献的承认的主要奖励被用来换取科学信息。斯托勒[④]分析了科学家对承认的矛盾心理，“一个例子是，无私利性规范的作用使得科学家否认科学中的影响和权威对他们的价值。”朱克曼[⑤]和科尔兄弟[⑥]发现，那些因其事业的早期研究而获得承认的科学家，在后来比那些没有获得承认的科学家更为多产。而且科尔兄弟还发现，至少是在当代美国物理学界，奖励系统的运转大都

① 参见 B. G. 格拉泽：《有组织的科学家的职业生涯》。

② 参见 D. 克兰文，原载《美国社会学评论》30（1965 年），第 699 页。

③ 参见 W. O. 哈格斯特龙：《科学共同体》第 1 章。

④ 参见 N. W. 斯托勒：《科学的社会系统》，第 106 页；另见第 20—26 页，103—106 页。

⑤ 参见 H. A. 朱克曼：《科学界的精英》。

⑥ 参见 J. R. 科尔与 S. 科尔：《科学界的社会分层》。

遵循着科学制度的价值观，因为研究的质量会比数量更经常也更大地获得奖励。

在科学中像在其他制度领域中一样，当个人或组织代表一个大的共同体承担对重大成就进行评定并提供适当奖励的工作时，奖励系统运转就会出现一个具体的问题。例如，人们常常假设，20 世纪科学中的最高奖励——诺贝尔奖，会使其获得者在同代的科学家中鹤立鸡群。然而这一假设与这样一个众所周知的事实不符，即大量科学家没有获得这个奖，也不会获得这个奖，但他们对科学的进展做出了与获奖者同样的贡献，甚至更多。这可以描述为“第 41 席
441 位”现象。这一称号的由来是非常清楚的。应当记住，法国科学院较早的时候决定，只有 40 个人能有资格成为法国科学院的 40 名定额院士。在数个世纪中，它对数目的这一限定自然不可避免地把许多有才能的人排斥在外，而他们也赢得了自己不朽的地位。我们所熟悉的坐这 41 席的人包括笛卡儿、帕斯卡、莫里哀、培尔、卢梭、圣西门、狄德罗、司汤达、福楼拜、佐拉(Zola)、普鲁斯特。[①]

法国科学院所存在的情况，在不同程度上也存在于其他旨在鉴别和奖励天才的制度之中。在所有这些制度中都有一些坐第 41 席位者，不属于法国科学院的那些人，至少与进入法国科学院的那些人有同样的天才。在一定程度上，这种情况是由于判断错误，从而以牺牲多数有才能的人为代价，把少数有才能的人吸收进去了。历史扮演着上诉法院的角色，随时可以推翻下级法院受同

---

① 我所采用的说明这种普遍现象的术语，来自于阿尔塞纳·奥赛有关法国科学院的专著：《法国科学院第 41 席位者史》(*Histoire du 41me Fauteuil de l'Academie Francaise*, Paris, 1886)。另见本书第十九章。

时代的短见所限而做出判决。然而在更大程度上，第 41 席位现象是对最高承认限定了数目的人为结果。此外，当特定的一代人取得了大量高水平的成就时，那么按照数目固定的规则，一些与获奖者有同样高水平的成就的人就会被排除在获得荣誉者之外。的确，他们的成就有时远远超出缺乏创造性时代的那些成就，而后者已经足以证明它们有资格获得高层次的承认。

诺贝尔奖仍具有其显赫地位，因为第一类错误，即值得怀疑或价值不大的科学成果误获荣誉的现象是极少的。不过第二类错误的限制不可避免。较少数量的奖励尤其在科学有巨大发展的时期意味着，将会有许多坐第 41 席位者（而且，由于管理这一奖项授予的条款不对亡故者提供承认，因此坐第 41 席位者总是存在）。最高奖励中的这种缺陷只能在一定程度上由其他对科学成就的奖励来弥补，因为它们无论在科学共同体内部还是外部都不具有与之相同的声望。另外，人们已注意到，人为固定人数在诺贝尔奖中产生的坐第 41 席位者的情况，通常也存在于其他具有较低声望（尽管现在有时提供更多的金钱）的奖励中。

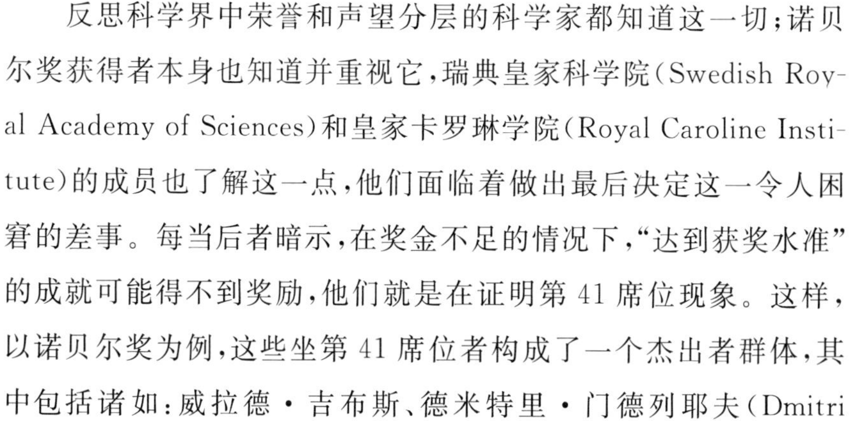

反思科学界中荣誉和声望分层的科学家都知道这一切；诺贝 442
尔奖获得者本身也知道并重视它，瑞典皇家科学院（Swedish Royal Academy of Sciences）和皇家卡罗琳学院（Royal Caroline Institute）的成员也了解这一点，他们面临着做出最后决定这一令人困窘的差事。每当后者暗示，在奖金不足的情况下，“达到获奖水准”的成就可能得不到奖励，他们就是在证明第 41 席位现象。这样，以诺贝尔奖为例，这些坐第 41 席位者构成了一个杰出者群体，其中包括诸如：威拉德·吉布斯、德米特里·门德列耶夫（Dmitri

Mendeleev)、W. B. 坎农(Cannon)、H. 昆克(Quincke)、J. 巴克罗夫特(Barcroft)、F. 德雷尔(d'Hérelle)、H. 德弗里斯(De Vries)、雅克·勒布(Jacques Loeb)、W. M. 贝利斯(Bayliss)、E. H. 斯塔林(Starling)、G. N. 刘易斯(Lewis)、A. T. 埃弗里(Avery)和塞利格·赫克特(Selig Hecht),更不用说,还可以列出一个长长的在世而未能摘取诺贝尔奖桂冠者清单。①

在科学荣誉的分层体系中,也许存在着一种对科学家的事业有影响的"棘轮效应",②以致一旦取得了一定程度的知名度,他们此后就不会远远跌落到此水平以下(尽管他们会被新人超过,因而其声望会**相对**下降)。一旦获得诺贝尔奖,终生都是诺贝尔奖桂冠者。不过,基于对已完成工作的承认的奖励系统会诱发继续的努力,这既可以证实科学家具有非凡的能力这一判断,也可检验这些能力是否具有持续的潜力。按照那些已达到顶峰的人的经验,从

640 山下到达顶峰似乎只是到了另一个起点。科学家同行及其他同事都认为,他的每一项科学成就只是新的和更大成就的前奏。这种社会压力通常不会让那些已攀上了科学成就的崎岖山峰的人满足现状。当然也不一定是这样,即著名科学家自己的浮士德式的抱负不断提高,使得他们不停地工作。对他们的期望会越来越高,而

① 这里所列的只是一部分人,他们都完成了"达到获奖水准"的成就,资料来自《诺贝尔其人与诺贝尔奖》(*Nobel: The Man and His Prizes*, London: Elsevier, 1962),以及为颁布诺贝尔奖的科学院和研究院的正式出版物《诺贝尔学刊》(Nobelstiftelsen)。

② 我要感谢马歇尔·蔡尔兹,因为他指出,由詹姆斯·S. 杜森贝里以另一方式引入经济学的这一术语,适用于参照这种声望积累的模式对相继成就的说明。关于其在经济学中的应用,参见杜森贝里:《收入、储蓄与消费者行为理论》(*Income, Savings, and the Theory of Consumer Behavior*, Cambridge, Mass: Harvard University Press, 1949年),第114—116页。

这会形成自己的动力和压力的尺度。在达到科学顶峰后止步不前的情况通常比人们可能想象的要少一些。[①]

从帕森斯严格定义的意义上说，科学家同行对科学成就的承
认就是一种奖励。[②] 正如我们将要看到的，这种承认可以转变为
有用的财富，能够更大地促进有名望的科学家的进一步研究。因 443
此，奖励系统并不以任何群体的主观意志为转移，它通过对科学家提供分等的不同机会，扩大他们作为研究者的作用，从而影响着科学中的“等级结构”。这一过程提供了不同的取得科学成果的方法。在当代由小科学到大科学的历史转变中，科学研究需要昂贵的和常常是集中化的设备，这一过程就变得更为重要了。所以在基于荣誉和声望的地位体系与基于不同生活机会的等级体系之间存在着不断的相互作用，这决定了科学家在科学的机会结构中的不同地位。[③]

二、奖励系统中的马太效应

科学的社会结构提供了一种相互联系的环境，在其中可以探

---

① 由**社会所强化**的抱负的提高过程，不同于迪尔凯姆的“欲求无止境”(insatiability of wants)概念，在 M. 克林纳德编的《失范与越轨行为》(*Anomie and Deviant Behavior*, New York:The Free Press,1964)中，R. K. 默顿对这一过程进行了考察，参见第 213—242 页。

② T. 帕森斯:《社会系统》，第 127 页。

③ 马克斯·韦伯在其经典论文《阶级、地位、政党》(“Class, Status, Party”)中，提出了处于不同分层系统中的地位的可变性，见 H. H. 格斯与 C. 米尔斯合编的《马克斯·韦伯社会学文集》(*Max Weber: Essays in Sociology*, New York:Oxford University Press,1946)。

讨这种既影响科学的奖励系统，又影响科学的交流系统的复杂的社会心理过程。我们首先来分析根据对诺贝尔奖获得者的采访所得出的一个主题。这些采访反复指出，著名的科学家获得了与他们的科学贡献不相称的太多荣誉，而那些相对不知名的科学家总是获得与其贡献相比相对较少的荣誉。正如一位物理学奖得主所指出的那样[①]："在如何给予荣誉这件事情上，这个世界是很奇怪的。它总是给予[已经]有名的人以荣誉。"

当我们考察著名科学家所报告的他们的经历时，我们发现，偏爱有名的科学家这种承认模式主要表现在：(1)合作的情况，(2)由不同等级的科学家独立地做出的多重发现的情况。[②]

对于那些声望相差极大的人合作发表论文的情况，另一位物理学奖得主说："最知名的那个人得到了更多的荣誉，甚至过分的荣誉。"用一位化学奖得主的话说就是："当人们见到论文上我的名字时，他们总是记得**我的名字**，而记不得其他人的名字。"一位生理学与医学奖得主是这样描述他对合作发表论文的反应的：

444 你通常会注意到你所熟悉的人的名字。即使它列在最后，它也是最显眼的一个。在有些情况下，所有的名字你都不熟悉，他们是真正的不知名者。但你会注意到，在论文的结尾处作者对重要人物给予他的"指教和鼓励"表示感谢。因此你

① 参见朱克曼：《科学界的精英》第 8 章。注意到著名科学家总是获得最大份额的荣誉的，不仅有诺贝尔奖获得者；从哈格斯特龙所作的抽样研究中可以看出，那些不很有名的科学家也有相近的看法(《科学共同体》，第 24、25 页)。

② 第三种情况可从采访的记录中推出，即相对不知名的科学家撰写的论文由著名科学家提交，它发表和受到尊敬的机会就会更大一些。有关这一情况的系统资料很缺乏，不足以详细研究。参见朱克曼：《科学界的精英》第 6 章等处。

会说："此文出自格林的实验室，或者出自某某人的实验室。"你会记住这些，而记不住一长串作者的名字。

另一位医学奖得主仿佛在倾听这一解释，他在解释他为什么不在合作发表的报告上署名时说："人们或多或少总会说'啊，是的，某某人正在 C 的实验室做某某研究，它是 C 的观点。'我想避免这种事情。"另一位医学奖得主也提到了这种情况，并进一步指出了它如何不利于年轻研究者事业的发展：

> 如果某个人要求与一个跟他接触不多的人合作，如果他是与某些著名的人物合作发表成果，那么他就会受到贬低。人们自然会问："他自己的实际贡献有多少，[有名的作者的贡献]有多少。一旦他离开这个实验室，会有什么结果呢？"

在某些情况下，当年轻学者与知名科学家合作发表成果时，这种对其承认的不利影响显然也可以避免，甚至可以转变为一种资源。如果年轻科学家进而要从事独立的和重要的研究工作，那么这一工作会**以回溯的方式**影响对他在早期合作研究中的作用的评价。用认为合作发表成果实际上隐匿了年轻作者的姓名的那位医学奖得主的话说："那些参与过这种合作研究，且后来继续进行了出色工作的人，[确实]会获得相当的承认。"的确，像另一位得奖者所指出的，这种回溯性评价实际上可提高对后来成就的承认："资历较浅的人有时会被忽视，**如果**他继续努力的话，这只是暂时的。在许多情况下，一旦有了这种联想，实际上他的工作就会得到认可，而且会得到普遍认可。"认识到这种回溯性承认的方式，就可以部分地解释另一位得奖者所描述的这种偏好：某些"年轻学者认为与一个名人合作发表成果会对他们有所帮助"。不过，这既是一种表现的偏好，也完全是有助益的偏好，因为我们看到，获奖者本人谈到曾与例如费米、G. N. 刘易斯、迈尔霍夫(Meyerhof)或尼尔斯·玻尔一起工作时，也有一种自豪感。

以上是在合作发表成果时，奖励系统中荣誉的不平等分配问题。这种不平等分配也常常发生在独立的多重发现情况中。当几乎是相同的观点或发现分别被一名很有声望的科学家和一名尚不
445 知名的科学家独立得出时，我们往往听说，前者通常首先获得承认。一位诺贝尔奖得主注意到了一种与这种模式近似的情况：

> 当碰巧两个人提出相同的观点时，有一个人会因此更知名。如E提出了一个观点，他忙得团团转试图为……做一个实验。但没有人做，实际上它也就被忘记了。最终，A，B和C做了，他们成名了并荣获了诺贝尔奖……如果事情稍有不同，如果当E提出想法时，有个人想做这一实验，他们就可能共同发表此成果，他也就会成为名人。而事实上，他只是一个脚注。

这种过程是以牺牲年轻科学家而有利于著名科学家为代价的，一位物理学奖得主的人生经历就是对此的出色概括，他在其事业的不同时期经历了这两种不同的体验。他回忆道："当你没有得到承认时"，

> 有些令人气愤的是，当某人和你齐头并进，他发现了显然你也发现的事实时，每个人都给予他以荣誉，仅仅因为他是一位著名物理学家或是其领域的一位著名人物。

在这里，他是从成名之前碰巧有过这种经历的人的角度评论他所提及的这种事例。当他意识到他的地位已发生了重大改变时，谈话就变了一个样。从早期他认为自己是这种模式的受害者

的角度，转变到了现在具有较高地位者的角度，他接着说道：

> 这种事常常发生，现在，我自己稍不注意，就可能因其他人的发现而获得荣誉。由于我是名人，因而当我说什么时，人们会说："是的，他就是提出这一观点的人。"其实，我可能只是在说其他人以前已经想到了的事情。

最终，两种相互补偿的不公正的组合，实现了一种大致的公正。他早期的成就受到了低估；而后期的成就得到了过高的评价。①

显然，完全可以把这种对科学成果之荣誉的不平等分配的复杂模式描述为马太效应，我们都记得《马太福音》说：

> 凡有的，还要加给他，叫他有余；而没有的，连他所有的也要夺过来。

用不太正式的话说就是，马太效应即指，非常有名望的科学家 446
更有可能被认定取得了特定的科学贡献，并且这种可能性会不断增加，而对于那些尚未成名的科学家，这种承认就会受到抑制。诺贝尔奖得主提供了有关这一效应的推定证据，在证明这种效应的出现时，他们是作为无意的受益者而非受害者，若是作为后者，他们的证明就值得怀疑。

诺贝尔奖得主和其他著名科学家都充分意识到了马太效应的这种作用，并特别努力加以抵制。最典型的是，为了避免降低对他

① 这种补偿模式当然只能在这样一些科学家中获得，他们最终会得到承认和相关的进一步的奖励。但是，由于所有的社会分层系统都包含不同的生活机会，所以问题是，处在被剥夺了权利的阶层中的个体，其才能在多大程度上不能得到承认和开发，其成果被社会错过了。更具体地说，我们应该找出流动渠道对各个制度领域中的有才能的人是否是公平开放的。在对才能的承认方面，当代科学比艺术、政治、专门职业或宗教提供了更多的机会还是更少的机会？其社会根源是什么？

们的尚不知名的同事的承认，他们对合作取得的研究成果，有时在发表论文时拒绝署名。而且如哈丽特·朱克曼所发现的，[①]在合作发表论文时，他们倾向于把第一作者让给其合作者。此外，她还发现，那些在获诺贝尔奖之前就已有名的科学家，比那些不太知名的后来获奖者更早地把第一作者让给其同事，但这两类获奖者，即早已成名的人和不太知名的人，都**在**获奖**之后**大大增加了这种做法。不过，后者的努力可能更多地反映了获奖者的良好愿望，而不是试图纠正因马太效应所造成的荣誉的不平衡分配。用朱克曼所引的一位获奖者的话来说："如果发表论文时我的名字排在第一，那么每个人都会认为其他人只是技术员……如果我的名字列在最后，那么人们也会因整个成就而称赞我，因此我想让其他人获得更多的荣誉。"

在科学中获得公众认同的问题也许会因多名作者合作的论文的数量大大增加而会加重，其中新手的作用会因那些著名的合作者的光辉而变得黯淡。即使只有两个合作者，这种效应仍会在那个地位有些"低微"的年轻者身上发生。由于受到两倍或三倍的轻视，他的作用可能会削弱到几乎不存在的地步，因而即便他以后有重大成就，其在早期工作中的作用几乎也得不到承认。举一个切题的例子，W. I. 托马斯通常被认为是学术著作《美国的儿童》(*The*

① 哈丽特·朱克曼：《科学论文作者的署名顺序方式：社会象征意义及其模糊性研究》("Patterns of name-ordering among authors of scientific papers: a study of social symbolism and its ambiguity")，《美国社会学杂志》74(1968年)，第276—291页。朱克曼博士不愿屈尊给予这些行为以注定的称号，但我将说：显然，这些都是"位高责任重"的事例。

Child in America)一书的唯一作者，尽管在书的封页上准确无误地表明它是由威廉·I. 托马斯和多罗西·斯温·托马斯合著的。考虑一下此书于1928年出版时两位作者的地位，可有助于解释这种经常出现的错误认识。W. I. 托马斯当时65岁，是美国社会学学会的主席，是后来公认长期位居榜首的美国社会学家，而多罗 447
西·斯温·托马斯(7年之后才成为前者的妻子)受到双重不利条件的影响，即她是位女社会学家且年龄只有20多岁。尽管她后来也有了突出的科学事业(顺便说一句，她于1952年被选为美国社会学学会的主席)，但甚至连那些平常很细心的学者也把这本早期的著作完全归功于她的著名合著者。①

我们可再次回到《新旧约全书》(*Scriptures*)，以便说明马太效应中提高地位与压抑地位的要素。非基督教正经《次经传道书》(*Ecclesiasticus*)有一大家熟悉的经文："我们现在来赞颂名人吧"，显然，可以据此把这些要素称作"《次经传道书》要素"。

人们将肯定注意到，诺贝尔奖获得者把马太效应主要看作是涉及科学成就之荣誉的公正分配问题。他们大多是根据它在提高地位或压制承认上的作用来考虑的。他们认为它导致了无意的双重不公正，即不知名的科学家成了不公正的受害者，而知名的科学家成了不公正的受益者。简言之，他们从奖励系统的根本的不公正看待马太效应，认为它影响着每个科学家的事业。但是它对科

---

① 如关于此书的评论，见由莫里斯·内坦森(Maurice Natanson)主编并写导言的阿尔弗雷德·许茨的《文集》(*Collected Papers*, The Hague: Martinus Nijhoff, 1962)两卷本第1卷，第348页，注释71；彼得·麦克休：《情景定义》(*Defining the Situation*, Indianapolis: Bobbs-Merrill, 1968)，第7页。

学的发展还有其他一些含义，为了对之加以确定，我们必须改变我们的理论视角。

三、交流系统中的马太效应

我们现在从另一个视角去考察这种现象——不是从个人事业的观点和奖励系统的运转，而是从把科学当作交流系统的观点入手。这种视角会产生一组进一步的推论。它会使我们提出这样一个假设，即一名地位较高的科学家引入科学贡献时，比一位尚不知名的科学家引入时会在科学家共同体中有更高的知名度。换言之，就对奖励系统的意义而言，马太效应对那些处于事业发展早期阶段这种不利地位的科学家个人的事业具有反功能，但就其对交流系统的意义而言，马太效应在合作研究和多重发现情况中，可能
448 会提高新的科学交流结果的知名度。对某些社会系统具有社会正功能，而对系统之中的某些个人却有反功能，这种情况并非没有先例。的确，这是经典悲剧的一个主题。①

几位诺贝尔奖获得者都已意识到了马太效应的这种社会功能。在谈到著名科学家指导年轻同事的研究工作所面临的两难处境时，其中的一位说：

---

① 这种对社会有正功能、对个体有反功能模式与亚当·斯密所提出的令人难忘的富有活力而天真的乐观主义是不一致的，亚当·斯密说：“自然界的和谐秩序，在神的指引下，通过个人的作用而促进了人类幸福。”如果事情这么简单就好了。社会学理论的主要问题之一就是，确定人的倾向和社会系统的需求对个体和社会系统都能有效地发挥功能的特定条件。

> 它提出了你应当做什么的问题。假设你有一个学生，那么你是否应在论文上署名呢？你是做出了贡献，但你署名好还是不署名好呢？各有利弊。如果你不署名[而这关联到知名度]，那么有可能使此文得不到充分的承认。没有人去读它。如果你署名，它会得到承认，但那样的话此学生就不会获得足够的荣誉。

关于科学家的阅读活动的研究表明，所谓的“没有人去读它”这种可能性，并不纯粹是一种夸张的说法。例如人们发现，发表在化学类刊物上的文章只有大约 0.5%被每一位化学家读过。① 同样，在心理学中也会发现很类似的情况：

> 有关近期(即，在刊物发行后的几个月内)读者的资料表明，在一个随机抽样的心理学家群体中，只有约一半发表在“核心”刊物上的研究报告被其中的 1%或更少的人阅读[或浏览]过。从近期读者阅读分布的集中程度来看，没有一个研究报告有可能被超过 7%的这类抽样中的人读过。②

科尔兄弟的一些发现③多少与关于马太效应的交流功能假说有关。其证据与这一假说有一点关联但并不以它为中心，因为他

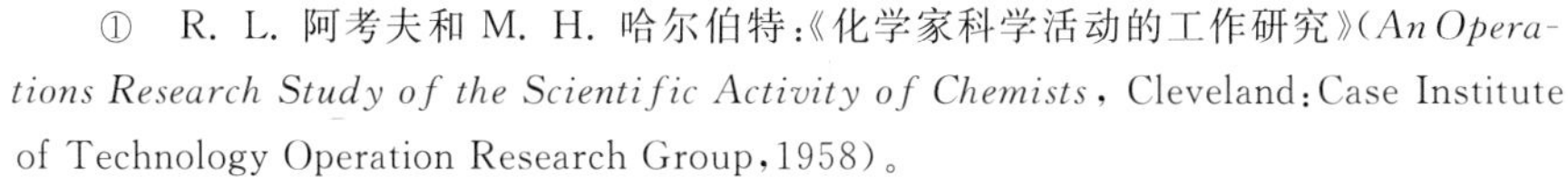

① R. L. 阿考夫和 M. H. 哈尔伯特：《化学家科学活动的工作研究》(*An Operations Research Study of the Scientific Activity of Chemists*, Cleveland：Case Institute of Technology Operation Research Group，1958)。

② 《心理学中科学信息交换的规划》(*Project on Scientific Information Exchange in Psychology*, Washington, D. C.：American Psychological Association, 1963)，第 1 卷，第 9 页。

③ S. 科尔和 J. R. 科尔：《科学中的知名度与显著性的结构基础》(“Visibility and the Structure Bases of Observability in Science”)，该文是 1967 年 8 月提交给美国社会学协会的论文，在其《科学界的社会分层》中有了进一步的发展。

们的数据涉及的是美国物理学共同体中每一位物理学家工作的整体的知名度，而不是其中的特定论文的知名度。或者大略地说，他们的发现至少是与此假说相一致的。物理学家的地位越高(根据
449 他们因科学成就所获得的奖励的声望来衡量)，他们在美国物理学家共同体中的知名度就越高。诺贝尔奖获得者的知名度得分[①]是85分；全国科学院的其他成员的得分是72分；具有较低声望奖项的获得者的得分是38分；而未获奖的物理学家的知名度得分是17分。科尔兄弟还发现，取得了高质量科学成果的物理学家的知名度与他们获得的荣誉性奖励有关，这些奖励的声望要高于他们以前获的那些奖。需要进一步的研究，以便确定这些模式对于不同等级的科学家所发表的个人论文的知名度(由读者衡量)是否有差异。

有理由认为，随着科学出版物的数量呈指数增长，[②]马太效应的交流功能在频度和强度方面都增加了，这就使得科学家越来越难以跟上其领域工作的发展。本特利·格拉斯[③]是众人中唯一得出如下结论的人："或许，对今天的每个科学家而言，所面临的问题中最令他沮丧的莫过要拼命对付科学研究出版物这股洪流，即使

① 在科尔兄弟的研究中(上页注③)，**知名度得分**是指在1300多美国物理学家的抽样中的百分比，它表明有多少人熟悉所列出的120名物理学家的成果。此研究还包括对这些知名度得分有效性的考察。

② 见德里克·J.德·索拉·普赖斯：《小科学，大科学》。普赖斯曾指出："所有大致的测量结果表明，无论怎样，科学按指数增长，每年以约7%的复合指数率增长，这样科学每10—15年增长一倍，每50年增长10倍，而在过去的300年里，增长了大约100万倍，因此，我们与现代科学过程开始的17世纪之科学论文的发明已无关联。"[《自然》206(1965年)，第233—238页。]

③ 参见本特利·格拉斯，原载《科学》121(1955年)，第583页。

在其狭窄的专业领域内亦是如此。”关于科学家的交流行为的研究[①]表明，面对鉴别本领域的重要研究成果这一日益增加的任务，科学家们在寻找他们应关注的线索。这类线索之一就是作者的专业声望。找出合适的科学文献的问题，与作者希望他们的成果得到关注和利用的问题是对应的：大量增加的出版物使论文争取关注的竞争加剧了。美国心理学协会的研究[②]发现，有15％到23％的心理学家读者在选择阅读论文时依据的就是作者的身份。

交流系统中马太效应的作用要求我们揭示和强调科学声望的 450
意义。它提醒我们，尽管有时，只考虑发现的心理过程的研究似乎认为，科学就是由做出发现的诸多科学家的一系列个人经历组成的，但实际上并非如此。科学是公共的事物，而不是个人的事物。诚然，发现的取得是一个复杂的个人经历。而且，既然先要从事发现才会有其结局，因而，无论发现暂时不能成为社会共享的科学文化的一部分，还是很快会成为这种文化中具有重要功能的一部分，这种经历的性质都是相同的。不过，为了促进科学的进步，仅提出丰富的思想、开发新的实验、阐述新的问题或创立新的方法是不够

① 例如M. 门泽尔的《交流：概念与视角》(*Communication: Concepts and Perspectives*, Washington, D.C.:Spartan Books,1966)，由L. 塞耶编，第279—295页；以及《美国心理学家》21(1966)，第999页。另可参见S. 赫纳文，原载《科学》128(1958年)第9页，他指出：“激励人们应用信息的最大因素之一就是知晓其来源”；S. 赫纳另一文见《工业工程化学》(*Ind. Eng. Chem.*)46(1954年)，第228页。

② 《心理学中科学信息交换的规划》，第252、254页。未来研究需要有关为不同类型的“阅读”和“浏览”选择科学文献的实际过程更为详细的资料。现在所获得的资料至少是有启发意义的。

的。必须有效地把创新与他人交流。毕竟，这才是我们所谓的对科学有**贡献**的含义——即为共有的知识大厦添砖加瓦。总而言之，科学是一种由社会共享并在社会中被证实的知识体系。为了科学的发展，只有那些能及时被其他科学家有效认同和利用的研究成果才是有意义的。

因此，在研究构成科学发展的过程时，重要的是要考虑那些对使可能的贡献与科学领域相结合有阻碍或有促进作用的社会机制。从这一视角来看马太效应，我们注意到了这样明显的可能性，即具有重要地位的科学家的贡献，最有可能及时地和广泛地进入科学交流网络，从而促进科学的发展。

四、马太效应与重复功能

按照这种方式解释，马太效应与我早先对科学中的重复功能的研究是相关的。[①] 当两个或更多的科学家分别独立地做出了类似的发现时（“多重发现”），它们及时被吸收到当代科学知识体系中的可能性提高了。越经常独立地做出发现，它被认同和利用的前景就越好。如果一个人发表的发现成果被科学交流系统中的“噪音”淹没了，那么这个发现的另一个版本就会变得突出。这留给了我们一个尚待解决的问题：人们如何能够评估在独立解决科
451 学问题的努力中，多大程度的重复具有解决问题的最大可能性，同

---

① 关于功能性重复概念与科学研究中的“浪费的重复”之间的区别，参见本书第十七章。

时又不会导致如此之多的重复劳动，以致最后增加的努力不会显著地提高这种可能性？①

在考察科学交流中马太效应的功能时，我们现在可以对此概念重新作进一步的界定。一个独立发现的知名度，不仅受其完成和发表的次数影响，而且与做出此发现的科学家在科学分层体系中的地位有关。非常简练地说就是，由一位已具有声誉的科学家做出的单一发现，与由几个尚未获得很大声誉的科学家分别做出的多重发现，可能有相同的获得较高知名度的机会。尽管在本文中，这种一般性观点是尝试性的，但它有助于近似的检验，就此而言，它并非毫无价值。人们通过考察引证索引可以查明情况是否是这样：在地位显然不同的科学家们所做出的多重发现中，有较高地位的科学家发表的成果会更快、更广泛地得到引证。② 实际上，这些发现会解释分层系统对科学发展未预料到的结果。就科学家的阅读活动所做的采访，也可提供支持这一假说的材料。

① 其中的一位获奖者对研究重复必然意味着“无用的重复”这种现有的假设提出了质疑：“人们常会听到，尤其是当投入了大量的金钱时，应避免做重复性的工作，因为这不是一种有效的做事方式。我认为在大多数情况下，就研究而言，重复劳动是一件好事情。我认为若在不同的实验室有不同的几组人从事相同的研究，那么他们的探讨[对增加获得成功结果的可能性来说]会有截然不同的作用。总的来看，这是一件好事情，而不应为了效率避免去做。”参见朱克曼：《科学界的精英》第 8 章。

② 据我所知，目前还尚无对这一问题的具体研究。最好的一个旁证是，诺贝尔奖获得者的论文在他们获奖的前五年时间里被引证的次数是同期内普通作者论文被引证次数的 30 多倍。参见 I. H. 谢尔和 E. 加菲尔德提交给 1965 年 7 月在华盛顿召开的第二届研究项目效果大会的论文：《改进研究效果的新工具》（“New Tools for Improving the Effectiveness of Research”）；另可参见 H. 朱克曼文，原载《科学美国人》217(1967 年)，第 25 页。

以上我们探讨了马太效应与多重发现在增加重要的科学新成果传播的可能性和速度之间的关联。马太效应同时还与本书第十六章所讨论的发现有关，即伟大的科学天才常常与许多多重发现有关。这一命题适用于伽利略和牛顿，法拉第和麦克斯韦，胡克、卡文迪什和斯坦森(Stensen)，高斯和拉普拉斯、拉瓦锡、普里斯特
452 利和舍勒(Scheele)，以及多数诺贝尔奖获得者。简言之，它适用于所有那些在科学殿堂之中其地位完全有保证的人，无论他们在获得的总的成就上有多少差异。

这些科学家的伟大在于他们**独自**对一组思想、方法和成果做出了贡献，而在多重发现中，同样的贡献是由**一群**天资稍差的人做出的。例如，我们发现，开尔文曾与32项或更多的多重发现有关，而另外30个人的贡献与开尔文自己的贡献相当。

通过考察获奖者的采访资料，我们现在可以确定，有些基本的社会心理机制有利于著名科学家所报告的成果获得更大的知名度。这种更大的知名度不仅仅是晕轮效应的结果，即他们的个人声望成了其各自贡献的一部分。毋宁说，他们的某些社会化因素、价值框架及其社会特征可在一定程度上解释其成果的高知名度。

五、马太效应的社会基础和心理基础

即使当一个伟大科学家的某些贡献被其他科学家独立完成了，他也仍具有自己的独特作用。对科学的发展而言，一组思想和发现的综合是主要集中于某一科学家或一个研究小组的工作，还

是零散地分散在许多科学家和组织之中，将会导致差异，而且常常是决定性的差异。这种综合在第一种情况比在第二种情况下会更迅速地呈现出某种结构。例如，这就要求像弗洛伊德那样的人使许多心理学家的注意力集中在广泛的一系列观点上，而这些观点，正如我们已经指出的那样(见本书 642 页注①)，在很大程度上也被其他科学家想到了。这种聚焦作用可能就是杰出科学家的一种独特的功能。①

像弗洛伊德、费米和德尔布吕克的那样人在科学中扮演着富有超凡魅力的角色。他们会激发那些认为他们有超凡品质的人的学术热情。他们不仅自己获得了优异成就，他们还有能力唤起其他人的优异品质。用一位获奖者的颇有说服力的话说就是，他们提供了一种“活泼的气氛”。这些科学巨匠不仅把他们的技术、方法、信息和理论传授给和他们一起工作的新手。更重要的是，他们 453
把指导重要研究的规范和价值观传给了其同事。通常在其晚年，或者是在去世后，这种个人的影响变得常规化，就像马克斯·韦伯所描述过其他人类活动领域的方式那样。超凡魅力在思想学派和研究团体中变得制度化了。

杰出科学家在影响年轻同事方面的作用，在对获奖者的采访中被反复强调过。他们几乎总是特别强调，重要的是**发现**问题，而不仅仅是解决问题。他们一致表达了这样一种强烈的信念：在其

① 在下面的讨论中，我将考虑与这些伟大科学家的功能相关的反功能。尽管科学规范要求对权威进行有条理的怀疑，但洞穴幻象常常仍会产生很大的影响。在这里像在其他制度领域中一样，问题是要对社会规范与实际行为之间的一致与不一致作出解释。

研究中，最重要的就是开发鉴别力和判断力，这些对问题的把握是非常重要的。此外，很有代表性的是，他们说，他们是在有激发性的环境中接受训练时获得这种对重要问题的感受能力的。一位获奖者回顾自己作为新手在一个一流化学家的实验室中的经历时说，他“一有可能，就引导我寻找重要的东西，而不是不停地把工作没完没了地细化，或者只在改进精确性而不是做出全新的贡献”。另外一位获奖者把他在欧洲实验室的社会化称做是“我第一次真正与第一流的有创造力的人在其巅峰时期接触。我的兴趣获得了一定扩展。这是一个兴趣和态度问题，在某种程度上说也是真正的自信心问题。我懂得了去做一个不重要的实验是困难的，甚至常常比做一项重要的实验更困难”。

对获奖者在特别有创造性的研究环境下受到训练和影响的程度，有一个粗略的衡量指标——早期在别人手下工作过的获奖者的人数。在 84 位美国的诺贝尔奖获得者中，有 44 人年轻时就作为有一能力的科学家在总共 63 名诺贝尔奖获得者手下工作过。[①]但是显然，不仅获奖者（大概还有其他杰出科学家）在这样的环境中的经历可以说明他们倾向于关注重大问题，并会影响马太效应的交流功能。他们性格中的某些方面也起了一定作用。除了少数例外，他们这些人都有特殊的意志力。他们的自信心在作为社会制度的科学环境中有各具特色的表现。我们知道，这种制度包括这样一种规范，它要求其他人对某一个人的成果做出自主的和批判性的判断。由于这些规范强化了他们自己的倾向，因而这些获

① 参见 H. 朱克曼：《科学界的精英》第 5 章。

奖者表现出了一种与众不同的自信(发展到极端,用不太确切的词来描述,可以说就是可爱的自大)。他们表现出极大的忍受其工作受挫折的能力,能承受反复的失败而不会有明显的心理挫伤。一位诺贝尔奖获得者在谈到同事的心理支持的作用时暗示了这种能力:

> 研究是一种辛苦的游戏。你会工作数月甚至数年,你似 454
> 乎毫无进展。有时你会非常茫然。随后忽然之间你有了一个突破。这时最好在你需要时周围的人能给你一点鼓励。

尽管诺贝尔奖得主重视其领域中由他人的研究所提供的线索,但他们都是有自我的研究者,一旦确信某个原有的领域已经得到大量开发时,他们就会满怀信心转向新的研究领域。在这些活动中,他们表现出了高度敢冒风险的坚定意志。他们做好了准备去处理尽管难度大但重要的问题,而不是去解决容易和没有风险的问题。一位获奖者回忆说,在其研究生涯的早期曾被交代去解决“一个没有任何风险的问题。我所要做的就是分析[某些物质的化学成分]。你不会失败,因为研究方法已经非常完备了。但是我知道我还应去研究其他东西,这需要从零开始,因人们对它一无所知”。后来,他在一个更具冒险性的研究领域做出了自己的重要贡献。[①]

这种显著的意志力至少在两个方面关系到这些科学家对重要问题的选择。由于深信当碰到重要问题时他们会马上认识到它,

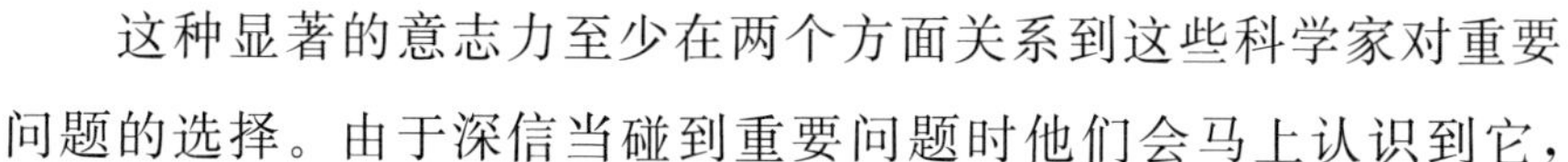

① 实验心理学获得的相关结果表明,对更有风险但结果更有意义的工作的偏好,既与获得成就的不同寻常的动机有关,也与承受被延误的喜悦的能力有关。参见例如W.米施尔文,原载《变态心理学和社会心理学杂志》62(1961年),第543页。

他们希望等待时机，不愿很快就决定会花过多的时间去关注相对不重要的问题。他们忍受回报被贻误的能力再加上自信心使他们确信，重大问题到一定时候就会出现，而当它出现时，他们所具有的鉴别力能使他们认识到它并去对付它。我们业已看到，这种态度被他们早期在富有创造性的环境中的经历强化了。在这里，与杰出科学家的合作向有才能的新手证明，他在解决所选择的问题的同时，可以有自己远大的抱负，而这是说教所达不到的。由于关注成功的、尽管常常是延误的结果，竞争加剧了。的确，获奖者的风格反映了这种取向。他们喜欢讨论大问题和基础性问题，讨论重要的问题和有吸引力的问题。他们把这些问题与平凡的研究区别开，在从事后者时他们会等待下一个要出现的重大问题。其结果就是，他们的论文往往具有能产生一定影响的科学意义，而其他科学家会选出他们的论文予以特别关注。

这些有影响的科学家的性格结构会以另外的方式促进马太效
455 应的交流功能，这与他们介绍其科学成果的方式有关。他们相信自己的辨识判断力，而这种自信已经被其他人对其以前研究的反应证实了，因此，他们在说明时，会强调并阐述其主要思想和发现，而对次要的东西轻描淡写。这有助于突出其贡献的重要性，使他们从那些其自尊没怎么被社会认可的科学家所发表的大量成果中脱颖而出，后者更经常运用常规的说明形式。

最后，这样一组性格结构和一组高标准，常常导致这些杰出科学家去区分，哪些成果值得发表，哪些成果按照其公正判断最好不去发表，尽管后一类成果很容易被发表。诺贝尔奖获得者及其他著名科学家常常提到一些勉强拼凑起来的研究论文，这些论文达不到他们自己要求的标准或其同行的标准。[①] 例如，西摩·本泽讲述了他如何得到挽救而避免了“在生物化学方面做无用之功”：“当德尔布吕克写信给我的妻子告诉我不要写太多的文章时，他救了我。我也确实不再那样做了。”[②]而一位评议人对送交到物理学杂志的稿子尖锐评论，指出许多科学家不能对其成果是否予以发表做出准确判断的相关结果：“如果 C 只写较少的论文，会有更多的人去读它们。”杰出科学家通常形成了对 *insanabile scribendi cacoēthes*（发表癖）的免疫力。[③] 由于他们更注重自己发表成果的重要性和意义，而不仅仅是数量，因此他们的贡献总是很重要的。这反过来又增强了其同行科学家的期望，即这些杰出科学家所发表的东西（至少在他们最多产的时期）值得予以密切关注。[④] 这同样有利于马太效应的发挥，因为它会使科学家关注这类科学家的成果，456

① 在这一意义上，他们的这种行为被称之为“完美主义”物理学家的典型，科尔兄弟曾对这类物理学家做过统计分析（见本书 798 页注②），引证指标表明，这些人所发表的成果少于他们也许能发表的成果，但这些成果却在其领域产生了很大影响。重要的是这类物理学家因其科学成就而获得了比其他类型（包括“多产”型和“批量生产”型）的科学家更多的奖励形式的承认。

② 参见 S. 本泽文，载于 J. 凯恩斯、S. 斯坦特和 J. D. 沃森编：《噬菌体与分子生物学的起源》（*Phage and the Origins of Molecular Biology*, Cold Spring Harbor, N. Y.: Cold Spring Harbor Laboratory of Quantitative Biology, 1966），第 165 页。这一纪念文集明确表明了德尔布吕克是那些通常对自己及其同事的研究成果进行这种追究的科学家之一。

③ 对这一病端预防的一些分析，参见 R. K. 默顿：《站在巨人的肩上》，第 83—85 页。

④ 有人注意到［G. 威廉斯：《病毒猎手》（*Virus Hunters*, New York: Knopf, 1959）］，科学家早期对麻疹疫苗的确信是“对［恩德斯］自己的科学执著自相矛盾的反馈，它不是基于相信，而是基于怀疑。他的同事们相信约翰·恩德斯在任何问题上都不会做得太过火”。

这些人在科学中的突出地位由于其以往研究的平均质量而得到了社会的承认。而且其他科学家越密切地关注这类成果，他们就越有可能从中学有所获，也越明确地分辨他们的回应是否适宜。①

基于这些原因，一位杰出科学家提供的认识素材，可能会比一位无名科学家提供的大致相同的素材有更大的激励价值——这一原理为马太效应的交流功能提供了社会心理学基础。这个原理代表了自我应验的预言的一个特例，②举例来说：费米或者鲍林、G. N. 刘易斯或韦斯科夫（Weisskopf）认为这个成果应当公开发表，因而它很容易被认为是重要的（这是为了保持前后一致，因为他过去曾做出过重要贡献）；既然它可能很重要，就应倍加注意地阅读它；而给予它的关注越多，从中获得的也就越多。这就成了一个自我证实的过程，有助于使杰出科学家发表的成果产生更大的激发效应（当然，此时他们在其同行中的形象仍是领路人，他们过去的业绩不错——有时，这种形象与某些获奖者的自我形象相对应：他们发现自己已被科学界新一代的后起之秀超越了）。

类似于其他形式的自我应验的预言，这种自我应验的预言在

① 这仍然是悬而未决的问题。霍夫兰对普通人的实验研究已表明，**同样**的交流，在被认为其来源具有较高的而不是低的可信度时，人们会觉得它的偏见较小[参见 C. I. 霍夫兰文，原载《美国心理学家》14（1959 年），第 8 页]。在一项更早的研究中，霍夫兰及其同事发现，在事实**交流**的个案中，"无论交流者的可信性如何，他们所说的东西带来了同样有益的知识。"[C. I. 霍夫兰、I. L. 贾尼斯和 H. H. 凯利：《交流与说服》（*Communication and Persuasion*，New Haven，Conn.：Yale University Press，1953）第 270 页。]

② 有关对自我应验的预言的分析，可参见 R. K. 默顿文，原载于《安蒂奥克评论》（*Antioch Rev.*）（1948 年夏季号），第 193—210 页；重印于 R. K. 默顿：《社会理论与社会结构》，第 421—436 页。

某些条件下也有反功能。因为尽管杰出科学家更有**可能**做出重大贡献，但他们显然并不是独自完成的。毕竟，科学家并非一开头就是杰出的（尽管像默斯鲍尔和沃森沃这类人的事业有时可能会给我们造成假象）。科学史中有大量的例子表明，许多重要论文都是由相对不知名的科学家撰写的，但被人们忽略了多年。考虑一下沃特斯顿的情况，他有关分子速度的经典论文被英国皇家学会拒绝了，认为它是“一派胡言”；另一例子是孟德尔，他因自己有关遗传的具有历史意义的文章未得到响应而深感沮丧，拒绝再发表其进一步研究的成果；傅立叶也是一个例子，他关于热传导的经典论文不得不等了十三年之后才被法国科学院发表。[①] 457

巴伯[②]已经注意到了，某些科学家的不坚实的专业标准有时会导致某些研究成果完全被拒绝发表——它们后来才被承认是重要的。与之相关，瑞利勋爵的经历[③]提供了一个例子：对一篇论文的评价会因其杰出作者的成名而被颠倒了过来。瑞利的名字“要么是被[从稿件中]删去了，要么是与它分开了，因而[英国科学促进协会的]这个理事会把其论文当作是那些古怪的所谓反论家的东西而‘拒绝了’。然而，当发现了作者的身份后，此文却又被认为颇有价值”。

因此，当“马太效应”变为权威幻象时，它就违背了科学制度所

---

① 参见本书第十四章；另见 R. H. 默里：《19 世纪的科学与科学家》，第 346—348 页；D. L. 沃森：《科学家是人》，第 58、80 页；R. J. 斯特拉特（瑞利男爵）：《约翰·威廉·斯特拉特：瑞利男爵三世》，第 169—171 页。

② 参见 B. 巴伯文，原载于《科学》134（1961 年），第 596 页，重印于 B. 巴伯与 W. 赫希编：《科学社会学》（*The Sociology of Science*，New York：The Free Press，1962 年），第 539—556 页。

③ 由 B. 巴伯（见上注）引自 R. J. 斯特拉特：《约翰·威廉·斯特拉斯》。

包含的普遍主义规范，并且会阻碍知识的进步。但是我们对科学杂志的编者和评议人及其他的科学把关者所采取的这类行为的频度几乎一无所知。科学制度这方面的运转情况，我们所知道的大体上仍是一些逸闻趣事，而且相当大部分是有动机的传闻。[①]

六、马太效应与科学资源的分配

马太效应除了在科学奖励和交流系统方面的作用外，还有另一种制度作用，至少也需加以简要的分析。这种作用表现在积累优势原理上，在诸多社会分层系统中发挥作用的这一原理导致了相同的结果：富者以一定的速率越来越富，而使穷者变得相对更穷。[②] 因此，那些被证明在科学方面非常出色的机构会比那些尚不知名的机构分配到更多的研究资源。[③] 而且，其声望也能吸引
662 458 超常比例的更多真正有前途的研究生。[④] 这种不相称还表现在另

① 朱克曼和默顿对此问题的后续研究见于本书第二十一章。

② 德里克·普赖斯已认识到了这一“马太”原理的意义。参见《自然》206(1965年)，第233页。

③ 参见D. S. 格林伯格文，原载《星期六评论》(*Saturday Rev.*)，1967年11月4日，第62页；R. B. 巴伯在《研究的政治学》(*The Politics of Research*, Washington, D. C.: Public Affairs Press, 1966)第63页提到：“1962年，全部联邦政府资助经费中的38%拨给了10个机构，而59%的经费拨给了25个机构。”另见H. 奥兰斯：《联邦政府项目对高等教育的影响》(*The Effects of Federal Programs on Higher Education*, Washington, D. C.: Brookings Institution, 1962)。

④ 因此阿伦·M. 卡特指出，1960—1963年，(正规的)国家科学基金会成员中的86%和伍德罗·威尔逊成员中的82%可以自由选择其研究地点，他们决定在25所最优秀的大学(根据其研究生院的排名而确定的)中的某一所进行研究；参见阿伦·M. 卡特：《研究生教育质量的评估》(*An Assessment of Quality in Graduate Education*, Washington, D. C.: American Council on Education, 1966)，第108页。

一特别极端的情况:6 所大学(哈佛、伯克利、哥伦比亚、普林斯顿、约翰·霍普金斯和芝加哥)培养出了 24%的物理学和生物学博士,在所培养的全部博士中有 65%的人后来获得了诺贝尔奖。此外,12 所著名大学都设法尽早地确认并尽其所能留住那些特别有天才的科学家:他们有 60%的人后来成为了获奖者,与之相比,它们所培养的其他博士只占 35%。①

这些社会选择的社会过程使最优秀的科学天才更为集中,这就使得任何与马太效应原理相抗争、以创立新的科学精英机构的尝试变得极为困难。

七、小结

对马太效应的这一解释,是对作为一种社会制度的科学之运转进行心理社会学分析小试锋芒。原来的问题通过理论视角的转换而改变了。最初,对马太效应的说明所依据的是,已经知名的科学家地位的提高,他们在合作研究和独立的多重发现中获得了过多的荣誉。因此,其意义是限定在它对科学奖励系统的含义方面。通过转换视角,我们注意到了它的其他各种可能的结果,体现在科学的交流系统方面。马太效应有助于提高那些声名显赫的科学家的科学成果的知名度,但却会降低那些鲜为人知的作者的成果的知名度。我们考察了决定这一效应的社会心理条件和机制,并发

① 有关诺贝尔获奖者事业类型的这一表现及其他详细情况,请参见 H. 朱克曼(本书边码 453 页注①和 497 页注)。

现了多重发现的重复功能与杰出科学家的聚焦功能之间的相互联系——后一功能会通过这些科学家赋予所发现的基本问题的重要价值和他们的自信心而得到强化。这种自信心一部分是固有的，
459 一部分是在有创造性的科学环境中体验和交往的结果，还有一部分是后来社会确认了他们的社会地位的结果；这种自信鼓励科学家们去探寻有风险但重要的问题，鼓励他们强调自己的研究结果。宏观社会意义上的马太效应原理，明显地表现在那些现在导致科学资源和天才集中化的社会选择过程之中。[①]

① 当与我较熟的分子生物学家理查德·L. 罗素碰巧见到本章的手稿时告，他告诉我，有机化学方面的一本著名课本［L. F. 菲泽(Fieser)和 M. 菲泽(Fieser)：《有机化学导论》(*Introduction to Organic Chemistry*, Boston：Heath，1957)］提到："根据塞则夫(Saytzeff，1875 年)的经验规律，在酒精脱水时，氢会首先从相邻的碳原子中分离出来，使氢更加匮乏。"在讨论这一规律时附有一条注释："《马太福音》第 25 章，第 29 节，……'没有的，连他所有的也要夺过来。'"显然马太效应不只存在于人类行为和社会过程之中。

第二十一章　科学界评价的制度化模式* 460

1971 年

（与哈丽特·朱克曼合著）

科学界的评议人体制包括系统地运用判断，对提交发表的手稿是否可以采用进行评价。因此，评议人是一种地位鉴定者，其职责是对某一社会系统中角色表现的质量做出评判。每一制度领域都有这类地位鉴定者。还有其他类型的地位鉴定者，如对学生功课的优劣做评估的教师（而最近的一项制度变革是，学生对教师的角色表现质量进行正式评估）、艺术领域的评论家、工业领域的主管人及体育领域的教练和经纪人。通过他们对角色表现的评价和根据角色表现的情况对奖励的分配，地位鉴定者成为了社会控制系统的组成部分。他们影响着保持或提高角色表现的标准的动机。

就科学杂志和学术杂志而言，其重要的地位鉴定者就是编辑和评议人。与那些对提交出版商的书稿的审读者或者对研究拨款

---

* 本章系哈丽特·朱克曼与罗伯特·K. 默顿合著，原以《科学界评价的模式：评议人体制的制度化、结构和功能》（"Patterns of Evaluation in science: Institutionalization, Structure and Functions of the Referee System"）为题，发表在《米涅瓦》第 9 卷，第 1 期（1971 年 1 月），第 66—100 页；现获准重印。这项研究得到了国家科学基金会资助的哥伦比亚大学科学社会学研究项目经费的支持。

计划建议评估的所谓专家一样，评议人通常都是秘密地做出他们的判断，判断的结果只有编辑而且通常还有作者可以得到。科学界和学术界的法官则使其判断公开化，如发表的书评，以及通常更重要的对论文的评论，这些评论会对某一专门知识领域近期成果的“可信度”做出评价。

461 尽管评议人体制具有其不足，但从事研究的科学家甚至认为，它目前的形式对科学的有效发展是非常重要的。J. M. 齐曼教授强调了下面的情况：

> 事实是科学论文的发表绝不是不受限制的。发表在有声望的杂志上的文章并不仅仅反映其作者的观点；它要得到作者可能已经咨询过的编辑和评议人认定它具有科学可靠性的发表许可。评议人是决定整个科学事业运转的关键。[①]

化学家伦纳德·K. 纳什教授把“科学杂志的编辑和评议人”称之为“科学的‘高尚品质’的主要维护者”。[②] 迈克尔·波拉尼教授提出，尽管显然存在着许多对特定的科学成果进行极不同的评价判断的情况，但是科学的权威结构这些年来普遍发挥了作用，展示出它具有相当大程度的一致性。例如，他指出：

> 两位互不认识的科学家在对一篇论文的发表进行评审时，通常对其接近的价值取得一致的意见。两位评议人对申请高等学位的独立评审也很少出现大的分歧。[③]

---

① J. M. 齐曼：《公共知识：科学的社会维度》，第 148 页。

② 伦纳德·K. 纳什：《自然科学的本质》(*The Nature of the Natural Science*, Boston：Little, Brown, and Co., 1963)，第 305 页。

③ 迈克尔·波拉尼：《科学、信仰与社会》，第 37 页。评议人一致性程度的证据

这类观察报告证实了科学家赋予评议人体制的重要意义。不过直到最近，评议人体制本身才得到系统的考察和评价。经济学 462
家戈登·塔洛克教授曾经指出，“既然这些编辑的决定对科学来说是重要的，那么对他们的研究的如此匮乏就是不可思议的。”①

在本文中，我们将对评议人体制的4个方面进行考察。我们首先讨论于17世纪晚期开始萌芽的对角色和程序体系评定的制度化。接下来我们将考察和探讨，在15个科学和学术领域中，提交给当时杂志的那些手稿被拒用的比率之差异模式的意义。在本文大部分中，我们主要根据《物理学评论》最近的档案(该杂志的编辑友好地让我们使用了这些档案)，区别和分析编辑和评议人所作决定的方式。最后，在这些历史的、比较的和定量分析的基础上，我们将探讨评议人体制对科学家个人、科学交流和科学发展的重要性。

刚刚开始收集，但有证据表明，这种程度在不同的科学和学术领域中具有明显的差异。例如，我们发现，《物理学评论》的两位评议人(在1948—1956年期间)对172篇论文评议的一致性程度很高。其中只有五例，评议人的意见是完全不一致的，一位建议采用，另一位建议拒用。对其余的论文，其推荐决定是相同的。有三分之二的论文只是在提议修改方面略有差异。然而，奥尔和卡萨布发现，对两份生物医学杂志五年内所收到的1572篇论文，至少有两个评议人进行了审阅，“他们认为一篇论文既可采用也可拒用的情况占75%”(与之相比，可能只有62%的情况属于意外)，参见理查德·H.奥尔和简·卡萨布：《同行群体对科学价值的判断：编辑评议》(“Peer Group Judgments on Scientific Merit: Editorial Refereeing”)，1965年10月15日提交给在美国首都华盛顿召开的国际档案联盟大会(the Congress of International Federation for Documentation)的论文。对于一份社会学杂志，193对独立的编辑评审意见中，有72.5%的情况是同意采用或者拒绝(与之相比，只有53.9%的情况属于意外)，参见欧文·O.斯迈格尔和H.劳伦斯·罗斯：《影响编辑决定的因素》(“Factors in the Editorial Decision”)，见《美国社会学家》(*The American Sociologist*)5(1970年2月)，第19—21页。对评议判断的一致性程度差异的系统比较，可说明不同的科学和学术领域制度化程度的差异。

① 戈登·塔洛克：《研究组织》(*The Organization of Inquiry*, Durham, N.C.: Duke University Press, 1966)，第148页。

一、评议人体制的制度化

作为科学这种社会制度的一个主要部分，评议人体制并不是马上就出现的。它是对在实现科学研究不断发展的目标中所遇到的具体问题的反应，并作为新出现的科学家的社会组织的副产品逐渐形成的。

17 世纪新的科学学会和学院对社会创办科学杂志来说是非常重要的，[①]这类杂志开始在书面的科学交流系统中占有更大的地位，在此之前科学交流仅限于书信、小册子和书籍。这些组织提供了一种权威结构，它把科学成果的单纯**印刷**转变成了**出版**。早期人们仅仅把手稿拿去印刷，除作者本人外，无人对其内容做充分的评论，由此慢慢形成了这样的做法，即尽管有时是在发表之后但主要是在此之前，通过按制度指定的和显然可胜任的评议人所作
463 的评价，确认手稿的内容是否适当。我们来看一下刚好在三百年前，在相差两个月内创办的最早的两份科学杂志刚开始时的一些情况，一份是《学者杂志》(*Journal des Sçavans*)，创办于 1665 年 1 月；另一份是皇家学会的《哲学学报》，创办于同年的 3 月。前者是一份内容繁杂的刊物，它除了刊登物理学、化学、解剖学和气象学方面的实验和观察报告外，还为图书编目、公布名人讣告、转引民

---

① 在其经典性的且至今仍然有价值的专著(1913 年首次私人刊印)的第 7 章，马撒·奥斯坦探讨了这一问题；参见《17 世纪科学学会的作用》，第 3 版(Chicago：Chicago University Press，1938)；另见哈考特·布朗：《17 世纪法国的科学组织》(*Scientific Organizations in Seventeenth Century France*，Baltimore：Williams and Wilkins，1934)。

事和宗教法庭的重要判决等。而《哲学学报》是"一份更纯粹的科学杂志……，它排除了法律和神学方面的东西，侧重收录在[皇家]学会所做的实验的说明"。[1]

尽管直到1753年《哲学学报》才作为皇家学会的官方出版物发行，但其理事会首次批准它是在1664年3月1日—1665年期间，其中有这样一些具有社会学意义的话：

> 决定[亨利]奥尔登伯格先生[该学会的两名秘书之一]编辑《哲学学报》，于每月的星期一刊印，假如他有充足的选题的话；并且决定，经此学会理事会准许发行的小册子，应首先由理事会的某些成员做出评价。[2]

对一个组织决定的这一概述，还包含了更多的相关信息。把对这一新的杂志的重任委托给了奥尔登伯格一个人，但对于他，并没有关于编辑的任命，没有具体规定他的编辑角色应履行的责任。不久之后，为了应付此刊物的维持问题，奥尔登伯格和学会关心此

---

① J. R. 波特:《科学杂志300周年》("The Scientific Journal—300th Anniversary")，原载《细菌学评论》(*Bacteriological Reviews*) 28(1964年9月)，第211—230页，见第221页。在这一简短的对评议人体制的制度化的说明中，我们还参考了S. B. 巴恩斯的《1665—1730年的科学杂志》("The Scientific Journal, 1665 1730")，《科学月刊》38(1934年)，第257—260页；F. H. 加里森的《17和18世纪的医学和科学杂志》("The Medical and Scientific Periodicals of the 17th and 18th Century")，见医学史研究所《通报》2(1934年)，第285—343页；D. 麦凯的《1665年至1798年的科学杂志》("The Scientific Periodicals from 1665 to 1798")，《哲学杂志》(*Philosophical Magazine*)(1948年)，第122—132页；D. A. 克罗尼克的《科学和技术杂志史》(*A History of Scientific and Technical Periodicals*, New York:The Scarecrow Press,1962)。

② 查尔斯·R. 韦尔德:《皇家学会史》(*A History of the Royal Society*)2卷本(London,1848)第1卷，第177页；另见C. 韦伯斯特:《皇家学会的起源》("Origins of the Royal Society")，《科学史》(*History of Science*)第6卷(1967年)，第106—128页。

事的同行一起，通过明确规定编辑的角色而引入了各种适应性措施。理事会也认识到了对此新杂志而言“非常重要的”直接相关的问题，逐渐形成了引导把科学家为杂志投稿的制度化方法。这里或许最重要的是，这个理事会作为《学报》的赞助者，与其命运休戚相关，并且想对其内容进行一定程度的控制。这些适应性措施为评议人体制提供了一个基础。

464 像对任何制度化情况的分析一样，我们必须考察，为了实现其首要目标即发展和传播科学知识，如何通过不同的安排来引导和强化有助于实现目标的促动因素，并争取那些有助于履行新出现的社会角色的促动因素。我们业已指出，第一个问题就是要得到足够的值得发表的成果。在某种程度上说，这是一个难题，因为认真从事科学研究的人相对来说比较少。不过，这也是这种情况的结果，即为了保护知识产权，许多科学家仍然重视保密性（这在与其亲密同行的通信中表现得很明显）。他们保持着一种（至少暂时）保密的态度，并且继续这样保守秘密，伊丽莎白·艾森斯坦深刻地指出，这种情况更适合于书写文化。[①] 然而，随着印刷术的出现，发现可以得到永久的保留，可以大大降低具体知识传递中的错误，而且知识产权也可以印刷形式注册。因此印刷术为所谓“公有

① 伊丽莎白·L. 艾森斯坦：《印刷术的出现与文艺复兴问题》（“The Advent of Printing and the Problem of the Renaissance”），《过去与现在》（*Past & Present*）45期（1969年11月），第19—89页，尤其是第55、63和75—76页。“在书写时代，许多形式的知识如果要想真正保存下来的话，就不得不保守秘密……新的技术进步若不能保证不受到侵害，若不是通过保密而加以保护的话，它也是不可能的。为了保护技术不受损害，就不得不把它委托给某一选定的专门团体，他们这些人不但接受过专门技术的训练，而且学习到了与其相关的‘行业’知识。”

性"这一科学的精神特质要素的出现提供了技术基础:这一规范要求与其他科学家公开交流发现成果,同时反对保密。[①] 但是看起来,这一规范并没有随着新的印刷技术的发明而充分发展起来;而附属性的制度创新有助于促进从保守秘密到要求公开化的转变。

在《哲学学报》创刊之前,皇家学会已采用了一种制度性方法鼓励科学家公布他们新的研究成果。皇家学会可以通过记录首次收到通报的日期正式确认发现的优先权。正如奥尔登伯格在向他的朋友和资助人罗伯特·波义耳作保证时所指出的:"此学会总是试图,而且我认为迄今所做的就是,如您所建议的那样,当任何观 465
察和实验首次提到时,注意其注册的时间。"他又进一步说,为了使这种做法的作用明确化,皇家学会

> 已再次宣布,它将及时做记录:如已致函给[惠更斯],对他**自愿地向学会通报**他所取得的新发现或他想做的新实验,学会将非常认真地登记取得新成果的人和时间,使成果如实得以传播;**这样可使发明的荣誉流芳百世。**[②]

此后不久,奥尔登伯格又写信给波义耳更突出地重申了这一制度做法的功能:

> 我们学会的这种公正原则和大方是非常值得称颂的,而

---

① 对"公有性"、普遍主义、有组织的怀疑和无私利性这些作为科学的基本制度规范的分析,参见本书第十三章。关于这种规范结构的进一步分析,参见伯纳德·巴伯:《科学与社会秩序》第4章;诺曼·斯托勒:《科学的社会系统》,第76—136页;安德烈·F.库尔南和哈丽特·朱克曼:《科学的规则》,见《基础研究》23(1970年),第941—962页。

② 亨利·奥尔登伯格:《亨利·奥尔登伯格书信集》(*Correspondence of Henry Oldenburg*),由A.鲁珀特·霍尔和玛丽·博厄斯·霍尔编辑和翻译,6卷本(Medison: University of Wisconsin Press,1966),第2卷,第319页,黑体字为我所标。我们大量参阅了此通信集的各卷,它们提供了无与伦比的关于《学报》早期的丰富信息。

> 的确令我高兴的是，正如我时常想到的，主要由于这一原因，我相信，所有杰出的人都会得到鼓励尽可能地通报他们的知识和发现，我们相信这一古老的名言：Suum cuique tribuere［物归其主］。①

甚至在奥尔登伯格成为《学报》的主编之前，他有时就提到，应该引导科学家接受通过主动交换进行自愿交流这一新的规范：即公开成果，以换取在制度上有保证的向他人提供新知识的荣誉性产权。

在照顾波义耳著作的过程中，这位《学报》后来的主编忽然想到，及时发表是保护知识产权的另一种措施。因为与当时的其他科学家一样，波义耳一直非常担心他所形容的“哲学抢劫者”的危险，这也就是今天人们不那么形象地所说的对已经传播但尚未正式发表的手稿的剽窃。波义耳认为他时常是这方面的受害者。②作为其代理人，奥尔登伯格安排及时发表了波义耳的一批论文，并给他写信再次保证：“它们现在非常安全了，因［印刷者］克鲁克先
466 生保证，他也会注意保守秘密，以防哲学抢劫者。”③后来，奥尔登伯格作为《学报》的主编可以借此作为动力使波义耳答应，他将“不时地投来一些短文，按照那种构想，您每月都会愉快地发表成果了。”④波义耳全然不知的是，他以这种方式促进形成了一种新的

① 亨利·奥尔登伯格：《亨利·奥尔登伯格书信集》，第329页。

② 人们会记得，因剽窃者对其成果的侵害，波义耳曾提交了一份文件，后来印成了三页对折的材料，其中详细列举了17世纪科学中的主要窃贼为剽窃所发明的各种高明手段。参见《可敬的罗伯特·波义耳的著作集》，J.伯奇编，6卷本，第1卷，第cxxv—cxxviii，ccxxii—ccxxiv页，另见波义耳的信，见奥尔登伯格：《书信集》第4卷，第94页。

③ 奥尔登伯格：《书信集》第2卷，第291页。

④ 同上书，第3卷，第145页。

知识传播的形式，这种形式最终作为“科学论文”得到了认同。

然而，波义耳的确指出了为新创办的杂志撰稿的另一动机。他几乎直截了当地把这一点看做是科学家使其成果在科学档案中永久保存的一种方式，在他答复奥尔登伯格为《学报》投稿的要求时，他说：

> 如果我完全谢绝如此礼貌的请求，并且忽视通过汇编成册使我的一些研究报告得以保存并有可能作为有用的资料永久保留的机会，那么，人们可能会认为，我对自己的事业太不了解了。

书信是人们更熟悉的简要报道科学研究成果的交流途径，它的难以保留性与杂志（尤其是由科学学会赞助的刊物）的潜在的持久性相对比会更为突出。无论如何，我们从波义耳的评论中发现了很早以前关于科学杂志是科学档案的暗示。

创办科学杂志可能还有另外一个动机。科学家追求发现的产权主要是为了个人拥有，有时也是为国家拥有。[①] 如 A. R. 霍尔和 M. B. 霍尔这两位奥尔登伯格书信集的编辑所指出的，1667 年，奥尔登伯格热切地去“证明英国[在动丝测微计方面的优先权]，并留心在《哲学学报》上加以刊登。类似地，他还竭力在《哲学学报》上坚持主张，是英国人而不是法国人或德国人，提出了静脉注射药物和在动物之间输血的思想”。[②] 国家享有优先权的这种重要性还会迫使科学家不情愿地为这一新的出版物提供“有分量的

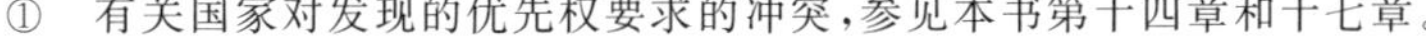

① 有关国家对发现的优先权要求的冲突，参见本书第十四章和十七章。

② A. R. 霍尔和 M. B. 霍尔编：《奥尔登伯格书信集》第 3 卷《导言》，第 xxv 页。

议题”。因此，在《学报》早期的历史中曾发挥重大作用的数学家约翰·沃利斯，针对法国人多次提出的他们开创了输血法的主张，就主张去保护国家的优先权：

467 我只能希望那些属于我们国家，并希望人们比现在稍微及时一点发表自己的发现（尤其是最重大的发现），不能让外人夺去属于我们自己的作者的荣誉。[①]

通过这些以及类似的制度措施，这一新的科学学会和新的科学杂志说服了科学家心甘情愿地公布他们新发现的知识，而不再保守秘密或只进行有限形式的交流。[②] 不过，制度化不仅仅是价值观的转变问题；它还涉及这些价值观与权威界定的角色的结合。作为赞助《学报》的组织，皇家学会为其提供了权力和权威，使得它能够设立新的任务并对接受这些任务者提供相关的奖励。的确，在早期时，皇家学会吸纳的许多成员只有较少的或者没有科研能力。但是，对制度化过程来说更重要的是，它囊括了所有英国的科学家（以及许多国外的科学家），他们都取得了重大的科学成就。结果，它不但在英国而且在欧洲大陆，[③]被广泛地承认是一个权威性的科学家团体。

以被证实的能力为基础的这种权威，使得科学家他们作为皇家学会的成员、《学报》的撰稿人和其读者这三重角色，得到了相互

① A. R. 霍尔和 M. B. 霍尔编：《奥尔登伯格书信集》第 3 卷，第 373 页。

② 通过这种由社会导致的目标置换过程，对相当多的学者和科学家而言，公开交流这一价值，除了提交发表的成果本身的价值以外，最终就会变为在杂志上发表成果的迫切要求。这一发展反过来会在学者共同体内，通过某种评议人体制，加强对手稿的筛选、分类和认可的关注。

③ A. R. 霍尔和 M. B. 霍尔编：《奥尔登伯格书信集》，第 2 卷《导言》，第 xxi 页。

强化。这些结果从几个方面构成了科学杂志和评议人体制的早期发展。首先，越来越多想寻求对其研究成果做出有相当水准的判断的科学家，逐渐转向了皇家学会。例如杰出的天文学家赫维留(Hevelius)撰写了他的重要著作《彗星天体》(*Cometographia*)，其中写道："只要此书一发表，我就会首先赠送一本给具有高判断力和值得尊敬的皇家学会。"[①]法国天文学家和工程师皮埃尔·珀蒂曾向"我呈请对我的观点予以评价的驰名的皇家学会"表示其敬意。[②] 这些并非仅仅是礼节性词语。正如霍尔他们所指出的，没过多久，"为在《哲学学报》发表而写作的"的欧洲科学家大量增加。[③] 这种**直接**为在一个杂志上发表而写作的新的做法，构成了 468
科学家角色演化的另一个明显的变化。随着学术团体和学术杂志的相继创办，科学家们开始抓住新的机会，使自己的研究得到其他权威科学家有相当水准的评价，[④]这种态度和行为模式是评议人体制的基础。

使科学论文得到皇家学会受委托的会员评价的这种做法，也许影响了那些论文的质量。旨在发表的论文，通常会比非公开的

① A. R. 霍尔和 M. B. 霍尔编：《奥尔登伯格书信集》第 2 卷，第 138 页；另见同上书，第 4 卷，第 448 页。

② 同上书，第 2 卷，第 595 页。有关把皇家学会当作是科学法庭的其他例子，见同上书，第 3 卷，第 6、171、219、298 页。

③ 同上书，第 4 卷，第 xxiii 页。

④ 在一系列文章中，默顿已经阐述了一种观点，即科学家对他们的成果得到同行的适当的承认这种关注，对作为一种社会制度而运转的科学是非常重要的。请参见例如本书第十四章。这种观点由诺曼·斯托勒对有资格的评价的讨论(见其《科学的社会系统》，尤其是第 19—27 页和第 66—73 页)和沃伦·O. 哈格斯特龙对交流的互惠性和含蓄性的讨论(见其《科学共同体》，尤其是第 13—21 页)，已得到了进一步的发展。

科学论文有更充分的准备，对于可能会被学会代表仔细审查的知识大概就更是如此。

皇家学会委派的代表很注意学会的声望，他们在激励之下建立和维持一些处理方法，以便在为论文提供书面证据或同意在《学报》上发表之前，对它们进行有相当水准的评价。他们经常表示，他们知道为了维持对科学家的信任，必须对实际达到学会的出版许可标准的评审材料进行严格筛选。因此，学会的主席，“在肯定地对这些光学装置的指数做出任何断言之前，要根据某种标准对它们进行检测；如果这项发明经得起他的检验，它会得到公认，而且学会也会确信无疑，其发明者是他们的一个成员。”[①]或者作为主编，奥尔登伯格后来向波义耳报告说，“在像人们希望的那样，我们向社会对它做出公开证明之前，”[②]不可能对这个问题进行非常细致的研究。皇家学会同时开始对引起它注意的评价过的研究与未评价的研究进行区分。有时，还包括这样的政策：“sit penes authorem fides［文责自负］：我们只是把它记录了下来，因它与我们有关，我们不会对它有任何抬高。”[③]在确立它为一个权威性的科学团体的合法性的过程中，皇家学会逐渐形成了为重要的科学研究成果提供证实的规范和社会安排。

469 因此，评议人体制的构成要素，是适应科学家分别地和共同地

① 奥尔登伯格：《书信集》，第4卷，第223—224页。

② 同上书，第4卷，第235页。在这一事件中，《学报》不久发表了对这些光学仪器的简短说明。

③ 同上书。有意思的是，针对今天稿件如潮、评议机构不堪重负的情况，某些杂志便也采用了这种政策，允许发表一些未经评议的论文，但论文需附带一个注释，说明它没有经过评议。

关注的不同利益而出现的。作为科学的生产者，个体科学家关心的是，通过发表其成果，由新出现的科学共同体中对他们来说很重要的其他成员做出评价，从而得到承认。而作为科学的消费者，他们关心的是其他人的成果得到有相当水准的评价，这样他们就可以依赖其可靠性。在提供满足这些利益的组织机制方面，皇家学会关心的是通过组织可以信赖和有相当水准的评价而保持其权威地位。

即使在这早期阶段，也有迹象表明，个体科学家非正式消费者的角色，对有助于控制杂志出版的质量这一过程，已开始产生影响。当编辑或皇家学会因允许有疑问的资料在《学报》上发表而铸成错误时（他们偶尔会这样做），读者就会表示其不满。例如，法国天文学家奥祖（Auzout）曾指责其编辑发表了无根据的和有疑问的解释：

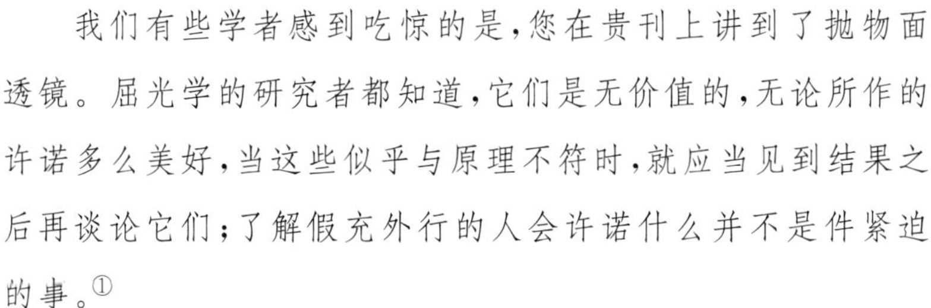

> 我们有些学者感到吃惊的是，您在贵刊上讲到了抛物面透镜。屈光学的研究者都知道，它们是无价值的，无论所作的许诺多么美好，当这些似乎与原理不符时，就应当见到结果之后再谈论它们；了解假充外行的人会许诺什么并不是件紧迫的事。①

我们没有证据说明这类批评是否有助于使以后的编辑决策更为谨慎。不过关键在于，新创办的杂志与当时的图书印刷商不同，它提供了一种方式，科学共同体的成员可借以影响编辑活动。通

① 奥尔登伯格：《书信集》第 3 卷，第 111 页，这里所引的编者的译文，见第 114 页。

过编辑角色的形成和刚刚出现的除编辑外请其他人对手稿进行评价的安排，这一杂志便为科学研究成果采用的标准提供了更为制度化的形式。

为了应付一些紧迫的问题，学术杂志发生了其他一些适应性变化。到17世纪末，出现了角色分化的迹象，特别是在那些涉及不同知识领域的杂志中，出现了编辑部或编辑“委员会”。例如，《学者杂志》于1702年规定，编辑部的每一成员负责一个专门的学
470 术分支，他们每周碰面对选题进行评议。[①] 杂志的其他方面发展得较慢。用了一个世纪的时间，科学杂志的版式才或多或少地确立下来，而注脚和引证索引这些学术注释的普遍采用甚至花费了更长的时间。[②]

因而，科学杂志几乎从一开始就发展了评议方式，以表明要控制它们所发表的稿件的质量这一目的。

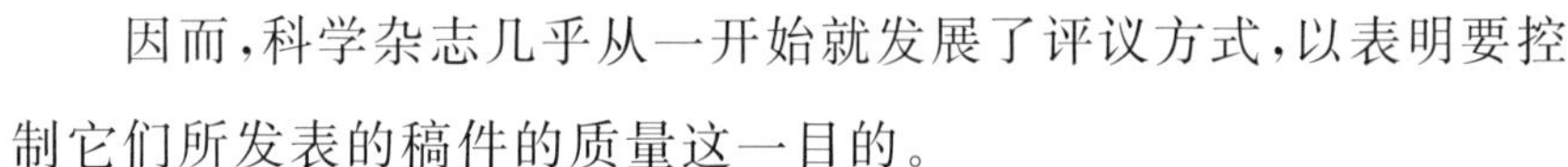

二、科学和人文学科中的评价模式

从早期的这些发展转向现在，我们发现人们已广泛采用了某些形式的评议人体制。例如，在物理学和生物学中，最近对13个

---

① 谢尔曼·B. 巴恩斯：《早期学术杂志的编辑工作》（“The Editing of Early Learned Journals”），《奥西里斯》1（1936年），第155—172页，见第157—159页。

② 波特：《科学杂志》，第225页；德里克·J. 德·索拉·普赖斯：《科学交流的目的：哲学与预测》（“Communication in Science: The Ends-Philosophy and Forecast”），见安东尼·德·吕克和朱莉·奈特编：《西巴基金科学交流研讨会》（*Ciba Foundation Symposium on Communication in Science*, London: J. and A. Churchill, 1967），第199—200页，见第200页。

国家 156 份杂志的调查发现，其中 71%都在某种程度上运用了评议人体制。[①]

那么，在主要的科学和学术领域中，杂志的编辑和评议人的评价过程有哪些主要结果呢？不同学科之间是否有显著的差异？其结果中明显的差异是偶然的还是固定的？为了探讨这些问题，我们收集了 83 种杂志为样本的稿件拒用率资料，这些杂志涉及人文、社会和行为科学、数学以及生物学、化学和物理学学科。[②]（结果如表 1 所示，按学科的稿件拒用率由高到低排序。）

这些数字反映出了明显和重大的差别。人文学科方面的稿件拒用率最高。接下来是社会科学和行为科学，紧接着是数学和统计学。物理学、化学和生物学的稿件拒用率最低，其稿件拒用率只有人文科学方面的三分之一。

确证这一经验上的一致性的，是一些辅助性的关于学科内部反常拒用率的模式，这些模式实际上再现了主要的模式。首先，我们来考虑物理学领域。12 种杂志的平均稿件拒用率是 24%，从其

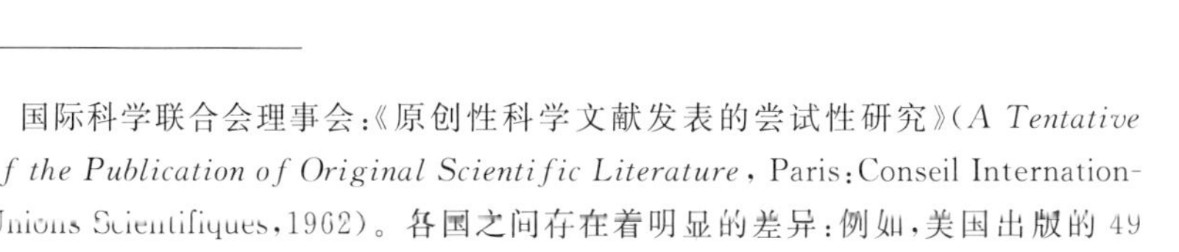

① 国际科学联合会理事会：《原创性科学文献发表的尝试性研究》(*A Tentative Study of the Publication of Original Scientific Literature*, Paris: Conseil International des Unions Scientifiques, 1962)。各国之间存在着明显的差异：例如，美国出版的 49 种杂志中，只有 2 种没有用评议人，而相比之下，法国出版的 30 种杂志中，有 9 种没有用评议人。

② 第一个表依伯纳德·贝雷尔森在其《美国的研究生教育》中所汇集的主要杂志而得出。这一表可由主要的学者和科学家团体主办的其他研究性杂志来补充。我们共给总计 117 个杂志的编者寄去了问卷，收到了 97 份回答，能用的资料共 83 份。这里没有包括物理学界的《物理学评论通讯》和其他科学中的类似杂志，因为它们是专为“快速发表”设计的。有关这类出版物所遇到的特殊问题，参见塞缪尔·A. 古德斯密特所写的《社论》，原载《物理学评论通讯》21(1968 年 11 月 11 日)，第 1425—1426 页。

471 **表 1　1967 年科学和人文杂志的稿件拒用率**

	平均拒用率(%)	杂志数量
史学	90	3
语言和文学	86	5
哲学	85	5
政治学	84	2
社会学	78	14
心理学(不包括实验心理学和生理心理学)	70	7
经济学	69	4
实验心理学和生理心理学	51	2
数学和统计学	50	5
人类学	48	2
化学	31	5
地理学	30	2
生物学	29	12
物理学	24	12
地质学	22	2
语言学	20	1
总数		83

中的 11 种看,其稿件拒用率的变化范围在 17%至 25%之间,差距不大。但第 12 种杂志《美国物理学杂志》(*American Journal of Physics*),其稿件拒用率为 40%,远远高于一般情况。根据稿件拒用率的一般模式,我们认为这一表面上反常的情况只不过证实了这个规律。因为在表 1 所列出的 12 种物理学杂志中唯有这份杂志与其说是物理学**领域**的杂志,莫如说是**关于**物理学的杂志。它所发表的论文主要涉及的是物理学人文主义、物理学教学法、物理学史和物理学的社会问题,而不是报道物理学新的研究成果。因此在这一方面,它具有较高的稿件拒用率的人文和社会科学的

特性，而不具有相对较低拒用率的物理学的特点。

我们在其他学科中也会发现类似的模式。例如人类学的两份杂志，其平均稿件拒用率是 47.5%，明显地低于其他社会科学。但是这两份杂志的拒用率截然不同。《美国人类学家》(*American Anthropologist*)主要侧重于社会人类学和文化人类学，接近其他社会科学而具有较高的 65%的稿件拒用率，而《美国体质人类学杂志》(*American Journal of Physical Anthropology*)的稿件拒用率是 30%，接近物理科学较低的稿件拒用率。我们发现在心理 472
学中也有这类相同的差异。侧重于社会心理学、反常心理学、临床心理学和教育心理学的杂志，其平均稿件拒用率是 70%，而实验心理学、比较心理学和生理心理学方面的杂志接近于自然科学，其平均稿件拒用率是 51%。再看另外一个例子，它也明确表明了总的模式之中的细微差异，这次考虑的是通常划归为人文类的学科。具有人文传统的语言和文学方面的杂志的平均稿件拒用率是 86%，而《语言学》(*Linguistics*)杂志在对语言的研究中采用了数学和逻辑方法，其稿件拒用率是 20%，更接近于自然科学。

学科领域之间和学科内部的差异模式可用同一经验法则来描述：杂志越偏重于人文方面，对稿件的拒用率就越高；杂志越偏重实验和观察方面，越强调观察和分析的严密性，对稿件的拒用率就越低。[①]

---

① 这一经验法则的经验基础可用一件事来说明，此事发生在我们调查杂志的过程中。化学物理学方面的一个杂志的编者说其稿件的拒用率是 75%，此数字远远高于物理学和化学领域的其他的杂志。见到这个异常的数字后，我们问这位编辑其原因是什么，结果他只是说这不过是一个笔误；他所报告的是稿件的采用率，而不是 25%的稿件拒用率。

学术杂志的制度化行为中的这些不同，还可能部分地反映了不同学科在就学术成果的标准达成一致的程度方面有差异。其情况似乎是，具有较高的稿件拒用率的那些杂志，按照其编辑和评议人的判断，所收到的稿件中有更多的部分并非仅仅是有争议的、难以定夺的，即使放宽要求，它们也达不到学术成果的最低标准。这表明，这些学术领域没有在非常明确的意义上得到充分的制度化，以至编辑和评议人与那些撰稿人之间，对于什么是合乎标准的学术成果几乎总是各执一端。例如，以一份杂志为例，此杂志十分之九的来稿被拒用，约有 40％的来稿被编辑当作是根本不合要求、不能在任何学术杂志上发表的稿件立刻被枪毙了。一份最终的稿件拒用率约为 80％的杂志的编辑认为，其评议人的标准比本领域的其他杂志的标准更有必要。他本人拒用的来稿超过 40％，他解释说，它们

> ……是一些我断定绝不可能通过我们的严格筛选的稿件，不管是由谁来审，因此我本人仔细地审阅它们，并总是给作者寄去 1—3 页不空行打字的信函，解释一下我们这里为什么不
> 473 能采用，他们该如何对稿件修改以投到别处，或者他们如何在已有研究的基础上加以改进，从而成为可发表的研究成果。

而另外一份稿件拒用率高达 80％的杂志的编辑说，约有 20％的来稿“都是显然不能接受的，我不想让它们浪费评议人的时间……我们现在还会收到大量完全是业余水平的论文”。

大批的稿件被断定是毫无学术希望的，这表明，撇开制度上合法的编辑和评议人或所谓的撰稿人是否在进行更恰当的判断不谈，这个学科有关学术成果的标准是模糊不清的而且非常散乱。

我们不知道不同领域中这些所谓不可救药的稿件的相对频率，但是编辑的陈述表明，这种情况在人文科学和社会科学领域是相当多的。

这些资料还表明，具有极不同的稿件拒用率的杂志的编辑和评议人，当出现判断失误时，常采取不同的决策原则以应付不同类的错误。编辑和评议人当然都想避免出现判断错误。但是应认识到他们不可能是无过失的，他们似乎表现出不同的偏好。拒用率高的杂志的编辑人员，明显地偏好于冒险拒用一些在更广泛的学者共同体（或后代人）看来是值得发表的（甚至或许是重要的）稿件，此为第一类错误，但他们不愿冒险去发表被广泛认定为不符合标准的论文。有外在的证据表明，对于拒用率低的杂志，科学家决定提交论文是基于其领域广泛持有的标准，这类杂志的编辑明显地偏好于冒犯第二类错误的风险，如果必定有这些错误的话：有时发表一些不够标准的论文，而不会忽略那些会被证明为有创造性的和重要的成果。因此，一个稿件拒用率仅为五分之一的杂志的编辑按照这样的假定行事：一篇稿件在明显被证明不合格以前，就是可以发表的。他指出："如果稿件得到了承认或稍作修改，第一评议人推荐发表，通常这就足够了。如果第一评议人持否定的观点，或者未作决定，就会找另外的评议人，直到达成一致的看法。"这一类的另一个杂志的编辑说，他们"一般会发表'可上可下'，亦即评议人对它们有不同看法的论文"。用联想到的另一制度领域的术语说就是，高拒用率杂志的决策原则似乎是：当有疑问时，拒用；而低拒用率杂志的决策原则似乎是：当有疑问时，采用。

尽管这些决策原则的实际分布情况及其在不同的学科中对学

474 术成果的质量的影响尚不明确，但是现在看起来，这些原则对处于不同发展阶段的科学家和学者会产生不同的影响。科尔兄弟和朱克曼发现，对年轻科学家著作的权威承认，对于他们取得进一步的成果是非常重要的。① 这表明，论文被拒用会给新手造成比已获承认的学者更大的挫折。杂志的多样化②不一定能完全解决他的问题。因为他的研究能力还需要制度上的证明，他的论文是在高档的还是低档的杂志上发表，对他来说可能事关重大。他的论文被高档杂志拒用可能会对他有更严重的伤害，往往会导致他完全放弃发表成果的计划。

无论其结果是什么，不同学科的杂志的稿件拒用率的明显差异，只能暂且部分地归因于，人们在恰当的科学和学术成果的标准方面存在着共识程度的差别。除此之外，在可供发表的相对空间方面也有客观的差别。③ 所有杂志的编辑必须对可利用的有限的篇幅资源进行分配，但是，并非所有领域和杂志这方面的资源是同样紧缺的。科学领域的杂志所能发表的投稿的比例显然更大一些，因为其可利用的篇幅大于人文学科。以物理学为例来说，物理

① 乔纳森·R. 科尔和斯蒂芬·科尔：《科学界的社会分层》；哈丽特·朱克曼：《科学界的精英：美国诺贝尔奖获得者》。

② 人们常常指出，那些真正过硬的论文最终会找到出路发表的。参见塔洛克：《研究组织》，第144页；斯托勒：《科学的社会系统》，第132—133页；沃伦·O. 哈格斯特龙：《科学共同体》，第18页起。然而，只是现在才开始有证据说明不同等级的杂志发表的论文的比率，它们分为一级、二级或n级刊物。见林南和卡诺特·E. 纳尔逊：《社会学核心杂志参考文献的形式》（"Bibliographic Reference Patterns in Cole Sociological Journals"），《美国社会学家》4（1969年），第47—50页。除此之外，我们不知道那些经过了几家杂志编辑转手后才发表的论文的利用情况。

③ 我们感谢乔纳森·R. 科尔博士提供了这一研究的线索。

学杂志上的论文一般较短，通常只占有几个印刷页，这样决定发表
一篇个别的论文的“代价”较小，而且发表的直接费用常常会从作
者的研究经费中支付。[①] 此外，杂志可利用版面的扩大幅度超过
了科学家数量的增长幅度。例如，《物理学评论》(及《物理学评论
通讯》)每年用于刊登的页码数目，从 1950 年的 3920 页增加到了 475
1965 年的 17060 页，增长了 4.6 倍；同一时期，美国物理学学会
(American Physical Society)会员的数量只增长了 2.4 倍。对人
文和社会科学的初步统计并没有表明，杂志版面的增加也同样超
出了学者数目的增长。相比之下，美国社会学协会的官方杂志可
用的版面，从 1950 年到 1965 年差不多是相同的，而协会会员的数
目却增长了 2.5 倍。

这类考察只涉及了从对稿件不同的拒用率上反映出的评价过程的最终结果。显然这种粗略的信息几乎没有对评价过程本身做出说明。转向《物理学评论》这份科学杂志，我们可以作更为详细的考察，因为我们有必要的档案证据。

三、编辑和评议人的评价行为

首先对《物理学评论》做一简要介绍。它每年出版 72 期(及两册索引)，此外在《物理学评论通讯》上每周发表简短的研究报告。它在世界物理学杂志文献中占 6%(加上《通讯》占 9%)的份额。

① 科学杂志向作者“按页码要价”对发表模式的影响本身，也成了一个复杂的问题，威廉·加维、贝尔弗·C. 格里菲思、弗朗西丝·科顿及约翰·霍普金斯大学的科学交流研究中心(Center for Research in Scientific Communication)正在研究此问题。

注意一下除《物理学评论通讯》以外，1965 年在《物理学评论》上发表的物理学文献，超过了德国这个一度为世界物理学中心所出版的 53 种杂志的所有文献，我们便可以估计出这个刊物的相对规模。①

当然，所有这些数量不一定说明具有高的质量。但这表明，就《物理学评论》被用于进一步的研究而言，该刊在 20 世纪 50 年代像在现在一样，远远领先于其他物理学杂志。在该刊上发表的论文比在任何其他物理学杂志上的发表的论文更经常被引用，也比它应有的被引证量(即按其在物理学文献中所占的份额而获得同等份额的引证)要多。在像意大利的《新实验》(*Nuovo Cimento*)、俄国的《实验和理论物理学杂志》(*Journal of Experimental and Theoretical Physics*)和伦敦物理学会(Physical Society of London)的《会刊》这些一流的杂志中，《评论》的被引用率远远高于这

686 些杂志：②《新实验》中的参考文献有 36％引自《物理学评论》，而只
476 有 17％引自所有的意大利杂志；《实验和理论物理学杂志》中的参考文献有 22％引自《物理学评论》，相比之下，只有 15％引自其本身；《会刊》中的参考文献有 34％引自《评论》，与之形成对比的是，只有 9％引自其本身。发表在《评论》上的成果被广泛引用是非常

① 斯特拉·凯南和 F. G. 布里克韦德：《1965 年物理学摘要涉及的杂志文献》(*Journal Literature Covered by Physics Abstracts in 1965*, New York: American Institute of Physics, 1968)，附录 2。

② M. M. 凯斯勒：《技术信息的流动模式》(*Technical Information Flow Patterns*, Cambridge, Mass.: Lincoln Laboratories [Massachusetts Institute of Technology], 1958)，第 247—257 页，报告的资料为 1957 年的；另见 M. M. 凯斯勒：《麻省理工学院技术信息项目》(“The MIT Technical Information Project”)，见《今日物理学》(*Physics Today*) 10(1965 年 3 月)，第 28—36 页，第 30 页。

值得注意的，因在每一杂志中，论文都有一种引证同一杂志上的其他论文的普遍倾向。凯斯勒总结了他所发现的当代物理学文献的引用模式，他指出："《物理学评论》是真正面向物理学家的专门杂志。它作为所有国家的物理学家之间的信息的载体，享有超过其他所有杂志的绝对主导地位。"①

物理学家既是研究的消费者又是其生产者，他们的行为证实了大致相同的判断。作为消费者，据科尔兄弟的调查，在 1300 名美国专业物理学家中约有 70％的人回答说《评论》是他们最经常阅读的杂志（有超过 25％的被调查者没有提到其他杂志）。② 作为生产者，档案资料表明，物理学家更想使自己的文章发表在《评论》上，认为这会使他们在全世界的同行中有更大的知名度。显然，我们这里所讨论的是这一领域中的重要杂志。那么，其编辑和评议人的评价模式又是什么样呢？

四、《物理学评论》的档案抽样分析

在 1948—1956 年这九年期间，组成《物理学评论》档案③的基

① 凯斯勒：《技术信息的流动模式》，第 249 页。

② 斯蒂芬·科尔和乔纳森·R. 科尔：《知名度与科学研究意识的结构基础》（"Visibility and the Structural Bases of Awareness in Science"），见《美国社会学评论》33（1968 年 6 月），第 397—413 页，见第 412 页。

③ 我们要感谢塞缪尔·A. 古德斯密特教授，美国物理学学会出版物的总编辑，于 1966 年向我们提供了这些档案。他最近在《我的文章出现了什么问题？》（"What Happened to My Paper"）中说明了《物理学评论》近年来所采取的编者和评议程序，见《今日物理学》22（1969 年 5 月），第 23—25 页。

本资料包括：作者、编辑与评议人之间的通信，编辑所做决定的记录，稿件在评议人中的分配，他们对论文的评价和最终处理意见。这为分析一流杂志的科学评价的基础结构提供了丰富的资料，它们既有定量方面的也有定性方面的。更具体地说，这些资料能使我们发现其结构的运作如何受科学的分层系统的影响。

我们首先来分析投稿的物理学家的总数和评价过程的总体结果。477 在这九年期间，总共收到了14512份手稿(有一半多一点的文章是单一作者的)。在此报告中，我们将主要分析单一作者的论文，其中有80%最终发表了。我们从这些极为丰富的资料中选出的样本是基于这样一种构想，即科学界的分层系统是一种独特的混合物：一方面是平等主义的价值观，它调节着获得发表的机会；另一方面是一个等级结构，在其中权力和权威主要赋予了那些通过科学成就的积累而获得了地位的人。在马克斯·韦伯看来，科学界的分层是建立在荣誉和声望基础上的一种等级制度。尽管科学中的地位和权威是通过过去的成就而**获得**的，但一旦获得这些东西之后，它们就会(在不确定的期间内)成为**先赋性**因素。正如迈克尔·波拉尼和诺曼·斯托勒非常明确地指出的那样，后获地位与先赋地位的这种结合导致了科学的权威结构运转中的张力。[①] 这些张力无疑也会影响到科学成果的评价过程。一方面，由科学权威(其地位很大程度上是依靠于他们以往的成就)**所作**的

① 迈克尔·波拉尼：《个人知识》，尤其是第6—7章；斯托勒：《科学的社会系统》，第103—134页。

鉴定可能会有重大的甚或是决定性的影响力，这不仅仅是由于其学术说服力。另一方面，评议人对有地位的科学家的成果的鉴定可能会有意倾斜，如出于尊敬，不太仔细地评价那些不够严格的标准，或者怀疑自己有充分的能力对大人物做出批评，或者担心冒犯该领域有影响的人物。尽管科学精英的等级制度是基于依据已被认可的成就而获得的地位，但是，它也会在这两个方面违背对科学成果的无偏见的和普遍主义的评价原则。

考虑到科学界的分层系统，我们从 1948—1956 年《物理学评论》档案中选出了一个由撰稿人组成的样本，根据对以往科研成果的评价，该样本分为三个层次的制度化的等级。第一等级包括所有这类提交论文的物理学家，他们截止到当时(1956 年)，已经至少获得了物理学中 10 种最著名的奖励[如诺贝尔奖、成为皇家学会会员或全国科学院院士]中的一种。[1] 在总共 91 名这类物理学家中，有 55 人独立地提交了论文。第二等级的物理学家，尽管他们尚未获得任何最高形式的承认，但他们被美国物理学研究院(American Institute of Physics)认定是重要的、足以纳入到当代物理学家的档案之中。在美国物理学研究院所列出的名单中，总共有 583 人在这期间给《物理学评论》投过稿，他们形成了这一中 178
间等级，其中有 343 人独立地提交了论文。剩余的 8864 名投稿人构成了这一等级序列的第三等。我们没有对他们所有人进行考察，只选取了其中两个连续的 10% 的随机样本作为代表，总共有

① 参见科尔兄弟：《科学产出与承认：科学界的奖励系统运转研究》("Scientific Output and Recognition: A Study in the Operation of the Reward System in Science")，第 383 页，他们根据由 1300 名物理学家构成的样本而确定出了奖励的声望等级。

1663 名作者,其中有 659 人独立地提交了论文。[①]

为了进行某些特殊的分析,我们还在这一地位等级中找出了一个流动的子群体:共有 49 位投稿人,他们在进行此研究时还处于中间等级,但后来升到了最杰出的那一等级。事实上,我们是在这一升迁过程中考察这些物理学家的:他们已获得了突出的成就,只是还未得到最高层次的承认。揭示稿件评审体制如何评价这些其成果后来赢得了极大声誉的物理学家的论文将是非常有价值的。

我们以相同的方式对 354 名评议人划了等,他们对作者样本中独立提交的论文进行了评审,其中 12%属于第一等级,35%属于第二等级,其余 53%属于第三等级。

撰稿人样本和相关的评议人样本的设计,考虑到了权威的等级结构与科学著作评价之间的相互作用这一普遍问题。更具体地说,我们想考察在评价由不同等级的物理学家投给《物理学评论》的论文时,普遍主义标准和特殊主义标准被运用的程度。由于这是我们的目的,因而出于内容和程序上的原因,我们的分析将限于那些完全是单一作者的论文。实际上我们发现,那些不止一位作者的论文,大多是报道实验结果,它们具有如此高的采用率(超过

---

① 第一个 10%的随机样本是从档案中除去了最高等级和中间等级的所有物理学家之后,在剩余的提交论文的物理学家中选出来的。在由第三等级的 866 作者组成的这个样本中,有 355 人独立地提交了论文。对涉及三个或更多变量的这第一个样本的分析,导致了有时基于较小数字的结果。为了核实这些结果,我们又从剩余的第三等级作者中选出了第二个 10%的随机样本,由 797 人构成,其中有 304 人独立地提交了论文。结果是,这两个连续的样本所得出的结果非常相同——相差不到三个百分点,因而把它们合在一起来说明。

90％),因此它们在我们要研究的评价类型中可能表现不出什么变化。从程序上说,只有在单一作者的情况下才可能对地位进行明确的和实在的鉴定。而对由多人撰写的论文就不能这样分析,因为这些不同的作者常常具有不同的地位。

利用这些作者和评议人样本,我们想考察四类主要问题。第一,处于分层系统不同地位的投稿人,他们投给《评论》的稿件的发 479
表率是否有差异?第二,对于处在不同地位等级的评议人是否存在着一些分配稿件的模式?这些分配是否与作者的地位有关?这又直接引出了第三类问题:稿件采用率的差异是否取决于投稿的物理学家的专业身份?最后一个问题,采用率的任何这类差异是否与评议人和作者的相对地位有关?

五、投稿者的地位差异

人们早已知道,杰出科学家不仅在论文质量方面超过一般科学家,而且通常会发表更多的论文。因此他们给杂志的投稿较多,这一点也不奇怪。在这九年期间,在这些给《物理学评论》投稿(都是独立投稿)的物理学家中,最高一级的物理学家的投稿平均为4.09篇,中等的物理学家平均为3.46篇,第三等级的物理学家平均为2.02篇。① 不同等级之间的这些差异很可能在整个物理学

① 投稿率的这种差异从所有(包括独立及合作撰写的)稿件来看,会变得更大,因为可以料想,与一流物理学家的合作会有更大的好处和机会。当把每一篇合作稿件的每一位作者都算作投了一次稿时,这九年期间的平均投稿率,高等级物理学家为9.72篇,中等级物理学家为7.89篇,而第三等级的物理学家为1.97篇。

家群体中，比在所选出的这些所谓投稿人中更大。

从样本中最多产的物理学家来看，这种投稿率的差异尤为明显。最高等级的物理学家给这家杂志的投稿为15篇或更多，是一般物理学家的12倍，在最高等级的物理学家中有18%的人、中等级的物理学家有11%的人、第三等的物理学家有1.5%的人投这么多(包括单一和多位作者)的稿件。

这种投稿率模式还包含着明显的预示性结果。样本中有49名流动的物理学家在20世纪50年代之前尚不知名，但此后成名了，他们都属于最多产者之列，其中有高达47%的人给《物理学评论》投过多达15篇论文。显然这些物理学家正处于其创造的顶峰时期。其中有6人后来获得了诺贝尔奖，而且从发展的角度来看，还会有来自这一最多产的作者群的其他人的加入。我们这里的观察，就像是照相机，只看到了诸多过程的一个阶段，通过这个过程，早期的成果会由科学的社会系统转变为后来的承认。

在这一点上，有关投稿的资料仅仅证明了前面所发现的在论
480 文发表数量方面的地位差异。可以说，这还只是设想的。一般地，投稿越多，他们发表的机会也越多。当然，这并不意味着，对不同地位的科学家来说，所投稿件与所发稿件的比例是同样的。可以假定，每一等级的科学家对构成一篇值得发表的论文的要素有共同标准，而且评议过程导致的采用率对各个分层系统中的科学家都是同样的。

在17所一流大学的物理系和稍差一些大学就职的物理学家

的投稿率和采用率，提供了第一个暗示，即这些假定缺乏依据。[①]在那些独立提交论文的物理学家中，处于一流物理系的那些人提交的论文略多一点，平均为 2.62 篇，而其他人为 2.49 篇。[②] 但是，当我们转向实际发表率而不是投稿率时，出现了这样的局面：一流大学物理系的物理学家的论文约有 91％被采用，而其他大学的物理学家的论文的采用率是 72％(平均被采用分别为 2.36 篇和1.79篇)。

这一结果非常清楚地提出了一个具有普遍性的问题。介入投稿与实际发表之间的什么样的评价模式产生了这种结果？当来自次要物理系的物理学家提交的单一作者的论文几乎与重要物理系的物理学家的论文一样多，但最终获得发表的论文却相当少时，这是怎么造成的？这是一个重要的问题，因为粗略的经验发现本身会导致截然不同类型的解释。

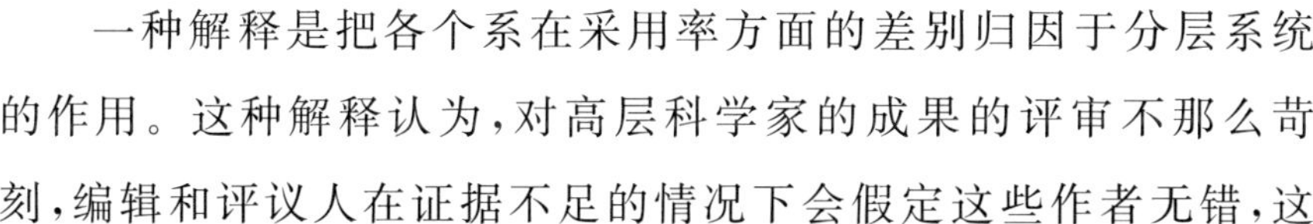

一种解释是把各个系在采用率方面的差别归因于分层系统的作用。这种解释认为，对高层科学家的成果的评审不那么苛刻，编辑和评议人在证据不足的情况下会假定这些作者无错，这

① 参见海沃德·凯尼斯顿：《宾夕法尼亚大学的文理科研究生的学习与研究》(*Graduate Study and Research in the Arts and Sciences at the University of Pennsylvania*, Philadelphia：University of Pennsylvania Press，1959 年)，凯尼斯顿根据 1957 年系主任的评价，列出了 15 个物理学系的等级，我们又增加了加州理工学院(California Institute of Technology)和麻省理工学院，因为这些理工学院未包含在他的调查之中。关于工业实验室和独立的研究组织的质量，没有类似的分等。

② 这里应该强调的是，这些投稿率当然并不反映不同等级的物理学系"人均产出"的实际差异。由于它们局限于那些在此期间至少给《物理学评论》投过一篇稿子的物理学家，因此，这些数字不能对那些现处于不同等级的物理学系中比例不等的成果极少的物理学家作出说明。

是由于他们在其领域中的地位或与有影响的系的关系，而所有
481 这一切又由作者与评议人之间的特殊关系得到了加强。这一假设表明，作者和评议人二者的地位对稿件的判断有重要影响，因此，具有相同的内在价值的研究成果会由于这些地位因素而得到不同的评价。

另外一种解释把不同的评价结果主要归因于来源不同的稿件在科学质量上的差别。这一假设强调，在评价稿件时，人们倾向于非常一致地运用普遍主义的标准，但一般来说，来自不同分层的论文的质量实际是有差别的。按照这种观点，根据其公认的能力，最高优物理系的科学家通常会被肯定并选中，他们具有更多的研究资源，在稿件提交前掌握了更多必须的内部规范，同时在提交发表前也更易于让有相当水准的同行对其论文做出严格的评价。按照这一假设，造成评议人采用率差异的并不是由于对作者的地位和他们所在的系有偏爱，而是由于稿件的内在质量的差异，而这又是科学家的能力和他们所处的学术环境质量各不相同的结果。

我们应当重申，尽管这两种解释在什么影响着评价过程方面有不同的观念，但是在一者必须排斥另一者的意义上它们并不矛盾。[①]

① 顺便指出，似乎存在着一种强烈的倾向，即采用其中的一种解释而拒绝另一种解释。第一种解释似乎投合于这类人，他们把科学的社会制度看作是受权力（绝不是指学术力量）的影响和运用制约的，其评价系统与普遍运用的评价有效性和科学意义的标准关系不大。第二种解释似乎投合于这类人，他们根本不考虑科学制度中的社会交换因素，其评价系统只涉及普遍性标准的运用，在评价中很容易犯一些与社会不相适宜的错误。我们无把握地猜测，在那些只采用这种或另一种解释的人中，处于分层系统中下层的科学家更经常采用第一种解释，而处于高层的科学家常采用第二种解释。

普遍主义标准和特殊主义标准也许都会被**具体地**运用在实际的评价过程之中，但这种运用由于科学分层系统的不同部分而在程度上有所不同。我们想评估每一种标准被采用的程度，以及有利于运用某一标准的结构安排。

要理清评价的这些因素并不是一件容易的事情。科尔兄弟发现，物理学家在其领域中的地位在很大程度上与他们以前发表的著作的质量有关，而其著作的质量得到了各个等级的物理学家同行的评定。[①] 这种地位，部分是因以前的著作赢得的，它会不同程 482 
度地关系到编辑对他们新的研究成果质量的判断。例如，如果由诺贝尔奖获得者提交的所有论文都被采用发表了，那么仍然存在这样的问题：如果这些论文有一些是由明显处于较低地位的科学家提交的，它们是否会被拒用呢？相关地，如果那些享有最高声望的科学家正在完成高质量的研究，而这部分是由于他们有鉴赏力的同事和他们自己掌握了必须的内部规范，那么他们决定提交的稿件很容易经过严格的预选，这样，它们被运用相似的普遍主义标准的评议人采用的比率就比较高。

如果对评议人完全隐匿作者的姓名，这些分析的困难大部分都会避免。但有关评议工作的安排是不完善的。[②] 稿件中的各种

---

① 科尔兄弟：《科学产出与承认》，第 384—390 页。

② 在对社会科学杂志的一项研究中，黛安娜·克兰教授得出结论说，隐匿作者姓名的做法并不影响来自重点大学和非重点大学的作者发表率的差异。如她所指出的，这些发现是高度不确定的，因为它们完全基于实际的发表形式，而没有考虑投稿率的差异。见黛安娜·克兰：《科学的把关者：影响科学杂志论文选择的某些因素》（"The Gatekeepers of Science: Some Factors Affecting the Selection of Articles for Scientific Journal"），《美国社会学家》2（1967 年），第 195—201 页。

线索常常会提供作者，尤其是那些著名的作者的明确无误的标识。总之，《物理学评论》没有实行作者的匿名制，其原因如古德斯密强调指出的那样：

> 去掉作者的名字和所属机构并不能使稿件达到匿名化。有水平的评议人一眼就会看出成果来自哪里，由谁完成的或者受到了什么人的指导。必须同时去掉对此作者以前著作的所有参照信息，去掉所有有关专门设备的说明和论文的其他重要部分。但剩余的东西就根本不值得评价或发表了。[①]

不过，《评论》的档案资料所提供的证据还是能使我们向鉴别科学成果评价的基本模式有所前进。

六、分派评议的模式

评价过程的第一阶段是清楚明确的。作者在声望等级中的地位越高，其论文由两位编辑（要么各自，要么二人一起）而不再找外面的评议人进行审定的比例就越大。在由最高等级的物理学家提交的论文中，有87％完全是由编辑审定的，与之相比，中间等级的
483 物理学家的论文有73％是由编辑审定的，而其余人的论文只有58％是由编辑审定的。我们将会看到，只是那些有问题的论文才会送给外面的评议人评阅。所有这一切的直接结果是，物理学家的等级越高，对其稿件的决定就越快（见表2），这是许多科学家，尤其是那些想保证其优先权的科学家关心的一个问题。

---

① 参见塞缪尔·A.古德斯密文，见《今日物理学》10（1967年1月），第12页。

表 2　论文的编辑和评议过程持续的时间，按作者等级分组

	作者等级		
	最高等级物理学家	中间等级物理学家	第三等级物理学家
持续时间	(%)	(%)	(%)
少于 2 个月	42	35	29
2—4 个月	47	45	41
超过 5 个月	11	20	30
稿件总计	(202)	(1027)	(972)

资料来源：此表及下列各表均根据 1948—1956 年投到《物理学评论》的单一作者的稿件为样本整理。

评议人体制要求由学科领域的专家对稿件做出评价。所以，外面的评议人偏重于选自高等级的物理学家，这并不奇怪。比较一下，在 1056 名作者中（他们是按照某种标准选出的一个群体），有 5%的人属于最高等级的物理学家，而在对其论文进行评议的外面的 354 个评议人中，差不多有 12%的人属于这一等级。而且，这 12%的评议人所作的评议占评议总数的三分之一。他们人均审阅 8.5 篇论文，相比之下，中间层次的评议人人均审阅 3.8 篇论文，而普通的评议人人均审阅 1.4 篇论文。尽管约有 45%的评议人年龄在 40 岁以下，因而相对年轻的人责任更重，但也应注意到，从事研究的物理学家也是年轻的群体，《物理学评论》的投稿人中，足足有 74%的人年龄在 40 岁以下。当对评议人按照他们所属机构的等级而不是他们个人的等级加以分类时，我们也会发现相同的分层模式。例如，约有三分之二的论文评议是由大学中 17 个最著名的物理学系、贝尔实验室（Bell Laboratories）和高等研究院（Institute for Advanced Study）的物理学家作出的。

评议者的构成人员已非常清楚了。无论是根据其声望、所属

机构，或是研究成就来衡量，他们大部分都属于科学界的精英，这也许就是专家评价原则和影响力与权威原则所期望的。

484 我们现在开始考虑评议人在不同等级的作者中的分派模式。这些可能的模式分为四种：分别可以称之为“寡头政治”模式、“人民党主义”模式、“平等主义”模式和专家决定模式。在寡头政治模式中，唯有已被确认的科学精英有权评价那些在地位等级体系中地位较低的人的成果。第二种模式与把评价的权力赋予“人民”这种人民主义的观点相对应。与之形成对照的是，严格的平等主义模式主张的政策是，论文的评定只能由同等地位的人组成的评审团做出。最后，专家决定模式要求把论文分给评议人，无论其地位如何，主要是要有能力作出判断。

在我们的资料中，很容易提出一种分派模式，它可符合分派评议人的“寡头政治”政策。这大概要求所有稿件的评议者的等级高于作者，由最高等级的科学家提交的论文例外。他们达到了等级地位的顶峰后，就会脱离这种寡头体制，而是由同等地位的人来评判。按照我们的资料，这一模式可能要求最高等级的物理学家评价中间等级的物理学家提交的所有稿件，而这两个等级的物理学家有责任评价第三等级物理学家的成果。作为最低的阶层，第三等级的物理学家不应作任何评议。但表 3 的数字足以说明，分派的实际模式与寡头政治模式大相径庭。“地位低下者”作了更多的评议，而出于同样原因，“地位高等者”作了较少的评议。

第二种模式反映的是人民主义的观点，它可能要求稿件应完全由比作者地位低的物理学家来判断。这种模式自然与传统的科学的精神特质不相符，科学的精神特质主张科学成果的质量是科学家获得地位的决定因素。结果表明，实际分派的数据也根本不同于这种人民主义模式。相对于他们的数量来说，较低地位的物理学家所作的所有评议都很少，他们对中间等级和最高等级物理学家的论文的评议，远远少于按照人民主义的分派模式应有的数量。

根据严格的平等主义模式，论文应完全由同等地位的人来评价。但实际的分布如表 3 所示，与这个模式也相去甚远。从中可以看到，这些数字按从左到右的对角线来计算，大约只有三分之一的评议是与作者同等地位的人作出的，对那些地位较低的物理学家来说，与这个模式的差距更大。

简言之，稿件评议人分派的实际模式都不接近于这三种。

专家决定原则要求稿件评议人的分派应以他们的能力为基础。一旦专家决定原则假设公认的专家决定实际上（即不完善 485
地）与声望序列等级有关，那么表 3 中的数据至少是与该原则相一致的。根据这一假设，这些数据将会表明，绝大多数但非全部的评议是由其地位比作者高的物理学家作的。作者有时在声望等级上（也许不是在资格上）超过评议人，因此，对地位渐渐更高的作者的评议通常更多地是由同等地位的人来作的。这些模式与表 3 所列的实际数据是相符的，例如我们看到，由同等地位的人所作的评议，在最高等级的物理学家的论文中占 50%，在中间等级的物理学家的论文中占 41%，而在普通的物理学家的论文中占 26%。

表 3　分配给不同等级作者的评议人的等级

	评议人等级			
作者等级	最高等级物理学家(%)	中间等级物理学家(%)	第三等级物理学家(%)	评议人评议的总数
最高等级物理学家	50	31	19	36
中间等级物理学家	38	41	21	394
第三等级物理学家	27	46	26	653
所有作者	32	44	24	1083

这表明，尽管未得到证实，但可以说专家决定和资格是使评议者与论文匹配时采用的主要标准。由杰出科学家撰写的论文要由与其地位相同的人来评议，不一定意味着要求有一个内部的物理学家圈，在封闭的相互支持系统中对彼此的研究做出评价。专家

700 决定原则总会导致这样的分配，正如所观察到的评议方式那样：评议人的地位通常高于作者，而不是相反。

总之我们现在知道，处于更高地位的物理学家，在确定其可刊登在《物理学评论》的论文的数量方面，具有不相称的较大的权力。那么，他们在这些不同的权力地位上是如何做的呢？

七、采用率的地位差异

486 既然不能始终如一地确保作者的匿名，这就需要一个严格的实验设计来明确地揭示，评议人是否根据作者的不同地位对**相同科学质量**的论文做出不同的判断。这个严格的实验不考虑伦理和

实践两方面，在此实验中，为了确定与地位相关的评价的程度，所选的评议人样本都不公开，他们要对不同等级的物理学家提交的相同水平的论文独立地作出判断。即使采用对已发表论文引证的数量作为质量衡量的标志，以便弄清被《物理学评论》拒用但在别处发表的稿件是否与该杂志所接受的那些稿件具有相同的质量，我们也难以接近这种实验设计的目的。

至多，我们可以收集一些数据，它们可以对编辑和评议人所作的评判与作者地位的相关程度提供累积性的说明。我们首先考察稿件处理的前后过程，简要的流程图（图1附后）概括了评议过程。它表明，最高等级的物理学家提交的稿件有90%被采用发表了，相比之下，中间等级的物理学家的稿件有86%，而普通物理学家的稿件只有73%被采用了。这些有差别的采用率是一个连续的评价过程的结果（图中简化为两个阶段）。在每一阶段，物理学家的地位越高，其境遇越好。他们的论文被直接采用的比例较大，被直接拒用的比例较小，而且，被当作是有问题的稿件、在最终决定之前仍需评议的比例也较小。此外，在那些被判定为有问题的稿件中，由高等级物理学家所撰写的大部分最终也都发表了。

我们再次看到，这些模式本身导致了极不相同的解释。它们与这种观点是一致的，即认为第一流的物理学家平均所提交的论文质量较好，而且他们比其他人更有可能修改好其有疑问的论文。但是对这些数据也可用特殊主义的而不是普遍主义来解释。因为如果编辑和评议人根本不想拒绝来自其领域的最杰出的物理学家寄来的论文，也不想把它们当作是需进一步评议和修改的论文，那么，也会得出所见到的这类模式。

在转向其他与这些不同解释相关的证据之前，我们应该考虑由此流程图可以重构的在评议过程的其他方面存在的分层差异的模式。我们前面已指出，具有较高的采用率的科学杂志似乎偏好的决策原则是：当有疑问时，采用。对《物理学评论》来说，这一偏
488 好原则有几种表现。从采用率来看，直接采用的论文与后来采用的有较多疑问的论文的比超过了 4∶1（即 65%比 15%），与之相比，其拒用率之比仅为 1.5∶1（即 12%比 8%）。此外，在那些需要进一步评议的有疑问的论文中，被采用的仍然占多数，但采用的稿件仅为拒用的稿件的 1.7 倍。这个决策原则似乎也反映在这一事实中，即《物理学评论》在决定拒用而不是采用论文上调动了更多的制度机制：平均来说，对拒用的论文比对那些最终发表的论文作了更多的判断。而且，按照这种普遍的分层模式，作为作者的物理学家的地位越高，对是否采用其稿件所付出的判断就越少。

我们猜想，一般而言，这些模式对于那些稿件采用率较低的杂志正好相反，因这里的决策原则似乎是：当有疑问时，拒用。在这些杂志中，早期的决定大概表现出对有疑问的论文有更高的拒用率，而对其作进一步的评议相对较少。因为对这类杂志来说，其假设似乎是，它们收到的稿件（至少在特定的杂志上）不适于发表，所以他们事实上拒绝了大部分稿件。因此，对于具有明显的较高拒用率的人文科学和社会科学方面的杂志来说，有问题的是那些可能会被采用的稿件，而对有较高采用率的自然科学方面的杂志如《物理学评论》来说，有问题的则是那些可能不会被采用的稿件。

另外一条证据使我们还无法马上估价这样一种可能性，即《物理学评论》对稿件的评议可能受作者的地位的影响。对此，我们再次注意到，科学上的显赫和权威，主要来自得到肯定的过去，但不一定持续的科研成果的质量。我们也注意到，在科学界像在其他制度领域中一样，权力和权威地位总是被年龄大的人所占有。（的确，人们有时带着复杂的心情说，老人统治或许在科学界是件好事；它使年轻的多产的科学家有时间推进其研究，并有助于利用那些不再有创造性的人的时间。）根据这些相关的模式来看，情况似乎是，如果作者的突出的权力和显赫地位极大地影响评议决策，那么年长的杰出科学家应具有最高的采用率。

但是，至少在物理学这一年轻人的科学中，我们发现并非如此。论文最经常被采用的不是年龄大的科学家，而是年轻的科学家。而且，这些按年龄分等的采用率适用于声望等级每一相应的阶层中（见表4）。杰出的人和年轻人都会增大论文被采用的可能性；在第三等级的物理学家最年轻的阶层中，年轻人稿件的采用率

489 **表4　稿件采用率，按作者年龄和等级分组**

	作者等级							
	最高等级物理学家		中间等级物理学家		第三等级物理学家		总计	
作者年龄	%	人数	%	人数	%	人数	%	人数
20—29			91	287	83	385	87	672
30—39	96	80	89	519	77	440	85	1039
40—49	95	58	83	236	73	79	83	373
50以上	80	87	71	126	50	14	73	227
无年龄资料							61	423
所有年龄者							80	2734

像杰出物理学家中最年长的一些人一样高，当然这必须有个前提，

即这些人的研究不再具有以前那样高的质量。乔纳森·科尔对物理学家的引证和参考模式的研究导致了对这一印象的支持。[①] 他发现,年长的物理学家不像年轻的物理学家那样更愿意在其著作中参照当时有影响的研究,这表明他们自己的研究可能不再是属于主流之列了。显然,在物理学家甚至最杰出的物理学家的生活周期中,都会出现一个时期,这时,他们不能再指望自己的论文几乎总是被像《物理学评论》这样的重要杂志采用。正如马克斯·德尔布吕克曾经注意到的那样,或许不经评议的纪念性文章的主要功能就是为常遭拒绝的稿件提供一个体面的坟墓。

八、相对地位与采用率的差异

或许并不是作者的地位而是他们相对于评议人的地位常常影响对其稿件的评价。这种判断的偏好可能有不同的形式,这取决于相对地位的形式。

当评议人与作者地位相同时,**地位一致**假说认为,评议人常常会对稿件做出有偏向的处理,而相反的**地位竞争**假说则认为,在保证匿名的情况下,评议者常常会通过不公正的严厉的评判降低其对手的价值。

当作者的地位超过评议人时,**地位遵从**假说认为,评议人常常会对他们所尊重的物理学家的稿件做出有偏向的处理,或者相反,

---

① 乔纳森·科尔:《科学界的社会结构》("The Social Structure of Science", Ph. D. diss., Columbia University, 1969),第 6 章。

490 **表 5 评议人对用稿的决定，按作者和评议人等级分组**

	评议人等级							
	最高等级物理学家		中间等级物理学家		第三等级物理学家		评议人评议的总数	
作者等级	%	人数	%	人数	%	人数	%	人数
最高等级物理学家	*	18	*	11	*	7	50	36
中间等级物理学家	55	150	62	160	62	84	59	394
第二等级物理学家	54	179	61	302	59	172	59	653
所有作者							59	1083

* 由最高等的物理学家提交的论文由外面的评议人评判，区别于编辑的评定，但其数量太少，不足以做统计分析。

出于敬畏，像**地位妒忌**假说表明的那样，他们会对高级人物的成果更加苛求。

而当评议人的地位超过作者时，**地位保护**或扶助假说认为，评议人会过于仁慈并且没有什么要求，而相反的**地位从属**假说则认为，他们会有过分的要求。

706 尽管这六个假说在其他方面都不同，但有一点是相同的：它们都假设，评议人与作者的相对地位在相当程度上使评议人的判断带有倾向性：或者是偏向于作者，或者是不利于作者。更具体地说，它们都假设，每一阶层作者的稿件采用率会依作出判断的评议人的地位而有所不同。

表 5 所列出的数据结果不同于所有这些假说。每一等级的评议人对来自不同等级的作者的论文的采用率是相同的。有时候，最高等级的评议人比其他等级的评议人的采用率略为偏低，但他们对每一等级作者的稿件的采用率都是一样的。简言之，并不存在着偏向模式，正如把表 5 中的类别再简化为三类相关地位时（这样做虽然有些重复但却可以有力地）表明的那样。

相对地位	采用率(%)	评议人评议的总数
评议人的地位超过作者	58	631
评议人与作者地位相同	60	350
作者的地位超过评议人	59	102

所有这一切表明,评议人对论文所运用的评议标准大致是相 491
同的,无论它们的来源如何。在评议人和作者具有其他相对地位的情况下的不偏不倚的评价模式,进一步证实了这一点。例如,与重要大学的评议人相比,次要大学的评议人并非更容易采用由相似等级大学的作者撰写的论文。而且无论评议人的学术等级如何,都不影响他们对不同等级的作者论文的采用率。至少对这个杂志来说,评议人和作者的相对地位对评价方式没有明显的影响。

我们可以得出结论说,在这一时期对投给《物理学评论》的稿件所作评议的物理学家的地位要素是一回事;这些评议人的确行使过的权威则完全是另一回事。

九、评议人体制的功能

可以认为,作为其领域最主要的杂志,《物理学评论》所运用的标准是严格的。而且,编辑和评审过程的结果是有多达五分之四的稿件被采用发表了(其中有相当一部分经过了或大或小的修改)。这是否意味着评议人基本上是多余的?像其他评议人体制的评论者一样,[①]我们认为这并不多余。评议人共同一起把合格

① 迈克尔·波拉尼为其在《个人知识》中,对科学中权威结构的作用和科学客观性的社会结构基础作了最充分的分析;对评议人体制的讨论主要见于第 6 章。另见齐曼:《公共知识》,第 111—117 页;斯托勒:《科学的社会系统》,第 112—126 页;哈格斯特龙:《科学共同体》,第 18—19 页起。

的科学研究与不合格的科学研究区分开，他们对其专业的不同成员——编辑、作者、评议人本身以及相关的科学家共同体，提供不同功能的服务。

对编辑（们）来说，当遇到难以评价的论文时，评议人可发挥其重要作用。如我们从《物理学评论》和其他各种杂志所看到的，论文相对容易做出评价和编辑（们）自己可以对它们进行分选都是极端的情况。按其领域的核心标准来说，那些提供了正确、新颖和重要的观点与信息、阐述清晰并且适合特定杂志刊用的稿件，很容易与相反的情况即错误的、重复的、无价值的、含糊的和不适用的稿件区别开。但是并非所有的稿件都显示出了这些几乎是相互关联的学术价值或学术缺陷。通常，大量很有问题的稿件特别需要其领域的专家的审查。典型的匿名评审团体，除了履行专家判断这

492 一外显功能之外，有时还要发挥这样一种附带的但并又非完全是
潜在的功能，即保护很容易查找的编辑免受失意作者的迁怒。[①]

但是，对编辑有帮助的东西自然会对作者造成伤害。现在，评议人体制在增加评议者的责任感这个问题上，面临着要求脱掉其匿名外套的巨大压力。[②] 因为责任感本身就是科学的精神特质的组成要素，因此，维持匿名评议的做法可能会逐渐走向失败。

当然，不应对此作错误的理解，说评议人与作者的利益是原本

---

① 根据我们从《物理学评论》的档案中所选出的样本，斯坦利·拉斐尔对稿件拒用中心照不宣的规则作了定性分析，参见其 1968 年提交给美国社会学协会会议的论文《拒绝的承认》（"The Acceptance of Rejection"）。

② 关于匿名评议的是非问题，正在不同领域里进行着激烈的争论；比如，参见拉斯特姆·罗伊和 H. K. 赫尼奇的信，见《今日物理学》23（1970 年 8 月），第 11 页；沃纳·J. 卡曼，见《美国社会学家》2（1967 年 5 月），第 97—98 页；A. G. 斯坦伯格文，见《科学》148（1965 年 4 月 23 日），第 444 页。

对立的。那些认真地履行其角色的评议人，自然也对作者具有重要的功能。正如我们在《物理学评论》这一个案中所看到的，他们可以而且常常对论文的根本性修改提出建议。他们有时将论文与其作者碰巧不了解的其他著作联系起来；他们使作者避免无意中重复前人的成果；当然，作为其领域可能的专家，他们通过推荐发表，事实上证明了论文的贡献。但像其他人一样，评议人也并不是都会认真地履行其角色。看起来，不同领域和不同类型的评议人在这方面存在着差异，因而，评议人对作者，而最终是对学科的功能没有完全实现。专职的评价机构几乎不止一次地遇到了由谁来对鉴定人作出鉴定的问题。对评议者的筛选，似乎像对将要发表的论文的筛选一样，也是评议人体制的一种功能。

评议的人角色既对评议者本身提供功能服务也会带来一些困难。作为其领域的专家，许多评议人已经了解到最前沿的发展。然而，尤其在没有有效的非正式交流网络的领域，或者是在发展迅速的领域中，评议人有时要抢先学习重要的新成果。此外，如有些评议人所说的，他们对已出版的可能类似的文章往往是泛泛地浏览，与此形成对照的是，他们会因角色要求而对稿件仔细审读，这有时会使他们觉察到新的研究线索的可能性，这些可能性作者并没有谈到，评议人以前也没有考虑到。论文的这种意外的激发功
能常常会导致评议人和作者的关系紧张。评议人所说的他从稿件 493
那里合法地和有鉴别地借用或学习的情况，作者或许会说这是剽窃或者是彻头彻尾的掠夺，这毫不奇怪，因为他注意到，评议人会继续追寻，从而也许会抢先利用新的研究线索。

选择专家为评议人这一基本的，而且似乎是完全合理的做法，

也会给这个体制本身带来压力。有些科学家业已论证说，尤其是那些可以利用其受委托的角色谋取自己利益的专家，因而也最容易遇到可能的利益冲突。下面是这种观点最近的表述中的一种：

> 评议人，或者更经常地，他的小团体的一个成员或他的一个研究生，可能所研究的问题正是要求由他来评判的。当然，我们必须相信他个人的正直不会"扣压"来稿，以不公正的方式乘机利用未发表的信息，或者过分地挑剔这一著作，从而为他自己的人"赢得时间"。事实上，他可以把稿件还给编辑，把利益冲突作为不推荐的理由，但是他不能避免知情这个事实。这一点在迅速发展的竞争性领域中，并且对于像《物理学评论通讯》或《应用物理学通讯》(*Applied Physics Letters*)这样的出版物变得非常突出，对于它们，优先权要求非常重要。[①]

显而易见，科学界制度化的对知识产权的关注[②]为对评议人体制的这些强调提供了环境。这种环境和这些强调都不是新事物。我们发现，对知识产权的关注在科学杂志的开始阶段发挥了独特的作用，但给不断发展着的评议人体制造成了困难。例如，年轻的 T. H. 赫胥黎强调表达了这样一种信念，即若是其学科的"大权威"作为评议人，那么赫胥黎的文章绝不会得到发表：

> 你们不会想到在科学这一神圣的世界中也有阴谋诡计。我担心，尽管科学应该是纯洁的，可是它并不比人类活动的任何其他领域更纯洁。只不过业绩稍好些；它必定会在圆滑和

---

① 参见 A. G. 普林兹文，见《今日物理学》23(1970 年 8 月)，第 11—12 页。

② 有关知识产权与科学家的行为有重要联系这一点，请参见本书第三和第四部分的讨论。

> 关于世界的知识的怂恿下做很多事。
>
> 例如，我知道我刚刚送交[皇家学会]的论文是非常有创见和极为重要的，而且我同样肯定的是，如果它由我的“特殊的朋友”某某来审阅，那么它就得不到发表。他无法对此文提出异议，但是他必定会漠视此文。
>
> 你们会感到有些惊奇，想问为什么？因为近 20 年来，某
> 某已被看做是这些问题的大权威，而且无人追随于他，结果， 494
> 我想他已经把自然界看做是他的禁地，并“禁止一切偷猎者”。故而我必须采取一些策略，使我的可怜的学术论文不致落入他的手中。①

尽管有这些旧的和新的不足之处，但发展中的评议人体制提供了一个有根据的信念，即科学档案中所记录的东西可能一般都是可靠的。迈克尔·波拉尼教授特别指出，②评议人体制的功能重要性，随着科学日益分化为大量的专门学科和广泛的专业网络而增加了。论文的专业程度越高，能够对其价值做出可靠评价的人就越少。但是尽管只有少数人可能完全有资格进行评价，但是更多的这个学科边缘或其他相关领域的人，可能会发现这篇论文与其研究相关。恰恰对他们来说，作为代理的评议人的角色显得特别重要。当一个科学家继续研究所发表的论文中讨论的某一问题时，他可以作为自己的评议人。事实上，他可能比帮助该文发表的正式的评议人更有资格评价其价值。因此，与其说是同行专家，

① 伦纳德·赫胥黎：《托马斯·亨利·赫胥黎的生活与书信》(*Life and Letters of Thomas Henry Huxley*, London: Macmillan and Co., 1900)第 1 卷，第 97 页。

② 波拉尼：《个人知识》，第 163 页。

还不如说是其他人更依赖于评议人体制，这些人会利用与他们相关的领域所发表的成果。

科学家也会从对自己的专门领域内的论文的评议中获益，但这只是由于其他一些不同的原因。他们可能常常准备为了自己而对所引用的论文的内容加以检验，但是经常这样做只会有损其动机。从事科学研究的乐趣和刺激主要在于不断研究尚未解决的难题。持续而不是偶尔地对别人得出的观察报告、实验结果和理论进行核实，似乎是对创造性能力的一种极大的浪费。专家评议人体制一般可以使人有理由相信得到认可的出版物上所报道的研究成果，从而有助于科学家从事他们自己富有想象力的探索。

许多学术领域杂志的编辑有时以一种迷惑的神态，来评论科学家和学者都乐意担当匿名的且常常是严格的评议人角色。在某些领域中，这些参与非常普遍。例如，在非常有活力的物理学理论家的样本中，约有30%的人为杂志做过评议和编辑工作。[1] 认为可以从评议人体制中相互受益的想法，很可能支持了充当评议人
495 角色这一动机，因为人们逐渐认识到，维护标准是一项集体性的责任。对年轻的科学家和学者来说，当他们被认为是一位专家完全可以担当评议人角色时，还会有更进一步的象征性奖励。

西蒙·帕斯特纳克博士指出，[2]评议人体制的存在恰恰有助

---

① 米莱萨·A. 利比和杰拉尔德·扎特曼：《理论高能物理学中书面的非正式交流的作用和分布》(*The Role and Distribution of Written Informal Communications in Theoretical High Energy Physics*, New York: American Institute of Physics, 1967)，第49页。

② 西蒙·帕斯特纳克：《杂志出版过时了吗?》("Is Journal Publication Obsolescent?")，《今日物理学》19(1966年5月)，第38—43页，见第40和42页。帕斯特纳克博士从1956年起担任《物理学评论》的主编(请记住，这正是本章所考察的九年期结束的那一年)，且从1951年起即为其职员。

于科学交流质量的控制。在一定程度上，这种控制是预先进行的。由于作者知道其论文会受到评审，他们在提交论文前会做认真的准备，也许对于投到有一定名望的高等级杂志的论文来说，要通过彻底的评议，就得准备得格外认真。这也有利于科学家把高标准内化。此外，帕斯特纳克指出，即使"那些有较少或没有评议或编辑的科学杂志……也是按照确立了形式和标准的有编辑的杂志的某种框架出版的"。因此，评议人体制正在提高显然在此体制之外的杂志所采用的标准。

对评议人体制功能的这些考察，绝不意味着可得出下面的与事实不符的假定，即其运转总是有效的。判断错误当然会发生。但是在科学成果进入科学档案之前对其审查的制度意味着，科学家对他人的成果可以有一定程度的信任并依赖它。正是在这种意义上，科学界的权威结构（在其中评议人体制占有重要的地位）为知识的相对可靠性和积累提供了制度基础。[①]

① 自本章完成后，又出现了几篇与本章讨论的主题相关的论文。最直接相关的是理查德·惠特利论述科学杂志运转的论文。通过对一份交叉学科的杂志和一份社会科学杂志的研究，他发现，这两份杂志对稿件的取舍决定与撰稿人的地位和所在的机构无关。参见理查德·D. 惠特利：《科学杂志的运转：英国社会科学界的两个个案研究》（"The Operation of Science Journals: Two Case Studies in British Social Science"），见《社会学评论》（*Sociological Review*），新刊第 18 期（1970 年 7 月），第 241—258 页。惠特利发现，在他所研究的 32 种杂志中，较老的和偏重于基础科学而不是应用科学的杂志，通常比其他杂志更多地建立起了稿件评价标准。这与本文所提出的假设，即各学科拒用率的不同与不同学科中关于适当的学术成果的标准的共识程度相关，是一致的。参见理查德·D. 惠特利：《科学的正式交流系统：对英国社会科学杂志组织的研究》（"The Formal Communication System of Science: A Study of the Organization of British Social Science Journals"），见《社会学评论：专集》第 16 期（1970 年 9 月），第 163—179 页。惠特利还发现，在社会科学中，专业团体对交流系统的控制程度

与评价稿件的正式程序的应用之间存在着重要的关联（同上，第175页）。

根据对临床心理学、人格心理学和教育心理学杂志的调查所做的两项研究表明，
496 这些杂志的编辑在判断稿件是否可采用的标准上有极大的一致性。然而，由于这些研
究不是依据档案研究，因而它们不能确定在这些标准的应用中的社会性差异的可能
性。参见沃特·M. 沃尔夫：《对杂志稿件评定标准的研究》（"A Study of Criteria for
Journal Manuscripts"），见《美国心理学家》25（1970年7月），第636—639页；T. T. 弗
朗兹：《可刊用稿子的标准》（" Criteria for Publishable Manuscripts"），见《人事与领导
杂志》（*Personnel and Guidance Journal*）47（1968年），第384—386页。

与本文所提到的人文科学和自然科学杂志不同的稿件拒用率之发现直接相关的，是对一所著名大学中社会科学和自然科学系的16名成员的调查，以便了解他们赋予优秀的科学著作的不同标准的重要性。结果表明"自然科学强调的是较硬的明确的数字和技术标准，而社会科学强调的是较软的不甚明确的逻辑与理论标准"。参见珍妮特·M. 蔡斯：《科学出版物的规范标准》（"Normative Criteria for Scientific Publication"），见《美国社会学家》5（1970年8月），第262—265页。我们感谢阿伦·哈伯斯塔姆先生为本注释提供了资料。

第二十二章　科学人员的年龄、老龄化与年龄结构* 497

1972 年

（与哈丽特·朱克曼合著）

对于某一特定学科进行应急的概述，通常是由于需要梳理有关此学科快速发展的知识，并确定新的研究方向。本章肯定不属于这种情况。有利于讨论科学界的年龄分层的本章最大的优势可能是，人们对其了解甚少。实际上，这些年来此领域的系统研究只集中在一个问题上：科学家在其生涯中的产出率变化的模式和根源。除此之外，有关科学人员的年龄、年龄同期群（age cohorts）和年龄结构的任何系统研究，作为填补空白完全可以成为一个“新的”方向。

715

所以本章的特征实际上是由双重情况决定的：第一，关于科学界的年龄分层现象人们只提出了极少的几个问题，第二，只有一些

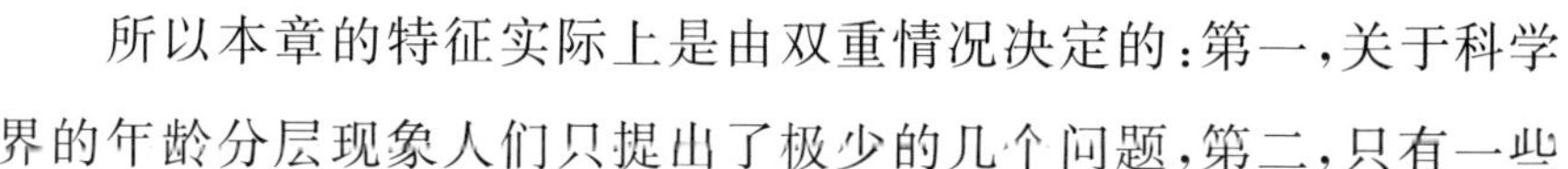

* 本章为哈丽特·朱克曼和罗伯特·K. 默顿合著，以《科学人员的年龄、老龄化与年龄结构》（“Age, Aging, and Age Structure in Science”）为题刊载于自马蒂尔达·怀特·赖利、玛里琳·约翰森和安妮·福纳所编：《老龄化与社会》第 3 卷：《年龄分层社会学》（*A Sociology of Age Stratification*, vol. 3 of *Aging and Society*, New York: Russell Sage Foundation, 1972），现获准重印。我们要感谢伊恩·梅特兰的支持。本文部分地得到了国家科学基金会资助的哥伦比亚大学科学社会学研究项目经费的支持。

零散的对这些问题的研究。由于太缺乏关于这个领域的事实，因
而我们在这里必定更多地依赖于猜想。已知的猜测的途径，即从
单纯的推测和臆想过渡到有依据的假设，仍然有其用途。它可以
498 把我们带到我们主题的一个问题群之中：[①]系统阐述那些应该去
加以研究的主要问题，以及认为这些问题值得研究的理由。为此，
我们同时利用了我们已有的零散的证据和由马蒂尔达·怀特·赖
利、玛里琳·约翰森和安妮·福纳所提出的年龄分层模式。[②]

直截了当地说，本章的目的在于指出，我们对科学界的年龄分化社会学了解得较少而并非了解得很多，但我们能够了解，并解释为什么我们应当了解它。

科学界年龄分化的资料匮乏，似乎是社会学中两种不同的忽视的结果。第一种是对年龄分层不可思议的普遍轻视，尽管年龄被认为是社会结构的普遍要素之一。第二种或许是更严重，而且现在是同样不可思议的对整个科学社会学的忽视，直到最近十年左右，科学社会学才引起了极少一部分研究者的持久兴趣。对这一学科的忽视是奇怪的，因为无论是科学的倡导者还是批判者都同意，科学是现代世界的主要动力之一。这两种忽视的汇合意味着，社会学家最不可能系统地研究科学界的年龄分化。不过，已做的工作足以为这一课题的问题群提供一个基础。

在本文中，我们只讨论这些问题有限的几个方面。第一部分

---

① 有关问题群概念和发现问题概念，请参见 R. K. 默顿、伦纳德·布鲁姆和 L. S. 科特雷尔编：《今日社会学：问题与展望》(*Sociology Today*: *Problems and Prospects*, New York: Basic Books, 1959)，第 v 和 ix—xxxiv 页。

② 我们主要参照了《年龄分层社会学》第 1 章。

关心的是科学增长与科学界的年龄结构之间的关联；第二部分关心的是科学的认识结构的一个方面，即所谓为“体系化”与科学中具有年龄特点的行为之间的关系；第三部分关心的是科学中与年龄相关的角色分配和角色序列；第四部分关心的是权威的年龄分层结构的运转；第五部分关心的是科学合作的年龄分层和声望分层模式；第六即最后一部分关心的是具有年龄特点的对科学研究问题的关注。

一、科学增长与科学界的年龄结构

根据现在可获得的一切粗略的测度来看，科学及其各种互动要素比人类活动的大部分其他领域取得了更迅速的发展。例如，科学家总数在大约15年间增加了一倍，其增长远远超出了总人口的增长率。美国的科学人员，包括科学家、工程师和技术员，从1940年的不到50万增长到了1967年的180万。（估计在后一时期科学家的数量约为30万人。）[①]每年授予的科学方面的博士数，从1885年的约60人增加到了1969年的约16000人，在这一时期年均增长率约为7%。[②] 而且正如普赖斯[③]注意到的，科学家的数 499

① 美国人口普查局商务部：《1970年美国统计摘要》(*Statistical Abstract of the United States for 1970*, Washington, D.C.:Government Printing Office,1970)，第525页。

② 全国科学院—全国研究理事会：《1958—1966年美国大学的博士学位获得者》(*Doctorate Recipients from the United States University 1958—1966*)及《1967、1968、1969和1970年概要报告》(*Summary Report for 1967, 1968, 1969 and 1970*, Washington, D.C.: Government Printing Office, 1970)。

③ 德里克·德·索拉·普赖斯：《小科学，大科学》第1章，《巴比伦以来的科学》，第5章。

量和科学杂志、论文、摘要以及最近的可利用的研究基金的数量，都以不同的指数率增长。

我们最感兴趣的是，这种增长来自于年轻的一代人对科学的参与，主要是些20来岁的人，但实际上根本没有来自其他职业的年龄更大的人转入科学。而且一旦选择了科学职业，他们就会在这个领域干下去。人们现在听到了许多所谓的离开科学领域的情况，但上述历史模式仍然存在。科学家仍然是一批执著的人，他们很少离开科学而去从事完全不同的职业，[①]尽管有相当一部分人在其生命里程的不同阶段会在科学领域之间变换工作。这本身就提出了一个重要的社会学问题，这个问题在职业社会学中几乎没有得到探讨。

问题：怎样根据人员的增长率对职业进行排列，在生命历程的不同阶段这些增长率与人员的进入和退出形成怎样的对比？职业的哪些结构属性和这些职业招募人员的特征对所观察的人员流动模式有利？

对不同职业中不同年龄的流动率进行仔细的和系统的比较还非常缺乏。[②] 但我们认为，各类职业都有依年龄而形成的不同的
500 人员进入和退出方式。就科学而言，人员转向其他领域的情况显然很少，以至我们可以在这一方面把它看做是各类职业中近乎极

① 这里指的是那些实际上已经开始从事科学工作的人，而不是指那些取得了理科学士学位的人。在美国，大约有一半的理工科的大学毕业生进入了其他职业领域。参见华莱士·R. 布罗德：《基于饱和模型的科学和工程人力》（"Manpower in Science and Engineering Based on a Saturation Model"），《科学》173（1971年），第206—213页。

② 在缺乏适当的比较研究的情况下，唐纳德·E. 萨普尔[《事业心理学》（*The Psychology of Careers*, New York: Harper & Row, 1957），第4章]通过对"职业生命跨度"的印象主义考察，触及了这一问题的边缘。

端的一个例子。一旦选择了这一职业，科学家一般是到了生命终结或不情愿地退休后才离开它。[①]

科学的增长和流动模式，大概以至少三种方式受胜任科学研究工作所需要的长期社会化的影响。甚至近些年，在美国有了以奖学金和培训资助等方式提供的实质性的科学教育资金，从进入大学到获得理科的博士学位，平均需要 11 年的时间。[②] 首先，需要长久的时间去获得知识、技能、态度、价值观以及科学家的行为方式，这意味着，正如我们业已指出的，几乎没有从事其他职业的人后来会转入这一职业。其次，可以预料，这需要在科学事业上有相当的投入。这种投入不仅仅是经济上的，包括受教育的费用和在准备阶段失去的收入，而且还包括情感上的投入。它是对所喜欢的生活方式和献身这一事业的投入。再次，进入这一职业前的高淘汰率可能反映了一种严格的社会选择过程。约有 40%的博士候选者不能完成他们研究生学习的课程，[③]这样，可能留下了更投入和在学术上更适宜的人进入科学领域。

随着科学家数量呈指数增长，这些典型的进入和退出模式对这一职业的年龄结构产生了影响，而且，我们将要指出，这种结构反过来既会影响科学的规范结构，又会影响其学术发展。图 1 把科学人员的年龄分布与美国所有雇员的年龄分布作了比较，表明

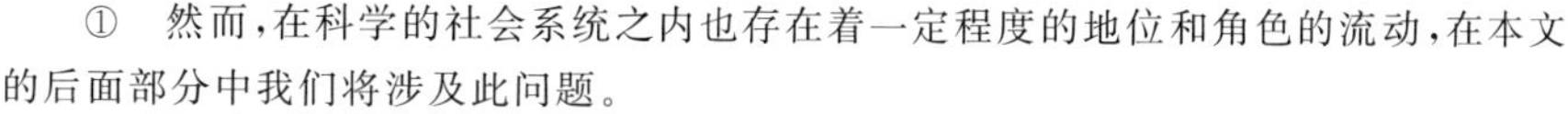

① 然而，在科学的社会系统之内也存在着一定程度的地位和角色的流动，在本文的后面部分中我们将涉及此问题。

② 国家科学基金会：《理工科博士的供求》(*Science and Engineering Doctorate Supply and Utilization*, Washington, D. C. : National Science Foundation, 1971)，第 iii 页。

③ 伯纳德・贝雷尔森：《美国的研究生教育》(New York: McGraw-Hill, 1960)，第 154 页。

了进入和退出的生命历程与同期群的延续变化相结合而构成当前的年龄结构的方式。一方面,由于需要较长时间的前期学习,科学人员必然较晚才能进入劳动力行列,把 24 岁以下和 25—34 岁年龄组加以比较,这种情况尤为明显。另一方面,年龄较大组的相对规模反映了随着进入的同期群的扩大,快速增长的**年轻化效应**对年龄结构的影响。尽管科学家有推迟退休的趋势,但在高年龄
501 组中,科学人员的比例相对较少。因此这种年龄结构反映了生命历程与同期群变动的对立形式。

科学家人数的增长率远远超出了美国总人口的增长率,其结果是年轻科学家在绝对人数和相对人数的增加。他们较高的增长率意味着,科学家作为一个整体比其他专门职业者更为年轻化。例如列入到 1968 年《美国科技人员名录》(*National Register of Scientific and Technical Personnel*)的人中,有超过一半的人其年龄在 40 岁以下,有 81%的人年龄在 50 岁以下,与之相比,在律师和医生中只有 63%的人年龄在 50 岁以下。①

(一) 教育、年龄结构与分配

像所有的社会地位和群体成员一样,②"科学家"的地位不能只靠自我确认和自我归属,更重要的是社会确认和社会归属。个人不足以宣称是化学家或心理学家或太空科学家;为了使给定的地位具

---

① 美国人口普查局商务部:《统计摘要》,第 65、155、525 页。

② 有关群体成员与非成员的理论分析,请参见罗伯特·K. 默顿:《社会理论与社会结构》,第 338—351 页;对地位鉴定和地位划归概念的分析,见默顿(未发表手稿):《地位集与角色集:社会学中的结构分析》(*Status-Sets and Roles: Structural Analysis in Sociology*)及本书第十九章。

有社会实在性，必须得到“地位鉴定者”即具有权威的机构和代理者的证实。许多职业的资格评定部门和医疗方面的专门委员会，仅仅是最明显的和明确制度化了的地位鉴定的代表。科学家地位的标准一般是受教育程度（“所取得的学位”）和角色表现（“经历”）。

由于正规教育主要限于生活的早期阶段，因此，科学中变化的年龄结构与科技人员的同时期的教育水平的上升密切相关。哈维·布鲁克斯曾就此趋势所明确指出：

一个突出的事实是，1968 年，获得理、工、医或牙科博士学位的年龄同期群的百分比，高于 1920 年获得理工学士学位的对应的年龄同期群的百分比。①

科学人员的教育构成上的这种快速变化，是普遍的受教育水平提高的一个具体和明显的例子。正如赖利和福纳已经注意到的

图 1　美国科学人员与美国的所有雇员的年龄结构比较 502

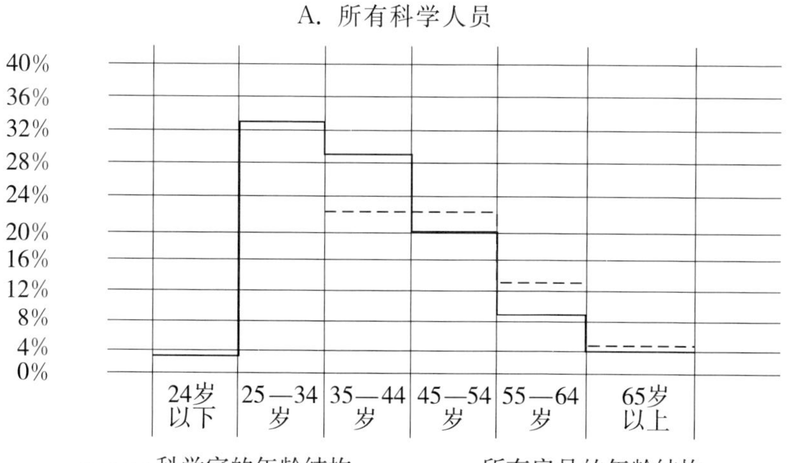

① 哈维·布鲁克斯：《关于研究生教育的思考》（“Thoughts on Graduate Education”），《研究生杂志》（*Graduate Journal*），第 8 卷，第 2 期（1971 年），第 319 页。

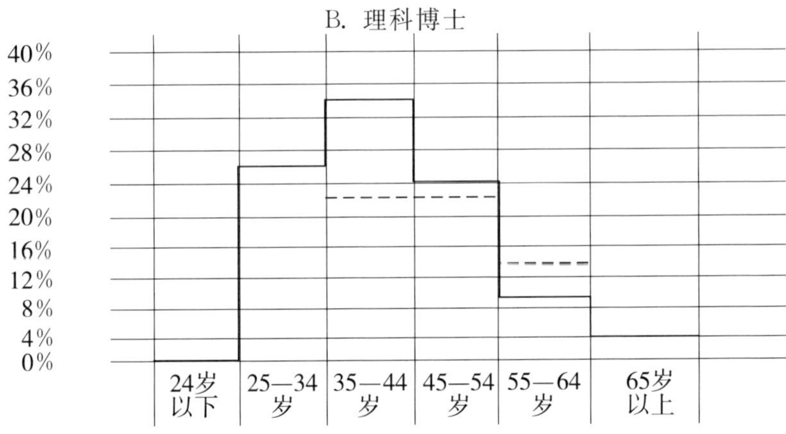

资料来源：美国科学基金会：《1968 年美国科学人力：美国科技人员人事报告》（华盛顿特区：美国科学基金会，1969 年），第 50 页；美国劳动部：《1968 年 6 月就业与收入》（华盛顿特区：政府印刷社，1968 年），第 30 页。

503 那样，[①]总人口的正式教育生平的不断提高意味着，在一定时期内，年龄大的人在教育上不如年轻人更有优势。就科学界这一具体情况而言，我们自然讨论的是教育因素所占的最大份额，而这导致了明显的复杂情况。可以说，不是受教育水平的社会变迁，而是科学知识的范围和特性的文化变迁，使科学家的年龄同期群遇到了不同范围的困难和机会。所有这些都会在科学家的生活过程中导致其事业的萎缩问题及类似的困难。它还会给科学的社会组织带来各种问题；例如：

问题：在科学家的教育方面和科学知识的增长方面的社会与文化变迁，如何影响科学家同期群之间的实际关系？它

① 马蒂尔达·怀特·赖利和安妮·福纳编：《老龄化与社会》（*Aging and Society*, New York: Russell Sage Foundation, 1968）第 1 卷，第 5 章。

们会导致他们之间的社会分裂和不连续性吗？什么样的社会机制（如果有的话），把同期群结合在一起并有助于科学发展的连续性？

因此，科学界变化的年龄和教育结构，与科学家中普遍流行的自我形象即“科学是年轻人的游戏”是一致的。尽管这种表述被年轻的和年老的各类科学家不断提起，但是它并不主要是指科学家的年龄（或性别）分布。相反，它只是反映了一种普遍的信念，即科学中最优秀的成果都是在相对年轻的时候取得的。年龄与重要成果之间的这种假定的关联，仍然是寥寥无几的关于科学界年龄分层的研究的核心问题，我们将详细考察这方面的研究。但在这里，科学是年轻人的特权这种形象带来了另外一个社会学问题，这个问题涉及年龄结构、主导价值观与社会组织之间的关联。

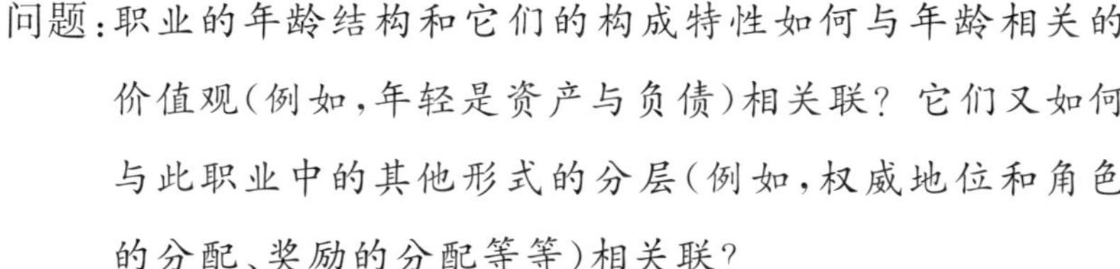

问题：职业的年龄结构和它们的构成特性如何与年龄相关的价值观（例如，年轻是资产与负债）相关联？它们又如何与此职业中的其他形式的分层（例如，权威地位和角色的分配、奖励的分配等等）相关联？

（二）各个学科人员的年龄与教育

从科学的总体转向科学的各个学科，我们发现，其人员的年龄中位数变化非常大，如表1所示。这些不同在社会学上反映了学科界限及允许划入其范围的标准的社会定义方面有趣的差异。在一定程度上，不同学科人员的年龄差异仅仅反映了 504
科学家、工程师和技术人员的一种不同的组合：科学家通常有博士学位；工程师很少有博士学位；而技术员几乎从没有博士学

表 1　部分学科领域中的博士学位者的年龄中位数

领域	年龄中位数[a]
所有科学领域	41.2
数学	38.2
物理学	38.3
化学	41.0
生物科学	41.8
心理学	42.2
社会学	44.1

资料来源：美国科学基金会：《1968 年美国科学人力》，第 50 页以下（整理）。

注：当计算所有人员的中位数，不管他们是否有博士学位时，其排列顺序大致相似，唯一例外的是社会学排在了第三位。

[a]由直线内推法对分组资料计算所得。

位。① 如我们从表 2 中所看到的，1968 年约有 37％的美国科学家具有博士学位，但对不同学科来说，此数字差别极大，从 95％（人类学）到 7％（计算机科学）。因此社会科学人员，由于具有相对极少的技术人员，因而拥有博士学位者的比例较高。此外，如我们从表 1 中所看到的，当比较限定于这些具有博士学位者时，各门科学从业人员的年龄中位数具有很大差别。

很有可能，不同学科的有差异的年龄分布，主要是由于新科学家招募率的不同，以及自各学科间处于其教育和职业生涯不同阶段的人员交换的不同。尽管我们假设各学科不同年龄特有的死亡率和退休率都是非常相同的，但是不同年龄层的转职率是不同的，这影响了其年龄结构。② 在接受大学教育的过程中可看到从一门

① 国家科学院科学和工程人力利用委员会（The Committee on Utilization of Scientific and Engineering Manpower of the Academy of Science）1964 年的报告指出，工程师中不到 2％的人具有博士学位。它没有发表技术员的相关资料，但无疑去考察人人皆知的并不存在的东西，将是浪费公共或个人钱财。

② 美国科学基金会：《理工科博士的供求》，第 16、30 页。

学科向其他学科的实质性转行，而纵向研究已经找出了从事研究的科学家中的转行趋势。[①] 不过，尽管存在着一些证据线索，但各

表 2　1968 年美国不同学科领域的科学家具有博士学位者百分比 505

领域	博士学位者%
人类学	95
心理学	64
语言学	62
政治学	59
经济学	53
社会学	51
生物科学	48
物理学	44
统计学	35
化学	31
数学	28
地球和海洋科学	21
农学	18
大气和空间科学	9
计算机科学	7
所有学科领域	37

资料来源：美国科学基金会：《1968 年美国科学人力》，根据第 23 页表整理。

学科间年龄差异的根源几乎仍然是未被探讨的领域，同样，它们对不同学科发展的特点和速度的影响程度也未得到探讨。

（三）科学变缓的增长率

长期以来，人们大体上业已认识到：科学的指数增长高于社会

① 杰弗里·G. 赖茨：《逃离科学》（"The Flight from Science"，Ph. D. diss.，Columbia University，1972）；林赛·R. 哈蒙：《理科博士简况：1935—1960 年博士同期群跟踪报告》（*Profiles of Ph. D.'s in the Sciences*：*Summary Report on Follow-Up of Doctorate Cohorts*，1935—60，Washington，D. C.：National Academy of Sciences-National Research Council，1965），第 5 章。

的指数增长，但这种速率不可能无限期持续下去。显然，科学家的数量、分配给科学的资源的数量以及科学出版物的数量的增长都必然会变缓。否则的话，正如德里克·普赖斯喜欢这样论述、许多人喜欢引用的："在我们总体中，每一个男人、女人、孩子和狗之中就可能有两个科学家，而我们在他们身上的花费可能是我们花费的两倍。"①

有迹象表明，至少是在具有了牢固的科学基础的社会中，科学的发展速度已有所减缓。例如在美国，自 1964 年以来，用于研究与开发的资源一直是占 GNP 的大约 3%。② 还有迹象显示，大学毕业生继续从事科学的比例也达到了一个顶点。③

506 像马蒂诺指出的那样，④这种均衡的增长率对科学界的年龄结构和机遇结构都有直接的影响。自然，一个直接的结果是科学家年龄中位数的提高。科学资源增长的变缓将意味着，新的研究设备和在新的大学中设立新系的情况将减少。在这一过程中，研究群体的年龄结构有可能会改变，从而有可能影响他们的产出率。⑤ 科学出

① 普赖斯：《小科学，大科学》，第 19 页。

② 约瑟夫·P. 马蒂诺：《处于均衡中的科学与社会》（"Science and Society in Equilibrium"），《科学》165（1969 年），第 769 页。

③ 布罗德：《基于饱和模型的科学和工程人力》，《科学》173（1971 年），第 206—208 页。

④ 马蒂诺：《处于均衡中的科学与社会》，第 772 页。

⑤ 简·弗拉奇[《论多产的年龄》（"Remarks on the Productive Age"），原载（捷克斯洛伐克的）《方法论》（*Teorie a Metoda*）11（1971 年），第 121—150 页]和雨果·蒂曼[《研究与开发变化的动力》（"Changing Dynamics in Research and Development"），《科学》168（1970 年），第 1427—1431 页]主张，研究群体的年龄结构影响其产出率，但关于这个问题现在知之甚少。已有的资料反映了年龄阶层的产出率的差异，而不是这些阶层的不同分布的差异。

版物数量的增长率也将趋于减缓。但是，如果魏斯和齐曼所说的是正确的，即科学家的激增和研究资金的大幅度扩大，已导致了价值不大的研究和低劣的出版物更快速的膨胀，[①]那么出版物数量的这种下降不一定意味着相应的知识增长的下降。最后，由于各种变化不是在每一学科中一致出现的，因此，确立已久的学科和新兴学科发展的相对速率可能会继续保持不同。[②]

二、年龄分层与科学知识的体系化

大体上，知识社会学以及更窄一些的科学社会学所关心的是社会结构与认识结构之间的**相互**关系。然而，实际上，知识社会学家几乎只探讨社会结构对观念的形成和发展的影响。而当科学社会学家研究“科学对社会的影响”时，其主要形式就是考察基于科学的技术所带来的大多是未预料到的社会后果。这两种情况都没有去关注各门科学的认识结构对其不同的社会结构所产生的影响。

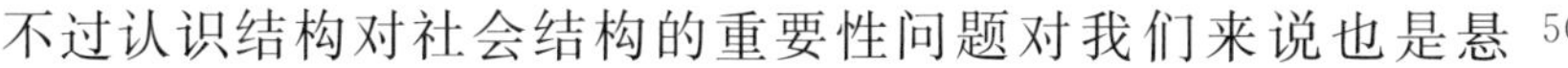

不过认识结构对社会结构的重要性问题对我们来说也是悬 507

① 参见保罗·A. 魏斯：《科学之门内外：科学的文化意义》，第135页。约翰·齐曼有力地提出了这一论点：“［科学政策］软弱无力的结果在世界各个地方处处可见——三流研究激增，这无异于对金钱和物质的最大浪费，而实际上却又不能令这样一些人满意，他们从事研究，但对人类的有用或无用的知识之库毫无贡献。”［《科学在发展中国家增长与传播的某些问题》（“Some Problems of the Growth and Spread of Science into Developing Countries”），卢瑟福纪念讲座，原载《皇家学会会刊》，1969年，A. 311，第361页。］

② 希拉里·罗斯和史蒂文·罗斯：《科学与社会》，第250—251页。

而未决的。我们只涉及了其中有限的情况，即考察科学分支的认识结构的一个方面——我们称之为“体系化”，与这些分支不同的年龄结构之间的关系。由于对这一问题的前期研究较少，因此，我们的见解也完全是尝试性的，旨在提出问题而不是对之做出解答。

体系化是指把经验知识加以整理，转变为简洁的和相互关联的系统的理论阐述。不同的学科及其专业所得到的体系化的程度是不同的。例如，人们常常提到，物理学和化学的多数学术组织不同于植物学和动物学，其不同就表现在一般观念把具体观念紧密结合在一起的程度上。一门科学的体系化程度将影响人们获得能力的方式。在体系化程度较低的领域中，人们更多地依赖于经验。在这些领域中，科学家必须掌握大量的描述性事实和较低层次的理论，而这些理论的意义尚未得到充分的理解。在体系化程度较高的领域中，综合性和更明确的理论结构，不但允许从中推出经验特例，而且还为评价新问题、新资料和新提出的结论提供了更明确的标准。所有这些对于那些在体系化程度较高的领域中的研究者来说，有利于在新知识的重要性和与旧知识的继续关联方面形成更大的共识。

当然，认为各学科和专业之间在其体系化程度上有所不同的观点并非是新提出来的。大约20年前，詹姆斯·科南特提出了类似的观点，认为科学不同分支的“经验主义的程度”各不相同。如他指出：“普遍的概括和理论能使人们预先计算出一项实验的结果或设计出一种仪器(例如显微镜或望远镜)，我们可以说它的经验主义程度是较低的。”[1]用我们的话说就是，一门科学或科学专业的体系化程度越高，其经验主义程度越低。[2]

通过系统的理论阐述对资料和观点加以整理，体系化程度更高的领域倾向于消除以往成就的原始形式，使其本质体现在更新的系统阐述之中。正如保罗·魏斯在其有影响的论文《知识：增长过程》中所指出的那样：“每一知识领域必须与其自己的普遍化与特殊化之间的优势比相一致，并且认为这是理所当然的，即同化将最大限度地与其领域的性质相一致。”[3]在这一意义上，一个领域的体系化程度越高，此领域的出版物的“废弃”率也就越高。魏斯根据出现在不同学科的出版物的参考文献的年代分布，测量了废 508

① 詹姆斯·B. 科南特：《哈佛实验科学个案研究·前言》(foreword to *Harvard Case Studies in Experimental Science*，Cambridge，Mass.：Harvard University Press，1950 年)，第 9 页。

② 最近对“硬科学”与“软科学”之间的区分也具有与体系化概念相近的思想。诺曼·W. 斯托勒运用这一对术语说明了多少具有一定量化和精确程度的科学的特征。德里克·普赖斯指出了区别硬科学、软科学、技术和其他学术领域的文献的不同特征。参见斯托勒：《对硬科学和软科学的一些社会学考察》(“The Hard Science and Soft Science：Some Sociological Observations”)，原载《医学图书馆协会会刊》(*Bulletin of the Medical Library Association*)55(1967 年)，第 75—84 页；以及普赖斯：《硬科学、软科学、技术和非科学的引证测量》(“Citation Measures of Hard Science and Soft Science，Technology and Non-Science”)，见卡诺特·E. 纳尔逊和唐纳德·K. 波拉克编：《科学家和工程师中的交流》(*Communication Among Scientists and Engineers*，Lexington，Mass.：Heath Lexington Books，1970)。据我们所知，伯特兰·罗素在他的示范性的洛厄尔讲座中提出了这样的说法：“在我们所称的‘硬’数据与‘软’数据之间具有某些模糊的区分”，见《我们关于外部世界的知识》(*Our Knowledge of the External World*，New York：W. W. Norton，1929)，第 75 页。

③ 保罗·A. 魏斯：《知识：增长过程》(“Knowledge：A Growth Process”)，原载美国哲学学会《会刊》104(1960 年)，第 247 页。

弃率的差异，这一程序后来被描述为"引证分析"。[①] 魏斯发现，在"分析生理学中比其在更具描述特点的"动物学和昆虫学的"生物学姊妹学科"中，对新近成果的引述更为常见。

此后，这一普遍模式得到了更多的学科的证实。[②] 我们凭直觉认为那些体系化程度更高的领域——物理学、生物物理学和化学，其杂志表明，论文对新近的成果参考得更多；正如普赖斯所说，

---

① 乔治·萨顿在其共3卷5册的鸿篇巨著《科学史导论》(Baltimore：Williams and Wilkins，1927—1948)中，常常对重要的科学著作对以前著作的引证加以量化，以此作为确立其学术传统的一种方式。尤金·加菲尔德于1955年指出，历史研究应利用系统化的引证索引，并且在1964年发展出了计算机化的科学引证索引(SCI)。SCI数据库有超过2000多万的文献引证，它极大地促进了科学史和科学社会学研究的引证分析。参见尤金·加菲尔德：《科学引证索引》("Citation Indexes for Science")，原载《科学》122(1955年)，第108—111页；以及尤金·加菲尔德、I. H. 谢尔和R. J. 特罗皮：《科学史著述中引证数据的应用》(*The Use of Citation Data in Writing the History of Science*，Philadelphia：Institute of Scientific Information，1964)。

② 德里克·普赖斯做的大部分工作，就是把"引证与参考分析"扩大运用到不同学术领域的不同发展模式之中。其前期成果，请参见普赖斯：《小科学，大科学》，第78页及以下诸页，《科学论文的网络》("Networks of Scientific Papers")，《科学》149(1965年)，第510—515页；其近期成果，见《硬科学、软科学、技术和非科学的引证测量》。大量的引证研究还包括R. N. 布罗德斯：《美国社会学评论中的文献引证分析》("An Analysis of Literature Cited in the American Sociological Review")，原载《美国社会学评论》17(1952年)，第355—357页，以及《社会学的引证研究》("A Citation Study for Sociology")，原载《美国社会学家》2(1967年)，第19—20页；P. E. 伯顿和R. W. 基布勒：《一些科学和技术文献的"半衰期"》("'Half-life' of Some Scientific and Technical Literatures ")，《美国档案》(*American Documentation*)11(1960年)，第18—22页；小邓肯·麦克雷：《科学引证索引中的增长和衰落曲线》("Growth and Decay Curves Citation Indexes for Science")，原载《美国社会学评论》34(1969年)，第631—635页；J. 科尔和S. 科尔：《测量社会学研究的质量：科学引证索引应用中的问题》("Measuring the Quality of Sociological Research：Problems in the Use of the Science Citation Index")，原载《美国社会学家》6(1971年)，第23—29页。

这些杂志表现出了更大的"即时性"。[1] 根据以下说明，

在《物理学评论》*中，有72%参考文献参考了过去五年内发 509
表的论文，而在有关定量生物学的《寒春港论丛》(*Cold Spring Harbor Symposium*)中，有63%；

在《分析化学》(*Analytical Chemistry*)中，有58%；

在《解剖学记录》(*Anatomical Record*)中，有50%；

在《美国动物学家》(*American Zoologist*)中，有47%。*[2]

类似的引证数据表明，社会科学在体系化程度上，介于自然科学和人文学科之间。这种结果是明显一致的。正如我们刚刚看到的，在更具分析性的自然科学中，约有60%或更多的引证参考了过去五年内发表的成果。在以《美国史学评论》(*American Historical Review*)、《艺术导报》(*Art Bulletin*)、《美学杂志》(*Journal of Aesthetics*)和《艺术评论》(*Art Criticism*)等杂志为代表的人文学科中，其相应的数字为从10%到20%。在介于两者之间、以《美国社会学评论》和《变态心理学与社会心理学杂志》等杂志为代表的社会科学中，有30%到50%的引证参考了过去五年内发表的成果。

此外，看起来某一门科学的引证方式跨越了国家和文化界限。

---

① "除了文献的自然增长及其正常的缓慢的时效化以外，最近几年的论文越来越多地利用即时性。"普赖斯进一步计算出："一类文献以每年5%的速度增长，每13.9年其规模将增加一倍，并且其中约有22%是最近五年内发表的。"自然，这意味着一个领域关注新成果而对早期成果的废弃程度，除了可以根据文献的增长来确定外，还可以用大量的近期引证量来测量；参见普赖斯：《硬科学、软科学、技术和非科学的引证测量》，第9—10页。

② 标有*号的数据来自普赖斯；其他数据是我们得出的。

无论如何，人们发现美国、欧洲和苏联的物理学杂志表现出几乎相同的引证年代分布。[①]

所以，各门科学认识结构受限制的一个方面就是其体系化程度。我们现在想探讨的是，科学中体系化与具有年龄特点的行为与过程之间可能的关系，我们将沿着以下思路：

1. 体系化对不同年龄阶层的人取得科学发现机会的影响程度；
2. 在不同体系化程度的领域中，对新科学思想回应的年龄差异；
3. 体系化对科学成果知名度的影响；
4. 体系化、变化着的研究关注点与发现的机会之间的联系。

510 （一）体系化与发现的年龄差异

我们先从这样一个前提入手：到了一定年龄以后，年龄更大、更有经验的科学家，比其年轻的同事有更多的发现机会。毕竟，他们熟知专业领域，而新手不熟悉。在我们看来，需要解释的是，与其说是有经验和有知识的年长者所作的发现，莫如说是新近培养的年轻人所作出的发现。在这一方面，我们需要问在某些科学中，由年轻的科学家作出的发现是否更常见，如果是的话，怎么会有这种情况。

体系化在某个理论框架中把基本观念结合在一起，并且降低事实性资料的分量（这也是进行重要研究所必需的），从而促进了一个领域的优势。这会使体系化程度较高领域的科学家较早地胜

---

① 参见史蒂文·德迪耶：《对科学的跨国比较》（"International Comparisons of Science"），《新科学家》（*New Scientist*）379（1964年），第461页。

任前沿性的研究工作[①]——至少是成为更成熟的研究人员的合作者。而且早期的科学成就会通过如下两个方面形成持久的优势，一是提供日趋增多的研究所需的大量设备，二是较早地进入研究前沿的科学家社会网络，他们在此网络中可交换信息和批评意见，也能保持进一步从事其研究的动机。[②] 因大规模宣传而广为人知的这一过程的典型，就是25岁的詹姆斯·D. 沃森的情况[③]，他在他的有学术影响的老师萨尔瓦多·卢里亚和马克斯·德尔布吕克的倡议下，很快就进入了研究DNA结构的中心。在这一过程中，(某种共同倡议和竞争式的)学术流动与社会流动在相互加强。

在科学界中，科学研究和科学培训的组织也促使人们较早地进入研究角色。从某种意义上讲，年轻科学家比他们的专家老师更易于跟上其领域的知识的发展。由于科学上的尖端研究要求关注周围范围较窄的问题，因而已成名的专家为了使自己的研究走

① 这种较早具有的优先地位，还可能反映在较早地进入体系化程度较高的科学。我们对此问题没有资料，但有这样一种普遍印象，即人们选择从事数学和物理学研究的决定比选择从事软科学研究的决定要早些。纳塔利·罗格夫考察了人们决定选择医学领域时年龄的重要性，见《学医的决定》(“The Decision to Study Medicine”)，载罗伯特·K. 默顿、乔治·G. 里德和帕特里夏·L. 肯德尔编：《学生—医生》(*The Student Physician*, Cambridge, Mass.: Harvard University Press, 1957)，以及小瓦格纳·蒂兰斯：《对医学院和法学院新生的某些比较》(“Some Comparisons of Entrants to Medical and Law School”)，同上书，第109—122页和第131—152页。

② 物理学家和科学社会学家约翰·齐曼对年轻科学家如何成功地进入其专业的“无形学院”，作了颇有见地的机敏的解释，参见《公共知识：科学的社会维度》，第130—134页。

③ 沃森对他如何实现这一过程的详细说明，是《双螺旋》的诸特征之一，这便成为了科学社会学中绝无仅有的个人档案。参见《双螺旋——DNA结构发现的亲身经历》(*The Double Helix: Being a Personal Account of the Discovery of the Structure of DNA*, New York: Atheneum Press, 1968)。

511 在前列，往往对其专业领域之外的他人的研究不熟悉。但是，至少在最好的系中，学生们会得到其专业研究前沿的**许多**专家的指教。与他们年长的和暂时为专家的老师相比，这些人会使他们了解更广泛的学术领域的最新进展，哪怕是一时的。

我们认为这种模式存在于所有科学中，但是我们猜想，它在体系化程度较高的领域中更为突出也更为有效，因这些领域提供了更有效的使人胜任当代认识活动的方法。在体系化程度较高的领域中，这种机遇结构为年轻人提供了两种优势：较早地作为有资格的年轻同事开始研究的机会，**以及**接受最新且相对多样化的训练的机会。这两种优势都促进了他们在其事业的早期阶段取得重大科学成就的机会。

正是从这一观点出发，我们遇到了一个问题，实际上有关年龄与科学活动之间的多元关系的讨论几乎都是围绕这个问题：科学家在一生中从事其最重要研究的时期，或者，年龄与科学产出率之间的关系。有关这一问题的资料是不全面的，或者是十分有限的，不过看了之后我们发现，它们似乎与我们的预想是一致的。不同的研究者都发现，物理学和化学中的发现者的年龄中位数，低于更具描述性的生物科学的发现者的年龄中位数，而后者又低于行为科学中的发现者的年龄中位数。① 例如，诺贝尔物理学奖获得者

① 参见 H. C. 莱曼：《科学和文学中的创造性年限》（“The Creative Years in Science and Literature”），《科学月刊》43（1936 年），第 162 页，以及《年龄与成就》（*Age and Achievement*, Princeton：Princeton University Press 1953），第 20 页；C. W. 亚当斯：《科学家取得其最杰出成果的年龄》（“The Age at which Scientists Do Their Best Work”），原载《伊希斯》36（1946 年），第 116—169 页。

取得其获奖成果的年龄中位数是 36 岁；化学奖获得者是 38 岁；而医学与生理学奖获得者是 41 岁。[①] 当然，这并不意味着年轻人具有更高的发现率是体系化程度较高的科学的规范，更不用说是所有科学的规范了。显然，有时需要提醒我们，做出发现时的年龄中位数告诉我们，一半的发现是在此年龄之前取得的，另一半是在此之后取得的。与通常所强调的形成对照的是，例如可以说莱曼的发现表明，在马吉（Magie）的《物理学原始资料》（*Source Book of Physics*）所列出的发现中，“足有一半”是那些年龄**超过** 38 岁的科学家做出的，而在遗传学列出的发现中，“足有一半”是由那些年龄**超过** 40 岁的科学家做出的。

除此之外，我们只需指出在应用有关年龄与科学成就的这些资料时防止误解的其他情况。它们在两个基本方面有缺陷。首先，它们没有考虑科学人员的年龄结构。从科学家的数量呈指数 512
增长中我们得知，年轻科学家在任何时代所占的比例都是最大的，因此他们会做出较大比例的贡献。当然，这并没有提供有关不同年龄者的科学成果的相对比例方面的证据。所需要的数据不是每一年龄阶层的贡献者的比例，而是做出贡献的每一年龄阶层的比例。这种需要甚至包括对不同学科中与年龄相关的产出率的比较，因为正如我们所看到的那样，科学的年龄构成是明显不同的。

其次，正如韦恩·丹尼斯强调指出的那样，莱曼的研究没有考

① 1901—1950 年的资料引自 E. 曼尼什和 G. 法尔克：《年龄与诺贝尔奖》（“Age and the Nobel Prize”），原载《行为科学》（*Behavioral Science*）2（1957 年），第 301—307 页，1951—1969 年的资料来自哈丽特·朱克曼的《科学界的精英：美国诺贝尔奖获得者》。

虑不同的生命跨度对各个年龄层的成就分布有侧重的影响。[①] 寿命短的科学家无法在晚年做出任何贡献，这一事实人为地扩大了年龄与成就资料中年轻科学家的比例，而没有考虑到长寿因素。这一基本问题体现在牛顿为34岁早逝的他的门徒、数学家罗杰·科茨所写的悼词之中："如果他活着的话，我们还会知道一些东西。"约翰·M. 凯恩斯对才华横溢的逻辑学家和数学家弗兰克·拉姆齐也有类似的评论，拉姆齐在27岁时英年早逝。

另外，我们认为，显然不同年龄特有的产出率方面的统计偏差，在体系化程度不同的科学和人文学科中是有差别的。为此，我们稍微偏离这一古老的谚语：好人不长寿。我们提出了一种不太简明但更贴切的说法：相对更优秀的数学家和物理学家不如优秀的历史学家和社会学家长寿。这样说时，我们并没有提出如下不大可能的假设：事实上，在体系化程度较高的领域比在体系化程度较低的领域有更高的早逝率。我们认为特定年龄上的死亡率是相同的，但并不认为较早取得重大成就的年龄是相同的。一些天才数学家过早去世，如伽罗瓦死于21岁，而尼尔斯·阿贝耳死于26岁，他们都因其早早获得的成果而一直被认为是一流人才。然而根据假设，那些早逝的天才的社会学家或植物学家在其早期阶段

① 参见韦恩·丹尼斯：《科学家中的年龄与产出率》（"Age and Productivity among Scientists"），原载《科学》123（1956年），第724—725页；《年龄与成就述评》（"Age and Achievement: A Critique"），原载《老年医学杂志》（*Journal of Gerontology*）11（1956年），第331—337页；《突出科学贡献中的年龄递减》（"The Age Decrement in Outstanding Scientific Contributions"），原载《美国心理学家》13（1956年），第457—460页；以及《年龄在20岁至80岁之间的创造性产出率》（"Creative productivity between the ages of 20 and 80"），原载《老年医学杂志》21（1966年），第1—8页。有关源自莱曼资料的错误解释和丹尼斯资料意义的讨论，请参见赖利和安妮·福纳编：《老龄化与社会》第1卷，第18章。

只发挥出了较少的潜力，因此甚至没有出现在其领域标准的历史中。这种设想与丹尼斯的数据是一致的，后者表明，与同样长寿的历史学家、植物学家和地质学家相比，长寿的数学家和化学家一生的产出总量中有更多部分是在其工作的最初十年完成的。这类情 513 况往往会促成这一错觉，优秀的数学家不长命，而比如说优秀的社会学家却会长命百岁。[①]

对这一点，我们集中关注的是在体系化程度不同的科学中，因年龄分层形成的科学贡献率的差异，我们现在必须涉及另外一个问题，即是否年轻人而不是老年人的研究更易于出现真正的科学观念的转变或基本概念的重构。T. S. 库恩在其影响广泛的论述科学革命的著作中指出，基本的新范式的创立者几乎都是年轻人或其领域的新人。[②] 一长串人们熟悉的人物的例子可用来说明其观点。牛顿写道，他自己在 24 岁时已开始其万有引力、微积分和

① 人们会注意到，这赋予了那句老话"科学是年轻人的游戏"以特殊的意义，显然它现在应与另一句老话"史学是老年人的游戏"［如罗伯特·格雷夫斯的小说《我，克劳迪亚斯》(*I, Claudius*)中，罗马历史学家凯厄斯·阿西尼厄斯·波利奥(Caius Asinius Pollio)所说的那样］联系在一起。然而，不应该让这一对格言鲜明的文字对比遮住我们的论证所提出的量化对比。而且，我们可以在一定程度上，通过 19 世纪"历史学家中的内斯特(Nester，特洛伊战争时希腊的贤明老将。——译者)"莱奥波德·冯·兰克来说明我们的论点，他在年过 50、60 和 70 岁时取得了其**最重要**的成果，在 86 岁时开始动手"实现其毕生的抱负：撰写一部世界史"，同样 20 世纪历史学家中的"内特斯"弗里德里希·梅内克，在年过 60 岁和 70 岁时写出了他的两部最重要的专著——《国家利益至上观念》(*Die Idee der Staatsrason*)和《历史主义的兴起》(*Die Entstehung des Historismus*)，而他的非常有意义但相对次要的著作《德国大灾难》(*The German Catastrophe*，1946)是在 85 岁时完成的。有关兰克和梅内克，请参见弗里茨·斯特恩：《历史的多样性》(*The Varieties of History*，New York：World Publishing Co.，1972)，修订版，第 55、267—268 页；有关科学界的诺贝尔奖获得者中的一位"内斯特"，他在年过 70 岁和 80 岁时取得的成果不是最重要的，参见本章边码第 530 页。

② 参见托马斯·S. 库恩：《科学革命的结构》，第 89—90 页。

色彩理论的研究："我处在创新的最佳时期，我对数学和哲学的思考超过了以前的任何时期。"达尔文 22 岁时开始了"贝格尔"号的航行，29 岁时系统阐述自然选择的基本观点。爱因斯坦 26 岁时做出了三项重大贡献，其中有狭义相对论。最后，在被一般认为导致了量子物理学的物理学家中，十分之八是在 30 岁之前对此科学革命做出了其贡献。①

这类引人注目的说明当然并不足以表明，年轻科学家特别易于导致科学思想的革命。但在缺乏系统的有关不同历史时期科学家的年龄构成资料的情况下，它们仍然是被当作常规而普遍接受的概括的基础。不过，正如库恩本人进一步指出的，这是一种"极为需要加以系统研究"的概括。

（二）体系化与接受新思想的年龄差异

738 514 我们业已指出，在体系化程度较高的科学中的新发展与不久前所做的研究密切相关。正如普赖斯指出的那样，这些科学的增长"始于表层"。结果，在体系化的科学中，了解新思想并批判地接受它们是非常重要的。如果某一年龄阶层的人对它们更敏感，这就会增加他们获得进一步发现的机会。

常常有人说，年龄的增加会导致人们越来越抵制新的事物，特别是，老年科学家经常会抵制新思想。② 正如普朗克（他直到 42 岁才提出了量子的观念）指出的："新的科学真理不会通过说服其

---

① 乔治·伽莫夫：《震撼物理学的三十年》（*Thirty Years that Shook Physics*, Garden City, New York：Double-day Press，1966）。

② 请注意福纳在《老龄化与社会》第 3 卷，第 4 章中指出，在生命历程中人们的政治态度也会变化。

反对者和使他们有所领悟而获胜，它的获胜是因为其反对者最终会死去，新一代精通它的人会成长起来。”①

尽管这种见解是基于传说而不是系统的证据，但它提出了一些一直存在的问题：它真是这样的吗？而如果是的话，那么它是怎么出现的？

如果在接受新的（和正确的）思想方面存在着这些年龄分层的差异，这就会反映在不同的行为之中。一个例子是，年轻科学家会更多地依赖于近期发表的研究成果，而且会比同一领域的年老的科学家更经常引用这类成果。另一个例子是，科学家的年龄分层会依他们把什么看做是其领域最重要的贡献而有所不同。我们手头部分有限的资料对这些推断提供了凭证。

我们从一个小的科学家样本中发现，那些年龄在 30 岁以下的人比同一领域的那些平均年龄超过 30 岁的人更喜欢引用新近的成果（在他们的论文完成前五年发表的论文）：在年轻研究者的著作中 71％的参考文献是新近的文献，而在年长研究者的著作中这个比例只有 58％。② 但是，这种模式并非对所有年长的科学家都

---

① 马克斯·普朗克：《科学自传及其他论文》（*Scientific Autobiography and Other Papers*, New York: Philosophical Library, 1949），第 33—34 页。可以肯定，这是人们近年来最常引用的观点。伯纳德·巴伯在其论文：《科学家对科学发现的抵制》（“Resistance by Scientists to Scientific Discovery”）中大量地运用了这种观点，原载《科学》134（1961 年），第 592—602 页；运用这种观点的还有库恩的《科学革命的结构》，见第 150 页；沃伦·哈格斯特龙的《科学共同体》，第 283 页；丹尼尔·S. 格林伯格的《纯科学的政治学》（*The Politics of Pure Science*, New York: New American Library, 1967），第 45 页。

② 参见哈丽特·朱克曼未发表的资料。斯蒂芬·科尔[《年龄与科学行为》（“Age and Scientific Behavior”），1972 年 8 月 30 日在美国社会学协会会议上宣读的论文]发现，在各个不同的科学领域中有相同的模式。由于科学论文在发表之前的评议和编辑过程有可能使引证中最初的年龄差异均匀化，因此，发表论文的年龄阶层之间即使很小的差异，也很可以说明问题。

适用。诺贝尔奖获得者并未表现出与他们那些不太著名的同龄人
515 相同的引证行为。他们对新研究成果似乎像比他们年轻30岁的人一样敏感，他们73%的参考文献是最新的文献。这一发现只是略微支持了普朗克的观点，但它表明，对科学的新进展的关注既会因年龄**也**会因科学成就而有所差异。

在判断什么构成了重要的科学成果方面的实质差异，有可能像哈格斯特龙说所的那样，具体表现为“代际争论”。不过他接着指出：“即使某些争论是代际性的，它们也不一定就是‘有创意的年轻人’与‘保守的老年人’之争。而是，一代人的视野强烈地受到在其事业中遇到的事件的影响。老年人也可能会比年轻人更激进。”①

有关接受科学新思想的年龄差异的证据仍然是匮乏和不确定的。但是进一步的研究也许会发现，像人们普遍认为的那样，年龄大的科学家确实更抵制新思想，但这只会提出一系列怎么会出现这种结果的问题。例如，不应得出结论说，它是由于心态变老或衰老。② 巴伯就此指出，**老龄化**“是一综合性的术语，它实际上包括了抵制的各种不同的社会和文化根源”。他接着指出了这种抵制的各种可能的社会和文化因素：

> 随着科学家的衰老，他对创新的反应，更有可能由于他的实质的和方法论的先入之见、由于他的其他文化积累而受到局限；他更有可能具有很高的专业地位、具有特殊的兴趣、是

① 沃伦·哈格斯特龙：《科学共同体》，第284—285页。

② 对这类资料进行多元解释的证据的系统评价，请参见赖利和福纳编：《老龄化与社会》。

> 某个定型组织的成员或官员，并且与某一“学派”有关联。所有这些事情的可能性随着时间的延续而增加，因此，年老的科学家就是因寿命长才更有可能具有沉重的文化和社会负担。但也并非总是这样，科学界年长的研究者经常是创新的最炽热的竞争者。[①]

这实际上为研究与年龄相关的在接受与抵制科学新观念方面的差异提出了一个棘手的议程。

（三）体系化与科学成果的知名度

我们现在从思考可能与年龄有关的对新思想的反应（无论其根源为何），转向思考对不同年龄科学家所提出的新思想的反应方面可能的差异。一个学科中新思想的知名度可能会受其文献的绝对量的影响，而文献的绝对量又与该学科体系化的程度有关。这并不是我们在这里所要关心的问题。无论它可能会怎样，我们的兴趣在于，体系化本身对由不同年龄科学家所提出的思想的知名度的直接影响。

516

似乎在那些更具描述性、由理论不规范和松散地组织起来的学科中，新思想更难以被看做是重要的。在这些体系化程度较低的学科中，科学家的个人和社会特质更有可能影响其思想的知名度和人们对其思想的接受。结果，一般而言，由于年轻科学家在其领域中还不太知名，因此他们的著作在这些体系化程度较

① 巴伯：《科学家对科学发现的抵制》，第602页。相关的大体相同的观点，请参见哈格斯特龙：《科学共同体》，第283—284页。

低的学科中被关注的机会较少。换言之，“马太效应”(参见本书第二十章)——即对有很高声望的科学家的贡献会有更多的承认，在这些体系化程度较低的学科中容易发挥特殊的作用。

与此相关，在那些体系化程度较高的学科中，无论什么样来源的新思想，都可能使其自身得到更好的证明。因此，无论是年轻科学家还是年老科学家的重要贡献，在这些体系化程度较高的领域中不仅仅是更具有知名度；它们也会受到更认真的对待，因为它们的理论重要性能够更快地得到确定。这会使年轻科学家与杰出的年长科学家平等地交流思想，并使他们得到注意。

尽管斯蒂芬·科尔对马太效应的研究只是限于物理学，但是他的发现在这方面很有启发性。在体系化程度较高的这一学科中，杰出研究者的成果在被结合到研究之中方面，只是比不太著名的研究者所做出的相同质量的贡献略快些。物理学家的年龄对他们的思想的传播速度几乎也没有什么影响。[①] 因而在物理学中，研究的价值似乎决定着它是否能被接受，而研究者的特性在这方面只起很小的作用。现在需要进行比较研究，以便弄清马太效应的作用是否实际上因学科的体系化程度而有所不同。

(四) 体系化、科学内部的转行与发现

我们已经看到，尽管科学家很少会完全离开科学职业，但也有许多人从一个领域转到另一领域。美国科学家中约有四分之一的

---

① 斯蒂芬·科尔:《专业地位与科学发现的接受》(“Professional Standing and the Reception of Scientific Discoveries”)，原载《美国社会学杂志》76(1970年)，第297、299页。

人经历过这类转变，但转行率在不同的原属学科中是有差异的，当 517
然在不同的年龄同期群中也有差别。[①]

那些离开其原来所学专业的科学家，转入另一个他们未在其中受过训练的领域工作，从而构成了一类特殊的新手。在某些方面，这些年龄大的新手在作用上与其领域的年轻的新手是一样的。这两类新手都会很快地被引到其领域的研究前沿，尽管年龄大的新手与这个专业所培养出的年轻新手不同，他们在这个新的领域里受到的训练不太全面。这两类新手中都有一些人，他们为老问题带来的观点如此之新，以至他们没有受问题意义的约束，或者，他们提供的可能的解决方法是另一领域通常采用的。转行者不同于他们刚刚从事科学工作的年轻同行，他们给他们选定的领域带来了新的研究风格，富有戏剧性的例子是，当物理学家把注意力转向生物学时，他们创立了分子生物学领域。[②] 在一定程度上，新手的贡献来源于他们给新领域带来了他们原来所在领域常用的研究标准和方式。

---

① 哈蒙：《理科博士简况》，第 50—52 页；全国研究理事会科学人事办公室：《博士生涯：学术与非学术，1935—1960 年博士同期群跟踪报告之二》(*Career of Ph. D's: Academic versus Nonacademic. A Second Report on Follow-up of Doctorate Cohorts 1936—1960*, Washington, D. C.: National Science Foundation, 1968)，第 59—62 页。

② 参见纪念分子生物学的创始人之一马克斯·德尔布吕克的《纪念文集》(*Festschrift*)，此文集包含了大量生动而丰富的个人有关这一领域初期情况的说明。参见约翰·凯恩斯、冈瑟·S. 斯坦特和詹姆斯·D. 沃森编：《噬菌体与分子生物学的起源》。物理学家埃尔温·薛定谔在他所撰写的简明的《生命是什么？》(*What is Life?*)一书中，说明了物理学家向生物学家转变的决定性因素。关于分子生物学出现的进一步说明，请参见唐纳德·弗莱明：《转行的物理学家与生物学革命》("Émigré Physicists and the Biological Revolution")，见唐纳德·弗莱明和伯纳德·贝林编：《学术迁徙》(*The Intellectual Migration*, Cambridge: Harvard University Press, 1969)，第 152—189 页。

体系化程度较高学科的某些属性，有利于新的研究者很快地学到其要旨，因而也有利于年龄大的有经验的科学家有效地转入此领域。历史和统计资料[①]表明，这种转行通常发生在体系化程度大致相同的学科之中，也有向体系化程度较低的领域流动的情况，但这不是主要的形式。在体系化程度的两个极端的学科，如物理学与植物学或动物学之间，几乎没有互换。

约瑟夫· 本-戴维已把这类转行的一般模式与他所称的“角色交融”联系在了一起：在达到角色 B 的目标时，运用角色 A 所常用的手段。他概括说：

> 518 在理论的完备性和方法论的严密性方面，各个学科的程度是不同的。最接近于角色交融的现象，可能存在于从理论和方法论较发达的学科向不发达学科的变动中。这既不同于两个同样发达的学科之间的变动，也不同于从较不发达的学科向较发达的学科的变动。[②]

对不同体系化程度的学科之间各种模式的转行过程及其结果的研究刚刚开始，不过，我们可以拼凑出已经转行的杰出人物所经历的某些过程。他们往往对转行所需要的时间表现出几乎是可笑的自大。有许多有象征意义的故事。据说利奥·齐拉特在寒春港为从物理学家转变为生物学家，总共只花了三周的时间，是年他

---

① 哈蒙：《理科博士简况》，第 51 页。

② 约瑟夫· 本-戴维：《医学中的角色与创新》，原载《美国社会学杂志》65（1960年），第 557—568 页；另见本-戴维和兰德尔·科林斯：《新兴学科起源的社会因素：心理学的例子》（“Social Factors in the Origins of a New Science: The Case for Psychology”），原载《美国社会学评论》31（1966 年），第 557—568 页。

47岁。弗朗西斯·克里克用了两倍的时间就由物理学跳到了生物学。[①] 在瓦丁顿对分子生物学的欧洲起源的解释中，也有相同的关于迅速转行的话题。他在为第一届遗传学家和结晶学家大会所写的论文中指出：

> 我们大部分人都试图在客舱的卧席上睡觉，但达灵顿和[结晶学家]贝尔纳坐着防止晕船，前者给后者讲了一夜"人们需要知道的一切遗传学和细胞学知识"。黎明之前，贝尔纳已经确定，有丝分裂纺锤体一定是正类晶团聚体。[②]

这表明，人们不仅能够在短期内学到许多东西，而且那些知识渊博、对其领域了如指掌的新手，即使没有贝尔纳那样的才能，也能从一开始就充分理解基本原理从而引入新思想。

这些最优秀的从一个学科转向一学科的迁徙者，似乎并不担心他们不了解新领域主要的问题群。这可使他们避免某些陈腐的先入之见。诺贝尔奖获得者玛丽亚·戈波特·梅耶提供了一个恰当的例证。她说，她对"幻数问题"(此问题非常有趣，故此得名)电脑研究，以及后来提出的原子核的壳层模型，依赖的就是一种特殊的无知。她接受的是物理学家的训练，但主要从事物理化学研究，

① 大约14年前，生理学家A. V. 希尔就告诉利奥·齐拉特，他可以通过接受生理学的教学任务而掌握其要旨；参见利奥·齐拉特：《回忆往事》("Reminiscences")，见唐纳德·弗莱明和伯纳德·贝林编：《学术迁徙》，第98页。有关克里克对转行的说明，参见沃森的《双螺旋》和罗伯特·奥尔比：《弗朗西斯·克里克、DNA和中心法则》("Francis Crick, DNA and the Central Dogma")，原载《代达罗斯》99(1970年秋季号)，第938—987页。

② C. H. 瓦丁顿：《某些欧洲人对分子生物学前期历史的贡献》("Some European Contributions to the Prehistory of Molecular Biology")，原载《自然》221(1969年)，第318页。

519 她是在“贝特圣经”的影响下成长起来的，[①]因而没有受到“尽人皆知的”自旋耦合观点的限制。[②] 汇聚在一起的天真和无知在科学中明显地都有其作用——尤其是对于那些根本不天真而是知识渊博的科学家。[③]

类似于地域迁徙，从一个学科向另一学科的学术迁徙，很适合同期群分析。在科学家的生涯中，是否有一些时期他们倾向于转行？这些转行模式是存在于连续的同期群中还是相当固定的？转行的频度和模式是否有过历史变化？科学中的迁徙者总体上是更有才干的人，还是较低才干的人，或者是能力和成就都很突出的人？

无论转行的模式是什么，都需要把它们放在起点学科和终点学科的学术组织的背景之中加以分析。

三、科学角色

（一）科学角色目录

像其他社会生活领域一样，科学的社会结构具有其自己独特

---

① 汉斯·贝特于20世纪30年代后期在《现代物理学评论》上所发表的一系列论文中，试图综合当时人们所了解的有关原子核的知识。人们以这种可爱的尊称记录下这些论文对物理学产生的重大影响，而这些论文也因此出名。

② J. H. D. 詹森独立地解决了相同的问题，非常有意思的是，他也不知道流行的自旋耦合观点。

③ 关于在某些条件下，无知的作用的基本观点，请参见威尔伯特·E. 穆尔和梅尔文·M. 图敏：《无知的某些社会功能》（“Some Social Functions of Ignorance”），原载《美国社会学评论》14（1949年），第787—795页。关于科学和技术中的“局外人”的论述，请参见S. 科拉姆·吉尔菲兰：《发明社会学》，第88—91页；本-戴维：《医学中的角色与创新》，第557—559页；以及本书第五章。

的地位序列和角色序列，它们通过复杂的社会选择过程分配给其成员。我们这里将把注意力集中于科学家的地位。但是我们会附带地指出，科学的社会结构，尤其是我们今天所知道的它经历了数个世纪的制度化和分化后的结构，还包含着多种其他地位和角色。这些科学辅助角色对有效地促进科学研究常常是必不可少的，其中包括各种类型的技术员、实验仪器和设备的制造者，以及有助于科学研究（例如，实验材料的准备和保管）的一系列的辅助人员。[①]

类似于其他地位，科学家的地位包含的不是单一的角色，而是 520
复杂多样的一组角色。其中有四个主要类型的角色：研究角色、教学角色、管理角色和把关者角色。[②] 每一种角色都可分化出其子角色，对子角色我们在这里只提一下，但不作详细考察。

研究角色是为促进科学知识的增长做准备的，它是核心，其他角色在功能上附属于它。因为显然，如果没有科学研究，也不会有新的知识要通过教学角色来传播，也没有必要分配研究资源、没有需要管理的研究组织、没有需要把关者调节的新知识的流动。可能由于其功能的核心性，科学家明显地认为研究角色比任何其他角色都重要。思想方式是维持相互支持的角色复合体的一般例子，它并没有充分反映对集中各种角色的这种不同评价：科学

① 有关科学界角色的一个简短名目，请参见魏斯：《科学之门内外》，第 29—30 页。应当记住，在本书第十六章提到，弗朗西斯·培根在其《所罗门之家》中描述了各种不同的科学角色。

② 有关每一地位具有其独特的角色补集或角色集这个一般观念，请参见默顿：《社会理论与社会结构》，增订版（New York：The Free Press，1968），第 422—438 页。

家会经常坚持辅助性角色是“必不可少的”因而具有同等的重要性。然而，科学奖励系统的运转几乎以明显有偏好的方式表明，研究角色具有最高价值。被称作科学英雄者往往是因其具有科学研究者的才能，很少因为他们是教师、管理者或评议者和编者。

研究角色可分为一些子角色，但不同学科其划分的程度有所不同。在研究中，科学家把自己看做，也被其他人看做是实验家（或者更一般地说是经验研究者）或理论家，偶尔也会有高度融合的情况，例如昂里克·费米或莱纳斯·鲍林有效地兼具了这两种子角色。在体系化程度较高的学科中，其分化似乎更为明显。我们对导致科学家选择其中的某一个子角色的过程还知之甚少。在关于科学的传说之中，这甚至算不上是问题。人们认为，科学家在

高度专业化能力的支配下，要么成为实验家，要么为理论家。但是，看起来其过程要比简单地把角色与自我评价的能力相匹配更为复杂。至少，它可能包括追求科学研究者的自我形象之间的互动、同等地位者和导师促成的社会化以及同等地位者、年长者和他们自己对其角色表现的不断评价。

科学研究的角色涉及科学家之间的互动，就此而言，它也有助于相互的教育与学习。教学角色，尤其是在科学界，不但要求有明
521 确的教学法，而且在自然科学中可能比在人文学科中要求更多地通过观察实例进行潜移默化的教育。在科学界，师徒关系对于社会化是至关重要的，特别是在实验室里，这为师徒提供了互相观摩的机会。自然科学与人文学科之间这一结构上的差异还反映在下

列事实方面，即自然科学领域的博士学生后较为普遍，而人文学科很少。

在科学的规范系统中，人们对研究角色与教学角色之间的优先关系也存在着矛盾心理。对一些人来说，规范要求科学家认识到其首要的职责是培养新一代的科学家，但是他不能以牺牲发展知识为代价，让教学占用太多的精力。对另一些人来说，这一规范则完全是相反的情形。我们只需想一下人们对法拉第的抱怨，他从未培养出一位后继者，而戴维培养了他，再考虑一下那些为了教学而放弃研究的科学家经常受到批评。我们将要看到，有迹象表明，在其生涯中，科学家分配给教学角色和研究角色的时间是不断变化的。

科学家的第三类主要角色通常（但并非在指导意义上）被称之为“行政管理”。这一术语通常包括范围很广及不同的各种组织环境，从临时设立的咨询或政策制定委员会、小规模科学研究的指导管理，到角色完全专门化的专职的“科学管理者”或“R & D 管理者”。人们所描述的科学界的日益官僚化，常常是指全职的行政管理角色数量的增长，以及他们对科学发展过程的影响力的增加。正是由于它涉及资源在各学科、各群体及其成员中的分配，这种官僚化也会让更多的“非行政”科学家也参与到行政管理活动之中：准备计划研究的前景报告和所做工作的总结，这是传播科学研究的实际成果以外的工作。

尽管科学家的第四类角色通常也可以不太严格地包括在“行政管理”之中，但有必要把它与其他角色区别开，因为它是科学中

的评价系统和角色与资源分配的基础。这就是把关者角色。[①] 把
522 关者分布于各个科学组织和机构之中，对于处在职业生涯每一阶段的科学家（从年轻的新手到年长的老手），他们会持续或定期地评价其角色表现，并且会提供或剥夺其机会。

把关者角色的作用对当代科学的每个方面都有影响。首先，在人员的输入和分配方面，这些科学家必须对谋求新职位的人的前途和局限性做出评价，因而这既影响到了科学家个人的流动，也在总体上影响到了人员在整个系统中的分布。至少，在美国科学界，也许还包括其他国家的科学共同体，这种把关功能似乎涉及特纳型的流动的混合：基于角色表现并由普遍主义规范所强化的竞争性流动和赞助性流动，在后一种流动中，精英或其机构将会帮助新人尽早成为其后继者。[②]

其次，在研究设备条件和奖励的分配方面，把关者角色，至少

① 众所周知，把关者角色这一概念是由库尔特·莱温在《饮食习惯背后的力量与变迁方法》（"Forces behind Food Habits and Methods of Change"）引入社会科学的，原载《全国研究理事会会刊》(*Bulletin of the National Research Council*)108(1943 年)，第 65 页。阿尔弗雷德·德·格拉齐亚[《科学接受系统与维利科夫斯基博士》（"The Scientific Reception System and Dr. Velikovsky"），原载《美国行为科学家》7(1963 年)，第 38—56 页]和黛安娜·克兰[《科学的把关者：影响科学杂志论文选择的某些因素》，原载《美国社会学家》2(1967 年)，第 195—201 页]把杂志的编者看作是科学的把关者。这一用法过于局限了；把关者还要调节科学人力并且分配研究资源。

② 关于其基本概念，请参见拉尔夫·特纳：《赞助性流动和竞争性流动与学校体制》（"Sponsored and Contest Mobility and the School System"），原载《美国社会学评论》25(1960 年)，第 855—867 页；关于它们与科学的关联，请参见洛厄尔·哈金斯和沃伦·哈格斯特龙：《美国学术科学家的赞助性流动和竞争性流动》（"Sponsored and Contest Mobility of American Academic Scientists"），原载《教育社会学》(*Sociology of Education*)40(1967 年)，第 24—38 页；另见哈丽特·朱克曼：《美国科学界的分层》（"Stratification in American Science"），原载《社会学研究》40(1970 年)，第 243—247 页。

在美国科学的社会结构中，大多是通过范围广泛或较窄的“同等地位者评议小组(panels of peers)”而发生作用。这些同行评议小组推荐、而更常见的是决定研究员基金与研究资助和荣誉性奖励的分配。“同等地位者评议小组”这一术语所指的是被认为在其领域中有胜任能力的同行科学家，当然，不是指我们将会在对把关者群体的年龄结构的分析中看到的同龄人。

再次，在资源的不同分配的输出方面，把关者角色主要表现为评议人、编者和编辑人员等子角色：评议人负责对要发表的稿件的正确性和价值做出评价；编者和编辑人员对哪些论文将进入这种或那种科学档案作最后的裁决。[①] 在这里，我们将试图再次确认，科学家在其职业生涯的哪些阶段，主要承担着有助于形成科学成果永久记录的这些角色，我们还将揭示，在其角色表现中，是否存在着独特的与年龄相关的模式。

(二)科学的角色序列和角色分配 523

我们业已指出，各个科学家会根据他们各自不同的时间量和精力状况，以自己的方式把这四类角色结合在一起。专业化达到极点时，科学家只承担其中的一种角色，而完全不承担其他角色；但更为常见的是，他们将以不同的结合方式同时履行所有这些角色。对科学家个人来说，问题是，在他们的生涯中是否存在着一定

① 对这一角色的作用的研究最近才展开；可参见，例如，克兰：《科学的把关者》；理查德·D. 惠特利：《科学杂志的运转：英国社会科学界的两个个案研究》，原载《社会学评论》，新刊第 18 期(1970 年 7 月)，第 241—258 页；朱克曼和默顿：《科学界评价界的模式：评议人体制的制度化、结构和功能》，重印于本书第二十一章。

主导角色的序列？而对前后相继的科学家同期群来说，相关的问题是，在科学角色的分配上是否存在着历史变迁？

在考虑这些问题时，我们将指出，从个体的角度讲沿着其生命历程的各阶段变动的所谓**角色序列**，[①]从科学社会系统的角度讲就是**角色分配**。角色序列即角色或角色排列系列，人们在其一生中多数都经历这类序列，这些序列大概受角色分配的影响，角色分配是指接近承担不同角色的机遇结构的模式化途径。前者涉及的是一定的职业生涯道路，而后者涉及的是角色分布的（历史变迁的）过程和结构。具体而言，个人偏好与社会系统压力相互作用，从而产生了人们所看到的各种历史角色序列模式。

有关角色序列的系统化资料总的来说都很匮乏，在科学社会学中更是如此。“职业生涯”研究提供了一种近似角色序列的研究，[②]然而这类研究通常讨论的是从一种职业到另一种职业的流动模式，而不是个人在同一职业中的角色排列的一定序列。林赛·哈蒙为科学领域收集了一组珍贵的数据，[③]其中追溯了六个美国科学家同期群的角色补集系列，这些科学家于1935—1960年期间，以五年为一组，在十个主要的科学领域获得了其博士学位。

---

① 有关地位序列与角色序列的一般概念，请参见默顿：《社会理论与社会结构》，第434—438页。

② 有关难以掌握的“生涯分析”的富有启示意义的例子，请参见哈罗德·L. 维伦斯基：《工作、生涯与社会整合》（“Work, Careers and Social Integration”），原载《国际社会科学杂志》（*International Social Science Journal*）12（1960年），第543—560页；同一作者：《有序生涯与社会参与》（“Orderly Careers and Social Participation”），原载《美国社会学评论》26（1961年），第521—539页；德尔伯特·C. 米勒和威廉·H. 福姆：《工业社会学》（*Industrial Sociology*, New York: Harper & Row, 1964），修订版。

③ 参见《理科博士简况》。

重要的是，哈蒙的报告对最近一代前后的美国科学家角色的定型序列提供了无与伦比的线索；在程序上，哈蒙的数据例证了，离开 524

表 3　美国某些科学家同期群对其各种角色的时间分配

获得博士学位时间	工作时期 1935	1940	1945	1950	1955	1960
a. 用于教学的时间的百分比						
1960						(0) 33
1955					(0) 34	(5) 33
1950			(0) 40	(5) 34	(10) 31	
1945		(0) 41	(5) 42	(10) 36	(15) 34	
1940	(0) 42	(5) 30	(10) 33	(15) 28	(20) 28	
1935	(0) 47	(5) 44	(10) 35	(15) 36	(20) 33	(25) 32
b. 用于研究的时间的百分比						
1960						(0) 48
1955					(0) 48	(5) 43
1950				(0) 45	(5) 41	(10) 37
1945			(0) 42	(5) 36	(10) 34	(15) 32
1940		(0) 42	(5) 40	(10) 36	(15) 33	(20) 28
1935	(0) 36	(5) 33	(10) 32	(15) 29	(20) 28	(25) 26

对生涯中角色序列要素和角色分配的历史变迁要素进行同期群分析，会出现大量困难，赖利—约翰森—福纳的年龄分层模型也告诫

我们要注意这些困难。[①]

525

获得博士学位时间	工作时期					
	1935	1940	1945	1950	1955	1960
c. 用于行政管理的时间的百分比						
1960						(0) 10
1955					(0) 8	(5) 15
1950				(0) 7	(5) 16	(10) 24
1945			(0) 11	(5) 16	(10) 22	(15) 26
1940		(0) 8	(5) 18	(10) 22	(15) 30	(20) 34
1935	(0) 8	(5) 14	(10) 23	(15) 28	(20) 30	(25) 32
d. 用于其他职务的时间的百分比						
1960						(0) 8
1955					(0) 9	(5) 8
1950				(0) 7	(5) 8	(10) 9
1945			(0) 6	(5) 7	(10) 8	(15) 8
1940		(0) 8	(5) 12	(10) 9	(15) 9	(20) 10
1935	(0) 9	(5) 8	(10) 10	(15) 8	(20) 9	(25) 10

资料来源:哈蒙:《理科博士简况》,第 65 页(整理)。

注:圆括号中的数字是指取得博士学位的年数。

① 这项研究中的科学家同期群在《老龄化与社会》第 3 卷,第 1 章,第 1 节中得到了认同;他们是指在同一时期进入某一学科领域的一群人,而不是指有相同出生日期的人。另见其书第 2 章和附录。

选自哈蒙的报告的表 3，概括了这六个同期群所估计的[①]在其生涯前后相继的时期中，他们分配给不同的角色活动平均时间的比例。这里的证据既涉及了个人的生活历程中的角色序列，也涉及了科学角色结构的社会变迁。

首先，对每一个同期群来说，各行的数字表明了在其**生涯**中，用于研究的时间比重平缓下降，而用于行政管理的时间平缓上升。[②] 用于教学的时间类似于研究，在其生涯中也趋于下降，有趣的例外是 1950 年，在其间每一个同期群用于教学的相对时间都有所增加。这种与一般的生涯模式不同的情况明显地反映了特殊历 526
史事件对年龄分层的影响。因为角色序列中的这种明显的历史起伏，大概体现了在第二次世界大战刚结束之后，随着"GI"教育项目的迅速扩展，教学工作的增加了。

其次，表 3 还反映了美国科学家在其生涯的每一阶段，用于不同角色的时间分配方面的历史变迁模式。这可以从表 3 的前两部分(a 和 b)其自左到右的对角线的数字中看出。例如，对角线上端的那部分人刚刚取得博士学位。现在更近的每一个距同期群，用于教学的总时间越少，而用于研究的时间越多。在科学家生涯的其他各个阶段，其变化的历史趋势也大致是，用于教学的总时间有所下降，而用于研究的时间有所增加，但 1945 年同期群的戏剧性

---

① 多亏有这些无与伦比的资料，我们在这里不讨论这个问题：这些有关时间分配的回溯性估计跨越了 25 年的时间，因而有一些回答可能会有错误。哈蒙完全意识到了这个问题，而其内在的证据表明，报告中的错误是随机性的，而不是系统性的。

② 我们转述了哈蒙的全表，但我们认为，"其他职务"这一类是无意义的。至多，它是未加甄别的各种成分的大杂烩。另外，它也不能以任何系统的方式表现出具有年龄特点。

偏离则是例外(请注意,1945 年一行似乎与表的 a 和 b 两部分中每一对角线都不协调)。第二次世界大战后大量退伍军人涌入高校,这似乎对 1945 年开始其事业的同期群产生了持久的影响,在每一相继的时期持续地打破一般同期群用于教学的时间减少、用于研究的时间增多的趋势。

非常有意思的是,教学和研究方面的同期群趋势并不与行政管理活动方面的补充趋势(表 3c 部分所示的对角线)相一致。这里缺乏任何稳定的趋势能对历史上科学日益的官僚化这一特征提出某些怀疑。的确,在每一同期群中,科学家随着其年龄的增加,他们投入行政管理的总时间也相对增多。但是,把对应的年龄相比较,当代科学家用于行政管理事务的时间没有像过去的科学家那样多。[1]

对表 3 中数字的第三个方面的比较是按纵列的比较,它揭示出在每一时期我们所描述过的事业模式、同期群趋势和独特的历史事件的综合影响。因此,特定年份的每一列,反映的是**年龄分层**中的科学家角色的构成。在这里我们发现,尽管年龄分层在用于教学的时间方面没有很大的差别,但在研究和行政管理方面却有显著的差别。

在过去 25 年的任何一个时期,科学家越年轻,他们越把更多
527 的时间用于研究,而更少的时间用于行政管理。例如,用于研究的

① 所有这些资料并不能使我们把那些全职管理者这类专职角色,与各个科学家在他们的不同角色活动中的时间分配的其他变化区分开。我们在本节开始已经指出,这两类变化通常都不加区别地称之为“科学的官僚化”。还应注意到,在大学、政府部门和工业部门就职的科学家比例的变化也影响了所说的这一历史模式。

时间从 1935 年的同期群（此时他们取得博士学位已 25 年，其年龄可能 50 多岁）的 26%，直线上升到了最近的 1960 年的同期群（此时他们刚刚取得博士学位，其年龄可能接近 30 岁）的 48%。更一般地说，这些结果表明，科学的社会系统为年轻科学家提供了比年长科学家更多的时间用于研究。与科学的总的年轻化结构一样，角色的这种分布与“科学是年轻人的游戏”这一普遍的思想方式[①]是一致的。

这些数据代表的是同期群的总的平均情况，当然，它们只提供了科学家具有个人特点的角色序列的一种粗略的近似值。它们没有指明科学家在其生涯的每一阶段分配给各种角色的时间的**构成**模式。它们也不同于典型调查（panel）数据，没有指明各个科学家在其生涯过程中，这些形式的变化。

不过，在哈蒙的数据中，也可找到有关个具有个人特点的角色尽管是部分但富有启示性的证据。[②] 非常重要的是，从中可以看到专职化年龄的模式。尽管在其当时的工作（教学、研究或行政管理）中，投入某一方面的活动的全部时间比例并不存在着明显的年龄差异，[③]但是各年龄阶层在实际所趋向的专职化的**类型**上却有明显的差异。这些差异与上面表 3 的同期群分析中发现的差异是一致的。因此，年轻者比年长者更可能把主要时间用于研究；相

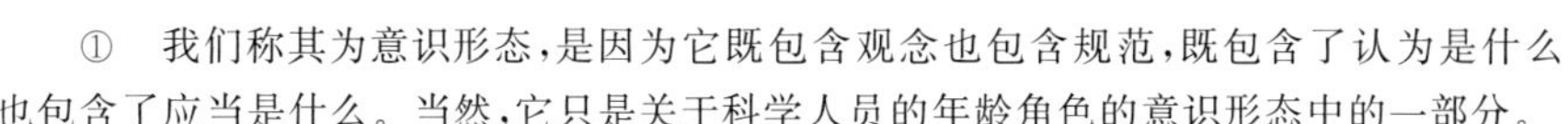

① 我们称其为意识形态，是因为它既包含观念也包含规范，既包含了认为是什么也包含了应当是什么。当然，它只是关于科学人员的年龄角色的意识形态中的一部分。

② 《理科博士简况》，第 19—21 页，表 9—11，以及附录 6，表 A、B、C 和 D。

③ 通过增加哈蒙的表 9 中（同上书，第 19 页）相关的百分比可以看到：31%的最年轻者、27%的中间年龄层和 30%的最年长者，都把全部时间投入了教学或研究或者行政管理。

反，年龄越大的阶层越有可能专职于行政管理角色（但在教学角色方面的差异不显著）。例如，哈蒙发现

1. 在当前的工作中完全没有时间从事研究的科学家的比例，大致说最大年龄层是最低年龄层的两倍；而把时间完全投入研究的比例，前者大致是后者的一半。

2. 在最年长层的科学家中，他们把时间完全用于行政管理的时间百分比是最年轻层的四倍。

对不同年龄阶层的科学家所履行的角色的**构成**加以考察，我们也可发现相同的一般模式。例如：

528 1. 在最年长层的科学家中，约有一半的人不再教学，也不从事研究，他们大多数专职于行政管理。

2. 最年轻层的科学家中，那些不从事教学工作的人，有70％把他们的时间主要用于研究。

哈蒙的数据还包含着另外一些线索，即年轻的科学家更强调研究，反映出在一生中他们个人所履行的复合角色内的研究角色的摩擦。通过比较科学家初次工作的时间分配与他们当前的工作的时间分配，哈蒙强调各个科学家在其生涯中维持角色模式的典型趋势。[①] 不过，他的数据还表明，在那些有角色转变的人中，降低其用于研究的时间比重的人数，远远超过了加强其研究角色的人数。[②]

---

① 哈蒙，《理科博士简况》，第19—20页。请注意，在这一部分的分析中，他把所有同期群合并在了一起。

② 根据哈蒙的表11（同上书，第21页），把对角线右上角的总频数（增加者）与对角线左下角的总频数（降低者）比较而得出，通过对个人教学角色转化的对比分析（表10，第20页），一种类似的、尽管不太明显角色摩擦趋势就会变得明朗起来，这种显然转向行政管理的趋势是对研究降低的补偿活动。

这类资料表明了角色专职化的主要模式。但是它们显然没有说明角色序列和角色保持的动力机制，没有说明所观察到的这些模式经由出现的社会和心理机制，以及它们出现于其中的结构环境。这些在很大程度上还只是停留于猜想。

(三) 角色摩擦和角色保持的机制

科学界在思想方式上对年轻人的重视为说明角色转变的环境提供了部分解释。作为其极端形式，这种学说主张，最杰出的科学研究成果都是在生涯的早期阶段取得的，在此之后，不要再期望有任何重要成果。P. A. M. 狄拉克，理论物理学中最有思想的人之一，偶然得出了下列令人沮丧的看法，部分是模仿滑稽作品，部分是伤感性的：

当然，年龄犹如伤寒
每一位物理学家必然为之恐惧。
一旦过了三十
他虽生还不如去死。①

按照这种观点，那些在其生涯早期做出了重大贡献的科学家，很快就江郎才尽了。而更多的在其早期没有什么成就的人，此后的成果只会更少。因为对这两者来说，随着年龄的增加，继续从事研究 529
至多是一种自我欺骗行为。这种思想方式的极端形式典型地包含这样的假定，即每个科学家都有其固定的做出贡献的极限，超过了

① 恰当地说，狄拉克早在 26 岁时就提出了描述相对论电子的数学理论，28 岁时成了皇家学会会员，而在刚过 31 岁这一年龄分界线，就获得了诺贝尔奖。

此极限就会枯竭下去。①

这种思想方式，很可能被莱曼的广泛传播的但有些误导的数据加强了，它的一个不很严格的翻版认为，创造性工作在科学家生涯的早期达到顶峰，随后或多或少地同时在程度和结果方面迅速下降。随着年龄的增加创造力虽然降低了，但可获得成熟的经验，注意到这一点，这种观点就会失去说服力。这也以一定程度的乐观主义为继续履行研究角色提供了依据。约翰·冯·诺伊曼因对数学的几个分支学科有一流的贡献而著名，他认为他自己的领域就是这种情况：

> 当是一个年轻人时，他[冯·诺伊曼]曾几次向我提到，大约 26 岁之后，重大的数学创造力会下降，但是随着经验形成的某种更实在的敏锐可以弥补这种损失，至少暂时是。此后年龄的局限性会慢慢增加。②

我们并未假定，思想方式决定着人们的行为，而是要指出，科学界关于年轻人的思想方式的这种极端的看法，完全削弱了继续履行研究角色的基础，温和的看法也不会有所裨益。除了其他方面的因素以外，我们料想，正如哈蒙的数据所表明的那样，正是这种思想方式氛围促成了研究角色的摩擦。

有理由相信，从研究角色向其他角色的转变的一般模式，更适

① 这种习惯看法认为，科学家只能有一篇论文或一部书“属于这些贡献范围之内”。德里克·J. 德·索拉·普赖斯和唐纳德·德布·比弗[《无形学院中的合作》(“Collaboration in an Invisible College”)，原载《美国心理学家》，1966 年，第 1011—1018 页]根本不赞同这种关于年轻人的整个思想方式，但是通过参照那些试图从范围之内的论文中再“挤出”某些东西的合作者，他们却进一步推进了这一看法。

② 斯坦尼斯拉夫·乌拉姆：《约翰·冯·诺伊曼，1903—1957 年》(“John von Neumann，1903—1957”)，见弗莱明和贝林编：《学术迁徙》，第 239 页。

宜于刚从事研究的科学家，而不是有较大造诣的科学家。社会学理论使我们料想、零散的证据也使我们相信，已被科学的奖励系统承认的较为多产的科学家，通常会保持其研究角色，他们直至生命的终结才结束其研究生涯，而不是退休即告结束。有一条证据涉及科学界的超级精英——诺贝尔奖获得者。与同他们在年龄、专业以及组织机构类型方面相称的不太突出的科学家相比，诺贝尔奖获得者在其生涯中发表研究成果的时间更早，而且能更持久地
发表成果。[①] 平均来说，诺贝尔奖获得者首次发表论文时不到 25 530
岁，而作为对比样本的科学家的年龄是 28 岁。更重要的是在角色维持方面，发表著作的终结时间是不同的。在九位年龄超过 70 岁的诺贝尔奖获得者和与之对应的科学家中，所有获奖者都一直发表成果，而对应的科学家中只有三人是这样，这表明诺贝尔奖获得者能持久地维持研究角色。在一定程度上，这可能是人们一直对他们有较大的期望的结果，这些期望来自于那些直接相关和更大环境中的人，即期望他们继续多出研究成果；在一定程度上，这也是他们已形成的、并得到了其环境支持的工作程序的结果。如一位当时年过 80 岁的诺贝尔奖获得者说，他并没有继续从事研究的责任感——用他的话说，“毕竟，该满足的都满足了”；然而，他的论文仍不断见诸科学杂志。[②] 据描述，最年迈的诺贝尔奖获得者 F.

① 哈丽特·朱克曼：《科学界的诺贝尔奖获得者：产出、合作和署名的模式》（“Nobel Laureates in Science: Patterns of Productivity, Collaboration and Authorship”），原载《美国社会学评论》32（1967 年），第 392—393 页。

② 在安妮·罗重新研究的 54 名杰出科学家中，有 17 人在她再次访问时已超过了 65 岁。她[《科学活动随年龄的增加而变化》（“Changes in Scientific Activities with Age”），《科学》150（1965 年），第 313—318 页]还发现，即使当他们担任了行政管理角色后，他们也仍然想继续从事研究。

P. 劳斯，在 87 岁时“仍在勤奋工作”。

成就较高的科学家中的研究角色维持或角色摩擦，似乎还受他们在进行自我评价时所选择的参照个体和参照群体的影响。有些人把他们自己重要的成就作为一个基点，并且认为，保持这一标准的前景是渺茫的。他们更想有承担其他角色的机会，如研究组织的管理、作为元老在科学与其他制度领域之间架设沟通的桥梁、或者完全离开科学领域在大学管理或国际事务领域谋求高就。其他杰出科学家把这类科学家作为其参照群体。他们认为，即使他们年轻时出现过创造高峰，他们也会比处于其生涯顶峰的大部分其他科学家更为多产，哪怕是在假定的其事业的滑坡阶段。

问题：选择参照群体的决定因素这个普遍问题尚未解决。把科学家的角色维持问题作为一个相关的有重要意义的问题，我们要问：什么因素导致某些在其年轻时多产的科学家把此作为参照点，而预期未来是**相对不多产的，**但同样是在年轻时多产的其他科学家，当他们把自己的成果与大多数即使处于最多产时期的科学家的成果相比较时，他们仍期望未来是**相对多产的**。

531 无论“研究是年轻人的游戏”这种思想方式怎样，科学的价值系统都可能有助于研究角色的保持。在科学制度的各类角色中，人们都赋予研究角色以最高价值，无论是在理论研究还是经验研究方面。因而，曾卓有成效地从事过研究的科学家的自尊，在很大程度上依赖于他们研究的持续，即使他们受到了关于年轻人的思想方式的怀疑可能会苦恼。除此之外，许多科学家恰恰由于都受过科学推理的训练，因此会认识到，对大多数科学家来说，即使随着年龄的增长其科学产出或创造性确实下降了，但认为这必定适用于任何一个科学家显然是不正确的。

能够证明可以继续从事研究的知识贡献的类型和数量是比较模糊的，这有助于保持研究角色。由于只有少数人能做出开拓性的贡献，因此，即使偶尔的一点像工匠似的工作，也会足以使人们保持继续研究的自我构想。对学院科学家来说尤其如此，总体上看，他们在其工作生涯的大部分时期，把大约同样的比例即约五分之一的时间用于研究。而非学院雇员的科学家，他们的研究成果大概要用更为功利的标准来衡量，他们相继投入研究的时间更少，而投入行政管理的时间更多。[①] 这种模式表明，构成所谓的“满意研究”的标准，在学术界、工业界和政府等科学的社会子系统中是不同的，因而其角色保持率也不同。[②]

角色保持和角色摩擦模式，大概在科学不同层次的社会分层中也是不同的。因为像在社会生活的其他领域中一样，在科学中，在机遇结构和社会压力方面也存在着社会分层性的差异。杰出的从事研究的科学家常常会受到交叉压力。一方面，根据积累优势原理，他们早期所取得的研究成就通常会为他们的研究提供更大的便利。另一方面，他们在研究角色上所获得的声望，常常会使他们在科学领域和更大的社会领域中又承担另外的角色，如顾问、智者和元老等等。

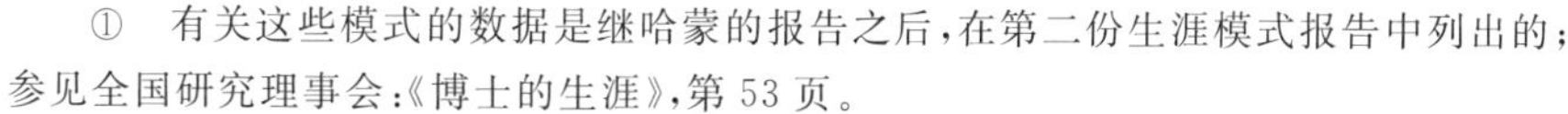

① 有关这些模式的数据是继哈蒙的报告之后，在第二份生涯模式报告中列出的；参见全国研究理事会：《博士的生涯》，第 53 页。

② 有关适当的见解，请参见西蒙·马科森：《美国工业界的科学家》，以及伯尼·G. 格拉泽：《有组织的科学家的职业生涯》。

然而，总的来说，由社会所强化的对研究的肯定似乎在分层系
532 统的上层占主流。这种情况，即使在科学家的生涯中有棘轮效应发生作用，也会出现，由于这种效应，一旦获得了重大声誉，他们此后就不会远远跌落到此水平以下（尽管他们会被新人超过，因而其声望会相对下降）。一旦获得诺贝尔奖，终生都是诺贝尔奖桂冠者。但是，也许我们可以这样说，科学的奖励系统使获奖者难以满足于已有的成就。按照那些已达到成就顶峰的人的经验，从山下到达这个顶峰似乎只是到了另一个起点。每一个成就只被看做是其他成就的前奏。在这种背景下，对已完成的工作的强调承认会诱发继续的努力，这既可以证实科学家具有非凡的能力这一判断，也可检验这些能力是否具有持续的潜力。这种定型的期望使那些已攀上科学成就崎岖的山峰的人不可能止步不前。当然也不一定是这样，更有成就的科学家不断提高的浮士德精神会使得他们不停地工作。他们的同行和参照群体对他们的期望不断提高。至少一定时间内，对他们的期望会越来越高，而且这种期望环境会形成自己的动力和压力的测量尺度。在达到科学顶峰后止步不前的情况通常比人们可能想象的要少一些。[①]

尽管由社会所强化的继续研究的动力可能对高层次的科学家来说更大些，但我们其他人也不乏这种动力，虽然我们知道，我们自己至多不过是科学工作者。因为一方面，当我们选择的参照群体和参照个体可以维护我们的自尊心时，我们自己的更普通的贡

① 对社会所强化的抱负过程和随之出现的角色保持过程的这一说明，转引自本书第二十章“科学界的马太效应”。

献也可与甚至不很杰出的贡献做比较。另一方面，科学通常被形象地描述为是一项庞大的集体活动，其中每个人对知识殿堂的建设只有一点点贡献，这种形象也有助于使普通的科学家继续从事其研究。[①] 不过，这种社会强化作用似乎没有达到杰出科学家得以强化的程度。

所有这些考察都提出了这一假设，即研究角色与教学、行政管理以及其他角色的扩大之间的摩擦，通常出现在科学分层系统中地位较低的科学家生涯的早期，而且在他们中间相对更为频繁。据我们所知，对此猜想并没有系统的研究，尽管哈蒙有关10000名科学家的同期群数据，与已有的数据体系范围内的不同指标结合 533
在一起，可以适用于这一研究。然而，某些证据只是略微与此猜想有关。朱克曼[②]提供了定性证据，以说明对诺贝尔奖获得者的早期研究成果的承认的重要性，斯蒂芬·科尔和乔纳森·科尔[③]从一个美国大学物理学家的样本中发现，他们早期的成果越多地以引证形式获得不同产出率的物理学家的承认，他们往往就越能在研究上保持多产。由于科学家共同体承认的程度影响分层体系中的地位，因此，这一证据至少是与此假设相一致的。

---

① 有关这一科学形象和其正当性的证据，请参见乔纳森·科尔：《科学研究中学术影响的模式》（“Patterns of Intellectual Influence in Scientific Research”），原载《教育社会学》43（1970年），第377—403页。而对此形象提出疑义的证据，请参见乔纳森·R. 科尔和斯蒂芬·科尔：《奥特加假设》（“the Ortega Hypothesis”），原载《科学》178（1972年10月27日），第367—375页。

② 《科学界的精英》第6章。

③ 斯蒂芬·科尔和乔纳森·R. 科尔：《科学产出与承认：科学界的奖励系统运转研究》，原载《美国社会学评论》32（1967年），第388—389页；乔纳森·R. 科尔和斯蒂芬·科尔：《科学界的社会分层》第5章。

从研究角色向其他角色转变的模式是各不相同的。它们在现象学上和社会心理机制上都有差异。在一种模式中，这种转变表明了科学家价值观念的变化，或者可以更多地接近其他角色，这些角色在某种意义上比研究角色会带来更高的奖赏。无论以哪种方式，这种转变所代表的都是新角色的吸引，而不是旧角色的推动。科学家寻求这种转变，而不是被动受其影响。他无疑有继续从事研究的能力。他只是偏好那类似乎对他更有意义的角色。他可以对更大的社会环境中迅速变化的价值观作出反应，或者以更特有的方式改变其价值观，或者只是找到收入更好和更有权力、对他更有吸引力的行政职位。他认为这种变化是扩展其视野，这或许有助于确立科学在社会中的变化着的地位，或者有助于使进行战略决策的阶层理解科学和以科学为基础的技术的风险、代价和益处。

766 在其他情况下，科学家发现其研究不再符合其标准，继续这一研究不会给他带来什么满足。[①] 于是，他转向另外一种角色。这类角色的变化从社会学角度看是不成问题的，无须作什么解释。

一种表面相似但实际上极为不同的角色转变的模式，就是私人的自我应验的预言。在这类情况中，科学家会偏向于继续从事
534 研究。但是他已经相信，他已接近这样的年龄：其创造潜力或多或少不可避免地开始衰竭了。他不是继续那种他相信自己注定很快

① 我们或许还记得我们曾指出，莱曼的有关年龄与科学产出率的数据中的不足并不意味着这两者之间无关系，科学产出的数量和质量事实上对全体科学家来说，在其后期都会下降，但无论如何，这种下降是存在于科学家个人之中(同样对有些人来说，其研究不会减弱，或者有时会扩大)。我们这里所指的那些科学家，他们都有研究成果下降的情况，因而会寻求承担科学界的其他角色。

就会走下坡路的角色，而是提早转变。他认为新的行政职责会使他更多地关注教学，因而在科学的公众事业中能起到积极的作用。一旦相信他未来的研究能力会下降，提前调整就变得十分明智。但是，像任何一种自我应验的预言一样，其问题自然是，原来的假定导致了那种似乎证明该假定的行为，那么它一开始时是否是正确的？

从研究角色发生转变的另外一种模式也包含着自我应验的预言，只是它具有更多的公众性。这一角色转变是由系统导致的，而不是由个人因素产生的。这个过程不是由各个科学家自己对其继续从事研究能力的界定而导致的，而是由这样一种制度化信念导致的，即科学产出的数量和质量通常过了一定年龄后就会严重退化。这种信念已被纳入政策之中，以至一些年长的从事研究的科学家不情愿地发现自己升到了行政管理的职位，而其他人发现自己的研究条件受到了限制。研究产出随着年龄的增加而相应下降，似乎只是证明了政策的合理性，而对于产出率随着年龄下降这一信念的证实，它只能算是不成熟的证据。[①]

自我导致的和社会导致的这两类自我应验的预言，彼此相互作用、相互加强。对角色表现的社会评价反映在自我形象中，而与这些自我形象相符的行为常常会促进有社会特点的评价。在这里，使我们感兴趣的是这种可能性，即对研究的评价可以根据年龄

---

① 关于社会主义国家从研究中的“提早引退”之政策的社会代价的说明，请参见乌拉蒂斯拉夫·萨弗尔：《科学家生活中的创造性：从科学学观点分析的尝试》（“Creativity in a Scientist's Life: An Attempt of Analysis from the Standpoint of the Science of Science”），原载《方法论》（*Organon*）5（1968 年），第 33—34 页。

来分层，年轻科学家对年老科学家特别挑剔。考虑一种相关的情况，即弟子对导师的矛盾心理的心理学和社会学基础。[①] 按照对心理学这种模式的分析，弟子尊重导师，并把导师作为自己的角色榜样，与此同时，弟子又想取代导师的位子，因为过一段时间之后，导师就会妨碍他。我们并不认为这种矛盾心理是典型的，但我们
535 可以很容易地从科学史中找出许多例子：开普勒对第谷·布拉赫具有强烈的矛盾心理；罗兰·罗斯爵士在探索疟原虫方面对其导师曼森也有矛盾心理，他对老师的忠诚使他盛赞其师，而他对自主性的需要又使他对之大加批评。或者考虑一些更恰当的例子，在曲折多变的心理分析史中，分离主义者荣格和阿德勒对弗洛伊德所表现出的矛盾心理；在（距离我们并不近的）社会学中，年轻的孔德对圣西门的复杂感情；在精神分析学中，布夏尔（Bourchard）对夏尔科的复杂感情；在医学中，埃弗拉德·霍姆爵士对约翰·亨特的复杂感情；还可列出无限长的科学中师徒矛盾心理的清单。

弟子对导师的这种矛盾心理的可能性，或者更一般地说，年轻科学家对年长科学家的矛盾心理的可能性，大概会因科学的社会结构所提供的背景的不同而有差异。例如，如果当一个领域的重要职位不多，那么有才能的弟子发现他做出成就之后，除了导师（或其他类似的人物）所占据的职位外，“已无自己的（适合的）位

---

① 下面有关矛盾心理的说明，几乎是逐字逐句地引自罗伯特·K. 默顿和埃莉诺·巴伯：《社会学的矛盾心理》（“Sociological Ambivalence”），见爱德华·A. 蒂尔亚奇安编：《社会学理论、价值观和社会学变迁：皮蒂里姆·索罗金纪念文集》（*Sociological Theory, Values and Sociological Change: Essays in Honor of Pitirim Sorokin*, New York: The Free Press, 1963），第92—93页；另见本书第十八章。朱克曼在《科学界的精英》第5章中，对诺贝尔奖获得者中的师徒关系作了详细分析。

子”，这时可能更易出现矛盾心理。但是，如果他那个学科的社会系统提供了大量的其他职位，有些职位的声望甚至与当前导师阶层的人的声望一样高时，就会较少地出现由结构所导致的矛盾心理。出于同样的原因，在这种相互关系中的导师，对其弟子也较少会产生矛盾心理，这些弟子在更有限的环境中，会被看做是与他们竞争的“未成熟的”后继者。

问题：按年龄分层的科学家同期群在评价他人的研究时如果不宽容，他们是否会采用不同严格性的标准，或者，是否有跨越年龄差异的共同的标准？在多大程度上，同期群在评价其领域的杰出科学家的研究成就和持续的潜力方面能达到什么程度的一致？这些模式是否会因各个学科中和各种社会系统（它们对于年轻科学家具有不同的机遇结构）的同一学科中的“市场状况”而有差异？

在生命历程的各种角色变化的模式中，包含着个体自己的期望与相关社会环境的普遍期望之间的相互作用。这自然意味着，角色变化同时受特殊的个体性发展和其环境趋势的影响。个人所经历的是与自己在特定的社会背景中变老所相关的社会事件。这
种背景影响着人们赋予这些变化和他们做出调整的意义。因此， 536
较早退出研究角色将对后继的科学家同期群有不同的影响，这些科学家在科学社会结构的历史进化的不同时刻，会遇到这种经历。对于在一定时期转向科学管理角色或科学教育角色的科学研究者来说，如果当时这种转变相对来说较少，那么，他们在这时的体验与这种变化较为常见时的体验截然不同。从研究角色向其他角色的这种转变，会因研究能够得到的（经济的、技术的和社会的）支持

的变化程度，而在可能性和结果方面有所不同。例如，这类支持性资源的快速增长意味着，高年级的研究生或新毕业的博士现在能得到的技术帮助和服务，而这对一代以前的过去的研究者来说是不可能的。[①] 这种变化可能直接影响到参与重大研究的年龄，也会间接地影响不同年龄同期群而从事研究的科学家的竞争地位。

赖利—约翰森—福纳模型和平德尔对"同时期人的不同时代性"引人瞩目的阐述[②]都告诉我们，不同的科学家年龄同期群会从不同的视角审视这些资源的分配和科学的角色结构。对最新的同

① 波利卡尔普·库什：《风格与研究类型》("Style and Style in Research")，见《罗伯特·A. 韦尔什基金研究简报》(*Robert A. Welsh Foundation Research Bulletin*) 20 (1966年)，第12页。

② 艺术史家威廉·平德尔所采用的这一似乎自相矛盾的术语("Die'Ungleichzeitigkeit' des Gleichzeitigen")，是用以对 Gleichzeitigkeit（同时代性或暂时共存）与 Gleichaltrigkeit(同代性或同龄或年龄同期群状况)作出区分。考虑一下这段德文："Jeder lebt mit Gleichaltrigen und Verschiedenaltrigen in einer Fülle gleichzeitiger Möglichkeiten. Für jeden ist die gleiche Zeit eine andere Zeit, nämltch *ein anderes Zeitalter seiner selbst*, das er nur mit Gleichaltrigen teilt. Jeder Zeitpunkt hat für Jeden nicht nur dadurch einen anderen Sinn, dass er selbstverständlich von Jedem in individueller Färbung erlebt wird, sondern—als wirklicher 'Zeitpunkt,' unterhalb alles individuellen—schon dadurch, dass das gleiche Jahr für einen Fünfzigjährigen ein anderer Zeitpunkt seines Lebens ist, als für einen Zwanzigjahrigen—und so fort in zahllosen Varianten(每一个人都与同龄人和不同龄的人生活在同时代的丰富的可能性当中。对每一个人来说，同一个时间都是另一个时间，亦即他只与同龄人分享的**他本人的另一个时代**。每一个时刻对于每一个人都具有另一种意义，这不仅是因为每一个人当然都是带着个人的色彩来经历这一时刻的，而且还因为，作为现实的'时刻'，处于一切个人的东西之下，相同的一年，对于一个50岁的人来说，与对于一个20岁的人相比，这是他生命当中的另一个时刻，而且这有无数不同的情况)。"［威廉·平德尔：《欧洲艺术史上的一代人的问题》(*Das Problem der Generation in derKunstgeschichte Europas*, 2d ed. Berlin: Frankfurter Verlags-Anstalt, 1928)，第1章，第11页］赖利—约翰森—福纳模型完全采纳了这种对同时期的年龄同期群的分析及其观点。

期群来说，在一个富足的时期进入科学研究领域，能够获得资源大体上是很平常的事情。这就是他们从其直接经验中所认识到的一切。而年长的同期群常会把这看做是巨大的变化，但当他们以怀旧的心情、有时是耿耿于怀地把当前的富足与他们作为新研究者时期的困难（那时外部的资源不足而内部的资源非常重要）相对照时，他们不一定都认为这些变化更好些。

在观点方面的其他与年龄相关的差异，也可能来自科学变化的地位结构中的角色分配。年轻科学家们常常发现，有权的职位实际上被老科学家垄断了。因为尽管科学的职业化和制度化以 537
及科学资源的巨大增长，已使政策制定者角色的数量成倍增加，但是，除了其他过程以外，科学家数量呈指数的增长实际上降低了新同期群在这些位置中的比例，而提高了他们获得这些职位的年龄。

对年轻科学家与年长科学家观点差异的这些为数不多的考察，似乎表明这些同期群之间的关系是以压力、紧张和冲突为主的。当然，关注于促成紧张和冲突的结构和过程并不是说这些就是全部。我们还注意到，在科学界的社会化过程中，存在着补充性的与年龄相关的角色的整合性方面，在这里或许比其他学科更为常见的是，教师与学生角色不久会转变为研究同事角色。研究群体有差异的年龄结构既提供了冲突的基础，也提供了合作的基础。可能正是在这种科学的政治学中，科学家年龄阶层之间的冲突逐步加深。[①]

① 格林伯格：《纯科学的政治学》第1部分。

四、科学界的老人统治

科学组织由老人统治这种看法一点也不新奇。早在 17 世纪甚至更早时就出现了对这种影响的抱怨。不过，科学在规模和力量方面巨大的历史性变化，使这些社会控制问题明显地变得突出和复杂了。

（一）老人统治的反功能

我们既无经验证据也无理论理由猜想，科学界的老人统治比在其他制度领域中更为明显。事实上，老人统治在科学界并不显著。但可以说，老人统治在科学界比在其他制度中会有更多的反功能。因为尽管奥格本的观点，即科学和技术的发展和变迁比文明和文化的其他部分更为迅速，已得到了经验证明，[①]但是我们知道，科学的价值观要求以最高的速率发展知识以及知识发展所必
538 须的方法和设备。而且随着科学人员和资源的大量增加，科学知识有时是以加速度增长的。这使我们想到了这条老的而又似乎合理的社会学原理，尽管它是一条被经常提起但没有被实际研究所证实的原理，即社会和文化的变迁率越高，因经验过时年龄的优势

① 奥格本在其经典著作《社会变迁》中提出了这一观点，并在其他几部专著中进一步发展了这种观点。主要是由索罗金对其有效性提出了疑问；参见威廉·F. 奥格本：《社会变迁》，以及皮蒂里姆·A. 索罗金：《社会动力学和文化动力学》，共 4 卷，第 4 卷。

就会越少。[①]

人们进一步论证，尤其是杰出的物理学家 J. D. 贝尔纳(他本人在其 70 年的生涯中对结晶学有重要贡献)强调指出："基本概念的发展变化如此迅速，以至大多数年老的科学家都不能理解、更不用说推进他们自己的学科了。但是几乎在全部科学组织中，至关重要的基金管理，仍控制在老年人的手中。"[②]此外，贝尔纳指出，随着科学在人数、复杂性和影响方面的扩大，随着它与政府、工业和财政方面的关系更加密切，科学越来越多地由老科学家来控制。

这些见解似乎都有道理，但是它们都未得到系统的研究。事实上，我们并不知道科学界和其他主要制度领域的老人统治的相对程度。我们也不知道科学的大规模发展是否随之带来了老人统治的扩大。最后，我们不知道老人统治是否比其他具有年龄特点的控制对科学和社会的发展具有更多的反功能，[③]例如按年龄比

① 几个世纪以来，人们以不同形式提出了这种见解。下面是罗伯托·米歇尔于 1911 年所提出的一种表达形式："古希腊人说，白头发是第一种皇冠，它必须装饰头领的前额。然而，今天我们生活在这样一个时代中，它不那么需要积累个人的生活经验，因为科学使每个人可自主地选择[如此]有效的教育方式，即使最年轻者也可快速地成为受过良好教育的人。今天，一切都可以很快地得到，即使以前被认为年长者对年轻者所独有和真正的优势的经验也不例外。因此，不是由于民主的结果，而是由于现代文明的技术原因，年龄已失去了其大部分价值，因此它也失去了应享有的尊重和它所产生的影响。"[米歇尔：《政党》(*Political Parties*, 1st German, 1911; New York: The Free Press, 1949)，第 76 页]

② J. D. 贝尔纳：《科学的社会功能》，第 116 页及第 290—291 页。

③ 不妨回想一下这种以讽刺或尖刻的口吻提出的评论，即老人统治在科学中或许是件好事；它为年轻的多产的科学家留下了从事其研究的余地，并有助于利用那些不再有创造性的人的时间。

例的代表制，或者另一极端的年轻人统治。[①] 由于对这些复杂的问题缺乏综合性证据，因此，这里的说明也只是抛砖引玉。

539 （二）老人统治的证据：全国科学院

我们来考虑一下全国科学院的年龄构成。这一有影响的科学家组织创建于南北战争时期，并由国会授权，做联邦政府的科学事务顾问。除了它自己的大约 900 名成员外，全国科学院还通过其附属机构全国研究理事会（National Research Council）吸引了数千名其他科学家。全国科学院作为荣誉性团体和咨询机构，不可能使其成员在数量上代表整个科学家群体：在区域分布、大学机构、年龄或者其他方面。

全国科学院院士的平均年龄是 62 岁，其中约有四分之一的人是 70 岁或 70 岁以上。1969 年，全国研究理事会的咨询小组委员会的成员中，有四分之三的人超过了 45 岁；三分之一的人超过了 55 岁。这与 1968 年美国全体科学家（具有博士学位者）的年龄中位数是 41 岁、其中四分之一的人的年龄在 35 岁以下形成了对照。这类对比鲜明的年龄分布突出表现了老人统治模式。[②]

---

① 就既存的社会结构常会反映在语言上而言，或许有意思的是，请注意"老人统治"一词已至少出现了两个世纪，而据我们所知，"年轻人统治"一词在这里是首次出现。不幸的是，它是一个合成词。但是已吸收了诸如"电刑处死"甚至"社会学"这些粗糙的合成词的语言，也肯定会接受像"年轻人统治"这样很必要的词。

② 全国研究理事会注意到了这一以及相关的问题，它已成立了一个小组以考察咨询委员会的构成。这些数字就引自此该小组的初步报告。[其完整报告于后来发表，利用年轻科学家和工程师为政府咨询服务委员会：《科学委员会》（*The Science Committee*, Washington, D. C. :National Academy of Sciences, 1972）。]

全国科学院的这种精英特征显然影响着其年龄构成。科学家很少会基于其单一的科学成就而被选为院士，无论这一成就多么出众；它通常需要有一系列的成就。年轻有才能的科学家要一直到他们成熟后才会被遴选为院士。此外，很明显，来自不同就业部门的科学家，其被断定为复合科学院院士标准的年龄也不同，如表4所示。

我们所收集的有关全国科学院的有限资料表明，并不存在着总是接纳年长科学家的历史趋势。在20世纪之初，当天文学家乔治·埃勒里·黑尔在非常年轻的35岁当选为院士时，用他朋友的话说，他称科学院“更感兴趣的是不让年轻人当选为院士，而不是使他们成为美国科学发展的生力军。”①自1940年以来，院士当

540

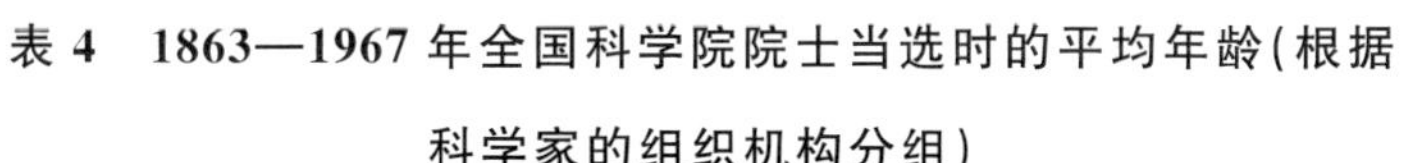

表4　1863—1967年全国科学院院士当选时的平均年龄（根据科学家的组织机构分组）

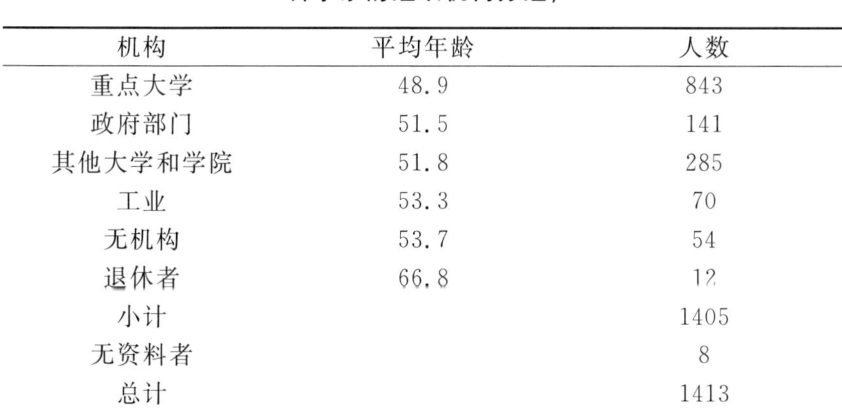

机构	平均年龄	人数
重点大学	48.9	843
政府部门	51.5	141
其他大学和学院	51.8	285
工业	53.3	70
无机构	53.7	54
退休者	66.8	12
小计		1405
无资料者		8
总计		1413

资料来源：朱克曼《科学界的精英》第6章。

① 弗雷德里克·W. 特鲁：《全国科学院最初五十年史》(*A History of the First Half-Century of the National Academy of Sciences*, Washington, D. C.: National Academy of Sciences, 1913)，第73页。

表 5 1863—1967 年全国科学院院士当选时的平均年龄

当选时间	平均年龄	人数
1900 年之前	47.0	195
1900—1919	49.2	158
1920—1939	51.7	252
1940—1959	50.5	522
1960—1967	50.7	286
		1413

资料来源：朱克曼(未发表成果)。

选时的平均年龄不断提高，但是如我们从表 5 中所看到的，此后一直以略低一些的水平保持相对稳定。

不同于第一印象，这种历史类型会有助于解释以下观念，即科学中有声望和权力的地位日益被老人把持了。因为即使在最近的半个世纪中，他们获得这些地位的平均年龄是稳定的或者稍有下降，但这也是发生在这样的一个时期里，即科学家的指数增长已逐渐提高了年轻科学家所占的比重。其结果是扩大了管理者与被管理者之间年龄的差距，而且这会足以形成老人统治日益加强的看法。此外，以全国科学院为例，当人们一旦获得的地位终生保留时，[①]其成员长期供职的增多也助长了整个群体的老龄化。[②]

当然，科学界中占据有权势地位者的年龄分布，并没有告诉我们人们是如何行使这种权力的。我们需要系统的研究而不是简单
541 的假定，以查明是否在政策和权力的行使方面存在着有年龄特点

---

① 科学院院士们最近拒绝了他们应在 75 岁以后退休的提议。

② 美国至少近一个世纪以来，大学毕业生的学习时间也增加了。

的差异。不过这类研究大部分尚未开展。

（三）权力的行使：评议人体制

最近的一项关于科学界评议人体制的研究[①]涉及了这一问题。该研究利用了物理学领域中的杰出杂志《物理学评论》1948—1956年这几年间的档案资料，考察了不同等级和年龄的科学家在履行把关者角色时的行为。评议人体制要求由某个领域的专家对该领域的稿件加以评价。所以，毫不奇怪，在《物理学评论》的评议人中，高等级的物理学家占有很大的比例，[②]与1056名作者（他们本身也是按某些标准选出的群体）[③]中只有5%是最高等级的物理学家相比，在对这些作者的论文进行评议的354名评议人中，约12%是最高等级的物理学家。而且，这12%的人所作的评议占总数的三分之一。他们人均评阅8.5篇论文，与之相比，中间层次的评议人人均评阅3.8篇论文，而普通的评议人人均评阅1.4篇论

① 哈丽特·朱克曼与罗伯特·K. 默顿：《科学界的评价模式》，原载《米涅瓦》9（1971年），第92—94页；该文重印为本书前一章，但它未考察与年龄相关的评议人的行为。

② 第一等级包括这样一些提交论文的物理学家，他们截止到当时（1956年），至少已获得了物理学中10种最著名的奖励（如诺贝尔奖、成为皇家学会会员或全国科学院院士）中的一种。第二等级的物理学家，尽管他们尚未获得任何最高形式的承认，但他们被美国物理学研究院认定为重要的、足以划归到当代物理学家的档案之中。在美国物理学研究院的名单中，剩余的投稿人组成了这一等级序列的第三等。评议者的等级也按相同的标准划分。（具体参见本书第二十一章："科学界评价的制度化模式。"）

③ 这一作者样本的特殊性质必须这样来理解：(a)是对决定写作和投出的稿件的大范围预选的结果；(b)只包括论文是单一作者的情况，未包括多名作者的情况；(c)只包括20%的第三等级的撰稿人，但包括了这一时期**所有**第一和第二等级以单一作者身份投稿的物理学家。假如此样本包括每一等级的所有的单一作者，那么属于第一等级的人不到2%。

文。尽管约有45%的评议人年龄在40岁以下，因而把此重任交给了相对年轻的人，但我们知道，物理学家完全是一个年轻的群体，从事研究的物理学家尤其如此。[①] 在给《物理学评论》投稿的物理学家中，至少有74%的人年龄在40岁以下。

因此，评议人比作者或总的物理学家群体年龄更大，在声望和地位上也更高。但是，正如我们所注意到的那样，在拥有权力的人
542 中这种倾斜的年龄分布只是一种静态的结构指标；它没有对这种结构的功能和结果提供任何信息。年龄分布本身并不代表老人统治。因为即使是在描述意义上而非贬义地使用“老人统治”这个术语时，它的基本含义亦是，不成比例地集中在年长者手中的权力，会被用来为他们谋利，或者用更温和的方式说，它所导致的政策和决定，截然不同于由年轻的掌权者所采纳或可能采纳的政策和决定。因此，就把关者角色而言，我们想知道，评议人的行为是否一贯受到了其年龄和地位的影响，以及是否受作者的年龄和地位的影响。

有一条证据使我们难以确定稿件被拒用和被采用受评议人和作者地位影响的程度。在考察这一证据时，我们又会注意到，科学家的显赫地位，主要来自于对其以往但不一定持续的科学成就质量的公认。而且我们发现，在科学界像在其他制度领域中一样，有权力和有权威的职位通常为老年人占据。按照这些相关模式，如果纯粹的权力和显赫的地位极大地影响着评议人的决定，那么，似

① 从本文的第一部分我们能够回忆起，在各主要科学领域中，物理学的年龄中位数最低，而从我们对角色序列的讨论中我们知道，在大量实际从事研究的人中，物理学家是最年轻的。

乎老年杰出科学家所投的稿件应具有最高的采用率。[①]

但至少是在物理学这门明显的年轻人的科学中，我们发现情况并非如此。正如我们在本书第二十一章中所得出的："论文最经常被采用的不是年龄大的科学家，而是年轻的科学家。而且，这些按年龄分等的采用率适用于声望等级每一相应的阶层中……杰出的人和年轻人都会增大论文被采用的可能性；在第三等级的物理学家最年轻的阶层中，年轻人稿件的采用率像杰出物理学家中最年长的一些人同样高，当然这必须有个前提，即这些人的研究不再具有以前那样高的质量。"[②]

这首先表明，把关者中的"老人统治"群体并不能通过拒绝或
者限制年轻的物理学家在其领域中读者最多和影响最广的杂志上 543
发表成果来行使其权力。仍然有这样一种可能性，即不是作者的年龄，而是他**相对于**评议人的年龄明显影响着对其稿件的评价。这种评判上的偏见会有不同的形式，这取决于相对年龄的模式，[③]

① 关于这个一般性假设，请参见斯托勒：《科学的社会系统》，第 132—134 页。这一假设认为，撰稿人的身份是为评议人所知晓的；这是《物理学评论》的情况，它没有采取使作者匿名的措施，因人们认为，这在多数情况下难以实现。然而，评议人一般是匿名的。

② 参见上文（边码）第 488—489 页；另见本书第二十一章表 4。然而，在进行这一比较时必须小心谨慎，因为大部分没有年龄资料的科学家都属于第三等级。这些科学家稿件的采用率相对较低，而且年轻者比例大，因而可能会使较为年轻的第三等级科学家的稿件采用率，低于最年长的第一等级的采用率。

③ 关于相对年龄的概念，请参见赖利—约翰森—福纳模型（赖利和福纳编：《老龄化与社会》第 3 卷，第 1.1.D 章和第 10.1 章；另见赫斯撰写的第 9.2 章），有关理论分析，请参见 S. N. 艾森施塔特：《代代相继：年龄群体与社会结构》（*From Generation to Generation: Age Groups and Social Structure*, New York: The Free Press, 1956），第 1 章，随处可见。

就像我们在第二十一章中所看到的相对地位模式那样。（为了强调相对声望和相对年龄模式的一致性，我们在这两章中采用相同的语言阐述不同的假设。）

当评议人与作者是同龄人时，**年龄地位一致**假说认为，评议人常常会对稿件做出有偏向的处理，而相反的**年龄地位竞争**假说则认为，在保证匿名的情况下，评议者常常会通过不公正的严厉的评判降低其对手的价值。

当作者年龄大于评议人时，**年龄地位遵从**假说认为，评议人会对老科学家的稿件做出有偏向的处理，而相反的**年龄地位妒忌**假说则认为，他们会贬低老科学家的成果。

而当评议人的年龄大于作者时，**保护**或**扶助**假说主张，评议人会过于仁慈并且没有什么要求，而相反的**年龄从属**假说则认为，他们会有过分的要求。

780

尽管这六个假说在其他方面都不同，但有一点是相同的：它们都假设，评议人与作者之间的相对年龄在相当程度上使把关者角色的履行中带有倾向性：或者是偏向于作者，或者是不利于作者。更具体地说，它们都假设，每一年龄阶层作者的稿件采用率会依做出判断的评议人的年龄而有所不同。

表 6 所列出的数据似乎与这些假说中的大部分相矛盾。[①] 因为从大多数情况看，作者与评议人的相对年龄没有明显地影响评价模式。唯一的例外是，年轻的和年老的评议人都更可能接受年

① 当然，这些假设过程的每一种的不同影响，都不可能通过分析单一的一组复合数据而得以衡量，因为可能会有几种倾向共同起作用，从而导致或阻碍这些比例的出现。

轻作者的著作。而且对于每一年龄层的作者来说（也有一个例外），他们的论文被不同年龄的评议人接受的比例是相同的。非常令人感兴趣的是，年老的和年轻的评议人的公正处理方式，甚至也适用于这类物理学家，他们的知名度尚不足以使他们在他们那个

表 6　评议人对用稿的决定，按作者和评议人年龄分组 544

作者年龄	评议人年龄					
	40 岁以下		40 岁及以上		总计	
	采用率（%）	评议数量	采用率（%）	评议数量	采用率（%）	评议数量
20—29	59	106	76	136	68	242
30—39	63	193	63	189	63	382
40—49	63	65	58	71	60	136
50 以上	43	42	43	61	43	103
无年龄资料	53	106	52	96	52	202
所有年龄者	58	512	61	553	60	1065

资料来源：《物理学评论》，1948—1956 年。

注：这些数据所指的是由 344 位外面的评议人所作评议的数量，而不是论文数，也没有包括由两位编者所作的评议。此表略去了 18 个个案，因其中有 10 位做评议的评议人没有年龄资料。由于完全由编者所作的评判也略去了，因此，这里的分析虽然是基于对论文的判断，但论文数比本书第二十一章表 4 中少一半多。

时期列入正规的科学家名录之中。

这种普遍模式中的一个例外表现在最年轻的作者阶层，他们的论文更多是被年长的评议人而不是年轻的评议人所接受。这一并不很明了的例外与以下这两个假说是一致的，即年龄同期群之间在其事业早期阶段的竞争是激烈的，以及老科学家在对越年轻的科学家的成果评价越为较宽松。这些数据并没有在这两种假说之间给出明确的选择。其中任何一种甚或两种都是可接受的。总之，无论是普遍模式还是从中派生的有限的模式，都没有明确地表明在这一重要的科学杂志的把关者中，存在着老人统治的评价模式。

从这一特例足以得出这样一个一般性观点：分配权威角色时，科学家年龄的倾斜分布是一回事；他们在行使其权威时如何做则完全是另一回事。当然，我们不能由此得出结论说，科学界不存在按年龄分等的评价或政策决策模式。还需要有更多的研究，以便考察和揭示这一重要问题。例如，有些学科在年龄结构上有差异，
545 同样，它们在权威角色的年龄分布和在这些有年龄特点的角色的履行方面也会有所不同。我们冒险做出这样的猜测，即科学理论的体系化程度越高，各年龄层在其评价模式中的一致程度越大。与像社会学这类体系化程度较低的学科相比，物理学这类体系化程度较高的学科，在各种评价中不同年龄同期群之间的分歧会更少，这些评价包括需研究的问题的相对重要性、本领域的成果的相对重要性以及诸如资源在各种研究间的分配这类科学政策问题。

还应注意的是，在广泛的科学政策的制定中的老人统治问题，像科学领域的老人统治问题一样，也仍是一种猜想。例如，我们知道，PSAC（President's Science Advisory Committee，总统科学顾问委员会）成员的平均年龄是50岁，其中艾森豪威尔的科学顾问略微年老些，而肯尼迪的科学顾问略微年轻些。但是我们不知道这一顾问和政策制定群体与其他类似群体的年龄构成，如何影响科学政策的实质。[①] 在探讨这一问题时，我们有必要对这些有影响的群体的年龄构成与变动率做出区分，应认识到每一方面可能都有其独立的影响。当发现最适宜的科学政策既不是出自老人统治，也不出自年轻人统治，而是像科学家共同体自身一样，是出自不同年龄的精英统治时，人们不会感到惊奇。

① 关于这一基本问题，请参见H.罗斯和S.罗斯：《科学与社会》，第266—268页。

年份		PSAC 成员平均年龄	顾问人数
1958	艾森豪威尔	53.8	(18)
1962	肯尼迪	49.0	(17)
1965	约翰逊	50.3	(15)
1969	尼克松	50.5	(11)

五、科学人员的年龄、社会分层与合作

人们对科学领域中发生在各年龄阶层之内和它们之间的重要
互动的程度，以及这些模式的结果，并不比对大部分其他制度领域
所知道得更多。尽管还没有研究来确定科学界的哪些活动常常是
与年龄无关的或者与年龄相关的，但显而易见，科学的某些基本功
能是通过包括年龄层之间的互动而非相互孤立这些制度化安排而
实现的。当然，在这些安排中，首先就是教育和培训，这两者狭义
地说是指知识和技能的传授，而广义地说，则是指价值观、态度、旨 546
趣和角色行为的传授等社会化过程。由于科学家本人以不同方式
参与了专业的社会化过程，因此，每一位科学家对于这种过程实际
如何运行有其自己的看法。不过，这是个明显的事实，即对科学中
的这种过程还没有多少系统研究。[①]

① 不过，关于生理学家的情况，可参见霍华德·S. 贝克尔和詹姆斯·卡波尔：《认同一种职业的要素》（"The Elements of Identification with an Occupation"），原载《美国社会学杂志》61（1956 年），第 341—348 页；有关物理学家、生物学家和社会科学家的论述，可参见拉尔夫·昂德希尔：《价值观与大学毕业后的生涯变迁》（"Values and Post-College Career Change"），原载《美国社会学杂志》72（1966 年），第 163—172 页；以及莉迪亚·阿兰和约瑟夫·本-戴维：《作为医学研究者产出率影响因素的社会化和事业模式》（"Socialization and Career Patterns as Determinants of Productivity of Medical Researchers"），原载《健康与社会行为杂志》（*Journal Health and Social Behavior*）9（1968 年），第 3—15 页。

问题：科学文化中的哪些要素主要是由老科学家传授给年轻科学家？又有哪些主要是从同龄人那里获得的？社会化中的这些年龄化的潮流是合流还是分流的？来自不同年龄阶层的价值观、兴趣和行为模式中的哪些方面是相互支持、相互补充或相互对立的？社会化的这些显著的模式是倾向于保持不变、从而与相继的年龄同期群有更多的共同之处，抑或它们会顺应变化，尤其会对科学变化着的范围、技术、问题集和主旨作出反应？有年龄特点的社会化过程在各门学科之间有何不同，而这些过程与其他（诸如人文学科和技术）学术领域中的社会化又有何不同？

（一）科学界合作研究的发展

正如科学界的早期教育一般会为各年龄层之间提供不同程度的互动一样，通过研究合作而实现的高级社会化更是如此。[①] 随着科学研究的社会组织的重大变化，如合作研究和研究小组现在已越来越普遍，这种形式的社会化变得更为重要。这种变化的一种表现就是，由两人或多人合作发表的科学论文比例的持续增加。表 7 说明了 20 世纪每 10 年的时间里，物理与生物科学中多位作

① 关于年龄与合作研究的这一讨论主要引自哈丽特·朱克曼：《美国的诺贝尔奖获得者：科学合作的社会学研究》（"Nobel Laureates in the United States: A Sociological Study of Scientific Collaboration", Ph. D. diss., Columbia University, 1965），第 394—396 页。

者论文的百分比逐渐提高。① 社会科学中的这类情况出现得较晚也较少，但后来合作率迅速提高。它们都与人文学科形成了对照，在 547
人文学科中，所发表的学术论文实际上没有报道过合作研究的情况。

表 7　1900—1959 年物理与生物科学、社会科学及人文学科中多作者论文的百分比

发表时间	物理与生物科学	社会科学	人文学科
1900—1909	25(928)	—	—
1910—1919	31(1685)	—	—
1920—1929	49(2148)	6(2643)	1(1822)
1930—1939	56(3964)	11(3905)	2(2088)
1940—1949	66(4918)	16(2088)	2(1927)
1950—1959	83(9995)	32(6605)	1(2304)
总计	66(23639)	20(17481)	1(8186)

资料来源：朱克曼：《美国的诺贝尔奖获得者》，第 76—77 页（略有修改）。

注：这些数字是根据发表在所选杂志样本上的论文作者的数量计算的，我们从每 10 年中选取了两类杂志。物理与生物科学包括物理学、化学、生物学；社会科学包括人类学、经济学、政治学、心理学和社会学；人文学科包括史学、语言与文学、哲学。

（二）合作中的地位分层程度

由于缺乏有关研究的实际组织的指标，因此有关多作者的资料只是提出了一些问题，并使人联想到了一些猜想。在科学的社

① 根据其他样本获得的数据也得出了类似的结果，请参见 E. L. 克拉克：《多作者：科学论文的趋势》（"Multiple Authorship: Trends in Scientific Papers"），原载《科学》143（1964 年），第 822—824 页。我们在这里不考察：实际的研究模式（有和无研究助手的个人研究；数量不等的同行间的合作研究；小群体研究和大规模的合作研究），与通过这些类型的研究所发表论文的作者人数之间的关系。显然，研究模式与作者集的规模是相关的，尽管其相关性不像许多研究者有时所提出的那样密切，这些研究者把有关作者的数据作为研究活动的指标。朱克曼在《美国的诺贝尔奖获得者》第 5 章对此问题进行了一些详尽的思考。

会分层系统的所有层次上，合作研究实践都达到了同样的程度吗？更具体地说，已在制度上被认同的精英如诺贝尔奖获得者的合作研究，与同他们在年龄、专业领域和组织机构类型相当的科学家样本中的合作研究相比，二者有何不同？不同年龄和处在科学生涯的不同阶段上的合作率又有何不同？

表 8 是一个不成熟的相近的回答，之所以不成熟，是因为这些数据尚不能使我们对年龄同期群的整个生涯做出比较，它反映了诺贝尔奖获得者和比他们稍微逊色的相应科学家不同年龄特有的

表 8　诺贝尔奖获得者和对应的科学家样本多作者论文的百分比，按发表者的年龄分组

发表者的年龄	诺贝尔奖获得者	对应的样本
20—29	59(523)	40(288)
30—39	65(1382)	55(756)
40—49	66(1641)	53(590)
50—59	60(1198)	51(622)
60 岁或以上	55(768)	46(264)
所有年龄者	62(5512)	51(2520)

资料来源：朱克曼：《美国的诺贝尔奖获得者》，第 395 页。

548 合作率。诺贝尔奖获得者具有更高一些的合作率，他们的论文中有 62％是多作者的，相比之下，同龄样本的科学家只有 51％的论文是多作者的。此外，这些差异在每一年龄段都存在。表 8 还表明，无论是诺贝尔奖获得者还是对应的样本，其年龄与合作发表论文之间有某种较小的曲线关系。我们不能解释这些模式，但是其他证据能使我们推测其根源。

首先考虑一下合作似乎在中年时更为常见这种表面上的曲线模式。我们说“表面上的”模式，不是因为我们真正怀疑这组数据，而是因为我们知道，尚需要根据范围更广的年龄同期群的数据

来证实其可靠性，以揭示这一模式的普遍性。同时必须承认，我们出于最糟糕的理由过于相信所掌握的这些数字资料了：因为它们与我们有关与年龄相关的有助于合作的过程之猜想吻合。

这些过程可以根据有年龄特点的合作机会和合作动机进行重构。当年轻科学家表作为新手被引入这一神秘的行业时，他们与导师的合作，在一定的时期里很典型地就与其中的一人合作。除此之外，年轻科学家有时会在其指导教师的促使下有兴趣从事自己的研究，并通过发表自己的成果使自己在其领域中获得某种公众身份。刚开始从事研究的科学家想独立地发表论文的动机，可能反而会因几位、有时是多位“作者”论文的大量增加有所加强，这并非完全是自相矛盾。因为在多人共同发表论文时，科学家个人的独特贡献得不到体现，而他们知道，这尤其不利于那些尚未发表独立成果以证明其才能的年轻科学家。按照这一观点，科学家在其事业的早期只有较小比例的合作论文发表，在一定程度上乃是科学界已发展起来的奖励系统之压力作用的结果。

我们从韦恩·丹尼斯[①]收集整理的数据中已经注意到，在开 549
始生涯的后一阶段，科学家们发表的成果逐渐减少了，这可能意味着合作者不再像以前那样容易找到了。也正是在这一阶段，科学家常常会转到那些更宽泛的“哲学”或“社会学”课题上，这些课题几乎不需要合作。

大概正是在中年时期，才有可能既为合作研究提供最大的机会，也提供最深层的因角色而引起的动机。若合作的曲线模式

---

① 韦恩·丹尼斯：《科学家中的年龄与产出率》；《年龄与成就述评》；《突出科学贡献中的年龄递减》；以及《年龄在 20 岁至 80 岁之间的创造性产出率》。

被证明是相当普遍的，那么它就不会与各门科学中的合作越来越多这种历史趋势相背离；其原因我们业已指出，它甚至可能在相继的年龄同期群那里变得更为显著。

思考一下诺贝尔奖获得者为什么在其生涯的每一阶段一直都有较高的合作率。在我们的整个解释中，我们所作的不言而喻的假设是，**平均来说**，诺贝尔奖获得者比随机分类的同一领域同龄的其他科学家表现出更高的研究才能。这种可感受的差别，会导致产生某些相关的过程——如自我选择和有选择地招募新人这类过程。在他们20多岁时，随着他们的能力得到认同，这些未来的诺贝尔奖获得者往往更会被已有地位的科学家选为弟子。（尽管还不足以说诺贝尔奖获得者培育了诺贝尔奖获得者，但事实确实是，美国的84位获奖者中有44位在他们年轻时曾在63位老的获奖者手下工作过。）有理由认为，这些大师比那些没有很高和很稳定的地位的人更愿意与其弟子合作发表成果。[①] 这可能有助于未来的获奖者在他们年轻时有更高比例的合作成果发表。

788

科学家的生活机会会因其实际能力被及早发现而得到大大提高。[②] 当他们到了30多岁时，每一位获奖者都在某个重点大学

① 只有一位获奖者抱怨说，他被其年长的合作者剥夺了署名的机会，按其判断，这也是值得的。更常见的情况是，获奖者认为在与其非常杰出的指导者的合作中，指导者对他们都很慷慨。

② 对当代发掘和奖励天才的制度对早熟的偏爱的分析，请参见艾伦·格雷格：《寄语未来的医生》(*For Future Doctors*, Chicago: Chicago University Press, 1957年)。格雷格写道，在科学领域以及医学实践领域中人们主张的关键在于："**当你的学生大部分是同龄时**，学习奖励——从奖学金到实习医生和高级训练，都给予了那些同龄者中非常聪明的人。换言之，你奖励的是早熟，它可能是也可能不是后来能力的预兆。因而，事实上你无意地轻视了人们基本的教育资本——成熟的时间。"（黑体字为我所标）有关这一制度性偏爱的社会学意义的进一步说明，请参见本书第十九章。

或研究实验室获得了职位，这里为其专业领域的其他科学家提 550
供了微观环境。到这一时期，未来的获奖者其地位由年轻合作者转变成了年长的合作者。他们所获得的研究资源能够使他们在自己周围聚集一些想与他们一起研究现有问题的年轻的科学家。

（三）重新扮演的年龄同期群中的角色

当他们的角色转变成年长的合作者时，诺贝尔奖获得者似乎又再现了他们在年轻时曾亲身经历过的与年轻人合作研究的相同模式。这会在科学家尤其是那些其地位可与其导师以往的地位相媲美的科学家随后的生涯中，导致产生几种不同的**角色界定的行为模式的重演**。他们所处的位置吸引着有前途的年轻科学家，这些人的贡献足以成为合作者，像诺贝尔奖获得者他们年轻时一样，他们也曾是论文的合作者。他们也处于这样的地位，即便是在获得诺贝尔奖之前（因为他们大部分人在取得诺贝尔奖这个最高成就的象征之前就已成名了），他们也应无偿地肩负起地位高的人理应尽的高尚职责，表现得像人们对居于重要地位的人所期望的那样慷慨，同意与年轻的合作者共同署名，即使在有些情况下年轻的合作者可能做出的贡献并不多。

我们还不能证明诺贝尔奖获得者比那些不太著名的科学家更倾向于承认年轻的合作者的贡献，因为我们不知道年轻人实际上做出了多少贡献。不过，我们可以比较一下他们对合作发表文章者给予承认的**程度**。通过比较由获奖者和相应样本中的科学家（我们说，他们不只是在年龄、专业以及组织机构方面是对应的，而且在其姓氏的开头字母上也是对应的)[①]所发表的合作论文中**明显不同的**作者**署名顺序**,我们可以近似地核实一下获奖者在其生涯中重演合作角色的这一模型。通行的署名顺序方式会给予第一作者以更大的知名度。[②]

证据与我们关于在生活和工作过程中重新扮演补充角色的模
551 型是一致的。[③] 当未来的诺贝尔奖获得者 20 多岁时,他们在其合作发表的所有论文中有几乎一半是第一作者,与此同时,相应样本中的科学家在其合作发表的论文中只有三分之一是第一作者。在与其获诺贝尔奖的导师合作的论文中,这种模式甚至更为显著,其中年轻科学家是第一作者的论文占 60%,而诺贝尔奖获得者是第一作者论文的论文只占 16%。[④] 当诺贝尔奖获得者 40 多岁时,他们的角色转变为年长的合作者,他们又重复这样的模式,即在其合作发表的论文中,第一作者仅占 26%,与此同时,相应样本中的科学家在其合作发表的论文中有 56%是第一作者。这种地位高的

① 这种设计当然是为了控制按作者的字母顺序排列时可能出现的偏差。

② 有关科学论文作者的署名顺序的社会象征意义,请参见朱克曼:《科学论文作者的署名顺序方式:社会象征意义及其模糊性研究》,原载《美国社会学杂志》74(1968年),第 286—291 页。

③ 应该强调的是,这些样本所包括的科学家在一种特殊的历史和制度背景之中工作:其中一个样本包括 55 位在美国工作(1963 年)的诺贝尔奖获得者中的 41 位;而相应的样本选自《美国科学工作者》(*American Men of Science*)。显然,署名的特征在不同的制度框架中会有很大不同,其中在实验室和系里所做研究的全部或大部分通常都会归于其领导人。这是可形成个体关系的制度背景的又一个事例。

④ 既不是未来的诺贝尔奖获得者也不是其获奖者导师的人,其第一作者论文占 24%。这种情况与同地位的科学家(他们后来都成了诺贝尔奖获得者)合作发表论文的情况形成了鲜明的对比。就这些论文而言,一个未来的诺贝尔奖获得者像作为论文第一作者的其他人一样,通常至少有三位合作者。

科学家为理应尽的高尚职责所付出的代价微不足道，用一位生物化学方面的诺贝尔奖获得者的话来说："如果我的名字排在后面，这有助于年轻人成为重要作者、第一作者，而不会减损我所取得的声誉。"

在对诺贝尔奖获得者的采访中获得的大量定性证据表明，当他们获得了与他们的导师相近的地位时，经常会出现这种补充角色的重演。但是，这一事实并不排除其他并非必然与之相抵触的关于第一作者的这一数据证据的解释。这两种署名模式也许还反映了，在对合作论文的贡献程度方面，与年龄相关的变化和地位等级性的差异。在未来的诺贝尔奖获得者年轻时，他们事实上比相应样本中同龄科学家对合作发表的论文有更多的贡献，因而更多地以第一作者出现。而在他们壮年时期，诺贝尔奖获得者由于吸引了有才能的年轻人，他们也许只是使同一现象重演，这时从年长者角色的角度来看，其年轻的合作者做出了主要贡献，因此会排在第一位。相应地，不太知名的同龄科学家年轻时，通常在与他们不太著名的导师合作发表论文时贡献较少，因而做第一作者也较少，而在壮年时期，相对于那些诺贝尔奖获得者，他们平均来说吸引了较少的有才能的合作者，这就使他们自己更多地常常以第一作者出现。正是在科学的奖励系统中运行的这些自我选择和有选择地招募新人的过程，而不是任何自主的科学家—剧作家，在不同的时
间和地点重新创作这一出戏，其情节和角色完整保留了，变化的只 552
是由于扮演者不可避免的老龄化，他们现在以其导师的样子，扮演着其年轻时所扮角色的配角。

（四）科学人员的年龄与科学界的承认和权威结构

因此，我们所看到的署名模式也许包含着，在事业的不同阶段以明显有别于我们最初设想的方式重演补充角色。它们也许反映的是不同程度贡献的客观情况，而不是著名人物所体现的地位高的人理应尽的高尚职责。然而，从更广泛的理论视角来看，这些假设都是大同小异的。它们使我们回到了在讨论老人统治时更多强调的一个普遍观点，即在科学界像在其他领域一样，权力和权威的年龄分布只是一种静态的结构事实，它本身并不能告诉我们那种权力和权威实际上是如何行使的。

在决定作为贡献象征的署名和署名顺序的问题上，通常年长的研究者具有权威性。这种权威的行使受规范以及在研究群体中维持一定程度的合作的强制力制约。当诺贝尔奖获得者和相应样本的科学家控制着这类决策时，他们显然并没有粗暴地行使权力，始终把自己排在第一位。至少数据表明，他们通常同意控制权威的规范；他们会在最大限度上，尤其是在稳居于高位时，无偿地做些份外之事。

因此，对我们关于科学的社会分层与年龄分层之间相互作用的样本，更可以这样说了。诺贝尔奖获得者由于较早地达到了机遇结构的更高点，所以他们在各年龄段都比那些不太知名的其他研究者更易于同人合作。我们认为，他们在年轻时有能力做出足够的贡献因而值得其领域的大师与之合作并共同发表论文，而当他们在壮年或年老时，他们有了地位的支撑有意与年轻人合作发表著作，这些都加强了他们的合作倾向。我们再重申一下，这些模式是在一定的制度框架内获得的，该制度框架要求根据研究的贡献分配荣誉，而不是像在一个权威框架中那样，把荣誉都给予一个系或实验室的领导。

不过，正如我们在本节前面指出的那样，多作者论文的增加在一定程度上反映了向大科学的转变，这一转变有助于科学界的权力和权威结构的变化，在科学中，尽管有良好的愿望、地位高的人理应尽高尚的职责以及规范的限制，但要确定科学家个人在更大的研究者群体的集体成果中的贡献，变得越来越难了，有时甚至是 553
不可能的。齐曼就这种结构变化对科学的信息系统和奖励系统可能产生的结果，进行了有力的说明：

> 显而易见，首先，这将会对根据所发表的成果给予奖励。或者其他形式的承认的常规造成严重威胁。一位基本粒子物理学讲座的候选人的名字要与十几位有重要发现的“作者”并列，这一事实几乎对其科学能力不能做出任何说明。从长远来看，这样一个小组的领导者会因小组对知识的贡献而获得声誉，但是他必须是所选出的和经过考验的一个大群体的头目。有关资历较浅者的能力的证据，只能在研究项目自身的框架内加以评价，就像在军队、行政机构和其他官僚组织中那样。这……给予了年长者以直接的权力，也为追逐名利、个人独裁以及其他邪恶开辟了道路，而且为“有别人指导的”人增添了优势，其代价是牺牲了新教的那些“以自己的价值尺度为指导的”美德，这些美德在过去对科学态度有过诸多贡献……传统的交流系统的一个主要功能正在失去其价值。为学者个人的创造性保持一个开放市场的必要性，已不再是成就和前

途显而易见的客观证明。[①]

无需做进一步的探讨就已经很明显了，合作的年龄模式这个看起来平凡的问题，引出了一大堆关于当代科学运行的基本问题。像在这个领域的其他地方一样，在这里我们依然是有很多可证明的问题，但被证明的答案却很少。但是，通过本章这一节和涉及老人统治的那一节，我们足以找出一些不同的相关问题。

问题：在大科学和小科学中，权威结构在多大程度上、在哪些方面实际有差异？这些差异在什么范围内影响交流系统和奖励系统的运行？不同的权威结构对不同年龄和处于其生涯不同阶段的科学家有何影响？权力和权威在什么程度上是与不同学科中和不同国家的科学机构中人的年龄相关联的？在每一层次的科学社会组织中，哪些决策观点对科学知识的进展最有影响？怎样能在对不同层次科学组织的科学决策过程的研究中取得更大进展？

554
六、年龄分层和科学兴趣的中心

科学研究关注中心的历史变迁对那些饱经沧桑的科学家来说并不陌生，对科学史家和科学社会学家来说也是一个常见的话题。但是这些变迁是如何出现的以及它们在科学家共同体中是如何分

① 约翰·齐曼：《知识之光：推陈出新》(“The Light of Knowledge: New Lamps for Old”)，第四届美国专门图书馆及情报机构协会年会讲座，《美国专门图书馆及情报机构协会会刊》(*Aslib Proceedings*)，1970 年 5 月，第 191—192 页。

布的，仍是一直未解决的棘手的问题，[①]它最近又重新引起了人们的兴趣。像科学史、科学哲学和科学社会学的其他方面一样，这一新的发展是一种**自我例证模式**，这些领域的研究者正在显示出研究兴趣的转移，就像他们试图解释或说明的科学家曾经做过的那样。

托马斯·S. 库恩的《科学革命的结构》一书既反映也加深了人们对此问题的新的兴趣，此书在不到十年的时间里导致了一系列相关批评和肯定性应用的文献。[②] 从对这部著作在每个学术分支领域的各种应用来判断，它已变成了某种复杂的投射测验，对每个人都有各种意义。我们指出此书在这里至少表面相关，并不是想提出另外的解释。对我们来说，注意到库恩在其著作和补充性论文中提出了三个相关的观点，这就足够了。其一，他像波普尔一样，主要关注“获取科学知识的动态过程而不是……科学研究成果的逻辑结构”。其二，这种研究的关键是理解“[科学家]会研究什么样的问题”。其三，这一点“应当是清楚的，即解释归根到底必定是心理学或社会学的。也就是说，它必须描述价值体系和意

① 在科学哲学家中，卡尔·波普尔至少从其《发现的逻辑》(*Logik der Forschung*, 1935)以来，已在一系列论著中讨论到了这一问题。参见此书第二版译本《科学发现的逻辑》(*The Logic of Scientific Discovery*, New York: Basic Books; London: Hutchinson, 1960)。有关这方面早期的社会学研究，请参见本书第八章所讨论的“科学与技术的兴趣中心的转变”。

② 有关库恩的观点的最近深入的分析，见于一些论文集，如伊姆雷·拉卡托斯和艾伦·马斯格雷夫编：《批判与知识的增长》(*Criticism and the Growth of Knowledge*, Cambridge: Cambridge University Press, 1970)。对库恩和拉卡托斯的有力抨击，请参见约瑟夫·阿伽西：《特里斯特拉姆·单迪、皮埃尔·梅纳德和所有其他人：评〈批判与知识的增长〉》(“Tristram Shandy, Pierre Menard and All That: Comment on *Criticism and the Growth of Knowledge*”)，原载《探索》14(1971 年)，第 152—164 页。

识形态，同时分析这个体系赖以传播和加强的制度。”①

这样，库恩把理解科学家关注中心的转移，重新确立为科学史和科学社会学的中心问题；更具体地说，即这一问题，科学家怎么断定某些问题是重要的，足以引起他们持久的注意，而认为其他问
555 题是无意义的。然而在我们看来，库恩说对这类问题的社会学回答最终必须依据价值体系以及传播和加强该体系的制度，这似乎过于局限了。对某一门科学中研究问题之选择的超理论影响的社会学解释，并不限于其规范和制度结构。还有一些外部的因素影响着科学家研究的关注中心，它们来自周围的社会、文化、经济和政治环境，这类影响现在表现得非常明显，以非常引人注目的形式改变着资源在不同学科和不同问题领域中分配的优先性，以致对那些最不谙于现实的科学家来说也是显而易见的。除了这类外部的影响外，这里还有一个问题与我们直接相关，即来自社会结构的对研究兴趣中心转移的（很大程度上未料想到的）影响，亦即来自不同学科中科学家的社会构成和社会关系的影响，不同于来自科学的规范结构的影响。

在本文中，我们恰巧讨论的是各学科和专业中年龄结构的问题群，把它当作它们各自的社会结构的一部分，就像其他人可能讨论宗教、民族或政治等构成的问题群那样。我们在本文第一节中已注意到，各学科的年龄结构是不同的。这至少表明，在不同时期进入科学界的年龄同期群可能趋向于寻找不同的他们最感兴趣的

① 托马斯·S. 库恩：《发现的逻辑还是研究的心理学》（“Logic of Discovery or Psychology of Research”），见拉卡托斯和马斯格雷夫编：《批判与知识的增长》，第1、21页。

学科。当然**在**一个学科**之中**各年龄层的人是否趋向于关注不同的问题，是否会以不同的方式探讨相同的问题，仍然是尚未解决的一个问题。作为科学社会学的一个例证性问题，它使我们注意到科学的社会结构与认识结构之间互动的一种方式，并且提出了这一思想，即在某些方面，一个领域的认识结构可能对于其中的科学家子群体有着明显的差异。

少量的证据和猜测表明，在科学中存在着有年龄特点的研究兴趣中心和理论取向。库恩在其考察中充分暗示了这一点，而且差不多已经说明了，正如我们在前面所看到的那样："发明全新范式的人几乎总是这类人，他们或者是年轻人，或者对他们改变其范式的那个领域来说完全是新手。"[①]但是对这一命题，库恩表现出了矛盾心理，这一点耐人寻味。有时候，他认为这是一种非常通俗的概括，完全可以说是一种老生常谈，并且认为，这是一种明确得他不能使之更明确的观点。但有时候，他又认为对这种概括很需

要系统的研究。在明显缺乏（有别于涉及这个问题的趣闻轶事的） 556
系统证据的情况下，我们倾向于通过进一步的考察来揭示这一矛盾心理。

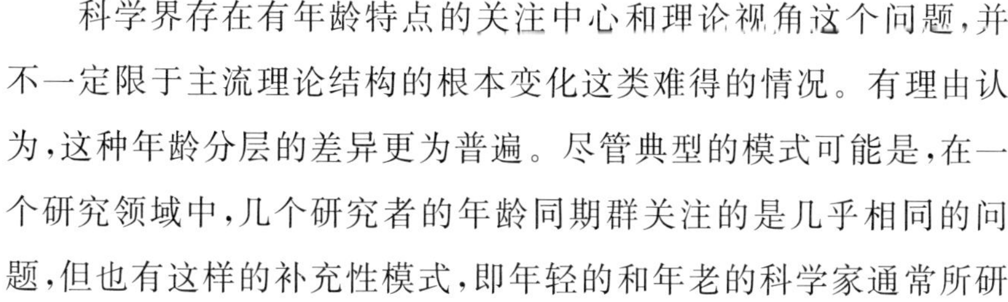

科学界存在有年龄特点的关注中心和理论视角这个问题，并不一定限于主流理论结构的根本变化这类难得的情况。有理由认为，这种年龄分层的差异更为普遍。尽管典型的模式可能是，在一个研究领域中，几个研究者的年龄同期群关注的是几乎相同的问题，但也有这样的补充性模式，即年轻的和年老的科学家通常所研

① 库恩：《科学革命的结构》，第 89—90 页。

究关注的是不同的问题，因而他们所关心的是其领域正在进行的研究的不同方面，当我们发现这种模式时也不应感到奇怪。查明这类补充性的年龄分层模式是否存在并不困难。从对由不同年龄的科学家所发表论文的系统的内容分析中，[①]会得到有关研究兴趣中心的必要信息，同样，从系统的引证分析中，[②]会得到有关人们所关注的研究的影响范围的相关信息。

下面简要分析一下引证模式怎么会反映出科学家关注中心方面的年龄分层性差异。我们关于这种差异的原因和结果的猜测性模型，包括相继年龄同期群的补充角色行为的重演，这与我们假设的科学合作模式很相近。我们先提出一个老生常谈的假设和一个

557 人们熟悉的事实。这个假设（它也被库恩采用了）主张，科学家在其生涯中偶然产生某些思想的时期将会极大地影响到他们对之作

① 有关科学成果的这种内容分析的更基本的例子，请参见本书第八章中《哲学学报》1665—1702年的论文分类，以及17世纪皇家学会详细记录的研究报告，不过它们并没有考察不同年龄或地位的科学家之间的可能的差别。

② 自从科学引证索引（SCI）发明以来，引证研究已获得了如此迅速的发展，以至于有失控的危险。在对其经常的无批判的应用中，人们忽视了许多方法论问题。此外，SCI的存在和日益增加的大量引证分析（甚至用于帮助决定科学家的任命和擢升这类事情），有可能导致引证实践的变化，从而过一段时间，它们作为研究质量的衡量标准将受到损害或者完全失去效力。这并不是引入角色表现的统计指标而导致**目标置换**的第一例，在这种置换中一度可靠的统计指标而不是实际的角色表现变成了人们关注的中心。关于引证分析的早期应用，请参见加菲尔德、谢尔和特罗皮：《科学史著作中的引证数据的应用》；对引证分析的方法论问题的批判性概述，请参见J. 科尔和S. 科尔：《科学界的社会分层》第2章；S. 科尔和J. 科尔：《测量社会学研究的质量：科学引证索引应用中的问题》，原载《美国社会学家》6（1971年），第23—29页；理查德·惠特利和佩内洛普·A. 弗罗斯特：《研究成绩的测量》（"The Measurement of Performance in Research"），原载《人类关系》（*Human Relations*）24（1971年），第161—178页。关于对实际表现的统计测量方面的目标置换，请参见彼得·布劳：《科层动力学》（*The Dynamics of Bureaucracy*, Chicago：Chicago University Press，1955年），第3章。

出的反应。而那个人们熟悉的事实就是，在科学中，人们强烈地、而且也许愈来愈强烈地主张，要紧跟其领域的前沿成果，即新的成果。

我们还没有证据表明，对与新研究齐头并进的强烈关注是否有年龄分层的差异，但在年龄同期群之间，它可能会有一些不同的结果。显然，当科学家进入一个领域时他们所知道的所谓的新成果，会伴随他们而老化。当新的同期群朝着科学中迅速步入中年的东西前进时，他们在年轻时所关注的研究已经"老化"，因为对出版物的年代主要是根据当代科学来判断。[①] 年长的同期群成员正在研究的新问题或老问题，常常会使人们想起文献中的相关成果，它在他们多年前与之相遇时曾是新的。在此期间，同时在从事研究的较年轻的同期群却把关注点却转向了新的成果（就像他们中年的同事在其年轻时所做的那样）。但是，若没有关于过去 15 或 20 年的研究的同样直接的知识，他们就不太容易想到那些早期的相关研究。

在此模型中，每一个前后相继的同期群中的科学家，在其生涯的相同阶段都重演了大致相同的引证行为。在这样做时，年轻和年老的科学家对科学发展的贡献程度有所不同：老科学家把当前的研究与以前所进行的研究联系起来，为学术的连续性做出了更多贡献；年轻科学家不怎么受过去的表述"妨碍"，凭自己的力量促进了新的发展。我们认为，尽管控制科学知识交流的规范对所

① 读者会联想起，本章第二节中提到，许多学科中的文献的半衰期是五年或更短。

有人基本上都是相同的，但是在其执行中也有充分的灵活性，允许在有年龄特点的对科学研究的转述中，出现这些意外的、且常常是未注意到的差异。

如果这些猜测的差异事实上存在，它们就应以不同的方式反映出来。因为一方面，年轻科学家应比年老的科学家做出更多的重新发现：这些发现和观点是独立地得出的，它们实质上与以前的发现和观点是等同的或者在功能上是等价的。[①] 桑塔亚那的名言即那些忘却历史的人注定要重复历史，在科学领域中将特别具有说服力——它比其他文化领域更容易受到寻找特定问题
558 的可靠答案时的客观条件的限制。[②] 而如果所猜测的差异存在，我们也会根据斯蒂芬·科尔和朱克曼[③]的初步的和尝试性研究提供的线索，发现与年龄相关的参照和引证的模式，读者会联想起，本章第二节曾提到，老科学家比年轻的科学家更有可能引用较早的文献。

当科学家自己不能理解这种重复出现的与年龄相关的关注点的模式时，他们就容易对“其他”年龄层的人的行为做出会使人反感的判断。于是老科学家说，年轻的科学家眼界即使不是完全未开化也是很狭隘的，他们不怎么注意阅读和考虑数年前的经典著

---

① 关于重新发现的模式，请参见默顿：《社会理论与社会结构》第1章。

② 在指出这一点时，我们并不赞同实证主义或辉格党的观点。

③ 斯蒂芬·科尔：《年龄与科学行为》；朱克曼未发表的资料。我们还应当重申，在参考文献和引证方面有年龄特点的差异，不用说（亦即，在被称之为与假说相对的条件下），代表了一种发现。因为即使抛开（通常与作者不同龄的）评议人和同事的不同意见，出版物中所看到的这类差异也是存在的。进一步的研究应比较同龄（年轻或年老的）人合作撰写的论文与年龄差异很大的人合作撰写的论文中参考文献的年龄分布。

作，甚至也不太注意学习其领域的历史发展（这些判断完全忽视了科学界的新一代只是重复了他们自己年轻时所表现出的态度和行为）。反过来，年轻科学家嘲弄说，老科学家像个好古癖，总是留恋过去，他们无法“跟上”形势，因而注定要重复他们很久以前掌握的即使不是纯粹的古董也是已过时的资料（这些判断完全未能预见他们自己将来的行为，将来他们有可能解认识到，这是为科学连续发展开辟道路）。

引证模式的历史变迁会为生活历程中这些前后相继的引证模式提供脉络背景。科学家数量和科学出版物数量按指数的增长会导致规范和实践的变化，从而影响到前沿性研究与以前的研究成果之间的联系问题。更具体地说，这里提出的问题是：是否随着科学在各个方面的逐渐扩大，导致了功能的不完全适应，以至相继的科学家同期群越来越少关注过去的相关研究，而科学出版物为它提供的空间也越来越少？也可能是另外一种情况，即科学的社会参量和认识参量的历史变迁与连续的生活历程模式相互作用，从而在前后相继的科学家同期群行为既会导致相似也会导致差异。

七、结束语

像本文这样的探索性的文章没有“结论”可言，但它使我们得出了如下几点感想。

显然，我们只是触及到了我们这个主题的问题集，并没有讨论各类不同的问题，对于这些问题，现在可以很有成效地加以考察，下面列举几例：

研究群体的年龄与其科学产出率有什么关系？[①]

在不同科学中，新事物如新的专业、新形式的研究(实验室)、新的杂志以及科学学会等等的“创立者”，其年龄分布是什么样？

在科学生涯的不同阶段，科学产出的数量与质量之间有怎样的关系？

年龄是怎样以不同方式与科学的学术权威[②]和官僚权威联系在一起？这些差异对科学学科的发展有什么样的影响？

在研究生涯过程中会出现什么样的历史变化？这些变化与科学家学术影响的持久性有什么关系？

在多大程度上科学界的年龄同期群会发展成年龄集，并保持他们的持续互动和团结，从而形成老伙伴网络(不同于新伙伴网络)？

或许我们已充分说明了我们认为研究这类问题所要达到的主要目的。这个目的就是揭示年龄和年龄结构如何以不同方式与科学的认识结构和发展相互作用。

---

① 有关自赫伯特·A. 谢泼德、W. P. 韦尔斯、唐纳德·C. 佩尔兹和弗兰克·M. 安德鲁斯的开创性研究以来对这一问题的批评性考察，请参见克拉杰特·G. 斯密：《R与D群体年龄的再分析》(“Age of R and D Groups: A Reconsideration”)，原载《人类关系》23(1970年)，第81—96页；另见弗拉奇：《论多产的年龄》。

② 最应当强调的是，科学界的peers不一定是指同年龄者。一个世纪之前，威廉·珀金斯在其23岁时就是关于染料的世界权威，同样当今的乔舒亚·莱德伯格或默里·盖耳曼在相应的年龄时成为了其学科的权威。这类情况将使我们放弃在社会学和心理学的术语中通常把“peers”只是简单地用来指“同龄人”的做法。其他领域的每个人似乎都知道，“peer”所指的是那些与他人具有同等地位的人，这种同等地位表现在：政治地位、声望、权威以及年龄。

参考文献

Writings of Robert K. Merton in the Sociology of Science *Books* (*listed in order of publication*)

Science, Technology and Society in Seventeenth-Century England. In *Osiris: Studies on the History and Philosophy of Science*. Bruges, Belgium: Saint Catherine Press, Ltd., 1938. With new preface. New York: Howard Fertig, Inc., 1970; paperback edition, New York: Harper & Row, 1970.

Social Theory and Social Structure. New York: The Free Press, 1949. Revised edition, 1957. Enlarged edition, 1968.

The Student-Physician: Introductory Studies in the Sociology of Medical Education. [Coedited with G. G. Reader and P. L. Kendall] Cambridge: Harvard University Press, 1957.

On the Shoulders of Giants: A Shandean Postscript. New York: The Free Press, 1965; paperback edition, New York: Harcourt Brace Jovanovich, Inc., 1967.

On Theoretical Sociology. New York: The Free Press, 1967.

Papers (*listed in order of publication*)

Papers marked with an are included in this volume.*

"The Course of Arabian Intellectual Development, 700—1300 A. D." [With P. A. Sorokin] *Isis* 22 (February 1935): 516—524.

"Fluctuations in the Rate of Industrial Invention." *The Quarterly Journal of Economics* 49 (May 1935): 454—470.

*"Science and Military Technique." *Scientific Monthly* 41 (December

1935): 542—545.

"The Unanticipated Consequences of Purposive Social Action." *American Sociological Review* 1 (1936): 894—904.

"Puritanism, Pietism, and Science." *Sociological Review* 28 (January 1936): 1—30.

"Civilization and Culture." *Sociology and Social Research* 21 (November-December 1936): 103—113.

"Some Economic Factors in Seventeenth Century English Science." *Scientia: Revista di Scienza* 62 (1973): 142—152.

"Science, Population and Society." *The Scientific Monthly* 44 (February 1937): 165—171.

"Social Time: A Methodological and Functional Analysis." [With Pitirim A. Sorokin] *The American Journal of Sociology* 42 (March 1937): 615—629.

"Sociological Aspects of Invention, Discovery and Scientific Theories." [With P. A. Sorokin] In P. A. Sorokin, *Social and Cultural Dynamics*. New York: American Book Company, 1937.

"The Sociology of Knowledge." *Isis*, 27 (November 1937): 493—503.

"Social Structure and Anomie." *American Sociological Review* 3 (1938): 672—682.

* "Science and the Social Order." *Philosophy of Science* 5 (1938): 321—337.

"Science and the Economy of Seventeenth Century England." *Science and Society* 3 (Winter 1939): 3—27.

"Karl Mannheim and the Sociology of Knowledge." *The Journal of Liberal Religion* 2 (Winter 1941): 125—147.

* "Znaniecki's *The Social Role of the Man of Knowledge*." *American Sociological Review* 6 (February 1941): 111—115.

* "Science and Technology in a Democratic Order." *Journal of Legal and Political Science* 1 (October 1942): 115—126.

"Role of the Intellectual in Public Bureaucracy." *Social Forces* 23 (May 1945): 405—415.

* "Sociology of Knowledge." In *Twentieth Century Sociology*, edited by Georges Gurvitch and Wilbert E. Moore. New York: Philosophical Library, 1945.

"Mass Persuasion: A Technical Problem and a Moral Dilemma." Chapter 7 in Robert K. Merton, Marjorie Fiske, and Alberta Curtis, *Mass Persuasion*. New York: Harper & Brothers, 1946; Westport: Greenwood Press, 1971.

"The Machine, the Worker, and the Engineer." *Science* 105 (24 January 1947): 79—84.

"Selected Problems of Field Work in the Planned Community." *American Sociological Review* 12 (June 1947): 304—312.

"The Self-Fulfilling Prophecy." *The Antioch Review*, Summer 1948, 193—210.

* "The Role of Applied Social Science in the Formation of Policy." *Philosophy of Science* 16 (July 1949): 161—181.

"Election of Polling Forecasts and Public Images of Social Science." [With Paul K. Hatt] *The Public Opinion Quarterly* 13 (Summer 1949): 185—222.

"Comparison of *Wissenssoziologie* and Mass Communications Research." In Robert K. Merton, *Social Theory and Social Structure*. 1949; enlarged edition, New York: The Free Press, 1968.

"Introduction: Sociology of Science." In Robert K. Merton, *Social Theory and Social Structure*. 1949; New York: The Free Press, 1968.

"Social Scientists and Research Policy." [With Daniel Lerner] In *The Policy Sciences*, edited by Daniel Lerner and Harold D. Lasswell. Stanford: Stanford University Press, 1951.

"The Research Budget." In *Research Methods in Social Relations*, edited by Marie Jahoda, Morton Deutsch and Stuart W. Cook. New York: Dryden Press, 1951. pp. 342—351.

* "Foreword" to *Science and the Social Order*, by Bernard Barber. New

York: The Free Press, 1952.

"Brief Bibliography for the Sociology of Science." [With Bernard Barber] In American Academy of Arts and Sciences. *Proceedings* 80 (May 1952): 140—154.

"Foreword" to *Character and Social Structure*, by Hans Gerth and C. W. Mills. New York: Harcourt Brace & World, 1953.

"The Knowledge of Man". In *The Unity of Knowledge*, edited by Lewis Leary. New York: Doubleday, 1955.

"Studies in the Sociology of Medical Education" [With Samuel Bloom and Natalie Rogoff] *Journal of Medical Education* 31 (August 1956): 552—565.

* "Priorities in Scientific Discovery: A Chapter in the Sociology of Science," *American Sociological Review* 22 (December 1957): 635—659.

"Some Preliminaries to a Sociology of Medical Education." In *The Student-Physician*, edited by R. K. Merton, G. G. Reader and P. Kendall. Cambridge: Harvard University Press, 1957.

"Bibliographical Postscript to 'Puritanism, Pietism and Science'." In Robert K. Merton, *Social Theory and Social Structure*. 1957; New York: The Free Press, 1968.

"Procedures for the Sociological Study of the Value Climates of Medical Schools." [with Richard Christie] In *The Ecology of the Medical Student*, edited by H. H. Gee and R. J. Glaser. Evanston, Ill.: Association of American Medical Colleges, 1958.

"Medical Education as a Social Process." [With P. L. Kendall] In *Patients, Physicians and Illness*, edited by E. G. Jaco. Glencoe: Free Press, 1958.

"The Scholar and the Craftsman." In *Critical Problems in the History of Science*, edited by Marshall Clagett. Madison: University of Wisconsin Press, 1959.

"Notes on Problem-Finding in Sociology." In *Sociology Today*, edited by R.

K. Merton, L. Broom and L. S. Cottrell. New York: Basic Books, 1959.

* "'Recognition' and 'Excellence': Instructive Ambiguities." In *Recognition of Excellence*, edited by A. Yarmolinsky. New York: Free Press, 1960.

"The Mosaic of the Behavioral Sciences." In *The Behavioral Sciences Today*, edited by Bernard Berelson. New York: Basic Books, 1960.

* "Singletons and Multiples in Scientific Discovery: A Chapter in the Sociology of Science." In American Philosophical Society. *Proceedings* 105 (13 October 1961): 470—486.

* "Social Conflict over Styles of Sociological Work." In Fourth World Congress of Sociology. *Transactions*. Louvain, Belgium: International Sociological Association, 1961. 3:21—36.

"Notes on Sociology in the U. S. S. R." [With Henry Riecken] *Current Problems in Social-Behavioral Research*. Symposia Studies Series No. 10. Washington, D. C.: The National Institute of Social and Behavioral Science, 1962. pp. 7—14.

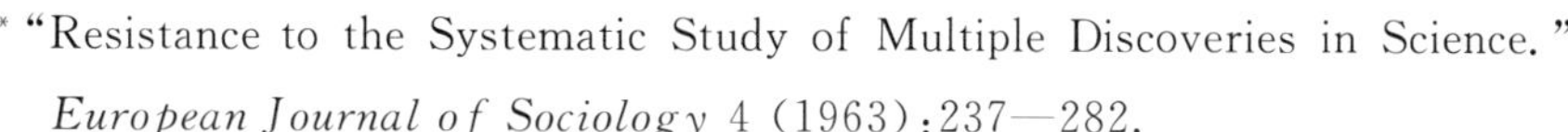

* "Resistance to the Systematic Study of Multiple Discoveries in Science." *European Journal of Sociology* 4 (1963):237—282.

* "The Ambivalence of Scientists." *Bulletin of the Johns Hopkins Hospital*. 112 (1963): 77—97.

* "Sorokin's Formulations in the Sociology of Science." [With Bernard Barber] In *P. A. Sorokin in Review*, edited by P. J. Allen. Durham, N. C.: Duke University Press, 1963.

"Basic Research and Potentials of Relevance." *American Behavioral Scientist* 6 (May 1963): 86—90.

"Practical Problems and the Uses of Social Science." [With Edward C. Devereux, Jr.] *Transaction* 1 (1964): 18—21.

"Foreword" to *The Technological Society*, by Jacques Ellul. New York: A. Knopf, 1964.

"The Environment of the Innovating Organization." In *The Creative Organi-*

zation, edited by Gary Steiner. Chicago: University of Chicago Press, 1965.

"On the History and Systematics of Sociological Theory" and "On Sociological Theories of the Middle Range." In Robert K. Merton, *On Theoretical Sociology*. New York: The Free Press, 1967.

* "The Matthew Effect in Science: the Reward and Communication Systems of Science." *Science* 199 (5 January 1968): 55—63.

"Observations on the Sociology of Science." *Japan-American Forum* 14 (April 1968): 18—28.

"Seminars Without Constraint." *The Columbia University Forum* 11 (Winter 1968): 38—39.

* "Behavior Patterns of Scientists." Copublished in *American Scientist* 57 (Spring 1969): 1—23, and *American Scholar* 38 (Spring 1969): 197—225.

"Insiders and Outsiders: An Essay in the Sociology of Knowledge." 1st ed. in *Conspectus of Indian Society*, edited by R. N. Saxena. Agra, India: Satish Book Enterprise, 1971. 2d ed. in *Essays on Modernization of Underdeveloped Societies*. Bombay, India: Thacker & Co., Ltd., 1971.

* "Insiders and Outsiders: A Chapter in the Sociology of Knowledge." 3d ed. *American Journal of Sociology* 77 (July 1972): 9—47.

"The Precarious Foundations of Detachment in Sociology." In *The Phenomenon of Sociology*, edited by Edward A. Tiryakian. New York: Appleton-Century-Crofts, 1971.

* "The Competitive Pressures (1): The Race for Priority." [With Richard Lewis] *Impact of Science on Society* 21 (1971): 151—161.

* "Patterns of Evaluation in Science: Institutionalisation, Structure and Functions of the Referee System." [With Harriet Zuckerman] *Minerva* 9 (January 1971): 66—100.

* "Age, Aging, and Age Structure in Science." [With Harriet Zuckerman] In *Aging and Society*. Vol. 3, *A Sociology of Age Stratification*, edited by Matilda W. Riley, Marilyn Johnson, and Anne Foner. New York:

Russell Sage Foundation, 1972.

"On Discipline-Building: The Paradoxes of George Sarton." [With Arnold Thackray] *Isis* 63 (1972): 473—495.

Commentaries, Continuities, and Complementaries

Works marked with a † are publications of the Columbia University Program in the Sociology of Science.

Agassi, Joseph. "The Origins of the Royal Society." *Organon* 7 (1970): 117—135.

—. "Revolutions in Science, Occasional or Permanent?" *Organon* 3 (1966): 47—61.

—. "Towards an Historiography of Science." *History and Theory*, suppl. 2. The Hague: Mouton, 1963.

Baldamus, W. "The Role of Discoveries in Social Science." In *The Rules of the Game*, edited by Teodor Shanin. London: Tavistock Publications, 1972.

Barbano, Filippi. "H. Marcuse, R. K. Merton ed il Pensiero Critico: 'Sociologia Negativa' e Sociologia Positiva." *Sociologia: Revista di studi sociali dell' Instituto Luigi Sturzo* 1 (September 1967): 31—58.

—. "Social Structures and Social Functions: The Emancipation of Structural Analysis in Sociology." *Inquiry* 11 (1968): 40—84.

—. "Teoria e metodo nell' indagine delle scienze sociali: introduzione a saggi di R. K. Merton e Talcott Parsons." In *Antologia di Scienze Sociali*, edited by Angelo Pagani. Bologna: Società Editrice Il Mulino Vol. 1, *Teoria e Ricerca nelle Science Sociali*. Chapter 1.

Barber, Bernard. *Science and the Social Order*. New York: The Free Press, 1952.

—. "The Structure of Scientific Competition and Reward and Its Consequences for Ethical Practices in Bio-Medical Research." Paper read at meeting of American Sociological Association, August 1972.

Barber, Bernard, and Hirsch, Walter, eds. *The Sociology of Science*. New York: The Free Press, 1962.

Barber, Bernard; Lally, John J.; Makarushka, Julia; and Sullivan, Daniel. *Research on Human Subjects: Problems of Social Control in Medical Experimentation*. New York: Russell Sage Foundation, 1973.

Barnes, Barry, ed. *Sociology of Science: Selected Readings*. Hammondsworth, Eng.: Penguin Books, 1972.

Barnes, S. B., and Dolby, R. G. A., "The Scientific Ethos: A Deviant Viewpoint." *European Journal of Sociology* 11 (1970): 3—25.

Ben-David, Joseph. "The Profession of Science and Its Powers." *Minerva* 10 (1972): 362—383.

—. "Roles and Innovations in Medicine." *American Journal of Sociology* 65 (1960): 557—568.

—. "Scientific Growth: A Sociological View." *Minerva* 3 (1964): 455—476.

—. "Scientific Productivity and Academic Organization in Nineteenth-Century Medicine." *American Sociological Review* 25 (1960): 824—843.

—. "The Scientific Role." *Minerva* 4 (1965): 15—54.

—. *The Scientist's Role in Society: A Comparative Study*. Englewood Cliffs, N.J.: Prentice-Hall, 1971.

Ben-David, Joseph, and Collins, Randall. "Social Factors in the Origins of a New Science: The Case of Psychology." *American Sociological Review* 31 (1966): 451—465.

Bernard, M. Russell, "Scientists and Policy Makers: A Case Study in the Ethnography of Communication." La Jolla: Scrips Institution of Oceanography, 1973. Manuscript.

Blisset, Marlan. *Politics in Science*. Boston: Little, Brown & Co., 1972.

Brown, Paula. "Bureaucracy in a Government Laboratory." *Social Forces* 32 (1954): 259—268.

Brown, Theodore M. "Institutional Challenge and the Advance of Science in Seventeenth Century England." Manuscript.

—. "The Rise of Baconianism in the Interregnum: An Attempt at a New Perspective on Science and Society in Seventeenth Century England." Manuscript.

Burstyn, Harold L., and Hand, Robert S. "Puritanism and Science Reinterpreted." *Actes du XIe Congrès International d'Histoire des Sciences*, pp. 139—143.

Carroll, James W. "Merton's Thesis on English Science." *American Journal of Economics and Sociology* 13 (July 1954): 427—432.

Cohen, I. Bernard. "Essay Review: *Science, Technology and Society in Seventeenth Century England*." *Scientific American* 228 (February 1973): 117—120.

†Cole, Jonathan. "Patterns of Intellectual Influence in Scientific Research." *Sociology of Education* 43 (Fall 1970): 377—403.

†Cole, Jonathan, and Cole, Stephen. "Measuring the Quality of Sociological Research." *American Sociologist* 6 (February 1971): 23—29.

†—. "The Ortega Hypothesis." *Science* 178 (27 Oct. 1972): 368—75.

†—. "The Reward System of the Social Sciences." Presented at American Academy of Arts and Sciences, 16 February 1973. Manuscript.

†—. *Social Stratification in Science*. Chicago, Ill.: University of Chicago Press, 1973.

†Cole, Stephen. "Continuity and Institutionalization in Science: A Case Study of Failure." In *The Establishment of Empirical Sociology*, edited by Anthony Oberschall. New York: Harper and Row, 1972.

—. "In Defense of the Sociology of Science." *The G. S. S. Journal*, Columbia University Graduate Sociological Society, 1965, pp. 30—38.

†—. "Professional Standing and the Reception of Scientific Discoveries." *American Journal of Sociology* 76 (September 1970): 286—306.

†Cole, Stephen, and Cole, Jonathan. "Scientific Output and Recognition: A Study in the Operation of the Reward System in Science." *American Sociological Review* 32 (June 1967): 391—403.

†—. "Visibility and the Structural Bases of Awareness of Scientific Research." *American Sociological Review* 33 (June 1968): 397—413.

Collins, Randall. "Competition and Social Control in Science." *Sociology of Education* 41 (1968): 123—140.

Conant, James B. "The Advancement of Learning during the Puritan Commonwealth." *Proceedings of the Massachusetts Historical Society* 66 (1942): 3—21.

Connor, Patrick E. "Scientific Research Competence: Two Forms of Collegial Judgment." *Pacific Sociological Review* (July 1972): 355—366.

Coser, Lewis A. "Georg Simmel's Style of Work: A Contribution to the Sociology of the Sociologist." *American Journal of Sociology* 63 (May 1958): 635—641.

—. *Masters of Sociological Thought: Ideas in Historical and Social Context*. New York: Harcourt, Brace, Jovanovich, 1971.

—. *Men of Ideas*. New York: Free Press, 1965.

—. "Social Involvement or Scientific Detachment: The Sociologist's Dilemma." *Antioch Review* 28 (1968): 108—113.

Cotgrove, Stephen, and Box, Steven. *Science, Industry and Society: Studies in the Sociology of Science*. London: Allen & Unwin, 1970.

†Cournand, André, and Zuckerman, Harriet. "The Code of Science: Analysis and Some Reflections on Its Future." *Studium Generale* 23 (1970): 941—962.

Crane, Diana. "Fashion in Science." *Social Problems* 16 (1969): 433—440.

—. "The Gatekeepers of Science: Some Factors Affecting the Selection of Articles for Scientific Journals." *The American Sociologist* 2 (1967): 195—201.

—. *Invisible Colleges: Diffusion of Knowledge in Scientific Communities*. Chicago: University of Chicago Press, 1972.

—. "Scientists at Major and Minor Universities" *American Sociological Review* 30 (October 1965): 699—714.

Crespi, Pietro. "Robert K. Merton e la sociologia americana." *Il Pensiero Critico* 2 (1960): 1—11.

Crowther, J. G. *Science in Modern Society*. London: Cresset Press, 1967. pp. 290—299.

Daniels, George. "The Process of Professionalization in American Science." *Isis* 58 (1967): 151—166.

Dedijer, Stevan. *An Attempt at a Bibliography of Bibliographies in the Science of Science*. Lund, Sweden: Science Policy Center, 1969.

—. "International Comparisons of Science." *New Scientist* (February 1964): 461—464.

De Gré, Gerard. *Science as a Social Institution*. New York: Doubleday, 1955.

†Dietrich, Lorraine, "Communication in Five Scientific Fields: A Comparative Analysis." Presented at American Sociological Association meeting, September 1972.

Dillenberger, John. "Religious Stimulants and Constraints in the Development of Science." *Continuum* 5 (1967): 6—11.

Dolby, R. G. A., "Sociology of Knowledge in Natural Science." *Science Studies* 1 (1971): 3—21.

Downey, Kenneth J. "The Scientific Community: Organic or Mechanical?" *Sociological Quarterly* 10 (1969): 438—458.

—. "Sociology and the Modern Scientific Revolution." *Sociological Quarterly* 8 (1967): 239—254.

Elkana, Yehuda. "The Conservation of Energy: A Case of Simultaneous Discovery." *Archives Internationales d'Histoire des Sciences* 90—91 (1970): 31—60.

—. "Hemholtz' *Kraft*: An Illustration of Concepts in Flux." *Historical Studies in the Physical Sciences* 2 (1970): 263—298.

—. "Science, Philosophy of Science and Science Teaching." *Educational Philosophy and Theory* 2 (1970): 15—35.

—. *The Theory and Practice of Cross-Cultural Contacts in Science: Queries and Presuppositions*. Manuscript, 1973.

Feuer, Lewis S. *The Scientific Intellectual*. New York: Basic Books, 1963.

Garvey, W. D., and Griffith, B. C. "Scientific Communication as a Social System." *Science* 157 (1967): 1011—1016.

—. "Scientific Communication: Its Role in the Conduct of Research and Creation of Knowledge." *American Psychologist* 26 (1971): 349—362.

Garvey, W. D., Lin, Nan, and Nelson, C. E. "Communication in the Physical and Social Sciences." *Science* 170 (1970): 1166—1173.

Garvey, W. D.; Lin, Nan; Nelson, C. E.; and Tomita, Kazuo. "Research Studies in Patterns of Scientific Communication." *Information Storage and Retrieval* 8 (1972): 111—122; 159—169; 207—221.

Gaston, Jerry. "Big Science in Britain: A Sociological Study of the High Energy Physics Community." Ph. D. diss., Yale University, 1969.

—. "The Reward System in British Science." *American Sociological* Review 35 (August 1970): 718—732.

—. "Secretiveness and Competition for Priority of Discovery in Physics." *Minerva* 9 (October 1971): 472—492.

Gillispie, Charles C. "Physick and Philosophy: A Study of the Influence of the College of Physicians of London upon the Foundations of the Royal Society." *Journal of Modern History* 19 (September 1947): 210—225.

Glaser, Barney G. "Differential Association and the Institutional Motivation of Scientists." *Administrative Science Quarterly* (1965): 82—97.

—. *Organizational Scientists*. Indianapolis: Bobbs-Merrill, 1964.

—. "Variation in the Importance of Recognition in Scientists' Careers." *Social Problems* 10 (1963): 268—276.

Gordon, Gerald and Marquis, Sue. "Freedom, Visibility of Consequences and Scientific Innovation." *American Journal of Sociology* 72 (Sept. 1966): 195—202.

Gouldner, Alvin W. *The Coming Crisis of Western Sociology*. New York:

Basic Books, 1970.

—. "Cosmopolitans and Locals: Towards an Analysis of Latent Social Roles." *Administrative Science Quarterly* 2 (1957): 281—306; 2 (1958): 444—480.

—. *Enter Plato: Classical Greece and the Origins of Social Theory*. New York: Basic Books, 1965.

Greaves, Richard L. "Puritanism and Science: The Anatomy of a Controversy." *Journal of the History of Ideas* 30 (1969): 345—368.

Greenberg, Daniel A. "The Ethos of Science." Presented to the Seventeenth Conference on Science, Philosophy, and Religion, 1966. Manuscript.

Griffith, Belver C. and Miller, A. J. "Networks of Informal Communication among Scientifically Productive Scientists." In *Communication Among Scientists and Engineers*, edited by C. E. Nelson and D. K. Pollock. Lexington, Mass.: Lexington Heath Books, 1970.

Griffith, Belver C., and Mullins, Nicholas C. "Coherent Social Groups in Scientific Change." *Science* 177 (15 September 1972): 959—964.

Haberer, Joseph. *Politics and the Community of Science*. New York: Van Nostrand Reinhold, 1969.

Habermas, Jürgen. *Knowledge and Human Interests*. Boston: Beacon Press, 1971.

Hagstrom, Warren O. "Inputs, Outputs and the Prestige of American University Science Departments." *Sociology of Education* 44 (Fall 1971): 375—397.

—. *The Scientific Community*. New York: Basic Books, 1965.

Hall, A. Rupert. "Merton Revisited, or, Science and Society in the Seventeenth Century." *History of Science: An Annual Review* 2 (1963): 1—16.

—. "Science, Technology and Utopia in the Seventeenth Century." In *Science and Society, 1600—1900*, edited by Peter Mathias. Cambridge: Cambridge University Press, 1972.

Hall, Marie Boas. "Sources for the History of the Royal Society in the Sev-

enteenth Century. "*History of Science* 5 (1966): 62—76.

Hall, Michael G., "Renaissance Science in Puritan New England." In *Aspects of the Renaissance*, edited by Archibald R. Lewis. Austin: University of Texas Press, 1967.

Halmos, Paul, ed. *The Sociology of Science*. The Sociological Review: Monograph No. 18, 1972.

—, ed. *The Sociology of Sociology*. The Sociological Review: Monograph No. 16, 1970.

Hargens, Lowell, and Hagstrom, W. O. "Sponsored and Contest Mobility of American Academic Scientists. "*Sociology of Education* 40 (1967): 24—38.

Herpin, Nicholas. *Théorie et expérience chez Robert K. Merton*. Ph. D. dissertation, Sorbonne, 1967.

Hetheringtom, Robert W. "Local and Cosmopolitan Physicians. "*Canadian Review of Sociology and Anthropology* (February 1971), 32—46.

Hill, Christopher. *Intellectual Origins of the English Revolution*. Oxford: Clarendon Press, 1965.

—. "The Intellectual Origins of the Royal Society—London or Oxford." *Notes and Records of the Royal Society of London* 23 (December 1968): 144—156.

—. "Puritanism, Capitalism and the Scientific Revolution. "*Past & Present* 29 (1964): 88—97.

Hirsch, Walter. *Scientists in American Society*. New York: Random House, 1968.

Hooykaas, R. "Answer to Dr. Bainton's Comment on 'Science and Reformation'. "*Journal of World History* 3 (1956): 781—784.

—. *Humanisme, Science et Reforme*. Leiden, 1958.

—. *Religion and the Rise of Modern Science*. Edinburgh: Scottish Academic Press, 1972.

—. "Science and Reformation. "*Journal of World History* 3 (1956): 109—139.

—. "Science and Religion in the Seventeenth Century." *Free University Quarterly* 1:169—183.

Kaplan, Norman, ed. *Science and Society*. Chicago: Rand McNally, 1965.

—. "Sociology of Science." In *Handbook of Modern Sociology*, edited by R. E. L. Faris. Chicago: Rand McNally, 1964.

Kearney, Hugh F., ed. *Origins of the Scientific Revolution*. London: Longmans, 1964.

—. "Puritanism and Science: Problems of Definition." *Past & Present* 31 (July 1965): 104—110.

—. "Puritanism, Capitalism and the Scientific Revolution." *Past & Present* 28 (July 1964): 81—101.

Kemsley, Douglas S. "Religious Influences in the Rise of Modern Science: A Review and Criticism, Particularly of the 'Protestant-Puritan Ethic' Theory." *Annals of Science* 24 (1968): 199—226.

King, M. D. "Reason, Tradition and the Progressiveness of Science." *History and Theory: Studies in the Philosophy of History* 10 (1971): 3—32.

Klima, Rolf. "Einige Widersprüche im Rollen-Set des Soziologen." In *Thesen zur Kritik der Soziologie*, edited by B. Schäfers. Frankfurt: Suhrkamp, 1969, pp. 80—95.

—. "Scientific Knowledge and Social Control in Science." In *Social Processes of Scientific Development*, edited by Richard D. Whitley. London: Routledge & Kegan Paul, in press.

—. "Theoretical Pluralism, Methodological Dissension and the Role of the Sociologist: The West German Case." *Social Science Information* 11 (1972): 69—108.

Kocher, Paul Harold. *Science and Religion in Elizabethan England*. San Marino, Calif.: The Huntington Library, 1953.

Kröber, Günter, and Lorf, Marianne, eds. *Wissenschaft: Studien zu ihrer Geschichte, Theorie und Organisation*. Translated from the Russian. Berlin: Akademie-Verlag, 1972.

—. eds. *Wissenschaftliches Schöpfertum*. Translated from the Russian. Berlin: Akademie-Verlag, 1972.

Krohn, Roger G. *The Social Shaping of Science*. Westport, Conn.: Greenwood Publishing Co., 1971.

Kuhn, Thomas S. "Energy Conservation as an Example of Simultaneous Discovery." In *Critical Problems in the History of Science*, edited by Marshall Clagett. Madison: University of Wisconsin Press, 1959.

—. "The History of Science." In the *International Encyclopedia of the Social Sciences* (New York: Macmillan, 1968), 14:74—83. See especially "The Merton Thesis," 79 ff.

—. *The Structure of Scientific Revolutions*. Chicago: University of Chicago Press, 1962. Second edition, enlarged, 1970.

Ladd Jr., Everett C. and Lipset, Seymour Martin. "Politics of Academic Natural Scientists and Engineers."*Science* 176 (9 June 1972): 1091—1100.

Lakatos, Imre. "Criticism and the Methodology of Scientific Research Programmes." Aristotelian Society. *Proceedings* 69 (1968): 149—186.

Lakatos, Imre, and Musgrave, A., eds. *Criticism and the Growth of Knowledge*. Cambridge: University Press, 1970.

Lécuyer, Bernard. "Histoire et sociologie de la recherche sociale empirique: problèmes de théorie et de la méthode."*Epistémologie Sociologique* Cahiers Semestriels 6 (Deuxieme Semestre 1968): 119—131.

Lemaine, Gérard, and Matalon, Benjamin, with the collaboration of Provansal, Bernard. "La lutte pour la vie dans la cité scientifique." *Revue Française de Sociologie* 10 (1969): 139—165.

Lepenies, Wolf. "Melancholie als Unordnung bei R. K. Merton." In *Melancholie und Gesellschaft*. Frankfurt am Main: Suhrkamp Verlag, 1969.

Lipset, Seymour Martin and Ladd Jr., Everett C. "The Politics of American Sociologists."*American Journal of Sociology* 78 (July 1972): 67—104.

Lipset, Seymour Martin. "Academia and Politics in America." In *Imagination and Precision in the Social Sciences*, edited by T. J. Nossiter. London: Faber, 1972.

Lodahl, Janice B. and Gordon, Gerald. "The Structure of Scientific Fields and the Functioning of University Graduate Departments." *American Sociological Review* 37 (February 1972): 57—72.

MacCrae, Duncan. "Growth and Decay Curves in Scientific Citations." *American Sociological Review* 34 (1969): 631—635.

Marcson, Simon. *The Scientist in American Industry*. New York: Harper, 1960.

Mathias, Peter. "Who Unbound Prometheus? Science and Technical Change, 1600—1800." In *Science and Society, 1600—1900*, edited by Peter Mathias. Cambridge: University Press, 1972.

Matthijssen, M. Katholiek middelbaar onderwijs en intellectuele emancipatie. Een sociografische facetstudie van het emancipatie—vraagstuk der Katholieken in Nederland. Nijmegen Thesis, 1958 [cited by R. Hooykass, *Religion and the Rise of Modern Science*].

Menard, Henry W. *Science: Growth and Change*. Cambridge: Harvard University Press, 1971.

Mendelsohn, Ernest. "The Biological Sciences in the Nineteenth Century." *History of Science* 3 (1964): 39—59.

—. "The Emergence of Science as a Profession in Nineteenth-Century Europe." In *Management of Scientists*, edited by K. Hill. Boston: Beacon Press, 1963.

Menzel, Herbert. "Planned and Unplanned Scientific Communication." Reprinted from *Proceedings*, International Conference on Scientific Information, 1959, in *The Sociology of Science*, edited by Bernard Barber and Walter Hirsch. New York: Free Press, 1962.

—. "Planning the Consequences of Unplanned Action in Scientific Communication." In *Communication in Science*, edited by A. de Reuck and J. Knight. London: J. & A. Churchill, 1967.

Mirsky, E. M. "Science Studies in The USSR: History, Problems, Pros-

pects. "*Science Studies* 2 (1972): 281—294.

Moscovici, Serge, "L'histoire des sciences et le science des historiens. "*Archives Européennes de Sociologie* 7 (1966): 116—126.

Mulkay, Michael. *The Social Process of Innovation: A Study in the Sociology of Science*. London: Macmillan, 1972.

—. "Some Aspects of Cultural Growth in the Natural Sciences. "*Social Research* 36 (1969): 22—53.

Mullins, Nicholas C., "The Distribution of Social and Cultural Properties in Informal Communication Networks Among Biological Scientists,"*American Sociological Review* 33 (October 1968): 786—797.

—. "Social Networks among Biological Scientists." Ph. D. dissertation, Harvard University, 1966.

—. "The Structure of an Elite: the Advisory Structure of the Public Health Service. "*Science Studies* 2 (1972): 3—29.

Musson, A. E. *Science, Technology and Economic Growth in the Eighteenth Century*. London: Methuen & Co., 1972.

Musson, A. E., and Robinson, Eric. *Science and Technology in the Industrial Revolution*. Manchester: University Press, 1969.

Nagi, Saad Z., and Corwin, Ronald G. *The Social Contexts of Research*. New York: Wiley, 1972.

Needham, Joseph. *The Grand Titration: Science and Society in East and West*. London: Allen & Unwin, 1969.

—. "Science and Society in East and West." In *The Scinece of Science*, edited by M. Goldsmith and A. Mackay. New York: Simon and Schuster, 1965. Esp. pp. 146—149.

—. *Time: The Refreshing River*. New York: Macmillan, 1945.

Nelson, Benjamin. "The Early Modern Revolution in Science and Philosophy. "In *Boston Studies in the Philosophy of Science*, edited by R. S. Cohen and M. Wartofsky. Dordrecht, Holland: D. Reidel, 1967. Vol. 3.

—. "Review Essay: *Science, Technology and Society in Seventeenth-Centu-*

ry England." *American Journal of Sociology* 78 (July 1972): 223—231. Reprinted in *Varieties of Political Expression in Sociology*. Chicago: University of Chicago Press, 1972. pp. 202—210.

Opp, Karl-Dieter. *Methodologie der Sozialwissenschaften*. Hamburg: Rowohlt, 1970.

—. "Theories of the Middle Range as a Strategy for the Construction of a General Sociological Theory: A Critique of a Sociological Dogma."*Quality and Quantity* 4 (1970): 243—254.

—. "Zur Anwendung Sozialwissenschaftlicher Theorien für Praktisches Handeln."*Zeitschrift für die Gesamte Staatswissenschaft* 123 (July 1967): 393—418.

Oromaner, Mark Jay. "Comparison of Influentials in Contemporary American and British Sociology: a Study in the Internationalization of Sociology." *British Journal of Sociology* 13 (1970): 324—342.

Parsons, Talcott. "The Institutionalization of Scientific Investigation." In Parsons, *The Social System*. New York: The Free Press, 1951. pp. 335—348.

—. "On Building Social System Theory: A Personal Memoir." *Daedalus* (Fall 1970): 826—881.

Pelseneer, J. "Les influences dans l'histoire des sciences."*Archives Internationale d'Histoire des Sciences* 1 (1948): 348—353.

—. "L'origine protestante de la science moderne."*Lychnos*, 1947. pp. 246—248.

Polanyi, Michael. *Personal Knowledge*. Chicago: University of Chicago Press, 1968; London: Routledge & Kegan Paul, 1958.

—. *Science, Faith and Society*. Chicago: University of Chicago Press, 1964.

—. *The Study of Man*. London: Routledge & Kegan Paul, 1959.

—. *The Tacit Dimension*. London: Routledge & Kegan Paul, 1967.

Price, Derek J. de Solla. "Is Technology Historically Independent of Sci-

ence? A Study in Statistical Historiography." *Technology and Culture* 6 (1965):553—568.

—. *Little Science, Big Science*. New York: Columbia University Press, 1963.

—. "Nations Can Publish or Perish." *Science and Technology*, no. 70 (October 1967): 84—90.

—. "Networks of Scientific Papers." *Science* 149 (1965): 510—515.

—. *Science Since Babylon*. New Haven: Yale University Press, 1961.

Price, Derek J. de Solla, and Beaver, Donald DeB. "Collaboration in an Invisible College." *American Psychologist* 21 (November 1966): 1011—1018.

Rabb, Theodore K. "Puritanism and the Rise of Experimental Science in England." *Journal of World History* 7 (1962): 46—67.

—. "Religion and the Rise of Modern Science." *Past & Present* 31 (July 1965): 111—126.

Rattansi, P. M. "Paracelsus and the Puritan Revolution." *Ambix* 11 (1963): 24—30.

—. "The Social Interpretation of Science in the Seventeenth Century." In *Science and Society, 1600—1900*, edited by Peter Mathias. Cambridge: At the University Press, 1972.

Ravetz, J. R. "Francis Bacon and the Reform of Philosophy." In *Science, Medicine and Society in the Renaissance* (Walter Pagel Festschrift), edited by A. Debus. New York: Neale Watson Academic Publications Inc., 1972.

—. *Scientific Knowledge and Its Social Problems*. Oxford: Clarendon Press, 1971.

Reif, F. "The Competitive World of the Pure Scientist." *Science* 134 (15 December 1961): 1957—1962.

† Reitze, Jeffrey G. *Choice of Science Careers Among College Men*. Ph. D. dissertation, Columbia University, 1972.

Richter, Maurice N., *Science as a Cultural Process*. Cambridge: Schenkman

Publishing Co. , 1972. Esp. Chapter 6.

Rose, Hilary, and Rose, Steven. *Science and Society*. London: Allen Lane, Penguin Press, 1969. Chapter 13.

Rosen, George. "Left-Wing Puritanism and Science. "Bulletin of the Institute of the History of Medicine 15 (1944): 375—801.

Rossi, Paolo. *Francis Bacon: From Magic to Science*. Chicago: University of Chicago Press, 1968.

Rothman, Robert A. "A Dissenting View on the Scientific Ethos." *The British Journal of Sociology* 23 (March 1972): 102—108.

Rule, John C. , Dowd, David, and Snell, John L. , eds. *Critical Issues in History*. Boston: D. C. Heath, 1966. Vol. 2, pt. IV 2 ("The Scientific Revolution of the Seventeenth Century: A Question of Causes").

Salomon, Jean-Jacques. "La Politique de la Science et Ses Mythes. "*Diogène* 70 (1970): 3—30.

Shapiro, Barbara J. "Latitudinarianism and Science in 17th-Century England. "*Past & Present* 40 (1968): 16—41.

Scheffler, Israel. *Science and Subjectivity*. Indianapolis: Bobbs-Merrill, 1967.

—. "Vision and Revolution: A Postscript on Kuhn. "*Philosophy of Science* 39 (September 1972): 366—374.

Shils, Edward. *The Intellectuals and the Powers*. Chicago: University of Chicago Press, 1972.

—. "The Profession of Science." *The Advancement of Science* 24 (June 1968): 469—480.

—. "Tradition, Ecology and Institution in the History of Sociology. "*Daedalus* (Fall 1970): 760—825.

Solomon, Susan Gross. "Controversy in Social Science: Soviet Rural Studies in the 1920s." Ph. D. dissertation, Columbia University, 1973.

Solow, Robert M. "Merton's *Science, Technology and Society in 17th-Century England*." Harvard University, 1942. Manuscript.

Solt, Leo F. "Puritanism, Capitalism, Democracy and the New Science." *American Historical Review* 73 (1967): 18—29.

Sorokin, P. A. *Sociological Theories of Today*. New York: Harper & Row, 1966. pp. 445—456.

Statera, Gianni, "La sociologia della scienza di Robert K. Merton." *La Critica Sociologica* 3 (Autumn 1964): 19—33.

Stearns, Raymond P. "The Relations Between Science and Society in the Later Seventeenth Century." In *The Restoration of the Stuarts, Blessing or Disaster?* Washington, D. C.: The Folger Shakespeare Library, 1960. pp. 67—75.

—. "The Scientific Spirit in England in Early Modern Times." *Isis* 34 (1943): 293—300.

Stent, Gunther S. "Prematurity and Uniqueness in Scientific Discovery." *Scientific American* 227 (December 1972): 84—93.

—. "What They Are Saying about Honest Jim." *The Quarterly Review of Biology* 43 (June 1968): 179—184.

Stone, Lawrence. "Prosopography." *Daedalus* 100 (1971): 46—79.

Storer, Norman. "Basic versus Applied Research: The Conflict between Means and Ends." *Indian Sociological Bulletin* 2 (October 1964): 34—42.

—. "Comparative Study of Scientific Disciplines: Opportunities for Research." Paper read at meetings of American Sociological Association, August 1972.

—. "The Hard Sciences and the Soft: Some Sociological Observations." *Bulletin*, The Medical Library Association, 55 (January 1967): 75—84.

—. "Relations among Scientific Disciplines." In *The Social Contexts of Research*, edited by Saad Z. Nagi and Ronald G. Corwin. New York: Wiley, 1972.

—. *The Social System of Science*. New York: Holt, Rinehart and Winston, 1966.

Storer, Norman, and Parsons, Talcott. "The Disciplines as a Differentiating

Force." In *The Foundations of Access to Knowledge*, edited by E. B. Montgomery. Syracuse, N. Y.: Syracuse University Press, 1968.

Strauss, Anselm L., and Rainwater, Lee. *The Professional Scientist: A Study of American Chemists*. Chicago: Aldine Press, 1962.

Sullivan, Daniel. "Competition in Bio-Medical Science: Its Extent and Some of Its Consequences." Manuscript.

Swatez, G. M. "The Social Organization of a University Laboratory." *Minerva* 8 (1970): 36—58.

Thackray, Arnold. *John Dalton: Critical Assessments of His Life and Science*. Cambridge: Harvard University Press, 1972.

—. "Reflections on the Decline of Science in America and on Some of Its Causes." *Science* 173 (2 July 1971): 27—31.

—. "Science: Has Its Present Past a Future?" In *Historical and Philosophical Perspectives of Science*, edited by R. Steuwer. Minneapolis: University of Minnesota Press, 1970.

—. "Science, Technology and the Industrial Revolution." *History of Science* 8 (1970): 76—89.

Thackray, Arnold, and Merton, Robert K. "On Discipline-Building: The Paradoxes of George Sarton." *Isis* 63 (1972): 473—495, and in George Sarton, *Introduction to the History of Science*. Cambridge, Mass.: M. I. T. Press, 1974.

Thorner, Isidor. "Ascetic Protestantism and the Development of Science and Technology." *American Journal of Sociology* 58 (1952): 25—33.

Wanderer, Jules J. "An Empirical Study in the Sociology of Knowledge." *Sociological Inquiry* 39 (Winter 1969): 19—26.

Webster, C. "The Origins of the Royal Society: Essay Review." *History of Science* 6 (1967): 106—128.

Weingart, Peter, ed. *Wissenschaftssoziologie I: Wissenschaftliche Entwicklung als sozialer Prozess*. Frankfurt am Main: Athenäum Fischer Verlag, 1972.

Whitley, Richard D. "Black Boxism and the Sociology of Science: A Discussion of the Major Developments in the Field." *The Sociological Review* Monograph no. 18 (1972): 61—92.

—. "The Formal Communication System of Science." *The Sociological Review* Monograph no. 16 (September 1970): 163—179.

—. "The Operation of Science Journals: Two Case Studies in British Social Science." *Sociological Review*, n. s. 18 (July, 1970): 241—258.

—, ed. *Social Processes of Scientific Development*. London: Routledge & Kegan Paul, in press.

Yellin, Joel. "A Model for Research Problem Allocation among Members of a Scientific Community." *Journal of Mathematical Sociology* 2 (1972): 1—36.

Zaltman, Gerald. *Scientific Recognition and Communication Behavior in High Energy Physics*. New York: American Institute of Physics, 1968.

Ziman, John. "The Light of Knowledge: New Lamps for Old." The Fourth Aslib Annual Lecture. *Aslib Proceedings* (May 1970): 186—200.

—. *Public Knowledge: The Social Dimension of Science*. Cambridge: At the University Press, 1968.

—. "Some Problems of the Growth and Spread of Science into Developing Countries." The Rutherford Memorial Lecture. *Proceedings* of the Royal Society, A. 311 (1969): 349—369.

†Zuckerman, Harriet A. "Interviewing an Ultra-Elite." *Public Opinion Quarterly* 36 (Summer 1972): 159—175.

†—. "Knowledge and Social Structure." In *Society Today*. Del Mar, Calif.: CRM Books, 1970. Chapter 28.

†—. "Nobel Laureates in Science: Patterns of Productivity, Collaboration and Authorship." *American Sociological Review* 32 (1967): 391—403.

†—. "Patterns of Name-ordering among Authors of Scientific Papers: A Study of Social Symbolism and Its Ambiguity." *American Journal of Sociology* 74 (November 1968): 276—291.

†—. *Scientific Elite: Studies of Nobel Laureates in the United States*. Chicago: University of Chicago Press, in press.

†—. "The Sociology of the Nobel Prize." *Scientific American* 217, no. 5 (1967):25—33.

†—. "Stratification in American Science." *Sociological Inquiry*, Spring 1970, pp. 235—257.

†—. "Women and Blacks in American Science and Engineering." In *Women and Minorities in Science and Engineering*, edited by Daniel Kevles. In press.

†Zuckerman, Harriet A., and Merton, Robert K. "Age, Aging, and Age Structure in Science." In *Aging and Society*. Vol. 3, *A Theory of Age Stratification*, edited by Matilda W. Riley, Marilyn Johnson, and Anne Foner. New York: Russell Sage Foundation, 1972.

†—. "Patterns of Evaluation in Science: Institutionalization, Structure and Functions of the Referee System." *Minerva* 9 (January 1971): 66—100.

人名索引

（人名后面的数字均为原书页码，亦即本书边码）

主题索引

（条目后的数字均为原书页码，亦即本书边码）

A

B

C

D

E

H

I

J

K

L

M

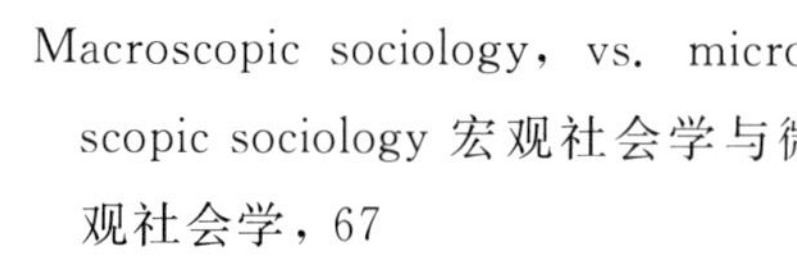

N

O

P

Q

R

S

T

U

V

W

X

译 后 记

被学界尊称为科学社会学创始人的美国著名社会学家罗伯特·K.默顿教授，从20世纪30年代发表其经典之作《17世纪英格兰的科学、技术与社会》以来，为科学社会学的创立和发展做出了一系列开拓性的贡献，本书凝结了默顿教授从上个世纪30年代末到70年代初辛勤探索的精华，是其成就的主要代表。

自20世纪30年代至今，在其70余年的学术生涯中，默顿在社会学理论、方法论、社会问题、社会组织、社会政策和知识社会学诸多领域中都有杰出的成就，尤以科学社会学最为突出。正如人们所总结的："即使默顿的敌人也都承认默顿是科学社会学的创始人。当他1938年发表《17世纪英格兰的科学、技术与社会》时，科学社会学还是一个未被认识到的领域。50年之后，美国和欧洲已出现了大量的有关科学和技术的社会研究的课程和研究中心，科学社会学作为一个分支学科的地位已确定无疑了。……此外，默顿在这一方面的成就并不限于这一点。在此领域中我们今天所从事的许多课题，大部分也都是间接地受益于默顿。而且，在发掘和激励学生方面，在长期以来发表有关科学的社会方面研究的全部创新性成果方面，以及在建立社会学一般性的'中层'理论方面，默顿为科学社会学确立了一套概念框架和工具。最重要的是，他提出了研究的纲领……。”[①]

这实际上简要概括了默顿在科学社会学方面的重要成就。毋庸置疑，科学社会学作为一个独立的研究领域，其研究对象、问题和方法的确立，以及这一学科的制度化，在很大程度上都归功于默顿。当然，包括他本人也承认，这一学科的创立与发展，还有其他人的贡献。如欧洲以贝尔纳为代表的学者对科学与社会之间的关系的研究，普赖斯的社会计量学研究，以及库恩的科学哲学研究等。但是，以结构功能分析为理论基础，以经验研究为特征的默顿范式(Mertonian paradigm)或默顿学派长期以来是科学社会学的主流。尽管20世纪70年代后期以来，随着科学知识社会学的兴起，默顿范式受到了严重挑战，但以默顿为代表的经典科学社会学仍然具有强大的生命力，它的历史地位是无可否认的。[②]

默顿的科学社会学思想是一个不断发展过程，大体上可以把它划分为前后两个阶段。如果说他1938年发表的在其博士论文基础上完成的专著《17世纪英格兰的科学、技术与社会》是前期研究的代表，尚显不足，那么他1942年发表的《论科学与民主》(后定名为《科学的规范结构》)和1957年发表的《科学发现的优先权》是后期研究的主要代表，反映了他日渐成熟的科学社会学思想。正

---

① 卡林·诺尔—塞蒂纳：《默顿的科学社会学》，见《当代社会学》，1991年7月，第20卷，第522—523页。

② 默顿学派对新兴起的“建构主义”观点挑战的反应，参见S. 科尔：《制造科学》(*Making Science*: *Between Nature and Society*, Cambridge: Harvard University Press, 1992)。

是他后期的这几篇具有“范式”意义的论文，确立了科学社会学的基本问题和框架，形成了所谓的功能主义的科学社会学研究传统。

默顿前后两个时期的研究，在理论框架、研究问题、方法及性质等方面存在着明显的不同。其中理论框架的不同是最基本的方面。他前期对科学所做的是知识社会学分析，而后期是结构功能主义的分析。

在早期说明17世纪英格兰科学的发展时，默顿实际上应用了曼海姆的知识社会学分析框架。但它没有运用“意识形态”概念，而是借用了M.韦伯的“精神特质”概念。默顿指出，当时英格兰的清教主义的“精神特质”构成了其时代的主导性思想观念。他得出结论说，在确立科学作为一种正在出现的社会组织(制度)的合法性方面，清教主义无意识地做出了贡献。这就是著名的“默顿论题”(Merton Thesis)。他说：“具有更大重要性的是观念在把行为指引向**特定**路线上的作用。正是占主导地位的观念体系，对于在各种与基础性的思想情操同样兼容、可供取舍的行动模式之间作出选择起着决定性的作用。”(本书第十一章)所以，作为当时社会的主导价值观念的清教主义，包括功利主义、对世俗的兴趣、彻底的经验主义、自由研究的权利乃至责任以及反传统主义，所有这些都是与现代科学的价值取向一致的。他说，清教主义与科学的这种“美满姻缘”是建立在相容性的基础上的；即使到了19世纪，这两者的分离仍未完成。

由此可见，默顿这一时期的科学社会学研究框架是属于知识社会学的。他研究的对象只是科学与其社会之间相互依存的变化

关系，他尚未形成关于科学的独立的社会学解释。

但20世纪40年代后，默顿与T.帕森斯等人所提出的结构功能主义观点，成为了当时解释社会现象的最权威、最流行的社会学理论。在结构功能主义观点基础上，默顿对科学作了新的解释，形成了科学社会学的功能论观点。其基本思想可概括为：(1)科学作为一类社会制度(或系统)具有独立的目标或功能，即扩展被验证了的知识；(2)为实现科学的目标，要求科学家遵循一定的行为规范，包括普遍主义、公有性、无私利性、有组织的怀疑；(3)如果科学家违背了上述科学规范，将不利于科学目标的实现，而维持科学规范和科学制度运行的动力，是科学的奖励系统。默顿认为，科学的制度性价值或规范在功能上是不可或缺的，它们规定着科学家的行为和研究工作。在《科学发现的优先权》一文中，默顿详尽地分析了科学发现的优先权争夺的制度性原因，指出科学界争夺优先权是科学制度自身的产物，而与科学家的个人品质等关系不大。因为“科学制度把独创性解释为一种最高的价值，因此使得一个人的独创性是否能得到承认成了一个事关重大的问题”。

至此，默顿已实现了从把科学作为知识社会学的一个“战略研究基础”到把它作为一个独立的本身值得研究的对象的转变。这时默顿侧重于分析作为一种社会制度或系统的科学本身的结构与运行特点，强调维持科学家群体结构的规范和作用机制，并对之进行了功能分析。围绕这一中心研究问题，形成了以默顿为核心的默顿学派，其主要成员包括B.巴伯、H.朱克曼、S.科尔、J.科尔等。他们进行了大量的相关研究，其重点研究问题包括科学界的奖励系统与“马太效应”、科学界的分层结构、科学界的偏差行为等。这些研究也最能体现该学派的科学社会学研究的特征，也是最有经验研究取向的社会学方向之一。

对于这一转变，默顿本人后来曾总结说：“为了研究科学与社会之间那些相互影响的特征以及这些影响是如何发生的，因而有必要扩大我以前的努力去发现一种思维方式，以便思考作为制度化的精神特质的科学（它的规范方面）以及作为社会组织的科学（科学家之间的互动模式）。只有在这种情况下才可能出现一个适当的基础，以供我们确定和研究科学中社会互动和认识互动的新问题。”①所以，按照默顿的这一观点，科学是一种独立的制度或系统，它与经济制度、政治制度、军事制度等相并列，同是现代社会制度的重要构成部分。科学社会学旨在分析科学（制度）的社会文化结构和组织方式，及其内部和外部的互动关系。

当然，需要指出的是，承认默顿科学社会学思想发展的阶段性，并不意味着否定其思想的继承性。如默顿在《17 世纪英格兰的科学、技术与社会》一书问世 50 周年之际所写的一篇总结性专文中指出，他的科学社会学研究的大多数问题都来源于早期的这一专题研究，只是那时的问题尚未明确化、系统化。默顿总结出了与早期研究有关的 8 个方面的科学社会学专题，它们是：(1)科学界的精神特质；(2)站在巨人的肩上；(3)优势积累与劣势积累；(4)优先权冲突与正在浮现的关于科学奖励系统的概念；(5)科学

① 罗伯特·K. 默顿：《科学社会学散忆》(*The Sociology of Science: An Episodic Memoir*, Carbondale and Edwardsville: Southern Illinois University Press)，1979 年，第 22 页。

中的多重发现：战略研究的一个基础；(6)科学论文变化着的特性：个人知识与公众知识的差距；(7)科学中的问题选择问题；(8)社会行动未预料到的结果的恰当事例："清教与科学"假说。[①] 这些专题实际上构成了默顿的科学社会学研究的主体内容，而在《17 世纪英格兰的科学、技术与社会》中都可以在某种程度上找到它们的早期表达形式。

以构成默顿学派理论基础的"科学界的精神特质"为例来说，20 世纪 30 年代默顿在研究现代科学兴起的社会和文化背景时，他还没有明确地认识到科学界的独立的规范结构问题，只是开始强调了科学的自主性。在 1938 年发表的《科学与社会秩序》一文(本书第十二章)中，默顿才涉及了科学界本身的精神特质问题。但他只是在此文的一个注脚中说明了这个概念，而且如斯托勒所指出的，他这时也尚未明确核心性的规范及其相互关系。直到 1942 年他发表《论科学与民主》一文(本书第十三章)时，默顿才明确提出，科学是一种具有独特的规范结构的社会制度，并从功能分析的角度，概括了这一规范结构的要素(四类制度性必需的规范——普遍主义、公有性、无私利性、有组织的怀疑——构成了现代科学的精神特质)及其重要意义。

默顿关于科学界的规范结构的概括构成了默顿范式的理论基础。尽管自他首先提出这一理论后，他本人及其学派的其他成员后来又做了进一步的论证和发展，增加了另外一些规范要素，如独

① 罗伯特·K. 默顿：《科学、技术与社会：科学社会学中一个发展着的研究纲领的预示》。

创性、谦逊、独立性、情感中立性和无偏见性等，但是，它也引起了长期不断的批评和讨论。事实上，也正是从这些批评和讨论中，人们获得了启发，它激起了人们对科学社会学的持续不断的兴趣和新的探索。

本书自1973年问世以来，就成了科学社会学的必读书。它已被译成西班牙语、意大利语、德语等多种语言，产生了广泛的学术影响。我国自20世纪80年代兴起科学社会学研究以来，也对默顿及其学派的研究进行了大量的评介，我们相信，默顿教授这部重要著作中译本的出版，将有助于中国读者全面地了解默顿的科学社会学思想。

本书的翻译得到了默顿教授本人的大力支持。在翻译过程中，我们曾多次向默顿先生请教，他都耐心及时地做了答复。我们在此深表谢意，而他给予我们的学术鼓励更是令我们终身难忘。

我们在翻译此书时，还参考了国内学者所译的默顿的有关著作，特别是范岱年教授等人所译的《17世纪英格兰的科学、技术与社会》；同时，在涉及德语和法语的一些疑难问题上，我们得到了李理女士和张伯霖教授的诸多帮助，我们一并表示感谢。我们还要感谢其他学界同仁所给予的帮助，其中包括李河教授、薛龙（Ronald Suleski）先生、李若虹博士、黄万盛先生、顾昕先生等。本书《科学、技术与社会：科学社会学中一个发展着的研究纲领的预示（代中译本前言）》、《作者序》、《编者导言》、第一、第四部分以及《人名索引》和《主题索引》由鲁旭东翻译；第二、三、五部分由林聚任翻译;全书由鲁旭东负责统校。限于水平,翻译中难免有不当之处,热切盼望学界同仁坦诚指教。

译　者

2002 年 8 月

图书在版编目(CIP)数据

科学社会学:理论与经验研究:全二册/(美)R. K. 默顿著;鲁旭东,林聚任译. —北京:商务印书馆,2017
(汉译世界学术名著丛书:120年纪念版:珍藏本)
ISBN 978-7-100-14723-1

Ⅰ. ①科… Ⅱ. ①R… ②鲁… ③林… Ⅲ. ①科学社会学 Ⅳ. ①G301

中国版本图书馆 CIP 数据核字(2017)第 156309 号

汉译世界学术名著丛书
(120年纪念版·珍藏本)
科 学 社 会 学
——理论与经验研究
(全二册)
〔美〕R. K. 默顿 著
鲁旭东 林聚任 译

商 务 印 书 馆 出 版
(北京王府井大街36号 邮政编码 100710)
商 务 印 书 馆 发 行
北 京 冠 中 印 刷 厂 印 刷
ISBN 978-7-100-14723-1

2017年12月第1版 开本 710×1000 1/16
2017年12月北京第1次印刷 印张 65
定价:326.00元